教育部高等学校外国语言文学类专业教学

非通用语种类专业教学指导分委员

东方语言文化论丛

第42卷

《东方语言文化论丛》编辑委员会　编

中国出版集团有限公司

世界图书出版公司

广州·上海·西安·北京

图书在版编目（CIP）数据

东方语言文化论丛. 第 42 卷 /《东方语言文化论丛》编辑委员会编. -- 广州：世界图书出版广东有限公司，2024.4

ISBN 978-7-5232-1163-2

Ⅰ. ①东… Ⅱ. ①东… Ⅲ. ①文化语言学－东方国家－丛刊 Ⅳ. ①H0-05

中国国家版本馆 CIP 数据核字（2024）第 053378 号

书　　名	东方语言文化论丛（第 42 卷） DONGFANG YUYAN WENHUA LUNCONG (DI-42 JUAN)
编　　者	《东方语言文化论丛》编辑委员会
策划编辑	刘正武
责任编辑	张东文 （邮箱 875936371@qq.com，微信 875936371）
出版发行	世界图书出版有限公司　世界图书出版广东有限公司
地　　址	广州市海珠区新港西路大江冲 25 号
邮　　编	510300
发行电话	020-84184026　84453623
网　　址	http://www.gdst.com.cn
邮　　箱	wpc_gdst@163.com
经　　销	新华书店
印　　刷	广州市迪桦彩印有限公司
开　　本	787 mm × 1092 mm　1/16
印　　张	31.5
字　　数	695 千字
版　　次	2024 年 4 月第 1 版　2024 年 4 月第 1 次印刷
国际书号	ISBN 978-7-5232-1163-2
定　　价	98.00 元

咨询、投稿：020-84460251　gzlzw@126.com

（如有印装错误，请与出版社联系）

《东方语言文化论丛》编辑委员会

（按姓氏音序排列）

目 录

语言研究

文学研究

翻译研究

历史与文化研究

语言研究

韩国语描主形容词方式状语句中形容词与相关成分的语义选择

信息工程大学 张文江

【摘 要】韩国语描主形容词方式状语句中，状语形容词分别与主语名词、谓语动词之间存在语义选择。由于形容词状语是附属性成分，形容词对主语名词和谓语动词的语义选择能力极其有限，其中的语义选择主要是主语名词对形容词的词汇语义选择和谓语动词对形容词的句法语义选择；可以做描主方式状语的形容词应该是具有［+述人］或［+述物］词汇语义特征并且同时具有［+伴随］和［+临时］句法语义特征的形容词。

【关键词】韩国语；描主形容词方式状语；词汇语义选择；句法语义选择

方式状语是韩国语状语范畴中的重要成员，主要对动词谓语进行修饰，表示动作或变化的方式。韩国语形容词的活用形态即“形容词+게”结构可以充当方式状语[①]，是韩国语方式状语中的典型成员，学术界将其称为形容词方式状语，并把含有形容词方式状语的句子称为形容词方式状语句。在形容词方式状语句中，形容词的语义关系较为复杂，在句法框架的规约下，形容词对动词进行修饰，临时具有了状位所规约的句法语义，为此形容词与动词之间存在必然的句法语义关系，形容词表示的状态对动词表示的动作或变化（以下简称动作）的方式进行说明，二者是“动作+方式”关系；与此同时，形容词与主语、谓语、宾语等成分可以存在直接语义关联，形容词与相关对象论元形成语义表述，描述某一状态（张文江，2016）。

在先行研究中，我们对韩国语形容词状语的句法语义关系、语义特征与语义分类等问题进行了分析，本文拟在先行研究的基础上对韩国语描主形容词方式状语句中形容词与相关成分之间的语义选择问题进行探讨。

一、韩国语描主形容词方式状语

先行研究得知，根据形容词的语义指向情况，韩国语形容词方式状语可以分为描主方式状语、描谓方式状语、描宾方式状语三个语义类别（张文江，2017）。其中，描主方式状语是指其语义指向主语的形容词方式状语。例如：

---

① 参见박소영（2003）、서정수（2006）、임채훈（2006）等。

（1）a. 철수는 기쁘게 붓끌씨를 쓰고 있다. 哲洙在高兴地写毛笔字。

b. 시냇물이 맑게 흐른다. 溪水清澈地流淌着。

本文例句中的画线部分为形容词方式状语（下同）。例（1）中，方式状语形容词的语义指向主语，对主语进行语义描述，表示主语动作或变化的方式。其中，例（1）a 中的"기쁘다（高兴）"对主语"철수（哲洙）"的状态进行描述，表示其动作"쓰다（写）"的方式；例（1）b 中的"맑다（清澈）"对主语"시냇물（溪水）"的状态进行描述，表示其运动变化"흐르다（流淌）"的方式。

韩国语形容词方式状语的句法语义关系较为复杂，描主形容词方式状语也不例外。在描主形容词方式状语句中，形容词的语义指向主语，与主语名词构成语义上的表述与被表述关系，形容词描述主语的状态；与此同时，形容词做状语对谓语动词进行修饰，表示动作的方式，二者构成"动作+方式"语义关系。

二、关于语义选择

从语言生成的角度来看，要想生成合格的句子，相关词语或成分必须要符合语义关系规则。按照语义组合规律，词语或成分在语义层面进行语义组合，成为合格的句子，势必要遵循语义的一致性原则，即能够组合在一起的两个词语或成分之间必须拥有语义上的一致性，否则两者无法进行语义组合（邵敬敏，1997）。换言之，词语或成分进行组合时，有一个语义上的相互选择和限制的问题，这种选择和限制体现为语义特征的相互匹配。在相互选择和限制过程中，符合语义一致性原则的词语可以搭配在一起或者说二者组合成的句法结构是合格的；反之，就不能搭配在一起或者说二者组合成的句法结构是不合格的。例如：

（2）a. 철수는 커피를 마시고 있다.（○）

哲洙在喝咖啡。

b. 철수는 빵을 마시고 있다.（×）

哲洙在喝面包。

例（2）a 为合格的句子，例（2）b 为不合格的句子。在"NP+마시다（喝）"这样一个组合中，动词"마시다（喝）"的语义特点要求与之组合的名词性成分"NP"必须具有［+流汁］语义特征，这样它们组合时在语义上才能和谐一致。"커피（咖啡）"由于具有上述语义特征便可以与动词"마시다（喝）"组合，而"빵（面包）"由于不具备上述语义特征则不能与动词"마시다（喝）"进行组合。以上体现了"마시다（喝）"对与其进行搭配的名词的语义选择和限制，即"마시다（喝）"要选择符合条件的名词与之搭配，同时也限制了不符合条件的名词与之搭配。为方便起见，本文把语义选择和限制简称为语义选择。

词语或成分进行组合时，其间的语义选择是相互的。在上述"NP+VP"组合中，动词性成分"VP"对与之搭配的名词性成分"NP"进行语义选择的同时，"N

P”也对“VP”进行语义上的选择。拿例（2）b 来看，在句子展现的情景内，“빵（面包）”要求后面出现的动词要具有［+咀嚼］语义特征，由于动词“마시다（喝）”具有［-咀嚼］语义特征，所以不能和“빵（面包）”进行语义搭配。

词语或成分在进行组合时所遵循的语义一致性，体现为相关成分之间的语义兼容（semantic compatibility），语义兼容包括词汇语义兼容和句法语义兼容。词汇语义兼容指的是句法结构中相互组合的成分在词汇语义上的和谐一致，句法语义兼容指的是句法成分的语义同句法结构的语义和谐一致（周国光，1999）。我们发现，在韩国语形容词方式状语句中，做方式状语的形容词和相关成分之间的语义选择，既涉及词汇语义兼容问题，又涉及句法语义兼容问题。

（一）词汇语义兼容

韩国语形容词方式状语句（以下简称方式状语句）中，形容词与其语义所指成分之间存在直接语义关系，二者之间的语义选择属于词汇语义兼容问题。例如：

（3）a. 창호는 {친절하게○，즐겁게○，눈부시게×} 이야기한다.（语义指向主语）

b. 철수가 {빠르게○，느리게○，붉게×} 걷는다.（语义指向谓语）

c. 영민은 커피를 {뜨겁게○，차갑게○，딱딱하게×} 마셨다.（语义指向宾语）

例（3）在句子的“主语+谓语”或“主语+谓语+宾语”等基本框架业已确立的前提下，按照形容词语义指向的不同，分别考察了形容词和其语义所指成分之间的词汇语义兼容情况。后面标有“○”的形容词与相关成分之间存在词汇语义兼容，是符合词汇语义选择要求的词语，后面标有“×”的形容词与相关成分之间不存在词汇语义兼容，是不符合词汇语义选择要求的词语。

在例（3）a 中，形容词的语义指向主语，对主语进行描述，“친절하다（亲切）”或“즐겁다（愉快）”与主语名词“창호（昌浩）”之间均具有语义上的一致性，可以形成“창호가 친절하다（昌浩亲切）”或“창호가 즐겁다（昌浩愉快）”这样的语义表述，两个形容词和主语名词之间均存在词汇语义兼容，所以“친절하다（亲切）”或“즐겁다（愉快）”符合主语名词的词汇语义选择要求，此时句子是合格的。而“눈부시다（耀眼）”和主语名词“창호（昌浩）”之间不存在词汇语义兼容，二者无法搭配，我们不能说“창호가 눈부시다（昌浩耀眼）”，所以“눈부시다（耀眼）”不符合主语名词的词汇语义选择要求。

在例（3）b 中，形容词的语义指向谓语，对谓语动词表示的动作进行描述。由于“빠르다（快）”或“느리다（慢）”与动词“걷다（走）”之间存在词汇语义兼容，可以相互搭配，此时句子是合格的。相反，“붉다（红）”和动词“걷다（走）”之间没有语义上的一致性，二者不存在词汇语义兼容，韩国语中不存在“붉

게 걷다（红红地走）”这样的表述，所以“붉다（红）”不符合谓语动词的词汇语义选择要求。

在例（3）c 中，形容词的语义指向宾语，对宾语进行描述。由于“뜨겁다（热）”或“차갑다（凉）”与宾语名词“커피（咖啡）”之间存在词汇语义兼容，具有语义上的一致性，因而“뜨겁다（热）”或“차갑다（凉）”都符合词汇语义选择要求，此时句子是合格的。而“딱딱하다（坚硬）”与宾语名词“커피（咖啡）”之间不存在词汇语义兼容，所以句子是不合格的。

（二）句法语义兼容

为保证句子合格，方式状语形容词的语义除了要满足与相关成分之间的词汇语义兼容之外，还要与整个句法结构的语义和谐一致，作为谓语动词的修饰成分，形容词的语义还要满足与谓语动词之间的句法语义兼容。例如：

（4）a. 순희는 반갑게 소님을 맞이한다.（○）

顺姬愉快地迎接客人。

b. 순희는 착하게 소님을 맞이한다.（×）

顺姬善良地迎接客人。

例（4）中，做方式状语的形容词与主语存在直接的语义关联，与主语名词之间存在词汇语义兼容，可以形成“순희가 반갑다（顺姬愉快）”“순희가 착하다（顺姬善良）”这样合格的语义搭配。但是，例（4）a 是合格的句子，例（4）b 却是不合格的句子。原因在于，例（4）a 中的形容词“반갑다（愉快）”描述的是一种暂时性心理状态，可以表示动作“맞이하다（迎接）”的方式，与动词“맞이하다（迎接）”之间存在句法语义兼容；而例（4）b 中的形容词“착하다（善良）”表示人的品格，是一种相对永久性状态，在句中无法表示动作的方式，与动词“맞이하다（迎接）”之间不存在句法语义兼容。

概括而言，对于形容词方式状语句来说，要同时满足形容词与其语义所指成分之间的词汇语义兼容和形容词与谓语动词之间的句法语义兼容，才能符合词汇语义选择与句法语义选择的要求，句子才有可能合格。对于描主形容词方式状语句而言，形容词与相关成分的语义选择主要是形容词和主语名词之间的词汇语义选择、形容词和谓语动词之间的句法语义选择。

三、主语名词与形容词的词汇语义选择

在描主形容词方式状语句中，状语形容词的语义指向主语，与主语名词构成语义上的表述与被表述关系，二者之间存在词汇语义上的选择。

（一）主语名词对形容词的词汇语义选择

由于做描主方式状语的形容词描述主语在动作过程中所处的伴随状态，这就要求进入状位的形容词必须能够表示主语伴随于动作过程而存在的某种状态特点。鉴于句子的主语主要是人和事物，为此其中的语义选择主要区分为主语是人和主语是事物两种情况。

当主语为人时，形容词主要描述做主语的人的态度、心理或情绪、气质、样貌或姿势或神情、境况等状态，按照语义一致性原则，此时的形容词应该具有［+述人］语义特征。例如：

（5）a. 안내원이 그를 상냥하게 맞이한다. 引导员和蔼地迎接他。

b. 철수는 초조하게 거닐고 있다. 哲洙焦急地踱来踱去。

c. 김선생은 점잖게 먹고 있다. 金先生斯文地吃着。

例（5）中的形容词描述主语的伴随状态，可以看出，其中的“상냥하다（和蔼）”“초조하다（焦急）”“점잖다（斯文）”等形容词均是描述人的形容词，具有［+述人］语义特征，都能够对人的某种状态进行描述。

当主语为非人即事物时，形容词描述事物主语在经历某一变化过程中所处的诸如清浊、亮度、浓度等多种伴随状态，此时的形容词应该具有［+述物］语义特征。例如：

（6）a. 시냇물이 맑게 흐른다. 溪水清澈地流淌着。

b. 젖빛 같은 안개가 숲을 짙게 가린다. 乳白的雾浓浓地覆盖着树林。

上述例句中的“맑다（清澈）”与“짙다（浓浓）”等形容词均具有［+述物］语义特征，能够对事物呈现出的状态进行描述。

在描主方式状语中，形容词具有［+述人］或［+述物］语义特征是其能够和主语名词进行语义组合的必要条件。当主语为人时，要求后面的形容词是具有［+述人］语义特征的形容词；当主语为事物时，要求后面的形容词是具有［+述物］语义特征的形容词，否则就不能进行语义搭配或者不能很好地进行语义搭配。例如：

（7）a. 안내원이 찾아와 그를 맑게 맞이한다.（×）

引导员走过来明亮地迎接他。

b. 시냇물이 상냥하게 흐른다.（？）

溪水和蔼地流淌着。

在主语名词和谓语动词等成分符合相互语义选择要求的前提下，我们来考察上述句子中主语名词和形容词之间的语义选择情况。例（7）a 中的主语名词“안내원（引导员）”要求后面出现的形容词要具有［+述人］语义特征，而“맑다（清澈）”不具备该语义条件，因而不能与“안내원（引导员）”进行搭配，为此句子不是合格的句子。例（7）b 中的主语名词“시냇물（溪水）”要求后面出现的形容词

要具有［+述物］语义特征，而“상냥하다（和蔼）”不具备该语义条件，因而不能与“시냇물（溪水）”进行正常的搭配，除非在拟人的修辞手法背景下，把“시냇물（溪水）”拟人化后，二者或许具有搭配的可能。

（二）形容词对主语名词的词汇语义选择

由于词语或成分之间的语义选择具有相互性，为此从理论上而言，做主语的名词性成分对形容词进行语义选择的同时，形容词也会对前者进行语义选择。

但是在描主方式状语句中，我们看到的主要是主语名词对形容词进行的语义选择，而形容词却很难对主语名词进行语义选择，或者说形容词很难实现对主语名词的语义选择。其原因在于，从韩国语的句子结构来看，主语、谓语、宾语是句子的主干成分，定语、状语等是句子的附属成分。形容词状语作为动词谓语的修饰语在句中是附属性成分，处于次要的句法位置。事实上，形容词状语要依附于主语、谓语、宾语等主干成分而存在。在语言的生成过程中，主干成分优先被进行编码，从语义选择的层面来看，句中主语、谓语、宾语等主干成分之间的语义选择结果确定了一个句子的主要语义框架，也就是确立了句子的基本句法结构，即确定了什么样的词做主语、谓语、宾语等。在上述成分已经被确立的前提下，接下来才涉及形容词状语等附属成分与相关成分的语义选择。在此情况下，主语和形容词之间的语义选择，其实是在句中的主语已经被确立的前提下主语和形容词之间的语义选择，实际上就是主语对形容词的语义选择，而形容词却很难对主语进行选择替换[①]。

拿例（7）b 来看，该句的基本框架是“시냇물이 흐른다（溪水流淌）”，这一框架是主语名词“시냇물（溪水）”与谓语动词“흐르다（流淌）”进行语义选择的结果，此时主语和谓语已经被确立。在句子的主谓框架为“시냇물+흐르다”这一前提下，分析形容词“상냥하다（和蔼）”和主语名词“시냇물（溪水）”的语义组合可以发现，它们相互不符合各自的语义选择要求[②]，从主语“시냇물（溪水）”的语义选择要求来看，状语位置上的形容词应该具有［+述物］等语义特征，要将“상냥하다（和蔼）”换成“맑다（清澈）”等词语才能与之搭配。而从形容词“상냥하다（和蔼）”的语义选择要求来看，主语应该是人，要具有［+述人］语义特征才能与之搭配。但是，如果按照形容词“상냥하다（和蔼）”的语义选择要求来重新确定主语，比如把做主语的名词由“시냇물（溪水）”更换为“철수（哲洙）”，那么句子的基本框架则变成了“철수 흐른다（哲洙流淌）”，这样就造成主语和谓语在语义上的不搭配，破坏了原来主语和谓语之间的语义一致性，这显然是行不通的。为此，唯一可行的是，按照既定主语“시냇물（溪水）”的语义要求，把形容词选择为具有［+述物］语义特征的形容词，这样就不会违背已经确定的主

① 做状语的形容词同样也很难对谓语、宾语等主干成分进行语义选择。

② 除非该句是拟人句等特殊情况。

语、谓语等主干成分之间的语义选择要求了。

由此可见，在描主方式状语句中，形容词对主语的语义选择能力是极其有限的，它要依从于主语、谓语等主干成分之间的语义选择。为此，形容词对主语的语义选择可以忽略不计。

综上所述，在描主形容词方式状语中，主语和形容词之间存在着词汇语义选择。由于形容词对主语的语义选择能力极其有限，二者之间的语义选择主要是主语对形容词的语义选择。当主语是人时，后面的形容词应该是具有［+述人］语义特征的形容词，当主语是事物时，后面的形容词应该是具有［+述物］语义特征的形容词。具有［+述人］或［+述物］语义特征是形容词能够和主语名词进行语义搭配的必要条件。

四、谓语动词与形容词的句法语义选择

描主形容词方式状语句中，形容词的语义指向主语，形容词和谓语动词没有直接的语义关系，因而形容词和动词之间不存在词汇语义兼容问题。由于形容词描述的状态是动作的方式，为此形容词和动词之间存在句法语义兼容问题，即形容词和谓语动词之间存在着句法语义选择。

（一）谓语动词对形容词的句法语义选择

方式状语形容词所描述的主语的状态是动作进行的方式，作为动作的方式，该状态是在动作进行过程中伴随着的临时性状态（张文江，2014）。在句子展现的情景内，形容词描述的状态伴随于动作而存在，并以动作的开始为开始，以动作的结束为结束，为此形容词描述的状态带有伴随性和临时性特点。例如：

（8）a. 버스 차장은 쌀쌀하게 대답했다. 售票员冷冷地回答。

b. 아이들은 즐겁게 이야기한다. 孩子们愉快地交谈着。

在例（8）a 中，“쌀쌀하다（冷冷）”描述主语“버스 차장（售票员）”在进行“대답하다（回答）这一动作时伴随存在的态度状态，在句子展现的情景内，“쌀쌀하다（冷冷）”存续于“대답하다（回答）”这一过程，而在“대답하다（回答）”这一动作过程之外，“버스 차장（售票员）”的状态未必任何时候都是“쌀쌀하다（冷冷）”的，“쌀쌀하다（冷冷）”这一状态是在动作“대답하다（回答）”进行过程中的伴随性、临时性状态。同理，例（8）b 中的“즐겁다（愉快）”所描述的主语“아이들（孩子们）”的状态是在“이야기하다（聊天）”这一过程中的伴随性、临时性状态。

在形容词方式状语句中，谓语动词与状语形容词构成“动作+方式”语义关系，动词表示的动作要求形容词表示的状态要带有伴随性和临时性特点，这是动作对其方式的要求。也就是说，某一状态要想成为该动作的方式，就必须具有对应于

该动作的伴随性和临时性特点，否则就不能成为该动作的方式。与之相对应，做方式状语的形容词要具有［+伴随］和［+临时］语义特征，才能与谓语动词之间存在句法语义兼容。形容词的［+伴随］和［+临时］语义特征可以解释如下。

1. ［+伴随］语义特征

［+伴随］语义特征是句法语义特征，［+伴随］是指形容词所描述的状态伴随于动作过程，该状态和动作同步存在，并且状态和动作之间存在必然的关联，二者具有相互的适应性。具有［+伴随］语义特征是形容词做方式状语修饰谓语动词的必要条件。例如：

（9）a. 미숙은 기쁘게 테이블을 닦고 있다.（○）

美淑高兴地擦着桌子。

b. 순희가 단호하게 말한다.（○）

顺姬斩钉截铁地说。

c. 옥화는 단호하게 테이블을 닦고 있다.（×）

玉花斩钉截铁地擦着桌子。

例（9）中处于状语位置的形容词均描述主语的状态。在例（9）a 中，形容词“기쁘다（高兴）”描述的状态是主语“미숙（美淑）”在实施“닦다（擦）”这一动作过程中的心理状态，该状态存在于动作“닦다（擦）”进行的过程，并且与动作“닦다（擦）”具有相互的适应性，是动作的伴随状态，对应于动词“닦다（擦）”，形容词“기쁘다”具有［+伴随］语义特征，可以和动词“닦다”进行语义搭配，所以例（9）a 是合格的句子。同理，例（9）b 中的“단호하다（斩钉截铁）”描述主语“순희（顺姬）”在实施“말하다（说）”这一行为时的态度状态，“단호하다（斩钉截铁）”这一状态存在于“말하다（说）”的过程，并且和“말하다（说）”具有相互适应性，因而是动作的伴随状态，为此形容词“단호하다”具有［+伴随］语义特征，可以和动词“말하다（说）”进行语义搭配，所以例（9）b 也是合格的句子。相反，例（9）c 中的形容词“단호하다（斩钉截铁）”尽管也描述主语的状态，但是该状态和动作“닦다（擦）”之间不存在必然的联系，二者没有相互的适应性，现实生活中不存在“단호하게 닦다（斩钉截铁地擦）”这种情况。因此，“단호하다（斩钉截铁）”这一状态无法成为动作“닦다（擦）”的伴随状态，形容词“단호하다”在该句中不具有［+伴随］语义特征，不能和动词“닦다（擦）”进行搭配，所以例（9）c 是不合格的句子。

2. ［+临时］语义特征

［+临时］语义特征是句法语义特征，［+临时］是指在句子展现的情景中，形容词描述的状态存续于动作运行的时间区段之内，相对于主语日常所处的其他状态，该状态是一种临时性状态；在句子描述的事件中，该状态伴随着动作的结束而

消失或者淡出我们的视野。具有［+临时］语义特征是形容词做方式状语修饰谓语动词的必要条件。例如：

（10）a. 학생들은 즐겁게 이야기한다.（○）
学生们愉快地聊天。
b. 순희는 잘 생겼다. 지금 그녀는 교실에서 예쁘게 책을 읽고 있다.（×）
顺姬长得很漂亮，这会她正在教室里美丽地看书。

例（10）a 中，形容词"즐겁다（愉快）"表示的状态是在动作行为"이야기하다（聊天）"进行过程中主语"학생들（学生们）"所处的临时性状态，"즐겁다（愉快）"并不是"학생들（学生们）"的永久性状态，因为现实生活中的人不可能一直都是"즐겁다（愉快）"着的，为此形容词"즐겁다（愉快）"具有［+临时］语义特征，符合动词"이야기하다（聊天）"的语义选择要求，因而例（10）a 是合格的句子。例（10）b 中，形容词"예쁘다（美丽）"描述的是主语"순희（顺姬）"的长相，该状态是相对永久性的状态，在句中形容词"예쁘다（美丽）"不具有［+临时］语义特征，为此不符合动词"읽다（阅读）"的语义选择要求，句子是不合格的。

3. 谓语动词对形容词的句法语义选择要求

在描主形容词方式状语句中，形容词要同时具有［+伴随］和［+临时］语义特征才能与谓语动词进行句法语义上的组合。同时具有［+伴随］和［+临时］语义特征是动词对形容词的句法语义选择要求，符合该条件的形容词方可与动词进行句法语义上的搭配，表示动作的方式，反之则不能和动词进行搭配。例如：

（11）a. 안내원이 찾아와 그를 상냥하게 맞이한다.（○）
引导员走过来，和蔼地迎接他。
b. 안내원이 찾아와 그를 반갑게 맞이한다.（○）
引导员走过来，愉快地迎接他。

（12）a. 안내원이 찾아와 그를 섭섭하게 맞이한다.（×）
引导员走过来，恋恋不舍地迎接他。
b. 안내원이 찾아와 그를 착하게 맞이한다.（×）
引导员走过来，善良地迎接他。

例（11）a 和例（11）b 是合格的句子，句中的形容词"상냥하다（和蔼）""반갑다（愉快）"同时具有［+伴随］和［+临时］语义特征，符合语义搭配的条件。其中，"상냥하다（和蔼）"描述主语"안내원（引导员）"的态度状态，该状态可以伴随于动作"맞이하다（迎接）"的过程，从而成为动作的伴随状态；同时"상냥하다（和蔼）"是动作"맞이하다（迎接）"进行时的临时性状态。为此，对应于动词"맞이하다（迎接）"，形容词"상냥하다（和蔼）"具有［+伴随］和［+临时］语义特征，可以与动词"맞이하다（迎接）"进行语义搭配。同理，形容词

"반갑다（愉快）"对应于动词"맞이하다（迎接）"，也具有［+伴随］和［+临时］语义特征，亦可以与动词"맞이하다（迎接）"进行语义搭配。

与此相反，例（12）a 和例（12）b 是不合格的句子。究其原因可以发现，例（12）a 中的"섭섭하다（恋恋不舍）"描述主语"안내원（引导员）"的一种临时性状态，可以分析出［+临时］语义特征；但是"섭섭하다（恋恋不舍）"这一状态无法伴随于动作"맞이하다（迎接）"而存在，因为"섭섭하다（恋恋不舍）"和"맞이하다（迎接）"之间不存在相互适应性，现实生活中不存在"섭섭하게 맞이하다（恋恋不舍地迎接）"这种情况，为此"섭섭하다（恋恋不舍）"不能成为动作"맞이하다（迎接）"的伴随状态，对应于动词"맞이하다（迎接）"，形容词"섭섭하다"不具有［+伴随］语义特征，因而二者不能进行语义搭配。另一方面，在例（12）b 中，形容词"착하다（善良）"描述主语的状态，"착하다（善良）"表示主语的品性特点，该状态可以伴随于动作"맞이하다（迎接）"过程之中，在句中形容词"착하다"具有［+伴随］语义特征。但是，"착하다（善良）"作为主语的品性特点，是一种相对永久性状态，而并非只是"맞이하다（迎接）"进行过程中的临时性状态，"착하다（善良）"作为"안내원（引导员）"的品性在"맞이하다（迎接）"动作之外也依然存在，因而"착하다（善良）"在此处不具有［+临时］语义特征，不能与"맞이하다（迎接）"进行语义搭配。事实上，"착하게 맞히하다（善良地迎接）"是一种很别扭的表达。

通过上述分析可以得知，在描主形容词方式状语句中，形容词同时具有［+伴随］和［+临时］语义特征是其与动词进行句法语义搭配、表示方式的必要条件，这也是动词对形容词的句法语义选择要求。

（二）形容词对谓语动词的句法语义选择

理论上而言，描主形容词方式状语句中，谓语动词对状语形容词进行语义选择的同时，后者也会对前者进行语义选择。但事实上，如同形容词对主语的语义选择一样，形容词对谓语动词的语义选择能力也是极其有限的。形容词作为谓语动词的修饰成分，在句中是附属成分，形容词与谓语动词的语义选择，是在句子的主语、谓语、宾语等主干成分经过相互语义选择而确立句子的"主语+谓语+宾语"等基本框架后而进行的语义选择，在此背景下形容词很难对谓语动词进行选择替换，为此形容词对谓语动词的语义选择能力极其有限，对此我们不再展开分析。

综上所述，在描主形容词方式状语中，谓语动词和形容词之间存在着句法语义选择；由于形容词对谓语动词的语义选择能力极其有限，二者之间的语义选择主要是谓语动词对形容词的语义选择；从谓语动词的语义选择要求来看，同时具有［+伴随］和［+临时］句法语义特征的形容词方能与谓语动词进行语义搭配，表示动作或变化的方式。

五、结语

韩国语形容词方式状语句中，方式状语形容词和相关成分之间的语义选择情况较为复杂，既涉及词汇语义兼容问题，又涉及句法语义兼容问题。在描主形容词方式状语句中，状语形容词和主语名词之间、形容词和谓语动词之间存在着语义选择。从形容词受到的语义选择来看，首先，主语名词对形容词有着词汇语义上的选择，要求形容词要具有［+述人］或［+述物］词汇语义特征；其次，谓语动词对形容词有着句法语义上的选择，要求形容词要同时具有［+伴随］和［+临时］句法语义特征。另一方面，由于形容词对主语名词和谓语动词的语义选择要依从于主语、谓语、宾语等主干成分之间的语义选择，因而形容词对主语名词和谓语动词的语义选择能力极其有限。从形容词和相关成分的语义选择结果来看，可以做描主方式状语的形容词应该是同时具有［+述人］词汇语义特征、［+伴随］和［+临时］句法语义特征的形容词，或同时具有［+述物］词汇语义特征、［+伴随］和［+临时］句法语义特征的形容词。

参考文献

［1］何洪峰．语法结构中的方式范畴［J］．语言研究，2006（4）：94—100．

［2］卢大艳．论动作行为的方式范畴［D］．长春：吉林大学硕士学位论文，2007．

［3］邵敬敏．论汉语语法的语义双向选择性原则［G］// 中国语言学报（八）．北京：商务印书馆，1997．

［4］张文江．韩国语方式状语语义分析：以“形容词+게”结构为例［G］// 东方语言文化论丛：第33卷．北京：军事谊文出版社，2014：55—65．

［5］张文江．韩国语状位形容词的语义关系［G］// 东方语言文化论丛：第35卷．广州：世界图书出版广东有限公司，2016：179—193．

［6］张文江．韩国语形容词状语语义研究［M］．广州：世界图书出版广东有限公司，2017．

［7］周国光．句法变换与语义兼容［J］．汉语学习，1999（1）：9—11．

［8］남기심, 공영근. 표준국어 문법론(개정판)[M]. 서울: 탑출판사, 1985.

［9］박소영. 한국어 동사구 수식 부사와 사건구조[D]. 서울대학교 박사학위논문, 2003.

［10］서정수. 국어문법[M]. 하얼빈: 흑룡강조선민족출판사, 2006.

［11］임유종. 문장 수식어에 대하여[J]. 동아시아 문화연구 31, 1997: 16-23.

［12］임채훈. 문장의미과 사건[J]. 한국어 의미학 21, 2006: 22-35.

基于新闻语料库的汉韩词缀“-性”“-성(性)”对比研究①

国防科技大学外国语学院　赵　岩　赵天锐

【摘　要】汉韩同形汉字词缀是两国语言文化交流的产物，具有重要的研究意义和价值。“-性”和“-성(性)”是汉韩语言中能产性较高的同形词缀，本研究自建新闻语料库对两者的构词数量、构词类型以及“X性”“X성(性)”的前后连接成分进行定量分析和考察，对比其异同点并揭示其原因，为今后更深入的对比研究打下坚实的基础。

【关键词】新闻语料库；词缀；-性；-성(性)；对比

汉韩两种语言迥异有别，汉语真正意义上的词缀并不发达，但是一些新兴词缀（也称类词缀）和词缀的新用法不断出现，成为汉语词汇发展一个不可忽视的现实。汉字词缀是韩国语中能用汉字标记的一种黏着语素，它数量多，使用频率高，发展速度快，在韩国语构词体系中占有重要地位。韩国语同形汉字词缀是中韩语言文化交流的产物，其对比研究具有重要的意义和价值。

汉语中具有词缀用法的“-性”和韩国语中典型汉字词缀“-성(性)”都具有较强的能产性，在两国的构词体系中占有一席之地，而现有的研究中缺乏对于两者的系统对比研究，这与其在汉韩语言中的重要地位不成正比。本文以汉语中与“双音节或双音节以上词语”连接的后缀“-性”，韩国语中与“词或词以上单位”连接的汉字词缀“-성(性)”为研究对象，通过构建语料库，对汉韩词缀“-性”“-성(性)”的构词及使用进行定量考察和对比研究。

一、相关研究

汉语中关于“-性”的研究随着学界对类词缀的关注增加而增加，20世纪60年代前，学界只谈及“-性”的来源和形式，如丁声树（1961）等。到90年代，学者们开始更多地研究“-性”的性质、意义和功能，如赵元任（1979）、朱德熙

① 基金项目：本文是国家社科基金一般项目“基于语料库的汉韩汉字词缀对比研究”（项目编号21BYY212）阶段性成果。

（1982）、吕叔湘（1979）等。到21世纪初，越来越多的学者开始关注“X性”的词性和句法功能及其语法化过程，并开始借助语料库进行研究，如杨梅（2005）、罗进军（2004）、于秒（2007）等。而近十年来，相关研究更加细化和深入。如张未然（2015）借助语料库对汉语词缀和类词缀“儿、子、性、化、家”的能产性进行研究，结果表明能产性由强到弱依次为X儿、X性、X子、X化、X家。杨安珍（2017）认为“-性”尾词可以分为四种类型，显现出名词、区别词、形容词三种词类属性。这种功能序列的影响因素是词类内部的典型性差异和“-性”的语法化程度。

而在韩语学界，虽然“-성(性)”是具有代表性的汉字后缀，但对其进行单独研究的成果较少。仅有유가（2019）对汉字语素“-성(性)”的名词、词根、词缀用法进行了全面考察，特别是对后缀“-성(性)”及其派生词的词法和语义特征进行了重点考察。韩国语中对“-성(性)”的研究通常分散在汉字词缀的综合研究中。研究主要集中在两个方向，首先是在对后缀的判定标准和后缀条目研究中多有论及。如노명희（1990）、김소은（2010：52—78）、이슬기（2016）等。其次是“-성(性)”的语音、词法以及语义特点和功能研究。如배주채（2003：272）、노명희（2014：178—180）、이광호（2007：68—74）、김창섭（2013：178—181）对其构词中的硬音化现象予以关注。노명희（2005：102）则指出“-성(性)”用作词缀时语义弱化，由表示“某种性质或特点”弱化为“具有词基（或与词基相关的）的性质”。

综上所述，韩语学界对于“-성(性)”的相关研究多分散于其他综合研究中，缺乏深度和系统性，汉语学界对词缀研究成果在数量和内容上虽更胜一筹，但是都普遍缺乏汉韩词缀对比研究；另外，虽有部分研究借助语料库进行，但普遍使用CCL语料库、国家语委语料库和韩国世宗语料库等，缺乏近五年甚至十年的语料。

二、语料来源

为了保证汉韩语料库的大小具有可比性，在搜集语料前对部分汉韩平行语料进行统计。结果显示，韩国语文本量与汉语文本量比例（韩国语文本的语节数/汉语文本的字数），即库容比约为1∶3。接下来，分别选取我国代表性媒体“新华网”和韩国代表性媒体“韩国中央日报网”，对2019年7月之后的新闻报道进行爬取。[①] 最终共采集汉语新闻语料共30.1MB，字数约为1016万。韩国语新闻语料共37.9MB，语节数约为362万。分别对汉韩语料进行分词，将结果导入语料库软件Word Smith5.0，对“-性”“-성(性)”的构词和使用情况进行检索。

① 为避免新冠疫情对新闻报道的影响，研究未选用2020年语料。

三、“-性”与“-성(性)”的构词对比

（一）构词数量对比

从构词数量上看，“-性”构成的派生词（以下简称“X性”）209个，使用频次为382。使用频率最高的为“协同性”，频次为21；频次为10以上有4个，约占总数的2%，除了“协同性”，还有“政府性”“精准性”“适当性”；频次为4—9的有15个，约占总数的7.18%；频次为1—3的有190个，约占总数的90.9%。低频次派生词占绝大部分，说明后缀“-性”构成新词的能力较强，具有较强的能产性。

韩国语中“-성(性)”构成的派生词（以下简称“X성(性)”）362个，使用频次为2319，使用频率最高的为“불확실성”，频次为117；频次为10以上的有50个，约占派生词总数的13.81%；频次为4—9的有64个，约占17.68%；频次为1—3有248个，约占68.51%。低频次派生词占总派生词的一半以上，也说明后缀“-성(性)”构成新词的能力较强，具有较强的能产性。

“-性”与“-성(性)”在构词数量上，第一，韩国语中派生词比汉语多53个，相差并不悬殊，但是频次差别非常大，韩国语中“-性”的使用频次是汉语中的6倍多。第二，汉语中的高频派生词不仅数量少，而且使用频次也较低。汉语中的中频派生词数量稍多，所占比例稍高。汉语中的低频派生词数量不仅多，而且所占比例非常高。韩国语中的高频派生词比汉语中的高频派生词多，而且所占比例也高。韩国语中的中频派生词比汉语中的中频派生词数量多，而且所占比例也高。韩国语中的低频派生词虽然比汉语中的低频派生词数量多，但是由于韩国语中派生词总数多，因此汉语中的低频派生词的比例远远高于韩国语中的低频派生词的比例。总的来说，“X性”和“X성(性)”的数量和使用频次虽然在汉韩语中不完全一样，但都是按照低频派生词、中频派生词、高频派生词这样数量和频次由大到小的顺序排列。汉语中相对于韩国语，其低频派生词所占比例更高，并且在汉语中的使用频次普遍较少。

（二）构词类型对比

1. 与词连接使用

（1）不同词性

“-性”可以和名词、动词、形容词、区别词、连词等5种词类连接构成新的派生词，其中与名词连接构成的有69个，如“政府性”“地标性”等，约占33.1%；与动词连接的有73个，约占34.93%，如“协同性”“重构性”等；与形容词连接的有21个，如“精准性”“适当性”等，约占10.04%；与区别词连接的有10个，如“双边性”“强对流性”等，约占4.78%；与连词连接的有1个，即“可见性”。“-性”

与以上5种词连接使用共构成派生词174个，约占总数的83.25%。“-성(性)”可以和词根、名词连接构成新的派生词，其中与词根构成的派生词有12个，如“적절성”“부적절성”等，约占3.31%。这些词根都是形容词词根，能与后缀“-하다”连接构成形容词；与名词连接构成的有335个，约占92.54%，如“정체성”“진정성”等。“-성(性)”虽然只能连接名词，但是这些名词有的是普通名词，有的能够添加“-하다”构成形容词，有的能够添加“-하다”构成动词，也就是说这些名词有的具有动词或形容词的性质。

（2）不同语源

从语源来看，“-성(性)”能与多种来源的词连接，与其连接的汉字词为321个，约占95.82%；固有词为3个，分别是“막말성”“물집성”“회오리성”，约占1%；外来词为11个，分别是“스트레스성”“이벤트성”“바이러스성”等，约占3.3%。而“-性”不能与外来词连接。

（3）不同构成

从构词法角度来看，“-性”与复合词连接使用的有200个，约占95.69%；与派生词连接使用的有8个，约占3.83%，这8个派生词都是区别词；没有出现与单纯词连接的情况。“-성(性)”与派生词连接构词的有15个，如“불확실성”“비효율성”等，约占4.14%，其中有的是词典中没有的词条，说明使用中具有临时性。与复合词连接的有330个，约占87.73%；与单纯词连接的有17个，如“독성”“회오리성”，约占8.13%。

总的来说，汉韩语言中“-性”和“-성(性)”主要与名词连接使用；汉语语料库中没有发现与外来词连接的用例，而韩国语中能与汉字词、固有词、外来词连接使用；汉语中没有与单纯词连接构词的例子，而韩国语中还占据一定的比例，这些单纯词中绝大部分是外来词；与派生词连接的数量和比例相当，它们构成新派生词的用法具有类同性。

a. 非治疗性，非手术性，高密度性，高病原性

b. 可追溯性，可实现性，耐风暴性，抗疲劳性，强对流性

c. 불확실성, 불가능성, 비효율성, 비스테로이드성, 무오류성

d. 고수익성, 고기능성, 친환경성, 가시화성

如前所述，“-性”能够与部分区别词连接构成派生词。例a中“非”已经词缀化了，“高”虽然不是前缀，但是其固定在词首，其语义也与原来表示垂直落差的意义相比发生了变化，因此这里也可以看作是一个类词缀。例b中“可”“耐”“抗”“强”虽然还不能算作词缀，甚至不能算作类词缀，但是也具有词缀的一些性质，比如固定在词首，与部分双音节词连接。例c中能与词缀“-성(性)”连接构词的16个派生词中添加否定前缀“불-”“비-”“무-”构成的有12个。例d中前缀

“고-”“친-”和后缀“-화”构成的派生词也能够与后缀“-성(性)”连接构词。

2. 与词组连接使用

“-性”能与主谓词组、述宾词组、偏正词组连接使用，与主谓词组连接的有4个，如“营养不良性”“劳动密集性”等，约占1.91%；与述宾词组连接的有20个，如“限制补贴性”“可承受性”等，约占9.57%；与偏正词组连接的有13个，如“纯演示性”“自然资源性”等，约占6.22%。“-性”与以上三类词组连接使用共构成37个派生词，约占总数的17.7%。

a. 可追溯性，可实现性，可理解性

b. 耐风暴性，抗疲劳性，纯演示性

c. 不可收买性，不可冒用性，不可拆分性，未被篡改性

以上例a中与“-性”连接的都是述宾词组，这些词组均是由助动词“可”+动词连接构成的。例b中与“-性”连接的有述宾词组和偏正词组，其中述宾词组是由动词“耐”+名词“风暴”，动词“抗”+形容词“疲劳”构成的，偏正词组是由形容词“纯”+动词“演示”构成的。这些动宾词组、述宾词组和偏正词组从功能上，也可以看作是一类新兴的区别词，其能产性较强，是在线生成的，不是历时词汇化而来的，在这里我们还把它们看作词组。例c中与“-性”连接的也是述宾词组，这些词组是由动词“不可”或“未被”+动词连接构成的，它们可以看作是在例a基础上的变化。

而在韩国语中，判断是否是词组与“-성(性)”直接连接是比较困难的，当然在汉语中也遇到类似的困难，但相对来说，汉语中的判断更清晰和容易一些。因此本研究在对韩国语中的“-성(性)”的用法进行统计时，采取的是先对“-성(性)”与词、词根连接的用例进行统计，在此基础上再对该派生词前面连接的名词或词组进行考察分析。在韩国语中比较明显可以确定是词组连接“-성(性)”的非常少。

四、“X性”与“X성(性)”的用法对比

（一）前加成分

“X性”前面能够连接多种成分，其中包括名词或名词词组构成的定语，由结构助词“的”构成的定语，形容词以及量词结构构成的定语。

a. 各类政府性基金作用，考古遗迹可观性减弱，依赖的市场性

b. 进行演绎性的研究，民航发展基金等政府性基金，在协同性方面

以上例a中“政府性”前面连接名词“各类”，“可观性”前面连接偏正词组“考古遗迹”，“市场性”连接由结构助词“的”构成的定语“依赖的”。例b中动词“进行”用在“演绎性”前面，修饰后面的“研究”；“政府性基金”与“等”前面的内容构成同位关系，“协同性”前面可以连接“在”构成的介词结构。此外，“X

性”前面也可以不添加任何成分。

“X性”前加成分的类别和使用频次统计如表1所示，其前加成分分为三种类别，分别是词、词组，结构助词“的”添加的定语，其他情况（包括前面所述的并列结构、同位结构、动宾结构以及单独使用的情况等）。

表1 “X性”前加成分的类别及使用状况

前加成分的类别	词、词组	“的”字结构	其他	总和
使用频次	90	71	214	375
所占比例	24%	18.93%	57.07%	100%

从表1可以清楚地看到，连接其他成分的约占57%，说明“X性”前面添加的成分主要与其构成非修饰关系或者前面为空缺的较多，占据一半以上，而前面添加词、词组或“的”字结构构成修饰关系的约占43%，将近一半，可见这两种情况也是比较常见的用法。

对75个使用频次为6（含）以上的“X성(性)”进行统计，发现多与词、词组连接使用的约占13%，比较有限；多与属格助词“의”、定语词尾“-ㄴ/은/는”等构成的定语连接的约占53.33%，是比较常见的一种连接形式；前面连接其他成分或不连接任何成分的占比约67.96%，但这种用法中前加成分通常与“X성(性)”不构成直接的意义关系，不是本研究考察的重点。

在主要连接“의”“-ㄴ/은/는”的“X성(性)”中，有的连接“의”的用例多，有的连接“-ㄴ/은/는”的用例多，还有的连接“의”和“-ㄴ/은/는”的比例相当。

a. 선거의 공공성, 대학의 공공성, 갖는 공공성, 주거 안정이라는 공공성

b. B 씨의 폭력성, 일제의 폭력성, 인간의 폭력성

c. 철군한 개연성, 저항하기 어려울 개연성, 갭 투자의 개연성

d. 일종의 보복성, 일본의 보복성, 검찰국장을 향한 보복성

以上例a中“공공성”前面连接“의”和“-ㄴ/은/는”的数量基本相当。例b中“폭력성”前面只能与“의”连接使用，没有发现连接“-ㄴ/은/는”的例子。例c中“개연성”主要和定语词尾连接使用。例d中“보복성”前面主要与“의”连接使用。

a. 집단 편향성, 정치 편향성, 정치적 편향성

b. 실현 불가능성, 예측 불가능성

在主要连接词、词组的“X성(性)”中，以上例a中“편향성”连接双音节汉字词名词“집단”“정치”，还能够连接一些由“-적”构成的派生词，特别是“정치적”的用例较多。例b中派生词“불가능성”主要连接双音节汉字词“실현”“예측”。

由此可见，汉韩两种语言中的“X性”和“X성(性)”前面连接成分有如下相

似点。第一，都能够连接三种成分，而且这三类成分具有相似性。都能连接词、词组，它们通常与派生词构成修饰关系；也都能连接虚词（汉语中为助词，韩国语中为助词、词尾）构成的定语；也都能够连接一些其他成分，该成分与派生词不构成修饰关系；也都能够不添加任何成分单独使用。第二，出现最多的都是连接其他成分或不连接任何成分。汉韩两种语言中的不同点是汉语中“X性”连接词、词组的比例与连接“的”结构的比例相当，而韩国语中连接属格助词“의”、定语词尾“-ㄴ/은/는”的比例远远高于连接词、词组的比例。

（二）后加成分

“X性”后面的连接成分有三种。第一种是连接词（实词）或词组；第二种是连接虚词，包括连接结构助词“的”构成定语，或添加结构助词“的”构成“的”字结构；第三种是不添加任何成分。对使用频率为3（包含）以上的31个“X性”的后接成分进行统计如下。

表2 “X性”后加成分的类别及使用状况

后加成分的类别	词、词组	虚词	不添加任何成分
派生词数量/比例	19/61.29%	8/25.8%	15/48.39%
使用频次/比例	180/48.12%	53/14.17%	141/37.71%

首先从具有这三类用法的派生词数量和使用频次来看，“X性”后接成分以连接词、词组为主，其次是不添加任何成分，连接虚词的用例相对较少。

a. 重构性变革，对流性天气，适当性管理制度，可观性较弱，大气氧化性逐年增加

b. 均匀性的要求，可及性的问题，精准性的持续发力点

c. 是首创性的，通达性和（安全可靠），创意性的（通过炸、烤）

d. 局地性、小尺度、突发性的，农村居民医疗服务负担的可承受性

以上例a中“重构性”“对流性”分别连接名词“变革”“天气”；“适当性”连接名词性偏正词组“管理制度”；“可观性”连接形容词性偏正词组“较弱”；“大气氧化性”连接动词性偏正词组“逐年增加”。据统计，“X性”连接名词及名词词组的用例比较普遍，而连接动词性词组、形容词性词组的例子非常有限。例b中“均匀性”“可及性”连接结构助词“的”构成定语，分别修饰名词“要求”“问题”；“精准性”连接结构助词“的”构成定语，再连接名词性偏正词组“持续发力点”。例c中的用例出现得很少，“首创性”连接结构助词“的”构成“的”字结构，使前面的谓词性成分转化为名词性成分；“通达性”连接连词，连词前后构成并列关系；“创意性”与结构助词“的”连接，表示其前面成分是状语。总体上看，“X性”与

虚词连接使用的情况下，出现最多的用例还是与结构助词“的”连接构成定语的情况，其他几类与连词、助词等的用法非常有限。例 d 中“X性”单独使用比较常见。“局地性”连接名词“小尺度”，它们之间构成并列关系，而且通常连接的也是“X性”；“可承受性”用在句子末尾，后面没有连接其他成分。

“X성(性)”后面的连接成分也分为三种。一种是添加名词或名词词组，一种是添加格助词或补助词，第三种是不添加任何成分。如下例所示。

a. 불확실성 측면에서, 불확실성 증대가, 불확실성 등으로

b. 불확실성이, 불확실성을, 불확실성에, 불확실성이다

c. 불확실성 때문에, 불확실성까지

以上例 a 中“불확실성”后面分别连接名词“측면”和“증대”以及依存名词“등”。例 b 中“불확실성”分别连接主格助词“-이”、宾格助词“-을”、处格助词“-에”以及叙述格助词“-이”。例 c 中“불확실성”后面分别连接补助词“때문”和“까지”。

根据对 75 个使用频率为 6（含）以上的“X성(性)”进行统计，它后面不添加成分的用例非常有限，频率为 3（含）以上的只有 11 个，并且其最高频次为 8。主要连接助词的“X성(性)”约占 72%，助词以格助词为主，补助词为辅。在格助词中，连接最多的是主格助词“-가/이”和宾格助词“-을/를”，此外还有目的格助词“-에”、叙述格助词“-이”等。主要连接词或词组的总数为 21 个，在全部“X성(性)”中占比为 28%。比如“보복성”“돌발성”等，还有部分“X성(性)”通常连接固定的词或词组，表现出明显的倾向性，如“실효성”“보장성”等。

由此来看，汉韩两种语言中“X性”和“X성(性)”的后接成分存在较大差异，即汉语中连接最多的是词、词组，而韩国语中连接最多的是助词；汉语中连接最少的是助词，而韩国语中连接最少的是不添加成分的。这可以从两种语言的差别进行解释。第一，韩国语中在体词后面通常添加格助词表示语法关系，此外还有大量的补助词用于体词后边添加语义，“X성(性)”后面能够大量添加各种格助词和补助词，而在汉语中没有格助词和补助词，汉语通常依靠语序的变化对语法结构和语义产生影响，所以韩国语中的格助词和补助词在汉语中对应的是空位。第二，“X性”后面连接虚词，这些虚词主要有两种功能，一是添加“的”把派生词变成定语，二是直接添加“的”，变成名词性结构作为句子的结尾。这种情况在韩国语中有两种实现方式，一是如“진정성 있는”“진정성 없는”那样在派生词“진정성”后面添加“있다”“없다”后再做定语，二是在后面添加动词、形容词、副词，构成“생산성 낮은”“생산성 연동한”“유익성 같은”“연관성 없이”等再使用，都是通过添加词、词组来实现汉语中的功能。

五、结语

本文借助语料库工具，对汉韩词缀“-性”和“-성(性)”的构词，“X性”和“X성(性)”的使用状况进行对比分析。“-性”和“-성(性)”的构词数量和使用频次虽然在汉韩语中不完全一样，但都是按照低频派生词、中频派生词、高频派生词这样数量和频次由大到小的顺序排列。汉语的低频派生词所占比例更高，使用频次普遍较少。从构词类型上看，“-性”没有出现与单纯词、外来词连接构词的例子，而韩国语中的单纯词中绝大部分是外来词。汉韩语中与派生词连接的例子数量和比例都相当。“-性”还可以和词组连接使用，但在韩国语中这种情况非常少见。从“X性”和“X성(性)”的使用上看，其前加成分都可以分为三种：连接词、词组，这些词、词组通常与派生词构成修饰关系；连接虚词构成的定语；连接一些与派生词不构成修饰关系的其他成分或单独使用。汉韩语言中出现最多的都是连接其他成分或不连接任何成分。而前加成分的不同点是“X性”连接词、词组的比例与连接“的”结构的比例相当，而韩国语中连接属格助词“의”、定语词尾“-ㄴ/은/는”的比例远远高于连接词、词组的比例。汉韩在其后加成分方面存在较大差异。汉语中连接最多的是词、词组，而韩国语中连接最多的是助词；汉语中连接最少的是助词，而韩国语中连接最少的是不添加成分的。这可以从两种语言类型差别进行解释。

本研究仅从共时角度结合新闻语料库对汉韩语言中能产性较高的“-性”和“-성(性)”的构词以及“X性”和“X성(性)”前后连接成分进行对比分析，为今后从两者的语义演变、使用语境等方面进行深入考察打下了坚实的基础。

参考文献

[1] 陈汝立. 谈词缀“-性”[J]. 新疆师范大学学报，1986(2).

[2] 丁声树. 现代汉语语法讲话[M]. 北京：商务印书馆，1961.

[3] 李刚. 现代汉语类词缀“非、准、性、化、家”的发展演变与特点[D]. 北京：首都师范大学，2011.

[4] 罗进军.“X性”词族探微[J]. 湘潭师范学院学报（社会科学版），2004(3).

[5] 吕叔湘. 汉语语法分析问题[M]. 北京：商务印书馆，1979.

[6] 万菁. 试析东北方言附加式合成词“X性”[J]. 湖州师范学院学报，2015(11).

[7] 杨安珍.“X性”词功能弱化的等级序列[J]. 安庆师范大学学报（社会科学版），2017(3).

[8] 杨梅. 论“-性”缀语法化进程及相关问题[J]. 南京师范大学学报，

2005（5）.

［9］于秒．“X性”词句法功能详探［J］．贵州皎月学院学报（社会科学），2007（1）.

［10］朱德熙．语法讲义［M］．北京：商务印书馆，1982．

［11］张未然．基于语料库的汉语词法能产性量化研究［C］// 第八届北京地区对外汉语教学研究生论坛文集．北京：北京大学对外汉语教育学院，2015．

［12］张未然．汉语类词缀“-性”和“化”的兼类产生机制［J］．现代语文，2019（11）.

［13］张小平．当代汉语类词缀辨析［J］．宁夏大学学报，2000（5）.

［14］赵元任．汉语口语语法［M］．吕叔湘，译．北京：商务印书馆，1979．

［15］김소은. 漢字語接尾辭研究[D]. 청주: 충북대학교, 2010.

［16］김창섭. ‘的’의 두음 경음화와 2 자어 3 자어론[J]. 국어학(68), 2013.

［17］노명희. 한자어의 어휘 형태론적 특징에 관한 연구[D]. 서울: 서울대학교, 1990.

［18］노명희. 현대국어 한자어 연구[J]. 국어학총서 49, 2005.

［19］노명희. 한자어 형성과 기능 단위[J]. 한국어 의미학 (43), 2014.

［20］박형익. 국어 사전에서의 한자어 접미사와 혼종어 접미사[J]. 한국어학 (21), 2003.

［21］방향옥. 한국 한자어와 중국어의 파생어 대조[M]. 서울: 역락, 2011.

［22］배주채. 한국어의 경음화에 대하여[J]. 성심어문론집(25), 2003.

［23］유가. 현대 한국 한자어 ‘성(性)’의 형태•의미 연구[D]. 서울: 서울대학교, 2019.

［24］이광호. 국어 파생접사의 생산성에 대한 계량적 연구[D]. 서울: 서울대학교, 2007.

［25］이슬기. 접미한자어에 대한 연구[D]. 서울: 서강대학교, 2016.

韩国济州方言的濒危现状与保护复兴措施

上海外国语大学贤达经济人文学院　赵　娜
上海外国语大学东方语学院　赵新建

【摘　要】 韩国济州方言日渐萎缩，其结构系统也在日渐退化，尤以아래아音（[・]）面临消失为典型表现。联合国教科文组织已将韩国济州方言归入“极度濒危语言”级别，位列五级濒危等级制的第四级。而从对相关文献的梳理中我们发现，前贤学者对韩国的语言政策着墨较多，对韩国濒危语言现象关注不够，更是缺少专题性的研究。基于以上思考，文章对济州方言濒危现象进行了粗浅的分析和探讨。本文发现，导致韩国济州方言濒危的原因不是单一的，更重要的是外部因素作用的结果；针对济州方言濒危现状韩国采取了区域性宏观语言政策规划与济州方言微观保护措施的“双管齐下”保护与复兴措施，其中国际升级等举措对我国具有一定的参考意义。

【关键词】 韩国济州方言；联合国世界濒危语言；濒危；保护复兴

韩国济州方言①日渐萎缩，其结构系统也在日渐退化，以아래아音（[・]）为首的语言现象正面临着消失危机。韩国济州方言濒危的一个重要原因还在于，与济州岛总人口相比，使用济州方言的人口比例明显偏低，济州方言的传承无法得到继续。经过专家的现场访问调查以及与韩国专家和各地区 UNESCO 语言专家 3 个月的商讨，最终，2010 年 12 月 18 日，韩国济州方言被联合国教科文组织列入“极度濒危”②级别，位列五级濒危等级制的第四级。这不仅是联合国教科文组织单方下的结论，韩国也给出了济州方言的病危通知，“济州方言生态指数调查”和“济州道民的济州方言使用实态调查”的结果都显示济州方言正面临消失危机。而从对

①《济州语保护与培育条例（제주어 보전 및 육성 조례）》中提到将“济州方言”改为“济州语”，但也有学者提出了反对意见。就像中国广东话虽然与北京话存在很大差异，但是仍将其称为方言。因此，本文采用“济州方言”这一用语，而非“济州语”。

② 2009 年，联合国教科文组织发布的新版世界濒危语言图谱显示，全球近 7000 种语言中，共有 2511 种语言处于脆弱、危险的境地，其中有 199 种语言处境告急，18 种语言被列为“极度濒危语言”。

相关文献的梳理中我们发现，前贤学者对韩国的语言政策着墨较多[①]，对韩国濒危语言现象关注不够，更是缺少专题性的研究。因此基于以上思考，本文拟从韩国对济州方言濒危性的认识、济州方言濒危现状、成因、复兴与保护措施等方面，对济州方言濒危现象做粗浅的分析和探讨。希望这些保护复兴措施能够对我国语言保护有一定的参考价值。

一、韩国对济州方言濒危性的认识

以 2010 年为转折点，濒危济州方言的保护发展进程可以分为以下两个阶段：2006 年到 2010 年期间为“萌芽期”，韩国对济州方言的濒危性有了一个清晰的认识，并对济州方言保护与复兴的迫切性达成了共识；2010 年至今为“发展期”，韩国国内对济州方言的关注度不断提高，研究人员、相关课题研究成果逐渐增多，保护方法与复兴措施渐趋多样化，济州方言保护工作上了一个新台阶。

2006 年 4 月 18 日，韩国国立国语院和国立民俗博物馆为将韩国济州方言列入联合国无形文化遗产的保护名录，签订了对济州方言进行语言学、民俗学调查的协议，济州方言开始受到各界瞩目。申遗是让国际社会了解一个民族文化的手段，可以增加其在世界上的影响力，间接提高相关商品影响力和国际形象等，但任何申遗都是为了保护，申遗成功对于济州方言以及济州文化、历史的传承保护都具有重要的意义，是可持续保护的根本。考虑到韩国济州方言保护的紧迫性，济州特别自治道于 2007 年 9 月 27 日制定了《济州语保护与培育条例（제주어 보전 및 육성 조례）》，国立国语院院长李相奎表示：“济州岛是人类宝贵的文化财富，在制定济州方言发展计划的同时，要与国际接轨，融入濒危语言对策研究的国际动向，向全世界人民宣讲济州方言的保护。”可见，在联合国教科文组织将韩国济州方言指定为极度濒危语言前济州特别自治道就意识到了济州方言濒危的严峻性和保护的急迫性。

2010 年，联合国教科文组织把韩国济州方言指定为面临消失危机的语言，以此为契机，保护济州方言的呼声增加。在这种氛围下韩国国内对济州方言的关注度不断提高，研究济州方言的人员相应得到增加，对济州方言结构系统衰变以及保护复兴的相关研究相继问世。[②]学界、政府机关、市民团体、研究者、有志之士等开展了大大小小规模的拯救复兴措施，对韩国济州方言保护与活用的关注度上升。在各界的努力下取得了部分成果，但韩国济州方言复兴之路任重道远，保护措施也还有待进一步完善。2018 年 5 月 17 日，济州道议员候补杨英植强调济州方言保护刻

① 如尹悦、金基石（2019），陈倩雯（2019），尹悦（2017），高陆洋（2014），崔丽红（2012）等。

② 如김순자（2011）、김세중（2011）、김보향 · 정승철（2013）、김보향（2017）、신우봉（2022）等。

不容缓，提议重新修订上述的《济州语保护与培育条例》，并提出与专家、研究者们商讨并在吸取一定的民意基础上成立济州方言战略研究所。2021 年 12 月 13 日，济州道议员姜哲南表示济州方言是我们济州的灵魂，蕴含着生活和文化的重要历史，其价值远远超过语言本身。为保护和复兴逐渐消失的济州方言将推进《济州语保护与培育条例》的修订，为设立“济州方言博物馆”提供依据。

语言的变化是许多因素如时间、地域、社会、社会集团等共同促成的。[①]随着社会的发展韩国济州方言在语音、词汇和语法方面都有不同程度的变异，因此对其进行研究具有一定的社会语言学研究价值。韩国学者普遍认为，韩国济州方言是济州岛民信息传递和思想交流的工具，反映着济州岛民的智慧、文化与精神，济州方言的传承有利于增强济州岛内部的凝聚力和向心力。其次，韩国济州方言是人们了解济州岛文化的一面镜子，济州方言的消亡意味着文化多样性的减少、衰退，甚至是消亡。对济州方言的保护有利于济州岛独特文化的传承与保护。再次，语言是记述历史的工具和历史演进的见证[②]，韩国济州方言的濒危意味着历史连续中断的风险，保护濒危济州方言可维持济州岛历史的连续性。此外，与韩国其他地区的方言相比，韩国济州方言在语音、词汇、语法层面具有显著的独特性，同时还保留了较多的早期成分如아래아音（[・]）、早期农业相关词汇等，可以为研究语音发展史、词汇发展史等提供重要的素材。

二、韩国济州方言濒危现状

韩国济州方言的产生、发展以及变异与它所在的社会历史诸多因素紧密相联，随着社会的发展、语言（方言）之间的接触，韩国济州方言在语音、词汇和语法方面都有着不同程度的变异。下面我们将从语音、词汇、语法三个层面进行梳理和分析。

（一）语音层面

1. 单元音体系

在标准语单元音体系的划分中不同学者的划分标准有所差别，但是不论采取何种划分标准或划分方法，标准语中单元音的个数是不变的，基本为 10 个，分别为“ㅏ、ㅐ、ㅓ、ㅔ、ㅗ、ㅚ、ㅜ、ㅟ、ㅡ、ㅣ”。在单元音体系方面，标准语与济州方言稍有不同，主要体现在单元音的个数上。济州方言单元音体系在不同年龄段有不同的体现，老年层个数最多（9 个），其次是中年层（8 个），青年层最少（7

① 陈原．社会语言学［M］．上海：学林出版社，1982：9．

② 徐佳．生态语言学视域下的中国濒危语言研究［D］．上海：上海外国语大学博士学位论文，2010：67．

个）。下表为韩国学者[①]给出的济州语方言单元音体系：

表1　韩国济州方言单元音体系（老年层）

类别	前元音		后元音	
	非圆唇	圆唇	非圆唇	圆唇
高元音	ㅣ		ㅡ	ㅜ
中元音	ㅔ		ㅓ	ㅗ
低元音	ㅐ		ㅏ	·

表2　韩国济州方言单元音体系在不同年龄段的不同体现

年龄段	老年层	中年层	青年层
单元音总数	9	8	7
单元音体系	ㅣ、ㅔ、ㅐ、ㅡ、ㅓ、ㅏ、ㅜ、ㅗ、·	ㅣ、ㅔ、ㅐ、ㅡ、ㅓ、ㅏ、ㅜ、ㅗ	ㅣ、ㅔ、ㅡ、ㅓ、ㅏ、ㅜ、ㅗ

从上面的表格可以看出，韩国济州方言的单元音在老年层共有 9 个，分别为“ㅣ、ㅔ、ㅐ、ㅡ、ㅓ、ㅏ、ㅜ、ㅗ、·”；而年轻一代却表现出两个显著的倾向，一是“ㅐ”与“ㅔ”的趋同化，二是“·”的消失，单元音数量由 9 个减至 7 个。

韩国学者[②]对济州方言中아래아音（[·]）的调查结果显示，只有 70 岁以上的济州岛当地老年层还在使用아래아音（[·]），50 岁以下人群中已很少见到。与“ㅏ、ㅓ、ㅗ”不同，70 岁以上老年人所用的아래아音（[·]）比低元音“ㅏ”高，比“ㅗ”低，舌位在“ㅓ”后，“ㅗ”前，开口度窄于“ㅏ”，圆唇程度位于“ㅜ”和“ㅗ”之间。他还指出，如果用 IPA（国际音标）来标记的话，不是“后舌圆唇低元音 [ɒ]”，而应标注“后舌圆唇中元音 [ɔ]”。研究韩国济州方言的其他学者也基本认同这种观点，但不同学者的观点之间存在细微的差别。我们在国际音标元音舌位图中对韩国济州方言的单元音进行了标注，如下图所示：

① 조성문. 산포이론에 의한 제주방언의 음운적 특성 분석[J]. 동북아 문화연구 14, 2008: 123-142.

② 김원보（2005）中，以 8 名 70 岁以上济州岛当地老年人为调查对象（4 个市中的 8 个郡，按男女比例），对济州方言中아래아音（/•/）进行了考察。

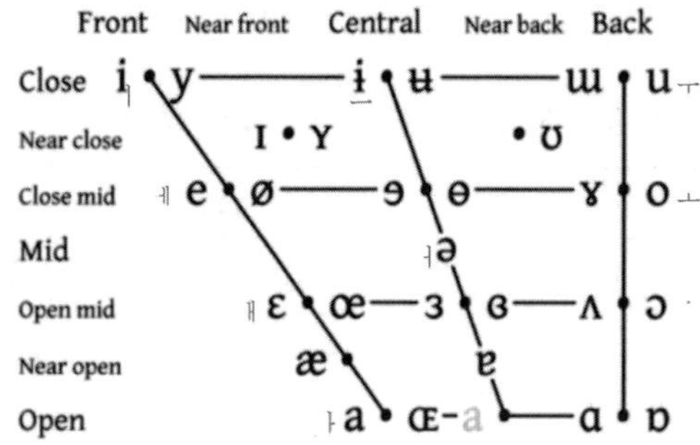

图 1　韩国济州方言单元音在国际音标元音舌位图中的分布

2. 双元音体系

韩国济州方言的双元音体系主要表现为："의(ɨy)、유(yu)、예(ye)、여(yə)、요(yo)、얘(yɛ)、야(ya)、위(wi)、외(we)、워(wə)、왜(wɛ)、와(wa)、ᆢ/yɔ/"。①济州方言中，老年层将标准语中的单元音"ㅚ""ㅟ"发成双元音，另外，"ㅚ"与"ㅙ"有严格的区分。而 20—50 岁这一年龄段的人群则倾向于不再区分"ㅚ(we), ㅙ(wɛ)"。韩国语双元音发音上的特征即双元音由单元音组成，这一特点使其处于不断变化之中，双元音变单元音，单元音变双元音。此外，아래아"·"的双元音ᆢ/yɔ/，在年轻一代使用率较低，大多数情况下不发音。

中世韩国语아래아音（[·]）早在 16—17 世纪已消失，唯独韩国济州方言还残留有아래아音，其可以看作是中世韩国语中아래아音的变形体。②虽然韩国济州方言中的아래아音与中世韩国语③中原来的发音有不同之处，但可以为中世韩国语아래아音的研究提供一定的线索。如果不针对아래아音的濒危现状采取相应的保护与复兴措施，30 年后韩国济州方言中的아래아音将可能消失。

（二）词汇层面

在语言三要素（语音、词汇、语法）中，词汇是反映社会发展变化最敏感、最迅速的部分。随着社会经济的快速发展，韩国济州方言在发展传承方面面临着严峻的挑战。在国立国语院的资金支持下济州大学国语文化院以 20、40、60 岁以上不

① 김원보, 변길자, 고미숙. 제주방언화자의 세대별(20 대, 50 대, 70 대) 이중모음의 음향분석과 이중모음체계[J]. 음성과학 4, 2007: 100-101.

② 김원보. 제주방언에서 [•]음의 음향분석[J]. 언어과학연구 6, 2005.

③ 训民正音创制时，对아래아音（/•/）的规定如下：舌位与"ㅗ,ㅜ"相似，且开口度比"ㅗ"大，比"ㅏ"要小；与"ㅏ""ㅗ"处于同一个系列，这与济州方言中的아래아音（/•/）并没有很大的差别。中世韩国语中的아래아音（/•/）是后舌圆唇低元音。

同年龄段的人为调查对象，对“가”型86个农业词汇和“나”型90个济州文化相关词汇的认知度进行了“济州方言生态指数调查”，结果如下：

表3　不理解及不知道的词汇数量统计

年龄层	词汇类型	
	“가”型农业相关词汇（86个）	“나”型济州文化相关词汇（90个）
20岁	76	54
40岁	36	20
60岁	7	2

该调查表明，一方面，对济州方言的认知度随着年龄单调递增，另一方面，与济州文化相关词汇相比，对农业相关词汇的认知度相对更低。

此外，韩国济州大学国语文化院对济州岛民的“济州方言使用实态”进行了调查。以400名十岁左右的初、高中生为调查对象，对日常生活中使用频率较高的120个词进行了考察，结果显示熟知度最高的是亲属相关词汇（如“아방”，92.3%），认知度最低的是农业相关词汇（如“눌”，99%）：

表4　韩国济州岛民词汇认知数量

“知道”回答率	词汇数量（个）
90%—100%	4
70%	11
<10%	45

随着生活环境的改变语言环境也随之发生了一系列的变化，这是社会语言学家所研究的语言与社会的“共变”关系。济州社会的发展导致韩国济州方言的使用范围也逐渐萎缩，在一定程度上加速了韩国济州方言的消失速度，使传承无法继续。

（三）语法层面

方言接触加速了韩国济州方言的濒危[①]同样表现在语法层面。韩国济州方言疑问句可以根据词尾的对立区分为说明疑问句和判定疑问句，但有的调查结果[②]显

① 신우봉. 제주방언 20 대 화자의 표준어화 현상 연구-문법 형태소를 중심으로-[J]. 어문논집 94, 2022: 128.

② 김보향, 정승철. 제주방언의 설명의문과 판정의문-어미의 중화 현상을 중심으로-[J]. 방언학 17, 2013.

示，因受到标准语的影响青年层出现了明显的词尾中和现象，几乎不再依据词尾来区分说明疑问句和判定疑问句。有学者①以与标准语存在差异的济州方言助词为分析目标，对不同年龄层的使用情况进行了考察，结果显示从整体上来看 20 岁左右的青年层使用方言型助词的比率为 27%，标准语型助词的使用率达到了 73%。她还对不同年龄层济州方言连接词尾使用情况进行了调查②，结果显示济州方言型连接词尾中的“-곡、-메、-멍써라、-어둠서”只存现于 60 岁以上的老年层，40 岁以下群体几乎不再使用；20—30 岁年龄层虽有人使用“-어사”，但使用率明显少于 60 岁人群；“-멍、-난、-엉、-당”在 30 岁以下的使用率在 40% 以上。

也有学者③将研究对象扩大，以语法形态素为分析目标，对 20 岁话者的助词、先语末词尾、连接词尾、终结词尾的使用情况进行了考察。研究结果显示，因为助词“게、이”没有对应的标准语型，因此除了“게、이”外大部分使用标准语型助词；济州方言型先语末词尾的使用率只占 5.7%，连接词尾也同样出现了标准语化倾向，如与标准语型“-는데”对应的“-ㄴ디”使用率仅占 18%；终结词尾表现出的标准语化现象最不显著，济州方言型终结词尾的使用率相对较高。

通过上面的文献梳理，我们可以发现，韩国济州方言在语法层面出现了严重的标准语化现象，济州方言型语法形态素的使用率在青年一代明显偏低，韩国济州方言的原形得不到传承，如不加以保护不久的将来将面临消失危机。

三、韩国济州方言濒危成因

从更深层上看，语言结构系统内部变异是内外因、主客观因素综合作用的结果，但真正推动语言变化的是社会文化力量。④通过文献梳理和相关资料调查，我们发现导致韩国济州方言濒危的原因也并不是单一的，是多方面的，同内部原因相比，更多的是外部环境原因作用的结果。

（一）内部因素

如前所述，如果用 IPA 来标记的话，韩国济州方言中的아래아音（[·]）是“后舌圆唇中元音”。这与현평효的主张⑤一脉相承，即아래아音（[·]）与其说是韩文创制时的音值，不如说是 16 世纪后半期产生并保留下来的，为韩文创制时拥

① 김보향. 제주방언 문법 형태의 세대별 변화 연구[J]. 한국언어문학 101, 2017.

② 김보향. 제주방언 연결어미의 세대별 변화 연구[J]. 방언학 34, 2021.

③ 신우봉. 제주방언 20 대 화자의 표준어화 현상 연구-문법 형태소를 중심으로-[J]. 어문논집 94, 2022.

④ 孟万春. 语言接触与汉语方言的变化［J］. 华南农业大学学报，2011（2）：145.

⑤ 현평효（1985）认为，아래아音（/•/）是韩国语的一个特殊的元音，处于“ㅓ, ㅗ”的中间位置，但更接近于“ㅗ”这个音。

有[ɒ]音价的아래아音（[・]）逐渐向“ㅓ，ㅗ”方向移动变化提供一定的解释。所以 50 岁以下的济州岛当地居民有将아래아音（[・]）向“ㅓ，ㅗ”两个元音合并的强烈倾向，因此不再单独发音，当然这也只是一个推测。此外，也有学者①指出，正如 Peter 所言，아래아音（[・]）的消失是低元音的非圆唇化导致的。

（二）外部因素

1. 国家政策、制度和基金层面

首先，标准语政策的强力实施。韩国对“标准语”的价值赋予受到了法国语言政策的影响。从法国大革命开始兴起的标准语政策，用一种否定的、差别的眼光区别对待地方方言并试图将其进行标准语化，20 世纪开始日本实行标准语政策，将语言分为标准语和方言，赋予标准语“国语”的地位并对方言进行标准语化；与此不同的是，在韩国先修订了正字法，在此期间产生了“标准语”概念，虽然标准语这一概念产生、确立的过程不同，但是对“标准语 vs 方言”的价值判断法国、日本、韩国是一样的，并赋予标准语以绝对的价值。②标准语化政策的强力实施，相比较而言方言似乎坐上了冷板凳。报纸和广播的普及以及学校教育促进了标准语的普及；国语词典的编纂和普及促使标准语势力进一步加强；在行政、司法、舆论、教育等各个领域得到广泛使用，这加速了包括韩国济州方言在内的诸多地方方言的消失速度。另外，与其他方言相比韩国济州方言更具独特性，与标准语的差异较大，因此与其他地域相比济州岛民标准语习得的欲求更强烈。

其次，济州国际化自由大都市政策的出台。为了济州岛的发展打造济州国际自由化大都市是济州岛民的夙愿，也是符合国家利益的，更是时代发展不可抗拒的潮流。2006 年 2 月 21 日，韩国制定发布了《济州特别自治道设置及国际自由城市建设特别法（제주특별자치도 설치 및 국제자유도시 조성을 위한 특별법）》，从国际化与地方化两个层面制定了主旨语言政策，即英语公用化和方言保护条例。为提高国际竞争力不仅推行英语的公用化，同时还强调英语教育的重要性，这加剧了语言的等级分化，也对标准语和韩国济州方言造成了危机。

再次，法律制度不够完善。“韩国语基本法”（2005 年 2 月新规制定，2009 年 3 月部分修订，法律 9491 号）第 2 章第 4 条规定“国家和地方自治区能动应对语言使用环境的变化，努力提高国民国语能力、保护地方方言”，这是韩国法律中唯一提及地方方言的法规，但却未涉及方言保护的具体措施和计划。针对韩国济州方言为首的方言濒危现状，出台方言保护政策的呼声高涨，但制度依据却相当薄弱。

---

① 조성문. 산포이론에 의한 제주방언의 음운적 특성 분석[J]. 동북아 문화연구 4, 2008.

② 邢鎭義. 近代國民國家와 標準語政策의 史的考察-多文化社会를 향한 言語政策의 観点에서-[J]. 일본문화학보 52, 2012: 113-114.

为此，国家和地方自治区表示应为方言保护提供法律基础，包括构建方言保护基本计划、设立研究所、增加财政支援等。济州特别自治道 2007 年制定了《济州语保护与培育条例》，该条例是地方自治团体在法令范围内针对自己权限的事务，经过地方议会的决议制定的形式法，在对外效力上虽然对居民有一定的约束力，但对外效力并不是条例的必需要素，因此该方言政策仅可以被看作是鼓励性推进。

此外，缺少“济州方言基金”。2008 年 5 月，设立了主管部门文化政策和附属“济州方言审查委员会”，由 11 名审查委员组成，实则“名不副实”，没有实权，只作为咨询机构存在。成立一年以来仅召开过一次，但这并不是审查委员的问题而是资金的问题。

2. 城镇化与核心（小型）家族化

城镇化、产业结构的转型是导致韩国济州方言濒危的重要原因。济州岛产业结构比例分别为，第一产业 1.8%、第二产业 12.1%、第三产业 90.2%，其对应的从业人员比例分别为 4.9%、17.3%、77.6%。[①]随着生活方式的改变语言原生态的土壤随之消失，韩国济州方言中农业相关词汇的消失在很大程度上是受到了产业结构转型的影响。2008 年，国立国语院和济州大学国语文化院共同进行的“济州方言生态指数报告书”统计结果显示，在日常生活中交际功能强的方言“어디 감수광（안녕하세요）、기여(그래)”等的使用度为 70% 以上，“살체보리（겉보리）、함박쿨（병풀）”等农业相关词汇（31 个）不到 20%。

另外，家庭结构小型化（核心家族化）趋势也是导致韩国济州方言得不到传承的重要原因之一。传统交往模式的改变使得代与代之间原生态的密切交往受到阻隔。韩国济州方言的保护与传承有赖于代与代之间原生态的密切交往，但现代生活改变了这种传统的交往模式。当地孩子从小进入学校接受学校教育而不是从父母那里获得知识。“济州岛民的济州方言使用实态调查”结果也显示，父母故乡是济州岛，与祖父母的接触较多以及曾经接受过教育的学生对济州方言认知度更高。换句话说，生活环境和教育程度对济州方言的保护与传承有直接的影响。

3. 语言（方言）接触

关于语言接触引发的演变，“典型的情形归结为以下四种：第一，特征的增加，即受语系统通过接触引发的演变增加了新的特征；第二，特征的消失，即某一语言由于语言接触而丧失固有的特征，但没有任何干扰特征可以作为所失特征的替代物；第三，特征的替代，即受语系统中固有的特征被新的外来特征所替代；第四，特征的保留，即一个语言由于跟其他语言接触而保留了原本有可能消失的

---

① 김은희. 지방자치단체의 언어정책에 관한 사회언어학적 연구[J]. 동북아 문화연구, 2010(22).

特征。”[①]

从第二小节文献的梳理中，我们可以看到韩国济州方言在与京畿道方言“标准语”的接触过程中出现了严重的标准语化现象，主要表现在语音、语法等层面，尤其是语法层面。如前所述，从整体上来看 20 岁左右的青年层使用方言型助词的比率为 27%，标准语型助词的使用率达到了 73%。20 岁年轻一代放弃原有的韩国济州方言原型语言形式而选择标准语型，是上面第三种情形的反映，即受语（济州方言）系统中固有表达形式被新的表达形式（标准语型）所替代。

4. 教育与文字记载层面

济州特别自治道正在进行教育资料开发的工作，但在内容上存在很多的不足，教育资料内容不充实，有待进一步完善。同时缺乏韩国济州方言在线学习网站、完善系统的济州方言语料库系统等。此外，专门研究韩国济州方言的人员相对较少，因此济州方言教师的培育以及研究人员层面的扩张迫在眉睫。

从文字记载层面来看，文字记录是语言存续的双重保障装置，缺少文字记载是导致韩国济州方言使用频度和范围缩小的重要原因之一。2011 年 5 月 19 日，《济民日报》民主言论实践委员会指出，报社和新闻工作者协会需对“济州方言拼写”展开讨论，因为没有具体的指标线造成了韩国语使用的混乱，因此为了济州方言的传承与活用应制定“济州方言拼写法”。

5. 语言态度与年龄差异

语言态度不仅影响着语言使用者的语言能力和语言行为，也关系着民族认同与国家认同，它既是造成语言濒危的一个重要原因，也是复兴濒危语言的一个重要因素。[②]根据韩国学者[③]的调查，从整体上来看男生对韩国济州方言更倾向于持正面评价，相反，女生则持负面评价较高，更倾向于使用标准语。济州岛民对韩国济州方言所持的否定、消极态度是韩国济州方言濒危的一个重要原因，因此有必要强化人们对韩国济州方言的积极态度，弱化消极、否定的态度。

年龄差异也是一个重要的影响因素。在日常生活中韩国济州方言的使用率很低，只有农渔村的老年层还在使用济州方言，年轻人几乎不再使用。韩国“济州方言生态指数调查”结果显示，年龄越高越倾向于使用古语形，这反映了老年层保留了年轻时熟悉的语言习惯。相反，年龄越小对韩国济州方言的认知度越低，这加速了济州方言아래아音（[・]）等语言事实的消失。此外，也有学者[④]对“衣食住、

---

① 吴福祥. 关于语言接触引发的演变［J］. 民族语文，2007（2）：4—5.

② 瞿继勇. 语言的濒危与保护［J］. 焦作大学学报，2011（4）：33.

③ 이정민. 한국어의 표준어 및 방언들 사이의 상호 접촉과 태도[J]. 한글 173, 1981.

④ 강영봉. 제주 사회 통합과 제주어[J]. 탐라문화 43, 2013.

民俗”相关的 22 个词汇的生态指数进行了考察，结果显示所有词汇的生态指数不超过 50%，也就是说，这 22 个词汇在日常生活中的使用频率较低，不超过 50%。有超过一半的 60 岁以上老年人仅使用了其中的 5 个词汇，一半以上 40 岁中年层词汇使用量不超过 1 个，20 岁左右青年层的词汇使用量不超过 30%。按照这种发展趋势，在不久的将来这些词汇将只存现于词典，不会再出现在日常口语中。

6. 交际功能的衰退

濒危语言是语言功能变化过程中的一种变异现象，是一种语言走向消亡前的临界状态。[①]语言的主要功能是社会交际，制约语言使用的社会因素不同导致不同语言在社会交际中的功能也不尽相同。而功能的不断衰退则可能导致语言甚至失去交际功能，让位于官方语或标准语不再为人们所使用[②]，使其成为濒危语言并最终完全消失。引起语言衰退现象出现的最典型的例子是没有文字记载，交际功能衰退，使用频度和范围缩小。济州方言使用度的减少不是由话者的数量减少引起的，更多的是交际功能衰退，导致使用人数减少，也造成了语音、语法、词汇体系的衰退。[③]

四、韩国济州方言保护与复兴措施

针对韩国济州方言的濒危现状，韩国采取了区域性宏观语言政策规划与济州方言微观保护措施的“双管齐下”保护与复兴措施，我们将从以下几个方面进行总结。

1. 语言政策与法律制度的完善

第一，关于语言政策的稳定性与动态性，“语言政策首先应该保持相应的稳定性，这是由语言政策的制定是为了解决复杂的社会公共问题这一目的决定的。另一方面，语言政策的动态性是指语言政策的核心保持稳定，在此基础上，语言政策也会适应社会变化发生相应的变化”。[④]可见，语言政策不是一成不变的。韩国适时调整语言政策，针对濒危济州方言采取了推动性语言政策而不是容忍性语言政策，力求避免韩国济州方言消失，鼓励私下使用或是确保公开使用而不被歧视。

第二，地位计划目标。致力于在日常生活中提高韩国济州方言的地位，维持其

---

① 戴庆夏，邓佑玲．濒危语言研究中定性定位问题的初步思考［J］．中央民族大学学报，2001（2）：121．

② 同上。

③ 김은희. 지방자치단체의 언어정책에 관한 사회언어학적 연구[J]. 동북아 문화연구 22, 2010.

④ 王世凯．语言政策理论与实践［M］．北京：中国社会科学出版社，2015：15．

交际功能，推行韩国济州方言的日常化与文字化，增加韩国济州方言在日常生活中的使用频率和使用范围使其成为生活的一部分，这也是方言地位计划的终极目标。韩国济州方言濒危的一个重要征兆是济州方言退出了社区乃至家庭的交际舞台。在重视教育的同时，也有韩国学者[①]提到还要强化韩国济州方言在家庭和社区中的使用。创造韩国济州方言使用环境，扩大使用范围，以延缓其消亡的速度，如设立济州方言村，在里面人们可以自由使用济州方言等。其次，将韩国济州方言发展成能够对精神活动产生积极影响的语言，要喜欢使用济州方言，用济州方言聊天、写文章、思考、树立远大志向。这有利于济州岛社会共同体的团结，也有利于济州文化的繁荣。

第三，法律制度层面。在联合国教科文组织将韩国济州方言指定为面临消失危机语言之后，2011 年 4 月 6 日，济州特别自治道对《济州语保护与培育条例》进行了部分修正，紧接着，在 4 月 7 日，成立了济州方言保护培育委员会，并表示会按照济州方言条例开展济州方言保护政策。在之后的 2011、2014、2015、2016、2017、2018、2022 年都对该条例进行了部分修正。

2. 田野调查与语料保存

第一，田野调查与研究对象。失去一位信息提供者就意味着消失了一个济州方言博物馆，因此韩国学者都强调应该有系统地、穷尽式地采录济州方言，使其得以保护与传承。不仅要收集语音资料还要录制视频资料，将收集的资料进行分类整理。一方面在济州方言田野调查时尽可能地深入保存原生态生活较好的地区；另一方面尽可能地寻找原生态生活丰富、经验丰富的调查对象。

第二，注意对济州方言原形的收集。在巫歌、民谣、民间故事、习俗礼节等无形文化遗产中寻找韩国济州方言的古形，对民间说唱艺人、巫师等特殊人群以及他们在进行特殊活动中的特殊内容进行了调查分析，包括巫术、祭祀仪式、婚丧嫁娶仪式等等。不可否认，其中肯定保存有韩国济州方言的一些非常珍贵的成分。

第三，注意对文学作品进行细致的调查与广泛收集。有的韩国学者[②]曾提到，文字记录是语言存续的双重保障装置，方言一般不用于书面语，但韩国济州方言却在文化作品中被记录了下来，使韩国济州方言获得了记录语言的地位。方言文学是指用济州方言来完成的文学作品，而不是用方言标记文学作品中出现的人物所说的话。用济州方言编写的第一部作品是《돌하르방 어디 감수광》，之后相继出现了《혼저옵서계》《사는 게 뭣 산디》《지만 울단 장쿨래》等。这些文学作品的收集与分析对韩国济州方言아래아音（[·]）有一定的保护性研究价值。

---

① 강영봉. 제주 사회 통합과 제주어[J]. 탐라문화 43, 2013.

② 김은희. 지방자치단체의 언어정책에 관한 사회언어학적 연구[J]. 동북아 문화연구 22, 2010.

第四，不断推进济州方言生态博物馆的建设工作。“方言生态博物馆的建设可以为濒危语言方言的保护做出有益的探索，同时也能为生态博物馆事业的发展做出独特的贡献”①。而济州岛博物馆多达 34 个，但却没有济州方言博物馆。②韩国意识到了建立济州方言生态博物馆可以一定程度上起到挽救和保护济州方言的作用。2021 年 12 月 13 日，济州特别自治道道议会行政自治委员会议员姜哲南表示，为了保护和复兴逐渐消失的济州方言将推进《济州方言保护与培养条例》的修订，为设立“济州方言博物馆”提供依据。姜议员还表示，“期待通过此次条例修订尽快推进济州方言博物馆的建立，为逐渐消失的济州方言的保存、复兴和传承发挥自己的作用”。

3. 教育体系完善与研究人员培育

第一，教育体系的完善。在济州岛区域内实行“双语教育”，即“标准语+济州方言”的教育。越来越多的学校注重济州方言教育，其中世和高中和贵日初中都开设了济州方言课程，被称为“济州方言特色学校”。另外，从 2010 年开始济州方言保护协会每年都规划“济州方言教师培养方案”，为了提高济州方言的教学质量，也有的学校（如河源小学和新济州小学等）开设了教师研修班。此外，在联合国教科文组织将韩国济州方言归入“极度濒危语言”级别后，济州人才开发中心还在公务员研修课程中插入了济州方言讲座。济州教育厅编撰了系统的济州方言教育资料并制定了具体可行的教学方案等。在教材编纂方面，国立国语院对教科书的标记和表达进行了编校以保证语言的准确性。同时，收录济州人生活、历史、文化相关故事，在此基础上开发口语体资料，如济州大学国语文化院出版了《나 육십육년 물질허멍 이제도록 살안》等三本口语资料丛书，国立国语院出版了《민족생활어 조사 보고서》（2007—2010 年）等。此外，举办济州方言演讲比赛、写作比赛也是济州方言传承的一个重要手段。济州方言演讲比赛在耽罗文化节上分为普通组和学生组进行，济州岛教员团体联合会、西归铺文化院主办的济州方言演讲比赛则话剧性色彩较为浓厚，济州大学韩国语文化院和济州方言保护协会以及各级学校、团体都举行了一系列演讲比赛。

第二，研究人员与技术层面。2010 年，联合国教科文组织把韩国济州方言指定为“极度濒危语言”，以此为契机，研究韩国济州方言的人员、专门教授济州方言的教师队伍相应有所增加。技术措施层面，一方面运用现代技术保护原生材料，提高了收集、记录、描写、分析语料和数据的高效性、准确性。另一方面通过数字化、综合化等手段方法提高济州方言资料共享度，采取了线上线下相结合的方式充

① 曾志耘．关于建设汉语方言博物馆的设想［J］．语文研究，2010（2）：9．

② 김세중. 제주국제자유도시 발전을 위한 제주어 육성 정책의 진단과 향후 과제 [J]. 济州岛研究, 2011(36).

分利用线上资源为学习者提供学习机会，为济州方言的保护和推广提供了良好的资源支持，进而实现了其学术、文化、社会价值，也进一步推动了济州社会整体认同感的形成。

4. 基金筹划与方言宣传

第一，韩国很多学者都提到，韩国济州方言的保护与复兴工作需要筹划“济州方言基金”，需要国家、地方自治团体的资金支持。《济州语保护与培育条例（제주어 보전 및 육성 조례）》（第28条）基本计划案中明确规定设立审议济州方言保存和支援项目的济州方言审查委员、济州研究所。此外，还注重加强对民间活动的支援，通过支援民间活动的方式达到济州方言保护的目的。成立了支援济州方言研究学会的“济州方言爱心支援团”，不断对民间活动进行支持避免了济州岛民在日常生活中感到差别对待和不便。

第二，韩国济州方言宣传方面。为了济州方言的复兴韩国舆论媒体界大力开办相关节目，如济州 MBC“돌하르방 어드레 감수광”、KBS“제주어 나들이”、KCTV“삼촌 어디 감수과”、济民日报“제주어 산문”连载、济州方言童谣比赛等。此外，网络空间在线活动也很多，“아래아村”的运营者金益斗组织了正确、规范书写아래아“·”的运动，并免费公开普及自己开发的“济州方言字体”等。韩国济州方言被诊断为极度濒危语言后，济州大学校报《济州大报纸》开始连载“看漫画学习济州方言”，CBS 济州广播电台设定了固定的“学习济州方言”频道栏目（一周两次），全国舆论媒体界制作了“济州方言特辑”报道。韩国学者[①]主张还应开设针对外地人的济州方言教育节目、济州方言连续剧、增设专门的济州方言有线电视频道。此外，韩国济州方言的观光商品化，如鼓励倡导用济州方言标记商号、商品名、广告牌、指示牌、观光景点名，这既可以体现地方特色，又可以给当地居民以亲切感，诱发观光客的好奇心；聘用当地老年人为解说员，对济州本土词汇的由来进行讲解；在观光区划分出济州方言专区，在这一专区使用济州方言。最后，举办济州语庆典，给儿童讲济州故事，让年轻人用济州方言表达自己的想法和主张；打造济州岛石头老人形象玩偶等。

5. 语言态度转化与年龄差异缩减

第一，注重转化人们对韩国济州方言的认识态度。语言态度指对某种语言的主观认同或抵触态度。韩国认识到强化人们对韩国济州方言的积极态度，弱化否定、消极态度是复兴濒危韩国济州方言的一个重要影响因素。其中济州方言是可以让济

---

① 김세중. 제주국제자유도시 발전을 위한 제주어 육성 정책의 진단과 향후 과제[J]. 济州岛研究 36, 2011.

州岛民自豪的语言，这种意识要培养。[①]标准语是人为的、严格的语言，韩国济州方言则是自然且富有亲和性的语言，绝不是没有教养的人使用的语言。当然，这种认识的转换光靠济州岛民是远远不够的，全国人民都应加强对济州岛独特文化、语言的尊重和理解。另外，还要形成语言共同体共识，有韩国学者[②]提到，不是说"我们的就是好的"，世界上存在多种语言和文化，济州方言是其中的一种，针对济州方言的濒危现状最重要的是采取多方位措施尽量保全济州方言并进一步加以好好管理。

第二，韩国还重视缩小济州年龄层的差异，增强相互凝聚力。濒危济州方言与文化的保护与复兴工作任重道远，让济州岛孩子们从小接受本地语言文化的熏陶，为韩国济州方言的振兴和传承提供"土壤"，这也是通过语言使社会和谐的方案[③]。

6. 民间主体主导与多元主体合力

从韩国各界对济州方言的濒危保护中，我们可以发现，他们选择了民间主体主导地位与多元主体合力路径，对他国濒危语言保护具有一定的借鉴意义。

第一，确保了民间主体的主导地位。方言具有民间性，对济州方言进行保护时重视和保护了济州岛民的权利，开展了以济州岛民为主导的参与式的地方研究，调动了其积极性和能动性，使其充分参与到濒危方言保护的行列中。一方面，可以保证调查数据的真实性和可靠性；另一方面，可以激发、培育济州岛民保护和传承当地语言的自主意识、责任感和使命感，使其意识到济州方言和文化的濒危处境，认清其深远影响并认识到振兴济州方言的重要性，以自己的方式加以保护。

第二，增强多元主体合力的路径选择，深化政府、高校、方言学者、济州岛民等各方主体的参与，通力合作，协同发力，全面推进了濒危济州方言的研究进程及其可持续发展。

五、结语

韩国济州方言是一种极度濒危语言，其濒危现状、濒危成因、保护性研究方法及具体的保护与复兴措施，既有濒危语言的共性，又有其个性。从上面的分析中我们可以看出导致韩国济州方言濒危的原因不是单一的，同内因相比更多的是外因作用的结果。针对濒危现状，韩国采取了区域性宏观语言政策规划与济州方言微观保护措施的"双管齐下"保护与复兴措施。在各界的努力下取得了部分成果，但复兴

---

① 강영봉. 제주 사회 통합과 제주어[J]. 탐라문화 43, 2013.

② 황용주. 한국의 언어 관리 정책-공공언어 개선 정책을 중심으로-[J]. 국어문학 50, 2011: 40.

③ 강영봉. 제주 사회 통합과 제주어[J]. 탐라문화 43, 2013.

之路任重道远，保护措施还有待进一步完善。

我国也同样存在着一些语言或处于濒危状态，或使用频率降低，使用人数、使用空间逐渐萎缩。我国现有 56 个民族，129 种语言，现已有 20 多种少数民族语言使用人口不足一千人，这些语种面临灭绝，另有近半数语言存在生存危机。①针对少数民族濒危语言，我国自建国之始采取了大量宏观、微观保护与复兴措施，韩国近期上述的国际升级、多方合作等举措对我国具有一定的参考意义。

参考文献

［1］陈倩雯．韩国《国语基本法》语言政策研究及其借鉴启示［D］．济南：山东大学硕士学位论文，2019．

［2］陈原．社会语言学［M］．上海：学林出版社，1982．

［3］崔丽红．韩国的语言政策与国家意识探析［J］．云南师范大学学报，2012，44（3）：41—46．

［4］戴庆夏，邓佑玲．濒危语言研究中定性定位问题的初步思考［J］．中央民族大学学报，2001，28（2）：120—125．

［5］范俊军．我国语言生态危机的若干问题［J］．兰州大学学报，2005，33（6）：42—47．

［6］高陆洋．朝鲜半岛语言政策重点、热点问题［M］．哈尔滨：黑龙江朝鲜民族出版社，2014．

［7］黄伯荣，廖序东．现代汉语［M］．北京：高等教育出版社，2017．

［8］刘金，杜文轩．中韩申遗之争对无形文化遗产保护的启示：以端午节和江陵祭为例［J］．科教导刊，2010（23）：217—218．

［9］刘泽民．方言中濒临消失的存古语音层：从纯学术的角度看方言的濒危［J］．汉字文化，2015（3）：24—26．

［10］李佳．也论“方言文化进课堂”［J］．语言文字应用，2017（2）：27—35．

［11］孟万春．语言接触与汉语方言的变化［J］．华南农业大学学报，2011，10（2）：141—145．

［12］上官网．泉州申遗成功，今天为什么还要“申遗”［EB/OL］．（2021-07-26）［2023-04-05］．https://www.jfdaily.com/news/detail?id=389852．

［13］吴福祥．关于语言接触引发的演变［J］．民族语文，2007（2）：3—23．

［14］王世凯．语言政策理论与实践［M］．北京：中国社会科学出版社，2015．

① 范俊军．我国语言生态危机的若干问题［J］．兰州大学学报，2005（6）：43．

[15] 薛才德. 语言接触与语言比较 [M]. 上海：学林出版社，2007.

[16] 徐佳. 生态语言学视域下的中国濒危语言研究 [D]. 上海：上海外国语大学博士学位论文，2010.

[17] 尹悦. 认同视角下的韩国语言政策研究 [D]. 上海：上海外国语大学博士学位论文，2017.

[18] 尹悦，金基石. 光复后韩国的语言生态及语言政策 [J]. 东疆学刊，2019，36 (2)：80—85.

[19] 瞿继勇. 语言的濒危与保护 [J]. 焦作大学学报，2011 (4)：32—35.

[20] 曾志耘. 关于建设汉语方言博物馆的设想 [J]. 语文研究，2010 (2)：6—9.

[21] GUKJENEWS. 양영식 "제주어 보전 및 육성 조례안 재개정 발의" 공약 [EB/OL]. (2018-05-17) [2023-04-05]. https://www.gukjenews.com/news/articleView.html?idxno=927426.

[22] 국립국어원. 보도 자료 상세보기[EB/OL]. (2008-03-10) [2023-04-05]. https://www.korean.go.kr/front/board/boardStandardView.do?board_id=6&mn_id=19&b_seq=144.

[23] 강철남 의원. 「제주어 보전 및 육성 조례」개정 추진[EB/OL]. (2021-12-13) [2023-04-05]. https://www.ilganjeju.com/news/articleView.html?idxno=94920.

[24] 김원보, 변길자, 고미숙. 제주방언화자의 세대별(20 대, 50 대, 70 대) 이중모음의 음향분석과 이중모음체계[J]. 음성과학 14, 2007: 99-114.

[25] 김원보. 제주방언에서 [•]음의 음향분석[J]. 언어과학연구, 33 2005: 23-37.

[26] 김보향, 정승철. 제주방언의 설명의문과 판정의문-어미의 중화 현상을 중심으로-[J]. 방언학 17, 2013: 79-103.

[27] 김보향. 제주방언 문법 형태의 세대별 변화 연구[J]. 한국언어문학 101, 2017: 7-35.

[28] 강영봉. 제주 사회 통합과 제주어[J]. 탐라문화 43, 2013: 39-65.

[29] 강영봉. 제주도방언의 어휘론적 연구[J]. 탐라문화 28, 1965: 23-44.

[30] 김세중. 제주국제자유도시 발전을 위한 제주어 육성 정책의 진단과 향후 과제[J]. 济州岛研究 36, 2011: 35-52.

[31] 김순자. 제주어의 보전과 활용 방안[J]. 济州岛研究 36, 2011: 1-33.

[32] 김은희. 지방자치단체의 언어정책에 관한 사회언어학적 연구[J]. 동북아 문화연구 22, 2010: 123-138.

[33] 문갑순. 제주 방언 부사 연구[D]. 제주대학교 석사학위논문, 2006.

[34] 신우봉. 제주방언 20 대 화자의 표준어화 현상 연구-문법 형태소를 중심으로-[J]. 어문논집 94, 2022: 125-154.

[35] 이정민. 한국어의 표준어 및 방언들 사이의 상호 접촉과 태도[J]. 한글 173, 1981: 559-584.

[36] 조성문. 산포이론에 의한 제주방언의 음운적 특성 분석[J]. 동북아 문화연구 14, 2008: 123-142.

[37] 제주어 보전 및 육성 조례[EB/OL]. (2022-12-30) [2023-04-05]. https://law.go.kr/ordinLinkProc.do?ordinNm=제주어%20 보전%20 및%20 육성조례&mode=20#AJAX.

[38] 황용주. 한국의 언어 관리 정책-공공언어 개선 정책을 중심으로-[J]. 국어문학 50, 2011(50): 23-45.

[39] 邢鎭義. 近代國民國家와 標準語政策의 史的考察-多文化社会를 향한 言語政策의 観点에서-[J]. 일본문화학보 52, 2012: 101-116.

现代越南语动词 đi 的认知语义分析

国防科技大学外国语学院　曾添翼

【摘　要】 越南语动词 đi 属于典型的多义词。笔者以越南语词典释义为参考，结合语料库真实语料，观察、分析动词 đi 的搭配，归纳、描写 đi 的认知语义，推演其语义扩展路径。动词 đi 以表示“行走”的基本义为原型义项，通过概念隐喻、概念转喻等认知机制扩展出不同的空间域和非空间域义项。最后，笔者尝试构拟动词 đi 各义项之间的关联及其认知语义网络，以期为现代越南语多义词研究和越南语词汇教学提供参考。

【关键词】 越南语；动词；认知；语义

一、引言

语义学是研究语言的意义的学科，旨在描写和解释自然语言中的各种语义现象。词汇语义学注重研究意义关系，特别是词汇的多义性问题。法国语言学家 M. Bréal 于 1897 年最早创造了 polysémie（多义词）这个术语，用来表示一个语词具有两个或更多的意义。一词多义现象体现了语言的经济性，也给词义研究和词汇学习带来了挑战。受不同语言学理论的影响，多义词有多种研究模型，大体可归纳为三类：独立语义模型、语境语义模型和认知语义模型。独立语义模型受结构主义语言学的影响，采用二分的语义成分分析法分析多义词的语义结构，语义成分的每个差异都对应着一个独立的意义，导致意义可能无限激增，违反了语言的经济原则。语境语义模型认为词的多义性是一个语用问题，多义词只有一个单一的抽象意义，具体意义在交际中通过语境体现。这就过分夸大了语境对语义的决定作用，而且高度抽象的单一词义很难涵盖多义词的全部意义。可以说，独立语义模型和语境语义模型都无法很好地解释一词多义现象。①20 世纪 70 年代中期兴起的认知语言学流派突破传统语言学框架，从人类的认知过程来重新认识语义和一词多义现象。Lakoff（1987）、Taylor（2003）和 Langacker（2007）等认知语言学家认为：词义范畴属于原型范畴；词的不同义项之间是通过意象图式、隐喻、转喻等认知机制关

① 徐莲．多义词量化认知模型的构建与应用［M］．广州：世界图书出版广东有限公司，2017：6—16．

联起来的。[①]

现代越南语动词 đi 语义丰富，用法灵活，属于典型的多义词。越南语学界对 đi 有过不少讨论，主要有以下几类：第一类是 đi 与其他词的结合问题。例如：苏联学者 Bystrov 认为 đi 除了表示“有界”，还可表示“无界”。在表示“无界”时，đi 可以在动词结构中充当主要动词，同表示“有界”的词结合。[②]越南学者阮氏归（Nguyễn Thị Quy）认为 đi 可以充当一价谓语动词，不带补语，语义特征为［-动作］［-目标］［+移动］；也可以充当二价谓语动词，带补语，语义特征为［-动作］［+目标］［+移动］。[③]第二类讨论 đi 的方向性。例如：阮金坦（Nguyễn Kim Thản）认为 đi 可以表示说话人主观参照下的运动方向。[④]阮英桂（Nguyễn Anh Quế）[⑤]、何光能（Hà Quang Năng）[⑥]、黎边（Lê Biên）[⑦]等学者认为 đi 表示“行走”的具体动作，但不能表示明确的方向。第三类涉及 đi 的多义性。例如：阮来（Nguyễn Lai）运用“义素分析法”讨论了充当动作动词的 đi 和充当趋向动词的 đi 的语义，但对两者之间的语义区别解释得比较笼统。[⑧]第四类涉及 đi 的语义推演。例如：武文诗（Vũ Văn Thi）从语法化视角讨论认为 đi 的语义经历了从空间义开始的多义素、多方向演化路径。[⑨]陈氏娴（Trần Thị Nhàn）从语法、语义、语用层面进行共时描写，认为 đi 经语法化后，可以表示情态义，能够对句子进行分类，或者表示说话人对事物的态度，有句尾情态小词（助词）的功能。[⑩]阮德民（Nguyễn Đức Dân）发表了多篇文章从认知角度讨论 đi 的转义机理。他先用隐喻理论解释认为 đi 的语

---

① 李福印．认知语言学概论［M］．北京：北京大学出版社，2008：218．

② 观点源自 N. S. Bystrov 发表在 Lômônôsôv 综合大学学报 1962 年第 36 期上的文章，文题不详。转引自 Nguyễn Lai. *Nhómtừ chỉ hướng vận động trong tiếng Việt* [M]. Hà Nội: Tủ sách trường Đại học Tổng hợp Hà Nội, 1990: 11.

③ NguyễnThị Quy. *Ngữ pháp chức năng tiếng Việt (vị từ hành động)* [M]. Hà Nội: NXB Khoa học Xã hội, 2002.

④ Nguyễn Kim Thản. *Động từ trong tiếngViệt* [M]. Hà Nội: NXB Khoa học Xã hội, 1963/1999: 247.

⑤ Nguyễn Anh Quế. *Hư từ trong tiếngViệt hiện đại* [M]. Hà Nội: NXB Khoa học Xã hội, 1988: 147.

⑥ Hà Quang Năng. Một cách lí giải mối quan hệ ngữ nghĩa giữa động từ chuyển động có định hướng và từ chỉ hướng trong tiếngViệt [J]. *Ngôn ngữ*, 1991 (2): 48.

⑦ Lê Biên. *Từ loại tiếng Việt hiện đại* [M]. Hà Nội: NXB Giáo dục, 1999: 85.

⑧ Nguyễn Lai. Thử xác định ranh giới và sự chuyển hoá giữa nét nghĩa động tác và nét nghĩa hướng của từ “đi” trong tiếng Việt hiện đại [J]. *Ngôn ngữ*, 1981 (2): 53-57.

⑨ Vũ Văn Thi. *Quá trình chuyển hoá của một số thực từ thành giới từ trong tiếng Việt* [D]. Luận án phó tiến sĩ Trường Đại học Tổng hợp Hà Nội, 1995.

⑩ Trần Thị Nhàn. *Lý thuyết ngữ pháp hoá và thực trạng ngữ pháp hoá một số từ trong tiếngViệt* [M]. Hà Nội: NXB Khoa học Xã hội, 2009.

义从空间范畴义转为时间范畴义或属性范畴义，[①]而后以词典中“表物理运动”的义项为基础，从逻辑上推导 đi 的语义转化路径，[②]之后又推导出 đi 的语义扩展和各义项间的联系，从“体验”哲学和越南民族空间认知的角度探讨其转义机制和语用特点。[③]但是，这些研究大多用有关理论阐释词典义项之间的联系，且多关注 đi 充当动词和非动词时两者之间的“转类”“虚化”问题，对动词 đi 本身多义性的讨论不多。

学界对 đi 的讨论大致经历了从语义描写到语义推演，再到语义阐释的过程，从语法化、认知隐喻等多个理论视角阐释了 đi 的多义性，但是研究方法以内省分析为主。本文在参考词典释义的基础上，结合语料库真实语料，观察、分析、归纳 đi 的搭配，补充描写、推演并阐释 đi 的认知语义，为现代越南语多义词研究和越南语词汇教学提供参考。

二、动词 đi 的词典释义

词典释义是在一定语例基础上对词义进行归纳、概括和描写的结果。我们以词典学中心版《越南语词典》（2017）[④]和社科院版《越南语词典》（2013）[⑤]为例，将动词 đi 的释义整理如下：

表 1　动词 đi 在词典中的释义

词典学中心版（2017）			社科院版（2013）		
序号	释义	举例	序号	释义	举例
1	（人、动物）借助脚步实现从一个地方到另	Bé đang tập đi.小孩在练习走路。 đi nhanh ra sân 快速走向	1	通过脚的动作来移动	lần theo núi giả đi vòng 沿着假山绕圈

① Nguyễn Đức Dân. Những giới từ không gian: Sự chuyển nghĩa và ẩn dụ [J]. *Ngôn ngữ*, 2005 (9): 42-50.

② Nguyễn Đức Dân. Con đường chuyển nghĩa của từ “ĐI” [J]. *Từ điển học & Bách khoa thư*, 2013 (6): 42-46, 84.

③ Nguyễn Đức Dân. *Sự chuyển nghĩa của những từ trỏ quan hệ và chuyển động trong không gian* [C]// Khoa Văn học và Ngôn ngữ (ĐHQG TP.HCM). *“Những vấn đề ngữ văn” tuyển tập 40 năm nghiên cứu khoa học*. TP.HCM: NXB Đại học Quốc gia TP.HCM, 2015: 545-557.

④ 该词典由越南词典学中心（Trung tâm Từ điển học, Vietlex）组织编写，黄批（Hoàng Phê）担任主编，岘港出版社（NXB Đà Nẵng）出版。本文简称为“词典学中心版”。

⑤ 该词典由越南社科院南部地区社科所（Viện Hàn lâm Khoa học Xã hội Việt Nam, Viện Khoa học Xã hội vùng Nam bộ）组织编写，阮尊颜（Nguyễn Tôn Nhan）和富文罕（Phú Văn Hẳn）共同主编，百科辞典出版社（NXB Từ điển Bách khoa）出版。本文简称“社科院版”。

（续表）

词典学中心版（2017）			社科院版（2013）		
序号	释义	举例	序号	释义	举例
	一个地方的移动	操场； đi quanh hồ绕湖走			
2	（人）借助某种方式或工具移动到另一个地方	đi ngựa xuống chợ骑马去集市； Họ đi Côn Đảo chưa về.他们去昆仑岛还没回来。	2	移动	Bụi hồng lẽo đẽo đi về chiêm bao. 红尘滚滚入梦来。
3	移动到另一个地方从事某项工作	Cả nhà đi ngủ sớm.全家睡得早。 học sinh đi học 学生上学； đi hội nghị ở nước ngoài 出国参会	3	移动到其他地方做某事	đi củi 去砍柴； đi lính 参军
4	（运输工具）在某个平面移动	xe đi chậm rì rì车慢吞吞地行驶； Canô đi nhanh hơn thuyền.汽艇跑得比船快。	×	×	×
5	死亡，视为到达某个既定的地方	Ông cụ mắc bệnh nặng nên đã đi tối qua rồi.老人病重所以昨晚去世了。	4	丧失性命，死亡	Cụ đã đi hồi tối hôm qua. 老人家昨晚去世了。
6	逐渐消失，不再保持原有的气味	Nồi cơm đã đi hơi.饭锅跑了汽。	×	×	×
7	移动军棋的位置	đi con mã走马	×	×	×
8	表演、展示武术动作	đi vài đường kiếm 舞几下剑	5	表演（武术、舞蹈）动作	đi bài quyền 表演拳法； đi vài bước nhảy 跳几步舞
9	按照某个方向行事	đi chệch khỏi quỹ đạo 偏离轨道； đi sâu đi sát quần chúng 深入贴近群众	6	按照某个方向行事	đi sâu vào vấn đề 深入问题
10	达成某个结果	đi đến thống nhất 达成统一； đi đến kết luận 得出结论	7	达成某个结果，经过某个阶段	Làm như thế chẳng đi đến đâu. 这么做成不了事。 đi sâu vào con đường truỵ lạc 在堕落的道路上越走越远
11	转入、进入另一个阶段	đi vào con đường tội lỗi 走上犯罪道路； Lớp học đã đi vào nền nếp. 班级已经步入正轨。			

（续表）

词典学中心版（2017）			社科院版（2013）		
序号	释义	举例	序号	释义	举例
12	［口语］借节假日、婚丧日送礼	đi Tết 拜年	8	借机赠送	đi Tết bánh mứt 送年糕
13	（手脚）穿戴以遮蔽、保护	đi găng tay 戴手套； đi giày 穿鞋	9	穿到脚上	đi dép 穿拖鞋
14	相关、相称	Ghế thấp quá, không đi với bàn. 椅子太矮，跟桌子不搭。 Màu quần không đi với màu áo. 裤子颜色和衣服不搭。	×	×	×
15	大小便	đau bụng, đi lỏng 肚子痛，拉稀； đi ra máu 尿血	10	大小便	đi kiết 拉肚子； đi chảy 小便

词典学中心版将 đi 描写为 15 个动词义项，我们暂且用 đi^1_n 表示；社科院版将 đi 描写为 10 个动词义项，我们暂且用 đi^2_n 表示。对比发现两部词典的义项对应关系为：đi$^1_1$ ≈ đi$^2_1$，đi$^1_2$—đi$^2_2$，đi$^1_3$=đi$^2_3$，đi$^1_5$=đi$^2_4$，đi$^1_8$<đi$^2_5$，đi$^1_9$=đi$^2_6$，đi$^1_{10}$ ∪ đi$^1_{11}$=đi$^2_7$，đi$^1_{12}$≈đi$^2_8$，đi$^1_{13}$>đi$^2_9$，đi$^1_{15}$=đi$^2_{10}$。此外，đi$^1_4$、đi$^1_6$、đi$^1_7$、đi$^1_{14}$在 đi^2_n 中无对应项。但是，词典释义 đi$^1_9$ 和 đi$^2_6$、đi$^1_{10}$、đi$^1_{11}$ 和 đi$^2_7$、đi$^1_{15}$ 和 đi$^2_{10}$ 都不是 đi 单独做谓语动词时的意义，而是带上 đến, (sâu) vào 或名词之后整个短语的意义，严格来说不能作为动词 đi 的义项。多义词的义项归纳需要把握好颗粒度，颗粒度过大，释义过于笼统；颗粒度过小，义项数目激增。实际上，不同词典对同一个词的释义也会颗粒度大小不一致，对同一个义项的描写也存在差异。编者或许出于词典实用性的考虑，尽量不让义项数目过多，因此词典释义也不一定能够解释所有用法。

词典学中心版《越南语词典》和社科院版《越南语词典》是越南国内比较权威的两部大型词典，释义各有特点：（1）词典学中心版不考虑 đi 的分布情况，把单独做谓语动词和置于动词后的情况都描写为动词义项，而社科院版考虑 đi 的分布，把单独做谓语动词的情况描写为动词义项，把置于动词后的情况描写为副词义项；（2）词典学中心版的义项划分更精细，语义描写更明确。考虑到词典的实用性，编者往往把不属于同一认知域的、相近的语义内容并合为一个义项，这就使得部分义项或过于笼统，或过于繁杂。想要更加细致、全面地探索多义词的词义，除了参考现有词典的释义，还需要结合更多语料来归纳、概括义项。

三、动词 đi 的认知语义

（一）动词 đi 的认知语义模型

义项认定是描写多义词认知语义的基础。认知语言学倡导从语言的实际用法中发现语言背后的规律和机制。Langacker 提出了“基于用法的模型”（Usage-based Model），主张自下而上的研究路径，从具体实例中归纳、概括出语言使用规律，并结合频率进行验证。[①]但是，划分义项时既不能过于笼统，又不能过于琐碎，需要把握好详细度。我们参考徐莲的做法，在义项划分的过程中遵循两个原则：（1）分割原则：一个义项内部不能混杂有明显属于不同领域的意义；（2）概括原则：不能将上下文语境造成的意义认定为独立的义项。[②]

本文在参考两部词典的基础上，参照认知语义模型，对 đi 的词典释义进行拆并、整合，分析得出新的语义框架。具体做法为：（1）采纳社科院版的做法，考虑 đi 的分布，但是只描写 đi 单独做谓语动词时的语义；（2）以词典学中心版为主要参照，语义描写尽量详细、全面、准确。然后，应用新的语义框架，对语料库实际用例进行分析、归类。对于超出上述语义框架的语料，则归纳、添加新义项；对于没有语料与之对应的义项，则考虑将该义项删除。认定义项之后，再推导各义项之间的联系，阐释 đi 的语义扩展机制。

（二）动词 đi 的认知语义分析

为便于观察真实语料，本文自建 200 万字[③]小型语料库，语料分为非文学、文学两大类，两者规模大体上均衡。其中，非文学类语料从“现代越南语语料库”[④]中随机抽取，共计 1154 篇文章，1001483 个字；文学类语料选用 30 部（篇）越南现当代文学代表作，共计 1003285 个字。观察发现，动词 đi 的搭配情况为：（1）能和动词、形容词、代词、介词、数词等词类搭配；（2）能和任何一个趋向词搭配；（3）能和除时间名词、人称名词以外的名词搭配；（4）和 làm（做）、học（学）、chơi（玩）、qua（过）、vào（进）、với（与）等词的搭配频率较高。

---

① Langacker R W. *Foundations of Cognitive Grammar - Theoretical Prerequisites (volume I)* [M]. Chicago: The University of Chicago Press, 1987: 46, 494.

② 徐莲．多义词量化认知模型的构建与应用［M］．广州：世界图书出版广东有限公司，2017：82．

③ 此处的“字”即越南语中的“tiếng”。

④ 该语料库为谢群芳副教授主持的洛阳市 2009 年度社科基金规划重点项目（项目号为 2009A028）的最终成果。语料库库容 1700 万词，包含 15493 个语篇，以书面语为主、以书面语转述的口语为辅。语料搜集范围按照“门类为主，语体为辅”的原则分成三个大类 14 个类，涵盖门类齐全。

观察发现，与动词 đi 搭配的地点名词所指位置相对固定，可移动性弱，且该地点要有从事行为、活动的充足空间。例如：đi chợ（去集市），đi nhà hát（去剧院），đi nhà hàng（去商店），đi nhà máy（去工厂）等。按理说，làng（乡）、quê（老家）、tỉnh（省城）的空间也很充足，但语料库中只出现了 đi tỉnh（去省里），而没有 đi làng、đi quê 的表达。因为在越南人的传统观念中，làng、quê 多为祖籍所在地，是“根源”，与之搭配的动词一般是 về（返回）或 khỏi（离开），而 tỉnh 属于城市，是“客地”，所以可以说 Hôm nay tôi đi tỉnh về（今天我从省城回来）。

实际上，đi 和地点名词的搭配比较受限。表示位移时，đi 还不能和 đồng（田）、sông（河）、cầu（桥）、trảng（滩）等地点名词组合，因为这是人们以前大便的地方。在越南北部农村，人们把粪便排放到田里，因此，北部方言说 đi đồng，实际上是 đi ra đồng để ỉa（到田里大便）的意思。类似地，北部方言的 đi sông、中部方言的 đi trảng、南部方言的 đi cầu，都表示去大便的意思。Đi 和一些地点名词搭配时，并不单单指移动到该地点，因为这并不是最终目的，而是从事其他活动的前提。例如：đi 和地点名词 rừng 搭配，并不单指“去林中”，真正的意思是 đi vào rừng để lấy củi（去林中取柴）。类似例子的还有 đi biển（出海打鱼）、đi chợ（赶集）等。此外，đi 和事物名词 củi 搭配也可以表示 đi vào rừng để lấy củi（去林中取柴）。类似的例子还有 đi cá，表示 đi ra biển để bắt cá（出海捕鱼）。

Đi 的基本义为“行走”，表示“人或动物的脚在地面上持续交替动作的自主移动”，属于动作动词。随着自然、社会的变化以及越南人空间认知能力的发展，đi 的语义朝多个方向扩展，任何语义成分的改变都可能产生新的义项。đi 从基本义出发，由“人或动物移动”，扩展为交通工具的移动，例如：xe đi chậm rì rì（车慢吞吞地行驶），cho xe đi qua（让车通过）；由“在地面上移动”，扩展为在水面上移动，例如：canô đi nhanh hơn thuyền（汽艇跑得比船快）；由“用脚移动”，扩展为人类借助其他手段、工具实现移动，例如：đi xe đạp（骑单车），đi thuyền（乘船），đi ngựa（骑马），đi máy bay（坐飞机）；由“在地面上移动”，扩展为在脚的包裹物上移动，例如：đi giày（穿鞋），đi bít tất（穿袜子）；由“脚的移动”，扩展到手等身体其他部位的移动，例如：đi găng tay（戴手套）；由“自主移动”，扩展为事物在外力作用下发生移动，例如：đi con tốt（走卒），đi nước cờ cao（下妙棋），đi vài đường kiếm（舞几下剑）。由此，在节庆喜丧时赠送钱物也用 đi，例如：Ông đi bao nhiêu tiền (mừng đám cưới)?（你随多少份子钱？），Đi một câu đối nhân dịp mừng thọ（送副对联祝寿）。

Đi 除了充当动作动词，还可以充当移动动词。动作过程和空间位置相结合产生了移动方向，并为人们所感知。人类感知位移事件时，有可能关注整个过程，此时路径被突显；也有可能关注某个场景，路径中的某个点被突显。在整个路径中，源点（起点）和目标（终点）是最易感知、最易识别的两个点，也最容易被突显。相应地，离开源点和抵达目标的矢量容易成为关注的焦点。如下图所示：

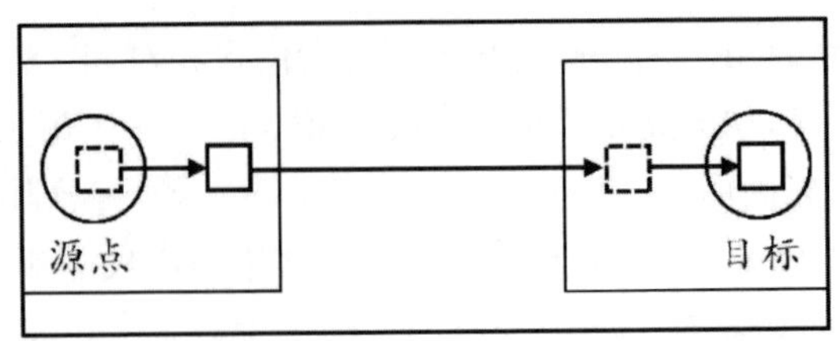

图 1　位移事件源点、目标场景突显示意图

从移动过程来看，đi 的移动路径明显存在离开源点和趋近目标的阶段，容易被聚焦。

如果聚焦离开源点的阶段，đi 可以表示“行走者离开原地的运动”。例如：Mùi xem đồng hồ rồi đi（阿味看了看表走了）。在越南人的观念中，家庭也是源点，人死后就跟家庭、亲人永别，而 đi 可以表示永久性离开，隐喻死亡。例如：Ông cụ mắc bệnh nặng nên đã đi tối qua rồi（老人家病重，昨晚已经去世了）。

如果聚焦趋近终点的阶段，đi 可以表示有目的的移动，和 VP 结合，表示从事某项活动、实现某种行为。例如：đi học（上学）、đi săn（打猎）、đi làm（做事）等等。事物运行到一定阶段，就会达成某种状态或结果，于是产生 đi vào X, đi đến/tới X 的表达。例如：đi vào bế tắc（陷入困境），đi vào hoạt động（投入运营），hội nghị đi đến nhất trí（会议达成共识），Chúng ta phải sớm đi tới một giải pháp（我们要尽早达成措施）。

因此，đi 既可以表示动作（相当于“走”），又可以表示移动（相当于“去”），区别在于：表示动作时更强调动作主体的生理特征和物理特征，与外界关系较小；表示移动时更强调移动主体的位置变化和目的性，与外部空间关系密切。运动义是 đi 的初始义和核心义，是移动义的前提。在具体历史条件下，越南民族的空间认知能力扩展，đi 的语义从动作义扩展到“有方向、有目的的移动”，完成了从动作动词到趋向动词的转化。请看下面 4 句话：

（1）Em bé tập đi trong phòng.（√）

（2）Em bé đi phòng.（×）

（3）Em bé vào phòng.（√）

（4）Em bé đi vào phòng.（√）

第（1）句，đi 表动作义，phòng（房间）为动作发生的场所，因此这句话成立。

第（2）句，đi 和 phòng 放在一起很别扭。这里的 phòng 具有不可移动性，不可能是事物名词，只能是地点名词，因此 đi 不表动作义。Phòng 是比较具体的地点，而 đi 表示的方向又比较笼统，因此即使 đi 表移动义，也不好和 phòng 直接搭配，因此这句话无法成立。

第（3）句，lên、xuống、vào、ra 等词既能表示移动，又能表示明确的方向，可以直接跟 phòng 搭配，因此这句话成立。

第（4）句，目的地 phòng 离说话人比较近，容易通过 đi（走）的动作到达终点。đi 表动作义时，和 chạy（跑）、bò（爬）等动词类似，可以充当移动方式，移动方式 đi 与移动终点 phòng 之间的 vào 正好可以表示移动方向或移动路径，因此第（4）句成立。

因此，đi phòng 是不能成立的。但是，đi Bắc Kinh 又可以成立，因为移动终点 Bắc Kinh（北京）的距离比较远，不容易通过 đi 的动作到达，而需要借助其他交通工具，此时 đi 表现为移动义，强调趋近 Bắc Kinh 的移动方向。

动词 đi 可以跟任何一个趋向动词搭配。从运动的性质来说，分为具体运动和抽象运动；从所表示的移动方向来说，分为笼统方向和具体方向；从突显的移动阶段来说，分为离开起点、通过途中某点和趋近终点。在越南语 11 个趋向动词中，lại 一般只表示具体运动，其他趋向动词既可以表示具体运动，又可以表示抽象运动。相比之下，đi 的移动方向比较笼统，突显“出发”阶段；qua, sang 的移动方向比较笼统，更突显“通过”阶段；ra, xuống 的移动方向比较具体，可以突显“出发”阶段，也可以突显“趋近”阶段；vào, lên 的移动方向比较具体，更突显“趋近”阶段；đến, tới, về, lại 的移动方向比较笼统，更突显“趋近”阶段。越南语趋向动词表移动义的语义特点如下表所示：

表 2　趋向动词表移动义时的语义特点

	đi	đến	tới	về	lại	lên	vào	xuống	ra	qua	sang
运动性质①	±	±	±	±	+	±	±	±	±	±	±
移动方向②	×	×	×	×	×	√	√	√	√	$\not\surd$	$\not\surd$
突显阶段③	←	→	→	→	→	→	→	↔	↔	|	|

正是因为 đi 的移动方向笼统、突显“离开起点”阶段，它可以跟其他趋向词结合而不会产生语义冲突，还可以跟其他移动方向笼统、突显“趋近终点”阶段的趋向动词形成 kẻ đi người đến, kẻ đi người về, kẻ đi người lại 等对称结构。

đi 的“出发”义和 đến/tới 的“趋近”义分别对应运动过程中“离开起点”和“趋近终点”的对立两极。đi 和 đến/tới 存在移动未完成和已完成的区别。例如：

① “±”表示可具体可抽象，“+”表示具体。

② “×”表示方向笼统，“√”表示方向具体，“$\not\surd$”表示介于“×”和“√”之间。

③ “←”表示突显“离开起点”阶段，“→”表示突显“趋近终点”阶段，“↔”表示突显“离开起点”阶段或“趋近终点”阶段，“|”表示突显“通过途中某点”阶段。

đi	đến/tới
Nó đi Hà Nội.（他去河内）	Nó đến/tới Hà Nội.（他到河内）
Nó đi Hà Nội rồi.（他去河内了）	Nó đến/tới Hà Nội rồi.（他到河内了）
Nó đã đi Hà Nội.（他已去河内）	Nó đã đến/tới Hà Nội.（他已到河内）
Nó đã đi Hà Nội rồi.（他已经去河内了）	Nó đã đến/tới Hà Nội rồi.（他已经到河内了）

在上述句子中，无论是否有 đã, rồi 等时间副词的标记，đi 都存在移动过程未结束的可能，而 đến 通常表示移动过程已经结束。

đi 和 đến/tới 的语义都具有概括性和抽象性。相比之下，đi 表离开的方向不确定，đến/tới 表趋近的方向不确定。đi 的概括性源自对离开起点的各种移动方式（是步行还是乘坐交通工具，受移动主体的制约）的概括，抽象性源自其移动方向的笼统、不明确；đến/tới 的概括性源自对趋近终点的各个移动方向的概括，抽象性源于其具有表示完成、结束的时体特征。

正是因为 đi 的语义具有概括性和抽象性，受限较小，所以语义派生能力强，搭配能力强，使用频率高。đi 在语义派生过程中，不同语义成分得到突显，可以和分属于不同范畴的词组成对称结构，例如：

表 3　动词 đi 的对称结构的语义特点

đi 的对称结构	译文	突显语义	动作义	移动义
kẻ đi người chạy	走的走，跑的跑	运动方式	强	弱
kẻ đi người đứng	走的走，站的站	动静关系	次强	次弱
kẻ ở người đi	留的留，走的走	存现关系	次弱	次强
kẻ đi người về/lại/đến	去的去，来的来	移动方向	弱	强

基于上述分析，我们先将两版《越南语词典》中 đi 的义项进行整合，再结合语料库中的搭配情况进行修订，最终将动词 đi 的义项重新归纳如下：

表 4　重新分析后动词 đi 的义项

编号	释义	编号	释义
$đi_1$	（人、动物）借助脚的动作自主移动	$đi_8$	事物运行、发展
$đi_2$	（运输工具）在某个平面移动	$đi_9$	（手、脚等）穿戴
$đi_3$	（人）搭乘交通工具	$đi_{10}$	展示（武术、舞蹈）动作
$đi_4$	移动到别处	$đi_{11}$	香味消失
$đi_5$	移动到某地做某事	$đi_{12}$	移动棋子的位置

（续表）

编号	释义	编号	释义
$đi_6$	死亡	$đi_{13}$	［口语］送礼
$đi_7$	时间流逝		

（三）动词 đi 的认知语义扩展

词义包含基本义、引申义和比喻义。基本义是文献记载的词的最初意义，引申义是从词的基本义引申发展出来的意义，比喻义是词的比喻用法固定下来的意义。根据 Johnson（1987）的理论，人通过身体与外部客观世界的互动形成意象图式，意象图式参与意义构建。Langacker（1987）也强调身体在语言结构和概念结构形成过程中的作用。①动词 đi 的基本义恰好就是人的身体部位（脚）与外部客观世界（物理空间）互动，因此“体验性”可以作为解释动词 đi 语义扩展的基础。体验不仅为意象图式提供经验结构，也是概念映射的基础。动词 đi 语义的引申、扩展和认知加工有关，它从基本义出发，借助意象图式、认知转喻扩展出引申义，借助认知隐喻扩展出比喻义。

由上述分析可知，动词 đi 的基本义为“人或动物借助持续抬起、放下的脚步自发地从一个地方移动到另一个地方”②，其语义特征可以描写为：đi［+人/动物］［+脚］［+自动］［+位移］。任何语义特征被替换、淡化或突显，都有可能引起 đi 的语义扩展。从认知加工的角度来说，是意象图式、转喻或隐喻机制在发挥作用。具体地：当移动主体换成人或动物以外的其他事物，义项 $đi_1$ 扩展出义项 $đi_2$；当移动方式换成借助外部工具，义项 $đi_1$ 扩展出义项 $đi_3$；当移动路径被突显，义项 $đi_1$ 转喻扩展出义项 $đi_4$；当“人生是一场旅行”（LIFE IS A JOURNEY）的概念隐喻起作用，义项 $đi_1$ 扩展出义项 $đi_6$；当概念从空间域投射到时间域、事件域等非空间域，义项 $đi_1$ 扩展出义项 $đi_7$、$đi_8$；当移动目标被淡化而移动目的被突显，义项 $đi_4$ 转喻扩展出义项 $đi_5$；当身体部位移动后被其他事物包裹，义项 $đi_1$ 扩展出义项 $đi_9$；当身体部位按照既定路径移动，义项 $đi_1$ 扩展出义项 $đi_{10}$；当移动主体专指某类事物，义项 $đi_2$ 扩展出义项 $đi_{11}$；当事物在人的作用下发生移动，义项 $đi_4$ 扩展出义项 $đi_{12}$；事物所属关系发生改变，义项 $đi_4$ 从空间域投射到关系域，扩展出义项 $đi_{13}$。综合上述分析，动词 đi 的语义扩展路径如下图所示：

---

① 李福印．思想的“形状”：关于体验性的实证研究［J］．外语教学与研究，2005（1）：45．

② 越南语原文为：[người，động vật] tự di chuyển từ chỗ này đến chỗ khác bằng những bước chân nhấc lên，đặt xuống liên tiếp。详见词典学中心版《越南语词典》（*Từ điển tiếng Việt*，2017）第 504 页。

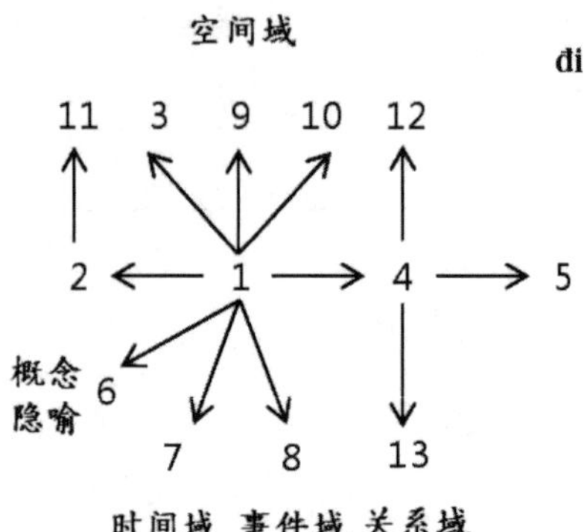

图2 动词 đi 的语义扩展路径

四、结论

笔者以越南语词典释义为参考，结合观察语料库中 đi 的搭配情况，分析、归纳了 đi 的认知语义。越南语动词 đi 的基本义为“行走”，语义特征为：đi［+人/动物］［+脚］［+自动］［+位移］。动词 đi 与不同的词搭配后，部分语义特征或被压制，或被突显，扩展出“移动”“搭乘交通工具”“穿戴”等多个空间域义项。在认知隐喻机制作用下，đi 所表示的空间概念投射到时间域、事件域、关系域等多个非空间认知域，扩展出多个非空间域义项。最终，动词 đi 形成一个以基本义为原型义项，各义项之间彼此关联的认知语义网络。运用认知语义学理论阐释多义词各义项之间的联系、建构其认知语义网络，有助于窥探多义词的内部语义结构，也有助于学习者提高词汇学习效率。论文虽然用到了语料库，但由于自动分词和自动词性标注的精确度不够，没能采用语料库驱动的方法来实现多义词 đi 的语义描写和义项分立。如果后续能结合语料库定量分析数据开展研究，研究结果将更加精确。

参考文献

［1］黄敏中，傅成劼．实用越南语语法［M］．北京：北京大学出版社，1997．

［2］李福印．认知语言学概论［M］．北京：北京大学出版社，2008．

［3］梁远，祝仰修．现代越南语语法［M］．广州：世界图书出版广东有限公司，2019．

［4］束定芳．认知语义学［M］．上海：上海外语教育出版社，2008．

［5］徐莲．多义词量化认知模型的构建与应用［M］．广州：世界图书出版广东有限公司，2017．

［6］Hà Quang Năng. Một cách lí giải mối quan hệ ngữ nghĩa giữa động từ chuyển động có định hướng và từ chỉ hướng trong tiếng Việt [J]. *Ngôn ngữ*, 1991 (2): 48-53.

[7] Hoàng Phê. *Từ điển tiếng Việt* [M]. Đà Nẵng: NXB Đà Nẵng, 2017.

[8] Lê Biên. *Từ loại tiếng Việt hiện đại* [M]. Hà Nội: NXB Giáo dục, 1999.

[9] Nguyễn Anh Quế. *Hư từ trong tiếng Việt hiện đại* [M]. Hà Nội: NXB Khoa học Xã hội, 1988.

[10] Nguyễn Đức Dân. Con đường chuyển nghĩa của từ "ĐI" [J]. *Từ điển học & Bách khoa thư*, 2013 (6): 42-46, 84.

[11] Nguyễn Đức Dân. Những giới từ không gian: Sự chuyển nghĩa và ẩn dụ [J]. *Ngôn ngữ*, 2005 (9): 42-50.

[12] Nguyễn Đức Dân. *Sự chuyển nghĩa của những từ trỏ quan hệ và chuyển động trong không gian* [C] // Khoa Văn học và Ngôn ngữ (ĐHQG TP.HCM). *"Những vấn đề ngữ văn" tuyển tập 40 năm nghiên cứu khoa học*. TP.HCM: NXB Đại học Quốc gia TP.HCM, 2015: 545-557.

[13] Nguyễn Kim Thản. *Động từ trong tiếng Việt* [M]. Hà Nội: NXB Khoa học Xã hội, 1963/1999.

[14] Nguyễn Lai. *Nhóm từ chỉ hướng vận động trong tiếng Việt* [M]. Hà Nội: Tủ sách trường Đại học Tổng hợp Hà Nội, 1990.

[15] Nguyễn Lai. Thử xác định ranh giới và sự chuyển hoá giữa nét nghĩa động tác và nét nghĩa hướng của từ "đi" trong tiếng Việt hiện đại [J]. *Ngôn ngữ*, 1981 (2): 53-57.

[16] Nguyễn Tôn Nhan, Phú Văn Hẳn. *Từ điển tiếng Việt* [M]. Hà Nội: NXB Từ điển bách khoa, 2013.

[17] Nguyễn Thị Quy. *Ngữ pháp chức năng tiếng Việt (vị từ hành động)*[M]. Hà Nội: NXB Khoa học Xã hội, 2002.

[18] Trần Thị Nhàn. *Lý thuyết ngữ pháp hoá và thực trạng ngữ pháp hoá một số từ trong tiếng Việt* [M]. Hà Nội: NXB Khoa học Xã hội, 2009.

[19] Vũ Văn Thi. *Khảo sát sự biến đổi chức năng của từ đi dưới gốc độ quá trình ngữ pháp hoá trong tiếng Việt* [J]. Ngôn ngữ, 2005 (2): 27-33.

泰语介连兼类词“กับ（kap^2）”的语法化和分化方法

国防科技大学外国语学院　杨绍权

【摘　要】通过研究古代泰文文献，以及比照亲属语言傣语“กับ（kap^7）”的语法功能，可以推断在13世纪以前泰语“กับ（kap^2）”具有动词的语法功能。到阿育陀耶时期，其动词的用法逐渐脱落，虚化出了作为伴随介词的语法功能；而作为并列连词的语法功能尚不够突出，作为并列连词的使用频率较低。进入现代泰语时期，“กับ”的语法功能兼有伴随介词和并列连词两种，两种语法功能的使用频率基本相当，动词功能则完全消失。由此可以推断泰语的介连兼类词“กับ（kap^2）”源自动词，其语法化路径为［“携带”义动词>伴随介词>带有“伴随”义的并列连词（介词性的连词）>并列连词］。分化介连兼类词“กับ（kap^2）”及其组合的结构形式“NP1+กับ+NP2+V（交互类短语）”，需要借助经常与之共现的四种区分标记。

【关键词】泰语；介连兼类词；语法化；伴随介词；并列连词

介词和连词是使用频率高且成员众多的两类虚词。介词的基本功能是介引，连词的基本功能是连接。[①]在汉语和汉语方言中，经常可以发现一些语言成分兼备伴随介词（comitative preposition）和并列连词（coordinative conjunction）两种功能[②]，如“和、跟、同”。泰语中同样存在用一个语法形式表达伴随介词和并列连词两种功能的一词多义现象。例如：

例1：พ่อกับแม่ไปซื้อของ

译文：爸爸和妈妈去购物。

这个例子中的“กับ”可理解为伴随介词（句子意义为“爸爸伴同妈妈去购物”），也可理解为并列连词（句子意义为“爸爸和妈妈都去购物”，但两个人不一定是结伴同去）。

裴晓睿、薄文泽（2017）认为，泰语中的介词短语一般后置于谓语之后，充当状语；介词短语前置于谓语之前的现象在泰语中是不存在的，这样的结构是不成立的。依据此标准的话，“กับ”在上述例句中不能判定为介词，只能是并列连词。但

① 江蓝生．汉语连-介词的来源及其语法化的路径和类型［J］．中国语文，2012（4）：291．

② 陈健荣．论并列连词语法化的条件［J］．当代语言学，2018，20（1）：41．

是从语义上来看，这个例子中的“กับ”明显带有“伴随”义，这是伴随介词才具有的语法意义。为什么形式上作为并列连词的虚词却带有伴随介词才有的语法意义？上述判断泰语介词和连词的标准能否作为判定同形介连词的依据？所以，本文拟着力探讨这两个问题。

一、研究回顾

泰语的“กับ（kap²）”来源于原始台语①的*kapᴰ，与老挝语 ກັບ（กับ）、傣阮语（กับ）、掸语（กับ）、傣仂语 ᦂᧇ（กับ）、黑傣语（กับ）、傣雅语 ၵပ်း（กั๊ป）、德宏傣语 ᥐᥙᥴ（กั๋ป）、阿洪语（กป๋）等是同源词。②③

外国学者对泰语介词的研究分为两派④：一派认为泰语中没有介词或者现归入介词的大部分词应该归为其他词类，如连词、动词、名词等（Udom Warotamasikkhadit，1988；Pranee Kullavanijaya，1974；Clark，1978；Starosta，1988，2000；Saranya Savetamalaya，1989；Kitima Indrambarya，1994；นววรรณ พันธุเมธา，2559；等）。另一派认为泰语中有介词（นันทกา พหลยุทธ，2526；วิจินตน์ ภาณุพงศ์，2532；จรัสดาว อินทรทัศน์，2539；สุมาลี วีระวงศ์，2547；พระยาอุปกิตศิลปสาร，2548；กำชัย ทองหล่อ，2554；อมรา ประสิทธิ์รัฐสินธุ์，2553；等），侧重于总结泰语介词的特点以及将介词与其他词类区分的方法。其中 จรัสดาว อินทรทัศน์（2539）和 อมรา ประสิทธิ์รัฐสินธุ์（2553）认为泰语介词来源于语法化，利用语法化理论解释了介词主要来源于名词和动词的语法化。จรัสดาว อินทรทัศน์（2539）认为泰语中有 23 个介词来源于动词。อมรา ประสิทธิ์รัฐสินธุ์（2553）研究了泰语中的名源介词，提出用所有格标记 ของ 来区分同形名词和介词，列出了泰语中 14 个名-介同形词：หน้า、หลัง、นอก、ใน、บน、เหนือ、ใต้、กลาง、ริม、ที่、ข้าง、ด้าน、ทาง、ของ。

一直以来有不少泰国学者持续研究泰语介词的语法变化，包括研究整个词类和

---

① 台语（Tai）指的是侗台语族的台语支。据李方桂（1977）的研究，台语支可分为北部语群、中部语群和西南部语群。北部语群包括壮语北部方言（广西西部、云南东部），布依语（贵州），石语（泰国）；中部语群包括壮语南部方言，云南东北部的侬语、土语、岱语；西南部语群包括泰语，老挝语，掸语，阿洪语，越南西北部的黑泰、白泰、红泰语言，云南傣语。原始台语（Proto-Tai language）是对所有台语的共同祖先（原始语言 proto-language）的重新构拟，包括泰语、老挝语、掸语、傣雅语、傣仂语、阿洪语、德宏傣语、布依语和壮语等。原始台语没有任何现存文本的直接证明，而是用历史语言学的比较方法重新构拟的原始语言。

② Pittayawat, Pittayaporn. The Phonology of Proto-Tai [D]. Department of Linguistics, Cornell University, 2009.

③ Pike, Kenneth Lee; Pike, Evelyn G. Comparative Kadai: Linguistic Studies Beyond Tai [J]. Summer Institute of Linguistics, 1977: 16.

④ นิติพงศ์ พิเชฐพันธุ์. แนวคิดเกี่ยวกับคำบุพบทในภาษาไทย [J]. วรรณวิทัศน์, 2556: 140-169.

具体某个介词。例如：นันทกา พหลยุทธ（2526）的论文“การศึกษาเปรียบเทียบการใช้คำบุพบทในสมัยสุโขทัย อยุธยา กับสมัยปัจจุบัน”比较了素可泰时期、阿育陀耶时期和现代泰语介词的演变，她认为在素可泰时期“กับ”用作介词时表示两种语法意义：表示对象、表示伴随；在阿育陀耶时期“กับ”用作介词时表示六种语法意义：表示对象、表示处所、表示来源、表示伴随、表示参与者、表示领属；在现代泰语中“กับ”用作介词时表示六种语法意义：表示对象、表示处所、表示来源、表示伴随、表示参与者、表示工具。ราตรี แจ่มนิยม（2546）的“การศึกษาคำบุพบทที่กลายมาจากคำกริยาในภาษาไทย”研究泰语中的动源介词。หัดดาว รักมาก（2562）的“วิวัฒนาการการใช้คำว่า 'แก่' ในภาษาไทย”研究泰语介词 แก่ 的语法化，等等。

中国学者裴晓睿、薄文泽的《泰语语法》（2017）认为，“กับ”兼属介词和连词两类，可以表示工具、表示行为关涉的目标、表示并列[①]。对于如何区分“กับ”在句法结构中是充当介词还是连词，裴晓睿、薄文泽（2017）主张通过分析其内部结构关系运用“互换法”进行区分[②]。例如：

例 2a：นุชกับหน่อยไปซื้อของด้วยกัน

例 2b：หน่อยกับนุชไปซื้อของด้วยกัน

例 3a：นุชไม่เคยเถียงกับหน่อย (หน่อยอาจจะเถียงกับนุชบ่อย ๆ)

例 3b：หน่อยไม่เคยเถียงกับนุช (นุชอาจจะเถียงกับหน่อยบ่อย ๆ)

例 2a 和例 2b 中，“กับ”所连接的前后两部分在句法结构上是并列、平等的关系，互换后意义并不发生变化，“กับ”在这里是连词。而在例 3a 和例 3b 中，“กับ”引导的名词 หน่อย 与前面的 นุช 位置互换后，句子的意思完全颠倒。例 3a 中的“กับ”引导名词 หน่อย，与动词 เถียง 发生关系，说明 เถียง 所关涉的对象，充当 เถียง 的状语，因此“กับ”在这个句子中是介词。

这个分化标准对于大部分的语料都能够适用。但是笔者在整理语料时，发现部分语料不能使用互换法来区分，或者说互换法无法做到完全区分所有语料。例如：

例 4：ที่พูดแบบนี้นี่หมายความว่าไง อยากให้ฉันกับเขามีอะไรกันให้ได้เลยใช่ไหม!!!（https://www.facebook.com/GMM25Thailand/videos/946844209412256/）

译文：你这么说是什么意思？一定要让我和他发生些什么是吗！！！

如何判断这个例句中“กับ”的词类？按照互换法的原则，如果“กับ”前后两个部分互换位置后，句子意思发生变化，则可以判断 กับ 是介词。我们尝试使用互换法互换后，得到 อยากให้เขากับฉันมีอะไรกันให้ได้เลยใช่ไหม（一定要让他和我发生些什么是吗？），可以发现句子意思完全颠倒。那么是否就此判定“กับ”是介词呢？

从句法结构上来看，这个句子属于兼语式，即动 1+宾（主）+动 2 结构，前位动词（动词 1）的宾语兼做后位动词（动词 2）的主语。在这个例子中，“ฉันกับ

① 裴晓睿，薄文泽. 泰语语法［M］. 北京：北京大学出版社，2017：97—98，108.

② 裴晓睿，薄文泽. 泰语语法［M］. 北京：北京大学出版社，2017：116—117.

เขา”充当前位动词“ให้”的宾语，兼做后位动词“มี”的主语。如果“กับ”是介词，“ฉันกับเขา”（代词+介词+代词）这样的结构在泰语中是不成立的。所以在这个例句中，互换法不能区分“กับ”的词类。

综上所述，在已有研究中，无论是研究动源介词还是名源介词，都没有明确介词“กับ”的源头是实词还是虚词？是泰语的固有介词还是外来介词？且使用互换法无法完全区分所有语料中“กับ”的词类，有没有其他更有效的方法作为区分标准？这些问题都有待进一步考察，正如 นิตยา กาญจนะวรรณ（2544）所言，研究泰语介词的历时演变仍有可为。

二、介连兼类词“กับ（kap²）”的语法化路径和过程

Traugott（1986）和 Heine and Kuteva（2002）认为，［伴随介词>并列连词］的语法化可见于世界上多种语言。吴福祥（2003）利用“共时类型学的动态化”（the dynamicization of synchronic typology）的方法，构拟出了汉语［伴随介词>并列连词］的语法化路径①。泰语的介连兼类词“กับ（kap^2）”是否也遵循这样的语法化路径？它的语法化源头是名词还是动词？下面将结合泰语的历时语料，详细考察各个时期“กับ（kap^2）”做介词和连词的情况，梳理“กับ（kap^2）”的语法化路径和过程。

（一）素可泰以前“กับ（kap^2）”具有动词功能

泰语最早的文字记载出现在公元 13 世纪的素可泰时期，傣文最早的文字记载出现在 12 世纪。作为泰语的亲属语言，傣语“กับ（kap^7）”仍然保留有动词的用法。

罗美珍（1983）认为侗泰语的语音特征、音变规律皆与汉藏语相同，双方的虚词语法也相同。“现今的台语是在汉藏母语的基础上发展、演变而来。”②罗美珍（1990）指出，傣语的“kap^7”（对应泰语的“กับ”）源于动词，其动词义为“和，与，结合在一起”，后来虚化为介词和连词。例如③：

例 5：xau^3 hai^8 xau^3 na^2 kap^7 kan^1. 旱谷、稻谷掺合在一起。（kap^7，动词，在句子中做谓语）

例 6：$pha^{?8}$ jat^8 kap^7 to^1. 疾病缠身。（kap^7，动词，在句子中做谓语）

例 6 中“กับ”的动词性减弱，趋向于介词，带有“伴随”义。

---

① 吴福祥．汉语伴随介词语法化的类型学研究：兼论 SVO 型语言中伴随介词的两种演化模式［J］．中国语文，2004（1）：243—254．

② 罗美珍．三论台语的系属问题［J］．民族语文，1994（6）：1．

③ 罗美珍．傣语动词的虚化［J］．民族语文，1990（3）：68—69．

例 7：siŋ[1] tso[1] kap[7] taŋ2 la:i[1]. 与大家商量。（kap[7]，介词，表对象）

例 8：pi[6] kap[7] nɔŋ[4] pai1 naŋ[3] kan[1]. 哥哥和弟弟一同去。（kap[7]，连词，表并列）

例 9：nam[4] bau[5] mi[2] kap[7] man[2] bau[5] pai[1] au[1]. 没有水是因为他没去打。（kap[7]，连词，表原因）

罗美珍（1990）认为，傣语的“กับ（kap[7]）”与汉语的“合”有关系。台语中的“กับ（*kapᴰ）”与汉语的“合”是同源关系，还是接触关系，目前尚不得而知。但无论是同源关系，还是接触关系，都可以确定的是“กับ（*kapᴰ）”在古代具有动词的属性，只是在历时的演变过程中逐渐虚化为伴随介词，再进一步虚化为并列连词。

从罗美珍列举的语料中可以构拟出傣语的“กับ（kap[7]）”的语法化路径为［伴随义动词>伴随介词>并列连词］。那么拥有共同原始台语祖先、同为亲属语言的泰语的“กับ（kap[2]）”也应该遵循这一语法化路径。

（二）素可泰时期“กับ（kap²）”的语法意义

素可泰是泰族有文字记载以来的第一个王朝，此前的文字使用由于没有史料支撑，已经无法考证。根据素可泰时期的文献记载，该时期“กับ”已经作为介词、连词出现，有以下三种用法①：

1. 表伴随（บอกความคล้อยตามกัน）

例 10：“เมื่อก่อนผีฟ้าเจ้าเมืองสรีโสธรปุระ ให้ลูกสาวชื่อนางสุขรมหาเทวีกับขันไชศรี ให้นามเกียรแก่พ่อขุนผาเมือง”（จารึก ล. 2 น. 10）

译文：从前，西索屯布拉城城主让女儿苏昆大公主携带圣器将荣誉授予帕孟大帝。

นันทกา พหลยุทธ（2526）根据搜集到的历时文献，提出泰语“กับ”在现存文献能追溯到的最早时期——素可泰时期有做介词的用法，表“伴随”义，称之为“ความคล้อยตามกัน”。作者认为在例 10 中“กับ”后接的 ขันไชยศรี（圣器）是公主随身携带的东西，即伴随物，说明“กับ”做介词表伴随义的用法在素可泰时期业已存在。

我们对这个句子结构进行重新分析，认为这个句子中“ให้”和“กับ”构成连动结构，所以“กับ”应该理解为“携带、持拿”义动词。

2. 表对象（บอกที่หมาย）

例 11：“ลางพานเทสดวงหนึ่ง หนาศอกหนึ่ง ค่าสองตำลึง ถ้วยโคมลายดวงหนึ่ง ถ้วยบริพัน

① 本部分的例句均引自 นันทกา พหลยุทธ. การศึกษาเปรียบเทียบการใช้คำบุพบทในสมัยสุโขทัย อยุธยา กับสมัยปัจจุบัน [D]. กรุงเทพฯ: จุฬาลงกรณ์มหาวิทยาลัย, 2526.

เล็กสิบดวงสำรับลางพาน แต่งเป็นบายศรีบูชาพระเจ้า น้ำเต้าทองสัมฤทธิ์ดวงหนึ่งมีฝาค่าบาทหนึ่งใส่น้ำมั่งเบิอดวงหนึ่งค่าสามสลึงใส่หมากเลียนเทศดวงหนึ่ง ใส่หมากเครื่องสำรับนี้แต่งเป็นบายศรีกับเจดีย์"（จารึก ล. 14 น. 109）

例 12："วันพุธ เดือนห้า ขึ้นหกค่ำ ขาลนักษัตรสัมฤทธิ์ศก จึงนายพันเทพรักษา อำแดงคำกอง และอำแดงศรีบัวทองผู้ลูกมีใจศรัทธากัลปนาอีแก้วช้า และกองดวงหนึ่ง เป็นเงินเจ็ดบาทกับอาราม" (จารึก ล. 15 น. 116)

3. 表并列（คำเชื่อม）

例 13："มีลางพวกห่มผ้าชมพูผ้าหนงผ้ากรอบเทียรย่อมถือเครื่องฆ่าน่าไม้กับธนูหอกดาบแหลนหลาว" (ไตรภูมิ น. 103)

译文：穿着各种布料衣服的一些人都拿着锋利的伐木工具和弓箭长枪。

在例 13 中，"กับ" 连接两个名词词组 เครื่องฆ่าน่าไม้（伐木工具）和 ธนูหอกดาบ（弓箭长枪），构成并列结构，位于动词 "ถือ（拿）" 之后，做谓语动词的并列宾语，所以此句中的 "กับ" 应为并列连词。

刘丹青（2003）指出，连词和介词有着强烈的和谐性，均属于 "联系项"（relator），两者的语序是一致的，都倾向置于两个被连接的成分之间。从泰语来看，"กับ" 作为连词和介词，都置于两个连接成分之间。笔者认为，当谓语部分过长时，后置的介宾短语会前移至主语之后、谓语之前，形成并列结构，但是这种并列结构仍保留有原伴随介词的 "伴随" 义。这就能解释为什么 "NP1+กับ+NP2" 做主语时，"กับ" 可以理解为带有 "伴随" 义的并列连词，也可以说明 "กับ" 仍然残留有动词的 "携带" 义。

张洪年（Cheung，2007：417）认为，例句 "北京同（埋）广州都系大都市" 中 "同（埋）" 为 "介词性的连词"（adverbial conjunction），与 "真正的连词"（如 "但系" "不过" 等）相对。[①]再者，伴随介词的词义较并列连词实在，而并列连词的语法功能又比伴随介词的强。[②]由此，我们可以构拟出泰语 "กับ" 的语法化路径为［"携带" 义动词>伴随介词>介词性的连词>并列连词］。

（三）阿育陀耶时期 "กับ（kap²）" 的语法意义

到了阿育陀耶时期，"กับ" 的语法意义进一步丰富，增加了表示处所、来源、参与者、领属等语法意义。

---

① 转引自陈健荣．论并列连词语法化的条件［J］．当代语言学，2018，20（1）：41．

② 吴福祥．汉语伴随介词语法化的类型学研究：兼论 SVO 型语言中伴随介词的两种演化模式［J］．中国语文，2003（1）：52．

1. 表对象（บอกที่หมาย）

例 14："หลวงทับสุเรนหองไดยจ่ายเงินไหกับหมื่นราชสงครามคุมลงมาส่งให้กับข้าพเจ้า" (36/จ.ศ. 1211)

例 15："สมเด็จพระพุทธเจ้าอยู่หัวผู้ทรงพระคุณอันมหาประเสริฐทรงพระมหากรุณาเมตตากับเขมร" (จดหมายเหตุ ร. 3 น. 23)

2. 表处所（บอกสถานที่）

例16："แล้วก็แลเห็นองค์พญายมราชนั้นรูปร่างขาวงามใส่มงกุฎแลกำไลต้นแขนปลายแขนนั่งอยู่กับพื้นแผ่นดิน" (2/จ.ศ. 1156)

例 17："คราวนี้คิดอ่านเอาออกใช้เสียบบ้างเถิด จะทิ้งไว้กับอู่ก็จะผุเสียเปล่า ๆ นั่นเอง" (จดหมายเหตุหลวงอุดม น. 112)

3. 表来源（บอกแหล่งเดิม）

例 18："ประการหนึ่งสมเด็จพระพุทธเจ้าอยู่หัวก็ทรบพระราชประสงแสงปืนคาบศิลา ขอกับสมเด็จพระพุทธเจ้าอยู่หัวในกรุงเทพฯ 2000 มาไว้พิทักรักษาบ้านมูลบ้านเมือง" (1ค/จ.ศ. 1137)

例 19："พญาสุกโขไทยกระทำคุมเหงตีจำลงเอาเงินกับไพร่ มีชื่อไดความเดือดร้อน" (2/จ.ศ. 1198)

4. 表参与者（บอกผู้ที่มีส่วนร่วม）

一般不单用，通常与介词"ด้วย"连用，位于"ด้วย"前，形成介词组合"กับด้วย"，表示参与者。

例 20："นายกันเมื่อบวชเป็นภิกษุอยู่วัดแจ้งเป็นคนอะละชีอันธพาลกระทำเมถุนปะราขิตกับด้วยอำแดงไห" (4/1/จ.ศ. 1159)

5. 表领属（บอกเจ้าของ）

例 21："... จะได้ยกย่องพระบวรพุทธศาสนาให้เป็นที่พึ่งกับบรรดาเขมรทั้งปวงสืบต่อไป" (จดหมายเหตุ ร. 3 น. 22)

例 22："มันรู้ว่าไม่มีผู้ใหญ่ตั้งเป็นเจ้าบ้านเจ้าเมือง มีแต่นายมุเกม ๆ อยู่อย่างนี้ ก็จะเป็นทีโอกาสกับมัน" (จดหมายหลวงอุดม น. 320)

6. 表并列（คำเชื่อม）

例 23："แลบัดนี้ท่านอัครมหาเสนาธิบดีก็ได้มีหนังสือตอบไปอังวะด้วยฉบับหนึ่งกับจดหมายคำให้การ" (1จ.ศ. 1170)

（四）现代泰语“กับ（kap^2）”的语法意义

在现代泰语时期，“กับ”的语法意义进一步丰富，出现表工具的用法。

1. 表伴随（บอกความคล้อยตามกัน）

例 24：“เขาออกไปทำงานนอกบ้านกับภรรยา” (ลักษณะภาษา น. 215)

2. 表对象（บอกที่หมาย）

例 25：“ฉันทหลักษณ์ของไทยให้ความสำคัญกับสัมผัสมาก” (การใช้ภาษา น. 405)
例 26：“เขาทะเลาะกับเพื่อน” (การใช้ภาษา น. 38)
表对象的介词“กับ”可能在同一个句子中距离不远的地方重复出现。如：
例 27：“เขากำลังแสดงความยินดีกับเพื่อนกับฝูง”

3. 表处所（บอกสถานที่）

例 28：“ก็อาทิตย์ก่อนตัวไม่สบาย ต้องนอนกับพื้นลุกไม่ขึ้น” (การใช้ น. 120)
例 29：“เขียนกับโต๊ะ” (ลักษณะภาษาไทย น. 199)

4. 表来源（บอกแหล่งเดิม）

例 30：“ไปขอกับพ่อไป แม่ไม่มีเวลา”
例 31：“เขาเป็นคนสั่งซื้อ เธอก็ไปเอาเงินกับเขาซิ”

5. 表工具（บอกเครื่องมือ）

例 32：“ฉันได้ยินกับหู” (การใช้ภาษา น. 37)
例 33：“ฉันได้เห็นกับตาทีเดียวว่า เขาได้ซื้อผ้าชิ้นนี้กับมือของเขา” (หลักภาษา น. 189)

6. 表并列（คำเชื่อม）

例 34：“เขาให้สมุดกับดินสอแก่เธอ”
例 35：“ครูวางปากกากับสมุดไว้บนโต๊ะ”

从 นันทกา พหลยุทธ（2526）的语料中，我们可以看到泰语“กับ”的语法意义由素可泰时期的三种扩展为阿育陀耶时期的六种，现代泰语中“กับ”的语法意义虽然仍保持六种，但是失去了表示领属的意义，增加了表示工具的意义，语法意义进一步虚化。

通过对泰语历时语料的考察分析，我们可以构拟“กับ（kap^2）”的语法化路径为［“携带”义动词>伴随介词>带有“伴随”义的并列连词（介词性的连词）>并列连词］。

三、介连兼类词“กับ（kap^2）”的语法分布与语法功能

介连兼类词“กับ”及其组合的结构形式在句子中的分布，会影响对其语法功能的识别，从而影响对“กับ”词类的判断。我们对“กับ”所连接的体词性语料进行详细的整理和总结，对于少量谓词性的语料也会进行补充研究，在大量真实而有效的语料库材料的基础上进行描写性研究，分析其所充当的句法成分，以此来判断“กับ”的词类。

（一）“NP1+……+กับ+NP2”是跨层结构

“NP1+……+กับ+NP2”是跨层结构时，构成“NP1+V+（……）+กับ+NP2”的形式，NP1 在句子中做主语，“กับ+NP2”置于谓语之后做状语。这也是虚词“กับ”在日常使用中出现频率最高的用法。例如：

例 36：เขาเถียงกับแม่

译文：他和妈妈吵架。

我们从语义的角度来分析，例 36 中，“เขา”是陈述的主语，虚词“กับ”引导“แม่”表示谓语动词关涉的对象。NP1 和 NP2 在语法地位上不相同，语义地位也不相同，所以我们判定这里的“กับ”不是连词，而是介词。

根据例句分析得出：“กับ”前面的 NP1 在句子中是行为动作的发出者，而后面的 NP2 是行为动作的协同对象、伴随对象或关涉对象，NP1 在句子中是被强调的对象，话题性要高于 NP2，“กับ”前后两个成分之间的语义地位不是平等的并列关系，而是有主次之分。“กับ+NP2”直接修饰前面的谓语动词，在句子中充当状语成分，没有和 NP1 产生任何句法关系。我们判定此时的“กับ”是介词，它和 NP2 构成了介宾结构。

（二）“NP1+กับ+NP2”是同层结构

泰语中可以用“กับ”来连接名词、代词、量词结构、动词、述宾结构、句子等成分，组成“NP1+กับ+NP2”形式的同层结构，“NP1+กับ+NP2”整体在句子中做主语、宾语、定语，分化这个结构形式的方法主要有分解法和互换法。

1.“NP1+กับ+NP2”做宾语、定语

例 37：เราต้องซื้อดินสอกับปากกา

译文：我们要买铅笔和钢笔。

例 38：ระวังขากับหัวเข่าไม่ค่อยดีนะคุณ ดูแลปอดกับเลือดด้วยค่ะ แล้วก็ถ้ารู้สึกเป็นเหน็บชาบ่อยๆ ก็ไปตรวจเสีย（TNC: NWCOL092）

译文：你要小心你的腿和膝盖不好，还要照顾好你的肺和血液，如果你经常感

到麻木，就去做个检查。

例 37 和例 38 的结构，我们可以采用分解法公式 X（a+b）=Xa+Xb 来分析，分解之后的 NP1 和 NP2 都可以单独跟述谓成分搭配并且成立，此时的 NP1、NP2 在语义和语法上地位相同，“NP1+กับ+NP2”充当句子的宾语，“กับ”是并列连词。

例 39：บุญส่งนอนหงาย หน้าเป็นสีเทาเหมือนทาขี้เถ้า หนังตาล่างกับบนปิดไม่สนิท...（TNC: PRNV035）

译文：本颂仰躺着，脸上像抹了灰一样，下眼皮和上眼皮没有完全合拢……

例 40：ก็บอกแล้วว่ามันเป็นบทรักของพระเอกกับนางเอก เค้าเอาอ้อมกอดของแกไปกอดคนอื่น แกไม่รู้สึกอะไรจริงๆ อย่างนั้นเหรอ（TNC: PRNV099）

译文：我说过这是男主和女主的爱情剧。他把属于你的拥抱给了别人，你真的感觉不到吗?

从上面的例句我们可以看出，“ล่างกับบน（下和上）”共同做“หนังตา（眼皮）”的定语，“พระเอกกับนางเอก（男主和女主）”共同做“บทรัก（爱情剧）”的定语。“NP1+กับ+NP2”共同充当定语，构成“NP+NP1+กับ+NP2”结构。我们可以看出 NP1、NP2 的语法地位以及它们的语义地位都相同，此时的虚词“กับ”将前后两个成分联合，仅仅起到联合作用，所以“กับ”是连词。

另外，还可以用“互换法”加以验证。把 NP1 和 NP2 的位置互换之后得到的句子的意思没有任何变化，“NP1+กับ+NP2”共同修饰前面的体词性成分构成中定结构，所以 NP1 和 NP2 的语法地位相同，它们之间的关系不是主从关系。由于互换 NP1 和 NP2 的位置不会影响句义的表述，我们可以认为两者的语义地位相同，所以“กับ”是连词。

2. “NP1+กับ+NP2”做主语

对语料进行分析时我们发现，当“NP1+กับ+NP2”充当句子的主语时情况比较复杂。即在“NP1+กับ+NP2+V”这个结构中，NP1+กับ+NP2 在句子中所承担的句法功能可分为两种情况：一是“NP1+กับ+NP2”共同做主语；二是既可以理解为“NP1+กับ+NP2”共同做主语，也可以理解为“NP1”单独做主语、“กับ+NP2”做状语，这两种不同的情况会影响对“กับ”词类的判定。

当“NP1+กับ+NP2+V”结构中的述谓短语 V 是 มี、เป็น 等表存在、判断的动词时：

例 41：พ่อกับแม่เป็นครู

译文：爸爸和妈妈是老师。

例 41 中，NP1、NP2 一直处在共同的状态中，可以代入“分解法”公式中，所以 NP1、NP2 在语义和语法上的地位相同，它们之间不是主从关系而是联合关系，共同充当句子的主语成分。此时，我们可以判断“กับ”是连词，“NP1+กับ+

NP2”共同做主语。

当出现在“NP1+กับ+NP2”之后充当述谓短语的成分是交互类短语时，NP1 和 NP2 之间的关系比较复杂，既可以是“NP1”充当陈述对象、“NP2”充当关涉对象，也可以是“NP1”和“NP2”一起充当陈述对象，同时又互为对方的关涉对象。[①]交互类短语可以分为：对待类、相对类、关系类。[②]这三种结构形式适用于互换法，但是都不适用于分解法。

（1）当“NP1+กับ+NP2+V”结构中的述谓短语 V 是“เหมือน、คล้าย、เท่าเทียม、แตกต่าง”等相对类短语时：

例 42：ใบนี้กับใบนั้นเหมือนกัน

译文：这张和那张一样。

例 43：เขาเชือดเนื้อกับเขาเฉือนเนื้อยังมีความหมายแตกต่างกันบ้าง

译文：他割肉和他切肉的意思不完全相同。

例 42、例 43 可以使用互换法验证，NP1 和 NP2 互换位置，句子语义没有发生改变，“NP1”和“NP2”一起充当陈述对象。但是 NP1、NP2 同时又互为对方的关涉对象，因此不能代入“分解法”公式。

（2）当“NP1+กับ+NP2+V”结构中的述谓短语 V 是“เถียง、ต่อสู้、สู้รบ、คุย、สนทนา”等对待类短语时：

例 44：นุชกับหน่อยเถียงกัน

译文：努和诺吵架。

例 44 中，NP1、NP2 同样不能代入“分解法”公式，但是可以使用互换法验证，NP1 和 NP2 互换位置，句子语义没有发生改变。

（3）当“NP1+กับ+NP2+V”结构中的述谓短语 V 是“มีอะไร、มีความสัมพันธ์”等关系类短语时：

例 45：ฉันกับเขาไม่มีอะไรกัน（https://www.gotoknow.org/questions/12228）

译文：我和他没有什么。

这个例句中的“กับ”应该分析为并列连词还是伴随介词？Tao（1991）提出，在伴随介词出现的句子里，主语 NP1 的话题性和被强调的程度高于伴随介词的宾语 NP2，而在并列连词出现的并列结构“NP1+NP2”里，NP1 和 NP2 之间没有这样的差别。[③]从句法结构上来看，“กับ”连接的前后成分都是人称代词，两者是并列、平等的关系。但是从语义上看，NP1 和 NP2 有主从、先后、轻重的区别，NP1 的话题性和被强调的程度高于 NP2。在这个句子中，用互换法和分解法都无

---

① 张谊生．介词的演变、转化及其句式［M］．北京：商务印书馆，2016：6．

② 张谊生．介词的演变、转化及其句式［M］．北京：商务印书馆，2016：7．

③ 吴福祥．汉语伴随介词语法化的类型学研究：兼论 SVO 型语言中伴随介词的两种演化模式［J］．中国语文，2003（1）：55．

法判定“กับ”的词类。

所以，在“NP1+กับ+NP2+V”结构形式中，“กับ”词类的判定受述谓短语语义和结构双重对应关系的影响。

四、介连兼类词“กับ（kap²）”的分化方法

究竟怎样才能有效地分化泰语“NP1+กับ+NP2+V”结构形式中的介词“กับ”和连词“กับ”呢？张谊生（2016）提出了 6 种适合于分化介连兼类词的区分标记：分离标记、空位标记、统括标记、协同标记、相互标记、复指标记。结合泰语的语法特点，适用于分化泰语介连兼类词的标记有以下四种：

（一）统括标记

统括标记就是指句子中出现“都、全、全部”等统括副词。泰语中常用的统括副词有“ต่างก็（都）、ล้วน（全）、ล้วนแต่（全部）、ทั้งนั้น（全都）”等，凡是在 NP2 与谓语之间或者在句尾出现统括标记的，那么这句话表示联合关系，此时“กับ”是连词。例如：

例 46：โดยสารเครื่องบินกับโดยสารรถเมล์ต่างก็สะดวก

译文：乘坐飞机和乘坐汽车都方便。

例 47：จีนกับพม่าซึ่งล้วนแต่มีระบอบการปกครองที่ไม่มีพระมหากษัตริย์เป็นองค์พระประมุขอีกต่อไป（TNC: NACSS017）

译文：中国和缅甸都不再实行以国王为元首的统治制度。

例 48：ลูกชายของเขากับลูกสาวของฉันเป็นนักเรียนภาษาไทยทั้งนั้น

译文：她的儿子和我的女儿都是泰语专业学生。

在上面的例句中，句子都出现了表示统括的副词，表明 NP1 和 NP2 共同作为谓语动词的施动者或者处于同样的状态，这时我们判定“กับ”是连词，“NP1+กับ+NP2”共同做句子的主语。

（二）协同标记

协同标记是指句子中出现“一齐、一道、一起”等协同副词。谓语动词后出现“กัน（一起）、ด้วยกัน（一同）”等表示协同的副词时，那么这句话表示联合关系，我们可以判定“กับ”是连词。例如：

例 49：น้องชายเขากับน้องชายฉันไปดูหนังกัน

译文：他的弟弟和我的弟弟一起去看电影。

例 50：นุชกับหน่อยไปซื้อของด้วยกัน

译文：努和诺一起去买东西。

在上面的例句中，在谓语动词后出现“กัน（一起）、ด้วยกัน（一同）”等表示协

同的副词，表明 NP1 和 NP2 共同作为谓语动词的施动者或者处于同样的状态，这时我们判定“กับ”是连词。

（三）相互标记

相互标记是指句子中出现“互相、之间”等表示交互对等关系的词语。凡是句中出现“กัน（互相）、ต่อกัน（互相）、ระหว่าง（……之间）、ซึ่งกันและกัน（互相）、กันและกัน（互相）”等相互标记的，那么这句话所表示的一般是对等义，“กับ”是连词。例如：

例 51：น้องชายเขากับน้องชายฉันกำลังคุยกัน

译文：他的弟弟和我的弟弟正在聊天。

例 52：รางรถไฟจีนกับรางรถไฟลาวเชื่อมต่อกัน

译文：中国铁路和老挝铁路相连。

例 53：มาตรา ๒๖ ในกรณีที่ได้ออกใบตราส่งให้แก่กันไว้ ความสัมพันธ์ระหว่างผู้ขนส่งกับผู้รับตราส่งในเรื่องทั้งหลายเกี่ยวกับการขนส่งของที่ระบุไว้ในใบตราส่งนั้น ให้เป็นไปตามข้อกำหนดในใบตราส่ง（TNC: LW151）

译文：第 26 条 如果已签发提单，则承运人与提单收货人之间有关提单上所列物品运输事项的关系应符合提单的规定。

上述例句中，都出现了表示相互对等关系的相互标记，句子表示的是对等义，所以可以判定句中的“กับ”为并列连词。

（四）复指标记

复指标记有两种：单复标记和双复标记。凡是用“เขา（他）、เธอ（她）、มัน（其）”以及用复述“NP1”的方式回指“NP1”的，都是单复标记。只要句子中出现单复标记，那么句子所表示的一般都是主从义，其中的“กับ”是介词。例如：

例 54：เขากับแม่ไปซื้อของก่อน เสร็จแล้ว (เขา) ค่อยไปทำงาน

译文：他先和妈妈去购物，然后（他）再去上班。

例 55：น้ำกับพี่ป๊อบไม่มีอะไร น้ำชอบพี่ชนคนเดียว

译文：小水和波哥没有什么，小水只喜欢春哥。

凡是用“พวกเขา（他们）、เขาสองคน（他俩）、ทั้งสอง（两人）”等词语以及用复述“NP1+กับ+NP2”的方式回指“NP1+กับ+NP2”的，都是双复标记。只要句中出现双复标记，那么这句话一般都是表示联合关系，“กับ”是连词。例如：

例 56：Dong Yuhua กับ Shao Yuhua ได้เจอกันอีกครั้งหลังจากห่างกันสี่สิบห้าปี พวกเขาสามารถแต่งงานใหม่และกลับมารวมกันได้หรือไม่?

译文：董玉华和邵玉华在相隔了四十五年后重逢了，他们能否复婚团圆？

例 57：ฝูกุ้ยกับหยินฮัวเป็นเพื่อนบ้านกันมาตั้งแต่เด็กและทั้งสองเข้ากันได้ดี แม่ของฝูกุ้ยก็รู้สึก

มีความสุขมากเช่นกัน

译文：福贵和银花从小就是邻居，两人还挺合得来，福贵娘也觉得蛮高兴。

五、结语

通过前面的考察和分析，我们认为泰语介连兼类词“กับ（kap^2）”语法化的源头是动词，在素可泰时期已经基本完成了语法化过程，出现了伴随介词和并列连词的语法功能，其语法化的路径为［“携带”义动词>伴随介词>带有“伴随”义的并列连词（介词性的连词）>并列连词］。由于交互类短语同“NP1+กับ+NP2”搭配后其语义和结构之间存在双重对应关系①，因此，需要借助经常与之共现的统括标记、协同标记、相互标记和复指标记来分化介连兼类词“กับ（kap^2）”及其组合的结构形式。

参考文献

［1］陈健荣．论并列连词语法化的条件［J］．当代语言学，2018，20（1）：40—60．

［2］江蓝生．汉语连-介词的来源及其语法化的路径和类型［J］．中国语文，2012（4）：291—308．

［3］刘丹青．语序类型与介词理论［M］．北京：商务印书馆，2003．

［4］罗美珍．傣语动词的虚化［J］．民族语文，1990（3）：61—70．

［5］罗美珍．三论台语的系属问题［J］．民族语文，1994（6）：1—11．

［6］罗美珍．试论台语的系属问题［J］．民族语文，1983（2）：30—40．

［7］马清华．并列连词的语法化轨迹及其普遍性［J］．民族语文，2003（1）：24—33．

［8］裴晓睿，薄文泽．泰语语法［M］．北京：北京大学出版社，2017．

［9］吴福祥．汉语伴随介词语法化的类型学研究：兼论 SVO 型语言中伴随介词的两种演化模式［J］．中国语文，2003（1）：43—58．

［10］张秀松．词汇化与语法化理论及其运用［M］．北京：外语教学与研究出版社，2020．

［11］张谊生．介词的演变、转化及其句式［M］．北京：商务印书馆，2016．

［12］Clark, M. Coverbs and Case in Vietnamese [G]// Pacific Linguistics, Series B, No. 48. Canberra: Australian National University Press, 1978.

［13］Hopper, Paul J. On some principles of grammaticization [G]// Elizabeth C. Traugott and Bernd Heine, eds. Approaches to Grammaticalization. Amsterdam/

① 张谊生．介词的演变、转化及其句式［M］．北京：商务印书馆，2016：20．

Philadelphia: John Benjamins, 1991: 18-35.

[14] Kitima Indrambarya. “Are there prepositions in Thai?” [C]// M. Alves. Papers from the Third Annual Meeting of the Southeast Asian Linguistics Society. Arizona: Arizona State University, Program for Southeast Asian Studies, 1995: 101-118.

[15] Kitima Indrambarya. Subcategorization of Verbs in Thai [D]. Hawaii: University of Hawaii, 1994.

[16] Li, Fang-Kuei. A handbook of comparative Tai [M]. Manoa: University Press of Hawaii, 1977.

[17] Pranee Kullavanijaya. Transitive Verbs in Thai [D]. Hawaii: University of Hawaii, 1974.

[18] Saranya Savetamalaya. Thai Nouns and Noun Phrases: A Lexicase Analysis [D]. Hawaii: University of Hawaii dissertation, 1989.

[19] Starosta S. The Case for Lexicase [M]. London: Pinter Publishers Ltd, 1988.

[20] Starosta S. The Identification of Word Classes in Thai [G]// M. R. Kalaya Tingsabadh, Abramson. Essays in Tai Linguistics. A. Bangkok: Chulalongkorn University Publishers, 2000: 63-66.

[21] Udom Warotamasikkhadit. There are no prepositions in Thai [G]// C. Bamroongraks, et al. The International Symposium on Language and Linguistics. Bangkok: Thammasat University, 1988: 70-76.

[22] กำชัย ทองหล่อ. หลักภาษาไทย (พิมพ์ครั้งที่ห้าสิบสาม) [M]. กรุงเทพมหานคร: บริษัท รวมสาส์น (1977) จำกัด, 2554.

[23] จรัสดาว อินทรทัศน์. กระบวนการที่คำกริยากลายเป็นคำบุพบทในภาษาไทย [D]. กรุงเทพมหานคร: จุฬาลงกรณ์มหาวิทยาลัย, 2539.

[24] นววรรณ พันธุเมธา. ไวยากรณ์ไทย (พิมพ์ครั้งที่ ๘) [M]. กรุงเทพมหานคร: ห้องโครงการเผยแพร่ผลงานวิชาการ คณะอักษรศาสตร์ จุฬาลงกรณ์มหาวิทยาลัย, 2559.

[25] นันทกา พหลยุทธ. การศึกษาเปรียบเทียบการใช้คำบุพบทในสมัยสุโขทัย อยุธยา กับสมัยปัจจุบัน [D]. กรุงเทพฯ: จุฬาลงกรณ์มหาวิทยาลัย, 2526.

[26] นิตยา กาญจนะวรรณ. บุพบทหรือกริยาหรือนาม [J]. มติชนสุดสัปดาห์, 2544: 21, 61.

[27] นิติพงศ์ พิเชฐพันธุ์. แนวคิดเกี่ยวกับคำ บุพบทในภาษาไทย [J]. วรรณวิทัศน์, 2556: 140-169.

[28] พระยาอุปกิตศิลปสาร. หลักภาษาไทย [M]. กรุงเทพมหานคร: ไทยวัฒนาพานิช, 2548.

[29] วิจินตน์ ภาณุพงศ์. โครงสร้างของภาษาไทย: ระบบไวยากรณ์ (พิมพ์ครั้งที่ ๑๐) [M]. กรุงเทพมหานคร: มหาวิทยาลัยรามคำแหง, 2532.

[30] สุมาลี วีระวงศ์. บุพบทอยู่ที่ไหน [G]// ใน พัชราวลัย ทองอ่อน. ภาษาไทยของเรา. กรุงเทพมหานคร: สถาพรบุ๊คส์, 2547: 92-98.

[31] อมรา ประสิทธิ์รัฐสินธุ์. ชนิดของคำในภาษาไทย: การวิเคราะห์ทางวากยสัมพันธ์ [M].

กรุงเทพมหานคร: สำนักพิมพ์แห่งจุฬาลงกรณ์มหาวิทยาลัย, 2553.

[32] อุดม วโรตม์สิกขดิตถ์. จาก ตาม ถึง มิใช่บุรพบท [J]. ศิลปวัฒนธรรม, 2540(19): 81-82.

[33] อุปกิตศิลปสาร, พระยา. หลักภาษาไทย [M]. กรุงเทพมหานคร: ไทยวัฒนาพานิช, 2548.

现代缅语通用语料库的构建与初步应用[①]

广西民族大学　陈　宇　范勃宏

【摘　要】现代缅语通用语料库（Modern Burmese Common Corpus，简称MBCC）是首个基于语料库语言学研究理论与研究方法构建的以现代缅语为语料的通用语料库。该语料库的研制主要经过了语料库的设计、语料的采集和元信息的标注与汇总三个阶段，最终构建了一个包含现代缅语口语体与书面语体两大语体，共10种文类，约500万音节次的现代缅语通用语料库，并进行了开源。经过初步应用，该语料库已经展现出对语言特征和主题词方面等的应用价值，未来还会将其更广泛地运用在语言学、缅甸语教学和缅甸语自然语言处理等方面的研究，以期取得更多相关研究成果。

【关键词】现代缅语；通用语料库；语言特征；主题词

引言

语料库语言学（Corpus Linguistic）是指基于大量语言事实（语料库）进行语言研究的一门语言学分支，主要由语言学与计算机科学交叉融合而产生。语料库语言学最早兴起于20世纪五六十年代，经过数十年的发展，已经得到了学界的广泛认可，是目前热门的语言学分支之一。除了在汉语、英语、俄语等通用语种上，语料库语言学研究理论与研究方法还在非通用语种上得到了应用，并产出了一定的研究成果。

通用语料库（又称为“通用平衡语料库”）指代表一种语言整体使用情况的语料库，一般由该语言下不同文体的若干数量的文本共同构成。一方面，通用语料库由反映该语言的大量语言事实构成，是进行语言学定量研究的重要依据；另一方面，又可将其作为其他方向语言学研究的辅助工具。早在20世纪60年代，美国布朗大学的特瓦德尔（W. F. Twaddell）教授为首的研究团队构建了包含500个连续文本、100万词次的布朗语料库，该语料库是反映美国英语使用状况的通用平衡语料库。布朗语料库的构建被认为是语料库语言学研究的重要里程碑，后来该建库方法

① 基金项目：本文系广西研究生教育创新计划项目“现代缅语通用语料库的构建与应用”（YCSW2023268）及广西民族大学校级教改项目“基于通用语料库的缅甸语词汇教学应用研究”（2021XJGY10）的阶段性成果。

又被运用在英语的其他分支（如英国英语等）以及汉语上，这些语料库被合称为布朗家族语料库。其后，英国国家语料库、当代美国英语语料库和国际英语语料库等英语通用语料库相继建成。而在汉语方面，在教育部语言文字应用研究所计算语言学研究室建成了包含超过 1 亿字符的现代汉语通用平衡语料库，北京大学汉语语言学研究所也构建了北大汉语语料库等。此外，当代西班牙语参考语料库、俄语国家语料库等通用语料库也相继建成。由此可见，通用语种的通用语料库已经陆续建成，并被广泛运用于语料库语言学研究之中。[①]

非通用语种研究界目前在语料库语言学方向的研究还相对薄弱。我国学者方面，谢群芳等（2010）构建了包含 1700 万词次，共 15493 篇语料的现代越南语语料库，并基于语料库发表了两篇相关研究论文；[②]席耀一等（2020）针对中亚五国语言，构建了超过 1.5 亿词次的中亚语种通用语料库，但其在建库时并没有基于语料库语言学构建通用语料库的一般规则进行，该语料库的语料主要从新闻采集而来。[③]此外，外国学者根据各自研究的语言也构建了如当代朝鲜语语料库、HSE 泰语语料库等非通语种的通用语料库。可以看出，虽然相对通用语种起步较慢，但是也有越来越多的非通用语种研究者开始了通用语料库的构建工作，并基于此进行了一定的语料库语言学研究。

但是，截至目前，缅甸语还没有一个真正意义上的通用语料库，更深入的语料库语言学研究更是无从谈起。无论是以“缅甸语”搭配“语料库”在中国知网进行检索，还是以“Burmese”搭配“Corpus”在谷歌学术进行检索，都没有任何一篇关于缅甸语的语料库语言学学术论文。综上所述，想将语料库语言学的研究理论与研究范式扩展至缅甸语方向，现代缅语通用语料库的构建是绕不开的一环，也是后续进行更深入的应用研究的基础。

有鉴于此，通过参照布朗语料库等通用语料库建设经验与结合现代缅语的语料资源情况，笔者开始着手构建一个容量较大、覆盖广泛、质量高、具有代表性的现代缅语通用语料库（Modern Burmese Common Corpus，简称 MBCC），以便为语料库语言学、自然语言处理等方向的研究和开发提供有力的支持，丰富和发展语料库语言学的研究。

---

① 杨惠中，卫乃兴．语料库语言学导论［M］．上海：上海外语教育出版社，2002：20—32．

② 谢群芳．现代越南语语料库建设结项技术报告［R］．洛阳市社会科学规划重点项目，2010．

③ 席耀一，王小明，云建飞，等．中亚语种通用语料库构建研究［J］．信息工程大学学报，2020，21（6）：741—746，751．

一、语料库的设计

现代缅文是现代缅语的书写形式，而现代缅语通用语料库正是由大量现代缅文文本构成的。与中文类似，现代缅文自左向右书写，书写时词与词之间不存在间隔标记，但一般会在虚词之后进行间隔，缅文在计算机输入时亦继承了这一特点。因此，就像统计中文语料库常用单位是字符次一样，现代缅文也适合使用音节次进行长度统计。笔者参考其他通用语料库的构建情况，确立了“语体为主，门类为辅”的建库原则，将现代缅语通用语料库设计为包含约 500 万音节次、共 1000 个文本的数据集，单个文本长度控制在 3000—7000 音节次之内。

确定好语料库的规模后，下一步需要保证语料库的代表性，即在固定的语料库规模下更全面地反映现代缅语的使用状况，主要通过以下 3 个步骤实现：首先，语体的划分。现代缅语属于汉藏语系藏缅语族缅语支，是缅甸联邦共和国的官方语言，也是缅族的母语。现代缅语口语体（အပြောပုံစံ）和书面语体（အရေးပုံစံ）之间存在着较大的区别，特别是在助词的使用方面，口语体与书面语体分别使用两套不同形式的助词。因此可以首先从交际方式角度，将现代缅语系统分为口语体和书面语体两大类；其次，文类的细分。口语体和书面语体分别应用在不同的文类，口语体主要出现在演讲、采访等场景；而书面语体则多应用在小说、报道和法律等文类上。以此细分，从而形成了现代缅语系统；[①]最后，配比的设定。麦肯尼（T. McEnery）教授认为：“语料库的平衡性尚未有科学方法验证，平衡性的概念大部分都依赖直觉和最佳判读。既然尚无明确的平衡性准则，最简单的方法就是采纳经典语料库现成的语料分配比例和采样方法。”笔者主要参考布朗语料库、美国当代英语语料库和现代汉语通用平衡语料库的文类配比经验，结合现代缅语的互联网资源情况与采集难度，进行设定。最终设计的语体、文类及配比情况如下：

表 1　现代缅语通用语料库配比

	语体（中）	语体（英）	文类（中）	文类（英）	文本数	百分比
现代缅语通用语料库	口语体	Spoken Language	演讲稿	Speech	50	5%
			采访	Interview	200	20%
			口语体杂文	Spoken-Essay	100	10%
	书面语体	Written Language	小说	Novel	200	20%
			新闻	News	150	15%
			社论	Editorial	50	5%
			百科	Encyclopedias	50	5%

① 钟智翔．缅甸语语法［M］．广州：世界图书出版广东有限公司，2014：317—328．

（续表）

	语体（中）	语体（英）	文类（中）	文类（英）	文本数	百分比
			法律	Law	50	5%
			传记	Biography	50	5%
			笔语体杂文	Written-Essay	100	10%
Total					400	100%

二、语料库的构建

自 2022 年 6 月起，我们开始筹划现代缅语通用语料库的构建工作。该语料库的构建主要包含以下三个阶段：语料的采集、语料的预处理和元信息的标注与汇总。

（一）语料的采集

托格尼尼·博内利（Tognini Bonelli）指出："语料库语言学理论只能来自真实的语言使用证据，任何语言学范畴必须以复现的模式及概率分布为基本证据，而缺乏模式化的特征也被认为具有潜在的意义。"现代缅语通用语料库所采集的语料均来自本族语使用者的语言事实，而非为构建语料库而人工编辑的语料。

首先，确定语料源。确定语料源是语料采集的首要步骤，需要充分考虑来源的多样性和代表性。笔者在完成语料库配比的设计后，针对具体配比在互联网上寻找公开缅甸语的语料源。针对单个文类拥有多个合适语料源的情况，笔者则选择将多个语料源同时作为采集对象，以"新闻（News）"为例，语料库同时选取了"伊洛瓦迪新闻网"和"十一新闻"两大新闻网站作为语料源。最终确定的语料源包括：缅甸政府网站、缅甸主流新闻媒体、缅甸小说网站、维基百科缅文板块、缅甸法律信息系统等，语料的来源丰富，可以更全面地反映现代缅语的使用情况。

其次，语料爬虫自动采集。相对传统通过键盘输入或光学扫描后使用 OCR 技术进行输入，语料爬虫自动采集可以更快获取大量的语料数据。①因此，在现代缅语通用语料库的建设中，笔者采用了自动爬虫技术来收集语料数据。具体来说，笔者主要使用了目前主流的"八爪鱼采集器"，该程序能够实现自动化爬虫，可针对不同的网站进行定制化配置。在运行程序之前，笔者先对爬取规则和频率进行了严格的设定，以避免对网站的过度访问和不必要的麻烦。此次语料爬虫自动采集不仅会采集语料的文本内容，同时还会采集语料的题目、发布日期和网址等。通过这种方式，我们成功采集了大量的现代缅语语料。

① 梁茂成，李文中，许家金．语料库应用教程［M］．北京：外语教学与研究出版社，2010：25—37．

再次，语料长度检测与遴选。为了保证语料库的质量，需要对采集到的语料进行进一步筛选和清理，其中一个重要的环节是对语料长度进行检测，以确保采集到的文本长度符合设计要求。上文提及，现代缅语通用语料库将包含 1000 个文本，单个文本长度将控制在 3000—7000 音节次之内，这就需要对自动采集的语料文本进行音节统计，遴选出符合语料库设计要求的文本。现代缅文中的音节是由辅音和元音组成的，在计算机编码上并不像汉字那样有明显界限，这就意味着只有分音节后才能进行音节统计。缅甸学者 Ye Kyaw Thu 编写 Myword 工具中的分音节程序在分音节具有接近 100% 的准确率，笔者采用该工具对语料进行音节分割，从而转化为音节序列，接着对序列进行数量统计；①另外，现代缅文中还有一类比较特殊的"叠字"，无法直接进行音节分割，需要根据其特性进行音节统计。②统计好单个文本的长度后，对过长或过短的文本进行切分、合并或剔除，最终获得了一批符合语料库设计要求的语料。

最后，语料抽样。斯图尔特·阿特金斯（Stuart Atkins）曾经指出："为了使作为语言样本的语料库的研究结合论能够被推广到语料库所代表的语言整体，所抽取的样本和语言总体之间的关系就显得至关重要。"也就是说，进行语料抽样的目的是使得样本组成的语料库能够代表更大的语言整体。语料库构建常用的抽样方法包括：简单随机抽样、等距抽样、分层抽样和整群抽样等。③而现代缅语通用语料库主要采用了分层抽样与简单随机抽样相结合的方式。首先按照语料库配比进行分层，接着对每个文类的语料进行简单随机抽样，最终获得对应文本数的语料。

经过以上步骤，笔者得到了包含 1000 个文本的数据集，每个文本的长度为 3000—7000 音节次，利用 Python 编写的程序将这些文本合并，最终获得大小为 44.9M 的 txt 文件，即未加工的现代缅语通用语料库，音节次为 5009928。

（二）语料的预处理

一般而言，刚刚完成采集的粗语料还远远没有达到能够应用的程度。由于现代缅语通用语料库的语料源存在广泛性和多样性的特点，我们需要对语料进行预处理，从而确保语料的质量和格式的一致性，以便更好地利用其进行语言学研究。笔者主要通过以下四个步骤对语料进行预处理：

第一，编码的识别与转化。现代缅文编码问题远比其他文种要更加复杂，一方

---

① Ye Kyaw Thu, Andrew Finch, Yoshinori Sagisaka, et al. A study of myanmar word segmentation schemes for statistical machine translation [J]. MERAL Portal, 2013.

② 陈宇，欧江玲，杜瓦底敦．基于《缅英词典》语料库的缅文叠字词特征定量研究［G］// 东方语言文化论丛（第 41 卷）．广州：世界图书出版广东有限公司，2023：86—99．

③ 郑志恒．报刊英语语料库概论［M］．南京：南京大学出版社，2009：79—88．

面，缅甸存在多种编码方案，除了国际通行的 Unicode 编码外，还有 Zawgyi 编码等；另一方面，虽然缅甸政府于 2019 年 10 月 1 日宣布了统一编码政策，指定全国统一使用 Unicode 编码，但是截至语料采集前，缅文互联网语料仍存在多种编码并行的情况，并没有做到完全统一。①针对缅文中的编码问题，笔者采用了 Google 推出的 Myanmar Tools 工具，对现代缅文的文本进行字体识别，并在识别后统一将字体转换为 Unicode 编码。②

第二，语料清理。如果不对粗糙的语料进行清理，可能会导致词频、搭配等统计数据的不准确性。语料清理主要使用功能强大的纯文本编辑器 Notepad++进行，主要内容包括删除多余空行、空格、制表符和表情等符号；统一全角和半角英文字母、数字和标点符号；规范拼写等。

第三，语料分句。句子不仅仅是语料库语言学进行句法分析的基本单位，还是文本分类、命名实体识别、语音合成等自然语言处理任务的重要训练单位。由于现代缅文主要以“။”作为句子间的分隔符号，偶尔也会使用“?”和“!”等标点符号进行分句。因此使用 Notepad++进行分句工作并不复杂，使用替换功能将“分隔符号”替换为“分隔符号加换行符（/n）”即可。经过以上处理可知，现代缅语通用语料库的句次为 142586。

第四，语料分词。现代缅文和汉字一样，书写时词与词之间不存在间隔标记，但一般会在虚词之后进行间隔，缅文在计算机输入时亦继承了这一特点。进行分词和词性标注后的现代缅文语料能够为文本统计、文本分析、文本挖掘和自然语言处理等任务提供更好的基础。目前国内虽然已有一些有关现代缅文分词的研究论文，但大多数尚未开源。为了进行分词工作，我们主要依赖自行编写的现代缅语分词工具。③该工具基于预训练模型进行训练，并使用 Pycharm 进行配置。而分词必须是在分音节的基础上进行，因此我们首先使用上文提及的 Myword 分音节工具进行音节分割，后通过该工具进行自动分词。

经过以上四个步骤，我们最终完成对现代缅语通用语料库的预处理工作，预处理后的效果如下：

နှစ် ၅၀ နီးပါး အတွင်း မြန်မာပြည် ကို ပထမ ဆုံး အကြိမ် အလည်အပတ် သွား ခဲ့ တဲ့ ခရီးစဉ် မှာ ဦး ဟန်ညောင်ဝေ အနေနဲ့ မြင်တွေ့ ခဲ့ ရ တာ တွေ ထဲ က တစုံတရာ အပေါ် လုံး၀ အံ့အား သင့် တာ မျိုး ရှိ ခဲ့ ပါ သလား ။ ကြုံတွေ့ ခဲ့ တဲ့ အခြေအနေ တွေ က နိုင်ငံရေး အရ ဖြစ်ပေါ်တိုးတက် မှု တွေ အဖြစ် မြင် ရ လား ။

---

① 宁威，吴婷．缅甸文编码趋向统一［R］// 国家语言文字工作委员会．语言生活皮书：世界语言生活状况报告（2021）．北京：商务印书馆，2021：75—81．

② myanmar-tools. https://github.com/google/myanmar-tools

③ 广西民族大学，陈宇，范勃宏．基于多语言预训练模型的现代缅文分词系统．软件著作权登记证书：11359609，2023．

（三）元信息的标注与汇总

元信息，又称为元数据，是指有关数据的信息，通常用于描述和解释数据的特征和属性，包括数据的标题、作者、创建日期、文件大小等。对语料库的元信息进行标注和汇总，不仅能够方便地对数据进行分类、排序、筛选、查询等操作，提高了数据的可搜索性和检索性，而且有助于对数据进行有效的维护和管理，提高了数据的可维护性和易管理性。

现代缅语通用语料库的元信息标注主要采用都柏林核心（Dublin Core）规范来进行数据的描述，该规范一共包括 15 个主要数据元素，通过了国际标准化组织（ISO）的认证，编号为 ISO15836；同时也是我国关于信息与文献的国家标准之一，编号为 GBT25100—2010，具有广泛的国际认可度和适用性。[①]而标记语言则采用可扩展标记语言（XML），该标记语言主要是使用一对尖括号来标记元素，其中以<……>为起始标志，结束符号为</……>，具体标注的内容置于起始和结束标记之间。具体元信息的标注内容及示例如下表所示：

表 2　元信息标注内容与示例

字段	含义	例子
Id	编号	Interview.000001
Title	标题	ဦးဟန်ညောင်ဝေ၏ ပြည်တော်ပြန်ခရီး အတွေ့အကြုံ(၁)
Creator	创建者	ဧရာဝတီ
Type	类型（文类）	Interview
Date	日期	2011/11/16
Source	来源	https://burma.irrawaddy.com/opinion/2011/11/16/2399.html
Syllable	音节次	4115
Text	正文	နှစ် ၅၀ နီးပါး အတွင်း မြန်မာ ပြည်ကို ပထမဆုံး အကြိမ်…

如上表所示，共需要标注 8 项元信息，其中标题、创建者、类型、日期和来源均直接参考都柏林核心数据规范，而编号、音节次和正文则是笔者根据语料库构建与应用需要另外加注的。其中编号主要借鉴了《人民日报》语料库的编号规则，采用英文文类名词（首字母大写）加 6 位数字的编码方式，如 Interview.000001 指的就是 Interview 这个文类里面的第 1 篇语料；[②]而音节次主要是对 1000 篇语料进行逐

① GB/T 25100—2010，信息与文献 都柏林核心元数据元素集［S］.

② 俞士汶，朱学锋，段慧明．大规模现代汉语标注语料库的加工规范［J］. 中文信息学报，2000（6）：58—64.

篇语料长度统计，以方便实际应用中掌握文本长度信息；Text 则是对正文的起始为止进行了标记。具体标记效果示例如下：

<Id>Interview.000001</Id>

<Title>ဦးဟန်ညောင်ဝေ၏ ပြည်တော်ပြန်ခရီး အတွေ့အကြုံ(၁)</Title>

<Creator>ရောဝတီ</Creator>

<Type>Interview</Type>

<Date>2011/11/16</Date>

<Source>https://burma.irrawaddy.com/opinion/2011/11/16/2399.html</Source>

<Syllable>4115</Syllable>

<Text>နှစ် ၅၀ နီးပါး အတွင်း မြန်မာပြည် ကို ပထမ ဆုံး အကြိမ် ... ဖြစ်ပါတယ်။</Text>

完成元信息的标注后，笔者将除了文本（Text）内容外的其他元信息汇总到一个表格中，一方面可以方便用户查阅和管理语料库，另一方面也方便后续的语料库应用和更新。通过表格，用户可以快速地搜索和筛选感兴趣的语料，比如按照作者、时间、类型等元信息进行分类和排序，以便更好地满足用户的需求。元信息的汇总主要是通过 Python 自编写的程序，根据正则表达式检索内容进行自动汇总的。因此，表格内的元信息还可以做到自动批量修改和更新，从而保证信息的准确性和实时性。

综上所述，对现代缅语通用语料库进行元信息的标注与汇总，有利于用户更好地利用语料库，进行各种语言学研究和自然语言处理任务，同时亦方便笔者对语料库进行维护和更新。

三、现代缅语通用语料库的初步应用

（一）现代缅语语言特征研究

传统的语言学研究往往是通过定性研究的方法去描述某种语言的语言特征，而定量研究则可以从另一个侧面去了解该语言的使用情况。因此，针对现代缅语通用语料库进行定量研究，一定程度上也可以窥探现代缅语的语言特征。笔者通过 Wordsmith 软件对现代缅语通用语料库进行定量统计，统计结果如下：

表 3　现代缅语通用语料库的统计特征

数据类型	频率
音节次	4927091
句次	142586
形符（词次）	3345870
类符	69700

（续表）

数据类型	频率
形符/类符	48.00
形符平均词长（音节次）	1.47
类符平均词长（音节次）	3.02
平均句长（音节词）	34.55
平均句长（词次）	23.47

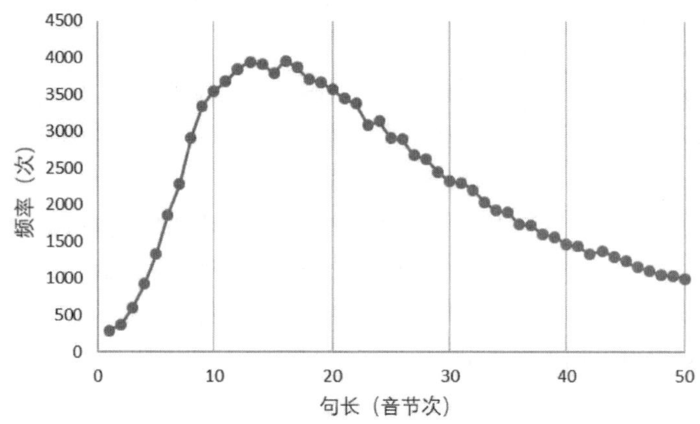

图 1　现代缅语通用语料库句子长度分布

笔者通过 WordSmith 的 WordList 功能，对现代缅语通用语料库进行词频的统计，并选取最高频的 10 个词，与国家语委现代汉语语料库和美国当代英语语料库（COCA）代表的现代汉语及当代英语进行横向对比：

表 4　现代汉语、当代英语与现代缅语高频词对比

排名	现代汉语	当代英语	现代缅语	释义
1	的	the	ကို	宾语助词
2	了	be	က	主语助词
3	在	and	သည်	主语/谓语助词
4	是	of	မ	否定副词
5	和	a	များ	名词复数助词
6	一	in	တွေ	名词复数助词
7	这	to	တယ်	谓语助词

（续表）

排名	现代汉语	当代英语	现代缅语	释义
8	有	have	မှာ	主语/状语助词
9	他	it	ရ	助动词
10	我	I	ပါ	助动词

通过上表我们不难看出，无论是现代汉语还是现代缅语，最高频的 10 个词均为易于使用的单音节词，英语词也较为简单，这是上述三种语言的共性所在。但是，无论是现代汉语还是当代汉语，从词类上看，均较为丰富，存在助词、动词、数词、代词和连词等，而现代缅语中，除了否定副词“မ”以外，其他均为助词，这无疑是从数据上侧面论证了助词是现代缅语的最重要的语法手段，也是现代缅语区别于其他语种的显著特点。现代缅语在语序上并不固定，除了谓语一般固定在最后外，主语、宾语和状语都并没有语序上的限制，主要通过成分助词来实现。一般来说，现代缅语在语序上主要呈现 SOV 和 OSV 两种形态，而为了区别主语和宾语，因此几乎所有句子中都会包含主语或宾语助词，有时则会两种助词都包含，因此高频词中，助词的比例要远高于其他语种的比例。

另外，笔者又对现代缅语通用语料库高频词中的频率最高的 20 个名词进行了选取，结果如下：

表 5　现代缅语高频名词

排名	高频名词	释义	排名	高频名词	释义
1	အစိုးရ	政府	11	ပါတီ	政党
2	နိုင်ငံ	国家	12	နိုင်ငံရေး	政治
3	ကလေး	小孩	13	ကိစ္စ	事情
4	နေရာ	地方	14	တပ်မတော်	军队
5	ဌာန	部门	15	မြန်မာ	缅甸
6	အချိန်	时间	16	အခြေအနေ	情况
7	မြန်မာနိုင်ငံ	缅甸国家	17	ပြည်ထောင်စု	联邦
8	တာဝန်	责任	18	ကျောင်း	学校
9	အိမ်	家、房子	19	စိတ်	心
10	လွှတ်တော်	议会	20	တိုင်းရင်းသား	民族

如上表所示，所统计的高频名词具有很强的政治色彩，在 20 个高频名词中的 11 个直接与政治相关。这是国家语委现代汉语语料库和美国当代英语语料库的高频名词所不具备的特点，这也侧面体现了政治生活在缅甸公民生活中的重要性。缅甸自 1948 年建国以来，前后发生了 3 次政局突变；自 1988 年以来，缅甸逐步朝着民主化的道路迈进，然而这一进程并非一帆风顺，而是面临着诸多挑战和难题；此外，缅甸仍存在少数民族地方武装、军方与民盟冲突、罗兴亚人等问题，时不时爆发成为缅甸国内甚至是国际热点。[①]所以无论是在报道、社论和采访中，还是小说中，政治一直是非常重要的议题。由此可见，作为现代缅语的二语习得者，相对于其他语种的词汇学习，政治相关词汇的学习要显得尤为重要。而随着缅甸政局的不断变化，普通缅甸语词典必然无法收录如此多的新兴政治词汇，因此构建一个能够实时更新的现代缅语在线词典可以说是势在必行。

（二）主题词分析

保罗·贝克（Paul Baker）认为："主题词分析可用于描述某一语体并且在语言中找出话语的轨迹。"与高频词相比，主题词能更有效地揭示所构建的语料库的语言特征。[②]由于主题词的分析本质上是一种频数的对比，其计算很大程度上依赖可比语料库的构建，但是长期以来现代并没有一个适合的可比语料库去进行主题词的计算。而现代缅语通用语料库容量较大、覆盖广泛，对现代缅语的使用情况具有一定的代表性，是作为可比语料库的合适选择。

主题词分析已被广泛应用在语料库文体学、批评话语分析等方面的研究上，而缅甸研究方面，近年来国内批评话语分析方面的研究成果颇丰，米涛（2019）对昂山素季的演讲进行了批评话语分析，[③]贺舒（2019）对昂山素季的政治话语构建进行了研究，[④]易万钱（2021）则从敏昂莱的讲话中研究其军队话语权的构建等。[⑤]国内学者通常采用费尔克拉夫三维分析框架进行研究，该框架主要从词汇、句子和语篇等角度进行分析。其中，词汇分析均采用高频词分析法。然而，在批判话语分析研究中，主题词相较于高频词具有更为重要的意义，因为它们更能体现语篇中词汇使用的特点。主题词不仅是表达信息的重要方式，也是研究者解读语言现象的切入

---

① 马思妍．21 世纪以来中国缅甸研究的进展［J］．云大地区研究，2021，5（1）：184—222，260．

② Paul Baker. Querying keywords: Questions of difference, frequency, and sense in keywords analysis [J]. Journal of English linguistics, 2004, 32 (4): 346-359.

③ 米涛．民盟执政以来杜昂山素季演讲的批评话语分析［D］．昆明：云南民族大学，2019．

④ 贺舒．杜昂山素季政治话语构建研究［D］．昆明：云南大学，2019．

⑤ 易万钱．缅甸国防军总司令敏昂莱讲话中的军队话语权建构研究［D］．洛阳：战略支援部队信息工程大学，2021．

点，通过对定量语言形式进行定性分析，研究人员能够透过这些现象看到话语的本质。①

以缅甸两大私营新闻媒体——伊洛瓦迪新闻网与十一新闻对中缅经济走廊的报道为例，共收集自 2017 年 11 月 19 日至 2022 年 11 月 30 日这一周期内相关的语料，构建了一个包含 60 篇语料的小型自建语料库——“中缅经济走廊报道语料库”。对语料进行预处理后，在研究中，笔者一方面使用了 WordSmith 软件的 WordList 功能对高频词进行统计；另一方面，则是将现代缅语通用语料库作为可比语料库，并使用软件中的 KeyWord 功能对主题词进行统计。高频词与主题词排名前 15 的词汇统计结果如下：

表 6　中缅经济走廊报道语料库高频词与主题词对比

排名	高频实词	频次	释义	主题词	关键值	释义
1	ဖြစ်	1216	是	တရုတ်	3,408.21	中国
2	တရုတ်	743	中国	တရုတ်နိုင်ငံ	1,323.31	中国国家
3	ရှိ	598	有	စင်္ကြံ	1,092.50	走廊
4	စီမံကိန်း	558	战略	စစ်ကောင်စီ	815.39	军事委员会
5	လာ	443	来	CCCC	751.55	中国交通建设集团
6	မြန်မာ	432	缅甸	ပူးပေါင်း	679.61	合作
7	စီးပွားရေး	422	经济	ရန်ကုန်မြို့	625.62	仰光市
8	မြန်မာနိုင်ငံ	397	缅甸国家	သစ်	581.02	新
9	ဆောင်ရွက်	268	执行	ဘေဂျင်း	496.62	北京
10	နှစ်	254	年	မြှင့်တင်	434.42	提高
11	နိုင်ငံ	254	国家	ကုန်သွယ်	433.80	贸易
12	တရုတ်နိုင်ငံ	240	中国国家	သိမ်းဝေ	369.04	登韦
13	ပူးပေါင်း	223	合作	NYDC	354.18	仰光新城发展公司
14	အစိုးရ	211	政府	မြစ်ဆုံ	329.69	密松
15	သွား	209	走	ကိုးကန့်	326.26	果敢

① 钱毓芳．语料库与批判话语分析［J］．外语教学与研究，2010，42（3）：198—202，241．

不难看出，高频词中所出现的“ဖြစ်”“ရှိ”“လာ”和“သွား”等词虽然词频很高，但是对了解中缅经济走廊报道的情况并没有直接的帮助；而如“မြန်မာ”“ဆောင်ရွက်”“နိုင်ငံ”和“အစိုးရ”等词是缅甸新闻中常见高频词的代表，虽然在关于中缅经济走廊相关报道中依旧出现很多，但是不能认为这些词是了解缅甸私营媒体对中缅经济走廊报道的关键。由此可见，通过高频实词很多时候无法直接分析该小型自建语料库中的词汇使用情况。

反观以主题词统计所得到的结果，我们可以简单勾勒出中缅经济走廊项目情况：一方面，中缅经济走廊的重要合作方无疑是中国（或北京），缅方的国家管理委员会（在缅甸私营媒体被称为“စစ်ကောင်စီ〔军事委员会〕”）直接参与，在项目落实上的核心地点是仰光市；另一方面，仰光新城（ရန်ကုန်မြို့သစ်）作为中缅经济走廊的重要项目之一，其主要参与公司主体为中方的中国交通建设集团（CCCC）和缅方的仰光新城发展公司（NYDC），NYDC 总裁“ဦးသိမ်းဝေ（吴登韦）”是该项目的重要参与者，在报道中其名字出现高达 52 次。

综上所述，以现代缅语通用语料库作为可比语料库，对新构建的小型语料库进行主题词分析，比高频词分析更能反映该语料库的词汇使用特点。

结语

通用语料库是进行语料库语言学研究的基础性工作之一，笔者参考其他语种构建通用语料库的经验，结合现代缅语互联网语料资源情况，构建了一个包含口语体与书面语体两大语体，共 10 个文类，约为 500 万音节次的现代缅语通用语料库，并进行了开源，可供相关语料库语言学、自然语言处理等方向的学者使用。[①]在建库的同时，我们尝试使用语料库在现代缅语语言特征和主题词分析等方面的实际研究中进行初步应用，取得了一定的研究成果。不过，现代缅语通用语料库的构建是语料库语言学在缅甸语方向相关研究的一次新尝试，其研究尚待进一步的拓展和深化。

约翰·辛克莱（John Sinclair）曾表示：“我唯一能提供的指导意见是语料库的规模应当越大越好，而且要保持该规模的持续性增长。”在未来，我们将进一步扩大语料库的规模，并着手完善语料库的内容，构建语料库服务平台，使其在推广中发挥更大的价值；另外，我们还将会更广泛地运用在缅甸语语言学、缅甸语教学和缅甸语自然语言处理等方面的研究，以期取得更多的相关研究成果。

---

① Modern-Burmese-Common-Corpus. https://github.com/Myanmarayu/Modern-Burmese-Common-Corpus

参考文献

［1］陈宇，欧江玲，杜瓦底敦．基于《缅英词典》语料库的缅文叠字词特征定量研究［G］// 东方语言文化论丛：第 41 卷．广州：世界图书出版广东有限公司，2023：86—99．

［2］广西民族大学，陈宇，范勃宏．基于多语言预训练模型的现代缅文分词系统．软件著作权登记证书：11359609，2023．

［3］贺舒．杜昂山素季政治话语构建研究［D］．昆明：云南大学，2019．

［4］梁茂成，李文中，许家金．语料库应用教程［M］．北京：外语教学与研究出版社，2010：25—37．

［5］马思妍．21 世纪以来中国缅甸研究的进展［J］．云大地区研究，2021，5（1）：184—222，260．

［6］米涛．民盟执政以来杜昂山素季演讲的批评话语分析［D］．昆明：云南民族大学，2019．

［7］宁威，吴婷．缅甸文编码趋向统一［R］// 国家语言文字工作委员会．语言生活皮书：世界语言生活状况报告（2021）．北京：商务印书馆，2021：75—81．

［8］钱毓芳．语料库与批判话语分析［J］．外语教学与研究，2010，42（3）：198—202，241．

［9］席耀一，王小明，云建飞，等．中亚语种通用语料库构建研究［J］．信息工程大学学报，2020，21（6）：741—746，751．

［10］谢群芳．现代越南语语料库建设结项技术报告［R］．洛阳市社会科学规划重点项目，2010．

［11］杨惠中，卫乃兴．语料库语言学导论［M］．上海：上海外语教育出版社，2002：20—32．

［12］易万钱．缅甸国防军总司令敏昂莱讲话中的军队话语权建构研究［D］．洛阳：战略支援部队信息工程大学，2021．

［13］俞士汶，朱学锋，段慧明．大规模现代汉语标注语料库的加工规范［J］．中文信息学报，2000（6）：58—64．

［14］郑志恒．报刊英语语料库概论［M］．南京：南京大学出版社，2009：79—88．

［15］钟智翔．缅甸语语法［M］．广州：世界图书出版广东有限公司，2014：317—328．

［16］GB/T 25100—2010，信息与文献 都柏林核心元数据元素集［S］．

［17］Paul Baker. Querying keywords: Questions of difference, frequency, and sense in keywords analysis [J]. Journal of English linguistics, 2004, 32 (4): 346-359.

［18］Ye Kyaw Thu, Andrew Finch, Yoshinori Sagisaka, et al. A study of myanmar word segmentation schemes for statistical machine translation [J]. MERAL Portal, 2013.

缅甸网络民间口头社交词汇的隐喻分析

国防科技大学外国语学院 庞俊彩

【摘 要】随着互联网各类社交平台逐渐成为缅甸年轻人之间交流沟通的重要渠道，网络民间口头社交话语在缅甸网络语言社区中扮演着越来越重要的角色。网民在网络社交过程中创造和使用了一些特殊的表达形式或信息符号，其中一部分具有明显的隐喻性。这些特殊的表达形式或源于通用语中旧词的拓展，或源于网民们的创新性创造，充满隐喻性的网络民间口头社交话语影响着人们的日常交流和认知方式。其中，词汇最为明显。通过对网络民间口头社交词汇的生成机制分析、文化内涵挖掘等探索隐喻思维对网络民间口头社交词汇的形成、发展的促进作用，为进一步探索缅甸网络语言及隐喻认知打开新的研究视角。

【关键词】缅甸网络民间口头社交词汇；认知隐喻；概念建构；文化依赖

隐喻是人类一种基本的认知手段，在网络空间的语言表达中也毫不例外。乔治·莱考夫和马克·约翰逊在《我们赖以生存的隐喻》中指出："隐喻不仅仅是语言的事情，不单是词语的事，相反，我们认为人类的思维过程在很大程度上是隐喻性的。"[①]也就是说，隐喻是人类认知思维的一种重要手段，它直接参与人类的认知过程。缅甸网络民间口头社交词汇主要指网民在网络社交平台上进行交流时所使用的民间口头交际词汇。网络民间口头话语讲究的是平等、亲和、务实、质朴和接地气的表达，更强调灵活性、实用性、轻快感、趣味性、多样性和易得性。语言鲜活，多用口语、俗语、俚语、网言网语，以及年轻人喜欢的表情包、弹幕、动图、各种火星文，融入不同网络平台的独特的修辞手段和话语方式。[②]在当今的互联网背景之下，缅甸民间口头社交话语在网络中出现、传播和使用的频率已较高，其中表现最为突出的首当词汇，其生成、表意、传播、使用等都有别于传统的社会通用交际词汇。

---

① [美] 乔治·莱考夫，马克·约翰逊．我们赖以生存的隐喻 [M]．何文忠，译．杭州：浙江大学出版社，2015：3．

② 李宇明，刘鹏飞，任伟，黄志波，许龙桃，汪磊．"语言与新媒体"多人谈 [J]．语言战略研究，2023 (1)：51．

一、缅甸网络民间口头社交词汇生成的隐喻机制

在网络空间的交往过程中，人们所使用的语言，一般都是在自身的体验和对已知概念的认识的基础上创造出来的，通过简单、熟悉的概念来进一步表达复杂、陌生的概念。[①]在网络空间，网民之间并非面对面交流，为能准确、有效促进交流，隐喻常被用在网络空间中的口头社交词汇中。

缅甸网络民间口头社交词汇中的隐喻现象，其生成有其独特的方式。这些词或词组，多为名词，往往源于常规的社会通用语，但其表意又有异于通用语，它们之间总存在着直接或间接的关系。隐喻的本质就是通过另一种事物来理解和体验当前的事物。概念是在以隐喻的方式建构，活动也是在以隐喻的方式建构，故此，语言也是在以隐喻的方式建构。[②]这类隐喻现象几乎在所有语言中存在，缅甸语中也不例外。而语义拓展、旧词赋新意在缅甸网络民间口头社交词汇的隐喻建构中体现最为明显。

စာဂျပိုး，即 စာကြမ်းပိုး，指书读得很多的人。စာကြမ်းပိုး 一词的发音为/sa gy-bo:/，其中，后两个音节与 ဂျပိုး（发音为/gy-bo:/，指阅历多，熟悉情况的人）一模一样，ကြမ်းပိုး 本指“臭虫”，同时还等同于 ဂျပိုး，故得此词。直译指在书中才能得以生存的虫子，比喻“书虫”，即“书迷”“书痴”，常用以指代那些热爱读书、爱学习的人。

နွား 在缅语中指动物“黄牛”，在网络上主要有以下常见的含义：一是表示年龄差距较大的恋爱关系，正如缅语俗语中所说的 နွားအိုမြက်နုကြိုက်（老牛爱嫩草），即“အသက်အရွယ် အလွန်ကွာ၍ ချစ်ကြိုက်ကြသူ”（年龄差距大的情侣）。二是表示在恋爱关系中付出最多的那一方。牛是一种任劳任怨的动物，愿意付出，不求回报。因此，当发现恋爱关系中有一方一直为对方付出但得不到应有的回应或回报时，往往就称其为 နွား（男性称为“နွား”，女性则称为“နွားမ”），有种单方面付出、一厢情愿的意味。三是指恋爱关系中有劈腿情况的一方。出自“ခြံခုန်သည်（跳出圈）”的引申，意思是圈养在牛圈里的牛跳出圈外去了，用以形容恋人跑了、劈腿了，也因此用跳出来了的“နွား”指代劈腿了的人，等等。

နန်းဆန် 一词近年来较为流行，“နန်း”为名词“宫廷”，“ဆန်”作为动词时表“相似，相像，符合”，两词搭配本指“宫廷式的”，跟宫廷相关联，根据原有认知我们往往能想到高贵、优雅等字眼，在缅甸语词典中对“နန်းဆန်”的含义解释为“နန်းတွင်းသူ၊ နန်းတွင်းသားတို့၏ သွင်ပြင်၊ အမူအရာ အသုံးအဆောင်နှင့် ဆင်တူသည်။（与宫廷

---

① 帅江云．网络语言的概念隐喻分析［J］．海外英语，2021（2）：112—113．

②［美］乔治·莱考夫，马克·约翰逊．我们赖以生存的隐喻［M］．何文忠，译．杭州：浙江大学出版社，2015：3．

男女的面貌、举止、用品相似）”①。现在多用以形容或夸赞“女孩子穿着（尤指传统筒裙）打扮具有缅甸传统优雅的美，举止优雅得体”等。之所以得以流行，是因为在近年来的外来文化冲击之下，很多女孩子也追随“潮流”而去，相反，保持了传统美的女性受到了夸赞。

又如 နှုတ်ခမ်းနီ 一词，本指女性化妆时用的“口红”，နှုတ်ခမ်းနီ 对于女孩子们而言是再熟悉不过的一种日常用品，因其形状恰好与子弹的形状神似，而被用以指代子弹。可见，把原本敏感、不想直接被人识破的物象通俗化、形象化，甚至起到了故意隐匿化的表达功能，变成了一个圈内暗语。

လေးလုံး，即 မျက်မှန်တပ်ဆင်သူ（戴眼镜者）。字面构成原本只是一个数量词组合，即数词“四”加量词“个”，是一种调侃的说法，一般指近视而戴眼镜的人，眼睛和眼镜共四个，类似汉语的“四眼”。在缅甸社会日常用语中，也用于表示那些爱学习、有学识之人，在网络上传播后，也是指“戴眼镜的人”，但意义指代上有所拓展，还常常用来指代那些戴着眼镜且看起来呆萌、可爱的人，男女均可用。

ရေလျှံ，原指“（水满）溢出来了”的意思；ရေပေါ，指“水多，水充沛”，这两个词都借助了水在某个地理空间内或容器内多了之后会外溢的现象，用以指代“很有钱，财产多”，类似“富得流油”等概念。与其相反的则是 ရေခန်း，指“水少干涸”，用以指代“没有钱”这个反义。

综上例子，可以看出网民们在网络交流过程中借用了一些原有缅甸语词汇来表达新出现的概念或含义，旧瓶装新酒，用原有已知概念来拓展认知新概念，将原有的认知赋予到新出现的含义表达中，形象、准确、隐晦，不管是对于创造者、传播者还是使用者，都易于理解、传播和使用。

二、缅甸网络民间口头社交词汇流行的社会文化依赖

过去，在外来文化强行闯入并分化缅甸区域文化时，以佛教为主的缅甸文化予以抵抗，在最大程度上保持了自己的特性。在长达一千多年的时间里，缅甸文化一直遵循了这样一条规律：在保持自己文化独立性的前提下吸收他族文化之长，以使自己的文化能得以继续传承和发展。②在全球化发展的今天，网络空间的交流无国界。尽管一个国家的网络文化深受外来文化的影响，但是网络空间所体现出的国民的精神信仰、道德观念和社会共识，在相当长时期内是相对稳定的。③缅甸虽是一个文化包容性强的国家，但即便是外来文化影响的情况下，自己国家的主体文化不

① ပညာရေးဝန်ကြီးဌာန မြန်မာနိုင်ငံတိုင်းရင်းသားဘာသာစကားဦးစီးဌာန မြန်မာစာအဖွဲ့။ ၂၀၁၈။ *မြန်မာအဘိဓာန် (တတိယအကြိမ်)*။ နေပြည်တော်၊ မြန်မာနိုင်ငံတိုင်းရင်းသားဘာသာစကားဦးစီးဌာန၊ စာမျက်နှာ ၁၉၃။

② 钟智翔，尹湘玲．缅甸文化概论［M］．广州：世界图书出版广东有限公司，2014：38．

③ 刘兴华．网络文化的特性及政治内涵［N］．中国社会科学报，2019-06-26（007）．

曾改变。外来文化的影响之下，缅甸语中的外来词增多，也丰富了缅甸语的词汇。[①]缅甸网络中出现的民间口头社交词汇之所以得以在缅甸网民中流行起来，跟缅甸网民们所共同拥有的文化背景息息相关。要么源自共同的传统习俗文化，要么源自共同的饮食文化，要么源自共同的社会共识，等等。民以食为天，本论文将主要首选部分与缅甸饮食文化相关的词汇展开阐述。

认知语言学认为一个概念隐喻包含两个部分：一个始源域和一个目标域，隐喻的认知力量就在于将始源域的图式结构映射到目标域之上。[②]认知概念的构建，往往通过隐喻的方式得以实现。缅甸网络空间中流行的口头社交词汇的生成，往往通过隐喻方式得以建构。

ဂျင်းထည့် 是一个被传播和使用较广的词，直译为“放入姜”。其中的“ဂျင်း”来自汉语（音译）借词“姜”，书写上应写作“ချင်း”，但发音上需浊化读作/ဂျင်း/，所以被网友直接写成了“ဂျင်း”。此处的植物类名词“ဂျင်း”（姜）与动词“ထည့်”（放）的结合，直译是“放入姜”的意思，借助“姜”这种食物给人带来的味觉上热辣辣的刺激感，比喻因某人说了一些伤人、令人难受或具有欺骗性的言语（或做出的相关行为）时而让人感到像吃到了姜一样热辣辣的难受之感或因此遭遇到了麻烦。ဂျင်းကောင် 指说了让人难受、伤人、欺骗性等话语的人；ဂျင်းအကြီးစား 指说了让人很难受、很伤人、极富欺骗性等话语或做出了相关行为。在此，也是借助了“姜”这种大众已知的概念，来建构与此相关的概念。

ငါးပိသံ 这个词由两部分组成，一是名词 ငါးပိ，即鱼虾酱，二也是名词 သံ，即 အသံ（“声音”的意思），属于偏正式组合关系，直译就是“鱼虾酱的声音”，原本八竿子打不着的两个词却被生硬组合到了一起。实际上，“ငါးပိ”在缅甸家喻户晓，是一道广受民众喜爱的食物，对于很多人来说是一道美味。从地理上看，缅甸南邻安达曼海，西南濒临孟加拉湾，海岸线长，江河众多，水资源丰富，鱼虾自然也丰富。因此，网民借用鱼虾酱是缅甸的特色食物，人尽皆知，用这种“缅甸人人皆知的声音”来调侃部分缅甸人说外语的时候说得不地道、带有浓重缅甸口音的外语腔调的情况，即带有浓重缅甸口音的外语。如某人用英语发表讲话却带了浓重的缅甸口音（缅式英语），这种情况时常就被网民调侃为“ငါးပိသံ”。

ဒံပေါက်/ဒန်ပေါက်，是一道用牛肉、羊肉或鸡肉配以酥油、蒜、姜、胡椒、香料等煮成的焖肉饭（波斯语 barayani），源自伊朗，流行于南亚东南亚国家，传到缅甸后至今一直很受欢迎。关于 ဒံပေါက်/ဒန်ပေါက်，ဒံ=ဒန်，属于同音异形音节，是金属类名词“铝”的意思，如“ဒန်အိုး”指“铝锅”，制作焖肉饭多使用铝锅。传统焖制这道美食的过程中，通常会用一块湿布放在铝锅和盖之间，也会留出气眼（缅语

① နီနီအေး၊ ဒေါက်တာ။ ၂၀၂၀။ *လူငယ်သုံးဗန်းစကားများလေ့လာချက်*။ J. Myanmar Acad. Arts Sci. 2020 Vol. XVIII. No.6A။

② 蓝纯．认知语言学与隐喻研究［M］．北京：外语教学与研究出版社，2005：116．

称为“လေပေါက်”)，因此，烹饪制作焖肉饭可以说成“ဒံပေါက်ချက်တယ်”或“ဒံပေါက်ဖောက်တယ်”。也因此，网友借助 ဒံပေါက် 中 ပေါက်（是一个词义丰富的词，可做名词、量词、动词和形容词，其中作为动词使用时，可以与“ကွဲ”音节组合成双音节动词“ပေါက်ကွဲ”，表示“爆炸，爆发”的意思）这个音节，来引出“ပေါက်ကွဲမှု”这个名词，从而隐匿地表达发生了“爆炸事件”这一概念。

နာနတ်သီး，被网友用以指代手榴弹。နာနတ် 是植物名词，指“菠萝，凤梨”，သီး 作为名词表示“瓜，果；果实状物”，一般不单独使用，多用于合成词中，နာနတ်သီး 的组合则指菠萝这种植物结出的果实“菠萝，凤梨”，果实状如松球，表面的果皮一般带有锐齿，因手榴弹的形状恰好与菠萝这种水果的形状相似，被网友用以指代“手榴弹”。从中我们可以看出，在大家的认知中，手榴弹的形状和菠萝的形状是极其相似的（见下图）。

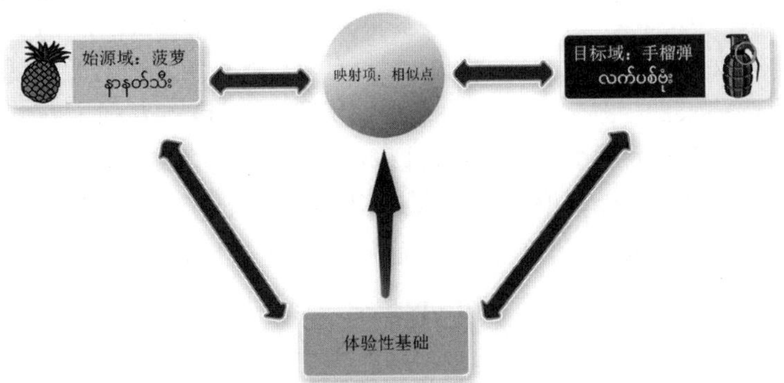

ပဲများ，直译是“豆子多”的意思。对于此词的理解、传播和使用，也是因人而异、因群体而异，但主要有两种不同的含义理解，一方面是在受互联网影响较少的一代（2010 年前），这个词在互联网社交媒介较少的时期也已经流行起来，主要用以形容一个人“爱美”“臭美”，偏褒义或中性，熟悉的人之间去使用起到调侃或开玩笑但又显得关系亲密的作用，如：ချစ်သူ ဒီမနက် ပဲများနေပါလား၊ ဘယ်ဒိုးမလို့လဲ။（亲爱哒，今天可真漂亮！准备去哪儿？）[①]；而另一方面则是年轻一代，尤其是受互联网影响较大的群体（2010 年后），主要用来形容一些女孩子喜欢通过夸张的妆容打扮来凸显自己漂亮或吸引异性的情况，语义趋贬义化。从通常的语义来看，“ပဲ”指植物类名词“豆子、豆类”，“များ”为形容词“多的”，连在一起构成偏正结构词组“豆子多”的语义。对于该词，缅甸人也有着不同的理解，但都源于缅甸人日常生活中的食材——豆子。缅甸气候适合种植各种豆类，因而大多人也喜食豆类，是日常烹煮中的家常菜品之一。很多豆子都是晒干后加工食用，在煮干豆子的时候需要加水到锅里一起煮，而且需要较长时间才能煮软煮烂，这样吃起来口感才

① Aung Kyaw Oo, Phyu Phyu Win. *Dictionary of Myanmar Slang and Vulgarism* [M]. Yangon: DUTY Sarpay Publishing House, 2022: 42.

会好。如果没有煮豆的经验，往锅里放入太多豆子熬煮，就会因豆子过多水不够而出现无法煮透煮烂的情况，这个没能煮透煮烂的豆子口感肯定就不好，因而缅甸人就会说这样的豆子“မနူးမနပ် ဖြစ်နေတယ်၊ အပြုတ်လိုသေးတယ်။”（豆子煮得还不够软烂，还需继续加水煮），这句话中的“အပြုတ်လို”为“还需继续煮”的意思。借着这个词的发音，有人联想到了另外一个发音非常接近的词“အပျိုလုပ်”（做单身女、剩女），从而通过谐音的方式把两个本毫无关联的词和概念联系到了一起：ပဲများရင် အပြုတ်လို 就等于在说 ပဲများရင် အပျိုလုပ်，“豆子放多了你还得加水继续煮，装扮过于夸张你就等着做剩女吧”。在缅甸，女孩子装扮过于夸张的话往往不招人喜爱，从而引申出用 ပဲများ 来嘲讽那些平时装扮过于夸张的女性，认为这样的女孩子不具备传统美，不招人喜欢，最终只能做剩女，甚至被认为是故意过度装扮以达到勾引异性的目的，被赋予贬义色彩。当然，也有部分人认为缅甸人吃豆类菜肴过多会生腻，从而认为 ပဲများ 了自然会让人生腻、反胃等意思，从而用这样的概念表达对于那些过于浓妆艳抹的女性的反感。总之，不管是哪种解释，在最终的认知概念的建构上是保持一致的。从“ပဲများ”一词的使用情况，可以看到不同群体对这个词的含义有着多种不同的理解，而且也可以看到，这样的含义理解、传播和使用并不是一成不变的，语义也会根据不同群体、不同时期等情况发生不同的变化。

ပိန်းဥ，指 နလပိန်းတုံး（傻瓜，白痴）。ပိန်း 作为形容词时表示“愚笨，迟钝”，ဥ 作为名词时表示“蛋、卵”。如“ကြက်ဥ”（鸡蛋）、“ဘဲဥ”（鸭蛋）等。因“蛋、卵”的外部形状与数字“0”有着一定的相似性，所以一般认为 ဥ 指“0”，考试之前如吃了鸡蛋、鸭蛋的话，就会被认为考不好试，寓意可能得“0”分。其实在我国有些地区，孩子考试考零分了，会说考了个鸭蛋回来。缅甸语中，考“0”分了也有“ဘဲဥ ရတယ်”的说法。所以“ဥ”是代表不好的寓意，常常表示“空的、没有内容”的意思，ပိန်း+ဥ=ပိန်းဥ，双重叠加之下，表示笨、傻的意思。恰巧的是，ပိန်းဥ 在缅语词汇中还有植物类名词“芋头”的含义，但这里其实跟“芋头”没有关系。这样一个“巧合而来”的词，接受、传播、使用起来还真达到了“骂人不带脏字”的境界。

မွင်းခါး 即 မုန့်ဟင်းခါး 的合音形式，因发音上受到语流音变的影响，发音速度过快时，第一个音节“မုန့်”和第二音节“ဟင်း”的音位就会发生脱落并形成合音“မွင်း”，在读音上变成了复辅音“မွ”和鼻化元音“င်း”的非常规组合形式，最后的“ခါး”音节保留不变，从而导致原本为三个音节的单词合成了两个音节的新单词。မုန့်ဟင်းခါး 指鱼汤米线，是缅甸的一道传统美食，食用时，将特制的细米线配以浓郁的鱼汤，同时可根据个人口味需要加入香菜、葱花、柠檬汁、辣椒等。由于无具体史料记载，最早出现于何时何地不详，但据悉 မုန့်ဟင်း 最早在贡榜王朝时期诗人的诗歌中就曾出现过。鱼汤制作过程耗时长，用料复杂。这道小美食的灵魂在于鱼汤，熬制鱼汤过程用到鱼、芭蕉心、姜黄粉、豆粉、炒米粉、洋葱、大蒜、花椒、香草、姜、盐、油、酱油等食材，用料上，不同的地区还会根据不同的饮食习惯有所差异。鱼汤米线在缅甸也是家喻户晓，广受喜爱。也正是基于缅甸民众对于这道特殊的美食的认知和情有独钟，人们借此延伸出了更多不仅限于美食本身的多项隐喻含义：第一，鱼汤米线在制作时需要多种多样的食材调配，跟制造一场战乱的过程有相似之处，缅甸政治局势变动以来，就被网友用以指代“制造战乱”局面，မုန့်ဟင်းခါး ချက်သည်=တိုက်ပွဲဖြစ်သည်（制作鱼汤米线=制造战乱/混乱），将制作鱼汤米线的过程引入到了战乱上，大有使局面“乱成一锅粥”的意境；第二，由于缅甸部分地区在祭祀或追悼逝去亲人的时候会制作鱼汤米线来供奉，因此，制作鱼汤米线也意味着有丧事；第三，在一些地区，鱼汤米线是一道用以招待贵客的美食，对于需要特别感谢的亲朋好友，往往通过制作这道传统美食进行招待来完成，也体现了人们对于客人的尊重，因此会借“鱼汤米线待客”喻指请别人来帮忙后并用鱼汤米线招待以表感谢的含义，换句话说，叫你来吃“鱼汤米线”也就是请你来帮忙。如：ဒီည မုန့်ဟင်းခါးစား ကြွပါဦး။ ဒီစာရင်းတွေ မနက်အပြီးပေးရမှာမို့လို့ပါ။①，直译为“今晚请你来吃鱼汤米线，因为明天要提交这些表格材料了。”看似没有任何关联性的两句话，实际是在委婉表达请别人来帮忙处理表格材料的意思，等等。

အိုဗာတင်း 为阿华田饮料“ovaltine”在缅语中的转写名称，在网络上被用来形容“过了，过度反应”等意思。这款最初源自瑞士的阿华田产品因一直坚持使用未经加工的自然原料而广受欢迎，在缅甸亦如此，人尽皆知，广受欢迎。缅甸语中的外来词引入中，英语占比较大，已深入到了日常的方方面面，从而为很多“巧合”提供了机会。英语中的“over”（“很，太；超过”等意思）转写成缅文时恰好拼写成“အိုဗာ”，如：အိုဗာလွန်းတယ်။（形容话说过头了的情况），အိုဗာဆိုက်（即 over size，形容人过胖了的情况）。“တင်း”在缅甸语中是“（弦、筋等）紧，（把弦、螺丝、发条等）弄紧”等意思，“အိုဗာ（over）”和“တင်း”属半英半缅的组合形式，意思是“超级紧绷”，进而引申演变成了不同语境下的“过了，过度反应”的意思。在此，既是英语被借入缅甸语中的表现，也恰巧借用了阿田华的知名度，一边是人尽皆知的饮料名称，一边是英语外来词的借入，用大众熟悉的已有概念，间接牵引出了另一个相关概念。

သြဇာသီး，喻指势力、命令。သြဇာ 作为名词时表示植物类名词“番荔枝”，此外还有“威信，势力，影响；命令”等意思，同样，သီး 作为名词表示“瓜，果；果实状物”，一般不单独使用，多用于合成词中，သြဇာသီး 的组合则指这种植物结的果实番荔枝，又称佛头果、释迦果，属于热带地区的著名水果。借助水果名字的外壳，实际套用“势力，命令”等含义，如：သြဇာသီး လာမရောင်းနဲ့=အာဏာပါဝါလာမပြနဲ့（别来卖番荔枝=别来发号施令/来展示权威）。

通过对缅甸这个热带国家所特有的部分流行于网络空间的饮食文化方面的口头

① Aung Kyaw Oo, Phyu Phyu Win. *Dictionary of Myanmar Slang and Vulgarism* [M]. Yangon: DUTY Sarpay Publishing House, 2022: 55.

社交词汇的分析，可以发现通过隐喻的方式，可以将旧词进行语义拓展后就形成了新的概念表达，其他领域的网络民间口头社交词汇的形成，也同理。而其中的文化依赖性则是这类词汇得以被接受、传播和使用的重要根源。

三、认知隐喻在缅甸网络民间口头社交词汇中的建构

隐喻在我们的日常生活中俯拾即是，不仅仅存在于语言中，而且存在于思维和行动中，我们平时进行思考和行动的日常概念系统，基本都具有隐喻性的本质。[①] 网络语言习惯和流行现象背后的网络人文地图和多元平台人群的迁徙，成为观察分析社会文化和人文精神世界的窗口。[②]研究和了解缅甸网络民间口头社交词汇中的隐喻现象，对于了解网民们的认知和表达有着积极的意义，是打开探索缅甸网络语言及丰富认知隐喻研究的重要切口。

（一）隐喻在缅甸网络民间口头社交词汇中的概念建构及其重要性

我们可以通过进一步对前面例子中的新旧概念之间的关系分析看认知隐喻在其中发挥的重要作用：

次序	始源域	映射项或相似点	目标域
1	စာဂျပိုး 书虫	藏匿生活在书本里的虫子VS书不离手、热爱读书和学习的人	စာလုပ်ရသည်(သို့)ပညာသင်ယူရသည်ကို နှစ်သက်သူ 爱好学习者/热爱读书者
2	နွား/နွားမ 牛	牛的习性或特点VS某些人的性格、观念或习性	၁။ မိမိထက်အသက်ကြီးသူကို နှစ်သက်သည်။ ၂။ မိမိက ပေးဆပ်၍ ချစ်နေသော်လည်း တစ်ဖက်၏ အရေးလုပ်ခြင်းကို ထိုက်သင့်သလောက် မခံရသူ။ ၃။ အချစ်ရေးတွင် သစ္စာဖောက်ဖျက်သောသူ။ 1. 年龄差距较大的恋爱关系；2. 在恋爱关系中付出过多的一方；3. 恋爱关系中有劈腿情况的一方。
3	နန်းဆန် 宫廷式的	宫廷式的优雅、高贵VS女孩子的优雅、高贵	မြန်မာဆန်ဆန် (သို့) တော်ဝင်ဆန်ဆန် လှပသော မိန်းမပျို။ 女孩子穿着打扮具有缅甸传统优雅的美，举止优雅得体。
4	နှုတ်ခမ်းနီ	口红的形状VS子弹的	ကျည်ဆံ

① 胡壮麟．认知隐喻学（第二版）[J]．北京：北京大学出版社，2020：88．

② 李宇明，刘鹏飞，任伟，黄志波，许龙桃，汪磊．“语言与新媒体”多人谈[J]．语言战略研究，2023（1）：51．

（续表）

次序	始源域	映射项或相似点	目标域
	口红	形状	子弹
5	လေးလုံး 四个	四眼 VS 近视人群及戴眼镜的人的呆萌形象描述	အမြင်အာရုံအားနည်း၍ မျက်မှန်တပ်ရသောသူ (သို့) မျက်မှန်လေးနှင့်ချစ်ဖို့ကောင်းသူ။ 戴着眼镜的近视人群或戴着眼镜看起来呆萌的人。
6	ရေလျှံ （水满）溢出	水满会溢出来的性状 VS 财富多（富得流油）的状态	ငွေပေါသည်။ 钱财多，富有
7	ဂျင်းထည့် 放入姜	姜的食物特性 VS 人的感受	လိမ်လည်၍ စနောက်သည်။ 因某人说了一些伤人、令人难受或具有欺骗性的言语（或做出的相关行为）而让人感到像吃到了姜一样热辣辣的难受之感或因此遭遇到了麻烦。
8	ငါးပိသံ 鱼虾酱（的）声音	缅甸特有食物 VS 缅式腔调的外语	နိုင်ငံခြားဘာသာစကားပြောရာတွင် မပီမသနှင့် မြန်မာသံပေါက်သည်။ 缅甸人说外语的时候说得不地道、带有浓重缅甸口音的外语
9	ဒံပေါက်/ ဒန်ပေါက် 焖肉饭	“ဒန်ပေါက်”中的“ပေါက်”VS“ပေါက်ကွဲမှု”中的“ပေါက်”	ဖောက်ခွဲမှု ပြုသည်။ ပေါက်ကွဲမှုဖြစ်သည်။ 制造战乱局面或发生爆炸事件
10	နာနတ်သီး 菠萝	菠萝的形状 VS 手榴弹的形状	လက်ပစ်ဗုံး 手榴弹
11	ပဲများ 豆子多	豆子多了难煮 VS 女性的浓妆艳抹	အလှအပ ပြင်ဆင်သည်။ 爱美，臭美
12	ပိန်းဥ 芋头	芋头（巧合的符号）VS 人傻、愚笨	တစ်စုံတစ်ခုကို နားလည်ရန် ခဲယဉ်းသည်။ 愚笨，傻
13	မွင်းခါး 鱼汤米线	鱼汤米线 VS 混乱局面或丧事或寻求帮助	၁။ တိုက်ပွဲ ဖြစ်သည်။ ၂။ အသုဘဖြစ်သည်။ ၃။ အကူအညီ တောင်းသည်။ 1. 制造战乱；2. 有丧事；3. 需要帮助。
14	အိုဗာတင်း Ovaltine （饮料）	外来词“阿华田”VS 英缅单词混搭	အပိုလုပ်လွန်းသည်။ 某些言行过度了。

（续表）

次序	始源域	映射项或相似点	目标域
15	ဩဇာသီး 番荔枝	“ဩဇာသီး”中的“ဩဇာ” VS“ဩဇာ”	အာဏာပါဝါသုံး၍ စကားပြောသည် (သို့) သူတစ်ပါးအား အမိန့်ပေးခိုင်းစေသည်။ 展示权威或发号施令。

从上表可见，一个新的概念的建构，往往是基于原有概念的认知。目标域是在原始域的基础上，通过映射项得以完成，认知隐喻在这中间充当了重要的桥梁角色，简单来说，就是新的概念的建构，是在原有概念的基础之上，通过事物或概念的相似点，扩展建构出新的概念，它们之间总是存在着要么直接要么间接的关系。

在网络空间进行交流时，人们无法看到彼此，除了语言符号，没有更多的参考信息可以获取，所以这种网络间的沟通往往比现实生活中的沟通更难以准确表达，也更容易引起误解。言语发出者想要通过各种语言符号来正确传达并使对方了解自己的真实意图表达，隐喻这一思维方式就无形中成为了言语发出者和接收者双方使用的有效途径。当双方共享一套概念系统时，基于自身体验将抽象或难以表达的概念，就可以通过具体易懂甚至是诙谐、隐晦、含蓄的方式表达出来，双方也就能够更快更准确地传达或接收到对方所传达出来的意义。

（二）认知隐喻与新概念表达需求

在人类的日常语言交际过程中，隐喻可以说是无处不在，无孔不入，是人类借助对客观世界某一领域的认知来诠释或解读另一领域的认知。因此，隐喻不单是一种语言现象，而是人类感知和概念客观世界诸种事物的一种重要认知活动。换言之，语言是隐喻的一种表象，隐潜于这一表象背后的是一种深刻而复杂的人类思维行为。[①]对于使用者而言，往往出于新奇，有时也为了避免信息的敏感性或暴露性，从而选择日常生活中相近而大家又耳熟能详的概念来替换进行指代，从而构建出另一近似概念或全新的概念，一旦得到大多数人的认可和共鸣，这样的概念也就算是得到了成功地构建，而对于接受者而言，也同样乐于接受生动、富有创意又易于理解的新概念，很快与网友们达成共识。

（三）语言的变化发展规律与缅甸语习得

身处网络时代，与时俱进是关键，语言也不例外。学校教育要积极谋划，语言教育不能局限于传统的语言文字教育。[②]在新时代大背景下，作为一名缅甸语学习

① 王文斌．隐喻的认知构建与解读［M］．上海：上海外语教育出版社，2007：2．

② 李宇明，刘鹏飞，任伟，黄志波，许龙桃，汪磊．“语言与新媒体”多人谈［J］．语言战略研究，2023（1）：51．

者或传授者，都面临着新的挑战，不仅要了解传统的社会通用缅甸语知识，更要了解缅甸语在网络空间的发展变化情况。而且需要知其然，更要知其所以然。当今时代，在缅甸语学习或教学过程中，也应将网络上的语言变异现象引入学习或教学过程中，与时俱进地了解社会通用缅甸语在网络空间的变化与发展，同时深入挖掘其生成机制及其背后隐匿的文化内涵，以此了解其认知思维，促进文明互鉴和文化交流。

结语

认知隐喻是缅甸网络民间口头社交词汇中不可忽视的现象，是考察网络民间口头社交词汇生成的重要视角。换言之，隐喻是人类基本的、重要的认知方式，是人类用已知的某一领域的经验来理解或探索另一未知领域的经验的认知过程，这在缅甸语网络民间口头社交词汇中也已展现无遗。缅甸网络民间口头社交词汇的隐喻现象是网民通过旧词赋新意或借音表义等创新性认知过程，其背后所映射或反映的是网民在追求表音表意的同时还兼顾表达上的创新性、委婉性、隐匿性等方面的心理状态，在一定程度上也可以说是网民智慧的结晶。这样的隐喻现象研究，一方面体现了语言生成方式的丰富多样性，另一方面也对语言学的理论建构起到了进一步的推动作用。但目前而言，对于社会通用缅甸语在网络空间中的变异和发展方面的基础性研究还相对比较薄弱，有待更为全面、深入地展开研究，尤其需要继续深挖隐喻背后的认知逻辑及语言背后的文化内涵。

参考文献

［1］曹进．网络语言传播导论［M］．北京：清华大学出版社，2012．

［2］曹进，靳琰，白丽梅．语言无羁［M］．北京：中国社会科学出版社，2019．

［3］陈松岑．语言变异研究［M］．广州：广东教育出版社，1999．

［4］陈原．社会语言学［M］．北京：商务印书馆，2004．

［5］胡壮麟．认知隐喻学（第二版）［M］．北京：北京大学出版社，2020．

［6］李玮．中国网络语言发展研究报告［M］．北京：人民出版社，2020．

［7］罗常培．语言与文化［M］．南昌：江西教育出版社，2020．

［8］刘海燕．网络语言［M］．北京：中国广播电视出版社，2002．

［9］隋岩．网络语言与社会表达［M］．北京：科学出版社，2021．

［10］束定芳．隐喻学研究［M］．上海：上海外语教育出版社，2000．

［11］王琦．语言学视角下网络语言发展研究［M］．北京：新华出版社，2018．

[12] 于根元．网络语言概说［M］．北京：中国经济出版社，2001．

[13]［美］乔治·莱考夫，马克·约翰逊．我们赖以生存的隐喻［M］．何文忠，译．杭州：浙江大学出版社，2015．

[14]［英］戴维·克里斯特尔．语言与因特网［M］．郭贵春，刘全明，译．上海：上海科技教育出版社，2006．

[15]［英］诺曼·费尔克劳．语言与全球化［M］．田海龙，译．北京：商务印书馆，2020．

论共时状态下缅甸语中的音变现象

天津外国语大学　曹　磊　李娟娟

【摘　要】语流音变和语法音变是研究缅甸语共时音变现象两个重要的方面，根据缅甸语语音交替的普遍特点，语流音变现象主要包括弱化、增音、脱落、变异、连诵和变调；语法音变现象主要由屈折、派生和重叠等形态引起。由于缅甸语音变现象的复杂性，在研究缅甸语音变现象时应将语流音变和语法音变融合分析，不能用孤立的观点来看待。

【关键词】语流音变；语法音变；缅甸语

音变现象是缅甸语中的一种常态，在使用缅甸语交流过程中是一个无法回避的问题。语言单位语音的变化主要有两种：一种是语言单位的读音在历史发展过程中的变化，即后一个时期改变了前一个时期的读音，这种语言变化的类型，我们称之为历史音变；另一种语言单位读音的变化，不是不同历史时期的变化，而是进入语流中之后发生的变化，这就是语流音变（邢福义、吴振国，2002：110—111），而语流音变属共时音变。历史音变，又称历时音变，即语音在历史发展过程中发生了种种变化，由于缅甸语中的历史音变涉及因素众多，成因复杂，文中对历史音变部分暂不做讨论，这时主要讨论的是共时状态下缅甸语中的音变现象。

缅甸语中的音变现象除语流音变外，结合语法因素进行考察也有助于更好地了解其音变现象。缅甸语中的音变普遍且复杂，在研究过程中发现：缅甸语中的音变除语流音变外，还伴随着造词（或构词）、词义、词性变化等语法因素而产生音变。由于目前学界对造词（或构词）、词义、词性而产生的语音变化尚未有明确的归类，文中将这几部分暂且统归为语法音变。由此，笔者尝试运用语流音变和语法音变两者相结合来探析共时状态下缅甸语中的音变现象，仅以个人拙见求教于方家。

一、缅甸语语音的特点

在汉藏语系的多数语言中，辅音送气与否具有区别词义的作用，缅甸语亦是如此。而在缅甸语的词义的区分层面上，除了辅音的送气与否之外，还存在清浊对立现象，而后者还构成了缅甸语交流中主要存在的一种音变现象。现代标准缅甸语中，清浊对立是其音位系统中重要的区别特征之一，清浊对立主要表现在塞音、塞擦音、擦音上，有清音的就有浊音与之相配，具有严整性的特点（蔡向阳，2011：1）。从语言经济原则角度而言，弱化后的浊音在发音时更为省力，详见表 1。

对于缅甸语中产生音变的原因及方式，缅甸语言学者貌钦敏德努漂教授（Maung Khin Min(Danubyu)）认为："当多个音节连读时，首字后（非短促调情况下）的音节变音与否取决于语速的快慢；当以慢速发音时，首字后音节无需发生音变；当以快速发音时，若首字后音节字母为清辅音，则需要发生浊化音变"（Maung Khin Min(Danubyu)，2016：60）。他的观点实际上指的是语流音变。语速是语流音变的一个重要条件，同样的语音环境下，快速说话时容易发生语流音变，而慢速说话时则较少发生语流音变。虽然他指出了缅甸语语流音变的基本方向，但并未对其做出理论性的解释。其次，语流音变存在多种类型的音变现象，上述类型只是其中一种，仍有许多现象有待挖掘和探索。

表 1　缅甸语清浊对立辅音发音部位及发音方法

发音方法 \ 发音部位			舌面音		舌尖音		双唇音
			舌面软腭	舌面硬腭	舌尖齿龈	舌尖齿间	
塞音	清辅音	不送气	k		t		p, pj
		送气	kh		th		ph, phj
	浊辅音		g		d		b, bj
擦音	清辅音	不送气			s		
		送气			sh		
	浊辅音				z		
塞擦音	清辅音	不送气		tɕ		tθ	
		送气		tɕh			
	浊辅音			dʑ		dð①	

除了表 1 中清浊对立的塞音、擦音和塞擦音外，还有其他诸如鼻音[ŋ]、[ɳ]、[n]、[m]，半元音[j]，边音[l]、[w]等原本就是浊辅音。缅甸文是一种以字母和声调相组合的文字，国内语言学者将缅甸语的音调归纳为四个音调，即高降调、低平调、高平调和短促调。用五度标记法分别是 53、11、55 和 44。但是缅甸语中的声调受到声母和韵母的制约，出现多种调值，清辅音为声母的调值高，而浊辅音为声

① 舌尖齿间塞擦音[tθ]在缅文辅音字母表中属不送气清辅音，虽然无与之对应的浊辅音字母，但在缅甸人的实际发音过程中确实存在该音的浊化现象，故用[dð]来表示该音的浊辅音。

母的调值要低一档，故缅甸语的调值可分为 8 档调值，详见表 2：

表 2　缅甸语声调调值划分（蔡向阳，2011：20）

调型	高平		低平		高降		短促	
声母清浊	清	浊	清	浊	清	浊	清	浊
调值	55	45	22	11	53	42	44	33

关于语流音变，叶蜚声和徐通锵教授在罗常培、高名凯和石安石等几位学者的基础上进行了完善，他们认为："音位和音位组合的时候，或者由于受邻音的影响，或者由于说话时快慢、高低、强弱的不同，可能发生不同的变化，这种变化，我们叫做语流音变"（叶蜚声、徐通锵，2012：83）。而语法音变，司富珍教授认为："由于语言经济性原则的作用，每种语言中都必然存在通过对某些原生词或根词进行语音加工（phoneticmodification）从而新造出派生词（derivationalwords）的现象，也会不同程度地存在通过语音加工对同一个词语的不同句法语义特征进行屈折形态标记（inflection）的现象，'语法音变（grammatical phonetic modification）'由此而产生"（司富珍，2019：16）。"语法化演变中的音变导源于义变，语音的变化往往也会反作用于语义变化，换言之，语音和语义之间存在着互动关系"（李小军，2014：57）。语法音变研究不能简单地认为只是由义到音，或由音到义的单向研究，义变和音变应作为相互影响的整体来看待，不能割裂开来。

二、语流音变

（一）弱化

在语流中，有些音的发音可能变弱，不那么清晰，这种现象叫弱化（胡明扬，2000：74）。缅甸语音的弱化分为辅音弱化和元音弱化，从发音方式而言，清辅音的发音阻力要大于浊辅音的发音阻力；塞音大于塞擦音的发音阻力，且二者皆大于擦音的发音阻力。缅甸语中辅音的弱化通常的表现方式为清辅音弱化为浊辅音，塞音弱化为塞擦音。而元音弱化而言，央元音[ə]（缅语中通常称为半音）是缅甸语中常见的弱化后的目标发音。在特定的语言环境中，一些音节由于受前后语境、语义等因素的影响通常会弱化为央元音[ə]，这主要是由于央元音[ə]就发音的用力程度而言要弱于其他元音。甚至在缅甸语这类表音语言中，弱化音节的声调也会发生变化，这些音变的现象会在后文中逐一讨论。

1. 辅音弱化

（1）名词的辅音弱化

缅甸语词或词组在发音过程中通常遵循这样一种普遍音变规律，即首字为非短促元音时，则首字后其余字的清辅音易弱化为相对应的浊辅音，即清辅音浊化（若词中间仍存在由短促元音构成的音节，则该短促元音后的清辅音则不必弱化）。就语言心理过程而言，浊化后的发音符合省力的原则，能够使发音过程更加顺畅。缅甸语中短促元音是一种特殊的存在，由短促元音构成的音节在发音过程中要求戛然而止，使得下一个音节在发音时完全处于新一轮的发音准备状态，紧邻短促元音后的一个音节不会产生任何语音变化。

例如：

拼写	词义	读音
ŋa^{45}khu^{53}	五个	ŋa^{45} gu^{42}
la^{42} sa^{22}	月薪	la^{42} za^{11}
tho^{55} she^{55}	针剂	tho^{55} ze^{45}
mjĩ^{45} thi^{55}	公马	mjĩ^{45} di^{45}
pã^{55} pĩ^{22}	花	pã^{55} bĩ^{11}
mõ^{42} pho^{55}	零花钱	mõ^{42} bo^{45}
pã^{55} tθi^{55}	苹果	pã^{55} dði^{45}

但是，一些使用频率不高的名词不会产生浊化，究其原因是这些词的清辅音浊化后反而会导致语义无法理解。

例如：

拼写	词义	错误读音
ku^{53} thõ^{55}	治疗方法	ku^{53} dõ^{45}
je^{45} thõ^{55}	写法	je^{45} dõ^{45}
bjɔ^{55} thõ^{55}	说法	bjɔ^{55} dõ^{45}
bju^{22} khi^{ʔ44}	骠国时期	bju^{22} gi^{ʔ33}
tɕe^{55} khi^{ʔ44}	铜器时期	tɕe^{55} gi^{ʔ33}
tɔ^{55} shĩ^{22}	野象	tɔ^{55} zĩ^{11}

此外，还有一部分词虽然满足清辅音浊化的条件，但在实际交流过程中却并未产生浊化。缅甸人认为这类名词的前后两部分具有同等地位或含义，在发音过程中

受到同等的重视和发音准备，不产生音变。

例如：

首字（词）音及词义	后字（词）音及词义	读音及词义
zə. bwɛ^{55}（桌子）	khõ^{22}（桌子、凳子）	zə.bwɛ^{55} khõ^{22}（桌子）
ko^{22}（身体、躯干）	khã^{22}da^{11}（〔巴〕身体）	ko^{22} khã^{22} da^{11}（身体）
phe^{22}（父亲、男子）	phe^{22}（父亲、男子）	phe^{22} phe^{22}（父亲）
phwa^{55}（奶奶、姥姥）	phwa^{55}（奶奶、姥姥）	phwa^{55} phwa^{55}（奶奶、姥姥）
ko^{22}（哥哥）	ko^{22}（哥哥）	ko^{22} ko^{22}（哥哥）
sa^{22}（文字）	pe^{22}（贝叶经）	sa^{22} pe^{22}（文学）
taĩ^{55}（国家）	pi^{22}（国家）	taĩ^{55} pi^{22}（国家）

虽然文中主要讨论缅甸语中的共时音变现象，但在名词清辅音浊化部分仍存在少量因历时因素产生的音变。这类词有的甚至不符合清辅音浊化的条件，但从历时而言，这类词的发音与词义是不可分割的，它已经形成了独立的发音和词义系统，与任何字词搭配都不能影响它的读音或含义。而这类词明显的特点是清辅音本身已然浊化，无论是否符合清辅音浊化条件，它都按照本身的独立系统运行。

例如：

拼写	词义	读音
khaũ^{55}	头、头部	gaũ^{45}
tɕho^{22}	（动物的）角	dʑo^{11}
thaũ^{53}	角落	daũ^{42}
tɕhaĩ^{53}	凹坑、笼、提盒	dʑaĩ^{42}

由此可见，它们与任何字或词组合后都仍然维持其稳定的语音和词义，无论首字音节是否为短促元音或其他条件，都不会对其产生影响。

例如：

拼写	词义	读音
wɛ^{ʔ33}khaũ^{55}	猪头	wɛ^{ʔ33}gaũ^{45}
she^{ʔ44}tɕho^{22}	羊角	she^{ʔ44}dʑo^{11}
tai^{44}thaũ^{53}	楼房角落	tai^{44}daũ^{42}
tə.mĩ^{45}tɕhaĩ^{53}	饭盒	tə.mĩ^{45}dʑaĩ^{42}

（2）动词和形容词的清辅音浊化

将动词和形容词纳入一起讨论是由于缅甸语中形容词特殊的性质决定的。“在缅甸语部分形容词中，依照汉语的解释词义的理解应归为动词的范畴，但在缅甸语中仍然归为形容词词性。缅甸学者吴温（Oo Win）就主张缅甸语中无形容词，相当于形容词是动词的一类即：性质动词”（李谋、姜永仁，2002：187）。其他缅甸学者对此也有不同的看法，虽然现在国内外主流学者们认为缅甸语中的形容词应单独划分出来，但其类动词的性质决定了可以将两者一起讨论。动词和形容词清辅音浊化并不属于常见现象，其频率远低于名词和副词。动词和形容词清辅音浊化为与否有多方面因素决定，既有规律可循性，也有无序性。归纳起来有以下几种情况中动词和形容词易产生音变。一、具有相同的清辅音字母或发音相同的元音。由于这类词的发音部位或发音方式趋于相近，在发第二个音时不需要做其他多余的准备，这样使得它们以相同的部位或方式继续发音就显得更加顺畅和容易。二、首字音节清辅音产生浊化，其后一个音节清辅音若为非送气音，也伴随产生浊化。这类在动词中较为常见，首字音节清辅音产生浊化的同时，其元音也通常会伴随产生弱化，成为央元音[ə]。三、无规则浊化。由于发音习惯导致首字清辅音或非首字清辅音字母产生浊化，这类词没有规则可循，纯粹习惯使然，因此也最难觉察。

例如：

拼写	词义	读音	备注
jaĩ^{45}saĩ^{55}	粗鲁、鲁莽	jaĩ^{45}zaĩ^{45}	元音相同
mjã^{11}shã^{22}	快速的	mjã^{11}zã^{11}	
e^{45}she^{55}	不慌不忙、安然	e^{45}ze^{45}	
taũ^{53}ta^{53}	渴望、向往	taũ^{53}da^{42}(taũ^{53}ta^{53})	清辅音字母相同
ti^{22}tã^{53}	稳固	ti^{22}dã^{42}	
pĩ^{22}pã^{55}	辛苦、累	pĩ^{22}bã^{45}	
taĩ^{22}tã^{55}	告状、告发	taĩ^{22} dã^{45}	元音且清辅音字母相同
khaĩ^{22}khã^{53}	牢固	khaĩ^{22}gã^{42}	
ka^{53}sa^{55}	玩耍	gə.za^{45}	首字清辅音弱化，后一音节清辅音字母为非送气音
sa^{53}ka^{55}	话，语言	zə.ga^{45}	
tã^{22}ta^{55}	桥	də.da^{45}	
kha^{53}sa^{55}	侍奉	kha^{53}za^{45}	无规则
tɕo^{55}sa^{55}	勤奋	tɕo^{55}za^{55}	
tĩ^{22}shɛˀ^{44}	供奉，呈上	tĩ^{22}zɛˀ^{33}	

拼写	词义	读音	备注
thu^{53}tɕhe^{22}	申诉，辩解	thu^{53}dʑhe^{11}	
thi^{53}pa^{55}	触及，伤及	thi^{53}ba^{45}	
pẽ^{55}pe^{ʔ44}	密集，漆黑	bẽ^{45}pe^{ʔ44}	

2. 元音弱化

相比清辅音弱化为浊辅音，缅甸语元音弱化的形式和规律相对单一。总体而言分为两类情况，第一类是词语中无实际意义的音节，其元音通常弱化为央元音[ə]。该无实际意义的音节可能是首字音节，也可能是中间字音节。这类元音弱化的现象在名词、副词、动词中较为常见。如多音节的名词、副词的首字无实际意义时通常产生元音弱化；四音节的名词、副词，其首字音节和中间字音节在无实际意义的情况下也会产生对称性的元音弱化现象。第二类是有实际意义的字音节，其元音仍然产生弱化现象，这类词在缅甸语名词、数量词当中较为常见。其中单独的数字拼读时不会产生元音弱化，只有与量词结合拼读时才会产生这一特殊现象。

例如：

拼写	词义	词性	读音
pa^{53}wa^{22}	毛巾	名	pə.wa^{22}
sha^{53}ja^{22}	老师，师傅	名	shə.ja^{22}
a^{53}kõ^{22}	全部，统统	副	ə.kõ^{22}
a^{53}tɕe^{22}a^{53}lɛ^{22}	清偿，了结	副	ə.tɕe^{22}ə.lɛ^{22}
pu^{53}sho^{55}	男式筒裙	名	pə.sho^{55}
pu^{53}shẽ^{22}	斧头	名	pə.shẽ^{22}
ti^{ʔ44}jau^{ʔ44}	一个（人）	数量	tə.jau^{ʔ44}
khũ^{22}hni^{ʔ44}khu^{53}	七个	数量	khũ^{22}hnə.khu^{53}

3. 清辅音和元音同时弱化

清辅音和元音同时弱化现象是缅甸语音变最较为复杂的现象，如果没有字典发音标注的引导很容易引起发音错误。这类弱化现象是有条件的，总的归结起来可分类几类：一、首字音节元音是否弱化；二、首字音节清辅音是否弱化；三、首字音节或非首字音节清辅音字母是否送气。这三类条件是辅音和元音同时弱化的基本要素，在这三类基本要素下它们多元组合才会导致同时弱化。其次，此类弱化现象主要针对双音节词进行讨论。由于清辅音和元音同时弱化的现象在缅甸语各类词性中都有存在，其弱化的条件具备一定的共通性，故不再分词性进行分析，而以条件为前提进行。

首字音节元音弱化为央元音[ə]时，若首字音节与后一音节的清辅音字母均为非送气音，则两音节的清辅音较易弱化为浊辅音。

例如：

拼写	词义	词性	读音
ka^{53}sa^{55}	玩耍	动	gə.za^{45}
sa^{55}pwɛ^{55}	桌子	名	zə.bwɛ^{45}
kã^{55}pa^{55}	堤岸	名	gə.ba^{45}
pa^{55}sa^{53}	嘴巴	名	bə.za^{42}
tθu^{22}tɕi^{55}	村长	名	dðə.dʑi^{45}

首字音节元音弱化为央元音[ə]时，若前后两音节的清辅音字母均为送气音，则两音节的清辅音较易弱化为浊辅音。

例如：

拼写	词义	词性	读音
shã^{22}thõ^{55}	发髻	名	zə.dõ^{45}
shã^{22}kha^{22}	筛子	名	zə.ga^{11}
shã^{22}thauˀ^{44}	短发式	名	zə.dauˀ^{33}

首字音节元音弱化为央元音[ə]时，若首字音节的清辅音字母为送气音，后字音节的清辅音字母为非送气音时，则两音节的清辅音较易弱化为浊辅音。

例如：

拼写	词义	词性	读音
shã^{22}pĩ^{22}	头发	名	zə.bĩ^{11}
kha^{55}taũ^{55}tɕaiˀ^{44}	把筒裙从胯下向后提起掖到腰间	动	gə.daũ^{45}tɕaiˀ^{44}
kha^{55}paiˀ^{44}n̥aiˀ^{44}	扒手	名/动	gə.baiˀ^{33}n̥aiˀ^{44}
khu^{53}tĩ^{22}	床	名	gə.dĩ^{11}
kha^{55}paˀ^{44}	腰带	名	gə.baˀ^{33}

4. 清化

在缅甸语中，清化现象通常分为两种情况：一、浊辅音[ba^{42}]清化为送气清辅音[pha^{53}]，除了词汇中有这样的现象外，在否定句尾助词、否定连词中也存在该现象；二、非送气清辅音清化为送气音清辅音，但这类现象在缅甸语中并不多见，属于罕见现象，有学者认为部分词甚至与缅甸地域发音习惯相关，所以认为这部分词清化与否皆可。

（1）浊辅音[ba^{42}]清化为送气清辅音[pha^{53}]

例如：否定句尾助词[bu^{45}]：

1）我不喝水。

tɕə. nɔ^{11} ka^{53} je^{11} mə. tθauˀ^{44} bu^{45}（拼写）

tɕə. nɔ^{11} ga^{42} je^{11} mə. tθauˀ^{44} phu^{55}（读音）

2）不是这样的。

di^{11} lo^{11} mə. hoˀ^{44} bu^{45}（拼写）

di^{11} lo^{11} mə. hoˀ^{44} phu^{55}（读音）

3）不喜欢这本书。

di^{11} sa^{22} oˀ^{44} ko^{22} mə. tɕaiˀ^{44} bu^{45}（拼写）

di^{11} sa^{22} oˀ^{44} ko^{22} mə. tɕaiˀ^{44} phu^{55}（读音）

再例如：否定连词[mə.( )bɛ^{45}]（括号代表被否定的动词或形容词）：

4）不喜欢这本书，而喜欢那本书。

di^{11} sa^{22} oˀ^{44} ko^{22} mə. tɕaiˀ^{44} bɛ^{45} ho sa^{22} oˀ^{44} ko^{22} tɕaiˀ^{44}tɛ^{22}（拼写）

di^{11} sa^{22} oˀ^{44} ko^{22} mə. tɕaiˀ^{44} phɛ^{55} ho sa^{22} oˀ^{44} ko^{22} tɕaiˀ^{44}dɛ^{11}（读音）

5）他没来，你却来了。

thu^{22} ka^{53} mə.la^{11} bɛ^{45} nĩ^{11} ka^{53} tɔ^{53} la^{11} tɛ^{22}（拼写）

thu^{22} ga^{42} mə.la^{11} bɛ^{45} nĩ^{11} ga^{42} dɔ^{42} la^{11} dɛ^{11}（读音）

从上述例句来看，当浊辅音[ba^{42}]清化为送气清辅音[pha^{53}]时具有一个共同的特点，即否定句尾助词[bu^{45}]前、否定连词[mə.( )bɛ^{45}]之间的动词或形容词都为短促元音。若上述位置为非短促元音构成的动词或形容词，则不会清化，反而会产生浊化，如例句 5）。

一些词在拼写时虽然保留了浊辅音字母的书写状态，但在实际拼读过程中往往将其清化，这类词名词居多。

例如：

拼写	词义	词性	读音
bõ^{45}tɕi^{55}	僧人	名	phõ^{55}dʑi^{45}
bu^{42}ja^{45}	佛，佛塔	名	phə.ja^{45}
bo^{45}tɔ^{22}	祖父，外祖父	名	pho^{55}dɔ^{11}

拼写	词义	词性	读音
bwa^{45}bwa^{45}	奶奶，姥姥	名	phwa^{55}phwa^{55}
bwa^{45}wo^{11}	老大娘	名	phwa^{55}wo^{11}

（2）非送气清辅音清化为送气音清辅音

例如：

拼写	词义	词性	读音
ka^{53}le^{55}	小孩，孩子	名	khə.le^{55} (kə.le^{55})
ta^{53}shɛˀ^{44}tɛ^{55}	一个劲儿地	副	tə.shɛˀ^{44}htɛ^{55}
ta^{53}jauˀ^{33}tɛ^{55}	独自	副	tə.jauˀ^{33}htɛ^{55}

值得注意的是，助词[ta^{53}( )tɛ^{55}]（括号中间为名词或量词，结合一起构成副词）中间的成分若为短促元音构成的单词时，则[tɛ^{55}]通常清化为送气清辅音[htɛ^{55}]；若中间的成分为非短促元音构成的单词时，则[tɛ^{55}]通常弱化为与之相对应的浊辅音[dɛ^{45}]。

（二）增音

为了发音方便，在语流中增加某种原本没有的语音成分，就是增音（邢福义、吴振国，2002：99）。在语言交流过程中，为了使前后音节更加流畅，人们通常会根据自然语流适量增加一些音素，增加的音素能在衔接上下音节上起到一定的作用。在对缅甸语中的增音现象做大致的梳理过程中发现，缅甸语中的增音主要表现为增加[ha^{53}tho^{55}dðã^{11}]、[ja^{53}pĩ^{53}dðã^{11}]等复辅音。

例如：

拼写	词义	读音	备注
kauˀ^{44}noˀ^{44}tɕhɛˀ^{44}	摘要	kauˀ^{44}hnoˀ^{44}tɕhɛˀ^{44}	增加[ha^{53}tho^{55}dðã^{11}]
mĩ^{22}	墨	hmĩ^{22}	
mja^{55}	箭	hmja^{55}	
ljĩ^{22}	快速、假如	hljĩ^{22}	
pĩ^{22}ɳa^{22}	知识、学识	pjĩ^{22}ɳa^{22}	增加[ja^{53}pĩ^{53}dðã^{11}]
miˀ^{33}ta^{22}	情感	mjiˀ^{33}ta^{22}	
lwĩ^{42}piˀ^{44}	扔掉	lwĩ^{42}pjiˀ^{44}	

总的来说，鼻音和双唇音发音过程中出现增音的概率较大，但不绝对。这些无

法获取具体增音规则的原因导致缅甸语的增音现象呈现不规则的变化状态。此外，在巴利文衍生词中也存在大量增音现象，但巴利文衍生词增音方式复杂，需要追溯巴利文源头才能弄清该词增音的具体部分。如：巴利文衍生词[a^{53}ɳa^{42}ma^{42}ɳa^{42}]（相互，互相），可能多数人会将其读为[ə.ɳa^{42}mə.ɳa^{42}]，但实际读音应为[(a)ĩ^{11}ɳa^{42}m(a)jĩ^{11}ɳa^{42}]，在词首和词中部分都有相应的元音和复辅音增加。具体原因可认为有两点：一是巴利文衍生词中存在特殊的、不常用的元音，其书写与发音不对等；二是巴利文衍生词的重叠造成，即叠字；巴利文衍生词的重叠有显性和隐性之分，显性的重叠可以根据相应的元音转换正常拼读；而隐性的重叠需要先区分重叠部分的具体元素，再根据元音转换拼读，所以隐性的重叠相对复杂，如上述例子便是一个隐性的重叠。由此可见，巴利文衍生词的增音比普通缅文词汇的增音元素更加多元化、复杂化。

（三）脱落

脱落也称为减音，是弱化到极端的结果。弱化到一定程度使得一些音消失，减音现象由此产生。作为拼音文字，缅文通常由辅音字母、元音符号、复辅音符号等构成。缅甸语复辅音根据构成可分为二合辅音、三合辅音、四合辅音三类。脱落现象通常表现为复辅音脱落。由于复辅音有多合之分，有些字、词的拼写中存在多合复辅音而导致发音拗口，为了发音顺畅通常将导致拗口的复辅音自然脱落。

例如：

拼写	词义	读音	备注
ə.mji^{45}	尾巴	ə. mi^{55}	复辅音[ja^{42}jiʔ^{33}]脱落
pji^{55}	结束、连接词	pi^{55}	
lu^{22}pjẽ^{55}	阅历浅的人	lu^{22}bẽ^{45}	
mjwe^{11}	蛇	mwe^{22}	
ə.mje^{45}	薄膜状物	ə. me^{55}(ə. mje^{55})	
ə.mjeʔ^{33}	穗子、流苏	ə. meʔ^{44}(ə. mjeʔ^{44})	

（四）变异

缅甸语中语音变异主要表现为元音变异、辅音和复辅音变异。元音变异主要包括元音[i]变异为[e]；元音[e]变异为[i]。辅音和复辅音变异主要包括[lja]变异为[j]；[hlja]变异为[ɕ]。

例如：

拼写	词义	读音	备注
pji^{53}	满、全	pje^{53}	元音[i]变异为[e]
phji^{53}	填满、补充	phje^{53}	
phji^{55}phji^{55}	慢慢地	phje^{55}bje^{45}	
khwe^{55}tɕhe^{22}	栅栏、凳子	Khwe^{55}tɕhi^{22}	元音[e]变异为[i]
tɕhe^{55}	粪、借	tɕhi^{55}	
mje^{45}	子孙	mji^{45}	
tɕo^{55}phje^{22}	解开绳子	tɕo^{55}phji^{22}	
mjo^{55}se^{53}	种子	mjo^{55}zi^{42}	
tθi^{ʔ44}se^{53}	树种	tθi^{ʔ44}si^{53}	
lja^{22}tha^{55}tɕhɛ^{ʔ44}	指标、定额	ja^{22}da^{45}gɛ^{ʔ33}	辅音和复辅音[lja]变异为[j]
a^{53}lja^{45}	长度	ə. ja^{45}	
ljɔ^{11}ŋwe^{11}	罚金、赔款	jɔ^{11} ŋwe^{11}	
ljɛ^{ʔ33}sha^{55}	药盐	jɛ^{ʔ33}sha^{55}	
hlja^{11}	舌头	ɕa^{11}	辅音和复辅音[hlja]变异为[ɕ]
hljo^{42}hwɛ^{ʔ44}	秘密	ɕo^{42}hwɛ^{ʔ44}	
hljã^{11}	溢出	ɕã^{11}	
hljɔ^{11}	洗、麻	ɕɔ^{11}	
hljau^{ʔ33}	申请、走路	ɕau^{ʔ33}	

（五）连诵

连诵是指将同一个意群内的前一个词的尾音与后一个词的首音连接读出。在连续语流里中间没有停顿的两个词应当自然地连接在一起。缅甸语中连诵现象属罕见现象，缅甸语中的连诵可从两个方面来解读：

一方面是快速语流下正常的语音连读，主要体现在个别否定句中，这类连诵现象被大众所认可。连诵的方式通常可理解为首字辅音+次字辅音/元音。

例如：

拼写	句义	读音	备注
ma^{53}ho^{ʔ44}bu^{45}	不是！	mo^{ʔ33}phu^{55}	首字辅音+次字元音
ma^{53}ho^{ʔ44}la^{45}	不是吗？	mo^{ʔ33}la^{45}	

另一方面是随着互联网的发展，缅甸网民们为交流简便，逐渐在互联网上使用

一些简化的表达方式，包括从书写到拼读都力求能简即简，从而造成了“非主流”式连诵。造成这种现象的原因是多方面的，例如缅甸语自身输入法的落后和繁琐造成了网民们思考如何利用最少的时间、字符数量等来传递更多的信息的问题，这是造成这类“非主流”式连诵的原因之一。在缅甸语输入法尚未能安装到手机等通信工具之前，缅甸网民通常使用拉丁字母来表达缅文的读音，这类似英文非英文的缅文拼写方式被称为“Myanglish”，它是缅甸互联网平台简化拼读的雏形。虽然随着技术的发展，缅文输入法落地，其输入效能仍然存在过于低下等缺点。由于长期的“非主流”式拼写现象在一定的“圈内”普及，一些网民在拼读方面也产生伴随效应。这类表达严格来说属于不严谨的表达方式，能够理解这类表达方式的圈子相对狭小，并不是整个缅甸社会的主流。而这类拼读连诵现象主要存在于朋友间的信息交流、朋友圈评论、博文等，尚未纳入理论研究的范畴，文中暂且将其定义为“非主流连诵”现象。连诵的方式有进一步发展，具体可分为两方面：一、与上述第一点基本趋于相同；二、连诵后的极端表现，省略。

例如：

正确拼读	词义/句义	非主流连诵	备注
tə.jauʔ^{33}	一个（人）	tjauʔ^{33}	首字辅音+次字辅音、元音
hnə.jauʔ^{33}	二个（人）	hnjauʔ^{33}	
na^{45}mə. thaũ^{22}bu^{45}	不听！	na^{45}thaũ^{22}bu^{45}	省略否定副词[mə.]
mə.tθwa^{55}bu^{45}	不去！	tθwa^{55}bu^{45}	

（六）变调

缅甸语中的变调的主要目的是表达说话者强烈的主观意愿、欲强调的中心词含义等，以引起听者的注意。这类变调可以认为是一种语音的强化。其表现方式通常认为有二种：一是极力拖长中心词的音长；二是强化该中心词的音高，如低平调调整为高平调。这两种方式即可单独表现，也可整合到一起。说话者的主观愿望强烈程度决定变调的音高、时长。

例如：

6）他现在才回来。

tθu^{22}ga^{42} ə.khu^{53}bɛ^{45} pjã^{22} la^{11} dɛ^{45}（正常拼读）

tθu^{22}ga^{42} ə.khu^{53}bɛ^{45} pjã^{55} la^{11} dɛ^{45}（变调后）

7）这件事情只有他知道。

di^{11} kiʔ^{44} sa^{53} go^{11} tθu^{22}ga^{42} bɛ^{45} tθi^{53} dɛ^{11}（正常拼读）

di^{11} kiʔ^{44} sa^{53} go^{11} tθu^{45}ga^{42} bɛ^{45} tθi^{53} dɛ^{11}（变调后）

三、语法音变

汪大年教授认为："汉藏语系语言中存在分析性和屈折性的两种形态，分析性的形态主要包括改变词序、附加（前、中、后）词缀、附加助词、重叠；而屈折性的形态主要包括韵母或主要元音变化、韵尾变化、送气与不送气形态交替、清音变浊音、弱化音节、声调变化等从而构成不同的词义"（汪大年，2012：189—198）。他主要通过这两种形态的变化讨论了缅甸语中的构词法，虽然其中部分构词法也包括音变现象，但主要讨论的重点仍在构词方面。这里主要探讨通过缅甸语中形态的变化进而产生的音变。

无论是构词法，还是句法，都属于语法的范畴。语法音变既与屈折形态有关，也与派生形态有关，而这些属于形态变化范畴。形态变化除了屈折形态和派生形态，还包括其他形态变化。不同语言其形态变化类型和数量也有所不同。如英语中主要存在屈折形态和派生形态；汉语中虽然缺乏屈折形态，但派生形态仍是常见现象；作为"准孤立语"的缅甸语也存在部分屈折形态，通过对缅甸语语法形式的研究，认为缅甸语中至少存在三种形态：屈折、派生和重叠，后两种形态与汪大年教授主张的分析性的形态有一定的共通之处。一方面它们通过语音变化构造新的词义、词性；另一方面构造后的新词需要用另一种语音形式表现或强化其语义。

实际上，缅甸语的语法音变在对话交流过程中要更特殊和复杂，主要体现在以下几方面：一、缅甸语中的语法音变和语流音变存在相互交融现象，若孤立看待不能很好分析缅甸语中的音变现象。如形容词、动词重叠转副词，动词重叠转名词中的音变现象，它既与构词法有关，也伴随着语流音变。或者说之所以产生语流音变，是由于该词的构词结构所致。二、缅甸语屈折形态变化的同时伴随着派生形态的变化。三、缅甸语中屈折形态变化的主要表现是语音交替。

（一）屈折与派生的融合

屈折形态主要分外屈折与内屈折两类。外屈折主要表现形式是通过改变词尾、附加词缀等方式来表达不同的语法手段。如英语中名词由单数变为复数时通常会在词尾添加[-s]或[-es]；在动词后添加[-ed]、[-ing]分别表示过去时和现在进行时等。内屈折主要利用词根内部语音的变化来体现不同的语法意义，如[foot]的复数形式是[feet]。无论是外屈折还是内屈折，都不会对词义或词性产生改变。派生形态本是黏着语的主要特点，派生形态与屈折形态不同的是，它主要通过附加词缀的形式改变词的词性，从而构成新的词，词义也将随之发生改变。之所以认为缅甸语部分构词形式和语音变化存在着屈折与派生的融合，是因为它既存在屈折形态的表现形式，也存在派生形态的最终结果。

1. 动词转名词音变

缅甸语中部分动词可以直接通过改变词尾辅音或词首元音的语音形式实现向名词的转变。但由于缅甸语中对动词划分和教学习惯的原因，通常将主谓结构、述宾结构等结构的合成动词也纳入动词的范畴。缅甸语动词向名词转变通常有三种变化形式：（1）通过将单一动词的清辅音字母，或将复合词词尾的清辅音字母浊化；（2）将复合词词首的元音弱化为央元音[ə]；（3）复合词词首的元音弱化为央元音[ə]的同时，词首或词尾或词首词尾的清辅音字母也发生浊化；这些形态的变化既体现词内部的屈折，又表现出了派生形态的特性。虽然词整体上没有表现出书写形式上的变化，但通过内部语音的替代，词的词性和意义最终都受到了改变。

例如：

动词读音	动词词义	名词读音	名词词义	备注
tɕheˀ^{44}	挂	dʑeˀ^{33}	挂钩，钩子	清辅音浊化
thauˀ^{44}	支撑	dauˀ^{33}	支架	
phi^{55}	梳	bi^{45}	梳子	
də. ga^{45}sauˀ^{44}	看门	də. ga^{45}zauˀ^{33}	门卫	词尾清辅音浊化
tθiˀ^{44}sa^{22}phauˀ^{44}	叛变	tθiˀ^{44}sə. bauˀ^{33}	叛徒	
thə.mĩ^{45}tɕhɛˀ^{44}	做饭	thə.mĩ^{45}dʑhɛˀ^{33}	炊事员，伙夫	
sa^{22}je^{45}	写字，写信	sə. je^{45}	文书	词首元音弱化
tθu^{22} kho^{55}	人偷（东西）	tθə. kho^{55}	小偷	
tθu^{22}kã^{22}	人闹对立	dðə. gã^{11}	叛敌者	词首元音弱化，词首词尾清辅音浊化

（二）重叠

重叠是用重复整个词或词的一部分的方式表示某语语法意义，重叠部分的语音形式有时会发生一些变化（邢福义、吴振国，2002：152）。不同词性的重叠词表现不同的语法意义，例如汉语里形容词重叠表程度，动词重叠表尝试，名词重叠表列举等。在缅甸语中，名词重叠既可以表强调又可以表泛指，主要根据语境来确定。缅甸语中的重叠词遵循它特有的语法结构，缅文不会像汉语那样直接将名词重叠，而是加入一定的语法成分。如汉语里［人］—［人人］表列举；而缅语里［（每）人］—［（每）人（每）人］则是表强调。若保持同汉语一样的结构，去掉形容词［每］这个成分，则这个重叠词不具有任何实际意义，或语法结构不完整导致理解困难。而缅甸语动词和形容重叠后，它们除了内部语音结构会发生变化外，词性也会随之发生改变。由于形容词和动词的重叠结构相对复杂，名词重叠相对简单，这里主要讨论形容词和动词的重叠后语音的变化。

1. 动词、形容词转副词的音变

缅甸语副词的构成形式丰富多样，重叠是副词构词的主要形式之一。重叠法作为副词构词中最简单的形式也最容易被掌握。就形容词和动词构成的音节数量而言，形容词和动词可分为单音节、双音节和三音节，这几类是最为常用的，其余的在这里不做讨论。

单音节动词、形容词的重叠最为简单，构词形式由[A]—[A$\underline{A}$]，双音节动词或形容词为[AB]—[A$\underline{A}$B$\underline{B}$]，三音节动词或形容词为[ABC]—[ABC$\underline{C}$]。这些重叠的音节，按清浊对立的原则，清辅音通常会向浊辅音弱化，从而实现语言经济原则。

例如：

动/形容词读音	动/形容词词义	重叠副词读音	名词词义	备注
sɔ^{55}	早的	sɔ$^{55}\underline{\text{zɔ}}^{45}$	早早地	[A]—[A$\underline{A}$]
to^{22}	短的	to$^{22}\underline{\text{do}}^{11}$	短短地	[A]—[A$\underline{A}$]
pjɔ^{55}sho^{22}	说，讲	pjɔ$^{55}\underline{\text{bjɔ}}^{45}sho^{22}\underline{\text{zo}}^{11}$	说着说着	[AB]—[A$\underline{A}$B$\underline{B}$]
pjõ^{55}tɕho^{22}	甜蜜地微笑	pjõ$^{55}\underline{\text{bjõ}}^{45}$tɕho$^{22}\underline{\text{dʑo}}^{11}$	笑眯眯	[AB]—[A$\underline{A}$B$\underline{B}$]
ə.shĩ^{22}pje^{22}	如意，顺利	ə.shĩ^{22}pje$^{22}\underline{\text{bje}}^{11}$	顺利地	[ABC]—[ABC$\underline{C}$]
ə.tɕho^{55}tɕa^{53}	匀称，合比例	ə.tɕho^{55}tɕa^{53} $\underline{\text{dʑa}}^{42}$	匀称地，按比例地	[ABC]—[ABC$\underline{C}$]

（三）派生

派生构词法主要通过添加前缀、后缀的方式来构成新的词汇。其意义可能与原词趋同，也可能完全相反。缅甸语中，派生构词法在名词、副词方面较为常见，主要路径是通过在动词或形容词的词前、词中或词尾添加相应的词缀，或者将部分名词纳入某一固定的词形结构中构成新词。派生构词法在产生新词的过程中，也会相应地带来发音方面的改变。因前缀和中缀位置的关系可能会导致音节两方面有条件地弱化。一、前缀和中缀元音、清辅音的弱化；二、中缀清辅音的浊化以及其后面音节清辅音的连带浊化。这种通过词缀实现构词的形式在缅甸语中最为常见的主要有名词和副词两类。缅甸语中名词分为单纯名词和复合名词。单纯名词指不需要附加词首或词尾等附加成分，可以单独成立的名词，它也不能分开或插入某些成分；复合名词指由名词与名词、名词和其他词组成的词，各成分之间的结合并不是任意的，一般是修饰或说明关系（汪大年、杨国影，2016：15）。由于名词的音变在前面已经基本完成了阐述，这里将不再赘述，这里主要讨论通过派生构成副词的音变。副词构词词缀比较丰富，所引起的语法音变也相对复杂，需要分情况讨论。

由无实义词缀[a^{42}]和表否定意义的词缀[ma^{42}]构成的副词中，它们之后的一个音节的清辅音不会产生浊化，但这两个词缀本身的元音须弱化为央元音[ə]。实际上，带有上述词缀的副词、名词中，它的元音都会弱化为央元音[ə]。而由无实义词缀[ka^{53}]、[ta^{53}]、[də.rə.]、[na^{42}]、[la^{42}]音节构成的副词中，它们元音通常弱化为央元音[ə]（元音已然弱化的除外），但其后一个音节的清辅音将进行有条件的浊化。具体分以下几种情况：

（1）由无实义词缀[də.rə.]、[na^{42}]、[la^{42}]构成的副词中，位于这些词缀的后一音节的清辅音字母为送气音时，该清辅音不必浊化；若为非送气音时，则需要浊化。

例如：

拼写	词义	读音	备注
na^{42}mu^{45}na^{42}thu^{55}	糊里糊涂	nə.mu^{45}nə.thu^{55}	前、中缀均为[na^{42}]，其后一个音节清辅音字母为送气音，无需浊化
na^{42}we^{11}na^{42}si^{55}	痛心，不悦	nə.we^{11}nə.zi^{45}	前、中缀均为[na^{42}]，其后一个音节清辅音字母为非送气音，需浊化
də.rə.pẽ^{55}	厚厚地	də.rə.bẽ^{45}	前缀为[də.rə.]，其后一个音节清辅音字母为非送气音，需浊化
la^{42}pɔ^{22}tha^{53}je^{11}	粗枝大叶	lə.bɔ^{11} thə.je^{11}	前缀为[la^{42}]，其后一个音节清辅音字母为非送气音，需浊化

（2）由无实义词缀[ka^{53}]、[ta^{53}]构成的副词中，若该词缀本身的清辅音不浊化，则位于这些词缀的后一音节的清辅音字母也不会浊化；若该词缀本身的清辅音继续浊化，则位于这些词缀的后一音节的清辅音字母也极大可能性地连带产生浊化。

例如：

拼写	词义	读音	备注
ka^{53}tɕhɔ^{22}ka^{53}tɕhuˀ^{44}	错误百出地	kə.tɕhɔ^{22}kə.tɕhuˀ^{44}	[ka^{53}]、[ta^{53}]词缀清辅音本身不发生弱化，其后一个音节也无须浊化
ta^{53}tθi^{55}ta^{53}tɕha^{55}	专门、分别地	tə.tθi^{55}tə.tɕha^{55}	
ma^{53}tã^{22}ta^{53}sha^{53}	过分地	mə.tã^{22}tə.sha^{53}	
ma^{53}tɔ^{22}ta^{53}sha^{53}	意外地	mə.tɔ^{22}tə.sha^{53}	
ka^{53}pe^{22}ka^{53}je^{11}	肮脏地	gə. be^{11}gə.je^{11}	[ka^{53}]、[ta^{53}]词缀清辅

拼写	词义	读音	备注
ka^{53}po^{22}ka^{53}jo^{11}	不加修饰地	gə.bo^{11}gə.jo^{11}	音本身发生弱化，其后一个音节也易产生浊化
ka^{53}pauˀ^{44}ka^{53}pɛˀ^{44}	心烦意乱地	gə.bauˀ^{33}gə.bɛˀ^{33}	
ta^{53}paĩ^{55}ta^{53}sa^{53}	零碎地	də.baĩ^{45}də.za^{42}	
ta^{53}pu^{55}ta^{53}paũ^{55}	统一地	də.bu^{45}də.baũ^{45}	

这些音变现象除了在派生副词中出现外，在其余一些首音节元音弱化为央元音[ə]的名词、动词、数量词中也会发现同样的音变现象，这在上述语流音变中已做讨论，故不再赘述。上述词缀虽然是以个体为单位，但作为构成副词的词缀时它们会有按照一定的语法规律进行多元组合，但基本都遵循上述的音变原则。

另外，缅甸语中还有几类特殊的词需要特别注意。第一类是缅甸语中的外来词；外来词主要是从其他语言中直接音译为缅甸语的词，主要包括英语、汉语、印地语、阿拉伯语、波斯语、泰语、日语、法语、马来语等。外来词中除极少部分会根据上述规则产生音变现象外，大部分均不会产生音变；或者即使产生音变，也只是按照外来词词源国本国的单词发音习惯而造成的译音现象；第二类是缅甸本国国内一部分关于地名等名称的拼写与拼读存在巨大差异，且没有音变规则可循；这类词的拼写与读音之所以不同，其原因是多方面的。历时拼读的演变、从当地少数民族语言中借用、习惯性拼读、地区方言影响等都可能是引起该差异的原因。

四、结语

文中结合语言形态学和缅甸语语音的特点探讨了共时状态下缅甸语音变的类型，主要有两类：一是语流音变，二是语法音变。缅甸语语流音变现象中主要包括但不仅限于弱化、增音、脱落、变异、连诵和变调。其中弱化现象是缅甸语语流音变中最普遍存在的现象，也是最为复杂的音变体系。语法音变中主要包括屈折、派生和重叠等现象。虽然缅甸语没有印欧语言那样丰富的形态变化，但构词中仍存在部分形态的变化，如屈折形态，且屈折形态并非孤立存在，这也是缘于缅甸语复杂的语言系统所决定的。此外，缅甸语语法音变层面中，语音和语义并非单一流向性，而是相互影响。由于缅甸语音变现象的复杂性，语流音变和语法音变在一定程度上也存在相互影响的态势，不能孤立地看待。

参考文献

［1］蔡向阳．缅甸语言问题研究［M］．广州：世界图书出版广东有限公司，2011．

［2］胡明扬．语言学概论［M］．北京：语文出版社，2000．

［3］李谋，姜永仁．缅甸文化综论［M］．北京：北京大学出版社，2002．

［4］胡明扬．语言学概论［M］．北京：语文出版社，2000．

［5］李小军．语法化演变中音变对义变的影响［J］．汉语学报，2014（2）：57．

［6］司富珍．汉语语法管窥［J］．华文教学与研究，2019（1）：16．

［7］汪大年．缅甸语汉语比较研究［M］．北京：北京大学出版社，2012．

［8］汪大年，杨国影．实用缅甸语语法［M］．北京：北京大学出版社，2016．

［9］邢福义，吴振国．语言学概论［M］．武汉：华中师范大学出版社，2002．

［10］叶蜚声，徐通锵．语言学纲要［M］．北京：北京大学出版社，2012．

［11］မောင်ခင်မင်(ဓနုဖြူ)၊ ၂၀၁၆၊ မြန်မာစကားအကြောင်း တစေ့တစောင်း[M]. ရန်ကုန်။ လင်းလွန်းခင်စာပေတိုက်။

认同视域下尼泊尔语言政策演变研究

国防科技大学外国语学院 孙瑜泽 何语涵

【摘　要】语言政策的演变受多种因素的共同影响，在认同视域下，多民族国家民族认同与国家认同的关系建构往往是语言政策变迁的深层原因。近代尼泊尔统一以来，其语言政策便根据民族认同与国家认同的关系建构而不断调整，主要经历三个阶段：拉纳家族时期，专制统治推动国家认同初步形成，语言政策得以初步制定；无党派评议会时期，尼泊尔王室为重建权威并维护国家主权独立，极力推动国家认同与民族认同的同质关系建构，因此推行具有“求同性”和“排他性”的单语政策；多党议会民主制重建以来，被压制的各民族意识集中爆发，推动了国家认同与民族认同的多元关系建构，基于母语的多语教育政策的实施与语言委员会的组建使各民族语言权利有所扩大。但认同视域下尼泊尔语言政策的制定和实施仍存在一些问题：一是政府确立官方语言时单语思维依然存在；二是强势语言的优势地位仍存，弱势民族的语言权利改善程度有限；三是多语政策下部分强势民族的国家认同让位于身份认同，影响了国家认同的塑造。因此推动多元一体的国族整合仍需语言政策的不断调整和完善。

【关键词】尼泊尔；语言政策；国家认同；民族认同

“认同”是社会学领域的重要概念，人的群体性特征决定着社会将由一个个集合所组成，这些集合相互交织而非相互孤立，使得每个个体同时也是不同身份的集合体，他们携带着某个国家、民族、语言或某种宗教的特性。这些特性作为原生或建构的客观存在之物，在平常生活中可能并不起眼，也往往不会同时得到强调，但与内外因素所催生的群体意识相结合，则会使个体对群体形成强烈的归属感和赞同感，即群体认同。[①]在现代多民族国家治理过程中，民族认同和国家认同成为统治阶级十分关注的两种群体认同。前者指“民族成员在民族互动和民族交往过程中，基于对自己民族身份的反思而形成的对自民族和他民族的信念、态度、归属感和行

① 在社会学领域，认同（identity）主要描述一种特殊的集体现象，包含群体特性和群体意识两个层面。参见钱雪梅．从认同的基本特性看族群认同与国家认同的关系［J］．民族研究，2006（6）：17．

为卷入，以及其对民族文化、民族语言和民族历史等的认同”[①]。后者则指“人们确认自己归属于哪个国家以及这个国家究竟是怎样的一个国家的心理过程”[②]。然而正如每个群体特性不会被同时强调一样，各种认同的优先性和重要性是随时间和情况而不断变化的，民族认同与国家认同作为一对天然的矛盾统一体[③]，两者的关系建构一直是当今多民族国家治理过程中的棘手难题。理论上说，两者关系建构分为三类，即同质关系建构、多元关系建构和和谐关系建构。其本质上是处理“一”与“多”的关系问题，过分强调“一”，民族多样性就可能在民族同化、国族建构过程中被抹杀，甚至产生民族屠杀或种族灭绝；过分强调“多”，民族之间的矛盾则失去了调节机制，“多元文化主义”滑向“相对文化主义”[④]，甚至导致国家解体。因此，秉持多元一体和求同存异的理念是通往国家认同和民族认同和谐关系建构的关键。

在这条和谐关系建构之路上，语言和语言政策发挥着举足轻重的作用。语言被认为是十分重要甚至是最重要的一种民族特性，与民族的历史认同、文化认同和社会认同建构息息相关。[⑤]语言既可以作为国族整合、民族同化的利器，又可以作为语言民族主义者发动语言运动、谋求自治的文化旗帜，抑或是狭隘民族主义者实施排斥政策的工具。可以说，语言是调节、影响民族与民族之间、民族与国家之间关系的重要因素之一，而语言政策则成为影响上述关系走向的指导方针。

尼泊尔是一个多民族、多语言国家，2021 年人口普查报告显示其国内存在 142 个民族/种姓群体（包括 59 种原住民或土著“adibasi/janajati”）以及 124 种语言[⑥]，毋庸置疑是“一座巨大的文化宝库”。这样一座文化宝库从过去无序的“大杂烩体系”逐渐演变并稳定下来，得益于尼泊尔在处理国家认同与民族认同关系方面所做出的努力，其中语言政策便起到了重要作用。1769 年普里特维·纳拉扬·沙阿统

① 万明刚．多元文化视野价值观与民族认同研究［M］．北京：民族出版社，2006：4．

② 韦诗业．民族认同与国家认同的和谐关系建构研究［M］．北京：中央编译出版社，2017：78．

③ 韦诗业．民族认同与国家认同的和谐关系建构研究［M］．北京：中央编译出版社，2017：62．

④ 弗朗西斯·福山．身份政治：对尊严与认同的渴求［M］．刘芳，译．北京：中译出版社，2021：xiii．

⑤ 王锋．论语言在族群认同中的地位和表现形式［J］．云南师范大学学报（哲学社会科学版），2021（4）：73—76．

⑥ Nepal Central Bureau of Statistics. National Population and Housing Census 2021 National Report on caste/ethnicity, language & Religion [R]. Kathmandu: Nepal Central Bureau of Statistics, 2021: 31-32.“adibasi/janajati”一词的具体定义指“有自己母语和传统文化的群体，但不属于传统上印度教瓦尔纳四种姓或种姓等级结构”。

一加德满都谷地后，开始推行不成文的单一语言政策[①]，之后经过不断调整和改革，语言政策逐步得到改善。目前，国内学者对尼泊尔的语言生态、语言政策和语言问题等有一定研究，但对语言政策演变的深层原因研究较浅，本文旨在从“认同”这一社会学概念出发，从民族认同和国家认同关系建构的视角更为深刻地分析尼泊尔语言政策的特点和演变逻辑。总体上，认同视域下尼泊尔语言政策的演变可分为三个阶段：一是拉纳家族时期，为维持政府的基本运行并稳固其统治，拉纳家族开始确立尼泊尔语的地位以推动国家认同的初步建构；二是 1951 年国王恢复权力后的三十年统治时期，此时期国家认同至上，单一语言政策得到推行；三是 1990 年多党议会民主制重建之后，尼泊尔走上一条民族认同-国家认同多元关系建构之路，多语政策得以推行。

一、国家认同的初步建构：拉纳家族时期的语言政策

1816 年，随着尼泊尔在尼英战争中战败和《萨高利条约》的签订，尼泊尔的领土边界总体上被固定下来。这意味着边界线内的民众已同属于一个整体，他们的心中开始产生对国家的认同感和归属感。然而在当时，“家庭、部落、村庄，以至于种姓和民族都要比国家认同更为重要”，因此需要统治精英来推动国家认同建构。在此之前，沙阿王朝统治者们已注意到语言在维护统治地位、提升国家认同方面的重要性，但并没有制定成文的语言政策。1846 年拉纳家族建立独裁统治后，语言政策才逐步制定出来，其中对尼泊尔语和英语的相关规划构成了该时期语言政策的主要内容。

在这一时期，“尼泊尔语”得以定名，这反映出拉纳家族对国家认同的最初推动。在此之前，由于沙阿王朝统治者大都来自廓尔喀，因此其语言也被称为廓尔喀语（Gorkhali）。[②]然而，彼时的加德满都谷地第一大语言是尼瓦尔语（Newari），而这一语言的另一名称为“Nepalbhasha”，翻译过来即为“尼泊尔语”。1820 年英国人艾顿出版了《尼泊尔语语法》一书，首次将“廓尔喀语”称为“尼泊尔语”，以符合他们对这一国家的称呼。随着这一名称的推广，拉纳家族最终决定将“廓尔喀语”正式更名为“尼泊尔语”，将廓尔喀政府更名为尼泊尔政府。[③]

尼泊尔语作为统治阶层通行的语言，是充当官方语言并推动国家认同的理想选项。尼泊尔统一之前的五百至七百年间，这片土地上大大小小王国国王的书信往来以及条约协定的签署都离不开尼泊尔语。沙阿大君在征战“二十二国”“二十四

① डा. शैलजा पोखरेल. नेपाली भाषाको सामाजिक इतिहास [M]. ललितपुर: कमलमणि प्रकाशन, 2017：24.

② 普里特维·纳拉扬·沙阿统一尼泊尔之前，尼泊尔语曾有多种名称，如“山地语”（Parbattia 或 Paharia）、卡斯库拉语（Khas kura）、廓尔喀语（Gorkhali）等。

③ David N Gellner. Language, caste, religion and territory: Newar identity ancient and mordern [J]. European Journal of Sociology, 1986 (27): 124.

国”时，与各个王国的交际语言也为尼泊尔语。[①]拉纳家族时期，忠格·巴哈杜尔·拉纳首相于 1854 年在一则布告中宣布，政府办公中除了尼泊尔语不得使用其他任何语言。1905 年，昌德拉·沙姆谢尔·拉纳首相规定尼泊尔语为司法和行政官方用语，且只有尼泊尔语撰写的文件才是法庭可以信赖的合法文件。[②]1948 年临时宪法也规定“立法过程中所有程序均以尼泊尔语进行”。可见尼泊尔语在行政、立法和司法中均拥有其他语言无可比拟的地位。

在尼泊尔语教育规划中，拉纳家族在 1934 年将尼泊尔语作为教育机构的官方语言，促进了尼泊尔语公立学校的开设。除尼泊尔语外，英语作为教学语言也被拉纳家族和部分高种姓群体所推崇。1854 年忠格·巴哈杜尔在尼泊尔开设的第一所学校杜巴中学即为一所英式学校，直至拉纳统治末期，尼泊尔又先后建立 13 所学校以供贵族学习英语。这在一定程度上有利于他们与英印政府开展交流谈判与贸易通商，并维护国家领土完整和主权独立。20 世纪 40 年代，随着印度民族解放运动愈加高涨，英国殖民主义势力逐步退出南亚次大陆，尼泊尔一些政党组织在印度的活动愈加频繁。为维护新形势下的统治，拉纳政府开始主动向印度学习，改革教育体系。他们认同圣雄甘地的教育理念，效仿甘地提出的“基础教育体系”（Basic Education System），并期待与印度的合作。

拉纳家族时期的国家认同的初步建构，得益于尼泊尔语影响力的扩大以及其他语言在政府办公和公共教育中的边缘化。此外，部分精英阶层和知识分子不满拉纳家族的统治，企图推翻拉纳政权并建立现代意义的民族国家，他们在大吉岭和贝拿勒斯等地积极行动，自发地通过尼泊尔语进行创作，也为构建民族历史叙事和国家认同做出了巨大贡献。[③]

二、民族认同–国家认同同质关系建构：单语政策的实施

民族认同与国家认同的同质关系建构，即“把国家内部的各民族认同与国家认同看作非此即彼、不能共存的事物，因而主张通过民族政策消除国家内部民族差异性或异质性要素，借此打造‘一国一族’式的单一‘民族国家’”[④]。1951 年大权旁

---

① Prasai, Dirgha Raj. History of Nepali Language And Its Importance [EB/OL]. (2018-05-29) [2022-10-09]. https://www.educatenepal.com/article_archive/display/history-of-nepali-language-and-its-importance.

② Onia Eagle. The Language Situation in Nepal [J]. Journal of Multilingual and Multicultural Development, 2010: 278-279.

③ Onta P. Creating a Brave Nation in British Inida: The Rhetoric of Jati Improvement, Rediscovery of Bhanubhakta and the Writing of Bir History [J]. Studies in Nepali History and Society, 1996, 1 (1): 39-40.

④ 韦诗业. 民族认同与国家认同的和谐关系建构研究［M］. 北京：中央编译出版社，2017：100.

落逾百年的尼泊尔国王重新掌权以后，民族认同与国家认同的同质关系建构便成为极力推动的对象。同质关系建构一方面强调归属和共同性，另一方面强调排斥和差异性，因此在这一阶段尼泊尔所推行的单语政策，也包含“求同性”与“排他性”两大特征。这具体表现为对尼泊尔语的推崇和对其他民族语言和外来语言不同程度的打压，以加强尼泊尔人的共性和整体意识。

（一）单语政策的“求同性”

尼泊尔语言政策中所体现的“求同性”体现在对尼泊尔语的推崇上，其旨在将以尼泊尔语为母语的婆罗门-刹帝利等印度教高种姓的族群文化认同上升为国家文化认同，在巩固自身统治地位的同时解决多民族国家的国家认同缺乏的问题。具体表现为对尼泊尔语的地位规划、本体规划和习得规划。三者相辅相成，缺一不可。

一是尼泊尔语的地位规划。1951 年至 1990 年无党派评议会制度结束前，尼泊尔共颁布三部宪法（包括临时宪法）。1951 年临时宪法没有规定尼泊尔语的相关地位，而 1959 年宪法则正式规定以天城体书写的尼泊尔语为尼泊尔国语[①]，1962 年宪法则在此基础上规定外国人获得尼泊尔公民身份的条件之一是会读写尼泊尔语。该宪法的实施标志着尼泊尔独特的国家建设拉开帷幕，意在通过君主制、印度教和尼泊尔语“三大支柱”构建真正的尼泊尔国家认同[②]，并提出“我们的国王，我们的国家，一种语言，一种服饰”的口号。这表明尼泊尔语成为塑造国民特性的关键一环，并为政府大力推广尼泊尔语奠定了合法性基础。

二是尼泊尔语的本体规划。关于尼泊尔语的规范化和标准化进程早在拉纳时期就已经展开，1901 年德瓦·沙姆谢尔发行的《廓尔喀报》被认为是尼泊尔语走向现代化的标志，但此时期尼泊尔语本体规划的主要力量仍集中于民间层面。1951 年后官方力量更为积极主动，尼泊尔共同出版社、尼泊尔皇家学院、尼泊尔特里普文大学、教材发展中心等为尼泊尔语规范化做出了突出贡献。如编纂出版《尼泊尔语大词典》，发布《基础尼泊尔语教学指南》，制定标准尼泊尔语教材等。尼泊尔语同源词、梵语同形词和外来词的书写细则等也在这一时期进行了规定。尼泊尔语的本体规划不仅促进了各民族之间的交流沟通，也推动了尼泊尔语各方言向标准化靠拢，交流障碍的减少打破了各民族、各区域之间的隔阂，促进了国家认同意识的培养。

三是尼泊尔语的习得规划。语言习得规划有效促进地位规划、本体规划转化为

---

① 原文为“national language”，可翻译为“国语”或“民族语言”，但由于该宪法没有对其他少数民族语言地位进行界定，意在凸显尼泊尔语地位，故翻译为“国语”。

② Pramod K Sah. Simultaneous Identities: Language, education and the Nepali nation [G]// Uma Pradhan. Language, Education and State-making in Nepal. Cambridge: Cambridge University Press, 2020: 36.

形成国家文化软实力和推动民族整合、国族构建的实际力量。1956 年尼泊尔国家教育计划委员会（The Nepal National Education Planning Commission, NNEPC）就尼泊尔教育作出的报告为之后的尼泊尔语教学定了基调。报告虽承认其他民族语言的重要性，认为应为这些语言的教学留有余地，但总体上仍强调尼泊尔语教学的重要性，指出："初等、中等和高等教育机构的教学语言应为国语（尼泊尔语）……国语可以带来各阶层人民之间的平等，可以成为尼泊尔国民性的支柱。"[①] 1969 年，政府便在此背景下开始制定语言规划政策，旨在使尼泊尔语成为小学和高中的教学语言。[②] 1971 年尼泊尔国家教育系统规划（1971—1976）发布，强调了民族语言的保护、发展和推广对忠于国家、君主制以及民族独立的重要性，尼泊尔语因此也在各年级教学中占据了较大比例：

表 1　各年级尼泊尔语学分与学时比例[③]

年级		学时比例（%）	学分
1—3 年级	初级小学	40	300
4—5 年级	高级小学	30	200
6—7 年级	初级中学	25	170
8—10 年级	普通高中	12	100
	职业高中	12	100
	梵语高中	10	100

除去梵语高中，尼泊尔语教学在 1—10 年级的教学中都占据着最大的学时比例和学时数，而在初等教育中，尼泊尔语同时也是其他课程的教学用语。到高等教育中才设立英语和少数其他民族语言的课程，英语成为部分课程的教学用语。然而，在 70 年代末，该规划因资金不足、考试作弊、教职人员玩忽职守等问题以失败告终。在 80 年代初尼泊尔掀起的反无党派评议会制度的狂潮下，尼泊尔高度中心化的语言政策也饱受争议。但不可否认的是，尼泊尔语的普及使得用尼泊尔语进行写作与交流的人数越来越多，单语政策的推广也对增强尼泊尔民众的国家认同意识起到积极作用。

① Members of The Commission. Education in Nepal-Report of The Nepal National Education Planning Commission [M]. The Bureau of Publications College of Education, 1956: 53.

② Onia Eagle. The Language Situation in Nepal [J]. Journal of Multilingual and Multicultural Development, 2010: 288.

③ Ministry of Education, His Majesty's Government of Nepal 1971. The National Education System Plan for 1971-76 [M]. 1971: 38-43.

（二）单语政策的“排他性”

民族认同与国家认同都是借助“他者”的比较而形成的，其生成机制中蕴含着“排他性”这一消极因素。单语政策是国族建构的有力武器，也是统治阶层为维护自身族群利益对其他族群施加的权益限制和发展束缚。因此，在尼泊尔印度教高种姓群体将自身群体语言认同上升为国家语言认同过程中，既包括对“他国”，也包括对“他族”的语言排斥。

尼泊尔与印度厚重的亲缘关系、悬殊的实力差距和 1950 年尼印《和平友好条约》的签订等因素促成了尼印特殊关系的形成，尼泊尔为维护国家主权和独立试图弱化尼印过于亲近的关系，其采取的措施之一就是在认知和实践层面减少尼泊尔民众与印地语的接触，以划出一条与尼印地理边界重叠的文化边界。在认知上，国家教育规划委员会一方面承认尼泊尔语和印地语的亲缘关系，另一方面又表示尼泊尔没有真正讲印地语的人。在 1971 年前的三次人口普查中，国家通过区分语言归类标准以最大限度弱化梅提利语、博杰普里语和阿瓦提语等语言与印地语的亲缘关系，使得数据所显示的印地语使用人数大幅度减少，在一定程度上强化了马德西人对本族群和国家的认同。在实践层面，教育部根据国家教育计划委员会的报告，命令“所有学校使用尼泊尔语作为教学语言”，无疑包括了对印地语的排挤。1962 年无党派评议会制度实施以后，政府电台停止了印地语的广播，印地语也不再作为大学的考试用语。

尼泊尔语地位的抬升和教育的普及也在很大程度上挤压了其他民族语言族群的生存发展空间，这些族群在小学时段丧失了大量巩固母语的机会，反而需要直接接触较为陌生的尼泊尔语。与此同时，国家规定的课程和考试制度也对母语为尼泊尔语者更为有利，而忽略了其他民族的文化、经历和需求，导致小学、中学和大学各个教育阶段非尼泊尔语使用群体的辍学率较高。研究显示，1973 年至 1979 年接受初等教育的学生中，只有 30% 完成了小学阶段。至少一半的学生在一年级便离开了学校。1981 年，只有 6.8% 的中学生顺利拿到了中学毕业证书。在大学阶段，尽管毕业生数量从 1971 年的 1 万人显著增加到 1981 年的 3 万余人，但仍只占 230 万在校学生的一小部分。高辍学率进而限制了这一群体的发展潜力，使他们始终处于社会经济地位的底层，在国家政治生活中的参与比例、发言权和决定权也受到限制。结果是他们需要在坚持本族群认同和放弃原有认同以求得发展利益之间做出选择。

综上，由于以国王为中心的高种姓精英群体极力推动国族建构，此阶段的各民族认同总体上让位于国家认同。各族群对尼泊尔语的认同和掌握有所提升，在 1981 年前的四次人口普查中，语言数量从 44 种降低至 18 种，以尼泊尔语为母语的人口占比从 48.7% 提升至 58.36%。[①]语言数量的减少并不意味着语言的消亡，而更可能是自身民族认同被国家认同所取代，这一点可被 1991 年后语言数量的逐步上升所印证。

三、民族认同-国家认同多元关系建构：多语政策的推行及其成效

多元关系建构取向认为："各民族认同和国家认同可以长期多元共存，通过承认、鼓励各民族保持和彰显自身民族特色和民族认同的方式，来获取各民族对国家的真心认同，藉此维护民族认同与国家认同的耦合与同构。"[②]20 世纪 90 年代初，尼泊尔大会党联合左翼政党联盟共同发起"人民运动"，使得无党派评议会制度被废止，多党议会民主制得以重建。此后，受到长期压制的各民族在更为宽松的政治环境中将身份政治运动推向高潮。各政党精英为缓和族群矛盾，同时扩大群众基础和选举优势，开始推动民族认同与国家认同的多元关系建构，多语政策也应运而生。而自 1990 年至今，多语政策也随着民族认同-国家认同关系的调整而调整。总体上可分为两个阶段：第一阶段是 1990 年至 2007 年临时宪法颁布之前，多语政策在民族认同初步觉醒的背景下得以出台并实施；第二阶段为 2007 年临时宪法颁布至今，此阶段的民族认同进一步强化，推动多语政策进一步完善，各民族语言权利实现法理平等。尼泊尔语言委员会的成立则标志着语言权利保障机制的落地。

（一）民族认同的初步觉醒：1990 年多语政策的实施

尽管在无党派评议会时期，民族认同总体上让位于国家认同。但 20 世纪 80 年代前后，由于政治活动限制的放宽，以及政府希望获得少数民族对无党派评议会制度的支持，各民族认同意识已初步觉醒。尼瓦尔、塔卡利、拉伊、林布、马嘉、塔芒、古隆、塔鲁等民族群体纷纷成立政党、论坛、委员会等各种组织[③]，并于 1985 年共同组建尼泊尔母语保护协会，旨在促使政府同意在上述民族聚居区的学校中，

---

① Nepal Central Bureau of Statistics. Population Monograph of Nepal 2014 (Volume Ⅱ) (Social Demography) [R]. Kathmandu: Nepal Central Bureau of Statistics, 2014: 53.

② 韦诗业．民族认同与国家认同的和谐关系建构研究［M］．北京：中央编译出版社，2017：112．

③ 如 1979 年组建的尼瓦尔组织"Nepal Bhasha Manka Kala"，1982 年组建的马嘉和塔卡利组织"Nepal Magar Langali Sangh"与"Thakali Sewa Samiti"，以及 1986 年组建的"尼泊尔全民族权利论坛"等。William F. Fisher. Nationalism and the Janajati [EB/OL]. (1993-05-01). https://www.himalmag.com/nationalism-and-the-janajati/.

使用民族语言进行教学。[①]而马德西人组建的“尼泊尔亲善委员会”以及后续的亲善党，则主张将印地语作为民族语言列入宪法。

多党议会民主制在政党运动和民族运动的共同推动下得以重建，因此 1990 年宪法对各民族利益进行了考量，标志着多元文化主义和多语政策的推行。宪法规定以梵文天城体书写的尼泊尔语为尼泊尔的国语（language of the nation）和官方语言（official language），其他语言为民族语言（national language）。宪法第十八条还指出，尼泊尔所有群体都有权保护和促进其语言、文字和文化，各族群拥有通过母语获得小学教育的权利。相较于 1962 年宪法只字未提其他民族语言的地位，1990 年宪法开始承认并尊重各个民族之间的差异以及保持这些差异的权利。在实践上，印度教高种姓精英群体也为维护国家统一，对其他族群利益进行了让步。1993 年，尼政府成立国家语言建议委员会以制定少数族群语言政策，旨在促进民族语言在初等教育、传播媒介和地方行政中的使用。随后，14 种民族语言的教材被制定和投入教学。塔芒、塔鲁、拉伊-班塔瓦、林布、马嘉、古隆、博杰普里和阿瓦提语等 18 种民族语言被引入尼泊尔广播电台进行新闻播报。1999 年《地方自治法》则授予地方行政机构保留和推广地方语言的权利。2002 年，根据国家教育高级委员会的建议，1971 年《教育法》得到修订，以确保各民族语言的基础教育。2003 年，原住民和语言少数群体通过母语获得优质基础教育的权利被列为全民教育计划的第七项目标。[②]

尽管如此，1990 年宪法对于尼泊尔语和其他民族语言微妙的定位差异一定程度上表明后者仍没有获得同等的地位和足够的重视。事实上，在宪法起草过程中，委员会和临时政府就以威胁国家统一为由驳回过其他民族关于语言和宗教的相关诉求，统治阶层在进行语言政策改革时仍然有所保留。[③]在实践过程中，统治精英对其他族群的疑惧歧视心理、经济发展对民族文化事业需求的滞后、资源的缺乏、不公的社会分配等主客观因素无法满足多元文化主义理念的需求。初等教育中仍存在民族语言教师资源匮乏、教材内容与有关民族的文化、习俗和观念不相适配等问题。新闻播报仍以尼泊尔语为主，而其他民族语言播报时间则十分有限。在《地方自治法》颁布以后，最高法院却在同年宣布地方行政机构使用其他民族语言的决定违宪，使得政府与其他民族群体之间产生极大的信任危机。

---

① 约翰·菲尔普顿．尼泊尔史［M］．扬恪，译．上海：东方出版中心，2016：206—207．

② Rai I M. Multilingual education in Nepal: Policies and practices [J]. Siksa Biannual Educational Journal, 2018, 2 (47): 131-143.

③ 马丁·霍夫顿（Martin Hoftun）1991 年 1 月 24 日在东方和非洲研究院的一次演讲中评论道，“大会党和左翼政党的婆罗门和切特里渴望民主，但仅限于他们领导下的精英政治统治”。Michael Hutt. Drafting the Nepal Constitution, 1990 [J]. Asian Survey, 1991 (31): 1028.

（二）民族认同的强化：语言权利的扩大与保障机制的建立

政治制度在短时间内开放使得长期受到压制的民族认同触底反弹，但长期占据主导地位的精英群体仍无法消除排外心理。相对进步的政策理念与落后的经济发展水平之间的矛盾也加剧了民主制重建初期的民族对立，十年内战、贾南德拉国王复辟等事件则将各民族认同意识推向高潮。例如上述《地方自治法》违宪一事，便指加德满都市将尼瓦尔语作为政府办公语言被判违宪。这一决定激起了尼瓦尔族的强烈抗议，他们建立起谷地尼瓦尔语斗争委员会，并开展静坐、街头示威游行等，却最终被警察镇压并拘留。此外，林布族对统治阶层的不满，以及其在文化和语言上的相对同质性，使得这一群体的民族认同意识十分强烈，他们建立起联邦林布万邦委员会（The Federal Limbuwan State Council），以寻求在尼泊尔东部获得自治地位。对于塔鲁族而言，尽管其内部的文化和语言异质性较大，但通过主张同一种语言以建构民族认同也是他们的目标之一。同时，塔鲁族也在此期间建立起联邦塔鲁哈特邦委员会（The Federal Tharuhat State Council），同样在尼泊尔境内寻求自治。此外，马德西族群也在推动印地语成为官方认可的民族语言，加剧了山区高种姓群体与特莱地区之间的族群对立。

在此背景下，大会党和尼共（联合马列）与尼共（毛主义）达成共识，为各族群权利做出进一步让步。在语言政策方面，2007 年临时宪法规定所有语言均为国语（language of the nation），虽然以天城体字母书写的尼泊尔语仍为官方语言，但地方机构和办事处使用其他民族语言也受到宪法许可。同时，宪法也强调通过包容、民主和渐进式改革消除对土著民族、马德西人等群体的语言歧视，标志着包括尼泊尔语在内的所有民族语言最终获得了法理上的平等地位。此外，宪法明确了每个群体都有依法享有接受母语讲授课程的基础教育权利，这一条款推动了基于母语的多语教育（Mother-tongue based on Multi-Lingual Education，简称 MT-MLE）政策的落地，MT-MLE 旨在保障各个民族在初级阶段（1—3 年级）接受母语教学的基础教育权利，并在 4—5 年级逐步过渡到尼泊尔语教学，在 6—8 年级则采用全尼泊尔语教学。①这一方面将缓和政府与族群激进分子的紧张关系，同时也可提高学生的学习意愿和升学率，他们能够更加顺利地向尼泊尔语教学阶段过渡，这从长远来看也有利于少数语言群体的国家认同意识塑造。

2015 年宪法的语言政策是在 2007 年总体框架下制定的，并在语言权利的保障落实上更近了一步。该部宪法是在联邦制的总体框架下制定实施的，而族群分布情况是联邦划分的重要依据，因此新的语言政策在确保尼泊尔语主导地位的前提下考虑了主要族群语言的分布情况。其表示除尼泊尔语外，各省应根据省法律规定，选

① Ministry of Education. School sector reform plan 2009-2015 [M]. Kathmandu: Author, 2009.

择省内多数人民所使用的一种或多种语言作为该省的官方事务语言。同时，政府应在宪法生效一年内设立语言委员会，并在各省成立语言委员会的分支机构。语言委员会的权利和义务包括：（1）就官方语言地位的获取标准向尼泊尔政府提出建议；（2）就保护、促进和发展语言将采取的措施向尼泊尔政府提出建议；（3）衡量各民族语言发展的标准，并就其在教育中的应用潜力向尼泊尔政府提出建议；（4）开展语言的调查研究和监测工作。语言委员会自 2016 年成立以来，每年均会向政府提交官方年度报告，以对往年政策建议实施情况进行梳理和评析，并针对不足之处对来年政策落实提供建议，一定程度上完善了语言权利的落实机制。

（三）多语政策的成效与不足

2022 年 9 月，尼泊尔语言委员会向总统提交最新一期年度报告，据此可对目前语言政策的落实成效进行探析，并管窥民族认同–国家认同多元关系建构成效。

首先，多语政策虽在省政府办公中得到部分落实，但仍存在诸多问题。目前，语言委员会已根据各省语言使用人口占比等①，就省政府办公语言向政府提供了相关建议。②其中，部分建议已得到推进，如法案起草工作组已向柯西省政府提交了将林布语和梅提利语作为官方语言的报告。巴格马提省政府已决定将塔芒语和尼瓦尔语作为该省第一阶段的官方语言等。然而总体上说，国家治理体系仍由单一语言思维驱动。多语政策在办公记录、政府机构命名、政府公告传达等方面体现不足。此外，委员会指出，英语不能和尼泊尔语以及省政府决定的办公语言拥有同等地位。然而实际情况是英语的使用在扩大，如在通信和报道中尼英混杂的现象更为普遍，政府公告中英语的使用也越来越多。

其次是母语教育政策的成效与不足。目前，语言委员会已对 24 种语言的教学可行性进行了研究，且有 22 种语言编写的教学材料已得到开发。但母语教育在推

---

① 尼泊尔各省的三种主要语言如下：第一省：尼泊尔语（43.07%）、梅提利语（11.19%）、林布语（7.31%）；马德西省：梅提利语（45.30%）、博杰普里语（18.58%）、巴吉卡语（14.65%）；巴格马提省：尼泊尔语（57.42%）、塔芒语（18.32%）、尼瓦尔语（12.30%）；甘达基省：尼泊尔语（67.88%）、马嘉语（9.03%）、古隆语（7.85%）；蓝毗尼省：尼泊尔语（54.70%）、塔鲁语（13.15%）、阿瓦提语（11.52%）；卡尔纳利省：尼泊尔语（95.14%）、马嘉语（2.26%）；远西省：多特利语（30.45%）、尼泊尔语（30.18%）、塔鲁语（17.01%）。

② 各省办公语言建议如下：第一省：梅提利语、林布语；马德西省：梅提利语、博杰普里语、巴吉卡语；巴格马提省：塔芒语、尼瓦尔语；甘达基省：马嘉语、古隆语、博杰普里语；蓝毗尼省：塔鲁语、阿瓦提语；卡尔纳利省：马嘉语；远西省：多特利语、塔鲁语。参见：बहुभाषिक सिक्षा तथा संचार प्रालि. भाषा आयोगले सिफारिस गर्‍यो १५ भाषासहित थप २६ भाषालाई प्रदेश सरकारी कामकाजको भाषा [EB/OL]. (2021-09-06) [2022-10-09]. https:// mlenepal.com/2021/09/06/2380/.

动建构民族认同意识上仍面临挑战。政府囿于教育资源和资金预算的缺乏，所推行的民族认同-国家认同多元关系建构并没有对语言的强弱双方施加有力的影响，各民族接受母语教育的平等权利在相当程度上依旧浮于表面。在经济全球化的时代背景以及现代化的发展需求下，教育环境依然隐含着强势语言的优势地位和文化霸权，如许多民族群体将英语教育作为优质教育的前提，主动放弃对自身的母语认同，以寻求经济利益和社会地位的提升。这也将增加濒危语言的保护难度。此外，各民族语言的教科书也多来自尼语教科书的直接翻译，学习者难以从缺少本民族文化传统的教科书中建构起对本民族的身份认同。

最后，民族认同-国家认同多元关系建构虽旨在创造一个包容平等的多民族国家，但也很可能加剧民族对立。在此过程中，语言特性一方面是各民族开展权利运动的动员基础，另一方面是强化民族认同的重要目标。如印地语作为马德西人的沟通语言，是马德西人开展族群身份运动的动员基础。同时，使印地语成为官方语言一直是马德西人的重要目标之一，尼泊尔联邦首任副总统采用印地语宣誓就职以及三次马德西运动均与此相关。而马德西人的这一目标至今仍未实现，意味着印地语问题仍将是引发族群对立的潜在导火索之一。此外，多语政策的落实在满足各民族语言权利的同时，可能将过度强化各民族认同意识，尤其是诸如塔鲁族、尼瓦尔族和林布族等人口比例较大、利益诉求多元、动员能力较强的民族的认同意识，从而影响国家认同的塑造。因此，如何实现多元一体的国族整合仍是尼政府需解决的难题。

四、结语

本文从民族认同与国家认同关系建构的视角对尼泊尔各时期语言政策的内容特征和演变逻辑进行了探析。总的来说，民族认同-国家认同关系建构是语言政策演变的深层原因，但语言政策也反作用于前者，使得两者处于相互影响、动态演进的过程。拉纳家族基于独裁统治需要，在政府办公和公共教育等方面制定语言政策，旨在推动国家认同的初步建构，维护政府的基本运行。拉纳家族倒台后，国王为恢复与巩固王权，同时维护国家主权独立，推动了民族认同-国家认同同质关系建构，并推行相匹配的单语政策。随着尼泊尔各民族认同意识的觉醒，国家开始推行民族认同-国家认同多元关系建构，并实施相应的多语政策。此后，多语政策在与民族认同的互动中不断改进，使得各民族的语言权利有所改善。目前，尼泊尔多语政策的实施取得一定进展，但仍存在一些问题：一是政府官方语言的确定在相当程度上仍受单语思维的驱动；二是强势语言（尼泊尔语、英语）的优势地位仍存，弱势民族的语言权利改善程度有限；三是多语政策的推进可能强化部分民族（马德西人、尼瓦尔人、林布人等）的身份认同，从而阻碍国家认同的塑造。如何在维护多民族国家统一性与多样性的有机统一的基础上，推动国家认同与民族认同和谐关系建构和语言政策的改革和落地，仍需尼泊尔政府多方面的努力。

参考文献

［1］弗朗西斯·福山．身份政治：对尊严与认同的渴求［M］．刘芳，译．北京：中译出版社，2021．

［2］何朝荣．尼泊尔语言政策的演变及语言问题［G］// 东方语言文化论丛（第34卷）．北京：军事谊文出版社，2015．

［3］钱雪梅．从认同的基本特性看族群认同与国家认同的关系［J］．民族研究，2006（6）．

［4］唐书明．认同理论演变中的民族认同［J］．思想战线，2008（2）．

［5］王锋．论语言在族群认同中的地位和表现形式［J］．云南师范大学学报（哲学社会科学版），2021（4）．

［6］韦诗业．民族认同与国家认同的和谐关系建构研究［M］．北京：中央编译出版社，2017．

［7］约翰·菲尔普顿．尼泊尔史［M］．扬恪，译．上海：东方出版中心，2016．

［8］David N Gellner. Language, caste, religion and territory: Newar identity ancient and mordern [J]. European Journal of Sociology, 1986 (27).

［9］Gopi Nath Sharma. The Impact of Education During the Rana Period in Nepal [J]. HIMALAYA, the Journal of the Association for Nepal and Himalayan Studies, 1990 (10).

［10］Mahendra Lawati, Susan Hangen. Nationalism and Ethnic Conflict in Nepal: Identities and Mobilization after 1990 [M]. Simultaneously published in the USA and Canada, 2013.

［11］Members of The Commission. Education in Nepal-Report of The Nepal National Education Planning Commission [M]. The Bureau of Publications College of Education, 1956.

［12］Michael Hutt. Drafting the Nepal Constitution, 1990 [J]. Asian Survey, 1991 (31).

［13］Ministry of Education, His Majesty's Government of Nepal 1971. The National Education System Plan for 1971-76 [M]. 1971.

［14］Ministry of Education. School sector reform plan 2009-2015 [M]. Kathmandu: Author, 2009.

［15］Nepal Central Bureau of Statistics. National Population and Housing Census 2021 National Report on caste/ethnicity, language & Religion [R]. Kathmandu: Nepal

Central Bureau of Statistics, 2021.

[16] Nepal Central Bureau of Statistics. Population Monograph of Nepal 2014 (Volume Ⅱ) (Social Demography) [R]. Kathmandu: Nepal Central Bureau of Statistics, 2014.

[17] Onia Eagle. The Language Situation in Nepal [J]. Journal of Multilingual and Multicultural Development, 2010.

[18] Onta P. Creating a Brave Nation in British Inida: The Rhetoric of Jati Improvement, Rediscovery of Bhanubhakta and the Writing of Bir History [J]. Studies in Nepali History and Society, 1996, 1 (1).

[19] Pramod K Sah. Simultaneous Identities: Language, education and the Nepali nation [C]// Uma Pradhan. Language, Education and State-making in Nepal. Cambridge: Cambridge University Press, 2020.

[20] Prasai, Dirgha Raj. History of Nepali Language And Its Importance [EB/OL]. (2018-05-29) [2022-10-09]. https://www.educatenepal.com/article_archive/display/history-of-nepa li-language-and-its-importance.

[21] Rai I M. Multilingual education in Nepal: Policies and practices [J]. Siksa Biannual Educational Journal, 2018, 2 (47).

[22] William F Fisher. Nationalism and the Janajati [EB/OL]. (1993-05-01) [2022-10-09]. https://www.himalmag.com/nationalism-and-the-janajati/.

[23] डा. शैलजा पोखरेल. नेपाली भाषाको सामाजिक इतिहास [M]. ललितपुरः कमलमणि प्रकाशन, 2017.

[24] बहुभाषिक सिक्षा तथा संचार प्रालि. भाषा आयोगले सिफारिस गर्‍यो १५ भाषासहित थप २६ भाषालाई प्रदेश सरकारी कामकाजको भाषा [EB/OL]. (2021-09-06) [2022-10-09]. https://mlenepal.com/2021/09/06/2380/.

普什图语格标志与一致关系的匹配研究
——以《班克游记》(د بنک مسافری) 为语料

国防科技大学外国语学院 缪 敏

【摘 要】普什图语是一种核心、从属语双重标志语言，也是一种分裂施格语言，其施格性主要通过格标志和一致关系来体现。本文以小说《班克游记》为语料，归纳出 8 种普什图语格标志与一致关系的匹配类型，并呈现出“Nom-Acc Ⅰ—Nom-Acc Ⅱ—Nom-Acc Ⅲ—Nom-Acc Ⅳ—Erg-Abs Ⅳ—Erg-Abs Ⅲ—Erg-Abs Ⅱ—Erg-Abs Ⅰ”的分裂施格连续统。经语料分析得出：1. 普什图语中的附核标志和附从标志之间的地位并不平等，附核标志较附从标志更加显著；2. 普什图语的受格格局和施格格局出现的频率相当；3. 在普什图语中，经济性原则在受格格局更加显著，象似性原则在施格格局更加显著。

【关键词】普什图语；受格；施格；附核标志；附从标志

一、问题的提出

印欧语系印度–伊朗语族下分为两个语支：印度语支和伊朗语支。对于印度语支语言的施格研究是国外相关语言学家研究的热点。Deo, Ashwini & Sharma, Devyani（2006：369）指出，新印度–雅利安语言（New Indo-Aryan languages）[①]被广泛称为形态施格语言，但很少有学者注意到这些语言中的格标志和一致关系并不完全一致。类似的情况也出现在伊朗语支的普什图语中。

普什图语是阿富汗官方语言之一，主要在阿富汗境内、巴基斯坦的开伯尔–普什图省和俾路支省以及阿巴边境的普什图部落地区使用，使用人口约为 3000 万。普什图语有丰富的词形变化，是一种屈折语。这是一种核心、从属语双重标志语言，也是一种分裂施格语言，其施格性主要通过格标志和一致关系来体现。在以往的研究中，如 Tegey（1979）、Tegey & Robson（1996）、Trask（1996）、Babrakzai（1999）等学者都从整体上描写分析普什图语的分裂施格现象，没有严格区分格标志和一致关系。然而，普什图语的格标志系统有 3 种模式：主–受格模式、施–通格

① 新印度–雅利安语言，即印度–伊朗语族印度语支语言，包括印地语、乌尔都语、孟加拉语、尼泊尔语、旁遮普语、古吉拉特语等。

模式和中性模式；动词一致关系系统有 4 种匹配类型：主–受格匹配、施–通格匹配、内部分裂匹配和中性匹配。在一个小句中，动词一致关系和格标志之间的关系是不完全一致的。例如，当格标志系统为主–受格模式时，动词一致关系不一定是主–受格匹配。请看例句：

（1）[①]a）زه تا وینم.

zə　　　ta　　　Ø-win-əm

我.DIR.Nom　你.OBL.Acc　IMPF-看-1SG

我看你。（Khalid Khan Khattak，1988：52）

b）زه هلک وهم.

zə　　　halək　　　Ø-wah-əm

我.DIR　男孩.DIR　IMPF-打-1SG

我打那个男孩。（ibid：55）

在（a）句中，主语“زه”（我）采用直接格形式，宾语“تا”（你）采用间接格形式，在格标志上属于主–受格模式；在动词上，人称代词词缀“م-”（-əm）为第一人称单数，和主语一致，也属于主–受格匹配。可见，在该句中格标志和动词一致关系是相互匹配的。

在（b）句中，主语“زه”（我）和宾语“هلک”（男孩）都采用直接格形式，在格标志上属于中性模式；而在动词上，人称代词词缀“م-”（-əm）为第一人称单数，和主语一致，属于主–受格匹配。可见，在该句中格标志和动词一致关系是不匹配的，但由于中性模式相当于是零形式，所以该句从整体上来看还是主受格匹配。可见，在该句中格标志系统和动词一致关系并不完全一致。

因此，研究普什图语小句中格标志和一致关系的匹配情况非常有必要。

二、研究方法和语料说明

（一）研究方法

我们采用推断统计方法（inferential statistics），其目的是根据对一小部分数据的观察来概括它所代表的总体的特征。（桂诗春、宁春岩，2013：312）一般来说，我们对总体的一些参数是无法得悉的，例如中国人的平均身高是多少，我们不可能把十几亿的中国人的身高都来测量，而只能抽一些样本。推断统计方法的方法就是要根据样本的参数来估计总体。（ibid：331）

按照逻辑关系，普什图语格标志系统和动词一致关系系统的匹配可能存在以下

① 本文参照目前类型学界较为通行的莱比锡标注系统（the Leipzig Glossing Rules）。通常是：第一行为原文；第二行用拉丁字母对原文进行转写；第三行逐词对译，一般只用汉语标出实义词，语法意义或功能只用字母缩写；第四行为自由翻译行，并标明例句出处。

12 种类型，我们分别进行简单编码。

表 1　普什图语中可能会存在的 12 种类型句式

一致关系 格标志	主–受格匹配	施–通格匹配	内部分裂匹配	中性匹配
主–受格模式	1	4	7	10
施–通格模式	2	5	8	11
中性模式	3	6	9	12

在现实语言中上述 12 种类型是否都存在呢？我们到现实文本语料中去验证。

（二）语料说明

本文以小说《班克游记》（د بنک مسافری）为语料，统计文本中格标志和一致关系在小句中的匹配类型。

《班克游记》是阿富汗著名文学家、政治家努尔・穆罕默德・塔拉基写的小说。塔拉基一生的作品很多，《班克游记》是最为著名的一篇，也是阿富汗第一部普什图语小说。全书采用坎大哈方言，文笔细腻，语言表达特别地道，是普什图语最有代表性的文学作品之一，深受阿富汗民众的喜爱。作品主要描写阿富汗贫苦人民的生活，反映阿富汗普通老百姓的悲惨遭遇，抨击村长、毛拉、地主、工厂主对贫苦大众的残酷剥削和压榨，揭露阿富汗社会贫富悬殊的两极分化现象，具有一定的现实意义。该作品完成于 1957 年，在查希尔国王统治时期，该小说被列为禁书，1978 年该书再次出版。

由于普什图语中没有专门的词缀表示主格、受格或施格、通格，它们都是由直接格或间接格来充当的，而间接格除了能表示受格或施格，还用于附置词的前面、后面或中间。因此，机器（如电脑）很难识别。此外，在动词一致关系上也只能通过观察句子的整体情况才能断定该动词词尾与 A 一致还是与 P 一致。因此，只能采用人工标注的方式，逐一对文献中的及物动词小句进行标注。对于没有任何格标志或一致关系人称词尾变化的不及物动词，本文不予标注，因为不及物动词小句和系词（存在动词）结构中只有唯一一个名词论元，该论元通常采用直接格形式并且动词词尾只和唯一论元一致。

三、普什图语中格标志和一致关系的匹配类型

本文总共统计了《班克游记》中的 2513 个例句，出现的匹配类型及数量在下表中呈现，其中“√”表示出现的类型，“×”表示没有出现的类型，“( )”中的数字代表出现的频次。

表 2 《班克游记》中的及物动词小句句型统计

一致关系 / 格标志	主-受格匹配	施-通格匹配	内部分裂匹配	中性匹配
主-受格模式	1√（156）	4×	7√（12）	10×
施-通格模式	2×	5√（950）	8×	11√（3）
中性模式	3√（1114）	6√（237）	9√（39）	12√（2）

从上述表格中可以看出，该作品共出现 8 种句子类型，编号 2、4、8、10 这 4 种类型都没有出现。究其原因，可以从以下几个方面来分析：

1. 从理论上说，格标志的主-受格模式和一致关系的施-通格匹配，或者格标志的施-通格模式和一致关系的主-受格匹配不能同时并存，也就是说在一个小句中，不能同时并存主-受格和施-通格，即表中的 2、4 是不可能出现的，如果出现，则不符合语法规律。

2. 内部分裂匹配只出现在非过去时结构中，而格标志中的施-通格模式仅出现在过去时结构中，因此 8 也是不可能出现的。

3. 编号 10 这一类型是在格标志系统表现为主-受格模式，在动词一致关系表现为中性匹配的类型。而普什图语动词一致关系的中性匹配只出现在非人称中。非人称动词在句子中只有一个名词短语，因此不可能存在主-受格模式。因此，编号 10 这一类型没有出现也在情理之中。

可以说，根据《班克游记》统计出来的句型基本反映了普什图语的语言状况。现在我们以文献中的例句对各种句型进行一一分析：

（一）Nom-Acc Ⅰ型

例如：

（2）(هر چېرته چې ځې ،) ما هم له ځانه سره بیایه!

ma　　ham　　lə　　dza:na　　sara　　Ø-biya:y-a

我.OBL　　也　　PREP　　自己　　POST　　IMPF-带.PRS-IMP

（你无论去哪儿，）都带上我吧！（努尔·穆罕默德·塔拉基，1978：75）

这是一个祈使句，省略主语“你”，宾语“ما”（我）采用间接格形式，在格标志上属于主-受格标志；在动词上，人称代词词缀“ه-”（-a）为第二人称单数，和主语一致，属于主-受格匹配。即在该句中格标志系统和动词一致关系系统一致，都属于主-受格配列，为核心、从属语双重标志类型。整体上来看，这是一个主-受格格局的句子，我们将这一类型命名为“Nom-Acc Ⅰ”（Nominative-Accusative Ⅰ）型。

（二）Nom-Acc Ⅱ型

例如：

（3）نو تاسو پخپله فکر وکړئ چې...

no　　ta:so　　pəkhpəla　　fikr　　w-kəṛ-əi

那么　　你们.DIR　　亲自　　考虑. DIR　　PRF-做.PRS-2SG

那么你们自己考虑考虑……（努尔·穆罕默德·塔拉基，1978：42）

在该句中，主语“تاسو”（你们）和宾语“فکر”（考虑）都采用直接格形式，在格标志上属于中性模式；在动词上，人称代词词缀“ئ-”（-əi）为第二人称复数，和主语一致，属于主–受格匹配。从另一个角度来看，这一类型的句子可以理解为附核标志句，因为在该句中只有在动词一致关系上有标志，并且核心标志为主–受格匹配。从整体上来看，这是一个主–受格格局的句子，我们将这一类型命名为“Nom-Acc Ⅱ”型。

（三）Nom-Acc Ⅲ型

例如：

（4）(غوټه چې په لاس خلاصېږی ،) په غاښو یې خلاصه نه کړو.

pə　　gha:ṇ-u　　ye　　khla:s-a　　nə　　kəṛ-o

用.PREP　　牙齿-PL.OBL　　WP　　打开-FEM　　NEG　　PRF-AUX.PRS-1PL

（能用手打开的结，）就不要用牙齿打开。（努尔·穆罕默德·塔拉基，1978：47）

这是一个非过去时完整体结构的句子，A 省略，但从动词词尾“و-”（-o）可以互文看出是“我们”，P “یې”（它）采用弱音代词形式，指代前文中的“غوټه”（结扣），为阴性单数名词，在格标志上属于主–受格模式；在动词上，这是一个完整体结构，形容词部分“خلاص”变为“خلاصه”和 P 一致，“غوټه”（结扣）为阴性单数名词，助动词部分表现为“و-”（-o），和省略的 A 一致，为第一人称复数。可见，在这一完整体结构的例句中动词同时与 A、P 一致，采用内部分裂匹配。这是核心、从属语双重标志的例句，从整体上来看，这是一个主–受格格局的句子，我们将这一类型命名为“Nom-Acc Ⅲ”型。

（四）Nom-Acc Ⅳ型

例如：

（5）زه به یوه لاره جوړه کړم...

zə　　bə　　yaw-a　　la:r-a　　juṛ-a　　kəṛ-əm

我.DIR　　PART.FUT　　一个-FEM　　方法-FEM　　准备好的- FEM　　PRF-AUX.FUT -1SG

我将会制定一个方法……（努尔·穆罕默德·塔拉基，1978：50）

这是一个将来时完整体的句子，A 为“زه”（我），P “لاره”（方法）为阴性单数名词，采用直接格形式，在格标志上属于中性模式。在动词上，这是一个完整体结构，形容词部分“جوړ”变为“جوړه”，为阴性单数形式，和 P 一致；助动词部分为“م-”（-əm），和 A 一致，为第一人称单数。可见，在这一完整体结构的例句中格标志采用中性模式，动词同时与 A、P 一致，采用内部分裂匹配。从整体上来看，这是只有核心位置有标志，且表现为主-受格格局的句子，我们将这一类型命名为“Nom-Acc Ⅳ”型。

（五）Erg-Abs Ⅰ型

例如：

（6）تا ولی داسې کلکې خبرې وکړې.

ta: wale da:si klak-e khabar-e w-kəṛ-e

你.ERG 为什么 这样的 尖锐的-FEM.PL 话-FEM.PL PRF-AUX.PAST- FEM.PL

你为什么要说这样尖锐的话。（努尔·穆罕默德·塔拉基，1978：44）

这是一般过去时的句子，主语 A “تا”（你）采用间接格形式，为施格，宾语 P “خبرې”（话）为阴性复数，采用直接格形式，为通格，在格标志上属于施-通格模式；动词词尾“ې-”（-e）与宾语 P “خبرې”（话）一致，表现为阴性复数形式，在动词一致关系上属于施-通格匹配。这是核心、从属语双重标志的例句，从整体上来看，这是一个施-通格格局的句子，我们将这一类型命名为“Erg-Abs Ⅰ”（Ergative-Absolutive Ⅰ）型。

（六）Erg-Abs Ⅱ型

例如：

（7）بنګ له ځانه سره چرت وواهه.

bang lə dza:na sara churt w-wa:h-ə

班克.DIR PREP 自己 POST 沉思.SG PRF-打.PST-SG

班克陷入了沉思。（努尔·穆罕默德·塔拉基，1978：28）

这是一般过去时的句子，A 为“بنګ”（班克），专有名词，没有间接格形式，P 为“چرت”（沉思），采用直接格形式，在格标志上采用中性模式；而动词词尾“ه-”（-ə）与宾语 P “چرت”（沉思）一致，表现为阳性单数形式，在动词一致关系上属于施-通格匹配。这一例句只有核心位置有标志，从整体上来看，这是一个施-通格格局的句子，我们将这一类型命名为“Erg-Abs Ⅱ”型。

（七）Erg-Abs Ⅲ型

例如：

（8）چا خندل او چا ژړل.

cha: Ø-khandəl au cha: Ø-zhaṛ-əl

某人.OBL IMPF-笑.PST- Ø 和 某人.OBL IMPF-哭.PST- Ø

有人欢笑，有人哭泣。（努尔・穆罕默德・塔拉基，1978：124）

这是两个过去进行时的句子。主语为“چا”（某人），采用间接格形式，为施格；动词“خندل”（笑）和“ژړل”（哭）的词尾都是原型“ل-”（-əl），不与任何名词短语一致，表现中性匹配。从另一个角度来看，这一类型的句子可以理解为附从标志句，因为在该句中只有在格标志上有标志，并且附从标志为施-通格匹配。从整体上来看，这是一个施-通格格局的句子，我们将这一类型命名为“Erg-Abs Ⅲ”型。

（八）Erg-Abs Ⅳ型

例如：

（9）ملک ومسل.

mələk w-musə-l

族长.DIR PRF-笑.PST- Ø

族长笑了。（努尔・穆罕默德・塔拉基，1978：53）

这是一般过去时的句子。主语为“ملک”（族长），没有间接格形式，采用直接格形式，因此在格标志系统表现为中性模式；动词“مسل”（笑，微笑）的词尾是原型“ل-”（-əl），不与任何名词短语一致，也表现中性匹配。也就是说这一类句型在格标志系统和动词一致关系上都没有做出有效区分，但由于动词词根在非过去时和过去时中的表现形式不同，并且主语是唯一的，因此不影响对句子的理解。我们将这一类型命名为“Erg-Abs Ⅳ”型。

上述8种类型的格标志与一致关系可以用下图表示：

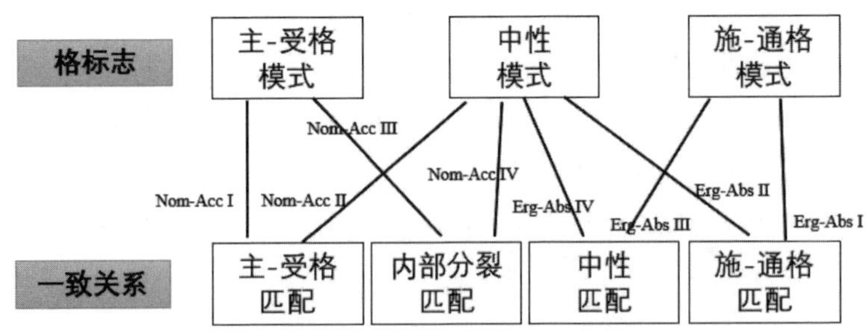

图1 普什图语格标志与一致关系的匹配类型

事实上，Nom-Acc Ⅰ型、Nom-Acc Ⅱ型、Nom-Acc Ⅲ型和 Nom-Acc Ⅳ型都是主-受格格局。Nom-Acc Ⅰ型和 Nom-Acc Ⅱ型的动词一致关系都采用主-受格匹配，区别在于格标志系统，Nom-Acc Ⅰ型为主-受格模式，而 Nom-Acc Ⅱ型为中性模式；Nom-Acc Ⅲ和 Nom-Acc Ⅳ型都只出现在非过去时完整体结构中，动词一致关系都采用内部分裂匹配，即在动词上同时与 A、P 一致，形容词部分与 P 保持性、数一致，助动词部分与 A 保持的是人称、数和性（只有第三人称单数才有性）一致，其中人称的一致非常关键，这两种类型之间的区别也在于格标志系统，其中 Nom-Acc Ⅲ型为主-受格模式，Nom-Acc Ⅳ型为中性模式。因此，总的来说这四种类型都是主-受格格局。

Erg-Abs Ⅰ型、Erg-Abs Ⅱ型、Erg-Abs Ⅲ型和 Erg-Abs Ⅳ型都是施-通格格局，Erg-Abs Ⅰ型和 Erg-Abs Ⅱ型在动词一致关系上都采用施-通格匹配，区别在于格标志系统，Erg-Abs Ⅰ型采用施-通格模式，而 Erg-Abs Ⅱ型采用中性模式；Erg-Abs Ⅲ型和 Erg-Abs Ⅰ型在格标志系统都采用施-通格模式，但在动词一致关系上，Erg-Abs Ⅰ型的为施-通格匹配，而 Erg-Abs Ⅲ型的为中性匹配；Erg-Abs Ⅲ型和 Erg-Abs Ⅳ型在动词一致关系上都采用中性匹配，区别在于格标志系统，Erg-Abs Ⅲ型采用施-通格模式，而 Erg-Abs Ⅳ型采用中性模式。

至此，现确定判断句子类型的标准：小句中的名词格标志、代词格标志或动词人称标志三者至少有一种采用“受格”，称之为受格格局（Nom-Acc 型）；小句中的名词格标志、代词格标志或动词人称标志三者至少有一种采用“施格”，称之为施格格局（Erg-Abs 型）。这是一个广义的标准，标记位置比较宽泛，不要求名词、代词、动词三者的语法标记模式均为受格或施格。

四、文本语料的数据分析

（一）标志位置的统计

普什图语是一种核心、从属语双重标志语言，名词短语上的格标志和动词一致关系是其分裂施格最重要的两个形态标志。那么这两个形态标志的地位相当吗？这个问题迄今没有在文献中看到有学者讨论。我们还是以《班克游记》中统计出的 2513 个及物动词的例句为例，具体见下表：

表 3 《班克游记》中附从、附核标志位置统计

<table>
<tr><td colspan="2" rowspan="2">一致关系 / 格标志</td><td colspan="3">有附核标志</td><td>无附核标志</td><td rowspan="2">附从标志合计</td></tr>
<tr><td>主-受格匹配</td><td>施-通格匹配</td><td>内部分裂匹配</td><td>中性匹配</td></tr>
<tr><td rowspan="2">有附从标志</td><td>主-受格模式</td><td>156</td><td></td><td>12</td><td></td><td rowspan="2">1121</td></tr>
<tr><td>施-通格模式</td><td></td><td>950</td><td></td><td>3</td></tr>
</table>

（续表）

格标志＼一致关系		有附核标志			无附核标志	附从标志合计
		主–受格匹配	施–通格匹配	内部分裂匹配	中性匹配	
无附从标志	中性模式	1114	237	39	2	1392
附核标志合计		2508			5	2513

从语料中可以看出，有附核标志的小句有 2508 例，占总体的 99.80%；没有附核标志的小句只有 5 例，占总体的 0.20%。有附从标志的小句有 1121 例，占总体的 44.61%；没有附从标志的小句有 1392 例，占总体的 55.39%。可见，尽管普什图语属于附核、附从双重标志语言，但这两种标志之间的地位并不平等，附核标志较附从标志而言更加显著。

（二）句式类型的统计

然而，上述 8 种类型在现实语言中出现的频率并不相当，以小说《班克游记为例》，统计各类句型如下：

表 4 《班克游记》中的及物动词句型统计

	类型	例句数量	所占百分比	合计
受格格局	Nom-Acc Ⅰ型	156	6.21%	52.57%
	Nom-Acc Ⅱ型	1114	44.33%	
	Nom-Acc Ⅲ型	12	0.48%	
	Nom-Acc Ⅳ型	39	1.55%	
施格格局	Erg-Abs Ⅰ型	950	37.80%	47.43%
	Erg-Abs Ⅱ型	237	9.43%	
	Erg-Abs Ⅲ型	3	0.12%	
	Erg-Abs Ⅳ型	2	0.08%	

从整体上看，受格模式和施格模式出现的频率是相当的，分别为 52.57% 和 47.43%。但在两种模式内部，各种不同的类型出现的频率并不相同。

在受格模式内部，Nom-Acc Ⅰ型是象似度最高的一种类型，无论在格标志系统还是在动词一致关系上都做出了区分，但所占比例较少，只有 156 例，占 6.21%。Nom-Acc Ⅱ型在动词一致关系上已经体现出主–受格匹配，于是在格标志系统没有特殊标志来区分 A、P，但这并不影响读者（听者）对句子的理解，这是象似性和经济性博弈的结果，因此，Nom-Acc Ⅱ型成为出现频率最高的一种类型，有 1114 例，占总体的 44.33%。Nom-Acc Ⅲ型需要满足的条件最多，包括非过去时、完整体、形容词性复合动词，并且 P 为第一、二人称单数或弱音代词等条件，因此出现频率最低，只有 12 例，只占 0.48%。Nom-Acc Ⅳ型的动词部分需要同时与 A 和 P 保持一致，此外还需满足非过去时、完整体和形容词性动词等条件，因此，出现频率较低，只有 39 例，只占 1.55%。象似度最高的 Nom-Acc Ⅰ型和 Nom-Acc Ⅲ型在受格模式内部仅有 12.72% 的比例，经济性占优势的 Nom-Acc Ⅱ型和 Nom-Acc Ⅳ型占 87.28%。

在施格模式内部，Erg-Abs Ⅰ型是象似度最高的一种类型，无论在格标志系统还是在动词一致关系上都做出了区分，这一类型的句子有 950 例，占总体的 37.80%；Erg-Abs Ⅱ型仅在动词一致关系上做出施-通格的区分，在格标志系统采用中性模式，这一类型的句子有 237 例，占总体的 9.43%；Erg-Abs Ⅲ型仅在格标志系统做出施-通格的区分，在动词一致关系上采用中性匹配，出现的例句非常少，只有 3 例，占总体的 0.12%；Erg-Abs Ⅳ型无论在格标志系统还是在动词一致系统都没有做出有效区分，仅通过动词词根来表达，因此出现的例句最少，仅有 2 例，占总体的 0.08%。象似度最高的 Erg-Abs Ⅰ型在施格模式内部占有 79.70% 的比例，而经济性占优势的 Erg-Abs Ⅱ型、Erg-Abs Ⅲ型和 Erg-Abs Ⅳ型合在一起只占 20.30%。

这种现象可以用象似性和经济性原则来解释。“象似性原则要求越准确越好，经济性要求表达的形式越简单越好，语言形式的形成和定型，多数情况下就是二者根据现实交际需要互相博弈的结果。”（金立鑫，2011：181）克罗夫特也曾指出，语言的结构编码本质上是象似性和经济性理据互相竞争的结果。（克罗夫特，2009：121）根据上述的数据分析可以得出：在普什图语中，经济性原则在受格模式更加显著，象似性原则在施格模式更加显著。

（三）普什图语分裂施格连续统的构建

一种语言是受格格局，还是施格格局，两者之间也并不是那么泾渭分明的。学者们在越来越多的受格语言中也发现了一些施格特性；而分裂是施格语言的内在属性，其内部可能存在典型或非典型的施格模式，也可能存在诸如受格、中性、活动等其他模式，这些模式呈现出一定的连续统。构建连续统的意义在于它不但关注连续统两端的典型范畴，同时也关注模糊的中间地带。本文所说的连续统更多的是指在语言标记系统中的状态分布。

如果用“+”来表示受格标志，用“*”来表示施格标志，没有任何标志（即中性格标志或中性匹配）则用“-”来表示，那么上述句式类型的标记特征可以如下表所示：

表 5　普什图语 8 种句式类型在格标志和动词一致关系上的标记特征

	Nom-Acc Ⅰ型	Nom-Acc Ⅱ型	Nom-Acc Ⅲ型	Nom-Acc Ⅳ型	Erg-Abs Ⅳ型	Erg-Abs Ⅲ型	Erg-Abs Ⅱ型	Erg-Abs Ⅰ型
格标志	+	−	+	−	−	*	−	*
一致关系	+	+	+ /*	+ /*	−	−	*	*

可见，普什图语的分裂施格呈现出“Nom-Acc Ⅰ—Nom-Acc Ⅱ—Nom-Acc Ⅲ—Nom-Acc Ⅳ—Erg-Abs Ⅳ—Erg-Abs Ⅲ—Erg-Abs Ⅱ—Erg-Abs Ⅰ”的连续统。这是一个受格标志从强到弱，到无标志，再到施格标志从弱到强的分布状态，同时也体现出从典型受格格局到中间模糊地带再到典型施格格局的特征。

结语

研究施格语言就像打开了另一扇门，有助于丰富普通语言学理论，扩展语言学研究视野。普什图语是印度-伊朗语族伊朗语支中唯一一个在所有方言中都存在施格特性的语言，其施格性可以通过格标志和/或一致关系来体现。然而，施格语言的内部往往都是不均质的，非常复杂，因此，“分裂”是施格语言的内在属性。详细描写普什图语格标志与一致关系的匹配类型有助于更好地分析普什图语作为施格语言的复杂性和特征。

通过本文的研究表明，在普什图语小句中，动词一致关系和格标志之间的关系并不完全匹配。经语料统计出 8 种句式类型，并且呈现出“Nom-Acc Ⅰ—Nom-Acc Ⅱ—Nom-Acc Ⅲ—Nom-Acc Ⅳ—Erg-Abs Ⅳ—Erg-Abs Ⅲ—Erg-Abs Ⅱ—Erg-Abs Ⅰ”的分裂施格连续统。尽管普什图语属于附核、附从双重标志语言，但这两种标志之间的地位并不平等。经语料分析得出，附核标志较附从标志而言更加显著。在普什图语中，经济性原则在受格格局更加显著，象似性原则在施格格局更加显著。

参考文献

［1］桂诗春，宁春岩．语言学方法论［M］．北京：外语教学与研究出版社，1997．

［2］金立鑫．什么是语言类型学［M］．上海：上海外语教育出版社，2011．

［3］［美］克罗夫特．语言类型学与语言共性（第二版）［M］．龚群虎，等译．上海：复旦大学出版社，2009．

［4］Babrakzai, Farooq. Topics in Pashto Syntax [D]. Doctoral dissertation, University of Hawai'i at Manoa, 1999.

[5] Deo, Ashwini & Sharma, Devyani. Typological Variation in the Ergative Morphology of Indo-Aryan Languages [J]. Linguistic Typology, 2006, 10 (3): 369-418.

[6] Dixon, R. M. W. Ergativity [M]. Cambridge: Cambridge University Press, 1994.

[7] Farooq, Muhammad. Pashto Language: Solving the Mysteries of the Past Tense. (Accessed on 2015-12-22.)

[8] Khattak, Khalid Khan. A Case Grammar Study of The Pashto Verb [D]. Department of Phonetics and Linguistics School of Oriental and African Studies Faculty of Arts, University of London, England, 1988.

[9] Shafeev D A. A short grammatical outline of Pashto [M]. Translated and edited by Herbert H. Paper. Bloomington: Indiana University, 1964.

[10] Tegey, Habibullah. Ergativity in Pushto (Afghani) [G]// Irmengard and Gerald F. Carr, ed. Linguistic method: essays in honor of Herbert Penzl. The Hague: Mouton Publishers, 1979: 369-418.

[11] Tegey, Habibullah & Robson, Barbara. A Reference Grammar of Pashto [M]. Washington, D. C.: Center for Applied Linguistics, 1996.

[12] Trask. Historical Linguistics [M]. Oxford: Oxford University Press, 1996.

[13] د بنک مسافري. نور محمد تره کی. د افغانستان د علومو اکاډیمی. ۱۳۵۷.

（努尔·穆罕默德·塔拉基. 班克游记［M］. 阿富汗科学院出版社，伊斯兰历 1357 /公历 1978.）

地缘政治视阈下《觉醒日报》“一带一路”报道的话语分析

国防科技大学外国语学院　王宏宇

【摘　要】新闻话语往往与权力之间存在千丝万缕的联系，话语的背后常常包含着错综复杂的社会权力关系。从地缘政治视角出发，通过对印地语媒体的“一带一路”报道的分析，可以发现，第一，我国对印地语媒体的话语影响相当缺失，“一带一路”倡议在印度的宣传力度不够。第二，印地语媒体主要透过陆权、海权和生存空间这三个地缘政治子框架来审视和呈现“一带一路”倡议。第三，“一带一路”倡议在印地语媒体中整体呈负面形象，被视为挑战与威胁。第四，政治权力思想在很大程度上影响印地语媒体对“一带一路”的呈现，报道时刻体现国家利益。

【关键词】“一带一路”；地缘政治；印地语媒体；话语分析

印度是“一带一路”的主要途经国家之一，对“一带一路”建设能否在南亚地区顺利推进有很大的影响。一直以来，印度对于“一带一路”倡议持消极态度。我国在印度的媒体话语权相对缺失，国内对于印地语媒体的认知和关注度偏低。因此，及时研判印地语媒体的“一带一路”报道动向，把握印地语媒体的报道特点，有利于摸清我国“一带一路”倡议在印度的舆论态势，及时探究出应对路径。

本文以《觉醒日报》网页版为媒体平台，通过关键词搜索，以“一带一路”（印地语表达）为新闻标题关键词，并通过人工阅读的方式，整理出了 2016 年 1 月 1 日至 2020 年 12 月 31 日的新闻报道 86 篇，共计 51,109 个单词。本文旨在探讨地缘政治视阈下，印地语媒体《觉醒日报》对“一带一路”报道的框架特征以及在地缘政治框架下《觉醒日报》如何就“一带一路”倡议进行话语描述。

一、报道的框架布局

《觉醒日报》是印度的本土语言媒介，同英文媒介相比，本土语言媒介的关注视角、报道风格、政治立场甚至是意识形态存在明显分野。[①]《觉醒日报》对于

① 姜景奎，贾岩．印地语优先：印度的语言结构正在发生重大变化［J］．世界知识，2018（1）：61—63．

“一带一路”倡议的报道充满了地缘政治色彩，并给“一带一路”倡议搭建了独具印度地缘政治思想特色的报道框架。参照坦卡德的“框架清单”分析法，并结合印度的地缘政治思想，这些框架可以被主要识别为：陆权框架、海权框架和生存空间框架。

1.“生存空间框架”具有引领性

从整体分布上看，在 86 篇有效的新闻报道中，64% 的报道中出现“陆权框架”；28% 的报道中出现“海权框架”；74% 的报道中出现“生存空间框架”（一篇报道中会出现多个框架）。由此可见在地缘政治视阈下，印地语媒体的“一带一路”报道中大量出现“生存空间框架”，频繁出现“陆权框架”，而“海权框架”出现最少；其中“生存空间框架”最具引领性。

戈夫曼认为，框架是人们将客观社会现实转化为主观思想的重要依据，也体现了人们对某一客观事件的主观解释与思考。框架的形成一方面是源于过去的经验，另一方面也常常受到社会权力与意识的影响。

从生存空间论的角度来看，实现大国梦想，拓展生存空间和国际发展空间是印度一直以来坚定不移的目标。对于印度而言，中国的“一带一路”倡议是把双刃剑。一方面印度认识到搭乘中国“一带一路”快车会助推印度的经济发展；另一方面印度担心中国依靠“一带一路”率先崛起，成为其实现强国梦路上最大的阻碍。正是在如此的地缘政治考量作用下，“生存空间框架”大量出现在报道中，发挥引领作用，成为主导性框架。

从陆权论的角度来看，中印之间的核心关切在于陆上主权。1962 年中印边界爆发武装冲突，这场冲突给两国关系留下一道无法抹去的伤疤。即使进入 21 世纪后，两国关系逐渐迈入正轨，但也是因为双方将分歧搁置，并非彻底解决。边境争端直接影响着中印关系的走向，两国关系的走向也势必会影响新闻报道。其次，中巴经济走廊触碰印度敏感神经。由于中巴经济走廊穿过了印巴主权争议的克什米尔地区，印度对此强烈反对。印度公开表明“一带一路”是一个不尊重国家主权的项目，印度不会加入。由于“一带一路”倡议给印度增添了来自北方陆地的担忧，所以在新闻报道中也较多地出现了“陆权框架”。

从海权论的角度来看，印度的确重视海上权益，但对印度洋还是保有一定的自信。加之中印两国在海洋上的利益牵连较小，印度也知晓中国不会在海洋上对其造成过多的威胁，因此报道中“海权框架”出现较少。

2. 中印关系紧张时期“陆权框架”凸出

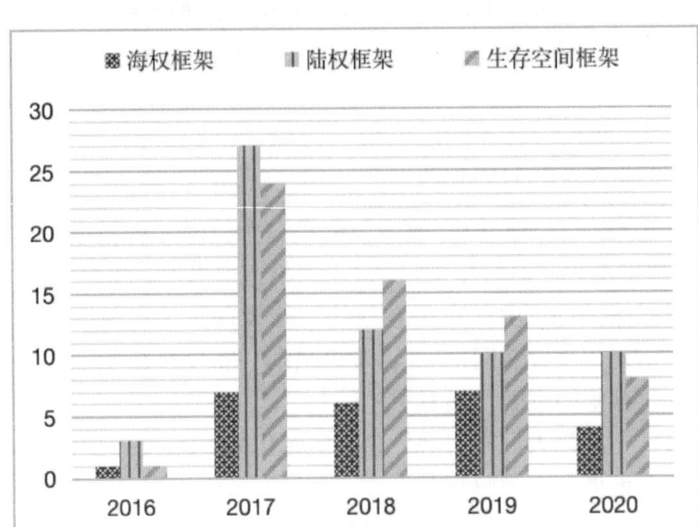

图 1　地缘政治框架的时间分布

从时间分布上看（如图 1），在 2016 年、2018 年和 2019 年的报道中，地缘政治框架的布局特征同上文保持一致。然而值得关注的是，在 2017 年和 2020 年的报道中，“陆权框架”出现的次数却超过“生存空间框架”出现的次数。

国际新闻报道的相关研究表明，本国媒体一般会对本国的国家政策表示支持，会同国家利益站在同一条战线。2017 年和 2020 年正是进入 21 世纪后，中印关系紧绷的两年。2017 年的洞朗对峙和 2020 年加勒万河谷流血冲突事件，使得刚刚步入友好发展正轨的两国关系迅速恶化。边境冲突属于印度地缘政治思想的陆权考量范畴，当政府的政治关切点落在陆权上时，印地语媒体的话语架构策略也与政府关切保持了高度一致。

二、报道的词频分析

新闻的话语文本是由新闻传播者们通过使用一个又一个被包含在一定传播语境中的、具有独立意义的字符和词汇串联而成的。正是这些具有意义的、相对独立的字词符号的相互交织，才构成了话语文本的语篇意义。因此研究新闻话语，首先要摸清话语的词汇特征。

词频统计，即统计词语的出现频率。在一段时间内，连续多次出现的词语被称为高频词。在一定程度上，高频词可以反映出文本生产者想要强调的意义和态度。因此通过统计词频，可以识别出一定的话语含义和特征。

本文借助 Sketch Engine 的词表功能（Wordlist）对三个专用语料库进行了词频

统计，整理得出三张词表（见附录），作为研究主要的依据，词表包含了出现频次排名前二十的高频词。鉴于原始词表中存在大量重复词汇和无意义词汇，如介词、小词、后置词、同义词、同义异形词等解读性低的词语，本文首先对原始词表进行了处理，过滤掉大量无意义词汇，并将同义词和同义异形词进行整合，主要保留了名词、形容词和动词等解读性高的词语。

1.“陆权框架语料库”中的高频词特征

一是高频词锁定巴基斯坦。“陆权框架语料库”词频表中包含大量和巴基斯坦紧密相关的词汇，如“巴基斯坦”“中巴经济走廊”“中国-巴基斯坦”“克什米尔”等。早在20世纪40年代末印巴分治时，印度和巴基斯坦就产生了矛盾。两国因宗教冲突和查谟-克什米尔地区的主权争议，至今互相持有敌意。一直以来两国都十分关注对方的一举一动，尤其关注对方在外交领域的动向和战略政策的风向。因此涉及“一带一路”时，印度政府重点关注巴基斯坦与中国的项目对接。《觉醒日报》透过地缘政治视角呈现“一带一路”倡议时，也侧重将报道内容同政治关注保持一致。

二是高频词关注陆上边境主权。“陆权框架语料库”词频表中包含大量和边境问题相关的词语，如“主权”“边境”“尼泊尔”“克什米尔”“西藏”等。根据印度的地缘政治思想，“维护陆上主权，打造防御壁垒”是其首要的陆上任务。因此印地语媒体呈现“一带一路”倡议时重点考量国家的陆上权益，并以此为视角向公众传递信息，把“一带一路”呈现为一项与印度陆上主权密切相关的项目，并在社会讨论中形成一定的舆论导向，将国家层面的某些决定和政策在百姓心中合理化。

三是高频词显示负面倾向。“陆权框架语料库”词频表中还存在带有负面色彩的词汇，如“冲突”“反对”“雄心勃勃”等。这反映出“陆权框架”出现时，印地语新闻会对“一带一路”倡议进行负面报道。例如，有印度学者称：“一带一路”倡议并非如中国政府官方宣称的那样仅仅是出于地缘经济的考量为了沿线国家共同的经济发展和共享经济成果，其最终目的是为了将中国的影响力伸向印度洋地区，与美国争夺国际领导权。[①]印地语媒体将“一带一路”打造为“代表着中国野心的”负面形象，显然是充分吸纳了此类观点。媒体的意见很大程度上能够影响公众对某一事件的态度。由于印度语言环境的特殊性，印地语媒体相对而言拥有更为广泛的受众，除了讲印地语的普通百姓外，讲英语的“精英阶层”也会阅读印地语报纸，因此印地语媒体最容易影响到印度民间对事件的认知和态度。媒体长期的负面报道，势必会对“一带一路”的对印宣传工作带来阻碍。

---

① 梅冠群．印度对“一带一路”的态度研究［J］．亚太经济，2018（2）：78—86．

2.“海权框架语料库”中的高频词特征

一是高频词凸显地缘经济。“海权框架语料库”词频表中出现许多经济词汇，如“经济”“港口”“贷款”等。海洋一直是印度引以为傲的地缘优势，天然的海上地缘优势和丰富的海洋资源给印度带来了丰厚的经济效益，是印度发展经济的主要依托。再加上“一带一路”倡议是一个国家间经济层面的合作项目，重在发展地缘经济，因此当“海权框架”出现时印地语媒体会关注经济，报道内容聚焦“一带一路”倡议带来的经济机遇和经济陷阱。

二是高频词关注海洋安全。“海权框架语料库”词频表中还包含了涉及海洋安全的词语，如“军事”“安全”“危险”等。进入 21 世纪后，印度政府便提出“净安全提供者”的概念，致力于承担印度洋海域及周边海域的安全责任，提升印度的海上影响力，将制海权牢牢掌握在自己手中。“一带一路”倡议的“21 世纪海上丝绸之路”部分经过印度洋海域，再加上当下中国与斯里兰卡、马尔代夫等印度洋国家之间的合作正在热火朝天地推进中，印度认为这是一种潜在的危险。因此媒体报道也锁定海洋安全，新闻话语中频繁出现此类词汇。

三是高频词显示负面倾向。同“陆权框架语料库”一样，“海权框架语料库”词频表中也存在含有负面色彩的词汇，如“反对/对立”“担心”“危险”等。这反映出海权框架出现时，印地语新闻仍然对“一带一路”倡议进行负面报道，表达出对“一带一路”倡议的否定和反对。

3.“生存空间框架语料库”中的高频词特征

一是高频词锁定国际化特征。在“生存空间框架语料库”词频表中，除去“一带一路”倡议的衍生词汇，形容词“国际化的/全球的”出现频次最高，这反映出印地语报道关注“一带一路”的国际影响。当“生存空间框架”出现时，报道立足全球层次，从国际化和全球化的背景出发审视和呈现“一带一路”倡议。印度充分认识到中国的“一带一路”倡议是一项辐射范围波及全球的计划，担心自己的缺席会使自己在国际社会中逐渐被边缘化，想要通过观察其他国家与中国的互动深度剖析“一带一路”倡议，因此对国际社会与“一带一路”的互动十分关注。

二是高频词关注合作发展。“生存空间框架语料库”词频表中出现了许多含有“合作、对话与发展”意味的词语，例如“联系/连接”“会议/论坛”“发展”“合作”“协定”“对话”等。这反映出当“生存空间框架”出现时，报道关注“一带一路”倡议带来的合作发展机遇或潜在危险。近年来印度认识到和中国保持经济层面的合作与发展的重要性，也接收到了中国发出的合作信号，逐渐将合作对话纳入考量。自亚洲金融风暴后，印度原先的经济贸易伙伴整体实力被削弱，迫使印度将目光投向东盟以外的其他国家，尤其是东亚圈里的主要经济体。因此同中国保持经贸合作，无疑是印度融入东亚圈的重要途径之一，符合印度所追求的经济利益。

三是高频词凸显“东进政策”。“生存空间框架语料库”词频表中还出现了与“东进政策”相关的词语，例如“中国”“美国”“东方”“日本”“韩国”等。这反映出当“生存空间框架”出现时，报道会将“一带一路”倡议同印度本国的政策战略相结合进行讨论。印度的“东进政策”（Act East Policy）是印度地缘政治思想中“扩张思想”的典型代表，也被视为是印度对抗中国“一带一路”倡议的一种做法。印度想要借助“东进政策”跳脱“南亚舒适圈”最终建立起一个更大的没有中国参与和建设的地区安全格局，这对印度日后的崛起是非常有利的。

三、报道的语境分析

“索引”是一种列表，展现某检索词在一个语料库中伴有上下文语境的全部使用情况。每一个词语都有自己对应的索引行，索引行可以给出每一个词语在整个语篇中出现位置的参考[①]。由于结合了上下文语境，索引分析兼具定性和定量的特点，用来解读话语文本非常有效。本研究选取“一带一路”作为索引的关键词。

本节利用计算机处理软件 Sketch Engine 的索引功能（Concordance），分别在三个专用语料库中进行关键词检索，得到索引行。随后围绕检索行结果展开分析，从语境中分析新闻生产者的态度和文本背后隐含的权力与意识形态。

“一带一路”倡议在印地语新闻中对应多种表达，根据上一节词频表中各类表述出现的频次，本文首先总结出以下四种表达在语料库中进行检索，即“बेल्ट एंड रोड”“OBOR”“ओबोर”“ओबीओआर”；随后经测试发现，“बेल्ट एंड रोड”（Belt and Road）这一表达得出的索引结果数量最多，且相关性最大。因此，本文最终选取“बेल्ट एंड रोड”（Belt and Road）这一表达作为索引关键词。

1.“一带一路”在三个语料库中的共同语境特征

首先本文在三个语料库中进行关键词索引，得出的索引行结果见附录。通过对索引行结果的分析发现“一带一路”关键词在“陆权框架语料库”“海权框架语料库”和“生存空间框架语料库”中的前后搭配和所处语境存在以下两点共同特征：

一是，“一带一路”的负面搭配多。从索引行结果可以看到，大量含有负面色彩的词汇出现在“一带一路”的前后语境中。例如：“野心勃勃的一带一路计划”“反对一带一路”“对一带一路表示担忧”“极具争议的一带一路计划”“困难重重的一带一路计划”等。例如，

例 1：यह बंदरगाह चीनी कंपनी को ९९ साल की लीज पर देना पड़ा, चीन के विभिन्न मार्गों से विश्व को जोड़ने वाले महत्वाकांक्षा प्रोजेक्ट बेल्ट एंड रोड फोरम की दूसरी

① 钟馨．英国全国性报纸中“一带一路”话语的意义建构研究：基于语料库批评话语分析法［J］．现代传播（中国传媒大学学报），2018，40（7）：61—69．

बैठक में भी भारत ममिल नहीं होगा। चीन के विमिन मार्गों से बिस्व को जोड़ने वाले महत्वाकांक्षा प्रोजेक्ट।

译文：这个港口（汉班托塔）被迫租赁给中国公司 99 年。印度也不会参加“一带一路”论坛的第二次会议。“一带一路”是一个野心勃勃的项目，它将中国与世界各地连接起来。

例 2：बीआरआइ पर भारत का रुख स्पष्ट है अमेरिका समेत कई अन्य देशों ने भी इस बड़ीयोजना पर चिंता जताई है। भारत ने चीन के बेल्ट एंड रोड फोरम में हिस्सा नहीं लेने का संकेत दिया है। भारत का कहना है कि कोई भी देश ऐसी किसी पहल का हिस्सा नहीं बन सकता।

译文：印方在“一带一路”问题上的立场是明确的。包括美国在内的许多其他国家也对该项目表示担忧。印度已经表示不会参加中国的“一带一路”论坛。

从以上两个例子中不难看出，印地语新闻在地缘政治框架下报道“一带一路”倡议时，比较明确地表达出消极反对的态度。这种显性的反对态度，反映出印度社会存在强烈反对和抵制“一带一路”倡议的现象。

二是，“一带一路”倡议被置于中国的大战略框架下。在各框架下的索引行列表里，“一带一路”倡议被多次放置在中国大战略的语境中。印地语新闻文本中，多次出现例如“中国自己的一带一路”“习近平提出的一带一路”“支持中国战略的一带一路”等语句。例如：

例 3：केवल अपने खुद को दुनिया से जोड़ने के लिए चीन अपनी वन बेल्ट वन रोड प्रोजेक्ट पहल चलाता है। चीन अगले माह दूसरे बेल्ट एंड रोड फोरम की मेज़बानी करने की तैयारी कर रहा है भारत ने चीन के दूसरे फोरम का मी बहिकार किया है।

译文：中国只是为了让自己与世界联系起来，才启动了“一带一路”倡议，中国准备下个月主办第二届“一带一路”论坛。印度也抵制了这个关于中巴经济走廊的中国论坛。

例 4：चीनी राष्ट्रपति शी चिंगफ़िग ने बेल्ट एंड रोड प्रोजेक्ट का वर्ष २०१३ में शुरू किया था। इसका मकसद है की राजमार्गों रेलवे लाइनों बंदरगाहों और समुद्री रास्तों के ज़रिए दुनिया को चीन से जोड़ें इस तरह से चीन अधिक लाम कमा सकता है।

译文：习近平 2013 年起提出的“一带一路”倡议，旨在通过高速公路、铁路线、港口和海上航线将世界与中国联系起来。通过这种方式，中国可以获利更多。

从以上两个例子不难看出，印地语新闻在地缘政治的框架下报道“一带一路”倡议时主张中国提出“一带一路”倡议的主要逻辑是为自己服务，想要通过“一带一路”计划将自己和世界连接起来，从而给自己的发展提供便利，认定这是中国大国战略的重要组成部分。

实际上，这种观点在印度十分流行，印度许多学者、新闻媒体都主张“一带一路”倡议在中国对外经济贸易中发挥了重要作用。印度著名的中国问题专家谢刚认为，中国提出“一带一路”倡议的主要原因是中国经济已经进入到发展的新阶段，中国经济的外溢效应要求中国与国际社会有一个长期有效的合作平台和战略方案，但中国目前的贸易运输网络已进入瓶颈期。[①]因此中国目前急需开辟更多的新路线与世界各国保持贸易往来，促进经济增长，为中国实现民族复兴战略提供物质基础。

2.“一带一路”在“陆权语框架语料库”中的特殊语境

分析发现，当“陆权框架”出现时，印地语新闻报道的“一带一路”索引行列表还有一个比较特殊且明显的特征，即将“一带一路”倡议放在中巴关系的语境下，索引行中出现许多同“巴基斯坦”“中巴经济走廊”的搭配。例如：

例 5：चीन के इरादों को लेकर हालिया रिपोर्ट एक ही ओर इशारा करती नजर आ रही हैं। इस रिपोर्ट में इस मरा किया गया है कि चीन के पाकिस्तान में बेल्ट एंड रोड प्रोजेक्ट के पीछे के ख़तरनाक इरादे हैं, जिन्हें समय आने पर जाहिर कर सकता है।

译文：有关中国意图的报道似乎也指向了同样的观点。该报道指出，中国在巴基斯坦的“一带一路”项目背后隐含着危险的意图，当时机成熟时就会被表达出来。

例 6：बता दें कि सीमीहसी चीन के बेल्ट एंड रोड इनिशटिव का हिस्सा है। सैन्य विशेषज्ञों का कहना है कि चीन ग्वादर का इस्तेमाल अपनी नौसेना बेस पर कर सकता है, पाकिस्तान के तौर पर कर सकता है।

译文：中巴经济走廊是中国“一带一路”倡议的一部分。军事专家说，中国可以把瓜达尔港作为其在巴基斯坦的海军基地。

通过以上两个例子，我们可以明显看到“陆权框架”出现时，报道偏向将“一带一路”倡议同中巴关系，以及中巴经济走廊联系起来。“中巴经济走廊”穿过印巴主权争议的查谟-克什米尔地区，这是印度不加入中国“一带一路”倡议的官方理由。印度认为中国忽视了印度对主权和领土完整的核心关切，因此拒绝接受这样的项目。印度反对中巴经济走廊主要有两个原因：第一，担心一旦中巴经济走廊修建后，收回巴控克什米尔地区就再无希望。印度认为，如果中巴经济走廊项目一旦开始修建，中国就会在巴基斯坦以及巴控克什米尔地区投入大量资金以谋取经济利益，那么日后在克什米尔争议问题上，中国就不会继续采取中立的不干涉态度，印度未来如果想要通过武力手段收回巴控克什米尔，中国一定不会袖手旁观。第二，害怕南亚地区印强巴弱的力量格局会就此改变。印度认为，中国加大对巴基斯坦的投资，等同于在帮助巴基斯坦实现经济上的飞跃。根据公开的信息，中国将在瓜达尔港口、基础设施、能源等项目上向巴基斯坦投资 460 亿美元。巴基斯坦随着经济的腾飞，其综合国力也必然会大大提高，那么南亚次大陆现存的印强巴弱的格局就

---

① 林民旺．印度对“一带一路”的认知及中国的政策选择［J］．世界经济与政治，2015（5）：44—59，159—160．

可能被改变，这对印度在南亚地区的影响力和霸权地位而言是挑战，也是冲击。

四、结论

本文将印地语媒体的“一带一路”报道作为研究对象，从地缘政治的视阈出发对《觉醒日报》的“一带一路”报道进行研究。通过层层递进的分析研究，文章得出以下结论：

第一，我国对印地语媒体的话语影响相当缺失，“一带一路”倡议在印度的宣传力度不够。本文选取了印度方言媒体中读者量和发行量最大的印地语媒体《觉醒日报》作为样本源，然而在文本采集过程中，本文发现《觉醒日报》对我国“一带一路”倡议的关注度低，报道量少。实际上，印度方言媒体尤其是印地语媒体，在印度媒体市场上有着突出的优势。同英文媒体相比，印地语媒体拥有最广泛的读者群，同时拥有英文读者和印地语读者。新闻媒体在读者对某一事件构成认知的过程中发挥着重要的引导作用。由于其天然的优势，印地语媒体对印度百姓的认知有着最直接和最重要的影响。印地语媒体对“一带一路”的关注少，印度百姓们对“一带一路”的认知便会对应缺少，进而就会影响到印度民间对于“一带一路”倡议的观点看法和态度。因此，弥补我国在印度的媒体话语权缺失和“一带一路”对印度宣传缺失的短板十分必要。

第二，印地语媒体主要透过陆权、海权和生存空间这三个地缘政治子框架来审视和呈现“一带一路”倡议。其中，生存空间框架最具引领性，陆权框架次之，海权框架出现最少。这表明，印地语媒体在透过地缘框架报道“一带一路”时，更多地考量生存空间拓展，考量印度的“大国梦”和“大国战略”。但是印地语媒体也会随时局变化相应地调整话语架构策略，突出政府关切。例如，当中印关系紧张时，陆权框架在报道中就更为凸显。

第三，“一带一路”倡议在印地语媒体中整体呈负面形象。报道中的高频词和关键词语境都具有明显的负面倾向，媒体常常在报道中明确表达出反对态度，将“一带一路”置于中国的大战略框架下，认为“一带一路”是中国企图与美国争夺领导地位的重要手段，并指责中国给其他国家带来债务负担。

第四，政治权力思想在很大程度上影响印地语媒体对“一带一路”的呈现，报道时刻体现国家利益。地缘政治视阈下印地语媒体的“一带一路”报道，在内容、数量和报道方式上都与印度的地缘诉求、政府的观点和野心紧密联系。媒体的报道数量直接受到政治外交动向的影响，政治观点也会渗入到报道内容中。正是在多重因素直接或间接的作用下，才形成了最终呈现给读者的新闻报道。

参考文献

[1] 姜景奎，贾岩. 印地语优先：印度的语言结构正在发生重大变化［J］. 世界知识，2018（1）：61—63.

[2] 林民旺. 印度对“一带一路”的认知及中国的政策选择［J］. 世界经济与政治，2015（5）：44—59，159—160.

[3] 梅冠群. 印度对“一带一路”的态度研究［J］. 亚太经济，2018（2）：78—86.

[4] 钟馨. 英国全国性报纸中“一带一路”话语的意义建构研究：基于语料库批评话语分析法［J］. 现代传播（中国传媒大学学报），2018，40（7）：61—69.

附录：

1. 陆权框架语料库词频表

Order	Item	Freq	Meaning
1	चीन / चीनी / बीजिंग	751	中国
2	भारत / भारतीय	680	印度
3	परियोजना / प्रोजेक्ट / योजना	586	计划
4	देश	547	国家
5	पाकिस्तान	278	巴基斯坦
6	सीपीईसी-गलियारा / सीपीइसी-कॉरिडोर	272	中巴经济走廊
7	विवाद	126	冲突
8	संप्रभुता	117	主权
9	राष्ट्रपति / शी चिनफिंग	118	国家主席习近平
10	ओबीओआर / बीआरआइ	105	一带一路
11	चीन-पाकिस्तान	102	中国-巴基斯坦
12	नेपाल	72	尼泊尔
13	शामिल	65	加入
14	एशिया	63	亚洲
15	महत्वाकांक्षी	60	雄心勃勃
16	क्षेत्र / क्षेत्रीय	55	区域
17	सीमा	55	边境
18	कश्मीर	50	克什米尔
19	तिब्बत	46	西藏
20	विरोध	42	反对

2. 海权框架语料库词频表

Order	Item	Freq	Meaning
1	चीन	378	中国
2	बेल्ट एवं रोड / ओबोर	235	一带一路
3	परियोजना / प्रोजेक्ट / योजना	149	计划
4	पाकिस्तान	142	巴基斯坦
5	भारत	140	印度
6	बंदरगाह / पोर्ट	112	港口
7	आर्थिक / अर्थव्यवस्था	93	经济
8	कर्ज / ऋण	85	贷款
9	ग्वादर	80	瓜达尔
10	देश	74	国家
11	श्रीलंका	69	斯里兰卡
12	राष्ट्रपति / शी जिनपिंग	56	国家主席习近平
13	अमेरिका	55	美国
14	सैन्य	53	军事
15	विरोध / खिलाफ	49	反对/对立
16	सुरक्षा / रक्षा	47	安全
17	बांग्लादेश	46	孟加拉国
18	चिंता	45	担心
19	खतरा	44	危险
20	विकास	43	发展

3. 生存空间框架词频表

Order	Item	Freq	Meaning
1	चीन	867	中国
2	भारत	747	印度
3	देश	609	国家
4	बेल्ट एवं रोड / ओबीओआर	432	一带一路
5	दुनिया / वैश्विक / अंतरराष्ट्रीय / ग्लोबल	383	国际化的/全球的
6	परियोजना / प्रोजेक्ट / योजना	360	计划
7	पाकिस्तान	260	巴基斯坦
8	अमेरिका	241	美国
9	संबंध / जोड़ना / संपर्क / कनेक्टिविटी	219	联系/连接
10	सम्मेलन / बैठक / फोरम	180	会议/论坛
11	बातचीत	176	对话
12	विकास	172	发展
13	सामरिक / रणनीतिक	158	战略
14	पूर्व	132	东方
15	राष्ट्रपति / शी चिनफिंग	127	国家主席习近平
16	सहयोग	97	合作
17	जापान	90	日本
18	समझौते	89	协定
19	भविष्य	88	未来
20	कोरिया	68	韩国

4. 陆权框架索引行（部分）

	Details	Left context	KWIC	Right context
1	doc#0	<s> चीन के राष्ट्रपति शी जिनपिंग ने 2013 में	**बेल्ट एंड रोड**	परियोजना की शुरुआत की थी भारत चीन की इस
2	doc#0	ज़ब है कि चीन के राष्ट्रपति शी जिनपिंग ने 2013 में	**बेल्ट एंड रोड**	परियोजना की शुरुआत की थी इसके तहत चीन ने
3	doc#0	ाते वह चीनी राष्ट्रपति शी चिनफिंग की महत्वाकांक्षी	**बेल्ट एंड रोड**	इनीशिएटिव बीआरआइ परियोजना के कार्यान्वयन
4	doc#0	कोरोना के कारण चीन की महत्वाकांक्षी परियोजना	**बेल्ट एंड रोड**	के चीन के इतर दूसरे देशों में चल रहे सभी प्रोजेक्ट
5	doc#0	हामारी के कारण चीन की महत्वाकांक्षी परियोजना	**बेल्ट एंड रोड**	के चीन के इतर दूसरे देशों में चल रहे सभी प्रोजेक्ट
6	doc#0	तेविधियों को रफ्तार देने के मकसद से शुरू की गई	**बेल्ट एंड रोड**	परियोजना का करीब बीस फीसद हिस्सा बहुत गंभी
7	doc#0	नेया ने देखा है म्यामांर में चीनी हित म्यांमार चीन के	**बेल्ट एंड रोड**	इनिशिएटिव का हिस्सा है चीन-म्यांमार इकोनॉमिक
8	doc#0	भी लगातार कर रहा है एक तरफ जहां चीन अपनी	**बेल्ट एंड रोड**	परियोजना चला रहा है तो वहीं अमेरिका इंडो- पैसि
9	doc#0	बार के मुताबिक चीन ने पूरे क्षेत्र के विकास के लिए	**बेल्ट एंड रोड**	प्रोजेक्ट OBOR की शुरुआत की है जिसका फायद
10	doc#0	ाओं के विकास की आड़ में चीन भारत में भी अपने	**बेल्ट एंड रोड**	इनीशिएटिव BRI को बढ़ाने की कोशिश में जुटा है
11	doc#0	मार्गों से विश्व को जोड़ने वाले महत्वाकांक्षी प्रोजेक्ट	**बेल्ट एंड रोड**	फोरम की दूसरी बैठक में भी भारत शामिल नहीं हो
12	doc#0	मार्गों से विश्व को जोड़ने वाले महत्वाकांक्षी प्रोजेक्ट	**बेल्ट एंड रोड**	फोरम की दूसरी बैठक में भी भारत शामिल नहीं हो
13	doc#0	7 देश शिरकत करेंगे चीनी राष्ट्रपति शी चिनफिंग ने	**बेल्ट एंड रोड**	प्रोजेक्ट को वर्ष 2013 में शुरू किया था इसका मक
14	doc#0	की वजह दरअसल भारत के विरोध की मुख्य वजह	**बेल्ट एंड रोड**	फोरम के तहत चीन की ओर से प्रस्तावित चीन-पावि
15	doc#0	ने किया था उसके बाद से इटली समेत कई देशों ने	**बेल्ट एंड रोड**	फोरम पर दस्तखत किए हैं चीन ने कहा बेल्ट एंड रो
16	doc#0	ल्ट एंड रोड फोरम पर दस्तखत किए हैं चीन ने कहा	**बेल्ट एंड रोड**	फोरम में भारत के हिस्सा नहीं लेने से प्रभावित नहीं
17	doc#0	है इसके साथ ही उसने कहा कि इस हफ्ते होने वाले	**बेल्ट एंड रोड**	फोरम में भारत के हिस्सा नहीं लेने से द्विपक्षीय संबं
18	doc#0	जेक्ट का निर्माण चीन की महत्वाकांक्षी परियोजना	**बेल्ट एंड रोड**	इनिशिएटिव के तहत किया जा रहा है चीन अपनी इ
19	doc#0	के सामने रखने के लिए 25 से 27 अप्रैल तक दूसरे	**बेल्ट एंड रोड**	फोरम का आयोजन कर रहा है भारत ने चीन के पह
20	doc#0	ने कहा कि अब तक 37 राष्ट्राध्यक्षों और सरकारों ने	**बेल्ट एंड रोड**	फोरम में हिस्सा लेने की पुष्टि की है उत्तर कोरिया के
21	doc#0	मीनी और समुद्री सीमा विवाद से पृथक अभियान है	**बेल्ट एंड रोड**	पहल भी इससे अलग नहीं है मुझे लगता है कि खास
22	doc#0	गतिविधियों में शामिल होना ज्यादा कठिन हो जाए	**बेल्ट एंड रोड**	फोरम की तैयारी में चीनपोंपियो का यह बयान ऐसे
23	doc#0	न ऐसे समय पर आया है जब चीन अगले माह दूसरे	**बेल्ट एंड रोड**	फोरम की मेजबानी करने की तैयारी कर रहा है भार
24	doc#0	बर केबल नेटवर्क से जोड़ने का है मिस्री ने कहा कि	**बेल्ट एंड रोड**	इनीशिएटिव बीआरआइ पर भारत का रुख स्पष्ट है
25	doc#0	इस परियोजना पर चिंता जताई है भारत ने चीन के	**बेल्ट एंड रोड**	फोरम में हिस्सा नहीं लेने का संकेत दिया है भारत व
26	doc#0	पर विरोध जताते हुए भारत ने 2017 में हुए पहले	**बेल्ट एंड रोड**	फोरम बीआरएफ का भी बहिष्कार किया था हाल है
27	doc#0	ता जहां इन हितों की अनदेखी हो मिस्री ने कहा कि	**बेल्ट एंड रोड**	इनीशिएटिव बीआरआइ पर भारत का रुख स्पष्ट है
28	doc#0	बावजूद इटली के प्रधानमंत्री गुइसेप कोंटे ने चीन के	**बेल्ट एंड रोड**	इनीशिएटिव में शामिल होने की बात कही है कोंटे ने
29	doc#0	बहिष्कार करने का संकेत दिया है भारत ने चीन के	**बेल्ट एंड रोड**	फोरम में हिस्सा नहीं लेने का संकेत दिया है भारत व
30	doc#0	पर विरोध जताते हुए भारत ने 2017 में हुए पहले	**बेल्ट एंड रोड**	फोरम बीआरएफ का भी बहिष्कार किया था हाल है
31	doc#0	ता जहां इन हितों की अनदेखी हो मिस्री ने कहा कि	**बेल्ट एंड रोड**	इनीशिएटिव बीआरआइ पर भारत का रुख स्पष्ट है

5. 海权框架索引行（部分）

	Details	Left context	KWIC	Right context
1	doc#0	नेया ने देखा है म्यामांर में चीनी हित म्यांमार चीन के	**बेल्ट एंड रोड**	इनिशिएटिव का हिस्सा है चीन-म्यांमार इकोनॉमिक
2	doc#0	ोन के राष्ट्रपति शी चिनफिंग ने शुक्रवार को चीन की	**बेल्ट एंड रोड**	बीआरआइ परियोजना से जुड़े ऋणों पर अपनी चिंत
3	doc#0	हीं किया जाएगा चीनी राष्ट्रपति ने कहा कि चीन की	**बेल्ट एंड रोड**	परियोजना पारदर्शी एवं आर्थिक रूप से स्थाई होनी
4	doc#0	चाहिए बता दें कि वर्ष 2013 में चीन की बहुचर्चित	**बेल्ट एंड रोड**	इनिशिएटिव परियोजना की घोषणा की गई थी उस
5	doc#0	मार्गों से विश्व को जोड़ने वाले महत्वाकांक्षी प्रोजेक्ट	**बेल्ट एंड रोड**	फोरम की दूसरी बैठक में भी भारत शामिल नहीं हो
6	doc#0	मार्गों से विश्व को जोड़ने वाले महत्वाकांक्षी प्रोजेक्ट	**बेल्ट एंड रोड**	फोरम की दूसरी बैठक में भी भारत शामिल नहीं हो
7	doc#0	37 देश शिरकत करेंगे चीनी राष्ट्रपति शी चिनफिंग ने	**बेल्ट एंड रोड**	प्रोजेक्ट को वर्ष 2013 में शुरू किया था इसका मक
8	doc#0	की वजह दरअसल भारत के विरोध की मुख्य वजह	**बेल्ट एंड रोड**	फोरम के तहत चीन की ओर से प्रस्तावित चीन-पाकि
9	doc#0	ने किया था उसके बाद से इटली समेत कई देशों ने	**बेल्ट एंड रोड**	फोरम पर दस्तखत किए हैं बेल्ट एंड रोड पहल भी
10	doc#0	कई देशों ने बेल्ट एंड रोड फोरम पर दस्तखत किए हैं	**बेल्ट एंड रोड**	पहल भी इससे अलग नहीं है मुझे लगता है कि खास
11	doc#0	गतिविधियों में शामिल होना ज्यादा कठिन हो जाए	**बेल्ट एंड रोड**	फोरम की तैयारी में चीनपोंपियो का यह बयान ऐसे
12	doc#0	न ऐसे समय पर आया है जब चीन अगले माह दूसरे	**बेल्ट एंड रोड**	फोरम की मेजबानी करने की तैयारी कर रहा है भार
13	doc#0	बर केबल नेटवर्क से जोड़ने का है मिस्री ने कहा कि	**बेल्ट एंड रोड**	इनीशिएटिव बीआरआइ पर भारत का रुख स्पष्ट है
14	doc#0	इस परियोजना पर चिंता जताई है भारत ने चीन के	**बेल्ट एंड रोड**	फोरम में हिस्सा नहीं लेने का संकेत दिया है भारत
15	doc#0	पर विरोध जताते हुए भारत ने 2017 में हुए पहले	**बेल्ट एंड रोड**	फोरम बीआरएफ का भी बहिष्कार किया था हाल
16	doc#0	ता जहां इन हितों की अनदेखी हो मिस्री ने कहा कि	**बेल्ट एंड रोड**	इनीशिएटिव बीआरआइ पर भारत का रुख स्पष्ट है
17	doc#0	बावजूद इटली के प्रधानमंत्री गुइसेप कोंटे ने चीन के	**बेल्ट एंड रोड**	इनीशिएटिव में शामिल होने की बात कही है कोंटे ने
18	doc#0	बहिष्कार करने का संकेत दिया है भारत ने चीन के	**बेल्ट एंड रोड**	फोरम में हिस्सा नहीं लेने का संकेत दिया है भारत
19	doc#0	पर विरोध जताते हुए भारत ने 2017 में हुए पहले	**बेल्ट एंड रोड**	फोरम बीआरएफ का भी बहिष्कार किया था हाल
20	doc#0	ता जहां इन हितों की अनदेखी हो मिस्री ने कहा कि	**बेल्ट एंड रोड**	इनीशिएटिव बीआरआइ पर भारत का रुख स्पष्ट है
21	doc#0	बावजूद इटली के प्रधानमंत्री गुइसेप कोंटे ने चीन के	**बेल्ट एंड रोड**	इनीशिएटिव में शामिल होने की बात कही है कोंटे ने
22	doc#0	तरिक्ष के सैन्यीकरण की कोशिश कर रहा है चीन के	**बेल्ट एंड रोड**	प्रोजेक्ट के पीछे इरादे कुछ ओर ही हैं न्यूयॉर्क टाइम्स
23	doc#0	ोर्ट में इशारा किया गया है कि चीन के पाकिस्तान में	**बेल्ट एंड रोड**	प्रोजेक्ट के पीछे के खतरनाक इरादे हैं जिन्हें वो सम
24	doc#0	आने पर जाहिर कर सकता है चीन के पाकिस्तान में	**बेल्ट एंड रोड**	प्रोजेक्ट के पीछे के खतरनाक इरादों से सबसे बड़ी
25	doc#0	चीन लगातार कहता रहा है कि उसका महत्वाकांक्षी	**बेल्ट एंड रोड**	प्रोजेक्ट पूरी तरह से आर्थिक और शांतिपूर्ण उद्देश्यों
26	doc#0	णनीतिक उद्देश्यों के लिए भी कर सकता है चीन के	**बेल्ट एंड रोड**	प्रोजेक्ट के पीछे इरादे कुछ ओर ही हैं न्यूयॉर्क टाइम्स
27	doc#0	क विमान बनाएगा बता दें कि सीपीइसी चीन के ही	**बेल्ट एंड रोड**	इनिशटिव का हिस्सा है सैन्य विशेषज्ञों का कहना है
28	doc#0	र रहे हैं रिपोर्ट में कहा गया है कि सबसे ज्यादा मांग	**बेल्ट एंड रोड**	इनिशिएटिव के भागीदारों से आ रही है 2013 में शु
29	doc#0	एटिव के भागीदारों से आ रही है 2013 में शुरू हुई	**बेल्ट एंड रोड**	योजना गौरतलब है कि वर्ष 2013 में बेल्ट एंड रोड
30	doc#0	बेल्ट एंड रोड योजना गौरतलब है कि वर्ष 2013 में	**बेल्ट एंड रोड**	योजना शुरू होने के बाद बाहरी देशों से चीन को अ
31	doc#0	और भावी ऋण स्तर का मूल्यांकन किया है चीन की	**बेल्ट एंड रोड**	इनिशिएटिव बीआरआई ने आठ देशों में ऋण स्थिरत

6. 生存空间框架索引行（部分）

	Details	Left context	KWIC	Right context
1	doc#0	ा में बतौर राजदूत भी काम कर चुके हैं उन्होंने कहा	**बेल्ट एंड रोड**	प्रोजेक्ट सभी के लिए खुला है समावेशी और पारदश
2	doc#0	तर्क दिए चीन के राष्ट्रपति शी जिनपिंग ने 2013 में	**बेल्ट एंड रोड**	परियोजना की शुरुआत की थी भारत चीन की इस
3	doc#0	ज़ब है कि चीन के राष्ट्रपति शी जिनपिंग ने 2013 में	**बेल्ट एंड रोड**	परियोजना की शुरुआत की थी इसके तहत चीन ने
4	doc#0	ऩो लेकर सख्त नजर आ रही है खासकर बीजिंग के	**बेल्ट एंड रोड**	इनशिएटिव बीआरआइ में भागीदार देशों पर कर्ज के
5	doc#0	कोरोना के कारण चीन की महत्वाकांक्षी परियोजना	**बेल्ट एंड रोड**	के चीन के इतर दूसरे देशों में चल रहे सभी प्रोजेक्ट
6	doc#0	ाहामारी के कारण चीन की महत्वाकांक्षी परियोजना	**बेल्ट एंड रोड**	के चीन के इतर दूसरे देशों में चल रहे सभी प्रोजेक्ट
7	doc#0	तेविधियों को रफ्तार देने के मकसद से शुरू की गई	**बेल्ट एंड रोड**	परियोजना का करीब बीस फीसद हिस्सा बहुत गंभी
8	doc#0	नेया ने देखा है म्यामांर में चीनी हित म्यांमार चीन के	**बेल्ट एंड रोड**	इनिशिएटिव का हिस्सा है चीन-म्यांमार इकोनॉमिक
9	doc#0	भी लगातार कर रहा है एक तरफ जहां चीन अपनी	**बेल्ट एंड रोड**	परियोजना चला रहा है तो वहीं अमेरिका इंडो- पैसि
10	doc#0	बार के मुताबिक चीन ने पूरे क्षेत्र के विकास के लिए	**बेल्ट एंड रोड**	प्रोजेक्ट OBOR की शुरुआत की है जिसका फायद
11	doc#0	ोन के राष्ट्रपति शी चिनफिंग ने शुक्रवार को चीन की	**बेल्ट एंड रोड**	बीआरआइ परियोजना से जुड़े ऋणों पर अपनी चिंत
12	doc#0	हीं किया जाएगा चीनी राष्ट्रपति ने कहा कि चीन की	**बेल्ट एंड रोड**	परियोजना पारदर्शी एवं आर्थिक रूप से स्थाई होनी
13	doc#0	चाहिए बता दें कि वर्ष 2013 में चीन की बहुचर्चित	**बेल्ट एंड रोड**	इनिशिएटिव परियोजना की घोषणा की गई थी उस
14	doc#0	मार्गों से विश्व को जोड़ने वाले महत्वाकांक्षी प्रोजेक्ट	**बेल्ट एंड रोड**	फोरम की दूसरी बैठक में भी भारत शामिल नहीं हो
15	doc#0	मार्गों से विश्व को जोड़ने वाले महत्वाकांक्षी प्रोजेक्ट	**बेल्ट एंड रोड**	फोरम की दूसरी बैठक में भी भारत शामिल नहीं हो
16	doc#0	37 देश शिरकत करेंगे चीनी राष्ट्रपति शी चिनफिंग ने	**बेल्ट एंड रोड**	प्रोजेक्ट को वर्ष 2013 में शुरू किया था इसका मक
17	doc#0	की वजह दरअसल भारत के विरोध की मुख्य वजह	**बेल्ट एंड रोड**	फोरम के तहत चीन की ओर से प्रस्तावित चीन-पाकि
18	doc#0	ः ने किया था उसके बाद से इटली समेत कई देशों ने	**बेल्ट एंड रोड**	फोरम पर दस्तखत किए हैं चीन के विदेश मंत्रालय के
19	doc#0	मीनी और समुद्री सीमा विवाद से पृथक अभियान है	**बेल्ट एंड रोड**	इनिशिएटिव से जुड़ी चीन की वित्तीय नीति पर सवा
20	doc#0	अमेरिका ने चीन के प्राचीन सिल्क मार्ग से जुड़े दूसरे	**बेल्ट एंड रोड**	फोरम का बहिष्कार किया है अमेरिकी विदेश मंत्राल
21	doc#0	न में कोई उच्च स्तरीय अधिकारी नहीं भेजा जाएगा	**बेल्ट एंड रोड**	इनिशिएटिव बीआरआइ से जुड़ी चीन की वित्तीय नी
22	doc#0	कश्मीर से होकर गुजरता है वर्ष 2017 में हुए पहले	**बेल्ट एंड रोड**	फोरम में अमेरिका के एशियाई मामलों के वरिष्ठ अ
23	doc#0	स माह के अंत में होने वाले सम्मेलन में शामिल होंगे	**बेल्ट एंड रोड**	पहल भी इससे अलग नहीं है मुझे लगता है कि खास
24	doc#0	गतिविधियों में शामिल होना ज्यादा कठिन हो जाए	**बेल्ट एंड रोड**	फोरम की तैयारी में चीनपोंपियो का यह बयान ऐसे
25	doc#0	न ऐसे समय पर आया है जब चीन अगले माह दूसरे	**बेल्ट एंड रोड**	फोरम की मेजबानी करने की तैयारी कर रहा है भार
26	doc#0	बर केबल नेटवर्क से जोड़ने का है मिस्री ने कहा कि	**बेल्ट एंड रोड**	इनीशिएटिव बीआरआइ पर भारत का रुख स्पष्ट है
27	doc#0	इस परियोजना पर चिंता जताई है भारत ने चीन के	**बेल्ट एंड रोड**	फोरम में हिस्सा नहीं लेने का संकेत दिया है भारत व
28	doc#0	! पर विरोध जताते हुए भारत ने 2017 में हुए पहले	**बेल्ट एंड रोड**	फोरम बीआरएफ का भी बहिष्कार किया था हाल ही
29	doc#0	ता जहां इन हितों की अनदेखी हो मिस्री ने कहा कि	**बेल्ट एंड रोड**	इनीशिएटिव बीआरआइ पर भारत का रुख स्पष्ट है
30	doc#0	बावजूद इटली के प्रधानमंत्री गुइसेप कोंटे ने चीन के	**बेल्ट एंड रोड**	इनीशिएटिव में शामिल होने की बात कही है कोंटे ने
31	doc#0	बहिष्कार करने का संकेत दिया है भारत ने चीन के	**बेल्ट एंड रोड**	फोरम में हिस्सा नहीं लेने का संकेत दिया है भारत व

巴基斯坦瑟拉伊基语言运动

国防科技大学外国语学院　王瑞晨

【摘　要】据 2017 年人口普查数据显示瑟拉伊基语已成为巴基斯坦第三大民族语言，但是在语言学方面瑟拉伊基语是否是独立的民族语言，不同立场的语言学家持不同意见。瑟拉伊基人认为他们拥有自己的文化、语言以及民族叙事，在民族政治方面主张促成以建省为目的的语言运动，该语言运动目前仍面临外部阻碍且自身存在一些难以解决的问题，因此仍处于搁置状态。民族语言在塑造民族认同、增强社会凝聚力中持续发挥作用。尊重少数族群语言多样性，才能增强国内各民族的凝聚力，促进国家发展。

【关键词】巴基斯坦；瑟拉伊基语；语言运动

一、引言

瑟拉伊基语的使用者大致沿印度河流域分布，其使用者主要居住在旁遮普南部和西南部（包括巴哈瓦尔布尔专区、德拉加齐汗专区和木尔坦专区）、信德省北部、德拉伊斯梅尔汗南部地区和开伯尔-普赫图赫瓦省的坦克地区，以及俾路支省东部地区，特别是罗拉莱和纳西尔-阿巴德地区。虽然瑟拉伊基语是旁遮普省南部的主要语言，但由于其地理位置在四省交界地带，因此也融入了普什图语、俾路支语和信德语元素，在德拉加齐汗和拉金普尔地区俾路支语对瑟拉伊基语有很大的影响，同样瑟拉伊基语也影响着邻近省份的语言。2017 年的人口普查数据显示瑟拉伊基语已成为巴基斯坦第三大民族语言，巴基斯坦全国有 2600 万人以瑟拉伊基语为母语。[①]瑟拉伊基语是旁遮普南部使用最多的语言，该语言的历史可以追溯到大约 4500 年前的印度河文明时期，是继信德语之后的第二种古老语言。

巴基斯坦存在以语言问题为主导的多次民族运动，民族语言成为使用该语言的族群表达其政治权力的工具。因此瑟拉伊基人通过认定民族语言的独特性，构建民族身份的心理认同进而发起瑟拉伊基语言运动，以期能够建立一个属于瑟拉伊基人的独立省份，本文就瑟拉伊基语的地位以及瑟拉伊基语言运动产生的背景做简要分析，尝试总结瑟拉伊基语言运动所面临的困境以及使用该语言人民的政治诉求，以期对巴基斯坦的民族语言运动做进一步了解。

---

① En.wikipedia.org/wiki/Saraiki_language

二、关于瑟拉伊基语的语言学争议

巴基斯坦是一个多民族的国家，虽然各民族有着共同的宗教信仰并在伊斯兰认同的基础上建立国家，但是各民族依然将本民族语言视为自身民族身份认同的标志，并将之与民族意识形态与民族权利紧密相连[①]。瑟拉伊基语能否作为独立的民族语言成为瑟拉伊基人民族身份的标志，还是只能作为一种方言存在，该问题一直困扰着语言学家。语言学家们对语言和方言的特征也有不同的看法，所以没有一个明确的语言和方言分类标准。

以瑟拉伊基语为母语的知识分子认为瑟拉伊基语是一种独立的语言，反对瑟拉伊基语是旁遮普的一种方言。Ethnologue[②]在其第十八版中使用 ISO-639-3 标准设定了语言与方言的区分标准：1. 如果每个变种的使用者在功能层面上对另一个变种有内在的理解（也就是说，两个相关变种语言不需要互相学习就可以理解），那么这两个相关的变种通常被认为是同一语言的变种。2. 当不同变体之间的口语可理解性处于边缘时，存在一种共同的文献或一个双方都能理解的中心变体的共同民族语言身份可以是一个强有力的指标，表明它们仍然应该被视为同一语言的变体。3. 在各种语言之间有足够的可理解性并在可以进行交流的情况下，已经确立的不同的民族语言身份的存在是一个强有力的指标，表明它们仍然应该被视为不同的语言。[③]基于第三点即一种“确立的不同的民族语言身份”，Ethnologue 将瑟拉伊基语归类为语言。

此外，由语言学家乔治·格里尔森在《印度语言调查》（1903-28）中使用了“莱赫达（Lahnda）”[④]这个词来定义旁遮普西部的语言组。格里尔森进一步将瑟拉伊基语命名为“南莱赫达”（Southern Lahnda），通过这个标签，国际社会已经承认它是一种独立的语言，这一说法仍然受到旁遮普人的争议，但是得到了瑟拉伊基语

---

① 谭蓉蓉，［巴基斯坦］舒美拉·费尔多斯．巴基斯坦民族语言运动历史形态及其成因考察［J］. 历史教学，2018（8）.

② Ethnologue 是年度参考出版物，提供世界上现存语言的统计数据和其他信息，是全世界最全的语言目录。1951 年首次发行，现由美国基督教非营利组织 SIL international 出版。SIL international 研究多种少数民族语言以促进语言发展，Ethnologue 在意识形态或神学上并无偏见。2013 年国际语言学百科全书将 Ethnologue 描述为“世界语言的谱系分类综合清单”。

③ Ethnologue: Languages of the World, http://www.ethnolohue.com/about/problem-languwge-identification

④ Lahnda，也被称为 Lahndi 或西旁遮普语，是在巴基斯坦旁遮普省西部地区及周边地区使用的一组印度-雅利安语系变体，主要包括 Saraiki、Hindko 和 Pahari/Pothwari。在旁遮普语中 Lahnda 意为“西部”，是由 William St. Clair Tisdall（英国牧师、语言学家、历史学家，1859—1928 年）于 1890 年左右创造，后来被许多语言学家采用，用于表示没有通用本地名称的方言组，有关 Lahnda 方言组的分类的有效性尚未确定。

言运动者的支持。南亚文化历史学家侯赛因·艾哈迈德·汗认为：“瑟拉伊基语虽然同时表现出旁遮普语和信德语的特点，但由于它与旁遮普语在动词的屈折变化方面不同，与信德语在形态上存在差异，因此值得将其视为一种独特的语言。”①

部分语言学家认为瑟拉伊基语实际上是旁遮普语或信德语的方言。1813 年，在现今印度加尔各答的郊区塞伦普尔（Serampore）工作的威廉·凯里（William Carey，1761—1834）将这种语言命名为“Wuch”。他还编写了一本语法书，这可能是第一本用瑟拉伊基文字编写的语法书。另一位英国学者理查德·伯顿（Richard Burton，1849）编写了名为“瑟拉伊基语”的语法书，他认为这是旁遮普的一种方言。传教士安德鲁·朱克斯（Andrew Jukes，1847—1931）和特雷弗·邦福德（Trevor Bomford）又将瑟拉伊基语称为“西旁遮普语”。因此，大量的西方学者认为瑟拉伊基语是旁遮普语的一种方言。

巴基斯坦旁遮普大学语言学教授玛丽亚·伊莎贝尔·马尔多纳多博士（Maria Isabel Maldonado）在她的文章《语言和方言：标准和历史证据》中指出：“区分语言和方言似乎很简单。然而，尽管语言的定义似乎很明确，但在实际应用中，当面临特定语言系统是语言还是方言的困境时，从科学的角度来看这些定义是模糊的，社会语言学和政治压力可能在许多情况下发挥作用。”②根据玛丽亚博士提出的语言和方言的划分标准，瑟拉伊基语属于方言。原因如下：1. 瑟拉伊基语与西旁遮普语有 70%—85% 的相似度，与信德语有 85% 的相似度。2. 语言与方言相比，使用的范围更广。瑟拉伊基语不具备丰富的文学传统，即使受过教育的瑟拉伊基社区成员付出了努力，但很难构成一个庞大的文学体。乌尔都语、旁遮普语和信德语的文学发展史远远超过瑟拉伊基语。3. 有关瑟拉伊基语的书面出版物是有限的，虽然瑟拉伊基语有语法和字典，但这并不是由专业人员编写的，在任何情况下，如果没有书面的表现形式，语言的连续性就不能保证。4. 语言存在于一个特定的、有限的地理区域，该区域隶属于国家地理区域，而讲瑟拉伊基语的人分散在全国各地，主要聚集地是旁遮普省南部和北信德省。5. 语言需要作为一种教学媒介而存在，瑟拉伊基语既不是国语也不是官方语言，瑟拉伊基语使用者的识字率不足 1%③，而且也很少有瑟拉伊基语书籍出版，因此无法培训用瑟拉伊基语教学的老师。

除此之外，尽管瑟拉伊基语言运动的支持者坚持瑟拉伊基人具有独立的身份，并为此进行了有计划的语言改革，但他们一直无法使瑟拉伊基语具有语言的特征，比如瑟拉伊基语是根据乌尔都语字母表编写的，不具备独立的文字，到目前为止，

---

① Hussain Ahmad Khan. Re-Thinking Punjab: The Construction of Siraiki Identity [M]. Research and Publication Centre, Lahore: National College of Arts, 2004:123.

② Maria Isabel Maldonado, Akhtar Hussain Sandhu. Language And Dialect: Criteria And Historical Evidence [J]. Grassroots, 2015, 49 (1).

③ https://unesdoc.unesco.org/ark:/48223/pf0000146104

瑟拉伊基语仍然被认为是旁遮普语的一种方言。

三、瑟拉伊基人的民族叙事及民族政治的发展

（一）民族叙事

瑟拉伊基人有来自古代雅利安人和白匈奴人的痕迹，并受到阿拉伯、土耳其、波斯和蒙古文化的影响。在旁遮普省西南部，瑟拉伊基语与其人民的种族身份有着内在的联系。瑟拉伊基的民族叙事也得到了各种理论家和学者的支持，并在著作中不断证明了瑟拉伊基语是瑟拉伊基人的身份标记。

瑟拉伊基人的民族叙事基于瑟拉伊基语是一种语言，旁遮普语是瑟拉伊基语的方言之一。历史上，在独立前的殖民体制下，木尔坦、穆扎法尔加拉、巴哈瓦尔布尔、莱亚等地区的语言以他们所在地区名称命名，如木尔坦语、穆扎法尔加拉语、巴哈瓦尔布尔语。在印度王公兰吉特·辛格的统治之下（1818 年），木尔坦保留了自治地位，木尔坦地区是瑟拉伊基语中心，当时该语言被称为木尔坦语。英国人来到该地区后，降低了当地语言的重要性，该举措有助于瑟拉伊基人形成统一的区域认同。独立后，旁遮普南部地区的地方名称统一为瑟拉伊基，在 19 世纪 60 年代，所有瑟拉伊基民族主义者第一次有了共识。瑟拉伊基人认为他们拥有自己的文化、语言以及民族叙事。他们认为旁遮普卡苏尔著名的神秘主义诗人布勒沙阿（بلے شا）、拉合尔的马杜·拉尔·侯赛因（مادھو لال حسین）、克什米尔的米安·穆罕默德·布赫什（میاں محمد بخش）以及霍瓦贾·古拉姆·法里德（خواجہ غلام فرید，1845—1901）都是瑟拉伊基语诗人。渐渐地，形成了各种承认瑟拉伊基语是一种独特的语言的瑟拉伊基团体和文化组织。南旁遮普人以“法里德节”的名义庆祝，以纪念伟大的苏菲派诗人霍瓦贾·古拉姆·法里德。木尔坦的瑟拉伊基文学委员会和瑟拉伊基研究中心（SRC）印刷出版各种瑟拉伊基语书籍。在这种传统民族叙事的基础上，瑟拉伊基团体和文化组织努力地重塑瑟拉伊基语的起源，瑟拉伊基的民族身份认同在人民中的发展增强了该地区从旁遮普省分离的倾向。

（二）民族政治的发展

巴基斯坦的民族语言运动不仅是巴基斯坦各族民众对自己民族身份的一种认同和肯定，更是巴基斯坦各地下层民众对讲英语和乌尔都语的社会精英阶层的一种挑战和反抗。他们通过民族语言运动寻求自己的民族身份和社会地位，实质上是一种政治愿望的表达。[①]该国的民族语言问题经常被用作向当局施压的政治工具，成为国家统一的严重威胁。语言成为瑟拉伊基人实现社会政治愿望的工具，通过语言或

---

① 谭蓉蓉，［巴基斯坦］舒美拉·费尔多斯．巴基斯坦民族语言运动历史形态及其成因考察［J］．历史教学，2018（8）．

文化协会来达到其政治目的成为最有效的选择。美国著名哲学家约翰·杜威（John Dewey）指出语言最重要的作用是人们社会交往的工具性，经验主义者和传统的经验主义者都忽视了语言的工具性，而事实上语言作为工具，它可以帮助人们确定意义、创造意义，实现人们的理想，满足人们的需要，促进人们的思考。[①]瑟拉伊基语言运动的领导者通过操纵语言符号来实现其政治目标并使用语言来获得该社会群体的支持。

瑟拉伊基语言运动的起源可以追溯到20世纪60年代，起初是一场文化和语言运动，后来发展为政治运动，出现了很多政党，例如：巴基斯坦瑟拉伊基党、瑟拉伊基民族党、瑟拉伊基民族运动党、瑟拉伊基省运动党等[②]。该运动得到了该地区所有地方政党和团体的支持，木尔坦成为第一次全巴基斯坦瑟拉伊基会议的主办地。人民党信德省首席部长支持这一计划，包括拉苏尔·布赫什·帕莱乔在内的几位信德学者也参加了这一活动，但管理层分发的“瑟拉伊基省”地图激怒了信德参与者，因为拟议的地图也包括了信德省的多个地区。信德人打出“信德的任何一块土地都比他们的生命珍贵”的口号。因此瑟拉伊基语言运动的支持者被迫放弃了对这些信德地区的主张。在奇亚·哈克军事统治期间，为了打败竞争对手人民党，他针对乌尔都语问题在卡拉奇推动了穆哈吉尔移民运动[③]，并导致了乌尔都语和信德语族群之间无休止的冲突。他也试图以同样的方法划分旁遮普省，以巩固自己的政权。总统奇亚·哈克在没有咨询语言学专家的情况下，于20世纪80年代承认瑟拉伊基语为独立语言。瑟拉伊基民族运动党（SQM）在统一民族运动党[④]的模式下出现。卡拉奇、坎布尔卡托拉和阿玛德布尔沙奇亚成为瑟拉伊基民族运动的中心。瑟拉伊基民族运动的发起者要求建立一个由旁遮普的瑟拉伊基语区组成的新省，也就是旁遮普省南部，包括现今的巴哈瓦尔布尔专区、木尔坦专区和德拉加齐汗专区。

2010年，巴基斯坦通过第18次宪法修正案[⑤]，该修正案实现了巴基斯坦人民对省级自治的长期要求，同时各省在治理、管理和利用其自然资源方面获得了合法的宪法权利，但是其负面影响是进一步加强了各省已经占据主导地位的政治集团的权力和地位。正如一些批评人士指出的那样，该修正案使少数民族产生一种被剥夺感，这种不信任、不满和不和谐的环境在各省的少数民族群体中仍然存在，占主导

① 张虹．杜威的工具主义语言观及其当代意义［J］．理论与现代化，2012（3）．

② 分别是 Pakistan Saraiki Party, Saraiki Qaumi Party, Saraiki Qaumi Itehad, and Saraiki Sooba Movement.

③ 统一民族运动党，原名移民民族运动党（MQM），成立于1984年。其主要成员是印巴分治时来自印度的移民及其后裔。主要诉求是提高政治地位，维护其合法权益。

④ 前身为穆哈吉尔移民运动。

⑤ 2010年由所有政党代表的议会委员会进行了两年的审议后一致通过了第18修正案，实际上是对1973年宪法进行了全面修改。该宪法包括102项重要条款，使1973年宪法更加民主。

地位的群体仍然试图将其强权加于前者。新的修正案未能回应现有省份内被压迫群体的需求，给旁遮普省的瑟拉伊基人、信德省的穆哈吉尔人、俾路支省的普什图人、普赫图赫瓦省的哈扎拉人等不同省份的少数群体带来了负面影响，自然资源丰富且对国家经济发展有很大贡献的旁遮普南部地区没有获得相应的回报。因此，在全国各地建立新省份的运动再次复苏或加剧，语言运动的支持者要求创建新省以改善治理、确保法治和公平发展、民族团结和加强联邦制。在 2018 年的大选中，伊姆兰·汗的政治宣言之一就是在旁遮普建立一个“新省”，但在伊姆兰·汗赢得选举后，虽然在国民议会和省议会中提出建省决议，但是并没有为此采取任何具体措施。

四、瑟拉伊基语言运动面临的阻碍和困境

1947 年印巴分治后，印度次大陆的大多数穆斯林在宗教的基础上形成了一个统一的政治实体即巴基斯坦。但是印度教徒的迁出导致国内宗教民族主义的凝聚力下降，区域民族主义或次民族主义作为一股巨大的力量出现。这一问题背后的主要原因是巴基斯坦领导层无能为力，无法满足人民的生存需求。孟加拉语人、普什图人、俾路支人、旁遮普人、瑟拉伊基人、信德人等基于语言和文化的人群成为影响区域政治的重要因素并蔓延到国家政治层面，比如 1947 年的东巴基斯坦孟加拉语运动和 1955 年的信德省语言运动。从人口和经济规模来看，旁遮普省是西巴基斯坦的核心地域，但是政府缺乏有效机制阻止旁遮普省的分离主义活动，该省除了旁遮普语与英语和乌尔都语的矛盾之外，其南部地区也存在着瑟拉伊基语与其他语言的矛盾，并引起了一系列社会矛盾。

（一）阻碍

瑟拉伊基语言运动面临多重阻碍，到目前为止仍然没有明显进展，通过分析，主要有以下两点：

1. 其他省份的民族主义者拒绝本省的瑟拉伊基人加入新省。领土问题使得瑟拉伊基语言运动充满争议，因为该运动的领导人声称对信德省、开普省和俾路支省讲瑟拉伊基语的一些地区拥有主权，但是如果没有获得信德省、开普省、俾路支省和巴哈瓦尔布尔等地区的同意，那么讲瑟拉伊基语的人的要求就不可能实现，这意味着即使在瑟拉伊基省成立之后，该地区的瑟拉伊基人仍将继续运动，直到他们最终将所有讲瑟拉伊基语的地区合并为一个省的要求得到满足。历史证明，旁遮普人从来都不是坚定的民族主义者，而信德人、普什图人和俾路支人都是民族身份的崇拜者，他们永远不会放弃本民族的领地。

2. 巴哈瓦尔布尔运动的支持者反对建立瑟拉伊基省。该运动是瑟拉伊基语言运动道路上的另一块巨石。巴哈瓦尔布尔之前是一个独立的土邦国，1951 年 4 月 30

日巴基斯坦政府和巴哈瓦尔布尔统治者根据 1935 年《印度政府法》签订了一项重要协议，承认该省在立法和行政方面与各省处于同等地位[①]，也就是赋予了巴哈瓦尔布尔地区省的地位。1955 年 10 月 14 日巴哈瓦尔布尔被强行并入“西巴基斯坦省”，但 1970 年穆罕默德·叶海亚·汗将军废除“一个单位”后，巴哈瓦尔布尔土邦又被强行并入旁遮普省。这一结果激怒了巴基斯坦人民党的反对者，祖勒菲卡尔·阿里·布托在这些选区遭受了毁灭性的打击。因此，巴哈瓦尔布尔建省运动的领导者要求恢复巴哈瓦尔布尔省，他们认为这一诉求比建立一个瑟拉伊基省更为合理。恢复巴哈瓦尔布尔省的要求不仅来自巴哈瓦尔布尔地区的人民，而且得到了各种政党的支持，这些政党包括民主党、穆斯林联盟、伊斯兰贤哲会。巴哈瓦尔布尔运动严重破坏了讲瑟拉伊基语人之间的团结，这从侧面说明，瑟拉伊基语言运动并没有得到基层民众的广泛支持。

（二）困境

抛开其他主观因素，瑟拉伊基语言运动有其自身无法解决的困境，该运动扩大化会对国家整体的和平发展产生影响，所以政府不得不在一定程度上采取回避的态度，其面临的困境有以下三点：

其一，可能导致族群矛盾的爆发，造成国家秩序的混乱。分裂和移民是穆斯林在 1947 年经历的非常令人心碎的历史，一个新省份的建立必然伴随着移民的迁入和迁出，造成人民生活混乱，如果不发生移徙，部分群体将不得不作为不受欢迎的少数群体生活，这可能最终引起族群之间的仇恨。巴基斯坦宪法对重新划定省份有着严格的限制，宪法中关于修改省界的法案指出，该省议会必须以不少于其成员总数三分之二的票数通过，否则不得提交总统批准。同时巴基斯坦也是一个多民族语言国家，一旦因语言运动而导致建立一个新的行政机构，其他民族语言群体就会纷纷揭竿而起，造成国内政治动乱。

其二，经济发展不平衡及资源分配不均问题难以解决。语言运动的推动者希望解决旁遮普省南部地区的贫困和其他经济问题，旁遮普省虽然是巴基斯坦人口和经济规模第一大省，但是省内各个地区存在较大差距。据估计，旁遮普省南部地区超过 43% 的人口生活在贫困线以下，大部分来自农村地区，而旁遮普省总人口的这一比例为 27.7%[②]。旁遮普发展统计（2005 年）和 1998 年人口汇编的人口普查报告显示，旁遮普中部和北部是行政、教育、贸易和工商业发展的中心，军事和文官官僚机构的主要属于北旁遮普和中部旁遮普，与南部相比更为发达。因此北部和中部人民享有更好的就业机会，生活质量更高，有更多机会获得政府任职的机会，大

① Umbreen Javaid. Federation of Pakistan and Creation of New Provinces: A Case of Bahawalpur Province [J]. Pakistan Journal of History and Culture, 2018, 39 (1).

② Bos.punjab.gov.pk/developmentstat

量私营企业与国际市场接轨。①旁遮普南部地区的条件相对较差，当地居民在平均收入、人力资本方面、资产、获得公共服务的机会还有生活质量存在严重问题。在自然资源方面南部拥有丰富的自然资源，但最终的资金分配却流向了拉合尔，旁遮普省南部的人民产生了严重的被剥夺感。例如南旁遮普巴哈瓦尔布尔专区盛产棉花，但从中获得的收入并没有投入该地区的生产建设。

其三，容易造成不好的社会影响。讲瑟拉伊基语的人认为自身拥有独立的族群和种族背景且瑟拉伊基语有独立的文化和历史，因此他们有单独建省的条件，应该拥有独立的行政区划，该运动一旦成功，就会对社会起到不好的示范效果，其他民族语言地区也会纷纷主张建立独立省份。除此之外，旁遮普省南部一些富有的封建权贵家族还有实业家一直在该区域占主导地位，这些有名望的家族为建立“瑟拉伊基省”的呼声提供了支持，他们希望为自己的后代开拓省长、首席部长、部长等政府职位。以瑟拉伊基省的形式达成目的或参与新的金融市场是旁遮普南部的富人和政治大亨的目标，但这与社会的正常健康发展相违背。

五、启示

瑟拉伊基语言运动的主要方式是以瑟拉伊基人特有的语言、历史、文化和民族叙事为工具进一步要求建立瑟拉伊基人的省份。但由于一系列政治和社会问题的存在，建立一个单独的瑟拉伊基省是一项艰巨的任务。瑟拉伊基语是否能成为一门语言仍有待争论，拥有单独的语言、种族或文化就能拥有独立地理区域的所有权仍有待考证。瑟拉伊基语言运动领导层除了在政治策略存在问题之外，也没有得到民众的支持，表现在它无法在旁遮普省的选举史上赢得任何席位。巴基斯坦是一个多民族语言国家，语言成为不同民族身份认同的标志，民族语言运动成为巴民众表达自身政治愿望的重要方式且取得了一定的效果。但是过多的语言运动也对国家的稳定发展造成了威胁。在应对语言运动时，巴政府应谨慎处理，警惕以语言为抓手的民族分裂主义，同时对其国内民族语言的地位要设定统一的标准并加以优待政策的倾斜。只有对少数族群持宽容态度并加以妥善引导，保护少数族群的文化多样性，这样才能增强国家的整合能力，促进国家发展。

参考文献

［1］孔亮．巴基斯坦概况［M］．广州：世界图书出版广东有限公司，2016．

［2］谭蓉蓉，［巴基斯坦］舒美拉·费尔多斯．巴基斯坦民族语言运动历史形态及其成因考察［J］．历史教学，2018（8）．

［3］向文华．巴基斯坦人民党［M］．北京：人民出版社，2015．

① Bos.punjab.gov.pk/developmentstat

［4］叶海林．巴基斯坦政党背后的世家政治［J］．文化纵横，2013（1）．

［5］Akhtar Hussain Sandhu. Saraiki Suba Movement in the Punjab: Viability in Focus [J]. Research, 2015, 20 (2).

［6］Dr. Umbreen Javaid. Movement for Bahawalpur Province [J]. Political Studies, 2009, 15 (1): 41-57.

［7］Hussain Ahmad Khan. Re-Thinking Punjab: The Construction of Siraiki Identity [M]. Research and Publication Centre, Lahore: National College of Arts, 2004: 123.

［8］Ismut Ullah, Dr. Muhammad Gulfraz Abbasi, Dr. Muhammad Masood Abbasi, Dr. Yasir Arafat, Ghulam Asghar. Historical Background Of The Origin And Evolution Of Saraiki Language In central Pakistan: A Case Study Of Saraiki Language In Dera Ghazi Khan [J]. Palarch's Journal Of Archaeology Of Egypt/Egyptology, 2021, 18 (10): 621-627.

［9］Khalid Aziz. Important Features of 7th NFC Award and 18th Amendment [J] The Pakistan Development Review, 2010, 49 (4): 537-542.

［10］Manzoor Ahmad Naazer, Riaz Ahmad. Saraiki Province Movement in Punjab: Causes, Prospects and Challenges [J]. Liberal Arts and Social Sciences International Journal, 2019, 3 (2): 5-47.

［11］Dr. Muhammad Farooq. Saraiki Movement in Pakistan (1971-77) [J]. Applied Environmental and Biological Sciences, 2017, 7 (4): 186-191.

［12］María Isabel Maldonado García. Saraiki: language or dialect? [J]. Eurasian Journal of Humanities, 2016, 1 (2).

［13］Rehana Saeed Hashmi, Gulshan Majeed. Saraiki Ethnic Identity: Genesis of Conflict with State [J]. Political Studies, 2014, 21 (1): 79-101.

［14］Syed Faisal Iqbal, M. Phil. Scholar (Corresponding Author). Dual Aspects of Demand of Province of South Punjab: Redefining Federalism [J]. Sir Syed Journal of Education & Social Research, 2021, 4 (3).

文学研究

文学形象“竹子”在越南国家形象建构中的运用①

广东外语外贸大学　林　丽

【摘　要】2021 年，越共十三大首次将“文化软实力”一词写入党的正式文件，越共总书记阮富仲正式提出“竹式外交”，“竹子”作为国家外交形象得到官宣。在此形象建构过程中，正面文学形象的塑造是必要前提，政治宣传功能的运用奠定了坚实基础，“竹式外交”的提出是最新进展。研究越南文学作品如何完成从“竹子”物质特性到人文品质的投射，再引申出国家层面的外交形象内涵，有利于我们深入了解越南人的文化认同和价值观，解析其国家形象建构和推广策略。

【关键词】越南文学；竹子；国家形象；文化外交

近年来，越南党和国家充分肯定了文学的重要作用，把文化战线，特别是文学作为建设国家形象和提高国家在国际舞台上地位的核心。②2021 年，越共十三大首次将“文化软实力”一词写入党的正式文件，确定了“进一步推进文化外交”的任务。这代表着越南党和国家在融入国际背景下发挥民族文化价值，促进国家全面发展方面的思维与认识取得了突破。③

2021 年 12 月，越共总书记阮富仲正式提出“竹式外交”，在越南媒体引发了热潮，前副总理武宽（Vũ Khoan）、杨文广（Dương Văn Quảng）大使、外交学院的陈志中（Trần Chí Trung）、胡志明国家政治学院的蔡文龙（Thái Văn Long）等官员、学者纷纷发表评论，多数认为越南竹式外交具有特色、易于引发丰富联想，结合了政治、军事、社会、历史等多种视角，特别是文化视角，立足于本国文化背

---

① 基金项目：国家社科基金项目（22BGJ015）、广东外语外贸大学 2020 年度南海研究科研创新团队成果。

② ［越］Võ Lập Phúc, Nguyễn Thành Long. Sử dụng Văn học trong Hoạt động Ngoại giao Văn hóa của Việt Nam (文学在越南文化外交中的运用) [J]. Tạp chí Khóa học Trường Đại học Sư phạm TP Hồ Chí Minh, 2022 (1): 86-101.

③ ［越］国际报. Ngoại giao “chắp cánh” sức mạnh mềm văn hóa (外交插上文化软实力“翅膀”) [EB/OL]. (2022-04-23). https://baoquocte.vn/ngoai-giao-chap-canh-suc-manh-mem-van-hoa-180979.html.

景，彰显了越南民族文化认同，体现了更明确的思想和战略思维价值。①越南文学作品中的"竹子"形象频频被引用，并有了新的解读。

作为艺术门类之一的文学形象，也是国家形象的一个侧面和组成部分。②近两年越南有关文学与文化外交关系的研究成果提出，文学具有融合多领域文化的能力，是提升国家形象的有效途径，是外交战略和国家软实力的重要构成要素。③竹子与其他越南文化相关元素一样，一方面是构建文学作品空间的原材料，另一方面是无形推广媒介，能够向国际读者推广越南文化认同。学者陈志中认为，竹子形象带有浓郁的越南文化特色，与越南外交风格非常相近。"竹式外交"塑造的典型"竹子"形象大部分来源于越南传统民族文学作品。梳理越南文学作品中的"竹子"形象，并分析在"竹式外交"背景下其被赋予的新内涵，有利于我们深入了解越南人的文化认同和价值观，解析文学形象"竹子"在越南国家形象建构中的运用和推广策略。

一、研究对象界定

考虑到不同国家间的语言文化差异，要梳理和研究越南文学作品及国家形象中的"竹子"，首先需要界定其具体所指和包含的文学作品范围。越南文学作品中的

① ［越］"Ngoại giao cây tre Việt Nam" từ góc nhìn văn hoá (文化视角下的"越南竹式外交") [EB/OL]. (2021-12-18). https://gocnhinthoidai.vn/van-hoa/-ngoai-giao-cay-tre-viet-nam-tu-goc-nhin-van-hoa.html; Vũ Khoan. Suy ngẫm về "văn hóa ngoại giao Việt Nam" (对"越南文化外交"的思考) [EB/OL]. (2021-12-18). https://baochinhphu.vn/rint/suy-ngam-ve-van-hoa-ngoai-giao-viet-nam-102305728.htm; Đại sứ Dương Văn Quảng: Từ cây tre, nghĩ về hình tượng Việt Nam thời hội nhập (杨文广大使：从竹子思考融入国际时期越南的形象) [EB/OL]. (2021-12-19). https://baoquocte.vn/dai-su-duong-van-quang-tu-cay-tre-nghi-ve-hinh-tuong-viet-nam-thoi-hoi-nhap-168283.html; "Cây tre Việt Nam" trong đường lối ngoại giao (外交路线中的"越南竹子") [EB/OL]. (2021-12-16). https://hoicodo.com/2021/12/16/cay-tre-viet-nam-trong-duong-loi-ngoai-giao/; Trần Chí Trung. Một vài suy ngẫm từ hình tượng cây tre đến bản sắc ngoại giao Việt Nam (从竹子形象到越南外交本色的一些思考) [EB/OL]. Tạp Chí Cộng Sản, 2022-03-07. https://tapchicongsan.org.vn/tin-binh-luan/-/asset_publisher/DLIYi5AJyFzY/content/mot-vai-suy-ngam-tu-hinh-tuong-cay-tre-den-ban-sac-ngoai-giao-viet-nam; Thái Văn Long. Nét đặc sắc của "Ngoại giao cây tre" Việt Nam (越南"竹式外交"的特色) [EB/OL]. Tuyên Giáo, 2022-03-02. https://www.tuyengiao.vn/dua-nghi-quyet-cua-dang-vao-cuoc-song/net-dac-sac-cua-ngoai-giao-cay-tre-viet-nam-137961.

② 索宇环．文学形象与国家形象［J］．广东外语外贸大学学报，2022（2）：43—52，158．

③ ［越］Võ Lập Phúc, Nguyễn Thành Long. Sử dụng Văn học trong Hoạt động Ngoại giao Văn hóa của Việt Nam (文学在越南文化外交中的运用) [J]. Tạp chí Khóa học Trường Đại học Sư phạm TP Hồ Chí Minh, 2022 (1): 86-101.

“竹子”对应的词汇主要有两个，分别是 tre 和 trúc。通常对二者的理解是纯越语与汉越语的差别，即 tre 是越南语中固有的指“竹子”的词汇，而 trúc 是借用的汉字“竹”。从《越语词典》[①]的释义看，二者的所指亦有差异。Tre 指枝干坚硬，枝节中空，竹节处实心，成丛生长的一种植物，常用于建造房屋和编织（cây thân cứng, rỗng ở các gióng, đặc ở mấu, mọc thành bụi, thường dùng để làm nhà và đan lát）。[②] Trúc 指与前述 tre 同类的植物，但更小，枝节笔直（cây cùng họ với tre nhưng nhỏ hơn, gióng thẳng）。从例词和网页介绍[③]看，trúc 常用于制作竹帘（mành trúc）、竹席（chiếu trúc）、竹笛（ống sáo）以及装饰居室内外的盆景。从出现频率来看，越南相关文学作品中的 tre 远多于 trúc。

越南文学作品中有部分和“竹子”相关的成语或典故借自汉语，如“名垂竹帛”（danh thùy trúc bạch）、“罄南山之竹不足以书其恶”（khánh Nam Sơn chi trúc, bất túc dĩ thư kỳ ác）[④]等。另如“势如破竹”在越南文学作品中的运用也照搬了原意，即根据竹子的特性，指取得胜利如同劈竹子一样，劈开上头几节，下面各节就顺着刀口裂开，喻节节胜利、毫无阻碍。越南后黎朝的开国功臣阮廌（Nguyễn Trãi）以汉字写成的《平吴大诰》（Bình Ngô đại cáo）也涉及“竹子”，如“蒲藤之雷驱电掣，茶麟之竹破灰飞”，当是取汉语成语“势如破竹、灰飞烟灭”之意。[⑤]阮攸（Nguyễn Du）所著越南著名古典文学作品《金云翘传》（Kim Vân Kiều Truyện）亦有云“乘机势如破竹、令敌土崩瓦解，兵威从此如雷贯耳”（Thừa cơ trúc chẻ ngói tan, binh uy từ ấy sấm ran ra ngoài）。不过这类语言借用现象不属于越南民族对竹子形象的典型认知，故不列入本文讨论范畴。

本文的研究对象包括越南神话传说、民间故事如《扶董天王》（Thánh Gióng）、《百节之竹》（Cây tre trăm đốt）等，诗歌如阮维（Nguyễn Duy）的《越南竹》（Tre Việt Nam）、秋盆（Thu Bồn）的《绿竹》（Tre xanh）、坚江（Kiên Giang）的《竹桥》（Cầu tre）、阮包（Nguyễn Bao）的《竹》（Tre）、阮功阳（Nguyễn Công Dương）的《竹篱》（Lũy tre）、青海（Thanh Hải）的《竹枪颂》（Cây chông tre）、阮科恬（Nguyễn Khoa Điềm）的《祖国》（Đất Nước）、远方（Viễn Phương）的《探访胡伯伯陵》（Viếng lăng Bác）、济亨（Tế Hanh）的《忆故乡的河》（Nhớ con

---

① http://tratu.soha.vn/dict/vn_vn/

② 值得探究的是，gióng 一词指竹子两节之间的竹段。那么越南传说中的扶董天王（Thánh Gióng），直译其名是否亦可为“竹圣”？其故事中竹子也的确扮演了重要角色，后文将详述。

③［越］辉煌竹网. So sánh cây tre và cây trúc theo đặc điểm và công dụng (tre 和 trúc 的特性、用途对比) [EB/OL]. (2021-08-07). https://tretruchuyhoang.com/so-sanh-cay-tre-va-cay-truc-theo-dac-diem-va-cong-dung.

④ 国语字译版为 chặt hết trúc Nam Sơn, khó ghi đầy tội ác.

⑤《平吴大诰》出于政治宣传的目的，内容有夸大失实之处。

sông quê hương）等，散文如阮遵（Nguyễn Tuân）的《竹友》（Cây tre bạn đường）、新钢（Thép Mới）的《越南之竹》（Cây tre Việt Nam），民歌如《美丽的竹子》（Cây Trúc Xinh）及民谣谚语“竹老笋生”（tre già măng mọc）、“篾柔勒紧”（lạt mềm buộc chặt）等。[①]其中，多数作品专门以竹子、竹枪、竹桥为主题，最为著名的是新钢的《越南之竹》和阮维的《越南竹》；另一些作品仅部分内容涉及竹子，但知名度较高。

二、建构前提——竹子正面文学形象的塑造

越南的竹子种植面积在全球排名第四，通过神话传说、民间故事等，可以推测出竹子已经与越南人同生共存了数千年，竹子形象在越南文学作品中多有体现。自然属性是形象建构的基石和理据。不同民族对事物的自然属性描述有不同的选择和认同，越南文学作品中从物与人的关系角度赋予竹子诸多正面形象。以阮遵的散文《竹友》为代表的作品充分挖掘了竹子的自然属性和与越南人的亲密关系。

（一）“竹子”的典型自然属性描写

高大、青翠：新钢在《越南之竹》中赞美“竹子在哪里都青翠”（Ở đâu, tre cũng xanh tốt）。秋盆在诗歌《绿竹》中写道“竹子层层叠叠，家乡满眼翠绿”（Lớp lớp trùng trùng xanh thẳm giữa quê hương）。1976 年 4 月，抗战胜利后，越南南方诗人远方在胡志明陵刚落成时，专门写诗《探访胡伯伯陵》[②]抒发感情。诗中描写道“我从南方来探访胡伯伯陵，晨露中见到陵园四周一排排高大的竹子，啊！青青翠翠的越南竹丛，不惧狂风暴雨，挺拔耸立”（Con ở miền Nam ra thăm lăng Bác, Đã thấy trong sương hàng tre bát ngát, Ôi! Hàng tre xanh xanh Việt Nam, Bão táp mưa sa, đứng thẳng hàng）。

坚硬但柔韧、生长迅速：竹材被越南人称作“自然界里的钢材”。目前可见的较早作品为越南神话传说《扶董天王》。传说扶董天王原是武宁县扶董乡年仅三岁的男童，根据越南《大越史记全书》记载，值雄王六世殷寇入侵[③]时，他主动应战，瞬间变大，单枪匹马取得胜利。阮遵在《竹友》中特别指出，扶董天王的战马、盔甲、装备都是铁质的，在那个时代极为罕有。但当他冲入敌营时，铁鞭断

---

① 有专门的越南网站如 https://scr.vn/tho-ve-tre.html 搜集以竹子为主题的越南诗歌、歌谣。

② ［越］Thơ Việt Nam 1945-1985 (1945—1985 年越南诗集) [M/OL]. NXB Giáo dục, Hà Nội, 1987. https://hoicay.com/qna/bien-phap-tu-tu-trong-cau-con-o-mien-nam-ra-tham-lang-bac.1EdaRdwugJ2r/.

③ 越南史学家陈重金在《越南通史》中指出此传说中的“殷寇”为一股贼寇，与中国殷朝无关。

了。故事中有云“扶董天王作战时，手中铁鞭突然折断，便机敏地从路边竹丛拔下竹竿当作武器，击退了敌人”（Bỗng nhiên roi sắt gãy, Thánh Gióng nhanh trí nhổ những bụi tre bên đường làm vũ khí. Thế giặc tan vỡ, chúng giẫm đạp lên nhau bỏ chạy）。这从侧面凸显了竹子的异常坚硬。而作为小孩的扶董天王能够瞬间变大，也被解释为很可能与竹子每天快速生长 15—20 厘米以上有关。[①]

竹子的坚硬与柔韧经常被相提并论。新钢写道“竹子长大后，坚硬、柔韧、稳固”（tre lớn lên, cứng cáp, dẻo dai, vững chắc）。阮遵直接将竹子比作人，说“他十分坚硬、笔直，同时却也很柔韧结实”（Anh rất cứng rắn, thẳng thắn, đồng thời lại cũng rất bền bỉ dẻo dai）。阮维突出“竹子宁折不屈，刚冒出地面就笔直挺拔”（Nòi tre đâu chịu mọc cong, chưa lên đã nhọn như chông lạ thường）。

不挑土质，容易成活：阮遵在《竹友》中写道“从睦南关[②]到金瓯角，从广阔的密林田野到大海，不论何地，我们的竹子都茂密成荫”（Từ Nam Quan đến Cà Mau, từ rừng sâu, qua đồng ruộng bát ngát mênh mông, cho đến biển cả, bất cứ ở chỗ nào, cây tre chúng ta đều rườm rà bóng）。阮维在《越南竹》中赞道“哪怕荒芜如卵石灰地，竹子仍处处青翠”（Ở đâu tre cũng xanh tươi, Cho dù đất sỏi đất vôi bạc màu）；“没有肥料积少成多，辛勤扎根不畏贫瘠”（Mỡ màu ít chắt dồn lâu hóa nhiều, rễ siêng không ngại đất nghèo）。

成丛生长、竹老笋生：从自然属性而言，竹子的一大特点就是群生，形成了竹丛、竹篱（hàng tre, lũy tre, khóm tre），因为和繁殖方式有关，在文学作品中常常与竹之嫩芽竹笋（măng）共现。阮维使用拟人手法，描述“竹丛紧紧依偎，风雨日晒中互相庇护”（khóm tre san sát bên nhau, bao bọc lấy nhau trước những sóng gió nắng mưa của đất trời）；“裸露的身躯经受风吹日晒，哪怕有一片衣裳也要让给竹笋”（Lưng trần phơi nắng phơi sương, có manh áo cộc tre nhường cho con）。

（二）从物与人关系对“竹子”正面形象的塑造

尽管中国文化对越南影响至深，但单就“竹子”形象而言，在两国文学作品中却差异较大。不同于中国强调竹龙互置、药性、隐逸的特点[③]，将竹子作为陶冶情操和品德修养的精神来源与原动力[④]，越南文学作品中的“竹子”形象是更“接地

---

① ［越］时代视角网. “Ngoại giao cây tre Việt Nam” từ góc nhìn văn hoá (从文化视角看“越南竹式外交”) [EB/OL]. (2021-12-18). https://gocnhinthoidai.vn/van-hoa/-ngoai-giao-cay-tre-viet-nam-tu-goc-nhin-van-hoa.html.

② 即今友谊关。

③ 王立. 竹的神话原型与竹文学［J］. 浙江师大学报，1991（2）：29—33.

④ 丁艳. 中华竹文化的多元象征及其当代意义［J］. 内蒙古大学学报（哲学社会科学版），2021（1）：90—94.

气”的亲密家人、劳动臂膀、爱情良媒、家乡象征、英雄战友等。阮遵更是使用了“结拜、结义”（kết nghĩa）一词来定性竹子与越南人的关系。

亲密家人：许多作家在作品中都提到了竹子的多种功用，如被制作成为家具、玩具、烟具、农具等劳动工具、交通工具等。新钢直接指出“在每一个越南农村家庭，竹子都是家庭成员，与每日生活密不可分”（Trong mỗi gia đình nông dân Việt Nam, tre là người nhà, tre khăng khít với đời sống hằng ngày）；“整个一生，从出生的摇篮到停放遗体的竹床，生死与共、不离不弃”（Suốt một đời người, từ thuở lọt lòng trong chiếc nôi tre, đến khi nhắm mắt xuôi tay, nằm trên giường tre, tre với mình, sống có nhau, chết có nhau, chung thuỷ）。阮包（Nguyễn Bao）的诗作《竹》（Tre）被选入2002 版四年级《语文》教科书，[①]除了刻画池塘、湖泊岸边竹丛投影水中的景象外，还分别描写了竹子可以在上学路上遮烈日、铺阴凉（Đường đi tới lớp, vai rợp bóng tre），深夜里挑挂月亮做路灯（Treo ông trăng vàng, soi khắp đường làng），做吊床让儿童嬉戏玩耍（Võng tre êm đềm）、做摇篮哄婴儿入眠（Tre làm nôi êm）、做竹枪阻挡敌军（Làm chông nhọn hoắt, ngăn bước quân thù）。作者最后总结道：四季都有竹之歌。该诗具有突出的儿童视角，竹子在儿童眼中的“玩伴、守护者”形象跃然纸上。竹子为人遮阴的“关怀”也体现在越南著名作家素友（Tố Hữu）的诗作《鱼水情》（Cá nước）[②]中，其中的名句“竹荫撒下清凉”（Bóng tre trùm mát rượi）被新钢在《越南之竹》中引用。

劳动臂膀：阮遵在《竹友》中详细描写了竹子与越南农人的相依相随，“人们下地干活，竹子也跟着去。狩猎捕鱼都紧随其后”（Con người bước ra khỏi nhà ở để ra đồng làm việc, cây tre cũng theo ra. Cây tre lại càng theo sát con người những lúc săn bắn chài lưới）。新钢的《越南之竹》也使用了较多篇幅书写竹子的得力劳动助手形象，如“竹子世代与人生活在一起，帮助人们完成成百上千的活计。竹子是农民的臂膀”（Tre ăn ở với người đời đời kiếp kiếp. Tre, nứa, mai, vầu giúp người hàng nghìn công việc khác nhau. Tre là cánh tay của người nông dân）；“一年农忙三两季，竹子陪人忙到头”（Cánh đồng ta năm đôi ba vụ, Tre với người vất vả quanh năm）；“竹子如此陪伴人已经数千年，而且还将永远辛劳下去”（Tre với người như thế đã mấy nghìn năm, tre vẫn phải còn vất vả mãi với người）；“竹磨盘沉沉转，碾磨稻谷上千年”（Cối xay tre nặng nề quay, từ nghìn đời nay, xay nắm thóc）。

爱情良媒：新钢认为“爱情的开端常是竹影下的呢喃。竹篾包裹青粽，愿能娶回姑娘”（Cái thuở ban đầu thường nỉ non dưới bóng tre, bóng nứa. Lạt này gói bánh chưng xanh, cho mai lấy trúc, cho anh lấy nàng）。但《越南之竹》中并未将竹子的

---

① ［越］SGK Tiếng Việt 4 (四年级《语文》教科书) [M]. tập 1, NXB Giáo dục, 2002.

② ［越］Tố Hữu. Việt Bắc (越北) [M]. NXB Văn học, 1962.

“爱情良媒”形象作为重点。坚江 1953 年发表的诗作《竹桥》（Cầu tre）[①]中，以竹桥的意象为背景，叙述了一个传情、专情的故事。诗中引用越南南方歌谣“木桥钉着钉，竹桥晃悠悠，难走啊，妈妈牵着手……”（Ví dầu cầu ván đóng đinh, Cầu tre lắc lẻo, gập ghềnh khó đi. Khó đi mẹ dắt con đi…），突出了竹桥的“传情”功能，如“竹桥当作渡船，联通了毗邻的村庄，载着一片乡情过桥；爱国、爱乡的情意中，也有金石爱情”（Cầu tre làm chiếc đò ngang, Nối đôi bờ đất đôi làng thương nhau. Con đò chở tấm tình quê qua cầu; Trong tình yêu nước, yêu làng, có tình chăn gối, đá vàng lứa đôi）。作者将男女爱情、乡情、爱国情融为一体，凸显战火硝烟可以破坏竹桥，但消灭不了其承载和佐证的爱情、乡情。此外，越南官贺民歌《美丽的竹子》，旋律柔和流畅，以竹子的美丽比兴，赞美越南女性的美丽，表达对美丽的追求。

家乡象征：围绕全村的竹栅栏是越南乡村、故乡故土的象征，也是越南乡村生活的代言物。济亨（Tế Hanh）于 1956 年创作了诗歌《忆故乡的河》，该作品是作者在抗法战争后集结到北方时写成，曾获“胡志明文学奖”。[②]诗中写道“故乡有碧绿的河，水面如镜，竹丛似发”（Quê hương tôi có con sông xanh biếc, Nước gương trong soi tóc những hàng tre）。河边的竹丛，成为作者心中故乡的突出意象。阮功阳的儿童诗《竹篱》Luỹ tre 被收录入 2002 年版二年级《语文》教科书。[③]该诗为竹丛在越南一日农村生活的各个时段中刷足了“存在感”。竹子活灵活现，“清晨竹梢紧绷，拉起了太阳”（Ngọn tre cong gọng vó, kéo mặt trời lên cao）；“正午骄阳似火，竹子开始想念风”（Những trưa đồng đầy nắng, tre bần thần nhớ gió）；“晚上竹子捧起月晕，将星星挂在枝头”（Mặt trời xuống núi ngủ, tre nâng vầng trăng lên, Sao, sao treo đầy cành）；“天再亮时，竹笋期盼阳光”（Đêm chuyển dần về sáng, mầm măng đợi nắng về）。

英雄战友：在抵抗法国、美国侵略者的过程中，竹子被民众作为武器使用。Chông 指“尖头物，常用于成片埋插做陷阱或障碍物”（vật có đầu nhọn và sắc, thường được cắm thành đám dày để làm bẫy hoặc làm vật chướng ngại）。Chông tre 就是被削尖的竹竿，用来制造竹枪、陷阱以及其他多种类似机关的诱杀武器。[④]

抗法战争时期（1945—1954），新钢赞美竹子是“战斗英雄”，写道：“起初，我们手无寸铁，竹子就是一切，就是武器。千百年来感谢实心竹棍筑造了祖国的铜

① ［越］Phạm Thanh. Thi nhân Việt Nam hiện đại (quyển hạ) (现代越南诗人（下卷）) [M]. NXB Xuân Thu tái bản, 1990.

② ［越］诗苑网. https://www.thivien.net/T%e1%ba%bf-Hanh/Nh%e1%bb%9b-con-s%c3%b4ng-qu%c3%aa-h%c6%b0%c6%a1ng/poem-8CWgbs4C-5zq-9Nx_xP-Tw.

③ ［越］SGK Tiếng Việt 2 (二年级《语文》教科书) [M]. tập 1, NXB Giáo dục, 2002.

④ ［越］越南战场网. Các Hầm Bẫy Chông Trong Chiến Tranh Việt Nam (越南战争中的竹制陷阱、武器) [EB/OL]. (2022-02-21). https://chientruongvietnam.com/2020/08/12/cac-ham-bay-chong-trong-chien-tranh-viet-nam-booby-traps-in-vietnam-war/.

墙！而不屈的红河也有竹枪”（Buổi đầu, không một tấc sắt trong tay, tre là tất cả, tre là vũ khí. Muôn đời biết ơn chiếc gậy tầm vông đã dựng nên Thành đồng Tổ quốc! Và sông Hồng bất khuất có cái chông tre）；“竹棍、竹枪抵抗敌人铁甲。竹子向坦克大炮冲锋。竹子牺牲自己保卫人民。竹啊，劳动英雄！竹啊，战斗英雄！”（Gậy tre, chông tre chống lại sắt thép của quân thù. Tre xung phong vào xe tăng, đại bác. Tre giữ làng, giữ nước, giữ mái nhà tranh, giữ đồng lúa chín. Tre hi sinh để bảo vệ con người. Tre, anh hùng lao động! Tre, anh hùng chiến đấu!）

抗美救国时期（1965—1975），越南文学作品中的竹枪形象十分丰富。秋盆的《绿竹》发表于 1964—1969 年，对竹枪着墨颇多，描写了其种类和功能。秋盆写道“谁说绿竹不能做武器？谁说贤良不能当战士？世上有什么比竹枪美？！家乡有抗美的竹林”（Ai bảo tre xanh không thành vũ khí? Ai bảo dịu hiền em không làm chiến sĩ? Trên đời này có gì đẹp bằng chông?! Quê hương ta có những hàng tre chống Mỹ）。青海的《竹枪颂》写道“竹子削成尖利枪，母亲披星戴月忙。砍下敌人头颅数，报仇之后竹高耸”（Cây tre thành cây chông nhọn hoắt, Mẹ vót chông giữa những đêm sao. Trả thù chồng đếm từng đầu giặc, chông vót rồi tre lại vươn cao①）。

抗美救国时期的南方歌谣唱道“老竹老竹，将来盖屋，现当竹枪。刀已磨光，枪已削尖”（Cây tre là cây tre già, Mai dựng cột nhà, nay tạm làm chông. Dao ta vừa mới liếc xong, Ta vót cho nhọn như lòng ta căm②）。除了竹枪外，竹棍也是重要的御敌武器之一。越南民谣有云“深仇大恨在心头，种竹成棍，随时打断敌人腿”（Thù này ắt hẳn thù lâu, Trồng tre nên gậy gặp đâu đánh què）。

综上可见，从形象建构视角看，以上纯文学性塑造的正面形象是竹子作为国家外交形象的必要前提，竹子形象在功能上已经偏向实用，彰显爱家、爱乡、爱国之情。

三、建构基础——政治宣传功能的运用

除民歌、民谣、故事传说外，大部分与竹子相关的越南文学作品都诞生于 1945 年越南民主共和国诞生后的 30 年，而这一时期最为明显的特征就是 1945—1954 年的抗法战争和 1965—1975 年的抗美救国战争。越南党和国家及时提出了“文化抗战化、抗战文化化”和“思想革命化、生活群众化”的口号，着重于政治宣传鼓动。这一阶段的文学被称为“抗战文学”，具有三大特点：（1）文学服务政治，鼓舞战斗精神；（2）文学面向大众，尤其是工农兵；（3）文学主要按照史诗和

---

①［越］诗苑网. https://www.thivien.net/Thanh-H%e1%ba%a3i/C%c3%a2y-ch%c3%b4ng-tre/poem-BUtBiBUH3YqA5CnAnyfdoQ.

②［越］SGK Tập đọc lớp 2 (二年级《阅读》教科书) [M]. tập 2, NXB Giáo dục, 1976.

浪漫主义进行创作。①由此，集中挖掘人民群众的力量和美好品质，体现越南民族的自豪感和对未来抗战必胜的信念成为文学创作者的“刚需”，这对于以物喻人具有极大的刺激作用。加之近 20 年来，越南相继出台了多个“建设和发展具有民族特色的越南先进文化”政策、文件，不少学者进行了与竹子、文化相关的研究，使得文学作品中的“竹子”形象得以挖掘，竹子的自然特性、与越南人的良好关系自然被进一步凝练出了一系列的人格褒义形容词，具体如下：

正直、正义、诚信：越南俗语说“烧了竹子，竹节仍直”（Trúc dẫu cháy, đốt ngay vẫn thẳng），从自然属性的笔直投射出了人品格的正直、正义和守信。传统民间故事《百节之竹》中，讲述了一个名叫阿快（Khoai）的小伙子给有钱人家做工，得到承诺“吃苦耐劳干活三年，就把女儿嫁给你”。但三年后，有钱人食言，提出苛刻条件：要阿快找到百节之竹盖房方可娶妻。小伙子无论如何也找不到，绝望大哭之际，得到菩萨帮助，借助咒语能够将一节节竹子拼合或拆开，得到了“百节之竹”。故事中的竹子形象是有魔力的、正义的。有钱人不信，却被吸附到竹子上动弹不得，只得同意实现承诺。从表面看，这就是传统的“善有善报、恶有恶报”。但最终，阿快还是用咒语救下了有钱人。主人公阿快作为普通底层越南民众的代表，体现了正义、善良、宽容等美好品质。新钢则直接用“像人”（như người）实现了竹子和人品质的共现，他写道“竹子看起来如人一般清高、简朴、有志气”（Tre trông thanh cao, giản dị, chí khí như người）。

吃苦耐劳、勤劳不屈：作为典型的农耕民族，越南农民勤劳、吃苦的品质似乎是不言而喻的。作家们在塑造竹子“劳动臂膀”的同时，也完成了对越南人民勤劳、吃苦品质的投射。此外，更多的笔墨用于塑造越南人“顽强不屈”的品格。新钢写道“正如竹子笔直生长，人不能被屈服”（Như tre mọc thẳng, con người không chịu khuất phục）。阮维在诗中写道“竹子有多少根就有多么勤劳”（Tre bao nhiêu rễ bấy nhiêu cần cù）；“青竹不会弯腰立在树荫下”（Tre xanh không đứng khuất mình bóng râm）；“我们的人民满怀志气，自立自强”（nhân dân ta giàu chí khí, có tinh thần tự lập tự cường）。对阮维《越南竹》的赏析和评论认为其塑造的竹子形象是想表现越南人的品质，即虽然身材较小、性格善良（nhỏ bé hiền lành）、贫穷挨饿也不会站在任何人的影子下，卑躬屈膝，而要站得正、立得直，用双手创造生活。②

英勇抗战：扶董天王故事中的竹子原本并非此传说关注的焦点，但现今其形象是可以瞬间化为越南争取独立和自由的“神器”，强化了越南人不畏外敌、英勇斗

---

①［越］Nguyễn Đăng Mạnh. Văn Học Việt Nam 1945-1975 (越南 1945—1975 年文学) [M]. Tập 1, NXB Giáo Dục, 1988.

②［越］永福教育网. Phân tích bài thơ Tre Việt Nam của Nguyễn Duy (阮维的诗歌“越南竹”分析) [EB/OL]. (2017-10-25). http://thdaitu.vinhphuc.edu.vn/suc-khoe-doi-song/phan-tich-bai-tho-tre-viet-nam-cua-nguyen-duy-c15683-40738.aspx.

争的品质。扶董天王庙会（Hội Gióng）于 2010 年被联合国教科文组织列入《人类口头与非物质文化遗产代表作名录》，也增强了越南人对本民族战斗精神的认同。

阮科恬（Nguyễn Khoa Điềm）的长诗《祖国》[①]于 1990—2006 年被选入十二年级《文学》教科书，2007 年后选入十二年级《语文》教科书。其中也涉及经典的竹子形象，且引用频率很高。如："民知植竹而御敌，则国生"（Đất Nước lớn lên khi dân mình biết trồng tre mà đánh giặc）；"植竹待其成棍棒，报仇十年不晚"（Biết trồng tre đợi ngày thành gậy, Đi trả thù mà không sợ dài lâu）；"祖国！要砍竹，埋柱来保卫！"（Đất Nước, phải chặt tre, đóng cọc mà giữ lấy!）。越南时代视角网将其解读为一种随时开战并战胜一切侵略者的决心，是越南人坚毅和刚强的化身。[②]新钢写作《越南之竹》的直接目的就是歌颂越南民族抗击法国殖民者的战斗精神。秋盆 1964 年在《绿竹》中写道"我们长大成才当战士，跟随同志捆扎竹枪，我们保卫这片土地，神圣的南方土地"（Ta lớn, ta khôn đi làm chiến sĩ, Ôm bó chông tre theo chân đồng chí, Ta giữ đất này, đất thánh miền Nam）；"越南竹丛是战胜美帝的竹丛，先祖们很早便将竹子种成战斗堡垒，竹枪林随时准备冲锋"（Hàng tre Việt Nam hàng tre thắng Mỹ, cha ông ta xưa khéo trồng tre thành chiến luỹ, nên rừng chông đứng sẵn thế xung phong）。越南抗战民歌中唱道"砍竹子、布陷阱、削竹枪，片片竹叶都是我对丈夫的思念之情"（Chặt tre cài bẫy vót chông, tre bao nhiêu lá thương chồng bấy nhiêu），歌词充分表现了越南全民抗战的精神。

团结互助，培养接班人：竹子具有成丛生长的自然属性，作家们以此来象征越南人的集体性（tính cộng đồng）和团结互助精神。阮维在诗中写道"手牵手，竹子紧紧依偎，相亲相爱，从不孤单，城池营垒就这样形成"（Tay ôm tay níu tre gần nhau thêm, thương nhau tre không ở riêng, luỹ thành từ đó mà nên hỡi người）。作者特别描绘了竹叶庇护竹笋的场景，体现了重视培养接班人的精神。越南文学作品中常用竹笋（măng）比喻少年儿童。新钢写道"竹老笋生，竹笋长在了越南少年儿童胸前的徽章上，他们是越南民主共和国的嫩笋"（Tre già măng mọc. Măng mọc trên huy hiệu ở ngực thiếu nhi Việt Nam, lứa măng non của nước Việt Nam Dân chủ Cộng hoà）。

忠孝之情：远方在《探访胡伯伯陵》表达了"将回南方泪光盈盈……愿做这里的忠孝之竹"（Mai về miền Nam thương trào nước mắt… Muốn làm cây tre trung hiếu

---

① 阮科恬 1971 年在平治天战区写成了长诗《渴望之路》（Mặt đường khát vọng），描写南方敌占区城市年轻人对祖国山河，对自身使命的觉醒，决心投身战斗抗击美帝国主义侵略者。《祖国》节选自其中第 5 章。

② [越] 时代视角网. "Ngoại giao cây tre Việt Nam" từ góc nhìn văn hoá (从文化视角看"越南竹式外交") [EB/OL]. (2021-12-18). https://gocnhinthoidai.vn/van-hoa/-ngoai-giao-cay-tre-viet-nam-tu-goc-nhin-van-hoa.html.

chốn này... ）的心绪。诗歌通过“忠孝之竹”的隐喻，反映出越南人对胡志明无限的崇敬、忠诚之情，愿永远沿着他指明的革命道路前进。秋盆也写道“因有万千竹笋，竹子永不褪色，嫩绿之中饱含忠诚”（Tre không tàn vì có vạn thân măng, mơn mởn lên xanh trọn niền chung thủy），颂扬了越南人前赴后继的革命传承精神。

在挖掘越南人的力量和美好品质、体现越南民族自豪感、彰显抗战必胜信念的过程中，作家阮遵和新钢功不可没。

阮遵（1910—1987）的《竹友》出自其 1955 年出版的《抗战随笔》[①]，此文近 6000 字，篇幅很长，用情至深，可谓是该国咏竹作品的集大成者。阮遵将竹子视为“挚友”“老战友”，强调不论何时何地，从早到晚，从春至冬，从生到死；不论陆地与江河湖海，不论劳作抑或征战，从物质到精神，竹子都与越南人亲密无间、不离不弃、同生共死。竹子不仅吃苦耐劳、贴心关怀、奉献牺牲，还在艰难时刻用自己顽强的生命力给人以安慰与希望，是越南战胜法国殖民者所谓“文明”的利器。该文为之后新钢、阮维作品的创作提供了丰富的素材，奠定了坚实的基础。

1955 年，为庆祝越南抗法战争胜利，波兰导演拍摄了一部名叫《越南之竹》的电影（推测是纪录片），作为记者而非作家的新钢，为此片撰写了解说词，即本文研究的散文作品《越南之竹》。这篇文章被选入越南小学六年级《语文》教科书，影响力很大。相关评论认为：“竹子形象通过新钢的《越南之竹》成为了越南人民和国家的象征。”新钢总结了竹子的几种特点，即“谦逊、正直、忠诚如一、果敢”（nhũn nhặn, ngay thẳng, thuỷ chung, can đảm），然后用一句“竹子具有贤良之人的美德，是越南民族的高贵象征”（Cây tre mang những đức tính của người hiền là tượng trưng cao quý của dân tộc Việt Nam），直接将前述特点赋予了越南人。新钢将“竹子”这个与建设和保卫国家的斗争历史密切相关的形象永远铭刻在越南人民的心中，象征着越南民族的灵魂、情怀和无尽的自豪。[②]

越南民主共和国成立后的 30 年抗战时期，竹子的正面文学形象充分用于政治宣传；近 20 年来越南在大力建设和发展具有民族特色的越南先进文化及开展文化外交过程中继续深挖竹子的精神内涵，这些为后续的国家形象建构奠定了坚实的基础。

四、建构进展——国家外交形象的自塑

越南有文章称其文学宝库中体现竹子形象的作品数以千计。[③]但严格来说，越

① ［越］Nguyễn Tuân. Tùy bút Kháng chiến (抗战随笔) [M]. Nhà xuất bản Văn nghệ, 1955.

② ［越］Phạm Ngọc Hàm, Lê Thị Kim Dung. Ý nghĩa Ẩn dụ của Tùng, Trúc, Mai trong Tiếng Hán và Tiếng Việt (松、竹、梅在越汉两种语言中的隐喻意义) [J]. Tạp chí Nghiên cứu Nước ngoài, 2018 (6): 15-24.

③ https://cutram.net/cay-tre

南并未出现真正意义上的“竹文学”，虽然包括多种体裁——神话传说、民间故事、民歌民谣、成语谚语、诗歌、散文等，也有数篇作品先后被选入中小学语文或文学教材，但长期以来总体未受到特别重视[①]。

随着 2021 年 12 月越共总书记阮富仲正式提出“竹式外交”，越南文学作品中的“竹子”形象频频被引用，并有了新的解读。最典型的是，诗人阮维的《越南竹》诗句“竹子身细叶薄，却能化身城池营垒”（Thân gầy guộc, lá mong manh, mà sao nên luỹ nên thành tre ơi）得到越共总书记阮富仲的直接引用。该诗继承了新钢作品的思想，并用六八体诗[②]的形式演绎出来，又做了大胆创新。篇首的“六”被切为 2+4 的两行，篇末的“六”被切为 2+2+2 的三行，既有越南民族特色，也有灵活现代，强化了表现张力。这首诗还运用了隐喻策略，在从竹子源域和越南人目标域的映射中较为巧妙自然。

可以说，越南将“竹子”的文学形象运用于国家形象建构尚在进行中，相关研究较为缺乏。本文结合前文分析梳理和越南最新相关报道，将“竹式外交”对“竹子”形象的新解读对比列表如下：

	物质特性描写	人文品质投射	越南的“竹式外交”新解读
自然属性	身细叶薄	性格温和	越南的小国身份，谦和宽容，实力较弱。另有越南外交家谦虚、不虚张声势、务实的喻义。
	竹根稳固，深扎入土	勤劳、坚韧	竹根象征着坚定不移，以“不变”肯定和保护国家和民族的利益。竹根细密且相互缠绕，寓意着越南外交需要以内部高度团结为前提。“扎根大地”意在引导民众正确认识越南外交的根本宗旨，避免因错误认知而对外交乃至对党和政府产生误解。
	枝柔韧，多纤维、多枝节，韧而不折	灵活、机智、刚柔并济	竹枝象征以柔克刚，“应万变”地为国家和民族的利益做出贡献，如既保持不选边站的独立主体身份，又充当联通东盟与大国关系之桥梁。
	常年青翠	生命力强	象征越南是充满活力、富有潜能的国家。
	笔直、高大、躯干结实	坚韧不拔、不屈不挠和勇敢的精神	在新形势下，越南首先要在本地区展现更强的话语权和更积极的外交政策立场。

① 余富兆在《越南抗战文学述略》（2000）中提到了济亨等一批浪漫主义诗人在抗法战争中焕发了青春，以及阮维在抗美救国、民族解放战争的最后十年成长起来，创作了《越南竹》。梁远的《越南竹文化研究》（2010）认为“竹子渗透到了越南民族物质和精神生活的方方面面”。其他相关研究见少。

② 六八体是越南传统诗歌形式，以六字和八字的形式重复交替，其格律要求是“平平仄仄平平，平平仄仄平平仄平”。

（续表）

	物质特性描写	人文品质投射	越南的“竹式外交”新解读
	不挑土质，容易存活，生命力强	吃苦耐劳，勤劳不屈、热爱土地	“竹式外交”根植于既和谐又坚强的越南传统文化，无论国家是繁荣还是困难，无论国际形势是有利还是困难，总是提炼机会，发现机会，创造机会。
	竹材耐久性长	浴火重生	喻指尽管遭受了巨大的损失和牺牲，但整个越南民族为了独立和自由勇敢抗争，并很快复苏，显示了强大的耐受力。
	成丛生长	越南人民的团结精神及集体性	越南政府各个部门与驻外机构要团结协同、密切合作。
	竹老笋生	关爱、培养接班人，具有牺牲精神	“竹式外交”继承了胡志明外交思想。另指越南民族无论经历风暴或是自我牺牲都要完成文化、精神传承的特点。
各类功用	竹荫	仁爱、重情义	象征越南重视和平发展，是国际社会的负责任成员，为人类共同发展提供重要的“树荫”。
	竹篱，村寨竹城墙	保家卫国，热爱故土	象征着自治性，被视为越南领土的象征；守护、保卫民族文化本色；通过弘扬越南人的优良传统品质和价值观来保护其传统和文化认同，保持团结一致和“集体性”。
	竹制武器	不屈不挠精神以及神奇力量的象征	竹子在越南战争史上扮演了重要角色，象征争取独立和自由的精神。越南外交始终带有进攻的精神和气势。
	竹桥	母子情深、爱情忠贞、乡邻互助	竹桥架起码头，外交架起和平友谊之桥，合作发展之桥，促进人民与国家之间、国家与世界之间的相互理解与帮助。
	制作家具、乐器等多种用途	奉献、节操与无私	越南要密切关注与周边国家、传统朋友和大国关系，加强团结，提升东盟作用，加强与其他国家的合作。
其他	竹子从古至今、无处不在	忠孝、忠诚	象征值得信赖、负责任的国家形象。

五、结论

习近平主席多次指出：“国之交在于民相亲，民相亲在于心相通。”单就中越关系而言，研究越南国家形象建构，可以提示我们重视理解对方国家和民间层面对于特定文化元素的认知，以便在特定情境下对相关政策及公共舆论形成正确的判断。越南文学作品中的“竹子”形象包含着诸多矛盾统一的身份认同——“弱小与强大、温和与不屈、坚硬与柔韧、坚定与灵活”等。千百年来，竹子形象一直贴近越南人民的生活，成为越南民族认同的象征和不可缺少的一部分。作为政治、安全、经济和社会的交汇点，连接过去与现在，历史与将来，国家与世界的纽带，外交以民族文化为根，饱含民族文化内涵。因此，在越南融入国际的背景下，深入了解“竹式外交”中的竹子形象及越方新解读有利于我们洞悉其战略意图，做出更为有效的应对。

参考文献

[1] 丁艳. 中华竹文化的多元象征及其当代意义［J］. 内蒙古大学学报（哲学社会科学版），2021（1）：90—94.

[2] 梁远. 越南竹文化研究［J］. 东南亚纵横，2010（7）：43—47.

[3] 司镇涛. 越南为何此时突出宣扬“竹式外交”［N］. 环球时报，2022-09-30.

[4] 索宇环. 文学形象与国家形象［J］. 广东外语外贸大学学报，2022（2）：43—52，158.

[5] 王立. 竹的神话原型与竹文学［J］. 浙江师大学报，1991（2）：29—33.

[6] 余富兆. 越南抗战文学述略［J］. 东南亚纵横，2000（S1）：24—29.

[7] Phạm Ngọc Hàm, Lê Thị Kim Dung. *Ý nghĩa Ẩn dụ của Tùng, Trúc, Mai trong Tiếng Hán và Tiếng Việt* [J]. Tạp chí Nghiên cứu Nước ngoài, 2018, 34 (6): 15-24.

[8] Phạm Thanh. *Thi nhân Việt Nam hiện đại (quyển hạ)* [M]. NXB Xuân Thu tái bản, 1990.

[9] Nguyễn Đức Nam. *Thơ Việt Nam 1945-1985* [M]. NXB Giáo dục, Hà Nội, 1987.

[10] Nguyễn Tuân. *Tùy bút Kháng chiến* [M]. Nhà xuất bản Văn nghệ, 1955.

[11] Tố Hữu. *Việt Bắc* [M]. NXB Văn học, 1962.

[11] Võ Lập Phúc, Nguyễn Thành Long. *Sử dụng Văn học trong Hoạt động Ngoại giao Văn hóa của Việt Nam* [J]. Tạp chí Khoa học Trường Đại học Sư phạm TP Hồ Chí Minh, 2022 (1): 86-101.

保宁《战争哀歌》中的后现代主义叙事策略

广西民族大学　付小拴

【摘　要】越南作家保宁的长篇小说《战争哀歌》讲述了一个关于战争、爱情、命运的故事，其中不确定性、破碎性等叙事手法的运用使作品具有明显的后现代主义色彩，小说中主要采取了模糊化的人物形象、非连续性的时空颠倒、碎片化的情节结构、转换式的话语视角以及反战的叙事交流等策略。本文认为，通过这些叙事策略，一方面体现了作者在文学革新大背景下的创新意识；另一方面，作者“半自传”式地向读者描绘战争回忆，在憧憬和平的同时转向至对战争与人类命运的思考与审视。

【关键词】《战争哀歌》；后现代主义；叙事策略

保宁（Bảo Ninh，1952—），原名黄幼方，是当代越南著名的小说家，出身书香门第，十七岁时参军入伍，在 1975 年越战结束后退伍回到河内。《战争哀歌》（Nỗi buồn chiến tranh）是保宁的首部长篇小说，1987 年初次出版时名为《爱情的不幸》（Thân phận của tình yêu），后被译成英、日、韩等二十多种文字出版发行，曾获英国“独立报外国小说奖”和日本“日经亚洲奖”，2019 年由我国作家夏露译为中文，被赞誉为“东方战争文学的标高”。《战争哀歌》以越战为写作背景，围绕主人公阿坚讲述了战争带来的毁灭性结果，阿坚作为战争幸存者，战争给他带来了无尽的伤痛：爱情与青春的消逝、命运的破碎、精神的创伤、心智的折磨。在小说中，战争如同“绞肉机”一样，绞碎阿坚的爱情与生活，绞碎他整个人，对于战后的他而言，自己不是活着，而是被困在世间。作者保宁通过写作《战争哀歌》来描写战争的狰狞面目，将战争记忆付于笔端寻求救赎与解脱。关于这本小说，越南作家元玉曾说：“这是一部关于某人为了当下的生存而战的小说。他通过战争书写来体现自己的生存之战。这本书描写的不是战争，它描绘的是现如今人们沉重的探寻之路，这里的现实指的是一颗充满挣扎与责任感的心灵中的内在现实，挣扎是因为负有责任，一种带有良知的责任。这部沉重的作品并不悲观。正因如此，它的字里行间仍然充满着潜在的希望之声。他不断地去探寻，这意味着他内心仍然存有希望。”[①]小说真实感强，富有现实意义，因此，笔者认为该小说是值得研究与分

① 范春原．美国视野下的越南长篇小说《战争哀歌》[J]．杨阳，译．内蒙古师范大学学报，2020（5）：86．

析的。

《战争哀歌》整体一反常态地突破了传统的文学小说模式，行文洒脱，结构形散神聚，情节碎片化，充斥着非理性和后现代主义元素；在文学史的维度上，它摆脱了当时盛行的英雄主义，在叙事艺术和语言艺术上有很高的水准。后现代主义（Postmodernism）是 20 世纪 60 年代以来在西方出现的具有反西方近现代体系哲学倾向的思潮，用于表达"要有必要意识到思想和行动需要超越启蒙时代范畴"。作为一种文学思潮，或者一种新的文学创作方式，后现代主义是对现实主义或者现代主义叙事方式革新与解构后的个性化重组，其摆脱了传统文学创作理念与创作方法，形成了独具匠心的叙事方式，采用不确定性、模糊性、分裂性、非连贯性、碎片性的叙事策略。《战争哀歌》的叙事方式摆脱了传统意义上的叙事教条，抛弃了宏大叙事，继而转向为零散破碎的叙事形式，这与后现代主义叙事相切合。作者保宁通过这样"杂乱无章"的另类叙事，书写了战争带来的创伤与苦难。其特殊的叙事策略体现了后现代主义写作中的不确定性、非连续性、碎片性特征，鉴于此，本文将从模糊化的人物形象、非连续性的时空颠倒、碎片化的情节结构、转换式的话语视角以及反战的叙事交流五个方面对《战争哀歌》中的后现代主义叙事策略进行分析解剖。

一、模糊：人物形象的叙事特征

后现代小说中不确定性的写作原则，是鉴别后现代文学的特征之一。与现实主义、现代主义所创造的具有浓厚心理内涵的人物相比，后现代主义所刻画的人物身上具有广阔的虚幻性、变化性、不确定性。这种不确定性即我们不确定任何事物，我们使一切事物相对化。各种不确定性渗透在我们的行为、思想、解释中；不确定性构成了我们的世界。[①]在后现代小说的不确定性下，人物形象像是虚构又像是真实，像是一个人又像是两个人。《战争哀歌》中的主人公阿坚的形象便是如此，像是虚构人物又像是真实再现，像一个人又像是作者和主人公两个人。因此，模糊化的人物形象是《战争哀歌》中的一个突出特点。针对这一特点，作者保宁曾说："《战争哀歌》中的退伍军人阿坚是虚构的人物，完全不是我，他的生活和战斗与我都非常不同，但他又恰恰是我。"[②]保宁悖论式的矛盾回答与后现代主义中的不确定性特征不谋而合。

关于人物形象塑造，作者保宁对人物的外貌、性格的直接刻画少之又少，只在语境和发展情节的转变中才会将其间接描绘出来。阿坚作为小说的主要人物，贯穿小说始终，但对阿坚的外貌描述也仅是寥寥数语而已，"阿坚个子高高的，肩膀很

---

① 哈桑．后现代转向［M］．上海：上海人民出版社，2015：292．

② 澎湃新闻．越南作家保宁：如果我不曾扛枪打仗，肯定不会从事写作［EB/OL］．（2019-05-23）［2023-05-23］．https://www.thepaper.cn/newsDetail_forward_3400180．

宽，但是很瘦，皮肤不好，喉结很粗大，脸型斜着看都不好看，脸上过早地长满了皱纹，满脸愁容，还有些忧郁”[①]。书中对阿坚的外貌描写不尽如人意，读者也只能知道个大概，因为作者自始至终都没有对阿坚的五官进行描述。因此，阿坚的形象看似清晰，实际上却是一个模糊不清的影子。作者留下的文本空白给读者无限的想象空间，让读者在脑海中对阿坚形象进行再创造。这种似是而非，或此或彼的人物形象，使任何想要确定准确意义上的企图完全落空，剩下的只能是“怎么都行”，你把它理解成什么，它就是什么。[②]除阿坚外，小说中很多人物的形象也具有模糊化特征，比如阿坚的第一个班长阿广，“阿广的老家在芒街，渔民出身的他极其健壮，人长得高大魁梧，又朴实热心”[③]。对阿广的外貌和性格描写仅是一星半点，有谁知道他的五官是什么样的呢？这样模糊化的描写呈现在读者面前的是一个“无绘”的形象特征，没有描绘人物形象的代码，呈现在纸张上的是一副不完整的人物肖像画。因此，读者只能在脑海中脑补出阿广的长相，这使读者对阿广这一人物产生无限的遐想。此外，小说中还有小盛子、阿贤、疯子阿松、楼房顶层的年轻哑女、阿芳母亲等等模糊化的人物，笔者在此处就不再一一赘述。

叙事性的文学作品主要通过对人物和人物活动及其相互关系的描写来反映现实生活。典型人物在文学作品中占有特别重要的地位。[④]主人公阿坚作为《战争哀歌》中的主旨人物，作者通过对他的塑造揭示了战争背景下社会生活的沉重感与宿命感。阿坚是战争的受害者，他的命运与作者的命运相互映照，战后的阿坚与战后的作者在作品中得到了镜面式的刻画。阿坚身上具有一种“无绘”的形象特征，也许是因为战争岁月磨破了容貌与姿态，也许是作者特意浅构人物，在于摆脱传统进行创新，又或许这就是战后幸存者的真实命运。综上，《战争哀歌》中模糊化的叙事使小说中的人物形象形成了独特的叙事特征，是后现代写作中不确定性的表现。

二、断续：时空颠倒的叙事风格

后现代主义作家怀疑任何一种连续性，认为现代主义的那种连贯、人物形象的连贯、情节的连贯是一种“封闭体”写作，必须打破，以形成一种充满错位式的“开放体”写作。即竭力打破它的联系性，使现实时间和历史时间随意颠倒，使现实空间不断分割切断。[⑤]《战争哀歌》中存在非连续性的因素，如文中所写：“在小说的头一章，他就完全脱离了传统的写作，叙述的空间和时间都进入了一个不合理

① 保宁．战争哀歌［M］．夏露，译．长沙：湖南文艺出版社，2019：119．

② 王岳川．后现代主义文化研究［M］．北京：北京大学出版社，1992：328．

③ 保宁．战争哀歌［M］．夏露，译．长沙：湖南文艺出版社，2019：102．

④ 余富兆，谢群芳．20 世纪越南文学发展研究［M］．广州：世界图书出版广东有限公司，2014：284．

⑤ 王岳川．后现代主义文化研究［M］．北京：北京大学出版社，1992：329．

的轨道中。”[①]

《战争哀歌》中的时间线是曲折的，保宁用“闪回”的形式去回忆及描绘战争情节，用无意识的非连续性模糊了事件之间的联系，如文中阿坚正和小盛子寻找赫比时，在小盛子的抽泣和绝望中，蓦地转到了“后来，许多年后，阿坚人到中年，成了一个作家……”[②]，然后再接着叙述找寻三个女孩的事件。如阿坚正在父亲坟墓前哭泣，接着就遥想般地回到了 1965 年的春天。阿坚上一秒还沉浸在乘坐勋伯的电车去玩的美好回忆中，下一秒回忆直接穿越到 1975 年 4 月 30 日的清晨，回到了战争结束前夕的最后一场战役里。这种将现在、将来和过去互相交叉产生的时间颠倒，正是后现代主义小说中的常见之举，保宁用“回忆”打破了时空局限，让过去、现在或将来呈现在刹那之间。在崇尚后现代主义的作家看来，人只是生活在永恒的一瞬间，文学创作就是要抓住“现在”一刹那的感觉。[③]

非连续性除了在时间上的颠倒，还有空间中的倒置。现实与幻觉随意交错，同时出现。《战争哀歌》中不乏现实与幻觉的联动，如小说中所写：“现实和幻觉交织在一起，像深绿色的林间交汇的两股流水。”[④]通过这样交叉式的描绘，让幻觉、现实与回忆交织缠绕成一团，能更好地突显变幻莫测的战争带给阿坚的深刻回忆，也是保宁写作时瞬间感觉的凝结。如阿坚一行人寻找野人的经历，究竟那衣衫褴褛的野人是人还是鬼影，难以分辨；如阿芳离开后，阿坚在幻觉中找寻和想象两人曾经的美好；又如阿坚在街上闻到某种臭味，便会想起腐烂的尸体，会在平白无故中游离在现实之外，迷失在幻梦中。将回忆搬回现实之中的自由叙事，不仅仅实现了阿坚与作者在现实与记忆幻觉中的来回穿梭，也让读者在文字垒砌的幻象之中，真假难分。

总而言之，非连续性的叙事风格所体现的“时空颠倒”“闪回”“刹那间的感觉”“交织的回忆”等是意识流叙事手法的结果。意识流叙事是后现代主义不确定性的一种体现，采用直接叙述意识活动过程的方法来结构整篇，以人系事，内心独白和自由联想穿插交错。意识流叙事下的《战争哀歌》展示了作者保宁和主人公阿坚内心世界的变化，这种意识活动打破了传统小说有逻辑的心理描写，具有极大的跳跃性、随意性和非连续性，无论是时间的颠倒，还是空间的倒置，皆是作者保宁用来构筑小说世界真情实感的流露，也正因为这种恰到好处的表达方式，让小说形成独特叙事风格的同时也将战争带来的伤痛与梦魇跃然于纸上。

---

① 保宁．战争哀歌［M］．夏露，译．长沙：湖南文艺出版社，2019：54．

② 保宁．战争哀歌［M］．夏露，译．长沙：湖南文艺出版社，2019：37．

③ 石钟．新状态小说与后现代主义文学比较论［J］．西南民族学院学报，1996（2）：18．

④ 保宁．战争哀歌［M］．夏露，译．长沙：湖南文艺出版社，2019：106．

三、拼凑：碎片化的叙事结构

与现实主义大师们苦心经营，十年磨一剑地精心结撰宏伟画卷不同，也与现代主义精心构思以注入有深度的思想相异，后现代主义突出随意性，强调“拼凑”的艺术手法。[①]《战争哀歌》中的拼凑即是作者在叙事过程中，将几个事件任意拼贴在一起，并且事件之间没有逻辑上的联系，在结构上呈现的是碎片化的叙事，极富随意性。这种碎片化、随意性与非连续性有一些重合，两者都是在打破连贯性的前提下展开，并且可以形成你中有我，我中有你的关系。

在《战争哀歌》中，碎片化、随意性的叙事随处可见，如文中所写：“小说布局混乱，人物的生活也被他突然随兴改写。他抒写的有关战争的每一章都有随意的成分，就像那场战争是别人不了解的，是专属他一个人的。”[②]保宁的随意性书写正是如此，看似杂乱无章的场面，其实独具匠心。如小说的第二部分，将阿坚梦回招魂林、回忆河内生活、阿坚的写作、阿坚阿兰祭拜干妈、阿坚回忆继父、阿坚与楼上楼下居民的故事、阿坚看望战友阿生等多个片段拼凑到一起，将互不相干的部分重组成一种破碎且随意的叙事，也就是作者想到了什么就接着叙述什么的模式，让情节结构错综复杂，有迷宫般的高级设计感。对于第二部分中人物与情节的布局，保宁将不同人物在不同场景的活动巧妙地拼贴组合在一起，形成了后现代式的书写。小说的第四部分中，作者将阿坚在深夜的街道闲逛、阿坚在咖啡馆中的经历、阿坚回忆小时候的事情、回忆阿全阿芳、阿坚在火车上的经历等等，没有内在逻辑的几件事组合在一起，让记忆的碎片形成了一种文学客体的破碎感，使人物的布局随叙事的变化而变化。整体上看，在碎片化叙事结构下，小说中的叙事格调摆脱了传统叙事的跌宕起伏，反之以在读者对某一片段兴致盎然的同时，作者就收起笔触，然后转向了另一个片段，这样的叙事给读者以非逻辑的推理以及无限想象的空间。

《战争哀歌》用碎片化的叙事展现了一个战争幸存者的内心世界以及那些被战争生涯折磨得几近疯狂的幸存者的心智，用“拼凑”的形式力图让读者感受战争的苦难以及战争带来的战后创伤。小说中碎片化的情节如同马赛克一般互相镶嵌，使得作品更加丰满、立体、完整；碎片化的叙事拥有着强大的能量，结构上的凌乱无序反衬出战争无理性的成分，小说中的幻觉、情感、潜意识是无理性的一种表达，阿坚在战争中所经历的大量的死亡、残忍、苦痛、血腥则是对无理性的一种回应。似乎对于作者保宁而言，假若不使用这种碎片化的、无理性的形式就难以表达战争带来的毁灭与伤痛，对于读者而言，传统意义上的叙述形式已满足不了阅读心理，而新开拓的混乱破碎的叙事结构反而能令读者与作者感同身受。

---

① 王岳川．后现代主义文化研究［M］．北京：北京大学出版社，1992：329．

② 保宁．战争哀歌［M］．夏露，译．长沙：湖南文艺出版社，2019：54．

四、变幻：转换式的叙事视角

与现代主义以“自我”为中心相比，后现代主义倡导以“语言”为中心的创作方法，高度关注语言的游戏与实验。[①]后现代主义通过语言表达和叙事话语的不断变化来展现叙事视角的独到之处，能让读者从文本当中获得极大的愉悦。在《战争哀歌》中，叙事视角透过凌乱且不断转换的对白得以展现，体现了后现代叙事中的不确定性。总体上看，小说存在两套叙事，一套叙事置于表面，以第三人称视角描绘了一位饱受战争噩梦折磨的作家，另一套叙事在文字内部，以第一人称视角描绘了作家阿坚对自己战争经历的回忆。人称的变化，其实是一种身份的变化，后现代叙事中认为，我们解释自身的唯一方法，就是讲述我们自己的故事，选择能表现我们特性的事件，并按叙事的形式原则将它们组织起来，以仿佛在跟他人说话的方式将我们自己外化，从而达到自我表现的目的；其次是我们要学会从外部，从别的故事，尤其是通过与别的人物融为一体的过程进行自我叙述。[②]

《战争哀歌》中保宁将自己外化成小说中的阿坚，但又独立于阿坚之外，通过和阿坚的融合与区别进行自我叙述。小说的叙事视角飘忽不定，并且总是在人称当中来来回回地跳跃，如第一部分中，作者以第三人称视角来叙述战争给阿坚留下的深刻记忆，在第二部分和第三部分中，作者转变为以阿坚的第一人称视角进行叙述，在整篇小说的结尾又变化为作者第三人称视角的叙述等等。小说中时而第三人称视角叙事，时而第一人称视角叙事，叙事的内容没有内在逻辑的联系，这种叙事视角上的凌乱与无序就好比是思想碎片的重组。在小说叙事视角的转换中，作者保宁与主人公阿坚有重合之处，在以第一人称进行叙述时，呈现出作为作家的阿坚与作为作家的作者之间的叙述关系，当这样的关系出现时，书中的对白就仿佛是一种游戏式的随意组合；除了重合，阿坚和作者之间也有距离感，当以第三人称叙事时，作家阿坚就仅仅只是作者保宁笔下的作家了，只是书中一个虚构的角色了。当然，作者保宁在第三人称下以可靠叙事的面貌出现，目的在于稳定了自己的叙事身份，并试图抹去由于叙事视角转换所导致的胡言乱语的“疯癫痕迹”，让“疯癫变得自然”。[③]

由于叙事视角的不断转换，小说叙事的语言内容也没有前后的逻辑，若是将小说中的故事片段随意调换也不会影响表达效果，读者可以随意开始或者中止阅读。其次，转换式的叙事视角使主人公阿坚身份呈现出一种嵌套式叙述，分别是士兵、男人、作家，所对应的场景为战争、爱情、写作，有层层递进的效果。作者采用这样的嵌套式叙述，不仅仅是为了在叙事视角上取得良好成效，更多的是想通过作者

① 曾艳兵．论后现代主义文学的不确定性特征［J］．台州学院学报，2002（5）：13．

② 马克·柯里．后现代叙事理论［M］．北京：北京大学出版社，2003：21．

③ 马克·柯里．后现代叙事理论［M］．北京：北京大学出版社，2003：130．

本人与一个越战士兵所演绎的“解构”与“重组”来构建出身份同源的战争创伤，让分裂的叙事语言和转换式的叙事视角更能准确地突出创伤的本质。小说的语言表达是叙事视角的体现，作者写作视角的创新为叙事视角开辟了新的天地，越南著名学者陈廷史曾说，“《战争哀歌》给人们带来了一个观察战争的全新视角，是对我们固有思维的一种补充”[①]，这种全新的视角不仅让战争回忆再现读者眼前，也将隐藏在小说中的反战思想突显出来。《战争哀歌》作为一部战争文学作品，本应按照传统意义的写作以宣扬英雄主义为主流，作者保宁反而打破局限，摆脱传统，转向至人的生命与本性的高度，转变为对战争与人类命运的思考，这也是此部小说突出的特点之一。

五、反战：作者、作品、读者所构成的叙事交流

后现代主义是一种零度写作、纯写作，作家把写作作为自己的领地进行纯粹的表演。作者保宁在《战争哀歌》的写作过程，更多地突出战争创伤与传播反战理想，这一理想不仅仅是对战争的反对，更是对战争的反讽与反思。这是在作者、作品、读者所构成的叙事交流中来建构的，这样的交流由“真实作者、隐含作者、真实读者、隐含读者”来完成。首先是对战争的反对，“真实作者”虽然处于创作过程之外，但一个人的背景、经历等往往会影响一个人的创作。[②]作者保宁曾说过：“我自己如果不曾扛枪上抗美战场，那现在肯定是从事其他职业而不是当作家。”由此可见，保宁作为小说的真实作者，战争的经历是创作《战争哀歌》的重要依据。保宁在十七岁时加入北越军队，1969 年退役后回到河内读大学，这本小说原是保宁的毕业作品；“保宁”是作者黄幼方的笔名，这一笔名对于他，对于一个战争幸存者来说具有深刻含义，对保宁而言，战争没有胜负，只有毁灭，而安宁与和平则是战争背景下所梦寐以求的精神向往。

战争是惨痛的，不仅仅在于战争所导致的哀鸿遍野与流离失所，更在于战争对于一个幸存者在心理和精神上的双重荼毒。保宁经历了战争，在战后回到河内居住，但战争场景会经常萦绕在脑海中，他在写作笔触中找到了救赎之道，渐渐走出了战后的精神创伤。从侧面看，战争消耗了作者和主人公阿坚的青春，留下了无尽的伤害，换句话说，《战争哀歌》反映了他们在战争中如何成长，又如何破碎的。2011 年保宁在“日经奖”颁奖典礼上说到：“我的所有的作品都强调这样一个想法，那就是没有什么比和平更珍贵，没有什么比战争更可怕，我最大的愿望就是将

① 夏露．守望、牺牲与反叛：越南长篇小说《战争哀歌》中的女性人物分析［J］．内蒙古师范大学学报，2020（5）：84．

② 申丹．西方叙事学：经典与后经典［M］．北京：北京大学出版社，2010：75．

战争从人类社会中彻底铲除出去。”①正因为保宁经历过战争，经历过苦难，他才这般地拒绝战争，热爱和平；保宁不仅把对和平的祈求挂在嘴上，他也将其付诸行动，他在 1979 年拒绝参战就是最好的证明。这都是因为他经历了那场可怕的战争，因为他深知战争的残酷与无情。②

其次，反讽和反思战争，后现代主义叙事把反讽作为最主要的叙事策略，反讽也被认为是后现代主义的范畴之一，这个反讽具有不确定性、多价性；它渴求明晰性、一派“缺失”的纯真的光明；③此处的讽刺是用来传达一种与文字表面含义不同的说话方式，《战争哀歌》摆脱了传统歌颂英雄主义的模式，间接地讽刺了“那些好战、四肢短小、大腹便便的知识分子和政客”④以及他们狂热的“英雄主义”，因为战争意味着流血，英雄主义的旗帜下是尸横遍野。早在 1990 年时，保宁就勇于揭露战争残酷的一面。在书中，保宁没有对所谓的英雄主义大书特书，而是专讲战争的丑陋，描述血肉模糊、残缺不全的尸体，甚至美国炮弹轰炸下战友尸体的汽化蒸发。他甚至怀疑党所指挥的那场战争是否值得。⑤由此可见保宁对这场战争以及战争所崇尚的英雄主义的怀疑与不安。保宁从一个越战士兵的角度来叙述，他深知每个被卷入战争的人，等待他们的必然是破碎的命运，在讽刺的同时对战争进行了反思，这种对战争反思性的讽刺正是作者保宁进入创作过程后的写作立场与方式，也就是小说的“隐含作者”。小说的“真实读者”是叙事交流的实际接受者，“隐含读者”是“隐含作者”心目中的理想读者。《战争哀歌》所传播的反战思想不仅能让拥有惨痛战争经历的人找到救赎，也能让追求和平以及拥有反战思想的读者达成共鸣。站在反战的角度来看，保宁呼吁“和平是最大的幸福”⑥，“隐含读者”便是接受保宁这一观点的读者，这是他以生命体验换来的宝贵教训与智慧，是对战争的深恶痛绝与对和平的深切呼唤。综上，《战争哀歌》从作者到作品，再由作品到读者，所实现的叙事交流便是对反战的表达与和平理念的传播。

六、结语

保宁创作的《战争哀歌》运用碎片、拼贴、时空颠倒、反讽等后现代主义叙事

---

① ViệtnamPlus. Vietnamese Writer Gets Nikkei Asia Prize [EB/OL]. (2011-05-26) [2023-05-05]. https://en.vietnamplus.vn/vietnamese-writer-gets-nikkei-asia-prize/28795.vnp.

② 孙来臣.《战争哀歌》与亚洲和平［J］. 东南亚研究，2017（1）：73.

③ 哈桑. 后现代转向［M］. 上海：上海人民出版社，2015：294.

④ 保宁. 战争哀歌［M］. 夏露，译. 湖南：湖南文艺出版社，2019：79.

⑤ 孙来臣. 战争哀歌：越战老兵无法愈合的心灵创痛［J］. 读书，2016（8）：158.

⑥ Báo an ninh thủ đô, Nhà văn Bảo Ninh: Hòa bình là hạnh phúc lớn nhất [EB/OL]. (2013-05-05) [2023-05-05]. https://www.anninhthudo.vn/nha-van-bao-ninh-hoa-binh-la-hanh-phuc-lon-nhat-post168252.antd.

策略，巧妙地将战争幸存者的苦难回忆与难以平息的战争创伤融为一体，通过人称视角的转换向读者展示了战争所带来的毁灭性伤害。保宁凭借其敏锐的洞察力，以亲历越战的“局中人”身份，将小说创作与时代历史相结合，在作品中演绎“解构自我”和“重构自我”，以更为成熟的姿态展现了文学创新与战争时代背景的协作。本文通过对作品的剖析可见，后现代主义叙事策略实现了对破碎情节的穿针引线和对人物情感的立体解构，保宁的叙事智慧在笔触间表现得淋漓尽致，独特的文学构想也得到了充分的体现。他以虚实难辨的叙事风格，再现战场上的血肉横飞与战士命运的支离破碎，是于放逐中对自由和解脱的追寻，于救赎中对安宁与和平的呐喊；他将小说和读者置于战争背景中，进而呼吁反思战争，重塑战争思考。小说摆脱了传统文学的清规戒律，以破碎的形式展现战争画面，并且文本不是封闭的，它更像是作者、作品、读者间的对话，在叙述历史的同时也赋予其新的内涵，蕴含对人类命运与战争的深切关注，展现了深刻的人文关怀，推动了越南战争文学乃至东方战争文学的创新。

参考文献

［1］保宁．战争哀歌［M］．夏露，译．长沙：湖南文艺出版社，2019．

［2］范春原．美国视野下的越南长篇小说《战争哀歌》［J］．杨阳，译．内蒙古师范大学学报，2020（5）：86．

［3］哈桑．后现代转向［M］．上海：上海人民出版社，2015．

［4］马克·柯里．后现代叙事理论［M］．北京：北京大学出版社，2003．

［5］澎湃新闻．越南作家保宁：如果我不曾扛枪打仗，肯定不会从事写作［EB/OL］．（2019-05-23）［2023-05-23］．https://www.thepaper.cn/newsDetail_forward_3400180．

［6］申丹．西方叙事学：经典与后经典［M］．北京：北京大学出版社，2010．

［7］石钟．新状态小说与后现代主义文学比较论［J］．西南民族学院学报，1996（2）．

［8］孙来臣．《战争哀歌》与亚洲和平［J］．东南亚研究，2017（1）．

［9］孙来臣．战争哀歌：越战老兵无法愈合的心灵创痛［J］．读书，2016（8）．

［10］王岳川．后现代主义文化研究［M］．北京：北京大学出版社，1992．

［11］夏露．守望、牺牲与反叛：越南长篇小说《战争哀歌》中的女性人物分析［J］．内蒙古师范大学学报，2020（5）．

［12］余富兆，谢群芳．20 世纪越南文学发展研究［M］．广州：世界图书出版广东有限公司，2014．

［13］阎连科.《战争哀歌》代序：东方战争文学的标高［J］. 天涯，2015（6）.

［14］曾艳兵. 论后现代主义文学的不确定性特征［J］. 台州学院学报，2002（5）.

［15］Báo an ninh thủ đô, Nhà văn Bảo Ninh: Hòa bình là hạnh phúc lớn nhất [EB/OL]. (2013-05-05) [2023-05-05]. https://www.anninhthudo.vn/nha-van-bao-ninh-hoa-binh-la-hanh-phuc-lon-nhat-post168252.antd.

［16］ViệtnamPlus. Vietnamese Writer Gets Nikkei Asia Prize [EB/OL]. (2011-05-26) [2023-05-05]. https://en.vietnamplus.vn/vietnamese-writer-gets-nikkei-asia-prize/28795.vnp.

论《四朝代》中配角“坤琴”女性自我意识的觉醒

云南师范大学　段召阳　林冠秀

【摘　要】《四朝代》是泰国著名的长篇历史小说，由泰国政治家、文学家克立·巴莫撰写，在泰国文坛具有举足轻重的地位。小说中，坤琴是陪伴女主珀怡成长的重要角色，其形象传递了泰国社会变革时期反对封建思想压迫的新女性的处境以及她们对自我认知的探索历程。本文以女性主义文学批评理论为指导，通过个案研究法、文献研究法和比较研究法剖析坤琴的人物形象，分析其女性自我意识觉醒的表现和局限性，为研究泰国当时社会背景下不同女性的处境与命运提供参考。

【关键词】《四朝代》；坤琴；女性自我意识

《四朝代》是泰国享誉盛名的文坛经典，是泰国政治家、文学家克立·巴莫的代表作之一，被喻为泰国的“红楼梦”。这一恢宏的长篇历史巨著以曼谷王朝五世王中期到八世王末期的泰国上层贵族社会为背景，以女主珀怡的一生为主线，以细腻灵动、风趣幽默、真挚动人的笔触描绘出一系列惟妙惟肖的女性角色，在人物群像的悲欢离合中渗透了人生百态、世间冷暖，深入描绘了这一历史时期泰国的社会、政治和文化变迁，宛如一部栩栩如生的泰国史诗。

目前，国内外对该部小说研究主要侧重于文学评价、对女主珀怡的形象分析和对小说中贵族女性形象的综合分析。然而，对于小说中单个配角的侧重研究和对比分析还很少。为了更好地理解这部经典作品，我们不仅要关注珀怡，还应该关注与她一起成长、生活的其他女性角色。女主人公珀怡的二姐“坤琴”便是小说中伴随珀怡成长的重要配角。不畏强权、追求平等、特立独行、重情重义都是坤琴的代名词。她以封建家庭、贵族阶级的反叛者的形象出现在读者面前，堪称泰国社会变革时期反对封建思想压迫、追求自由自主的新女性代表。

一、坤琴人物形象概述

坤琴是女主人公珀怡同父异母的二姐，比珀怡大 2 岁，是昭坤家族中最特立独行的孩子。她的自我意识不仅逐渐觉醒，更是一往无前地同封建强权斗争到底，勇敢地挣脱封建家庭和阶级文化的桎梏，毅然决然地与所爱的穷医生私奔，按照自己的意志和信念过上了自由而幸福的平淡生活。

坤琴好似自小就形成了一种反抗性格。幼年时期，她的一言一行都处在大姐坤雯的控制之下，虽然年幼尚无反抗之力，但叛逆思想已在一点一滴的小事中悄无声息地萌芽了。坤琴从小就不太听从胞姐坤雯的话：作为姐姐，她经常保护同父异母的珀怡和颇魄，尽管坤雯不允许她和庶出的珀怡和颇魄一起玩耍，但坤琴仍然会偷偷地接近他们；她会带着珀怡一起躲在草丛窥视兄长坤琪犯错挨打，并将坤琪患上花柳病的事情悄悄地告诉珀怡；在嫚彩带着珀怡离家出走之前，坤琴偷偷地从大姐坤雯的房间里拿出点心，背着坤雯送别珀怡，哭红了眼睛……躲在草丛偷看哥哥挨打，爬凉亭柱子，大姐房里偷点心，帮理不帮亲，直言亲哥坤琪流连花柳巷总惹事这一个个小细节都是叛逆思想萌芽的佐证，小小的她在向坤雯进行微不足道的反抗，是其自我意识觉醒的前兆，也为她日后的出走埋下了伏笔。

少年时期，坤琴叛逆的思想随着年龄的增长越来越强烈，其自我意识也逐渐觉醒。珀怡在庆祝国王回銮的活动上偶遇了坤琴，那时坤琴已经完全变成一个大家闺秀，举手投足都展现出一个贵族小姐应有的教养和风范。坤琴在珀怡面前直言坤雯不嫁人是因为害怕别人抢走家里的财产，所以要一辈子在家里当守财奴；直言坤琪成事不足败事有余，作为两个孩子的父亲却毫无责任感，没有一个父亲该有的担当。当谈到颇魄时，坤琴用一副恨铁不成钢的口吻说他总是结交一些酒肉朋友，不知道何时才能明事理。在珀怡想回家省亲却遭到大姐坤雯百般阻挠时，坤琴积极从中协调甚至不惜和姐姐坤雯大吵大闹、据理力争，最终成功让坤雯妥协。

青年时期，坤琴的叛逆在父亲病逝后愈发明显。父亲去世后，坤雯压抑着的恶性与劣行通通暴露了出来。在坤雯想要独吞父亲财产的时候，只有坤琴敢于站出来反抗，而坤琴的本意也不是和坤雯争权夺利，她只是与自己面临的不公做斗争，向特权阶级无止境地欺压宣战。但在那样的社会背景下，势单力薄的抗争注定以失败告终。孝顺的坤琴在昭坤弥留之际始终在床前侍候，昭坤的逝世让坤琴感到无所适从。而坤雯日复一日变本加厉地欺压、猜忌和专横，让坤琴心力交瘁不堪忍受。最后她宁可顶着被众人唾骂的世俗压力，冲出封建家庭的牢笼，选择与心爱的穷医生銮欧叟私奔，毅然决然地选择奔赴自己所爱之人。这在当时封建思想的大背景下，是不被理解和接受的。但是看惯了大家族的尔虞我诈，自由对坤琴来说更为重要。她以自己的方式反抗原生家庭、社会、礼教制度，忠于自己的感觉嫁给了爱情，这也体现了坤琴女性自我意识的觉醒。

中年时期的坤琴退去了贵族千金小姐的光环，原来的一双纤纤玉手变成了一双粗糙厚实的大手，可她眼中闪着幸福的神采，她明白自由才是决定幸福的关键。虽然坤琴和丈夫銮欧叟的日子过得清苦，一生无儿无女，但他们有相同的人生观和价值观，他们相亲相爱、互相帮扶支持，有自己的事业，不但自食其力还力所能及地帮助周围的穷苦病人，她和丈夫的灵魂都得到了洗涤和升华。后期与珀怡相认时，虽然珀怡的夫家家财万贯，但坤琴照样不卑不亢，也不吝惜自己的钱财给小侄送礼物。

在《四朝代》中，坤琴的形象被描绘得生动和立体，在她的言行举止、内心世界、外貌特征等方面都进行了刻画。坤琴的成长历程和性格特征塑造了她不畏强权、坚守自我、勇敢拼搏的品质。坤琴的性格特征也是她能够成功冲出封建牢笼的关键。她具有顽强的毅力和勇气，不怕困难和挫折，少年时与坤雯的斗争哪怕屡战屡败也能够越挫越勇；她自信和自立的性格，使她能够独立思考和决策，能够坚守自我，敢于与不公平现象做斗争；她温柔而敏锐的心灵，让她懂得换位思考，始终保持正义感与同情心。

坤琴形象鲜明，不同于顺从与忍耐的传统泰国女性形象，她有自己的想法和价值观，通过自己的努力和智慧，成功地过上了理想的自由生活，尽管她的婚后生活不被大部分人所理解，但坤琴生活得充实而满足，她成功成长为一个独立、自信的人。重情重义、乐善好施、宽宏大量、不拘于传统礼教，都是作者克立·巴莫对坤琴的评价。在坤琴的成长历程中，她经历了从被压抑到挣脱束缚的过程，不断地展现出她的坚韧、自我意识和反叛精神，更是通过她的形象让读者看到了泰国社会转型时期新女性的勇气与智慧，也让人们看到了她们在探索自我的过程中所面临的困境。

二、坤琴女性自我意识觉醒的表现

《四朝代》中的女性谈得上女性意识慢慢觉醒的有三个人物，即嫚彩、巧娥和坤琴，但是说到敢于反抗封建礼教制度、活出了自己的一片天地的女性，只有坤琴一人[①]。相较于“逆来顺受的完美榜样”珀怡，坤琴实实在在跨出了时代女性反封建的一大步，通过自身经历展示了女性自我解放、反抗男权社会和与封建道德观抗争的重重困难，反映了女性对自身社会角色的自我界定和审视，展现了新时代女性的独特魅力。克立·巴莫在塑造坤琴这一自我意识逐渐觉醒的女性角色时，笔墨主要集中在了家庭和婚恋层面，其次，坤琴面对金钱的态度在当时的时代背景下也较为超前，具有一定的启示意义。

（一）对待家庭：敢于反抗，挣脱庇护

泰国社会所有人际关系都具有庇护关系的特征：父母是子女的庇护者，兄长是弟妹的庇护者，军官是下属的庇护者等，这种庇护关系是维系泰国社会关系的基本支柱[②]。在泰国传统封建贵族家庭中，长幼尊卑等级分明，受传统封建礼教观念影

---

① 王颖．女性学视角下《四朝代》女性形象研究［D］．昆明：云南民族大学，2017．

② 参见 Lucien M. Hanks. The Thai Social Order as Entourage and Circle [G]// G. William Skinner and A. Thomas Kirsch, eds. *Change and persistence in Thai society: essays in honor of Lauriston Sharp*. Ithaca, N.Y.: Cornell University Press, 1975: 197-218.

响，女性自小通常就被教育成为温顺、顺从的人，教育成为“好妻子”和“好母亲”，以追求婚姻和家庭的幸福，家庭几乎是女性唯一的活动场所。

昭坤家族是拉玛五世中期到拉玛八世末期泰国上层封建贵族家庭的典型代表。在家庭中，父亲昭坤和大姐坤雯拥有绝对的权威，坤琴、珀怡等人自小在家庭中几乎没有任何决策权，也不允许表达自己的意见和想法。父亲的迁就与放任，使得大姐坤雯在这个封建大家庭中飞扬跋扈、为所欲为，父亲惧她三分，弟妹见她如见阎王。恩格斯指出：“在历史上出现的最初的阶级对立，是同个体婚制下的夫妻间的对抗的发展同时发生的，而最初的阶级压迫是同男性对女性的奴役同时发生的。”[①]可见，最早的性别压迫是与阶级压迫同时产生的，而坤琴、珀怡等角色在封建家庭中受到的压迫的实质是阶级压迫的一种特殊表现形式，是阶级压迫在家庭内的反映。大姐坤雯是封建社会中那种视钱如命，被男权思想洗脑和同化了的女性代表，她虽然有女性的躯体，但完全是一套男权至上的思想，把自己当成是封建家庭的家长，对家庭成员肆意辱骂打压。可以说，坤雯是符号化的封建压迫阶级代表，是坤琴在封建家庭中感受到压迫与不平等的最直接来源。坤雯是封建黑恶势力的象征，是封建势力的爪牙，和那些男权至上的男性一起对女性同胞实施奴役。

珀怡和坤琴从小就生活在坤雯的淫威和阴影之下。然而，面对坤雯日复一日冷酷无情的压迫，与逆来顺受的珀怡不同，坤琴好像天生反骨，在幼时便不太听姐姐的话，逐渐长大后，整个家中只有坤琴敢于与坤雯做斗争，敢于直言表达自己的意见和想法。

幼时，即使胞姐坤雯明令禁止坤琴与珀怡来往，但小坤琴依旧偷偷与珀怡玩耍，还因为找珀怡说话，差点被坤雯打死；在嫚彩不堪坤雯压迫，带珀怡离家出走前，坤琴从大姐房中偷点心，流泪送别珀怡，“偷点心”一事，怎么也不是传统大家闺秀该做敢做的事，但这却是小坤琴悄悄反抗“长幼有序、尊卑分明”文化价值观的体现。在珀怡进宫后回家省亲时受坤雯尖酸刻薄地奚落辱骂只敢默默流泪之时，坤琴心疼同情珀怡，甚至诅咒坤雯早点死，坤琴说道：“又挨了一顿臭骂吧，嫚珀怡？我猜的没错。不知道她算个什么人，心狠得像魔鬼。我也是天天挨骂，做什么都不对。她什么时候死了我才高兴呢！”（第 93 页）成年之后，坤琴与坤雯吵架的次数越来越多。坤琴还曾多次为兄弟姐妹受到的不公平对待与大姐坤雯嚷起来。为满足父亲心愿接珀怡回家省亲一事坤琴与坤雯据理力争，为颇魄在家中受欺负找坤雯对峙，为珀怡被克扣的嫁妆与坤雯吵架……

在昭坤病逝后，坤琴的女性自我意识觉醒程度愈发明显，最终彻底挣脱对封建家庭的依附。从昭坤故去到火葬这期间，坤雯以大小姐的身份掌管家室，坤雯的欲望变得更加膨胀和肆无忌惮，不允许弟弟妹妹们分割遗产。珀怡对遗产纷争避之不及，甚至恐惧面对大姐，只有坤琴敢于站出来反抗，与大姐坤雯据理力争。而坤琴

① 恩格斯．家庭、国家和私有制的起源［M］．北京：人民出版社，1972：81—92．

的本意也不是和姐姐坤雯争权夺利，毕竟仅昭坤生前给她的那些财务首饰等，虽然不说富裕但也够她一辈子吃用的了，她只是想追求平等有尊严的家庭地位，与封建家庭里的不公平待遇做斗争。然而，在那样的社会背景下，坤琴势单力薄的抗争注定没有结果。坤雯的欺压、猜忌和专横变本加厉，在昭坤出灵后，坤琴不堪忍受最终选择离家出走与心爱的穷医生私奔，彻底挣脱对封建家庭的依附。而坤琴“私奔”的选择，正是她渴望人格独立自由的强烈外化。

在当时的泰国社会，女性处于一种被压迫和支配的境地，她们没有被赋予参与政治、经济、文化等社会活动的权利，只能被桎梏于封建家庭中，从来不被鼓励说出自己的观点，追求独立的理想与价值更是一种奢念。坤琴通过对家庭和社会的反思中，逐渐意识到自我的价值，意识到自己便是自身的主宰者，也应该拥有属于自己的权利。面对大姐坤雯施加在所谓特权基础上的语言暴力与生活上的压迫，同大姐进行了坚决的斗争，哪怕实力悬殊，她也绝不妥协。坤琴敢于反抗封建大家长坤雯的压迫，敢于直言劝诫兄弟姐妹，看待生活中的事件有自己的看法，追求平等有尊严的家庭地位，敢于抗争不公平的遗产分配，敢于反叛逃离令自己窒息的封建家庭，这都是其在传统封建贵族家庭背景下形成的独立意识和价值观，是坤琴追求精神上的平等与尊重、维护自我权利的体现，更展现了她对自由的向往和追求。

（二）对待婚姻：追求真爱，男女平等

恩格斯指出，在封建社会里，对于王公贵族本身，结婚是一种政治行为，是一种借新的联姻来扩大自己势力的机会，起决定作用的是家世的利益，而绝不是个人的意志[①]。在泰国拉玛五世到拉玛八世时期，泰国女子的婚姻情况受到传统文化和社会习俗的制约，女性很少有自由选择婚姻的权利，她们的婚姻观通常是服从于家庭和社会的期望，而不是基于个人的感情和选择，婚姻通常被视为一种家庭责任，而不是个人选择的结果。在选择婚姻对象时通常会优先考虑对方的经济实力和社会地位，而不是个人的品格和爱情因素。另外，一些贵族家庭也会将婚姻作为政治联姻的手段，通过婚姻关系来巩固自己的地位和利益。

在婚姻选择方面，坤琴的决定让当时的社会大为震惊。坤琴的婚姻选择也是其女性自我意识觉醒的体现。在那个年代，封建贵族家的小姐与情郎在没经过长辈的同意和祝福就私自结合是一件大逆不道且惊世骇俗的事。然而，在父亲昭坤去世后，饱受大姐坤雯欺压、看不到人生希望的坤琴，不顾世人眼光，未经长辈同意便毅然决然地选择与贫穷的医生銮欧叟私奔，冲破封建家庭的牢笼，奔赴自己所爱之人。

在对婚姻的认知上，早在认识丈夫銮欧叟之前，坤琴便认为婚姻应男女平等，没必要非得一个怕一个，两个人好好地在一块儿过日子，谁也用不着怕谁。珀怡成

① 恩格斯．家庭、国家和私有制的起源［M］．北京：人民出版社，1972：81—92．

婚时，巧娥问珀怡，希望自己的丈夫怕自己吗？珀怡称自己还没想过。坤琴则说："女的怕丈夫我不喜欢，有的人怕丈夫就像是奴才怕主子似的，我实在看不下眼。男的怕媳妇更不成话，简直都成什么啦！"（第 309 页）而在婚后，坤琴与丈夫确实也相亲相爱，相互关心，相互体贴。

对于婚姻对象的选择标准，她更看重另一半是否善良有趣，是否真的爱自己。换句话说，坤琴的恋爱标准就是一切凭感觉，两个人合得来比什么都重要。对于坤琴而言，另一半的身份、地位、金钱、权势似乎都不重要，两人真心相爱，彼此能在心灵上互为支撑远胜于门当户对，她甚至不介意对方结过婚。坤琴的爱人是昭坤生病后期来给昭坤看病的穷医生，比坤琴大 8 岁，结过婚，前妻死了有一年多了，没有孩子。在坤琴与珀怡首次谈到銮欧叟时，坤琴语气中便充满爱慕，两颊微微泛起红晕，双眸闪动着从未有过的神采，说这个大夫非常好，特别关心病人，年轻，不邋遢，举止文雅，说话有理有据，信得过。

对于坤琴做出私奔之举的原因，颇魄在坤琴私奔事发时和珀怡谈到，坤琴一直以来都在侍候父亲，这种日复一日的生活方式已经让她习以为常，但是当父亲去世后，坤琴便失去了方向，无事可干不知道做什么好，就像没有舵的船。正好在父亲生病的时候出来个銮欧叟，经常给爸爸治病，和坤琴日渐熟悉。爸爸一走，坤琴可能觉得只有銮欧叟还谈得来，所以就跟他去了。

在坤琴私奔前给珀怡的留信中，坤琴写道："在你听到传闻之前，我匆忙写这封信，把我的事情告诉你，我已于昨晚离开了家，銮欧叟来接我去与他同住。作为你的姐姐，如今与人私奔，使你面上无光，我自己也深感遗憾，望多加见谅。銮欧叟家在哪里，是什么样子，一切都还不知道，但我想，即便是住在茅屋草舍，穷得划粥断齑，也比住在家里舒畅。如果你还允许我登门的话，待日后流言蜚语平息下来，我将去找你详谈。"（第 375 页）

坤琴选择与銮欧叟私奔，不仅跳出了封建礼教的限制，更说明了其真爱至上、婚姻自主的超前婚恋观。哪怕不知道对方家在哪里，条件如何；哪怕穷困潦倒，需为生计奔波劳累；但能自由地活在爱的包围之下，执子之手与子偕老，便就是幸福的。

坤琴追求婚姻自主的观念其实在小说后半部分也有提及。中年时期，兄弟姐妹谈论珀怡女儿巴佩未来的婚姻时，颇魄说："现在孩子可真够怪的，要成家还得自己挑选。咱们年轻的时候都是父母做主，哪有现在这样自己找的。"坤琴反驳，真正父母做主的只有珀怡一个，谈及自己年轻时与銮欧叟私奔，但直到现在都过得挺好。坤琴说："孩子的婚姻让孩子自己去选择，咱们根本用不着管。"（第 146 页）确实，昭坤儿女中真正父母做主的只有珀怡一个。珀怡的婚姻则完全遵循了父母之命媒妁之言的时代要求，珀怡自己也认为婚姻是一种回报父亲与贵妃娘娘的方式，牺牲自己满足父亲和娘娘的愿望是义不容辞的事。可见坤琴追求真爱至上、男女平等、婚姻自主的婚恋观是对当时传统妇女婚恋观的挑战与颠覆。坤琴在婚姻方面的选择，也是其女性自我意识觉醒的体现。

总的来说，无论是坤琴对婚姻选择还是她的婚恋观都体现了坤琴不盲从于传统观念，忠于自己，忠于爱情的价值观。坤琴对婚姻有自己的想法，在追逐真爱的过程中，她表现出了女性独立思考的能力，更加注重自己的感情和幸福，而不仅仅追求家庭和社会的期望和利益。

（三）对待金钱：不卑不亢，自力更生

在金钱方面，珀怡曾这样评价坤琴，“不论贫困还是富有，都不能改变坤琴的性格和本质，贫穷也罢，富有也罢，坤琴永远是坤琴”（第 398 页）。坤琴原本生活在阔气的封建贵族家庭，婢仆成群，不论做什么还是到哪里，都不失为贵小姐。在与大姐坤雯的遗产之争中，坤琴深刻地意识到自由才是幸福的真谛。

坤琴与銮欧叟私奔后生活在贫民窟，靠临街卖药度日，住的房子又小又脏，与之前的生活环境天差地别。但她没有因为贫穷而自卑，没有因为艰辛而埋怨嫉妒，而是与丈夫携手面对贫困，挣脱对原生家庭的经济依附，与丈夫共同闯出了一番小天地。坤琴在私奔几年后首次来看望珀怡时，人变黑了变瘦了，纤纤玉手变成了一双粗糙、厚实的大手，甚至每个骨节都很粗大。在当时的社会，人们可能会认为这是坤琴挣脱经济依附的“代价”，堂堂贵族小姐沦落到住在破旧脏乱的连脊高脚屋，起早贪黑地临街吆喝卖药，风吹日晒、饱经风霜。但这正是坤琴自力更生的最真实写照，坚强独立的坤琴再也不用以封建家族附庸的身份而存在，粗糙厚实的大手是坤琴在生活中实现自我价值的“荣誉勋章”。

坤琴自始至终都能够勇敢而坦然地面对生活的贫困和低下的社会地位，她知道钱财乃身外之物，精神富裕远比物质富裕更为重要，哪怕社会地位与生活处境不如从前，但心灵上能够感受到真正的自由与放松。就像坤琴曾给珀怡的信中写道的：“即便是住在茅屋草舍，穷得划粥断齑，也比住在家里舒畅。”在坤琴与珀怡再次重逢的对话中，也可以得知坤琴虽退去了千金小姐的光环，物质生活贫乏，但精神生活得到了升华，珀怡在内心感叹，“虽然坤琴人变黑了、变瘦了，但她的精神状态却很好，眼眸中闪动着幸福美满的神采”（第 395 页）。

坤琴也曾对自己的命运感慨大笑：“要说痛苦，有时候哭得眼泪擦不完；要说辛苦，有时候累得腰都快折了。但是她从未感到悔恨，与所爱之人携手对抗贫困，平平淡淡维持生计也是一种幸福。穷就安心过穷人的日子，没有奢望，不羡慕人家的阔气。”（第 397 页）虽然坤琴和丈夫銮欧叟的日子过得清苦，但他们有相同的人生观和价值观，他们乐善好施，助人为乐，哪怕自己穷得叮当响，也尽心尽责为贫苦老百姓看病，有时甚至不收钱。坤琴在对自我、家庭和社会环境的不断反思中，形成了自己独立的价值观，金钱与地位在坤琴心中都不是评判生活好坏的标准，更不会成为她定义自我价值的标准。

面对周围的穷人，坤琴也始终保持着同情与尊敬的态度。面对家财万贯的珀怡家，坤琴照样以不卑不亢的态度相处，也不会吝惜自己的钱财，从前对妹妹怎样，今天仍然那样，既不低三下四地讨好乞怜也不掩饰自己的贫穷。虽然坤琴仍然因生计艰难而感到苦恼，却毫不吝惜地拿出对她来说价值重大的项链送给外甥做见面礼；多年来给珀怡家送草药给侄子们看病也绝口不提钱，与珀怡直言："你就是再富，也是我的妹妹，银子改变不了咱们的姐妹关系。"（第 412 页）"兄弟姐妹之间，穷也罢，富也罢，毕竟是兄弟姐妹。如果用银子来衡量这种关系，那还算什么手足之情。"（第 413 页）坤琴的金钱观值得广大女性参考借鉴，不论是家庭贫困还是地位低下，坤琴都以坚定的信念和乐观的心态坦然地面对，既不攀附权贵也不欺负弱小，与丈夫携手养家，不卑不亢地接受岁月与命运的洗礼。

三、坤琴女性自我意识觉醒的局限性

受根深蒂固的封建伦理的约束和所处社会环境的影响，坤琴女性自我意识的觉醒不可避免地带有时代的局限性。

（一）对封建道德观的妥协与让步

泰国传统社会的封建道德观主要建立在佛教和婆罗门教的基础上，注重家庭、社群和国家的稳定和秩序，以及个人的道德修养和虔诚信仰，对女性有着明显的规范和限制，强调女性应该具备谦恭、勤俭、忠诚、纯洁、贤良等美德[①]。

从昭坤去世到出灵前的一年多时间中，坤琴虽在初期勇敢地与坤雯叫板，反对不公平的财产分配，但在中后期，坤琴面对坤雯的欺压，还是难以摆脱对封建道德观的妥协与让步，不愿在父亲的停灵供奉期与坤雯大动干戈，哪怕坤雯日甚一日的欺压、专横、猜忌和厌恶已经到了不堪忍受的地步。坤琴在昭坤停灵期间，每次遇到珀怡，她都会向珀怡哭诉坤雯如何挑起事端，在这段时间里，坤琴憔悴地脱了型，甚至连家里的仆人都可以随意欺负她。几乎每时每刻都有坤雯的爪牙监视着她，无论坤琴做什么，只要她稍微动一下，就会有人禀报坤雯。日常的一碗饭、一口水全得坤琴自己张罗，自己照顾自己。坤琴对珀怡说："自己暂时忍耐坤雯，是因为昭坤还没有出灵，但有时不堪忍受甚至想一死了之，懒得再遭罪。"（第 374 页）可见坤琴尽力做出让步，以便让父亲丧事结束前家里能有安宁的氛围。

在与丈夫私奔后，其实坤琴自己也承认与男人私奔是件很不光彩的事情，走之前只敢留下一张字条给珀怡，直到多年以后，坤琴才敢去探望妹妹。老年时期，坤琴也念着兄弟姐妹的情谊，还是主动找大姐坤雯道歉，想与坤雯言归于好。坤琴虽不顾世人眼光，勇敢挣脱了封建家庭的桎梏，但难免会受到传统封建道德观的限

① 熊燃．泰国传统婚俗的文化内涵［J］．东南亚之窗，2008（2）：64．

制，她对世俗的看法还是呈逃避的态度，思想上既具有抗争性又具有封建性。

（二）经济上不能独立，只能依赖丈夫

西蒙·波伏娃在其著作《第二性》中指出："在社会中处于受压制地位的妇女，要想改变自己的地位和生存现状，首先必须争取平等的经济地位，从经济上的依附状态中解放出来。只有获得平等的经济地位，才能真正成为和男性一样的主体而非仅仅是对象性的存在。"[①]可是，在泰国传统社会中，女性受教育和就业机会相对较少，经济独立性也较低，这使得她们很难获得在经济和社会地位上的自主权，这也使得坤琴难以实现不依附于任何人而经济独立。

坤琴在与銮欧叟私奔后虽挣脱了对封建家庭的经济依附，与銮欧叟共同经营小药房，收购药材、制药、售药，但其本质上并没有实现完全的经济独立。私奔后的第一年，銮欧叟还在太医院挂着个闲散职位，坤琴在这一时期依靠着銮欧叟的薪水度日，虽然坤琴也总背着丈夫拿出自己从老家带来的"银子"悄悄补贴家用，但这一时期她还是依循着传统家庭中的男女分工，担任着小家庭中的家庭主妇，忙了差不多三个月才将銮欧叟原本杂乱的屋子收拾干净，第一年除了去市场买菜，哪儿也没去过。拉玛六世登基后不久就解散了太医院，銮欧叟只好赋闲在家，两人紧巴巴地过日子。后来，銮欧叟虽在坤琴的建议下开起了小药房，两人共同经营，男女共同养家，坤琴也跳出贵族小姐的身份，自力更生，在对药房的经营工作中增强了对自我价值的认同感。但究其根本，坤琴还是无法脱离丈夫銮欧叟实现完全的经济独立。

（三）难以避免地对时代变迁感到茫然与不适

《四朝代》发表于1951年，即九世王归国的前夕。克立·巴莫以宫廷的变化为着眼点，记录了拉玛五世至八世这四个朝代（1868—1946年）泰国的一系列重大事件。18世纪中期，西方殖民者敲开了暹罗的大门，西方文明的生活方式与思想观念对泰国社会产生了深刻的影响。当时的时代本质即是变革，是过去生活方式的衰落，是新时代资本主义的迅速发展以及人民具体生活方式的现代化。这一时期泰国社会的一个显著特点就是自上而下的变革[②]。

虽然坤琴在文中以勇敢冲破封建家庭桎梏、忠于自我、忠于爱情的形象示人，但面对时代变迁的浪潮她也难免感到茫然，对兴起的西方潮流感到不适。面对时代变迁，时兴留长发，坤琴鼓励珀怡留长发，还帮珀怡把常年嚼槟榔形成的满口黑牙刷白；时兴穿筒裙，坤琴就主动为妹妹换颜色素淡的筒裙。但面对时代新潮的"筒

---

① [法]西蒙娜·德·波伏娃.第二性[M].北京：中国书籍出版社，2004：9—10.

② 栾文华.赋予历史以血肉和灵魂：评克立·巴莫的长篇历史小说《四朝代》[J].外国文学评论，1988（3）：131.

裙”，坤琴和珀怡都感到别扭，感慨今天这个要跟上时代，明天那个也要跟上时代。两姐妹都对各自的丈夫沉迷“手杖”感到疑惑不解。虽然坤琴劝珀怡，时代天天在前进，什么东西都得跟着变，想让什么都保持原样办不到。但面对珀怡的儿子达奥安领回来的法国洋媳妇与珀怡小女儿巴佩婚礼上的西式新风俗，坤琴与珀怡一样感到头疼，难以接受。拉玛八世时期，面对国家动乱，坤琴越来越悲观，感慨在动荡的时局下，做功德善事都得花费巨款，做不起善事的穷人越来越多，光填饱肚子都很难，越来越多的人抱着今生得过且过，来世爱怎样就怎样的心态度日，心态不正的人越来越多，往后尔虞我诈、相互猜忌也会越来越严重，不知道生活会变成什么样而担忧和茫然。

坤琴虽勇敢正视着自己生活的变迁，明白人要跟着时代走，但毕竟还是无法脱离传统文化观念的影响。对于时代的变迁与国家的动乱，坤琴感到迷茫、彷徨，她被时代的潮流所裹挟，也曾尝试跟随时代更进一步，但当她看到王权衰落、家族解体、国家战乱，还是不由得发出哀叹。

四、结语

本文结合《四朝代》中与坤琴有关的内容，对坤琴的形象进行了梳理、剖析和总结，针对坤琴与其他女性角色面对相同问题不同的做法分析了坤琴在家庭、婚姻、金钱方面女性自我意识觉醒的不同表现和自我意识觉醒的局限性。笔者认为，作者想借坤琴这个形象传达的思想是矛盾的。坤琴这个形象告诉我们一个事实：在当时的社会，逆来顺受的乖乖女的命运是被他人主宰的，是附属品，不具备“人”的特权；而敢于闯荡，开朗活泼、敢于为自己命运做主的现代女性，终将被社会压制没有出头之日。

在笔者看来，这也是克立·巴莫本身矛盾性的体现：一方面，他是皇亲贵族，享受着皇族身份带来的种种便利，可以说，他是王室制度的既得利益者和忠实维护者；但另一方面，克立·巴莫在留学英国时受到西方自由主义的熏陶，接触了资本主义制度和思想，想必他的内心也向往自由民主，但是他无法割舍从小身处其中也深深获益的王室制度。坤琴的形象其实也是克立·巴莫这类接受过西方教育，处于时代潮流风口浪尖的精英们内心矛盾的折射，坤琴敢于斗争的形象一定程度上能够起到针砭时弊的作用，鼓励人们追求自由，但也间接表明，自由必定也会受到时代背景的框限，真正评判幸福的，是内心的自由与平和。

总而言之，克立·巴莫在《四朝代》中把坤琴塑造成了追求平等与自由的女权主义代言人，她不畏惧封建礼教背景下世人的眼光，勇敢地追求独立自主的人格，坚定地追求自由爱情，她的自我意识在一次次反抗中觉醒、增强。社会对女性的偏见就像一座座大山，一点点将女性压倒，但坤琴凭借自己的努力与坚韧，让我们看到了女性如天然钻石般闪闪发光的一面。

在新的世纪，学者们在文学研究中不约而同地凸现女性本体、集中表现两性的不平等、婚姻家庭的羁绊、传统观念的束缚及自我意识的觉醒和奋斗的艰辛①。随着时代的发展，越来越多的女性开始认识到，自身的权利不容侵犯，并且认识到自己的弱势地位并非由生理或其他因素决定，而是由不公正的社会环境所导致的。女性要想在自我意识觉醒后能够获得一方生存天地，就必须拥有更多的社会权利。这需要越来越多女性意识到，女性要团结起来为决策层多一个女性席位而努力，勇敢地对不公正的法律、政治、文化和经济环境说不。坤琴以其坚定的信念、不屈服的精神、细腻的坚韧、热情的自由，穿越了书本和时光，给那些渴望实现自我价值的女性以宝贵的指引。敢于改变女性在法律、政治、文化和经济中的不平等地位，为女性自我意识觉醒扫除现实障碍，使女性在和谐的两性社会中更好地活出自我，实现自我的独立、价值和尊严。笔者希望，坤琴身上所传达出的不妥协不顺从，细腻而坚韧，炽烈而自由的女性特质，能坚韧地穿过书本和时间，为追求自我价值的女性提供些许启示。

参考文献

[1] 程铄，胡勤．论《巴别塔》中女性自我意识的探寻［J］．英语广场，2021（21）：3—5．

[2] 郭晓梅．《四朝代》中的贵族女性形象分析［J］．青年文学家，2017（33）．

[3] 胡会珠．《四朝代》的文学伦理学批评［J］．视界观，2020（7）：361—362．

[4] 黄芙蓉．艾丽丝·门罗小说中的婚姻暴力与女性成长意识［J］．当代外国文学，2013（4）：3—4．

[5] 克立·巴莫．四朝代（上、下册）［M］．谦光，译．太原：山西人民出版社，1984．

[6] 李健．泰国小说《四朝代》主题论考［J］．解放军外语学院学报，1996（5）：80—85．

[7] 刘增娟．《泰国小说中女性角色的文化寓意》的国内文献综述［J］．速读（上旬），2018（7）：6．

[8] 栾文华．泰国现代文学史［M］．北京：社会科学文献出版社，2014：181—183．

[9] 任一雄．传统文化的张力与泰国威权政治的前景［J］．国际政治研究，

① 赵淑敏．论莫妮卡·阿里《砖巷》中女性自我意识的觉醒［D］．西安：西北大学，2011．

2003（2）：119.

［10］王志华．论朗萨雯蚌女性自我意识的觉醒［J］．西北民族大学学报（哲学社会科学版），2018（3）：165—170.

［11］吴漂兰．一个时代的回忆：克立·巴莫《四朝代》研究［D］．昆明：云南大学，2011.

［12］吴圣杨．泰国庇护制礼教文化背景与《四朝代》主题剖析［J］．外国文学评论，2010（3）：40—49.

［13］张美娟．泰国文学杰作：蒙拉查翁·克立·巴莫《四朝代》［J］．文教资料，2017（9）：24—25.

［14］周婉华．泰国历史小说《四朝代》中珀怡性格的文化意蕴［J］．思想战线，1996（2）：39—43.

［15］ผศ.ดร.สมหมาย จันทร์เรือง. (2557). แนวคิดทางการเมืองแนวพุทธของ ม.ร.ว. คึกฤทธิ์ ปราโมช. กรุงเทพฯ: กระแสวัฒนธรรม. หน้า 19.

［16］ม.ร.ว.คึกฤทธิ์ปราโมช. (2552). สี่แผ่นดิน เล่ม 1 พิมพ์ครั้งที่ 14. กรุงเทพฯ: สำนักพิมพ์ดอกหญ้า.

［17］สายชล สัตยานุรักษ์. (2549). สี่แผ่นดิน: ความเป็นไทย และความหมายทางการเมือง จักรวาลวิทยา.

［18］ม.ร.ว.คึกฤทธิ์ปราโมช. (2552). สี่แผ่นดิน เล่ม 2 พิมพ์ครั้งที่ 14. กรุงเทพฯ: สำนักพิมพ์ดอกหญ้า.

［19］Chodorow N. The reproduction of mothering: Psychoanalysis and the sociology of gender [M]. University of California Press, 1978: 41.

泰国的中国当代文学研究

广西民族大学　游辉彩

【摘　要】中国与泰国两国之间的文学与文化交流由来已久。泰国的中国当代文学研究在内容上关注从中国当代文学作品透视中国传统社会文化与中国当代社会变革，重视女性作家的作品内涵及女性形象的研究，深化原文本文学价值、创作风格或译文本翻译思想、翻译方法等的探讨；研究目的旨在了解中国与反思自身的同时推动中泰文学交流，研究主体以高校师生为主，研究方式强调多元化；认为了解泰国的中国当代文学研究，有助于推动中国当代文学“走出去”，促进中外文学对话与文化交流。

【关键词】中国当代文学；泰国传播与研究；文学交流

中国文学在泰国的译介始于曼谷王朝一世王时期，《三国演义》的翻译揭开文学译介序幕。两百多年来，中国古代文学与现当代文学陆续登上泰国文坛，进入泰国读者视野，备受喜爱。中国文学在泰国的译介与传播，以古代文学与现代文学为主要体现，相关研究成果相对丰富。而中国当代文学在泰国的传播与译介有近 70 年历史，研究成果日渐增多，值得关注。本文认为，分析泰国的中国当代文学研究现状，有助于揭开当代文学在泰国传播与译介特点，深入了解当代文学“走出去”对中国文化“走出去”的构建意义，更好促进中外文学对话与文化交流。

一、中国当代文学研究的内容特点

泰国学者对中国当代文学的研究以小说为主要对象，类型涵盖严肃小说、武侠小说、通俗小说及网络小说四大类。尽管每种小说类型的研究内容不一致，但整体上体现四个方面的特点。

（一）充分探讨中国传统文化与中国当代社会变革

以文学为媒介对中国传统文化的研究主要体现在对武侠小说的研究上。既有研究有综合性与单向性，综合性即对多个文本的整体特征分析，单向性即对某一作品某一侧面的研究。综合性研究如娥吉·占乍都潘[①]与安蓬潘·乌巴蓬[②]等学者的研究，前者从 6 部武侠小说分析文本内容的社会背景，其传递的祖先崇拜、儒释道等传统文化思想以及忠孝、仁义、诚信等价值观，后者从 9 部武侠小说分析人物角色在家庭、社会、宗教与政治中所体现的思想哲学与道德品行的关系，等等。单向性研究如帕川猜·素塔巴那诺[③]对古龙文学中老子“知心”“知性”“知足”等道德思想的剖析、庄碧珊[④]对金庸《天龙八部》中的佛教文化的探究，等等。对武侠小说的研究，不管是综合性还是单向性，研究对象以金庸与古龙作品为主，这既说明了两位作家的作品已被广泛传播与译介，也印证了其作品的研究价值与意义。

对中国当代社会变革的探讨更多体现在严肃小说的研究上，其中以泰王国诗琳通公主的译作与莫言作品的研究为主要体现。既有研究如：叻乐泰·沙乍潘[⑤]通过对诗琳通公主翻译的 9 篇小说（即《蝴蝶》《行云流水》《小鲍庄》《她的城》《永远有多远》《少女小渔》《双食记》《小桔灯》《明子与咪子》）的思想内容与文学价值阐释，肯定了译者在文本选择上的智慧，认为所选文本均以跨当代各时段的文学为对象，目的为反映社会的政治、经济、生活、文化的不断变革，以及新旧思想观念、价值观的矛盾与冲突；那勒米·索宿[⑥]基于《蝴蝶》与《行云流水》两部译著所折射的时代背景差异，探讨社会变革、人们生活方式以及思想观念转变等的深层原因；奈帕·阿缇帕[⑦]通过比较《红楼梦》与莫言 7 部小说（即《红高粱》《天堂蒜薹之歌》《丰乳肥臀》《红树林》《檀香刑》《生死疲劳》《蛙》）中有关“自由”思想的体现，阐述社会文化语境与文学“自由思想”的紧密关系，认为“自由”思想的冲突产生于不同时代对“自由”认知的多元性与差异性；等等。可以说，基于严肃文学的文学性与审美性特征，从严肃文学角度来研究中国社会的变革，能得到较为深入的探讨与反思。

值得关注的是，阿吞·蓬坦玛散[⑧]1981 年选择了 18 篇中国当代小说，包括刘

---

① 娥吉·占乍都潘. 中国武侠小说分析［D］. 曼谷：诗纳卡琳威洛大学，1981.

② 安蓬潘·乌巴蓬. 从沃·纳孟龙与努·诺帕腊泰译本看古龙武侠小说中主人公的行为举止与哲学的统一［D］. 马哈沙拉堪：马哈沙拉堪大学，1981.

③ 帕川猜·素塔巴那诺. 古龙文学中的老子道德思想分析［J］. 佛学研究，2017（2）：24—33。

④ 庄碧珊.《天龙八部》佛教文化研究［D］. 曼谷：华侨崇圣大学，2013.

⑤ 叻乐泰·沙乍潘. 诗琳通公主与中国当代文学翻译［J］. 人类学与社会学研究，2016（2）：1—33.

⑥ 那勒米·索宿.《蝴蝶》与《行云流水》：中国社会“文化大革命”与“四个现代化”时代的影像［J］. 东亚研究，2008（1）：115—134.

⑦ 奈帕·阿缇帕.《红楼梦》与莫言小说中“自由”的矛盾［D］. 曼谷：朱拉隆功大学，2018.

⑧ 阿吞·蓬坦玛散. 中国社会形象研究［M］. 曼谷：萨玛其散公司，1991.

心武的《班主任》、宗璞的《弦上的梦》、卢新华的《伤痕》、王蒙的《悠悠寸草心》、张洁的《谁生活得更美好》等作品，探讨每篇小说的内容与其政治、社会、教育等问题反映，该研究从中国当代文学选集的英译本着手研究，并且较早展开对中国形象的研究，具有开拓性意义。

（二）特别关注文本女性形象与女性价值

传统的文学研究离不开人物形象的研究，泰国学者对中国当代文学的研究也不例外，尤其关照女性形象的研究，其中以诗琳通公主译作的研究突显。诗琳通公主翻译了池莉、铁凝、王安忆、迟子建、川妮、严歌苓、张洁等女性作家的作品，体现了对女性主义文学的关爱。相关研究如：斯里腊·巴巴坤[①]以《小鲍庄》《微笑与心灵之泪》《她的城》《永远有多远》4 部女性作家作品的译作为研究对象，通过人物思想言行、生活态度与社会作用等角度挖掘女性之美，颂扬女性温柔、孝敬、慈悲、坚强、忠诚等品质；蓬萨迪·勒育[②]从诗琳通译作集《微笑与心灵之泪》（含 4 篇小说即《小桔灯》《明子与咪子》《少女小渔》《双食记》）分析文本中的各种女性形象，认为文本女性形象具体、鲜活，具有较高研究价值。此外，还有查瓦林·蓬本等[③]与蓝瓦乐·蓬斯[④]分别从《白银那》与《哪一种爱不疼》译本中探讨女性主义思想的体现；等等。整体上，诗琳通公主译作的女性形象以正面积极的形象得以充分展示与探讨。

除诗琳通公主译作外，其他严肃小说与武侠小说中的女性形象与女性价值也得到了初步探讨。如奈帕·阿缇帕[⑤]透过莫言《檀香刑》文本中的女性价值体现，探讨中国封建社会父权制下女性生存意义与男性利益的关联性；阿沙玛·玛哈素塔暖[⑥]以中国女性作家（包括王安忆、铁凝、池莉、林白等）作品的中国女性为研究对象，探析 1985 至 2000 年期间中国女性形象多样化的内涵，试图从城市知识女性

---

① 斯里腊·巴巴坤．诗琳通公主中国当代文学译作中女性美与共性［J］．孔敬大学人类学与社会学研究，2016（1）：1—36．

② 蓬萨迪·勒育．《心灵之泪》中女性形象研究［D］．曼谷：艺术大学，2016．

③ 查瓦林·蓬本．从《白银那》译本中女性角色分析女性主义［J］．帕夭大学人类学与社会学研究，2020（1）：180—204．

④ 蓝瓦乐·蓬斯．哪一种爱不疼：诗琳通公主译作中的女性主义［J］．人类学学术，2019（1）：436—455．

⑤ 奈帕·阿缇帕．莫言《檀香刑》中女性价值［J］．农业大学中国学研究，2015（1）：171—195．

⑥ 阿沙玛·玛哈素塔暖．改革开放后中国女性作家作品中的中国女性［D］．曼谷：朱拉隆功大学，2010．

的角度看历史、社会、文化与女性的关系；巴拉干·坤吉沙拉奴昆[①]则以古龙的 13 部文学作品中的 28 位女性角色为研究对象，分析古龙小说中女性价值与意义在自身、他人、社会三方面的体现，认为女性社会价值的哲学思想依次源自道家文化、佛教文化与儒教文化；等等。可以说，泰国学者对中国当代文学作品中的女性形象研究比较充分，所阐述的女性形象与女性文化内涵相当丰满。

（三）持续考究文学创作手法与创作风格

文学创作手法与创作风格也是传统文学研究的重要阵地，泰国学者对中国当代文学的研究离不开这块领域。既有研究不仅沿袭传统视角，还突出新颖视角。从传统视角出发的，有赛瓦伦·顺塔罗托[②]对《永远有多远》的时间意识流研究、金莉妹[③]对古龙《多情剑客无情剑》创作思想与创作特点的探析，等。从新颖视角出发的，侧重于文本的幽默表现手法研究，如：浦瓦达·相中[④]对中国现当代 20 位作家（包括刘震云、刘索拉、余华、莫言、王小波等）的 60 部现当代文学作品的研究，侧重挖掘 20 世纪中国社会的幽默表现手法在文本中的体现；姚月燕[⑤]从莫言小说中探究幽默表达的构建方式、情感特色及精神内涵等，认为莫言通过多重角度构建幽默以增强文本趣味性和诙谐性；那达·胜吉迪格蒙[⑥]从语言与情镜角度分析《还珠格格》泰译本中诙谐表达的方法，认为语言上采用的谐音词、同音词、嘲讽词与情境上采用的迷路、预料之外、反传统等方法，均很好表达了诙谐效果；等等。

（四）不断强化译文本翻译思想与翻译技巧

文学交流离不开翻译，换言之，翻译让文学得以跨国传播并得到研究。从翻译角度研究中国当代文学，成为当下中国文学“走出去”研究的重要部分。文学的翻译研究主要体现在两方面，一是对译者的翻译思想研究，二是对译文本的翻译方法与翻译技巧研究。泰国学者对译者的翻译思想研究主要体现在对诗琳通公主的研究

---

① 巴拉干·坤吉沙拉奴昆．古龙文学中女性的价值与意义［D］．清迈：清迈大学，2004．

② 赛瓦伦·顺塔罗托．《永远有多远》中的“胡同”与“时间意识”［J］．宋卡娜卡琳大学传播学研究，2015（2）：137—146．

③ 金莉妹．古龙《多情剑客无情剑》创作思想分析［D］．曼谷：华侨崇圣大学，2011．

④ 浦瓦达·相中．20 世纪中国社会的幽默传播研究［J］．艺术大学文学研究，2018（2）：49—73．

⑤ 姚月燕．莫言小说中的幽默研究［D］．曼谷：朱拉隆功大学，2015．

⑥ 那达·胜吉迪格蒙．《还珠格格》幽默策略双文本比较研究［D］．曼谷：朱拉隆功大学，2015．

上，泰王国诗琳通公主是中泰友好使者，她以个人的博学多才与聪敏智慧书写了中国的大江南北，发表了《踏访龙的国土》等十多部访华见闻录；还译介了大量中国优秀文学作品，其中包括100多首中国古典诗词以及《蝴蝶》《她的城》等16篇中国现当代文学作品，堪称世界王室成员中对中国语言文化最热爱与最有造诣的学者。对她的翻译思想研究如：那塔巴帕·参暖塔瓦[①]透过5部小说译作（即《蝴蝶》《行云流水》《小鲍庄》《她的城》《永远有多远》）阐释诗琳通公主译作的永恒主题“美德”，认为她翻译与传播上述文学作品的目的是给泰国社会与泰国人民带来新认知，以便传递传统美德与大爱价值，构建幸福和平的社会；雅达·阿伦维·阿兰皮[②]通过诗琳通公主译作探讨其翻译思想，认为公主注重保持原文语言风格与文本思想内涵的传递，其目的是让原文本语言与内涵之“美”能跨越语言文化藩篱，让不同民族读者引发共鸣，理解国外文学价值；等等。

相比而言，泰国学者对译文本翻译方法与翻译技巧的研究范围比较宽泛，涵盖严肃小说、武侠小说、网络小说等，但研究思路相对传统，侧重对比原文本与译文本，针对文本某一特点展开分析。严肃小说的研究，如哥萨·坦玛乍伦吉与阿皮拉迪·乍伦社尼[③]对诗琳通公主译作《永远有多远》中的文化负载词的探讨，以及帕莎腊·班达萨[④]对余华《活着》与《许三观卖血记》泰译本的翻译研究，等；武侠小说的研究，如马丽·瓦拉腊那坤[⑤]对金庸小说《连城诀》泰译方法与策略研究，以及其他学者对《射雕英雄传》《神雕侠侣》等译本的翻译方法研究，等等；网络小说的研究，如昂素顺·兆卡维蓬[⑥]对《步步惊心》泰译本中高频语气副词的语法结构、语义功能与语用功能的比较分析与翻译方法总结，那林·里拉尼拉蒙[⑦]对6本奇幻小说（即《不杀》《非关英雄》《吾命骑士》《三生三世十里桃花》《月老》《红线》）在语言整合、意义转换和文化认知等问题的探讨；等等。

---

① 那塔巴帕·参暖塔瓦．诗琳通公主中国小说译作的特点研究［J］．孔敬大学人类学与社会学国际研究，2018（2）：152—181．

② 雅达·阿伦维·阿兰皮．腊达那艺术［M］．曼谷：布松出版社，2015：529—536．

③ 哥萨·坦玛乍伦吉，阿皮拉迪·乍伦社尼．诗琳通公主译作之《永远有多远》探析［J］．翻译研究，2016：210—219．

④ 帕莎腊·班达萨．《活着》与《许三观卖血记》泰译技巧研究［D］．曼谷：农业大学，2016．

⑤ 马丽·瓦拉腊那坤．《连城诀》泰译本翻译方法研究［J］．蓝甘杏大学人类学与社会学研究，2017（2）：81—103．

⑥ 昂素顺·兆卡维蓬．《步步惊心》语气副词泰译对比研究［D］．曼谷：朱拉隆功大学，2013．

⑦ 那林·里拉尼拉蒙．中国奇幻文学中的泰译问题研究［D］．曼谷：朱拉隆功大学，2013．

二、中国当代文学研究的目的、方式与主体特征

泰国学者对中国当代文学的研究取得一定的进展与成果，其研究目的、研究方式与研究主体也体现明显的特征。

（一）以了解他者、反思自我为研究目的

文学获得译介是基础，得到研究是结果。没有中泰两国友好关系的发展与推进、华人社会的稳固与助力、两国文化的相融与相通、汉语言文学教育的蓬勃与发展等因素，中国文学很难落地泰国与生根发芽，更难得到研究。泰国学者对中国当代文学的研究，无论通过译作或原作，其目的就是通过文学研究了解中国传统与当代社会文化，并反思自身文化，以达成文化交流与文明互鉴，这一点在不同内容类型的文学研究中均有体现，尤其以对诗琳通公主文学译作的研究突显。诗琳通公主一共翻译 10 篇中国当代文学作品，文本的选择均为跨当代各时段的文学作品，反映了社会的政治经济、生活文化等方面的变革与新旧价值观的冲突，但所选文本均强调了中国传统家庭文化的团结友爱思想、乡亲们善良互助精神以及传统饮食起居文化特点。“原文本作者并未反对新时代思想，而是通过对传统文化思想的描写，让读者反思。泰国读者阅读后，可以通过中国社会文化的变革、冲突与矛盾叙事中反思自身与反悟自身。”①可以说，诗琳通公主通过“阅读-阅人-阅己”这一译介途径，让泰国读者通过阅读中国当代文学作品，了解中国当代文化，洞察人性，从而反省自身。此外，身为一名女性作家与译家，诗琳通公主具有女性高度的敏感性与敏锐性，能捕捉到原文作者所表达的思想内涵与情感，尤其是对女性形象如蜜姐、逢春、白大省、小渔、闵敏、卡佳等的塑造，通过这些不同年龄阶段、社会地位、生活状态下的女性形象，展现了女性的共性美，传递了女性可以坚守自身美德、维护社会和平与幸福这一思想观点。

其实，对女性作家、女性文学、女性自身的关注，不仅是研究者对诗琳通公主译作研究的着眼点，也是对其他小说研究的关注点，如前面所述奈帕・阿缇帕对莫言《檀香刑》中的女性价值的研究、阿沙玛・玛哈素塔暖对中国女性作家作品的研究等。可以说，中国当代文学作品中女性题材的译介与研究，让泰国读者对泰国当下女性的社会价值与生存状态给予更多关注与思考。而研究中国传统文化的，比较突出的是对武侠小说的研究，其中又以金庸、古龙的小说为代表。毕竟“金庸小说的立足点是中国传统文化，小说中的江湖是在儒、释、道三家文化浸润中的武侠世界”②，“他的小说最突出的贡献是将俗文化与雅文化结合起来，让武侠小说成了雅

① 叻乐泰・沙乍潘. 诗琳通公主与中国当代文学翻译［J］. 人类学与社会学，2016（2）：1—33.

② 汤哲声. 中国当代通俗小说史论［M］. 北京：北京大学出版社，2007：173.

俗共赏的文体”[①]。所以，这一部分的研究更多体现两国传统伦理文化与道德准则上的相似性与互鉴性，让泰国读者心理上乐于接受中国传统文学。

（二）以多元视角为研究方式

泰国学者对中国当代文学的研究表现为多元视角特点。首先，文本选择上，以原文本与译文本并行研究。对原文本的研究，多局限于汉语专业的老师或研究生，他们修学比较文学专业或学习中国文学课程，对中国文学有充分的了解与浓厚的兴趣，研究目的是为了深入了解文本所蕴含的中国文化内涵，并探讨文学表现手法与艺术价值，这一点前面已分析。而对译文本的研究除了探讨译文本的文学价值与人物形象等外，还探讨译文本的翻译水平与技巧，这一点既体现在众多学者对诗琳通公主译作的研究上，也体现在对武侠小说的研究上。整体上，学者们对译文本的研究相比原文本充分，原因是能够深入理解与阅读中国文学的人毕竟是少数。其次，研究理论与方法上，以述与评相结合、定性为主。理论运用上，早期的研究不管是严肃小说还是武侠小说，其理论性均不强，即便是对诗琳通公主译作的研究，部分知名评论家的研究也不强化理论，如叻乐泰·沙乍潘、斯里腊·巴巴坤等的研究。后期的研究从不同学科角度运用不同理论方法进行，研究相对深入与新颖，如运用女性主义理论分析诗琳通公主译作《白银那》《哪一种爱不疼》中的女性价值、运用文化学与民族学理论阐释《狼图腾》中民族文化偏见的消融、运用政治学与历史学理论探讨武侠小说中的政治文化、运用人口学与心理学理论并通过问卷调查来挖掘网络文学读者阅读行为，等等。最后，研究成果发表方式上，以期刊学术论文为主、硕博论文为辅。不可忽视的是，部分学者以及对文学感兴趣的广大普通读者，他们通过报纸、网站、社交平台等各种媒介发表对某部文学作品的观点与看法，构成了文学批评的一部分，参与了文学的非常规、非正式研究。如泰国的“goodreads”“pantip”等网站出现不少读者对中国当代小说译作的介绍与评价，为文学研究锦上添花。

（三）以高校师生群体为研究主体

中国当代文学在泰国的研究群体以高校师生为主体。其中，比较突显的是泰国朱拉隆功大学中文专业与比较文学专业的师生，以及泰国华侨崇圣大学中国现当代文学专业的师生。朱拉隆功大学的中文专业开设较早，教学层次涵盖本科、硕士与博士，培养了大量谙熟中国语言文学的学生，中国文学研究是其中一个方向；该大学的比较文学专业，则是研究外国文学的著名阵地，不少中文专业毕业生都选择继续攻读比较文学专业的博士学位，深入研究中国文学。而泰国华侨崇圣大学的中国

① 汤哲声．中国现代通俗小说思辨录［M］．北京：北京大学出版社，2008：72．

现当代文学专业，采取跨国合作的方式与中国暨南大学等高校联合培养人才，所培养研究生的毕业论文均围绕中国现当代文学展开，既有单向研究，也有双向对比研究。除上述两所大学，泰国的艺术大学、农业大学、皇太后大学、诗纳卡琳威洛大学等也给予中国当代文学关注与研究。值得关注的是，研究者的专业除了汉语与泰语这两个被视为传统的文学研究专业外，还有其他如社会学、亚洲研究、编辑学、新闻传播学等专业的，也给予中国当代文学研究关注。他们从不同专业背景不同视角出发，让研究突显新颖，如新闻学专业、大众传播专业的学者运用传播学、人口学、市场营销学、心理学等理论对中国小说购买者行为、读者阅读行为等进行研究，分析中国小说的传播现状与未来趋势。

高校教师中有部分专攻文学批评的学者，他们具有较高的文学素养与文学理论知识，对文学的解读有独到的视野与观点，因此对文学批评与研究更为深入。比较知名的如泰国兰甘亨大学的叻乐泰·沙乍潘教授与朱拉隆功大学的达信·本卡宗教授，她们的研究备受关注。叻乐泰·沙乍潘发表有《诗琳通公主与中国当代文学翻译》等论文，对诗琳通公主译作分析全面，深入挖掘译作的内涵、特点以及译者的翻译思想。达信·本卡宗对中国当代文学的研究更多体现在她为《红高粱》《活着》等文学译作写的评论文。相对而言，普通评论者通过网络等途径也对文学作品加以批评，但评论相对零碎，且缺乏学术上的深度思考，往往囿于个人的爱好或为博取他人眼球与点击量而进行的解读。

三、中国当代文学研究存在的问题与思考

中国当代文学发展 70 多年，泰国学者对中国当代文学的研究仅为 40 年。简短的研究历史，虽取得一定成效，但也显露不少问题，主要体现在：第一，文学译介与文学研究发展步伐不一致。泰国对中国当代文学的译介最早是武侠小说，紧接着是严肃小说与通俗小说，最后才是网络小说。但是近十年来，网络小说在泰国译介“火热”，占据百分之八十以上的市场销售份额。然而，针对网络文学的研究成果寥寥无几。这其中原因更多源自学者们对网络文学的“偏见”，认为其文学价值与审美价值低，无法与“严肃文学”或“纯文学”媲美。事实上，网络文学虽存在“数量多质量低，有‘高原’缺‘高峰’，抄袭模仿、内容雷同，机械化生产、快餐式消费以及片面追求经济效益等突出问题”[①]，但网络文学与精英文学、通俗文学一起构成一个完整的、多元化的文学格局，同样具有社会文化价值，“为思考当代社会特定人群的价值观、道德观、审美观、心灵趋向等提供了方向与内容，为幽微体察亚文化群体的日常生活与价值理念提供了契机”，还能够“传播中国先进文化，

① 姚君喜，白如金．网络文学价值导向与主流意识形态［J］．出版广角，2018（21）：15—18．

特别是对中国传统文化的复兴作出了独特贡献”①，因此，理应得到重视与研究。第二，研究缺乏系统性，研究成果较为单一。当前泰国没有专门的中国文学或中国现当代文学研究机构，不少高校设置有“中国学研究”“中国语言文化研究”等学术研究机构，中国文学或中国当代文学仅为其中的研究子项目；各高校虽然开设有汉语言文学专业，但研究活动多基于个人的兴趣爱好，研究成果以学生的硕博论文为主，教师的期刊论文为辅。对“中国当代文学”进行专项研究的学者或评论者可谓凤毛麟角，没有出现某位文学评论者针对性的系列研究论文或评论文章，原因源于中国当代文学尤其是被视为具有较高文学价值与审美价值的严肃小说，其思想性高深、语言风格独特，研究者们难以把控解读的正确性，因此避开研究。第三，研究视角缺乏新颖性与创新性。当前的研究成果，多数的硕博论文没有明显的学科理论支撑，研究局限于文本内容及其文化背景分析。研究视角也缺乏新颖性，不管是对以诗琳通公主译作为代表的严肃文学还是对以武侠小说为代表的通俗文学，抑或对当前译介火热的网络文学，研究视角多数基于传统的文本解读或文本对比（原文本与译文本）展开，没有进一步将研究视野拓展，如将文本分析与影视剧结合或针对多模态文本研究，或系连其他学科如生态学、美学、人类学、心理学等进行平行研究或阐发研究，等等。概言之，中国当代文学在泰国的研究尚存不少“空白”领域，值得深入挖掘与探究。

四、结语

整体上，泰国对中国当代文学的研究，严肃文学的研究相对丰富与深入，网络小说研究相对薄弱。既有研究突出几方面特点：一是从中国当代文学作品透视中国传统社会与文化，或注视中国当代社会的变革；二是女性作家的作品、女性形象的研究得到充分重视与探讨，这一点在对泰王国诗琳通公主译介的研究中表现明显；三是重视对文本的文学价值与创作风格，或对译文本的翻译思想与翻译方法等进行探讨。此外，作为研究主体的高校师生以多元方式对中国当代文学进行研究，目的是更好了解中国与反思自身，达成文化交流与文学互鉴。即便当前的研究尚存内容失衡、方法失缺等问题，但相信随着时间的推移，相关的研究内容愈来愈丰富，研究视角愈来愈多样化，研究成果也更加丰硕。

参考文献

[1]［泰］金莉妹．古龙《多情剑客无情剑》创作思想分析［D］．曼谷：华侨崇圣大学，2011．

[2] 欧阳友权．网络文学概论［M］．北京：北京大学出版社，2008：201，

① 欧阳友权．网络文学概论［M］．北京：北京大学出版社，2008：201，222．

222.

［3］汤哲声．中国当代通俗小说史论［M］．北京：北京大学出版社，2007：173．

［4］汤哲声．中国现代通俗小说思辨录［M］．北京：北京大学出版社，2008：72．

［5］姚月燕．莫言小说中的幽默研究［D］．曼谷：朱拉隆功大学，2015．

［6］姚君喜，白如金．网络文学价值导向与主流意识形态［J］．出版广角，2018（21）：15—18．

［7］［泰］庄碧珊．《天龙八部》佛教文化研究［D］．曼谷：华侨崇圣大学，2013．

［8］ก่อศักดิ์ ธรรมเจริญกิจ และ อภิรดี เจริญเสนีย์. (2559). “ตลอดกาลนะนานแค่ไหน” หนึ่งในพระอัจฉริยภาพด้านการแปลในสมเด็จพระเทพรัตนราชสุดาฯ สยามบรมราชกุมารี. วารสารการแปลและการล่าม.（哥萨·坦玛乍伦吉，阿皮拉迪·乍伦社尼．诗琳通公主译作之《永远有多远》探析［J］．翻译研究，2016：210—219．）

［9］ชวาลิน เพ่งบุญ. (2563). สตรีนิยมผ่านตัวละครเพศหญิง “ไป๋อิ๋นน่า หมู่บ้านลับลี้ริมฝั่งน้ำ” พระราชนิพนธ์แปลในสมเด็จพระเทพรัตนราชสุดาฯ สยามบรมราชกุมรี. วารสารมนุษยศาสตร์และสังคมศาสตร์ มหาวิทยาลัยพะเยา ปีที่ 8 ฉบับที่ 1 หน้า 180-204.（查瓦林·蓬本．从《白银那》译本中女性角色分析女性主义［J］．帕夭大学人类学与社会学研究，2020（1）：180—204．）

［10］ณัฐปภัสร์ ชาญูนนทวัฒน์. (2561). ลักษณะเด่นในนวนิยายแปลจีน พระราชนิพนธ์ในสมเด็จพระเทพรัตนราชสุดาฯ สยามบรมราชกุมารี. วารสารนานาชาติ มหาวิทยาลัยขอนแก่น สาขามนุษยศาสตร์และสังคมศาสตร์, 8(2), หน้า 152-181.（那塔巴帕·参暖塔瓦．诗琳通公主中国小说译作的特点研究［J］．孔敬大学人类学与社会学国际研究，2018（2）：152—181．）

［11］ญาดา อรุณเวช อารัมภีร์. (2558). รัตนศิลปิน. พิมพ์ครั้งที่ 1. กรุงเทพฯ: บัวสรวง.（雅达·阿伦维·阿兰皮．腊达那艺术［M］．曼谷：布松出版社，2015：529—536．）

［12］นลิน ลีลานิรมล. (2556). การศึกษาวิเคราะห์ปัญหาในการแปลวรรณกรรมแฟนตาซีจีนเป็นภาษาไทย. วิทยานิพนธ์หลักสูตรปริญญาอักษรศาสตรมหาบัณฑิต จุฬาลงกรณ์มหาวิยาลัย.（那林·里拉尼拉蒙．中国奇幻文学中的泰译问题研究［D］．曼谷：朱拉隆功大学，2013．）

［13］นฤมิตร สอดศุข. (2551). “ผีเสื้อ”และ“เมฆเหินน้ำไหล”: นวนิยายฉายภาพเปรียบสังคมจีน “ยุคปฏิวัติวัฒนธรรรม”กับ “ยุคสี่ทันสมัย”. วารสารเอเชียตะวันออกศึกษา,13(1), หน้า 115-134.（那勒米·索宿．《蝴蝶》与《行云流水》：中国社会“文化大革命”与“四个现代化”时代的影像［J］．东亚研究，2008（1）：115—134．）

［14］นัยน์พัศ อธิษฐ์พัส. (2561). ความย้อนแย้งแห่งเสรีภาพในนวนิยายเรื่อง ความฝันในหอแดง และนวนิยายของมั่วเหยียน. วิทยานิพนธ์หลักสูตรปริญญาอักษรศาสตร์ดุษฎีบัณฑิต

จุฬาลงกรณ์มหาวิทยาลัย.（奈帕·阿缇帕.《红楼梦》与莫言小说中"自由"的矛盾［D］. 曼谷：朱拉隆功大学，2018.）

［15］นัยน์พัศ อธิษฐ์พัส. (2558). คุณค่าของสตรีในนวนิยายเรื่อง ทัณฑ์ไม้จันทน์ ของมั่วเหยียน. วารสารจีนศึกษา มหาวิทยาลัยเกษตรศาสตร์ 8, 1 (เม.ย. 2558): 171-195.（奈帕·阿缇帕. 莫言《檀香刑》中女性价值［J］. 农业大学中国学研究，2015（1）：171—195.）

［16］นัดดา แสงกิติโกมล. (2558). การศึกษาเปรียบเทียบมุกตลกในนวนิยายจีน ฮว๋านจูเก๋อเก๋อ กับฉบับแปลไทย, วิทยานิพนธ์หลักสูตรปริญญาอักษรศาสตรมหาบัณฑิต จุฬาลงกรณ์มหาวิทยาลัย.（那达·胜吉迪格蒙.《还珠格格》幽默策略双文本比较研究［D］. 曼谷：朱拉隆功大学，2015.）

［17］ปราการ กรกิศรานุกูล. (2547). ความหมายและคุณค่าของสัตรีในวรรณกรรมโก้วเล้ง. ศิลปศาสตรมหาบัณฑิต มหาวิทยาลัยเชียงใหม่.（巴拉干·坤吉沙拉奴昆. 古龙文学中女性的价值与意义［D］. 清迈：清迈大学，2004.）

［18］พรสถิตย์ เล็กอยู่. (2559). ภาพลักษณ์ของผู้หญิงจีนในวรรณกรรมแปลจีนเรื่อง รอยยิ้มและน้ำตาของหัวใจ. บทความวิจัยของคณะอักษรศาสตร์ มหาวิทยาลัยศิลปากร.（蓬萨迪·勒育.《心灵之泪》中女性形象研究［D］. 曼谷：艺术大学，2016.）

［19］พระชวนชัย สุทธปณโณ. (2560). วิเคราะห์แนวคิดทางจริยศาสตร์ของเหลาจื้อที่ปรากฏในวรรณกรรมของโกวเล้ง. วารสารพุทธศาสตร์ศึกษา, 8(2), หน้า 24-33.（帕川猜·素塔巴那诺. 古龙文学中的老子道德思想分析［J］. 佛学研究，2017（2）：24—33.）

［20］ภูรดา เซี่ยงจั๊ง. (2561). การถ่ายทอดอารมณ์ขันสะท้อนสังคมจีนในศตวรรษที่ 20. วารสารอักษรศาสตร์ มหาวิทยาลัยศิลปากร, 40(2), หน้า 49-73.（浦瓦达·相中. 20世纪中国社会的幽默传播研究［J］. 艺术大学文学研究，2018（2）：49—73.）

［21］ภัศรา บรรดาศักดิ์. (2559). การศึกษากลวิธีการแปลวรรณกรรมจีนพากย์ไทยของรำพรรณ รักศรีอักษร: กรณีศึกษาจากวรรณกรรมแปลเรื่อง คนตายยาก และ คนขายเลือด. วิทยานิพนธ์ศิลปศาสตรมหาบัณฑิต มหาวิทยาลัยเกษตรศาสตร์.（帕莎腊·班达萨.《活着》与《许三观卖血记》泰译技巧研究［D］. 曼谷：农业大学，2016.）

［22］มาลี วรลัคนากุล. (2560). การศึกษาวิเคราะห์กลวิธีการแปลวรรณกรรมนวนิยายกำลังภายในฉบับแปลภาษาไทยเรื่อง กระบี่ใจพิสุทธิ์ จากต้นฉบับภาษาจีนเรื่องเหลียนเฉิงเจวี๋ย. วารสารวิชาการคณะมนุษยศาสตร์และสังคมศาสตร์มหาวิทยาลัยรามคำแหง, 13(2), หน้า 81-103.（马丽·瓦拉腊那坤.《连城诀》泰译本翻译方法研究［J］. 蓝甘杏大学人类学与社会学研究，2017（2）：81—103.）

［23］รัญวรัชญ์ พูลศรี. (2662). ความรักใดจะไม่ปวดร้าว.สตรีนิยมในพระราชนิพนธ์แปลสมเด็จพระเทพรัตนราชสุดาฯ สยามบรมราชกุมารี. วารสารมนุษยศาสตร์วิชาการ ปีที่ 26 ฉบับที่ 1 (มกราคม-มิถุนายน 2562) หน้า 436-455.（蓝瓦乐·蓬斯. 哪一种爱不疼——诗琳通公主译作中的女性主义［J］. 人类学学术，2019（1）：436—455.）

［24］รื่นฤทัย สัจจพันธุ์. (2559). พระราชนิพนธ์แปลวรรณกรรมจีนร่วมสมัยในสมเด็จ

พระเทพรัตนราชสุดาฯ สยามบรมราชกุมารี. วารสารมนุษยศาสตร์และสังคมศาสตร์, 8(2), หน้า 1-33.（叻乐泰·沙乍潘．诗琳通公主与中国当代文学翻译［J］．人类学与社会学研究，2016（2）：1—33.）

［25］สายวรุณ สุนทโรทก. (2558). “หูท่ง”กับ“มิติของเวลา”ในนวนิยายแปล“ตลอดกาลนะนานแค่ไหน”. วารสารนิเทศศึกษา มหาวิทยาลัยสงขลานครินทร์, 5(2), หน้า 137-146.（赛瓦伦·顺塔罗托.《永远有多远》中的“胡同”与“时间意识”［J］．宋卡娜卡琳大学传播学研究，2015（2）：137—146.）

［26］ศิริลักษณ์ บัตรประโคน. (2559). ลักษณะร่วมและความงดงามของความเป็นหญิงในพระราชนิพนธ์แปล สมเด็จพระเทพรัตนราชสุดาฯ สยามบรมราชกุมารี. วารสารบัณฑิตศึกษา มนุษยศาสตร์และสังคมศาสตร์ มหาวิทยาลัยขอนแก่น, 5(1), หน้า 1-36.（斯里腊·巴巴坤．诗琳通公主中国当代文学译作中女性美与共性［J］．孔敬大学人类学与社会学研究，2016（1）：1—36.）

［27］เอื้อนจิตร จั่นจตุรพันธ์. (2524). วิเคราะห์วรรณกรรมจีนแปลประเภทนิยายกำลังภายใน. วิทยานิพนธ์การศึกษามหาบัณฑิต มหาวิทยาลัยศรีนครินทรวิโรฒ.（娥吉·占乍都潘．中国武侠小说分析［D］．曼谷：诗纳卡琳威洛大学，1981.）

［28］อัมพรพรรณ อุปพงศ์. (2524). ความสอดคล้องระหว่างปรัชญากับพฤติกรรมของตัวละครเอกในนวนิยายจีนกำลังภายในของโก้วเล้ง ฉบับแปลโดย ว.ณ เมืองลุง และน. นพรัตน์ .. วิทยานิพนธ์การศึกษามหาบัณฑิต มหาวิทยาลัยมหาสารคาม.（安蓬潘·乌巴蓬．从沃·纳孟龙与努·诺帕腊泰译本看古龙武侠小说中主人公的行为举止与哲学的统一［D］．马哈沙拉堪：马哈沙拉堪大学，1981.）

［29］อัษมา มหาพสุธานนท์. (2553). ความเป็นหญิงจีนในนวนิยายของนักเขียนสตรีจีนยุคหลังเหมา. วิทยานิพนธ์ตามหลักสูตรปริญญาอักษรศาสตร์ดุษฎีบัณฑิต จุฬาลงกรณ์มหาวิทยาลัย.（阿沙玛·玛哈素塔暖．改革开放后中国女性作家作品中的中国女性［D］．曼谷：朱拉隆功大学，2010.）

［30］อังศุธร จ้าวกวีพงศ์. (2557). การศึกษาเปรียบเทียบคำวิเศษณ์เสริมน้ำเสียงในนวนิยาย ปู้ปู้จิงซิน กับฉบับแปลภาษาไทย. วิทยานิพนธ์อักษรศาสตร์มหาบัณฑิต. จุฬาลงกรณ์มหาวิทยาลัย.（昂素顺·兆卡维蓬.《步步惊心》语气副词泰译对比研究［D］．曼谷：朱拉隆功大学，2013.）

［31］อาทร ฟุ้งธรรมสาร. (2534). ภาพสะท้อนสังคมจีน. กรุงเทพฯ: บริษัทสามัคคีสาส์น.（阿吞·蓬坦玛散．中国社会形象研究［M］．曼谷：萨玛其散公司，1991.）

萨玛德·赛义德小说《莎丽娜》中的女性形象研究：基于“温和的女性主义”

国防科技大学外国语学院　王佳睿

【摘　要】长篇小说《莎丽娜》是马来西亚著名文学家萨玛德·赛义德的代表作，讲述了二战后马来亚女性悲苦坎坷的觉醒历程。小说塑造了茜蒂·莎丽娜、卡蒂佳、娜希达等多个性格迥异、经历悬殊的女性人物，编织成一幅多彩的马来女性群像。在女性主义关照下，小说对女性形象的塑造展现“姐妹情谊”、展示女性模范、唤醒女性意识，值得深入品味与思考。与西方激进、直接、广泛的女性主义不同，《莎丽娜》展现的女性主义精神温和、含蓄，这与作者经历和时代背景密不可分，尤其受到马来社会文化中“谦逊、含蓄、尊崇权威秩序”等方面的影响。

【关键词】《莎丽娜》；女性形象；女性主义

《莎丽娜》（*Salina*）是 1985 年马来西亚国家文学奖得主萨玛德·赛义德（A. Samad Said）的代表作，1961 年由国家语文局首次出版。作品以描绘一名妓女的悲惨遭遇和凄凉身世为叙述主线，反映出二战后东南亚落后贫穷的社会经济状况，控诉了帝国主义的残酷战争和殖民主义的野蛮掠夺，深刻揭露战后社会的龌龊、黑暗、压迫与不平，尤其是对妇女的迫害。小说成功塑造了一系列女性角色，其中莎丽娜是女主人公，其他女性角色则起着烘托和补充作用。萨玛德·赛义德对女性形象的刻画别具特色，分析《莎丽娜》中的女性形象及其构建方法，可以考察作者的女性观，更好地理解作品的深刻意义。

笔者通过文献回顾，发现已有一定数量马来学者运用女性主义理论分析《莎丽娜》中的女性形象。例如，文学批评家罗斯纳·巴哈鲁丁（Rosnah Baharuddin）的专著《萨玛德·赛义德小说中的女性精神》，茜蒂·艾莎（Siti Aisah Murad）的论文《男性作家笔下的女性角色》，以及阿米达·哈米达（Amida Hamidah）、茜蒂·哈贾尔（Siti Hajar Che Man）、诺尔·拉扎娜（Nor Razana Daud）等的著述。上述研究虽然对《莎丽娜》中的女性人物和形象构建有所解读，显现出西方女性主义理论对研究当代马来西亚文学作品一定程度的适用性，但是对小说中女性形象有别于传统女性主义角色的特殊性有待进一步考察。欧美广泛、直接、激进的女性主义传播到马来半岛，被马来伊斯兰文化中谦逊、含蓄的一面所中和，形成一种“温和的女性主义”，这一点体现在萨玛德·赛义德对《莎丽娜》中女性形象的建构当中。本文采用美国作家谢瑞·雷吉斯特（Cheri Register）提出的女性主义分析框架，探究小说《莎丽娜》中的“温和的女性主义”思想，并解释其背后的社会文化成因。

一、当代马来文学作品和文学批评中的女性主义

女性主义文学（feminist literature）产生于19世纪，随着人权运动而发展起来。在法国大革命所倡导的博爱、平等、自由等价值观的影响下，19世纪30年代起，以法国为核心，西方国家开始了一场为女性争取政治、教育、经济、法律等各方面权利的女权运动（feminist movement）。[①]该运动试图摆脱父权制意识形态对女性身份的建构，带有鲜明的政治色彩和批判精神。与此同时，女性的文学创作也蓬勃发展，涌现出一批优秀的女性作家和作品。此后，女性主义思想和女权运动在世界范围内逐渐流传开来，至20世纪60年代再度掀起高潮。学者开始重新审视父权制传统下的文学经典，揭露文学中的性别歧视，并从不同视角研究女性文学的意义，探索女性主义文学批评理论。随着世界范围内妇女解放运动的兴起，在马来西亚也掀起了女性追求人格独立和尊严平等的思想浪潮。这一“新思想”渗透到文学领域，有三重表现形式。

其一，涌现出多名为文学界所承认的、具有社会影响力的女性作家。扎哈拉·纳瓦维（Zaharah Nawawi），是马来西亚乃至东南亚地区享有盛誉的女性文学家，1999年获东南亚文学奖，代表作有《在春天结束前》（*Sebelum Berhujungnya Musim Bunga*）、《树叶缝隙中的光芒》（*Sinar Di Celah Daun*）和《雨停了》（*Hujan Sudah Teduh*）。卡蒂佳·哈希姆（Kadijah Hashim），同样是马来文学领域出色的女性人物。她所创作的小说《花瓶中的红玫瑰》（*Mawar Merah Di Jambangan*）、《在篱笆旁》（*Di Tepi Pagar*）、《昨日暴雨》（*Badai Semalam*）等被改编成电视连续剧。其中《昨日暴雨》片段被选入马来西亚和新加坡的国语课本。女性小说家罗斯米·莎阿里（Rosmini Shaari），其经典作品《妻子》（*Isteri*）、《陷阱》（*Jaringan*）等，成为马来西亚女性作家文学作品的典范。女性作家的大量涌现，对于当代马来文学中女性主义的发展具有重要意义。阿卜杜拉·阿里姆认为，“女性作家更加倾向于选择同自身命运相关的主题，会以更加细腻的笔触描写作品中的女性人物，作品通常能够提升社会大众心目中的女性形象。”[②]克里斯汀·坎贝尔也通过研究发现，“马来男性小说家笔下的女性角色，通常是‘无聊的家庭妇女’‘脾气坏的农

① 王晓英．简论西方女性文学的发展［J］．外国文学研究，2003（1）：131．

② Abdul Halim Ali, Ida Roziana Abdullah. Perwatakan Wanita Melayu Muslim Dalam Novel “Diari Seorang Jururawat” Karya Amidah Mokhtar [J]. *Journal of Nusantara Studies*, 2018, 3 (2): 148.

民’‘腐败政客贪婪的妻子’等负面形象。女性作家笔下的女性人物，则更加独立，受过良好教育，开始在公共领域施展才华。”①

其二，出现大量的女性主义文学作品。父权社会中，女性是相对于男性而存在的他者。约翰·伯格在《观看之道》中写道：“描绘女性和男性的方式是大相径庭的，这并非因为男女气质有别，而是‘理想’的观赏者通常是男人，而女人的形象则是用来讨好男人的。”②马来古典文学作品《杭·杜亚传》（*Hikayat Hang Tuah*）中，男性英雄人物杭·杜亚被塑造为治国安邦的贤臣，抵御外侮的统帅，集中体现了马来民族的传统美德。而其中的女性角色，如金山公主（Puteri Gunung Ledang）、敦·蒂嘉（Tun Teja），则处于依附和从属的地位，是男性英雄故事中的配角。她们具有美丽、贞洁的人物特质，符合男性中心主义视角下对女性人物形象的想象和建构。随着 20 世纪初女性主义的蓬勃发展，女性主义文学作品也如雨后春笋般出现在马来西亚文坛。上文提及的女性作家的文学作品自不待言，值得注意的是，男性作家笔下也出现了更多以女性角色为中心人物，对女性的处境进行描述的文学作品，具有鲜明的女性意识。男性作家赛·谢客（Syed Syeikh Al-Hadi）1926 年出版的小说《法莉达·哈努姆传》（*Hikayat Faridah Hanum*），被学界普遍认为是当代马来文学中女性主义作品的开端。法莉达·哈努姆是一名受过高等教育的独立女性，具有反抗英国殖民统治的民族主义精神。作品揭露了马来传统社会对于妇女的压迫，呼吁女性争取平等的受教育权利，以此实现妇女解放的最终目的。③此外，萨玛德·赛义德的文学作品中，整体而言女性角色的面貌也是偏向积极正面的。文学批评家茜蒂·艾莎在系统梳理萨玛德·赛义德笔下的女性人物后写道：“普遍来说，作者对于女性角色具有正面想象，而不是负面的和刻板印象的。”例如中篇小说《河水缓缓地流》（*Sungai Mengalir Lesu*）中，主要女性角色图米娜（Tuminah）被赋予善良、宽容、有担当的人物品格，在日本占领马来亚期间，忍辱负重养活自己和家人，并在邻居遇到危险时不假思索地施以援手。

其三，女性主义文学批评成为重要的文学批评范式。1970 年，凯特·米勒特的博士论文《性政治》，展示了文学批评的一个新视角，标志着女性主义文学批评作为一种新的、独立的批评方式的形成。④女性主义文学批评的核心是“女性意

---

① Norhayati Ab. Rahman. Imej Wanita Korporat Dalam Teks Kesusasteraan Melayu Moden Malaysia: Daripada Lensa Pengarang Wanita [J]. *Jurnal Pengarang Melayu*, 2010 (21): 199.

②［英］约翰·伯格．观看之道［M］．戴行钺，译．南宁：广西大学出版社，2015：91．

③ Zairul Anuar Md. Dawam, Imelda Ann Achin, et al. Historiografi Filem Melayu Dalam Konteks Tradisional Sosial Dan Sosiobudaya Masyarakat Malaysia [J]. *Gendang Alam*, 2022, 12 (1): 27.

④ 王延．全新的文学批评视角：论女性主义文学批评理论对西方女作家作品的解读［J］．美的历程，2010（2）：161．

识”，其主要内涵是反抗父权制度对女性的压抑和迫害，反对妇女的依附和从属地位，争取实现妇女解放。直到20世纪90年代，女性主义文学批评才逐渐走进当代马来文学家和文学评论家的视野。罗斯纳·巴哈鲁丁在2000年出版的研究著作《萨玛德·赛义德小说中的女性精神》中认为，既往对萨玛德·赛义德小说的研究大多是从写作手法、创作背景和历程、所反映的社会现实等方面进行分析，鲜少关注其中的女性形象。因此，她运用西方女性主义理论作为研究框架，揭示了萨玛德小说中二战前、二战后、到独立后女性人物形象的嬗变。①马来学者茜蒂·卡利亚（Siti Khariah Mohd Zubir）在其2004年发表的博士论文《女性作家视角下马来小说中的女性形象》中，以美国著名女性主义学者伊莱恩·萧沃尔特（Elaine Showalter）提出的理论为基础，结合心理学、社会学理论，从社会政治、社会经济、社会文化角度系统分析了5名马来女性作家的15部小说中的女性形象。索尔米·阿齐兹（Sohaimi Abdul Aziz）2003年发表的论文《沙农·艾哈迈德小说〈电视机〉中的女性形象分析：基于女性主义批评视角》、茜蒂·雅各布（Siti Meriam Yaccob）2005年发表的博士论文《哈姆扎和克里斯作品中的女性形象建构》、努尔哈蒂·拉赫曼（Norhayati Ab. Rahman）2012年发表的《小说〈穆斯迪卡灯笼〉中的女性地位：透过女性主义》，以及引言中提到的茜蒂·艾莎、阿米达·哈米达、茜蒂·哈贾尔和诺尔·拉扎娜的研究著述中，都运用到西方女性主义文学理论。

在浩如烟海的马来文学作品中，笔者选取《莎丽娜》为研究对象，原因有三。其一，作者萨玛德·赛义德是马来西亚文坛的代表人物，曾获“文学战士”（Pejuang Sastera）、“国家文学奖”（Sasterawan Negara）等殊荣。其二，《莎丽娜》是萨玛德·赛义德的代表作，数十年来脍炙人口、享誉不衰，具有很高的文学价值和研究意义。其三，在小说《莎丽娜》中，作者浓墨重彩地刻画了莎丽娜、娜希达等女性人物，塑造了进步、独立、具有反抗精神的现代女性形象，因此，该作品被视为当代马来西亚女性主义文学作品的范例。20世纪下半叶，女性主义文学批评在马来亚兴起以来，各个流派的女性主义理论和分析框架纷纷涌入。其中，美国女性主义学者谢瑞·雷吉斯特提出的女性主义分析框架，因其具有清晰易懂、方便运用、涵盖面广等优势，近年来愈发频繁地被运用到当代马来文学批评当中。值得注意的是，谢瑞·雷吉斯特不属于激进派的女性主义学者，她提出的理论较之西蒙·德·波伏娃（Simone de Beauvoir）、凯特·米勒特（Kate Millett）等的观点，更加温和持中，只追求“两性平权”而不索求女性比男性更优越的地位。基于此，笔者采纳谢瑞·雷吉斯特提出的女性主义理论作为分析框架。

① Elizatul Nastaysah Binti Kamaruddin. Representasi Watak Wanita Dalam Karya Sastera Melayu Moden Berdasarkan Kerangka Taklif [D]. Universiti Putra Malaysia, 2016: 4.

二、女性主义视角下《莎丽娜》中的女性形象

谢瑞·雷吉斯特在《美国女性主义文学批评：一个书目介绍》（American Feminist Literary Criticism: A Bibliographical Introduction）中提出，女性主义文学作品应当至少具备一个如下特征：第一，能够为女性提供公开讨论的空间（serve as a forum for women）；第二，帮助实现双性同体（help to achieve cultural and androgyny）；第三，增进姐妹情谊（promote sisterhood）；第四，展现女性模范（provide role-models）；第五，唤醒女性意识（augment consciousness-rising）。[①]小说《莎丽娜》符合谢瑞·雷吉斯特对"增进姐妹情谊""展现女性模范"和"唤醒女性意识"的定义。

（一）增进姐妹情谊：想象的亲缘关系

"姐妹情谊"（sisterhood）是西方女性主义话语中的重要概念。其含义是：为争取妇女自由、实现妇女解放、摆脱性别压迫，女性必须团结起来，建立并加强彼此间的情感联系。"sisterhood"具有亲缘关系的隐喻，主张女性之间的情谊是平等的、天然的，不需要附加条件。[②]"姐妹情谊"最早出现在美国白人女性主义者的论说当中，并在美国广泛流行。美国女性主义学者谢瑞·雷吉斯特对"姐妹情谊"的定义是：文学作品中被塑造的女性形象，相互合作、理解，同情彼此的命运。她指出："姐妹情谊有利于减轻女性因性别身份产生的自卑感，消除因竞争男性注意而产生的敌对情绪。"

小说《莎丽娜》中，主人公茜蒂·莎丽娜和卡蒂佳、娜希达之间的感情，集中体现了女性主义精神中的"姐妹情谊"。莎丽娜是一位美丽的姑娘，心灵纯洁，情操高尚。但是，第二次世界大战夺去了她的亲人，毁灭了她的理想和爱情。战争结束后，她苦无生路，受尽凌辱，饱尝人世艰辛。即便如此，善良的莎丽娜仍然同情其他姐妹，并时常施予援手。卡蒂佳是羊村新搬来的居民，孤儿寡母，贫病交加。小说中这样描述道："莎丽娜没再搭言。她看见卡蒂佳打开的包袱里，也不过是人家丢弃的几件破衣服，不由得心里一阵酸楚。"[③]同样，卡蒂佳也设身处地地为莎丽娜着想，给深陷困境的她以真诚的安慰和诚恳的建议。莎丽娜的第一任男友在二战中牺牲，迁居羊村后遇到游手好闲、卑鄙恶劣的阿卜杜拉·法卡尔，不仅依靠莎丽

---

① Cheri Register. American feminist literary criticism: A bibliographical introduction [G]// Feminist Literary Criticism: Explorations in Theory. Lexington: The University Press of Kentucky, 1989: 2.

② Maria C. Lugones, Pat Alake Rosezelle. Sisterhood and Friendship as Feminist Models [G]// Penny A. Weiss, Marilyn Friedman. Feminism and Community. Philadelphia: Temple University Press, 1995: 136.

③ A. Samad Said. Salina [M]. Kuala Lumpur: Dewan Bahasa dan Pustaka, 1989: 51.

娜生活，还经常对她拳脚相加。卡蒂佳看着她过那种人间地狱的生活，实在于心不忍，劝告莎丽娜离开法卡尔另谋出路。“说完这些，卡蒂佳略感轻松。她苦笑一下，不禁眼里涌出一层泪翳。茜蒂·莎丽娜默不作声，逐字逐句地听着，思索着。卡蒂佳那诚挚真切、感人肺腑的话，深深地打动了她的心。”①

娜希达也是羊村里一位年轻貌美的姑娘。因父母亡故、继母贪婪，小小年纪的她就被送去餐厅做女招待。在当时的马来亚，女招待是隐晦的“妓女”，即使心不甘情不愿，也不得不时常受狎客骚扰和欺侮。莎丽娜苦于生计，不得不选择这条肮脏的道路，但是难以忍心看着娜希达也重蹈覆辙。“在莎丽娜和娜希达之间，有一种非常紧密的联系。因为她们的世界是如此相似。莎丽娜，虽然自己被人玷污过，却很不愿意别人也被玷污。因此，每当她们有机会单独待在一起，莎丽娜就会尽可能多地给娜希达一些建议，那些建议都是从自己痛苦的经历中得来。”②

罗宾·摩根（Robin Morgan）编纂的女性主义文集《姐妹情谊就是力量》中写道：“每个群体的女性都扮演着本质上相同的角色，即妻子、母亲、性对象等多重角色。女性个人经验不是私人的问题，而是每个女性共有的。”作为女性，莎丽娜和卡蒂佳、娜希达之间，会建立一种天然的、基于性别认同的和相似苦难经历的，超越了血缘关系的感情，符合女性主义理论对“姐妹情谊”的定义。此外，小说中没有关于女性为了“某一名有魅力的男士”而嫉妒、猜忌、互相伤害的情节。卡蒂佳的儿子希尔米，是一名志向远大、情操高尚的青年学生，莎丽娜和娜希达都对其心生好感。但莎丽娜只是将希尔米当作自己的弟弟，在生活中照顾他，劝诫他努力学习，祝福他与娜希达之间的爱情。

（二）展现女性模范：超越传统的女性身份

西蒙娜·德·波伏娃的著作《第二性》中，有一句著名的论断：“女性不是生来成为女性，而是被塑造成为女性。”性别身份是由不平等的社会分工和带有歧见的性别认知所塑造的。例如，启蒙运动时期的哲学家卢梭（Rousseau）曾傲慢地认为：“女性天然比男性低等。因为天赋上的劣势，女性的天职就是生育，无法思考抽象的议题，难以成长为‘自由的个人’（free individuals），获取和男性平等的权利。”③长久以来，女性身份被限定为“妻子、母亲和性对象”，活动被限制在“厨房和产房”，难以步入公共领域。女性主义思想和运动的根本宗旨，即是打破传统的性别身份建构，争取两性在各方面享有平等权利。谢瑞·雷吉斯特对“女性模范”的描述是：“self-actualizing”（自我实现）和“not dependent on men”（不依附

---

① A. Samad Said. Salina [M]. Kuala Lumpur: Dewan Bahasa dan Pustaka, 1989: 158.

② A. Samad Said. Salina [M]. Kuala Lumpur: Dewan Bahasa dan Pustaka, 1989: 362.

③ Kristin Ørjasæter. MOTHER, WIFE AND ROLE MODEL: A contextual perspective on feminism in A Doll’s House [J]. Ibsen Studies, 2005, 5 (1): 23.

男性）。用卢梭的话来说，就是成为“自由的个人”。

小说《莎丽娜》中，第二次世界大战以前，主人公茜蒂·莎丽娜生活在一个幸福、富足的家庭中。那时，她志向高远，父母亲也对她寄予厚望，希望她能够成为一名医生。“她还不十分懂得医生这个职业，但听到父母的教诲，她总是觉得开心。她学习认真刻苦，父亲还聘请了一个家庭教师辅导她。”[①]接受教育是女性自我实现和摆脱依附，最终实现两性平等的基本路径。小说中，娜希达也同样具有热爱知识、独立自主的优良品质。“娜希达是哈齐·卡尔曼最喜欢的学生。她勤奋刻苦，聪慧敏捷，又尊重师长。”[②]得益于经常阅读哥哥曼索尔从学校带回来的各种书籍，娜希达对一些公共领域的事务已经有了独立的、较为成熟的思考。当她同希尔米谈话时说：“我认为，不见得只有英国文学水平高。作为马来人，总要对马来文学有些了解，譬如作者的思想、观点以及他们的作品。……现在大家不都是在大谈民族觉醒、民族自信心吗？如果连本民族的书都不看，岂不成了空话。”书中写道：“这一席言之有物的谈论是希尔米根本预料不到的，他这才知道娜希达绝不是那种坐井观天、鼠目寸光的人。”[③]

此外，卡蒂佳、娜希达等，被赋予“独立自主，不依附男性”的高尚品格。孀居时，卡蒂佳靠为有钱人缝补浆洗，独自养活自己和正在上学的孩子。娜希达即便被继母送去做女招待，也坚守底线，不拿工资以外的一分红包、一件礼物，不接受来自任何男性金钱上的诱惑。面对沙里姆先生，她掷地有声地说道：“我不想！我是餐厅女招待，工作是端盘倒水，不是坐在客人大腿上的！”[④]萨玛德·赛义德通过对莎丽娜、娜希达、卡蒂佳等女性人物的塑造，展示了“自我实现”“独立自主”的女性模范，符合女性主义者对女性形象的想象和建构，满足谢瑞·雷吉斯特对女性主义文学作品“提供女性模范”的定义。

（三）唤醒女性意识：重新找寻自我

“女性意识”（female consciousness）是女性主义思想和运动的核心，也是女性主义文学批评中永恒的主题。男权主导的父系社会取代母系社会以来，缄默的女性始终是失去自我主体，不断被客体化、贬值化的“他者”，是存在于男性目光审视和男性欲望投射中的附属物。而女性意识觉醒，则是对“男权附属地位”的反抗，对自身价值的重新认知，是“以女性的眼光洞悉自我、确定自身本质、生命意义及在社会中的地位，同时，从女性的角度出发审视外部，并对其加以富有女性生命特

---

① A. Samad Said. Salina [M]. Kuala Lumpur: Dewan Bahasa dan Pustaka, 1989: 150.

② A. Samad Said. Salina [M]. Kuala Lumpur: Dewan Bahasa dan Pustaka, 1989: 241.

③ A. Samad Said. Salina [M]. Kuala Lumpur: Dewan Bahasa dan Pustaka, 1989: 344.

④ A. Samad Said. Salina [M]. Kuala Lumpur: Dewan Bahasa dan Pustaka, 1989: 266.

色的理解和把握。”[①]在谢瑞·雷吉斯特的理论框架中，“唤醒女性意识”居于主体地位，是判断一部文学作品是否满足“女性主义文学”定义的核心条件。其内涵是，该作品能够帮助女性读者了解女性群体面临的困境，激发她们对自身价值的体验和醒悟，鼓励女性面对男性权力压迫时勇于抗争。

在小说《莎丽娜》中，萨玛德·赛义德以细腻的笔触，描绘了主人公茜蒂·莎丽娜从饱受男性凌辱、甘当男性附庸，到自我意识觉醒的历程。二战中，莎丽娜被一名日本士兵欺侮，从此心灰意冷，出卖肉体为生。迁居羊村后，她爱上了秉性恶劣的法卡尔。他贪婪懒惰，多情好色，依靠莎丽娜生活，却又鄙视她赚钱的途径，时常对她拳脚相加。起初，莎丽娜沉浸在自己想象的爱情当中，甘愿蒙蔽双眼，逆来顺受。虽然法卡尔在经济上依附于莎丽娜，但在精神上，莎丽娜无疑是法卡尔的附庸。然而，经过卡蒂佳、拉兹曼等朋友的劝说，莎丽娜最终认清了法卡尔的本性，决心离开羊村，重新开始属于自我的新生活。小说中是这样描述的：“思索了这些日子，莎丽娜的头脑突然就清醒了。她开始认真地问自己，什么是好的、什么是坏的；过去是怎样的，将来又会怎样；她究竟喜欢什么，又厌恶什么。”[②]她偷偷在卡蒂佳处存钱，而不是交予法卡尔任其挥霍，为自己的将来做打算。面对法卡尔愈发暴烈的脾气，她终于不再忍气吞声，而是开始反抗：“这不是你的房子，请你离开！”经过周全的考虑，莎丽娜最终决定离开羊村，离开法卡尔，同时与做妓女的过往彻底告别。

哲学家埃里希·弗罗姆曾言：或者逃避自由带来的重负，重新建立依赖和臣服关系；或者继续前进，力争全面实现以人的独一无二及个性为基础的积极自由。茜蒂·莎丽娜选择了第二种路径，跳脱出对男性的依赖——经济上出卖肉体、精神上依恋法卡尔，前往吉兰丹谋生，实现一种“积极的自由”。故事开始，莎丽娜的形象是“美丽、温驯的妓女（性对象）”，符合男性中心视角下对女性角色的想象；故事结尾，她开始自尊自爱，能够独立，不再做男性权力的附庸。这种形象的蜕变就像冬日暖阳，照耀进每一个女性读者的心房。

可以确定的是，小说《莎丽娜》是一部女性主义文学作品，它歌颂、增进姐妹情谊，展现女性模范，唤醒读者的女性意识。但值得注意的是，其中蕴含的女性主义精神表现出鲜明的马来民族特色。较之激进、直接、广泛的欧美女性主义，《莎丽娜》中的女性主义精神更加温和、含蓄。20 世纪下半叶，由于女权运动倡导女性通过自主独立反抗男权压迫，西方一度盛行女同性恋，更有激进的女权主义者试图完全撇开对异性的依恋和向往，转而向同性去寻求心灵港湾。[③]而小说中莎丽娜

---

① 乔以钢，林丹娅．女性文学教程［M］．北京：高等教育出版社，2017：8．

② A. Samad Said. Salina [M]. Kuala Lumpur: Dewan Bahasa dan Pustaka, 1989: 141.

③ 何发珍．女性主义视角下电影《紫色》中的女性形象解读［J］．闽西职业技术学院学报，2023，25（1）：60．

与卡蒂佳、娜希达之间的姐妹情谊，是纯洁的亲情和友情，完全没有同性恋色彩。此外，尽管男性对女性的压迫——比如法卡尔对莎丽娜的虐待和对娜希达的欺侮——一定程度上促进了姐妹情谊的产生，但萨玛德·赛义德没有刻意塑造两性之间的敌对。男性人物中，也有积极正面的角色，如孝顺母亲、志向远大的青年希尔米，诚心劝告莎丽娜离开法卡尔的拉兹曼，娜希达的恩师哈齐·卡尔曼，吃苦耐劳的哥哥曼索尔等等，都是女性群体的伙伴而非敌人。总体而言，《莎丽娜》是一部女性成长史。它关注的主体是“女性”自身：女性情谊、女性形象、女性意识，没有强烈的“对抗与颠覆”色彩。其中蕴含的女性主义精神，没有逾越马来社会文化的边界。

三、《莎丽娜》中女性形象的成因

文学作品的创作与作者本身和时代是不可分割的，同时深受社会文化与宗教背景的影响。《莎丽娜》这部以第二次世界大战结束后为背景的马来长篇小说，也概莫能外。

（一）作者经历及时代背景

作为审美活动和文本的主体，作者对于文学创作所起的作用是不言而喻的。作者的态度和情志，左右着内容的取舍和形式的选择。[①]萨玛德·赛义德一生命运坎坷，经历过战争洗礼。他 1935 年出生于马六甲伯林宾达拉姆，在新加坡长大。1956 年就读于维多利亚学院高级剑桥班，毕业后在新加坡医院任文书，1956 年开始文学创作。第二次世界大战结束后，马来亚、新加坡社会满目疮痍、民生凋敝，他本人以及所有战争幸存者的苦难，为他提供了广泛的创作素材。

受英式教育的影响，萨玛德·赛义德的思想观念——比起同时代的其他马来文学家——更加西方化。“人人平等”被两三百年前的启蒙运动发扬光大，成为西方思想文化中的核心观念。所谓“人人平等”，也就意味着“男性不比女性更高贵”，这也解释了为什么女性主义运动先发于西方。小说《莎丽娜》中的主要女性角色，包括茜蒂·莎丽娜、娜希达、卡蒂佳和娜希达的继母查莉娜，都作为一个独立的个体在文本中出现，都被赋予复杂、完整、立体的人物形象；而不是衬托男性人物的工具，因带有性别偏见的笔触而片面、扁平。这从侧面体现出，“人人平等”的观念已扎根在萨玛德·赛义德的内心深处。尽管 20 世纪 60 年代，女性主义的春风已经吹拂到东南亚地区，但并未成为文学界的主流思想观念。因此，国家语文局在为《莎丽娜》出版写的序言中说：“作者毫无隐晦地提出了新问题、新思想、新人生

① 黄玫．文学作品中的作者与作者形象：试比较维诺格拉多夫和巴赫金的作者观［J］．俄罗斯文艺，2008（1）：44．

观。某些墨守成规、落后于时代的读者也许会觉得不是滋味。”①

萨玛德·赛义德幼年居住在新加坡时，村里有一位同他十分要好的姐姐，因为第二次世界大战，失去父母双亲和经济来源，被迫出卖肉体为生，为求生计饱受凌辱。这段经历给萨玛德留下了十分深刻的印象。他记忆中的姐姐，善良、温柔、美丽，命运可怜可悲，是《莎丽娜》中主人公茜蒂·莎丽娜的现实原型。小说中同情、帮助莎丽娜的希尔米，则是作者自身经历、思想投射进作品中的影子，是化解于作品、体现于文本中的作者。

（二）马来社会文化传统

文学作品是对现实生活的映照，马来社会文化也必然反映在萨玛德·赛义德对《莎丽娜》中女性形象的塑造当中。“有礼貌、有教养”（bersopan santun）是马来文化的核心价值观。具体而言，它要求马来人“有同理心、尊重他人；以长辈、领袖为先”。②由此可见，马来文化具有明显的“东方性”，尊崇权威和秩序。冷战结束后，时任马来西亚总理敦·马哈蒂尔·穆罕默德（Mahathir bin Mohamad）同新加坡总理李显龙一道提出以儒家思想为基础的“亚洲价值观”，较之西方“自由民主”价值观，更加重视整体、国家，尊重权威、秩序。虽然“亚洲价值观”是一个政治概念，但也彰显了马来文化传统之底色。

此外，马来文化具有“谦让、内敛、含蓄”的特征。例如，扎宾舞、风筝舞等马来传统舞蹈，大多动作轻柔、表情“欲说还休”，不似爵士舞、拉丁舞那样热烈奔放。马哈蒂尔在其著作《马来人的困境》（*The Malay Dilemma*）一书中分析马来族群经济处于劣势的原因时写道：“马来人很谦让，他们特别在意别人的感受。尽管对其他族群垄断经济的做法心有不满，但刻在他们基因当中的‘礼貌’（politeness）和‘随和’（accommodating），阻碍了他们表达自己的想法。”③

女性主义由欧美传入马来亚地区，必然和当地已有的文化传统发生碰撞，相互影响与融合。基于对权威的尊崇，“谦让和含蓄内敛”的固有品格，马来亚的女性主义鲜见激烈的对抗与颠覆。小说《莎丽娜》中，女性角色虽然相互理解、同情、帮助，但都是出自纯粹的友情，完全没有同性恋情。西方女性主义理论中的赞扬女同性恋，是对男性的彻底失望和撇弃，具有激烈的对抗色彩。娜希达争取、珍视受教育权，希望在公共领域有一席之地，但她不否认男性的智慧和贡献，对自己的定

① [马来西亚] A. 莎马德·赛义德. 东方文学丛书·莎丽娜 [M]. 郁郁，译. 太原：北岳文艺出版社，1976：1.

② Jeannot Abudl Karim, Khairul Anuar Rezo. Pembentukan Skala pengukuran Nilai Melayu: Satu Kajian Perintis [J]. Akademika, 2012, 82 (1): 115.

③ Mahathir bin Mohamad. The Malay Dilemma [M]. Singapore: Marshall Cavendish Editions, 1970: 78.

义是“平等的合作者”而非“颠覆者”。小说中虽然有阿卜杜拉·法卡尔、沙里姆先生等品质恶劣，视女性为玩物的男性角色，但也有希尔米等善良优秀、理解同情女性的男性角色。也就是说，作者没有刻意塑造两性的对立，男性也可以是女性忠诚的伙伴。这与西方激进、广泛、直接的女性主义，有着明显的不同。

四、结语

综上，小说《莎丽娜》弘扬女性主义精神，具体表现为：增进姐妹情谊、展示女性模范、唤醒女性意识。但与西方激进女性主义不同，《莎丽娜》中的女性主义精神温和、含蓄，凸显两性合作、和谐，没有“对抗与颠覆”色彩。《莎丽娜》中女性形象的塑造，同作者自身经历、时代背景和马来社会文化关系密切。作者萨玛德·赛义德目睹二战后马来亚满目疮痍，民不聊生，善良美丽的邻家姐姐被迫卖淫为生。这些经历为他日后的文学作品中，埋下了同情、尊重女性的种子。马来文化具有明显的东方文化底色：谦逊、含蓄、尊崇权威和秩序。这也决定了马来西亚的女性主义不似西方女性主义直接、激进地反抗现有的、以男性为中心的性别秩序，而是在两性和谐的限度内谋求女性权利。文学作品是现实生活的映照，小说《莎丽娜》中体现的女性主义精神亦是如此。

“女性主义”发轫于法国，随后向欧洲其他国家和北美延展，最后传播到亚非拉地区。在它的“东方之路”上，女性主义的内涵、宗旨不是一成不变的，而是随着当地文化传统、社会习俗、宗教信仰不断嬗变、调整，从而葆有长久的生命力。与东方文化相适应的“温和的女性主义”，也为学者研究东方文学中的女性形象和女性主义精神提供了新的视角。

参考文献

［1］A. 赛义德．东方文学丛书·莎丽娜［M］．郁郁，译．太原：北岳文艺出版社，1976．

［2］何发珍．女性主义视角下电影《紫色》中的女性形象解读［J］．闽西职业技术学院学报，2023，25（1）：58—62．

［3］黄玫．文学作品中的作者与作者形象：试比较维诺格拉多夫和巴赫金的作者观［J］．俄罗斯文艺，2008（1）：44—47．

［4］乔以钢，林丹娅．女性文学教程［M］．北京：高等教育出版社，2017．

［5］王晓英．简论西方女性文学的发展［J］．外国文学研究，2003（1）：131—136．

［6］王延．全新的文学批评视角：论女性主义文学批评理论对西方女作家作品的解读［J］．美的历程，2010（2）：161—162．

［7］约翰·伯格. 观看之道［M］. 戴行钺，译. 南宁：广西大学出版社，2015.

［8］Abdul Halim Ali, Ida Roziana Abdullah. Perwatakan Wanita Melayu Muslim Dalam Novel "Diari Seorang Jururawat" Karya Amidah Mokhtar [J]. Journal of Nusantara Studies, 2018, 3 (2): 147-161.

［9］A. Samad Said. Salina [M]. Kuala Lumpur: Dewan Bahasa dan Pustaka, 1989.

［10］Cheri Register. American feminist literary criticism: A bibliographical introduction [G]// Feminist Literary Criticism: Explorations in Theory. Lexington: The University Press of Kentucky, 1989: 1-28.

［11］Elizatul Nastaysah Binti Kamaruddin. Representasi Watak Wanita Dalam Karya Sastera Melayu Moden Berdasarkan Kerangka Taklif [D]. Universiti Putra Malaysia, 2016.

［12］Jeannot Abudl Karim, Khairul Anuar Rezo. Pembentukan Skala pengukuran Nilai Melayu: Satu Kajian Perintis [J]. Akademika, 2012, 82 (1).

［13］Kristin Ørjasæter. MOTHER, WIFE AND ROLE MODEL: A contextual perspective on feminism in A Doll's House [J]. Ibsen Studies, 2005, 5 (1): 19-47.

［14］Mahathir bin Mohamad. The Malay Dilemma [M]. Singapore: Marshall Cavendish Editions, 1970.

［15］Maria C. Lugones, Pat Alake Rosezelle. Sisterhood and Friendship as Feminist Models [G]// Penny A. Weiss, Marilyn Friedman. Feminism and Community. Philadelphia: Temple University Press, 1995: 135-146.

［16］Norhayati Ab. Rahman. Imej Wanita Korporat Dalam Teks Kesusasteraan Melayu Moden Malaysia: Daripada Lensa Pengarang Wanita [J]. Jurnal Pengarang Melayu, 2010 (21): 196-211.

［17］Zairul Anuar Md. Dawam, Imelda Ann Achin, et al. Historiografi Filem Melayu Dalam Konteks Tradisional Sosial Dan Sosiobudaya Masyarakat Malaysia [J]. Gendang Alam, 2022, 12 (1): 23-48.

寂灭与重生
——论《黑书》中卡利普的苏菲主义之旅

北京外国语大学亚洲学院　李彦军

【摘　要】《黑书》是土耳其诺贝尔文学奖获得者帕慕克最深奥难懂的小说之一，小说讲述了卡利普寻找自己失踪的妻子如梦和堂兄耶拉，最终发现妻子和堂兄被枪杀在阿拉丁商店门口，而卡利普则替代耶拉成为专栏作家的故事，以此比喻卡利普苏菲主义之旅：在追寻中实现寂灭，在寂灭中获得自我重生。书中引用了大量苏菲文学故事，富有浓厚的神秘主义色彩。卡利普的追寻之旅表达了作家帕慕克对土耳其在现代化道路上“做自己”的辩证思考，即对苏菲主义传统的弘扬和对完全西方化的否定，希望土耳其在西方文化与伊斯兰传统文化的相互补充中重获创造力，实现重生。

【关键词】《黑书》；苏菲主义；帕慕克；寂灭；重生

Extinction and Revival
——The sufi journey of Galip in the “Black Book”

Li Yanjun (Beijing Foreign Studies University)

Abstract: “Black Book” is one of Pamuk’s most abstruse novels, with a large number of sufi literary stories and dense mysticism color. The novel tells the story of Galip’s search for his missing wife Rüya and cousin Celal, and eventually finds that his wife and cousin were shot to death in front of Aladdin’s shop, while Galip replaces Celal as a columnist, which is a metaphor for Galip’s sufism journey: realization of extinction in pursuit, self-renewal in extinction. This journey of pursuit expresses the author Pamuk’s dialectical thinking of Turkey’s “being itself” on the road of modernization, namely the promotion of sufism tradition and the negation of complete westernization. It expresses the author’s hope that Turkey can regain creativity and achieve rebirth in the mutual complementation of western culture and Islamic traditional culture.

Key Words: “Black Book”; Sufism; Orhan Pamuk; extinction; revival

土耳其著名作家奥尔罕·帕慕克曾在采访中说：“为了建立现代的西化国家，

凯末尔领导整个土耳其民族忘掉伊斯兰，改革传统的文化，甚至是语言和文学，这些所有的传统都被埋葬在历史中。但是被压迫的总会回来，以一种新的方式回来。例如在文学中，我以后现代主义的形式回来了，不仅展示了传统的苏菲文学，传统的形式，传统的看问题的方式，并且是以一个熟知西方文学中所发生的一切的身份回来的。我将传统与现代主义混合，使我的作品对读者来说，更具神秘和魅力。”①《黑书》即是帕慕克展示传统的苏菲文学的经典之作。《黑书》的故事原型来源于奥斯曼帝国神秘主义诗人谢赫·卡利普的《爱与美》，体现了苏菲信徒追寻真主，最后发现真主就在自己心中的主题。也与波斯著名诗人阿塔尔《百鸟朝凤》的主题富有关联。书中多次涉及苏菲神秘主义派别胡儒非派的思想和纳格什班迪耶教团的影响，卡利普的追寻之路与伊斯兰苏菲思想相互交织，具有浓重的神秘主义色彩。

《黑书》以 1980 年的伊斯坦布尔为背景，讲述了主人公卡利普寻找自己的妻子如梦和堂兄耶拉的故事。如梦是卡利普的妻子，也是耶拉的同父异母的妹妹。一天卡利普下班回家，发现如梦留下一张告别的纸条就失踪了，他一边向家人隐瞒妻子失踪的事实，一边开始寻找如梦。当他来到耶拉供职的报社寻求其帮助时，发现耶拉同时也失踪了。卡利普认定如梦和耶拉必定一起在伊斯坦布尔的某个地方，而寻找他们的线索就隐藏在耶拉所写的专栏里。于是卡利普通过阅读耶拉的专栏搜索蛛丝马迹，同时走访伊斯坦布尔的大街小巷。在这个过程中卡利普感觉自己越来越像自己崇拜已久的耶拉，直到最后卡利普大声喊出“我就是他”，并以耶拉的身份接受了英国记者的采访，实现了自己成为耶拉的梦想，而耶拉和如梦则被枪杀在阿拉丁商店外。

追寻、寂灭和重生（永存）是苏菲神秘主义修行的三个重要阶段。苏菲修行者通过不同阶段的修炼，达到“寂灭”（fanā'）的境界，为绝对所吸收，与安拉合一，从而获得永恒（baghā'）或永生。②小说《黑书》前后分为两部，讲述的正是卡利普在追寻中由寂灭走向重生的过程，同时也暗示了作者对土耳其国家和民族重生的思考。

一、卡利普的追寻

小说的第一部讲述的是卡利普追寻的故事。《黑书》中的主人公是如梦、卡利普和耶拉。但在小说中，如梦始终未以一个真实的形象在现实中出现，而始终活在卡利普的回忆里。耶拉则一直与自己的专栏同在。从某种意义上讲，小说是以卡利普的活动为主要内容展开的。在苏菲神秘主义中，神爱学说是极为重要的一个理论，它认为人只有完全沉浸在对真主的神秘之爱中，灵魂才能得以净化，进入寂

① Orhan Pamuk. Turkey's divided character [J]. New Perspective Quarterly, 2000, 17 (22): 21.

② 王家瑛．伊斯兰宗教哲学史［M］．北京：民族出版社，2003：558．

灭，才能达到爱者（指人）—爱—被爱者（指真主）三者和谐完美的统一。[①]小说中，如梦是卡利普深爱的妻子，耶拉是卡利普渴望成为的对象，如梦和耶拉同时失踪，正是爱和被爱者与爱者的分离，爱与被爱者同在，因此寻找如梦也就转变为了寻找耶拉，而找到耶拉也就能够找到如梦。如梦和耶拉这对同父异母的兄妹，具有了二元一体的性质。[②]当卡利普找到自我，大声喊出“我就是他”时，卡利普成为耶拉（如梦），这时爱者、爱和被爱者也就统一于一体，此时作为外在目标的爱与被爱者随之消失，消融于爱者，而爱者以被爱者（耶拉-如梦）的属性出现，实现了在寂灭（无我）中重生（永恒）。这种爱者—爱—被爱者（真主）三者完美的统一是追求无我的神秘主义最高境界，是苏菲人生的根本意义所在。

苏菲信徒通过自我修行达到“人主合一”的最高境界，而卡利普的自我追寻之路也正是通过自省完成的。神智论认为，只有通过沉思默想、自我关照，才能使个人纯净的灵魂与安拉精神之光交融，认识安拉。[③]在“有人在跟踪我”一章中，卡利普在如梦失踪后以如梦的旧友和前夫为线索寻找她。在离开档案收藏者赛姆的家以后，他来到耶拉的报社办公室，却发现耶拉也好几天没有来过了。当他从耶拉办公室出来，隐约感觉“模糊中有一只眼睛紧盯着他的后颈”，当一不小心四目相会的刹那，“好像巧遇了自己长久以来的挚交”。从此时起，他的搜寻线索发生了转变，从追寻如梦转变为追寻耶拉：如梦和耶拉在耶拉的某个藏身处。这时卡利普感觉“自己正逐渐接近一扇门，通往一个新的世界，通往一个他渴望成为的新身份”。[④]随后便是耶拉的一篇专栏“眼睛”，“最开始的时候，是我创造了这只眼睛，目的是希望它来看着我，观察我。”[⑤]这只眼就是本体创造出来用来审视自身的存在，这只眼的凝视就是自我的凝视。在追寻之路的初期，以外部“眼睛”观察来比喻对自我内心的反省。内省的每一阶段就如同打开一扇扇门，走入一个个的房间，发现无数个比自己还英俊的翻版的“我”。当走到最后一扇门时，“我”才明白，唯一能开启最后一道门的钥匙正是最初看到的那把。在苏菲神秘主义大师祝奈德（？—910）看来，整个人类的历史，人为探求真理所做的努力都是沿着为完成人在神面前的誓约的方向进行的，人也终将回到他先天存在的状态。[⑥]经过追寻者内心的修行，内在的心智世界的一切可能性在现象世界得到了实现，掌握了真主的最高知识，苏菲的秘密得到揭示，回复到真主创造个体的原初状态。培育好真主创造个体时埋藏在心中的种子才是打开最后一扇门的关键，而这也是返本归真的过程，自我

① 金宜久．伊斯兰教词典［M］．上海：上海辞书出版社，1997：161．

② 穆宏燕．在卡夫山上追寻自我：奥尔罕·帕慕克的《黑书》解读［J］．国外文学，2008（2）：44．

③ 王家瑛．伊斯兰宗教哲学史［M］．北京：民族出版社，2003：574．

④ 帕慕克．黑书［M］．李佳珊，译．上海：上海人民出版社，2007：115．

⑤ 帕慕克．黑书［M］．李佳珊，译．上海：上海人民出版社，2007：123．

⑥ 王家瑛．伊斯兰宗教哲学史［M］．北京：民族出版社，2003：604．

中具有神性的自我意识的实现过程。

在追寻的道路上卡利普经历了种种阶段和状态。苏菲信徒们常常将真主比作“恋人”，把在神秘修道终极境界的体验视为与真主结婚。他们在追寻恋人、最终与恋人结合的道路上，自称为“恋的俘虏”。他们终日追寻着恋人的幻影，忍受着一切痛苦，直到最后的境界混化自我，同所恋的对象结合，最后达到“失身于神体，获得一种快感”[①]。在“看谁在这里”一章中，卡利普遇到了名叫朵儿肯的妓女，在与之相处中，朵儿肯让他想起了如梦，却又与如梦不完全相同，但是让卡利普感到异常亢奋，又仿佛是一场梦。这种“喜悦”是苏菲修行经历的一个阶段（maghām）。追寻的过程中突然获得某种情感，或者短暂地与真主的合一，被苏菲们视为是达到某个修行阶段的标志，这种状态时常往复，直到实现与真主的真正合一。“人主合一”有三个层次：功修者的合一，圣徒的合一，先知的合一。前二者皆具有短暂性和反复性，只有第三个层次才是永久的合一，这时人性完全转化为神性。[②]这在“雪夜里的爱情故事”中得以集中体现：一个男人常年窝在自己房里写小说，时常假想一名伴侣，果真最后迎娶了一位美女，与自己的梦境互相呼应，而有一天妻子突然离他而去，从前文思泉涌，信手拈来的故事，无论如何绞尽脑汁都无法写得生动精彩，于是他又努力回想曾经假想的伴侣，有一天妻子突然回来了，作家却又变得彷徨不知所措，不再与沉默而神秘的妻子同床共枕。作家这种由于妻子毫无理由地来去，或是获得无限灵感，或是陷入迷惘敬畏，正是在与真主瞬间合一，合一又瞬间消失的情况下的神秘主义体验的隐喻，是追寻真主之路上的不可缺少的状态，也是一步步走向与真主最终合一的阶段。

在这一过程中，卡利普逐步接近于一个深层意义的幽暗世界。在他离开蓓琪丝后，依旧在伊斯坦布尔的大街上搜寻，他越来越发现所有的标志指向的都是“城市之心”公寓，此时他更加接近进入第二层世界的入口，他想要成为另一个人的渴望也变得更加强烈，直到他进入“城市之心”公寓，卡利普的追寻之路发生了彻底的转变。

二、卡利普的寂灭

在进入“城市之心”公寓后，卡利普的追寻之路从在城市中的寻找转向阅读耶拉的专栏，意味着追寻之路的结束，自我寂灭的开始。“城市之心”的公寓名字来源于《爱与美》中的“大地之心”，“爱”需要到此地寻找神秘的炼金术作为交换迎娶“美”，最后一路跟踪帮助他的“诗”告诉他：你就是你的挚爱，你的挚爱就是

---

① 周燮藩．苏菲之道：伊斯兰神秘主义研究［M］．北京：中国社会科学院出版社，2012：98—99．

② 金宜久．伊斯兰教的苏非神秘主义［M］．北京：中国社会科学出版社，1995：65—66．

你。在前一部分，卡利普仅仅寻找种种的线索和踪迹拼凑出意义，直到他来到城市之心的公寓，卡利普开始了双重的生活。他模仿耶拉，住在他的公寓里，穿着他的衣服，读他收藏的书籍，接听来电并以他的名义写专栏文章。

寂灭的原意是不存或消失，在苏菲神秘主义术语中指人与自我的分离，是回归真主的最关键阶段。寂灭的过程分为三个阶段：人与行为的分离，人与特征的分离和人与本质的分离，前者是外在的寂灭，后两者是内在的寂灭。①只有首先完成个人外在活动的寂灭，才能最终实现内在品质的寂灭。这与鲁米对于形式与意义的看法一致，他认为创造物和人的存在都是形式和意义的统一，通过修行和纯净心灵揭开形式和意义的帷幕才能获取真主的知识，修行有三个阶段，一是关注于形式，二是关注于意义，三是与真主的合一，但是三个阶段是层层递进的，绕过形式将无法理解事物的意义，因此修行之路将是关注形式和意义，从而达到真理。②形式上的统一是卡利普成为耶拉的起步。在“城市之心”生活的日子使卡利普逐渐趋向于耶拉，模仿耶拉写专栏文章，接听穆罕默德电话，最后以耶拉的身份接受电台的采访，在这个过程中卡利普逐渐放弃了自己的生活，过上了耶拉的生活。

寂灭是追寻真主之路的结束，最终则是要实现个人本质的寂灭。因此卡利普追寻自我的结局必然是耶拉和如梦的消失，因为被追寻者的消失实际上是追寻者寂灭于被追寻者的本质中，这既是追寻者的寂灭——与其本质的分离，也是追寻者与被追寻者的合一。小说的主线故事以卡利普寻找失踪的妻子如梦和堂兄耶拉为线索，最终以发现耶拉和如梦死在阿拉丁的商店为终结，而最后卡利普则代替耶拉接受采访，并继续为报社撰写专栏文章。作为被追寻者的耶拉和如梦消失，追寻者卡利普也就实现了成为耶拉的梦想。小说中也提到了许多与卡利普追寻耶拉有着相似结局的故事。在“谁杀了大不里士的贤姆士”一章中，耶拉坚信是鲁米自己杀死了贤姆士。鲁米即莫拉维（1207—1273），波斯大诗人，大苏菲思想家，苏菲主义集大成之作《玛斯纳维》的作者。贤姆士是鲁米的至交。贤姆士的失踪是波斯历史上的一桩著名悬案，人们传说他是被鲁米的门徒所害，但是这种说法不能确定。小说写到，鲁米终其一生都在寻找一面能够反映其脸孔和灵魂的镜子，自己的灵魂伴侣，而第一次遇见贤姆士就直觉地以为他是位先知。在与贤姆士交谈中，鲁米体会到他是一个深沉的人物，伟大的灵魂。鲁米不仅窃取了他的思想，而且只有杀死贤姆士，鲁米才能实现从诗人向苏菲神秘主义导师的转变。鲁米与贤姆士的故事就是卡利普和耶拉关系的隐喻。卡利普在窃取了耶拉的记忆之后，只有耶拉的死亡才能使自己成为梦寐已久的专栏作家。

寂灭是重生的前提，没有寂灭就不可能实现重生。只有首先实现人与自我的分

---

① قوام‌الدین حسینی. عرفان اسلامی[M]. قم: زمزم هدایت، 1388: 258.

② محبتی مهدی. فراتر از معنای متن: نگره‌ای تازه در تحلیل رابطه صورت و معنا در دیدگاه ادبی مولانا[J]. علوم انسانی الزهرا، 1387(68-69): 181.

离才能为合一创造条件，在个体的行为、特征和本质寂灭之后，视见的是真主的行为和品质，沉浸于真主之光的海洋中，最终在合一中实现重生。

三、卡利普的重生

如果说寂灭是追寻真主之路的结束，那么重生就是存在于真主的开始。在经历过自我意识消失的寂灭之后，接着就进入永存的状态，人从无中复活，转变成彻底的自我，在这种状态下，神秘主义者完全通过真主来行动。[①]因此寂灭只是重生前的一个阶段，通过人与自我的分离，从而形成全新的自我，完成个体的重生。追寻者在经历漫长的修行之路后，灵魂彻底完成了净化，在肉体与“自我”的死亡中，实现“人主合一”，成为“完人”。

卡利普的重生是在接受英国记者的采访时完成的。他在采访中连续地将“王子的故事”讲述了三遍，他得出这样的结论：说第一遍时，耶拉还活着，说第二遍时，他已经倒卧在警察局的正对面，阿拉丁商店的不远处，气绝身亡，尸体上还盖着报纸。他在说第二遍的时候，加强了某些第一次没有留意的部分，而当他说第三遍时，他已经很明白每讲一遍他就会变成一个新的人。[②]这正是一个由寂灭走向重生的过程，两者之间毫无间隔。卡利普每完成一步的寂灭，都会从耶拉那里获取新的本质与特征，直到自我完全泯灭，成为耶拉。正如苏菲大师哈拉智（857—922）在诗中说：酒杯晶莹酒透亮，酒与酒杯难分详。好似有酒外无杯，又像有杯内无酒。[③]这首诗讲了“酒就是酒杯”和“酒好像酒杯”之间的区别。寂灭的状态并不是人与真主真正的合一，是人性与神性的二元。进入这一状态的哈拉智曾说：精神分彼此，同寓一躯壳。正是酒与酒杯虽难分辨，却仍可感觉，如果能感觉这种虚无，就能感觉到自己的存在。而永存是寂灭中的重生，因为他忘记了自己，忘记了他所处的寂灭，神性与人性实现真正的融合。因此，追寻虽然是重生的必由之路，然而重生则是在寂灭中重生，而非在追寻中，寂灭是由追寻走向重生必不可少的一环。寂灭的状态是人性消失，随后神性进入人性的状态，修行者首先与自己外在的存在分离，然后沉浸于被爱者之中，而自我不再存在，从而与被爱者实现合一，在合一中实现全然的重生。卡利普在阅读耶拉的专栏时，越是仔细地研究，越是觉得自己更加接近耶拉，阅读本身是对作者记忆的窃取，当卡利普完成对耶拉文章的阅读后，接受了英国记者的采访，在耶拉的葬礼上向报社编辑提出继续以耶拉的名义创作专栏文章，这样的转变实现了卡利普自身的重生。而在文中反复提到的“王子

---

① 周燮藩．苏菲之道：伊斯兰神秘主义研究［M］．北京：中国社会科学院出版社，2012：109．

② 帕慕克．黑书［M］．李佳珊，译．上海：上海人民出版社，2007：447．

③ 艾布·卧法·伍奈米．伊斯兰苏菲概论［M］．潘世昌，译．北京：商务印书馆，2013：143．

的故事”中，王子为了做纯粹的自己，花了一辈子去追寻。他将自己搬到与外界隔绝的石屋中居住，起初他全心投注于阅读，可是在这六年里，他脑子里回想的全是作家们的故事，他没有办法做自己，于是他开始甩脱这一生所读过的书，并遏制所有阻碍他成为自己的东西，包括周遭具体的物品，王子殿下用尽一生等待寂静。可是他没有做成他自己，仍然羡慕那沙漠中的砾石和远方森林里的树木，它们单单只要做自己就好。王子追寻的是一种单纯的“寂灭”，即缺乏“寂灭于其中”的对象，这样的“寂灭”没有全新的东西给予充盈，最终在王子的记忆花园里一无所有，这是精神上的自杀，王子完成了寂灭，却不能走向重生。因此，每一步寂灭所产生的空白都需要被重新充盈，在一步步的消亡与更新中才能实现最后的重生。而卡利普能够实现重生正是得益于对耶拉的追寻和模仿，在一步步接近耶拉的过程中，实现了与耶拉的合一。

四、土耳其重生的隐喻

卡利普通过追寻，在寂灭中实现了重生，隐喻了现代土耳其的“重生”之路。土耳其本身因其特殊的地理位置，处于东西方文化交流碰撞的前沿阵地，使其在习俗文化方面，既保留了东方的传统，又具有深深的欧洲情结，成为了东西合璧、南北荟萃之地。[①]一战之后的土耳其在奥斯曼帝国的统治下面临被西方列强肢解的危险，凯末尔通过革除旧制度的弊端，采取一系列西化的改革措施赢得了土耳其的独立和富强，开启了土耳其现代化进程。土耳其的现代化进程一度被视为中东伊斯兰国家现代化的成功典范，然而经过百年的西化历程，土耳其社会又一次面临内部危机。正如帕慕克在小说中一直提醒读者不要忘记“王子的故事”，那句在王子最后的六年讲过几万遍的话：“所有没有办法做自己的人，所有只会模仿外来文化的文化，以及所有只会从异国故事中寻求幸福快乐的国家都注定要衰颓、崩毁和灭亡。”[②]一味地模仿西方，带来的是土耳其人“姿势”的变化，个体身份的迷茫。但最终王子在抛弃所有读过的书以及可能受到影响的外界物品后，却依然没有走向重生。完全否定传统文化或完全否定西方文化都不可能为土耳其带来光明的未来，传统与现代的相互补充或许才能找到出路。

小说中提到乌申绪的《文字之谜和迷之失落》一书中说，“谜”是一个文化的核心，一个文化失去了“谜”的概念，就失去了平衡。土耳其在全盘西化的选择中放弃了原来用阿拉伯字母拼写的文字，改为用拉丁字母拼写，导致原有的文字传统失落，“谜”也由此失落。土耳其现在的迫切目标就是要重新建构“谜”的概念。小说《黑书》中有一“谜”之物件贯穿全文——绿色墨水的钢珠笔。这支绿色的钢珠笔是耶拉送给卡利普的，但在如梦和卡利普在博斯普鲁斯海峡游玩时掉进了海

---

① 黄维民．中东国家通史：土耳其卷［M］．北京：商务印书馆，2002：1—2．

② 帕慕克．黑书［M］．李佳珊，译．上海：上海人民出版社，2007：460．

里，后来在耶拉的专栏“博斯普鲁斯海峡干涸的一天”也提到了这支钢珠笔，“我”用这支钢珠笔慢慢刮掉黏在黑色凯迪拉克车窗上的一层开心果绿的苔藓，一支普通的钢珠笔在这里又被赋予了神秘的色彩。如梦给卡利普留下的纸条也是用绿色墨水的钢珠笔写的，这支笔是卡利普从阿拉丁商店买的，如梦失踪后就没有找到。在耶拉和如梦被枪杀的现场，一颗子弹击碎了耶拉放在外套左边口袋里的笔，白衬衫上沾染的绿色墨水比鲜血还多。

笔在伊斯兰教中具有强烈的宗教意义。苏菲神秘主义认为，真主创世是通过“笔”（ghalam）和“语言”（kalām）。因此，笔是“创造力”的象征，绿色是伊斯兰的代表色。在小说中耶拉用于创作专栏文章的笔被子弹击碎，流出绿色的墨水，象征着创造力的泯灭，“笔”的失落是土耳其民族“创造力”失落的象征。近代以来土耳其的现代化历程是全面西化的历史，从国家政治架构到社会风俗，甚至是语言文字都完全采用西方的字母书写，这种一味模仿西方的做法是对土耳其传统的割裂，民族创造力受到压制。这种创造力的失落正是导致土耳其民族身份认同危机的根源，在东方与西方、现代与传统的冲突中找不到出路。在耶拉的专栏“博斯普鲁斯海峡干涸的一天”中，博斯普鲁斯海峡干涸之后，那支落入海峡的绿色墨水的钢珠笔重现，成为“我”拨开车窗苔藓的工具。博斯普鲁斯海峡是伊斯坦布尔城神秘的来源，它是东方与西方，现代与传统的交界。“笔”在这里重现或许隐喻了土耳其在西方文化与伊斯兰传统文化的相互补充中，重获创造力，实现重生。然而，博斯普鲁斯海峡是伊斯坦布尔这座城市的生命之源，博斯普鲁斯海峡的干涸实际上折射出作家帕慕克内心深处的悲观。

结语

小说《黑书》以苏菲神秘主义修行中追寻—寂灭—重生的过程为线索，讲述了主人公卡利普寻找耶拉和如梦的故事，并以此来隐喻土耳其现代化进程中的危机。《黑书》的一个重要主题就是做自己。卡利普在一步步寻找耶拉的过程中，逐渐与耶拉融为一体并成为了耶拉。在近代土耳其，“做自己”不仅仅是个人的焦虑，它还深藏在民族的内心。对土耳其来说，宗教与世俗之争持续不断。在政治上更加保守的土耳其人认为，现代化导致了土耳其的错位，使他们失去了他们之所以称为“土耳其性”的东西；而拥护世俗化和现代化的人认为，所谓的“土耳其性”早在奥斯曼时期已经丢失了，只有通过土耳其民族的全盘西化才能得以复兴。

在《黑书》中，帕慕克对这两种极端的立场都进行了批判。复兴民族和国家，必须从自己的历史中获取给养，但也需要在与其他文化交流中学习借鉴，这两者并不相互排斥。土耳其在过去一百年间对待自己过去的方式是扭曲的，必须被纠正。但同时完全自我封闭于东方的伊斯兰的世界，拒绝已经为我们带来诸多进步的西方化，同样也是不明智的行为。在作者看来，现代土耳其也只有在找回失落的传统并与现代性融合后，才能解决认同危机，实现“重生”。

参考文献

［1］艾布·卧法·伍奈米．伊斯兰苏菲概论［M］．潘世昌，译．北京：商务印书馆，2013．

［2］黄维民．中东国家通史：土耳其卷［M］．北京：商务印书馆，2002．

［3］金宜久．伊斯兰教词典［M］．上海：上海辞书出版社，1997．

［4］金宜久．伊斯兰教的苏非神秘主义［M］．北京：中国社会科学出版社，1995．

［5］穆宏燕．在卡夫山上追寻自我：奥尔罕·帕慕克的《黑书》解读［J］．国外文学，2008（2）：44—53．

［6］帕慕克．黑书［M］．李佳珊，译．上海：上海人民出版社，2007．

［7］王家瑛．伊斯兰宗教哲学史［M］．北京：民族出版社，2003．

［8］周燮藩．苏菲之道：伊斯兰神秘主义研究［M］．北京：中国社会科学院出版社，2012：109．

［9］Orhan Pamuk. Turkey's divided character [J]. New Perspective Quarterly, 2000, 17 (22): 20-22.

[10] قوام‌الدین حسینی. عرفان اسلامی[M]. قم: زمزم هدایت، 1388.

[11] محبتی مهدی. فراتر از معنای متن: نگره‌ای تازه در تحلیل رابطه صورت و معنا در دیدگاه ادبی مولانا[J]. علوم انسانی الزهرا، 1387(68-69):181-205.

《梨俱吠陀》与《摩诃婆罗多》之人物形象对比
——以坚战、怖军和阿周那为例

国防科技大学外国语学院　王观慧　王茂山

【摘　要】 一般认为，印度神话起源于以《梨俱吠陀》为代表的吠陀文献，发展和丰富于后来的两大史诗和往世书。从文学叙述上看，《梨俱吠陀》中的众神形象在两大史诗中的展现形式更加多样化。以两大史诗之一的《摩诃婆罗多》为例，故事中不仅存在吠陀众神的实际形象，而且故事主角般度五子的生父分别为正法神、风神、众神之主和双马童。作为天神的后代，般度五子身上继承了各自父神的能力和品格。史诗中般度五子的形象和吠陀文献中其父神的形象存在很多联系，这种联系说明印度古代文化既不断传承又在不断变化，而吠陀文化是印度雅利安人文化的主要源头。

【关键词】《梨俱吠陀》;《摩诃婆罗多》; 般度五子; 形象对比

一、般度五子与吠陀神祇的关系

印度两大史诗之一的《摩诃婆罗多》（महाभारत）成书年代约在公元前 4 世纪至公元 4 世纪之间①，背景是十六国时期列国战争时代②。《摩诃婆罗多》书名意为“伟大的婆罗多族的故事”，以当时的印度社会为参照，讲述了婆罗多族两支后裔般度族（पाण्डव）和俱卢族（कौरव）③争夺王位继承权的故事。最终双方在俱卢之野（कुरुक्षेत्र）大战 18 天，以般度五子为首的般度族取得了胜利，接管了国土和政权。般度五子即故事中般度族祖先般度（पाण्डु）的五个儿子，是故事的主人公，也是故事着重刻画的五个人物形象，其中每一个人都特点鲜明，跃然纸上。五兄弟按长幼排序分别为坚战（युधिष्ठिर）、怖军（भीम）、阿周那（अर्जुन）、无种（नकुल）和偕天

---

① 此观点为德国梵文学者温特尼茨（M. Winternitz）提出，长期以来为多数学者所接受。

② 印度列国时期主要有十六个比较大的国家，分别为：鸯伽、摩揭陀、迦尸、拘萨罗、跋耆、阿般提、居楼、般罗、阿湿波、婆蹉、苏罗婆、乾陀罗、剑浮沙。

③《摩诃婆罗多》中，般度族主要指般度五子和他们的后代，俱卢族主要指持国百子和他们的后代。

（सहदेव）。根据《摩诃婆罗多》中的叙述，象城（हस्तिनापुर）[①]的福身王（शान्तनु）爱上了渔夫的女儿贞信（सत्यवती），两人生下了花钏和奇武，但两个儿子没有留下子嗣就死去。为了王位的继承，贞信找来广博仙人毗耶娑（वेदव्यास）[②]，让他与奇武的两个遗孀生下了持国（धृतराष्ट्र）和般度。虽然般度长大后娶了贡蒂（कुंती）和玛德利（माद्री）为妻，但是在一次林中狩猎中，般度射杀了一头仙人化身并正在交欢的麋鹿，临死前仙人诅咒般度也必将在交欢中死去。得知般度为没有子嗣而痛苦，贡蒂征求同意后，运用少女时从敝衣仙人处学得的咒语召唤天神为般度生下了五个儿子。其中，贡蒂与正法神阎摩（यम）生下了坚战，与风神伐由（वायु）生下了怖军，与众神之主因陀罗（इन्द्र）生下了阿周那，后来玛德利又召唤孪生兄弟神双马童（अश्विन）生下了无种和偕天。

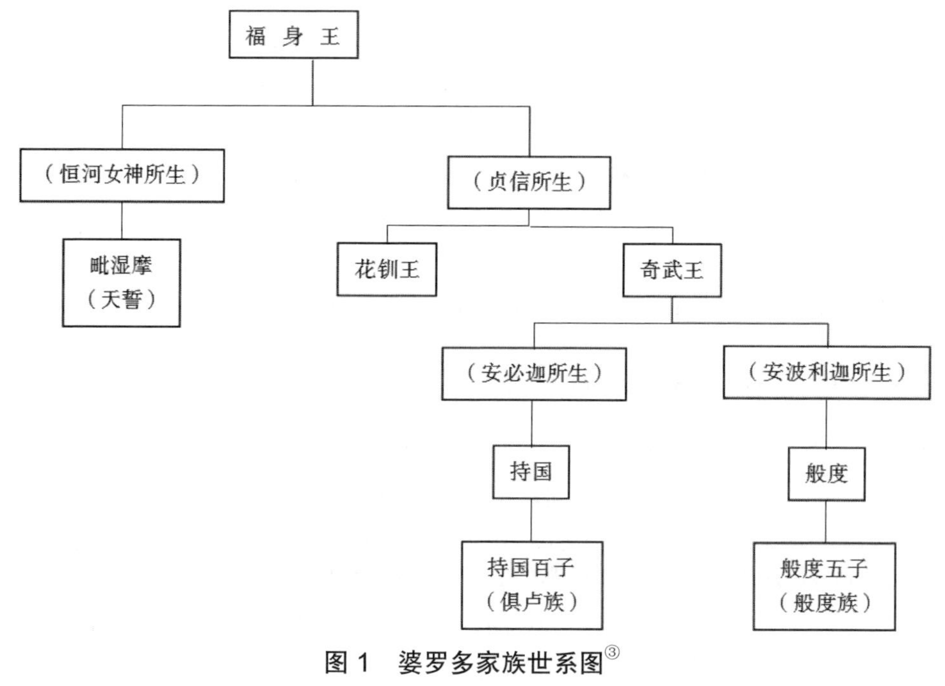

图1 婆罗多家族世系图[③]

① 在摩诃婆罗多时期，哈斯蒂纳普尔（象城）是俱卢王朝的首都，如今为位于印度北方邦密拉特县的一个城镇。

② 毗耶娑（महर्षि कृष्णद्वैपायन वेदव्यास）意译为“广博仙人”，也叫“岛生黑仙人”。他既是史诗的作者，也是史诗中的人物。按照史诗本身的故事，他是渔家女贞信嫁给福身王之前的私生子。福生王和贞信的儿子奇武婚后不久死去，俱卢王国面临断嗣的危险。于是贞信找来隐居修行的毗耶娑，代替奇武生下三个儿子：持国、般度和维杜罗。此后毗耶娑继续隐居森林，但他目睹和参与了俱卢族和般度族斗争的过程。

③ 拉贾戈帕拉查理．摩诃婆罗多的故事［M］．唐季雍，译．北京：生活·读书·新知三联书店，2007：12．

根据故事原文的叙述，五个儿子都是般度主动请求贡蒂召唤不同的神降临所得，不同的神有不同的寓意，其中蕴含了般度对儿子的身世、品格以及能力的期望。坚战是第一个降生的儿子，般度希望作为长子的他能恪守正法，品行优良，成为众生中的佼佼者，因此贡蒂请来了正法神。坚战诞生后，般度又希望第二个儿子能成为一个膂力超群的武士，于是贡蒂召唤来了呼风唤雨的风神，风神赐予了她勇猛过人的怖军。有了怖军，般度接着盘算拥有一个出类拔萃、盖世无双的骄子，于是他向众神之主因陀罗请求赐子，并承诺为此苦练修行，最终阿周那顺利降生。贡蒂诞下三子后，为了兼顾另一个妻子玛德利延续子嗣的请求，般度向贡蒂提议将咒语传授给她。贡蒂让玛德利凝思冥想一位天神，玛德利想到的是孪生兄弟神双马童，于是双马童飘然驾临，和她孕育了一对双胞胎无种和偕天。因为是天神的后代，般度五子各个天赋异禀，身怀绝技，无论是性格还是能力都与各自父神十分相似。

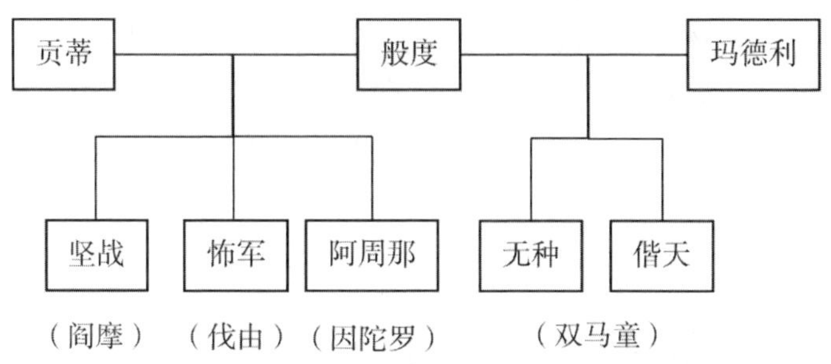

图 2　史诗中般度五子的亲子关系及与神祇对照

值得一提的是，般度五子的父神皆源于印度最古老的吠陀经——《梨俱吠陀》（ऋग्वेद）[①]，虽然在《摩诃婆罗多》故事情节中也存在他们的实际形象，但这些形象皆来自较早的印度神话文献——吠陀文献。一般认为，吠陀文明时期的三界神阶段是印度神话的起源阶段[②]，而前期吠陀文明则以《梨俱吠陀》为代表，又称“梨俱吠陀时代”[③]。《梨俱吠陀》中的诸神是自然现象和社会现象的人格化[④]，如太阳神苏尔耶（सूर्य）、火神阿耆尼（अग्नि）、大地女神普利提维（पृथ्वी）等等。虽然相比后来的史诗与往世书[⑤]神话，诸神的拟人化不够清晰，有关传说也不够完整，但

---

① 印度现存最早的文献是四部吠陀本集，其中最古老的是《梨俱吠陀》，它的内容包括神话传说、对自然现象和社会现象的描绘与解释，以及与祭祀有关的内容。

② 姜景奎．印度神话之历史性解读：湿婆篇［J］．南亚东南亚研究，2020（3）：93．

③ 薛克翘．印度古代文化史［M］．北京：中国大百科全书出版社，2016：41．

④ 季羡林．印度古代文学史［M］．北京：北京大学出版社，1991：16．

⑤ 往世书（梵语原意为“古代的”或“古老的”）是一类古印度文献的总称。这类文献覆盖的内容非常广泛，包括宇宙论、神谱、帝王世系和宗教活动。

不能否认其为印度神话形象最早有记录的来源。在《梨俱吠陀》中，诸神可以分为三类：天界神、空界神和地界神①，这也是当时雅利安人对宇宙和自然的分析，他们写下颂诗来献祭这些令人敬畏的神灵。吠陀文献之后，在史诗和往世书中，三界神的形象都有出现，而且增添了故事情节令他们的形象更加丰富饱满。

《摩诃婆罗多》中，除了般度五子外，还有不少人物与诸神建立了联系，如太阳神之子迦尔纳（कर्ण）、毗湿奴（विष्णु）的化身黑天（कृष्ण）等等。笔者选择了其中最突出的般度五子来做神话形象和史诗形象的对比。在此以前，已经有学者对般度五子与五位神祇的对应关系做出了一些研究。瑞典学者维康德在《般度传说与〈摩诃婆罗多〉的神话前提》中提到，作为神之化身的般度五子，是五神形象在史诗中的投射，表现出了历史学家杜梅齐尔先前提出的“三功能”（Trifonction）②模式。正法神阎摩的后代坚战代表的是第一功能——祭司的统治；风神伐由的后代怖军和众神之主因陀罗的后代阿周那代表的是第二功能——武士的战争；医药之神双马童的后代无种和偕天代表的是第三功能——物质生产和人类繁衍。而在维康德的研究以后，杜梅齐尔又受到维康德的启发，发现了《摩诃婆罗多》中更多英雄与神魔之间的对应关系。笔者将史诗中般度五子的英雄形象与《梨俱吠陀》中他们对应的诸神形象进行对比，也是从这些已有研究中获得的启示。笔者选取了人物的身世、性格和寓意三个角度，以般度五子中的坚战、怖军和阿周那为例来进行对比，从而找出这些人物形象在两部文学作品中表现出的相似之处。

二、阎摩——坚战人物形象对比

《摩诃婆罗多》中，正法神阎摩被视作公正和正法的象征，而坚战作为他的儿子同样以恪守正法著称，他“光辉璀璨、品行优良”③。客观来看，史诗中“正法”是阎摩和坚战之间的纽带和传承，正法塑造坚战形象的同时，坚战又是正法的继承者和发扬者。结合《梨俱吠陀》与《摩诃婆罗多》，笔者发现两者之间除了恪守正法的形象以外，还有许多相似接近之处。

---

① 巫白慧.《梨俱吠陀》神曲选［M］. 北京：商务印书馆，2010：12.

② 杜梅齐尔认为，古代印欧社会存在着三分式结构，它对应着三个不同的社会阶层，即祭司、武士和物质生产者。与三个社会阶层相对应的是万神殿的诸神，他们分别履行着三种功能：巫术的、宗教事务的管理和法律的、契约关系的管理（第一功能）；力量的体现，主要但并不仅仅表现为征战（第二功能）；关系着健康、安宁、富饶、满足、丰产等（第三功能）。

③ 毗耶娑. 摩诃婆罗多（一）［M］. 金克木，赵国华，席必庄，译. 北京：中国社会科学出版社，2005：285.

（一）身世对比

“阎摩”一词出自梵语动词根√yam，本义为约束、束缚、控制，兼有双生之意。[①]在吠陀神话中，阎摩最初的形象并非正法神，他是地狱的统治者，属于三界神中的地界神。《梨俱吠陀》中描写阎摩的神曲并不多，一共 4 支，大致描绘了他的身世、居所、亲情关系和工作。原文通过一个故事引出了这位神祇，其中讲到一位婆罗门青年奉命访问阎摩王，回来后他详述了自己的见闻。他说阎摩是一位天神，领地是人间亡灵最理想的归宿地，他的居所是一座宏伟的天上建筑，雕梁画栋、金碧辉煌[②]。阎摩虽是天上的大神，但他也有凡人身份，生养他的父母分别是太阳神和迅行女神，他还有个孪生妹妹阎美（यमी），有个弟弟摩奴（मनु）。根据《阿闼婆吠陀》（अथर्ववेद）[③]对阎摩身世的补充，阎摩既是人类最初出生的人，也是最先死亡的人，他死后升天，在天边创建了鬼魂王国。《摩诃婆罗多》中，坚战的身世和阎摩相似，作为般度的长子和五兄弟的大哥，他从小就被寄希望成为继承王位的统治者，“他将是一位大名鼎鼎的国王，在三界之中广为传诵。”[④]按照辈分长幼，坚战是第一王位继承者，但是般度英年早逝后持国摄政，持国的大儿子难敌（दुर्योधन）[⑤]觊觎王位并多次设计试图陷害般度五子。故事中坚战一共两次登基，第一次是难敌火烧紫胶宫后，持国得知般度五子并未葬身火海，为表歉意分予了他们一半国土。第一次治国坚战就表现出了非凡的能力，他派遣四位弟弟征服四方，并顺利举行了盛大的王祭。第二次登基实在俱卢之战般度族取得胜利后，坚战正式成为了象城国王。在史诗最后的《远行篇》，般度五兄弟与黑公主（कृष्णा द्रौपदी）[⑥]一同攀登雪山，最后只剩坚战一人登顶，他顺利以肉身进入天国，从此摆脱了凡人身躯。阎摩和后代坚战同为善于治国的统治者，且最后都升入天国成神，这是神话形

---

① 任婧．从阎摩到阎王：浅析印度阎摩形象的演变与东传［J］．南亚东南亚研究，2020（5）：111．

② 巫白慧．《梨俱吠陀》神曲选［M］．北京：商务印书馆，2010：191．

③《阿闼婆吠陀》（梵语 अथर्ववेद），梵文是由 atharvan（祭火僧）和 veda（知识）两个词根构成的复合词，汉译为禳灾明论，是四大吠陀经的第四部，最晚编著成书。《阿闼婆吠陀》中的神曲由梨俱吠陀咒语的部分发展出来，多是神秘巫术，吉凶咒语，兼有科学思想，古印度医学即起源于此。

④ 毗耶娑．摩诃婆罗多（一）［M］．金克木，赵国华，席必庄，译．北京：中国社会科学出版社，2005：285．

⑤ 难敌是持国和甘陀利的大儿子，俱卢百子的大哥。为了争夺俱卢国王位的继承权，他多次尝试使用奸计迫害堂兄弟般度五子，最终在俱卢大战中战败身亡。难敌在印度一般被认为是一个典型的反派人物。

⑥ 黑公主是般阇罗国王木柱王的女儿，通过祭祀诞生，为吉祥天女转世。当阿周那带黑公主回去见贡蒂时，称他带回了一件珍贵的东西，贡蒂以为是食物或物品，要求阿周那与兄弟们分享，所以阿周那应母亲要求和兄弟们分享一个妻子。

象到史诗形象的身世传承。

（二）性格对比

虽然在《梨俱吠陀》中阎摩并未与正法直接挂钩，但其已经表现出了一个正面的判官形象。神曲中提到，阎摩是一位具有不可思议的神威和至善至美品德的大神。他和其他天神关系密切，与阿耆尼是合作伙伴，一同收集和引领死者的灵魂到他们的王国，做他的臣民，安居享乐。在众多亡灵的恳求下，阎摩让他们享受天国的优厚待遇。[①]神曲中还诵到：

"此乃阎摩，神圣宝座；

宝座又称，诸天殿堂。

彼之先笛，已被吹响；

颂歌高奏，庄严阎摩。"[②]

此段描绘了阎摩在天国惬意的生活和尊者的地位，他与神群仙侣日夕畅饮苏摩酒，欣赏管弦乐。因此，《梨俱吠陀》中的阎摩是一个和善、兼爱的天神，他的王国也是处在天界一隅的乐园。史诗中坚战也是一个德行兼备的人，他性情平和，思想成熟，注重大局。般度视坚战为自己的接班人，从小就教授他正法之理和治国之道，而作为五兄弟的大哥，坚战也对弟弟们起到了很好的表率和引领作用。坚战心智成熟，处变不惊，在身居紫胶宫期间，他提前预计到了危险并带领母亲和四位弟弟顺利逃生。他足智多谋，善辨是非，在流亡森林时巧妙地回答了魔池主人药叉提出的种种难题，让误饮池水的四个弟弟死而复生。不仅如此，他还心怀宽广，以德报怨，即使屡遭持国儿子们的陷害，他也念在兄弟亲情，在难敌被建达缚们俘虏时不计冤仇果断施救。在象城，坚战正直又仁爱的形象家喻户晓，人们都认可和拥护他。

（三）寓意对比

《梨俱吠陀》中，阎摩虽为地狱统治者，掌管着死后亡魂的最终归宿，但其形象并不是令人生畏的。吠陀时代的雅利安人相信即使肉身死亡，人的灵魂也不会随之湮灭，而且认定存在一片灵魂专属的天国乐土。但不可忽视的是，神曲中还提到了阎摩的保镖和信使，他们会对火神引导来的亡魂严加盘查审问，生前行善者可进入天国享乐，生前作恶者则要入地狱。而且阎摩还拥有一对用以惩罚鬼魂的大脚镣[③]。不过人们坚信，只要生前不作恶，阎摩一定能明辨善恶，把善者的亡魂带往天国。《梨俱吠陀》中的阎摩已经初步形成了一个正面的判官形象，而在后续的史

① 巫白慧.《梨俱吠陀》神曲选［M］. 北京：商务印书馆，2010：192.

② 巫白慧.《梨俱吠陀》神曲选［M］. 北京：商务印书馆，2010：193.

③ 巫白慧.《梨俱吠陀》神曲选［M］. 北京：商务印书馆，2010：192.

诗和往世书文献中，他的形象逐渐与正法结合，成为了人们心中的是非甄别者以及善恶划界者，寓意绝对的正法和正义。史诗中的坚战同样也是正法的形象代表。在印度古代，正法“धर्म”（也可音译为“达摩”）是一个重要的概念，其意思可以理解为“法规”“规律”，指的是万事万物的内在法则，有点类似中国的道[①]。笔者将坚战恪守正法理解为一种绝对遵从公正、道义和法则的表现，而这在故事情节中也确有相关的体现。在先前提到的般度五子魔池劫难中，药叉本只应允复活坚战的一个弟弟并让他挑选，坚战并没有选择能力非凡且同母同胎的怖军或阿周那，而是考虑到庶母玛德利的感受果断选择了偕天，令药叉为他的公正和高尚由衷赞叹。坚战的人生哲学和行动准则皆以正法为标杆，而且他的人格达到了一种更为高尚的境界，即以行善积德为己任。“有德者居天下”，这也是为什么坚战带领的般度族能作为正义的一方赢下最后的俱卢之战，重夺属于他们的王权。

三、伐由——怖军人物形象对比

作为一部战争史诗，战场、武斗和杀戮是《摩诃婆罗多》中频繁出现的要素，也是反映史诗主题的必需环节。般度五子中排名第二的怖军正是史诗中战争的形象代表，他膂力超群、武艺高强、性烈如火，是一个不折不扣的武士、斗士。怖军的天神父亲伐由，在《梨俱吠陀》中为自然界风元素的象征，属于空界神，他驾乘威力极大的神车，或直上苍穹，或横扫大地[②]，力大无穷、风驰电掣。在文献形象上，两者也是十分接近的。

（一）身世对比

梵语中风神有两个名字——伐陀（वात）和伐由（वायु），其中伐由主要就他的神格而言，伐陀主要表示他本身的元素（风）。在《梨俱吠陀》中，伐由不是首要大神，但被认为是众神的“气息”，被称作“诸天之精魄，诸有之胎藏”[③]，意为众神的呼吸，万物的起因。伐由是因陀罗的首席侍从官，同时他又与其他天神平起平坐，象征着人们对不同自然现象表现出同等的敬畏之心。伐由的赞歌中写到：

“风伯之神车，威力极强大，
摧毁敌碉堡，其声如雷吼。
迅行触天际，穹苍吐彩虹，
旋转于大地，尘埃纷飞扬。”[④]

① 刘安武．印度两大史诗研究［M］．北京：北京大学出版社，2001：135．
② 巫白慧．《梨俱吠陀》神曲选［M］．北京：商务印书馆，2010：157．
③ 巫白慧．《梨俱吠陀》神曲选［M］．北京：商务印书馆，2010：155．
④ 巫白慧．《梨俱吠陀》神曲选［M］．北京：商务印书馆，2010：156．

其中神车即风力本身，从中可以感受到伐由驾车出征的壮观场面，气势磅礴，势不可挡。后又写到：

“风神近卫车，超速随其后，

集合如女眷，节日赴会场。

与诸仙相聚，同坐一车乘，

周行宇宙间，称王全世界。”[①]

描绘了伐由出征时，不仅有近身卫队（意即雨水）护送，同时还携带其他诸神共赴祭祀盛典。因此风神伐由不仅气场强大、力量超群，而且身世不凡、享誉神界。史诗中，伐由之子怖军继承了风神之力，一出生就具备了超凡的力量和强壮的身躯。怖军降生时，贡蒂因受到惊吓，不慎将怀里的他抛落山崖，而坠落到山上的怖军非但毫发无伤，甚至把山砸成了碎块。怖军又名狼腹，从小就十分能吃，成年后的他更是体型壮硕，“臂膀粗壮，肩如雄狮，脖颈似螺，目若青莲”[②]，手挥一对沉甸甸的铁杵，武艺高强，勇猛善战。俱卢大战之前，怖军就已身经百战，在逃亡森林期间，他独自杀死了威胁他们的罗刹希丁波；出征摩揭陀国时，他在与摩揭陀王妖连的决斗中撕裂对手。在整个俱卢大战过程中，怖军杀敌无数，最终用铁杵砸断了难敌的双腿，为般度族一雪前耻。从身世上看，伐由和怖军一生都在出征四方，席卷天下，以力量著称。值得一提的是，另一部大史诗《罗摩衍那》中，叱咤风云的猴神哈奴曼（हनुमान）[③]也同为伐由之子。

（二）性格对比

《梨俱吠陀》中，伐由一方面呼风唤雨、横扫天地，表现出强有力的一面；另一方面，他也是一位善神，具有崇高而神圣的品质。伐由的住处存有甘露，可以治疗疾病，使人延年益寿。[④]印度次大陆大部分处于热带季风区，在吠陀时代人们眼中，虽然强季风摧枯拉朽，排山倒海，但同时给他们带来了足量雨水，灌溉了农作物，养育了人畜。同处季风区的古伊朗也流传着伐由的神话，在《阿维斯陀》中，“英勇的伐多”成为雨星神等古伊朗神的助手，帮助他们散播云雨[⑤]。《阿维斯陀》中伐由具有两面性，他是生命与死亡的主宰，既是仁慈也是残暴的。同样，怖军身

---

① 巫白慧.《梨俱吠陀》神曲选［M］. 北京：商务印书馆，2010：156.

② 毗耶娑. 摩诃婆罗多（一）［M］. 金克木，赵国华，席必庄，译. 北京：中国社会科学出版社，2005：335.

③ 哈奴曼（梵语 हनुमान्），或译哈努曼、哈鲁曼，印度史诗《罗摩衍那》中的神猴，拥有四张脸和八只手，与罗刹恶魔罗波那大战，解救阿约提亚国王子罗摩之妻悉多。

④ 季羡林. 印度古代文学史［M］. 北京：北京大学出版社，1991：19.

⑤ 张小贵. 从伐由到乌悉帕卡：中古祆教风神的印度风［J］. 敦煌研究，2021（3）：33.

为骁勇善战的武士，粗暴和好斗是他的本性，但他内心也是纯洁的，对世界充满爱的。在逃出紫胶宫期间，怖军看到母亲和兄弟们因连夜未眠加上担惊受怕而疲惫不堪，于是他一人扛着贡蒂，两臂夹着无种和偕天，双手各牵着坚战和阿周那闯过森林。途中休息时，怖军又只身一人去为家人寻找水源，在大家都睡着时，他看到森林里的树木和藤蔓互相缠绕、和平共处，不由为难敌对自己的百般陷害感到不解和伤心[①]。伐由和怖军的性格都是双面的，刚中有柔，柔中带刚，这也使得两者的形象都不单一，十分丰满。

（三）寓意对比

吠陀时代的雅利安人本为游牧民族，进入印度次大陆后，他们逐渐过上了农耕为主的生活，受到自然气候的影响也更大。所以当时的印度人把几乎所有自然现象都敬为神灵，祈祷大自然能让他们过上自给自足的日子。吠陀经中风神的赞歌表达了人们对季风这一气候现象的崇敬和期望，他们既希望风能带来雨水灌溉农田，也期望狂风骤雨不会对他们的居住环境造成毁坏。因此《梨俱吠陀》中，伐由寓意丰收与破坏，既能给人们带来喜悦，也能给人们带来悲伤。《摩诃婆罗多》时期，印度次大陆进入了列国战争的时代，战争的频繁也使得武士（刹帝利）[②]阶层逐渐崛起。人们逐渐意识到国家的繁荣，不仅需要神灵的眷顾，而且需要武士的捍卫，击败他国入侵者。怖军的形象就是当时武士的代表，武士的存在，一方面能维护国家和人民的安全，另一方面又不可避免战争的发生。所以怖军既寓意国家和人民的守护者，又寓意掀起战争的破坏者。

四、因陀罗——阿周那人物形象对比

正法和战争是《摩诃婆罗多》的两个主题。般度五子中，坚战作为贤明善治的国君代表了正法，怖军作为攫戾执猛的虎将代表了战争，而他们的同胎弟弟阿周那不仅是以所向披靡、战无不胜著称的战神，而且历经修行磨炼，意志坚定，品格高尚，恪守正法，是史诗中战争与正法的结合体。阿周那的父神因陀罗则是吠陀经中地位最高之神，他既是雅利安民族之神，也是神力无限之雷神，以最优越之身居于三十三天[③]顶端，被誉为众神之主。在神话和史诗中，因陀罗与阿周那都是出类拔萃、登峰造极之人物，并且同以战神的形象出现，两个文学形象可以说是十分

---

① 毗耶娑．摩诃婆罗多（一）[M]．金克木，赵国华，席必庄，译．北京：中国社会科学出版社，2005：334．

② 刹帝利（梵语 क्षत्रिय），四大种姓之一，是古印度种姓制度中的军事贵族，包括国王以下的各级官吏，掌握国家除神权之外一切权力。一般认为两大史诗时期为刹帝利阶层崛起的时代。

③ 一般承认天空地三界共有 33 个神，分成三组，每组 11 个神。

相似。

（一）身世对比

因陀罗梵语意为“最胜、最优秀、最优越、征服”，是一个专有名词，用以指代印伊时期前中亚各地雅利安部落共同敬奉的神灵。在吠陀众神中，因陀罗的身世是比较特殊的。根据印度学者推论，他原是雅利安人的一个英勇善战的首领，率领族人从西北攻入印度次大陆，屡建奇功，为雅利安人统治印度北部奠定了基础。因功高盖世，因陀罗的形象被拔高为民族之神，后来吠陀诗人将他人格化，刻画成为一个有血有肉，但被赋予超凡力量的英雄。在神曲中，因陀罗身躯极其宏伟，天地空三界只等于他身体的一半。他掌管雷电，手持威力巨大的雷电金刚神杵，一挥动即可劈下万丈惊雷。他还好饮苏摩酒[①]，畅饮过后便身驾战车直冲魔阵，舞动铁杵斩妖除魔。因陀罗同时拥有无限的神力和至高无上的地位，高居众神之首，享“九五”之尊。史诗中，因陀罗承诺赐予般度一个盖世无双的天之骄子，于是阿周那诞生。彼时一个无形的声音响彻天空：“他是一切英雄中的佼佼者，他将得到各种神圣的法宝，所向无敌。”[②]幼年阿周那就极其精通射箭术，跟随慈悯大师和德罗纳修炼过后，他武艺大增，在木柱王选婿大典上拉开坚硬的大铁弓，一次射出五支利箭全部正中靶心，成功赢得了黑公主为妻。放逐森林期间，阿周那为取得众神的法宝只身前往雪山顶修炼严酷的苦行。在此期间他与大神湿婆化身的猎人为争夺猎物搏斗，虽然阿周那竭尽全力仍不敌强大的湿婆，但湿婆十分赞赏他的勇武，赐予了他神圣的兽主法宝。赢得众神法宝后，阿周那作为般度族大军最高统帅出征俱卢之野。战场上他携手黑天杀敌，如入无人之境，成功击杀强大的迦尔纳，带领般度族赢下了胜利。从文学叙述角度，因陀罗和阿周那同被描述为民族的战神，两人的身世宛如一车之辙。

（二）性格对比

吠陀神曲中因陀罗好饮烈酒，大口吃肉，性格豪放，同时他也善交挚友，乐于助人，是人们心中的善神。人们不吝辞藻地赞美因陀罗的品性，他的赞歌篇幅最大，占《梨俱吠陀》的四分之一。其中有篇章写到：

---

① 苏摩（梵语 सोम）是早期印度婆罗门教仪式中饮用的一种饮料，得自某种至今未知的植物（或真菌）的汁液。在伊朗的拜火教中有一种完全对应的饮料，称为“豪麻”。这两种饮料的来源是相同的，来自早期雅利安人的文化习俗。在《梨俱吠陀》的一些颂歌中，苏摩被人格化，成为代表这种饮料的神祇的名字。因此吠陀中的“苏摩”一词既可指饮料本身也可指苏摩神。

② 毗耶娑．摩诃婆罗多（一）[M]．金克木，赵国华，席必庄，译．北京：中国社会科学出版社，2005：287.

“因陀罗！
我今宣讲，汝之往昔，
最初成就，英雄业绩。
汝下决心，拔云降雨，
便利梵志，寻回母牛。”①

其中突出了两项因陀罗利乐有情的善业，一是解放被堵住的甘雨，解除了旱灾，二是为虔诚的婆罗门教徒寻回他们迷路的母牛。因陀罗不仅乐于施善，而且挚友众多，虽居众神之首，他仍平等对待其他大小神明，与他们结下深厚情谊。因陀罗将自身无穷的神力与战斗力皆用于为民除害、造福一方，既有破魔之力，亦有行善之心。身为因陀罗之子，阿周那在性格上也继承了父神的优点。史诗中，阿周那表现出一个丹心赤忱、与人为善、坚守正道的英雄形象。赢得黑公主后，五兄弟订下规则，每人轮流占有妻子一年，其间不得打扰，否则惩罚流放 12 年。一次阿周那为打击强盗，误入坚战和黑公主的房间，即使坚战一再劝说，他也坚持要接受惩罚，自愿流放森林。在因陀罗天宫，阿周那注视着广延天女优哩婆湿跳舞，因陀罗便让仙女晚上去给阿周那侍寝。但阿周那念在优哩婆湿是自己的祖母辈，坚决不接受乱伦，得知此事后因陀罗盛赞他的品格。在俱卢大战中，善良的阿周那对杀戮感到厌恶，认为战争不符合正法，挚友黑天对他极力疏导，才令阿周那有了继续战斗的决心，两人的对话形成了后来印度文化的核心和精神内核——《薄伽梵歌》。

（三）寓意对比

前文提到，因陀罗本是雅利安人歌颂的民族英雄，后其功绩被族人广为传诵，形象也被拔高为众神之主。从寓意的角度来看，因陀罗既是雅利安人敬畏的天神，也是他们的民族图腾，象征着游牧民族的侵略与征服。吠陀文献中提到，因陀罗“杀死巨龙，释放七河，打开洞穴，赶出牛群”②实则代表他们侵入印度次大陆后，摧毁原住民建造的水坝（巨龙），让七河之水流经牧场，牛群足以繁衍。后又称赞他“征服和驱逐达娑人，像赌徒赢得敌人财富”③，代表雅利安人通过战争不仅掠夺了财宝，还赶走了当地原住民（达娑人即达罗毗荼人）。因陀罗地位之所以最高，是因为他代表了游牧民族本身，以侵略为生，以征战为荣。史诗中，阿周那虽是正法与战争相结合的形象，然则其存在的主要寓意仍是战争的胜利和刹帝利阶层的崛起。俱卢之战打响前，经历黑天《薄伽梵歌》劝导的阿周那重燃斗志奋勇杀敌，实则喻示在战争迫临之时，正义与非正义，正法与非法已经相对不那么重要。战场上的武士唯有击败敌人，赢下战争，才能夺回国家的统治权，才能将自己所坚

① 巫白慧.《梨俱吠陀》神曲选［M］. 北京：商务印书馆，2010：123.
② 季羡林. 印度古代文学史［M］. 北京：北京大学出版社，1991：18.
③ 季羡林. 印度古代文学史［M］. 北京：北京大学出版社，1991：18.

持的正法传承发扬下去。从寓意来看，因陀罗和阿周那实则都是战争的代表人物，这充分说明不论在吠陀神话时代还是大史诗时代，战争是人们必须面对的现实，而赢下战争则是必要的生存之道。

五、结语

至此，本文已将《摩诃婆罗多》中坚战、怖军以及阿周那的史诗文学形象与《梨俱吠陀》中他们父神阎摩、伐由和因陀罗的神话形象进行了身世、性格和寓意的对比，并通过原文内容呈现与历史材料分析找出了这些人物形象的相似之处。般度五子中还有一对双胞胎无种和偕天，在史诗中叙述和描绘两兄弟的情节相对较少，且《梨俱吠陀》中歌颂他们父神双马童的赞歌仅有 6 颂，因此笔者不再赘文来对比他们的形象。综合《梨俱吠陀》与《摩诃婆罗多》两部文学经典，不难看出两大史诗时代的人们对文学艺术的热衷和对实现“梵我合一”的追求。他们一方面在积极地丰富吠陀众神的形象和故事，另一方面又在努力将神的形象结合到凡人身上，从而获得一种与神更加亲近的体验。当时的印度人追求这种体验的原因有两点，一是在战乱时代寻求一种精神上的寄托，二是期望灵魂最终能与神结合，实现自我解脱。同时史诗中般度五子的形象和吠陀文献中其父神的形象存在很多联系，这种联系说明印度古代文化既不断传承又在不断变化，而吠陀文化是印度雅利安人文化的主要源头。

参考文献

［1］季羡林．印度古代文学史［M］．北京：北京大学出版社，1991：16—19．

［2］姜景奎．印度神话之历史性解读：湿婆篇［J］．南亚东南亚研究，2020（3）：92—106，155—156．

［3］拉贾戈帕拉查理．摩诃婆罗多的故事［M］．唐季雍，译．北京：生活·读书·新知三联书店，2007：12．

［4］刘安武．印度两大史诗研究［M］．北京：北京大学出版社，2001：135．

［5］毗耶娑．摩诃婆罗多（一）［M］．金克木，赵国华，席必庄，译．北京：中国社会科学出版社，2005：285—335．

［6］任婧．从阎摩到阎王：浅析印度阎摩形象的演变与东传［J］．南亚东南亚研究，2020（5）：110—123，157．

［7］巫白慧．《梨俱吠陀》神曲选［M］．北京：商务印书馆，2010：12—193．

［8］薛克翘．印度古代文化史［M］．北京：中国大百科全书出版社，

2016：41．
［9］张小贵．从伐由到乌悉帕卡：中古祆教风神的印度风［J］．敦煌研究，2021（3）：32—39．

热奈特叙事理论下《从巴基斯坦古吉拉特到印度斯坦古吉拉特》评析

国防科技大学外国语学院　杨　柳

【摘　要】《从巴基斯坦古吉拉特到印度斯坦古吉拉特》是现代印地语文学史上著名的女性作家克里希纳·索波蒂所作的自传体小说，也是其晚年最重要的作品之一。从热奈特的叙事学理论入手对该小说进行解析，可以揭示其在叙述时间、叙事聚焦、叙事层等方面的特点。索波蒂在小说中采取多样化的叙事顺序对故事的时间线做了艺术处理，又巧妙地将内聚焦与零聚焦视角加以融合，同故事叙述更是在追溯自己作为幸存者旅程的基础上增强了自传的纪实性。通过细致的叙事安排，她将女性视角下的分治社会生动地呈现在了文本当中。

【关键词】热奈特；经典叙事学；克里希纳·索波蒂；分治文学

克里希纳·索波蒂（以下简称索波蒂）是印度印地语“分治文学”[①]的代表作家，也是现代印地语文学史上最负盛名的作家之一。她一生笔耕不辍，著述颇丰。《从巴基斯坦古吉拉特到印度斯坦古吉拉特》是索波蒂创作的唯一一部自传体小说，她也因此荣膺 2017 年第 53 届“格杨比特奖”[②]。作品以作者早年的生活经历为主要蓝本，以女性独特之视角，记录了主人公的遭际与成长，亦反映了印巴分治时期的一段历史。小说主要记录了一位在经历了背井离乡、流离失所后的年青女性，即作者本人，在异域重新追求事业、建立认同、融入环境、学会生存的过程。故事情节并不复杂，但文中有大量关于主人公心理的描写以及对周围环境、王室和政治事件的记叙与评论。早年的生活、分治的创伤与过往的记忆交织在一起，构成了这部小说的主要内容。

作为 20 世纪法国结构主义叙事学的代表人物，热奈特在文学理论和文学批评领域有很大建树。在其著作《叙事话语·新叙事话语》中，他将叙事问题分为三个范畴来理解：关于叙事时间与故事时间的“时间”范畴，关于叙述表现形式的“语

① “分治文学”一般是指以分治为主题或者创作背景的文学作品。

② “格杨比特奖”设立于 1961 年，意译为“智慧宝座奖”，是印度本土最重要的文学奖项。该奖项包括 110 万卢比的现金奖励、一份奖状和一尊文艺女神（Saraswati）的青铜塑像。

式”范畴，以及关于叙事行为的“语态”范畴。热奈特主张，叙事策略应从这三个层面加以衡量。一直以来，热奈特的经典叙事学理论多用于解析文本的叙事策略。本文拟将该理论与文本中的具体情节相结合，分析索波蒂的艺术创作特色与文本的叙事美学特征；并试图在此基础上探索作品的深层结构，解读作者的女性主体意识和漂泊中的心路历程。

一、叙事时间视角下的故事结构安排

热奈特对于“时间”范畴的讨论分为叙事时序、时距和频率三个方面。他指出，“在故事中，几个事件可以同时发生，因此故事的时间可以是多维的。但在叙事中，叙述者不得不打破这些事件的‘自然’顺序，把它们有先有后地排列起来，因此叙事的时间是线性的。故事与叙事在表现时间上的不同特点为改变时间顺序达到某种美学目的开创了多种可能性”（热奈特，1990：4）。作家在叙述时，往往会故意扰乱自然的时序、时距和频率，以追求叙述的艺术韵律。解析小说中故事时间与叙事时间的关系有助于我们了解小说的时间安排以及小说中的事件对于主人公不同的意义。

该小说最早发表在勒克瑙出版的印地语杂志《业力》（तदव）上，但只有短短三章。当晚年的索波蒂将其发展完善为一部中篇小说作品时，她已经 92 岁高龄。小说的英文译者黛西 · 洛克威尔说：“索波蒂呈现在我们面前的是她七十年前的记忆碎片。记忆总是易变的，然而对于我们大多数人而言，二十岁出头发生的某些事情和片段往往会给我们留下极为深刻的印象。但随着时间的推移，它们也许会被改写、覆盖或擦除”（Sukrita Paul Kumar, Rekha Sethi，2021：138）。如她所说，“七十年前的记忆碎片”是很难按照连贯的时间顺序呈现出来的。索波蒂在《从巴基斯坦古吉拉特到印度斯坦古吉拉特》中突破了单一时间维度和线性逻辑，而是采取了多样化的叙事顺序，将情节打乱或重组，从而产生了时序倒错的效果。时序倒错是热奈特“叙事时间”范畴中“时序”的重要维度之一，它的种类包括倒叙、插叙、预叙、补叙等，这些均在小说中得到了很好的诠释。

以下述情节为例：

（1）……她小心翼翼地收起自己的钱包，向祖奇先生问道，“前面有什么大站吗？我可以在餐车喝完茶然后过来。”

“你在想什么呢？这又不是边疆号邮车[①]。茶只能从小贩那里买。”

“噢！”

她又重新坐了下来。

边疆号邮车啊。

① 印度最早的邮车之一，最初从孟买开往印度西北边疆省的白沙瓦，故称为“边疆号”。印巴分治后改为孟买至阿姆利则（途经德里）。现在称“金庙号邮车”。

去拉合尔的女孩们站在德里车站的边疆号邮车前。帕格瓦地、格伦、塞德瓦德和克里希纳——女孩们欢快的笑声传来。12 月的假期结束后，她们就要返回拉合尔。

这种景象还能再见到吗？不，它已经一去不复返了。我们曾一起彻夜欢歌。

……

从巴基斯坦古吉拉特县到印度斯坦古吉拉特邦，列车在行进中。坐在她身边的一位母亲一边打着哈欠，一边给孩子喂奶。

她的丈夫坐在旁边，在火车颠簸之中酣睡。头巾和胡子使他的面部更显棱角分明。她用围巾的末端擦了擦眼睛，把自己的梦推回了巴基斯坦。

所有的梦都回那去吧！既然已经伪装自己来到这儿，再觊觎那里有什么意义？

反正我在那儿也一无所有了。（索波蒂，2017：119）

在上述场景中，祖奇先生提到的边疆号邮车勾起了主人公往日的回忆，让她联想到曾经和女友们一起乘那趟列车返回拉合尔的场景。最后，她驱散对故乡拉合尔和分治前生活的怀念，回归现实世界。整段文字从现实到回忆，又从过去到现在，明暗过渡十分自然贴切。索波蒂通过穿插简短的倒叙，将"过去"时间与"现在"时间串联起来，用以推动故事情节的发展，这是小说叙事策略的重要体现。小说中还有许多类似的例子，比如跟随祖奇先生前往艾哈迈达巴德的火车上，主人公又陷入了回忆，回想起童年女友比姆博的遭遇。比姆博丧命于分治的动荡之中，这一暴力事件的阴影始终围绕着她——

（2）比姆博的母亲来了，她的哭声震撼了在场的每个人。她捶胸顿足，咒骂尼赫鲁、真纳和甘地，让每个人都感到很难过——你们这些政府官员，希望你们也到我新婚女儿去的地方去吧！如果你们没有足够的警察和士兵来救我们，为什么要同意分裂？巴布甘地，你为什么保持沉默？你让尼赫鲁成为你的儿子，为什么不让他服从你的命令？

……

我这是在想什么乱七八糟的东西？应该想想我们去参观吉祥学校需要准备些什么，在塔拉克西的采购单上做做标记，看看我们的幼儿园都需要些什么。（索波蒂，2017：121）

作者在小说中多次提到比姆博。在之前的一章中，比姆博探访了主人公的梦境，此处又出现在她的回忆里。文本中事件被重复的次数，即频率，能体现出事件的重要程度及对主人公的影响程度。此处，回忆是起到了叙事作用的动态回放，而不仅仅是梦和过往。在现在时态中，通过对过去事件的描写，突出分治带来的暴力以及女性作为弱者在这场暴乱中所遭遇的不幸。短短一段插叙和重述，却是千千万万受害者的缩影。在索波蒂的描写中，文本的时间不断在现在与过去之间穿梭，呈现出明显的时序倒错。虽然是个人的自传，但故事时间和叙事时间并不是完全平行的，而是根据传主的思绪和回忆重现，体现出叙事时间的多维性和作者思绪的跳跃性。

时距指的是故事实际延续时间与叙述文本长度间的关系，本质上是一种速度关系，也是衡量非等时叙事的重要维度。作者对时距的设定往往依据情节节奏来把控。针对情节密度大、境况复杂的情节，通常会将叙事速度放缓，此时的叙事时间往往会大于故事时间。反之，呈现出来的叙事时间小于故事时间。叙事节奏可以通过概述、场景、停顿、省略来加以调整。通过分析不同的时距，可以帮助我们把握小说的叙事节奏。同时，通过时距的调整，各个段落甚至章节的篇幅不一，从中也能窥探出作者对不同事件的印象深刻程度。

在小说《从巴基斯坦古吉拉特到印度斯坦古吉拉特》中，省略、停顿、场景是三种最常见的时距调节策略。省略，即故事某一部分的情节线索被省去不提，或在叙事中没有展现。在小说中，省略的部分多为索波蒂在故土的生活，专注点更多在当下的经历。彼时的索波蒂所处的环境是即将被并入孟买邦[①]的西罗希。独立后，印度名义上成为了民主、自由的国家。但是许多土邦王国并没有跟上时代的步伐，西罗希就是其中之一。它曾是英总督管辖的土邦，尽管国家已经独立了，但许多传统在这里还是被保留和延续了下来，人们的思想也依旧古老、封建。索波蒂对此颇有感触，悬殊的文化差异让她忍不住思念故乡。但是她并未浓墨重彩铺叙过去的生活，因为每每想要对比，便会加重离乡之痛、分治之痛。因此她选择省略，但在文中会给予读者一定的提示。

（3）……太阳刚升起，山丘就被笼罩在了灿烂的阳光里。狭长的小径在四周环绕，树丛在太阳神的照耀下闪闪发光。

比较！

不！为什么要比较？

丰收在望的田野，郁郁葱葱的绿地。阳光明媚，水源充足，绿树成荫。只是现在它已经不是我的祖国了。别再往那边看了也不要再想了。（索波蒂，2017：31）

类似的例证在文本中还有几处。想要展开描绘时戛然而止反而给予读者更多的想象的空间。省略不是因为不重要，而是更能让读者感受到作者初来乍到西罗希时心理上的强烈不适应，仿佛连回忆也不愿展开多说，只会加重思乡之苦。

虽然小说虚构了一些内容，但既然是个人自传，《从巴基斯坦古吉拉特到印度斯坦古吉拉特》还是最大程度上还原了历史的真实性。场景描写就是索波蒂还原、再现对话和历史的叙事手段。详尽叙事取“场景”的速度，比遥远往事的简捷概要更能给读者身临其境之感。热奈特也认为，在一部作品中，无论概述、省略还是停顿占多大的比重，都大不过场景比重。并且他认为，最常见的场景就是“对话”体。（热奈特，1990：59）场景的叙事速度能够增强自传的纪实性与鲜活性，而在

① 孟买邦是印度独立时建立的一个邦，后来被划分为马哈拉施特拉邦和古吉拉特邦，孟买成为马哈拉施特拉邦的首府。

对话这一类场景中，读者更能够直观地感受到主人公当时当地的处境与心情，更好地体验时间的连贯性和空间的逼真性。

在自传体小说中，主人公的言谈是能够直接反映作者的思想的。文中的主人公就如现实中的索波蒂一样，是一个敢于表达自己、不畏强权并具有强烈主体意识的女性。在小说三十八章中，有这么一段对话呈现。当上校问及索波蒂的种姓并对她的言辞不屑一顾时，她仍然敢于坚守自己——

（4）“请告诉我，芭依，”上校说，“你的这份个性和传统从何而来？”

“上校先生，我不明白你的意思。”

“我是说，你是什么种姓？吠舍？婆罗门？”

“上校先生，这与我的个性好像没有什么关系。”

“但还是请告诉我，芭依，你是什么种姓？”

“上校先生，就算您知道了，对您又有何用呢？”

泰姬·辛格开始看向她，好像在担心她的好奇心会为她带来麻烦。

“上校先生，在一个自由的国家里，种姓划分已经行不通了。但我要说的是，我是刹帝利萨特普索波蒂的后代。”

“然后呢？”

索波蒂女士笑了起来，“你会惊讶的，上校先生。我们认为自己是刹帝利中的最高等级，我们的祖先曾统治过旁遮普。当大师戈宾德要求他的追随者们献祭时，在其五位献身的人中，第一个奋勇牺牲就是来自我们达亚拉姆·索波蒂家族的人。”

“从没听说过，芭依。”

“亚历山大大帝在他征服的旁遮普地区任命来自希腊的军官为总督，我们就是他的后代。”

“道听途说还是确有其事？”上校问。

“上校先生，这是千真万确的历史。现有那时流传下来的硬币，一面印有索菲特的脸，下面用希腊文印刻着‘圣人索菲特’，另一面用天城体刻着‘圣人索波蒂’。”（索波蒂，2017：237—238）

在当时的印度社会，上校可谓是权贵阶层，索波蒂则只是一个普通的百姓而已。然而，面对上校的盛气凌人的追问，索波蒂毫不畏惧。在她看来，依据种姓将人们划为三六九等，是历史上遗留的陋习，在独立后的印度，早就不应该再通行了。再者，她虽不屑于谈论种姓，但她的血统足以令其引以为豪。作者选择场景速度进行详细刻画，具有现实性和视觉化效果。读者通过人物对话，能直接感受到面对权贵，无所畏惧、从容镇定的索波蒂。她的自信、坚定与自我认可在这段对话中得到了充分的体现。

其次是“停顿”，即叙述中对特定的事物进行的细致描写。一般是对特定的景物进行的描绘，主要是对周围环境的描写，以及人物内心的独白。在停顿中，故事时间暂停，情节的发展处于停滞状态，叙事时间则无限延伸。作为一部自传体小说，索波蒂在文本中安排了大量的环境刻画和主人公心理描写来增强作品的可信度和还原度。例如在初来西罗希时，主人公被视为“难民”，这一身份给她带来了诸多烦恼，她讨厌人们这样看待她，也不希望这个身份阻挡自己前进的道路。所以，当祖奇先生第一次询问她是不是信德的难民，并让她填写难民表格时，她的内心是不愿接受的，但也因此引发了她的一些思考——

（5）分治：一个词。

难民：一个标签——被洗劫一空的穷人，住在难民营里的人。无家可归的人可以得到免费的口粮。应该填个表呀，填了就可以得到一条毯子呀！为什么想这个问题呢？孰是孰非，一言难尽。背井离乡，到另一个地方去扎根。如此罢了。（索波蒂，2017：42—43）

当叙事速度处于停顿时，故事情节看似没有发展，但其实停顿将事件整个过程中的心理变化详细地描绘了出来，对人物的塑造、情节的描述都有很大的帮助；另一方面适当地停止叙述能够使作者转向具体细节描写或补充背景，使文章的内容更加充实，同时也能使文章的韵律更加舒缓。又如，在探索的旅程中，她逐渐敞开了自己的心扉去感受和接纳西罗希这座城市，也看到了它美丽的一面。分治是人为的悲剧，而土地本身又有什么错呢？于是当她再次类比这里和故土的景色时，她的想法发生了很大的转变——

（6）她放眼窗外：一会是郁郁葱葱的绿荫；一会是阳光下波光粼粼的大小池塘；一会又是矗立在村庄里一排排粉刷得明亮的房屋。枝繁叶茂的树木，随火车疾驰的田野……这些景象在巴基斯坦也同样存在。于是心中那扇阔别已久的国门又被敲响了。这儿和那儿又有什么区别呢？无非是这里是恒河–耶木纳平原，那里是五条河流的旁遮普平原罢了。（索波蒂，2017：218）

避而不谈西罗希的王室文化，索波蒂对这片土地具有高度的心理认同感，这种情感力量的投入也使得她对西罗希本身产生了一定的好感。此处的心理描写也是停顿的体现之一。适度的停顿能使叙述者从现有的叙事线索中跳跃出来，转向具体的细节补充，同时使文章的内容更加充实，节奏更加张弛有度，但过多的停顿会使读者的思维变成“脱缰之马”。索波蒂对于停顿的把控非常合理，通常是在事件叙述结束后添加停顿，或是在衔接处插入停顿，不会影响其整体叙事，又能使读者更加了解主人公的心理，使叙事更加完整。

总之，从叙事学的角度分析，可以看出《从巴基斯坦古吉拉特到印度斯坦古吉拉特》的总体叙事节奏比较缓慢。在小说中，对话体的场景较多，主人公与德夫拉（仆人）、祖奇先生、部长戈库尔和泰姬·辛格等人的联系几乎都是通过对话的形式展开的，这种缓慢的节奏为回忆的铺叙提供了充分的时间和空间。小说中几乎没有使用概要的叙述方式，几近于等时叙述的场景，能够最大程度上减少叙述者存在的痕迹，更好地拉近读者与传主的距离。这种缓慢、迟钝的节奏也与自传体小说需要讲述传主个人经历，娓娓道来的基调相一致。

二、叙事聚焦视角下的人物形象塑造

“语式”范畴上，热奈特提出了具有独创性的“聚焦”理论来代替前人的“叙事观点”，并将聚焦分为“零聚焦”“内聚焦”“外聚焦”三种。一般情况下，第三人称叙述多为全知视角，也即零聚焦。但也有例外，有些第三人称叙述也使用内聚焦的方式，《从巴基斯坦古吉拉特到印度斯坦古吉拉特》就是如此。虽然大部分是第三人称，但由于索波蒂采用的是故事中主人公的视角，并将这一视野贯穿于作品的始终，因此也属于内聚焦。在这一限知视角下，焦点在主人公在异乡的种种经历上。主人公的所见所闻、所思所想，即是作者的亲身经历和生活体验。这种聚焦模式叙事能够使人物的形象更加鲜活立体，对于自传来说，也能更加真实地反映作者的经历，增加可信度，突出分治这一历史事件对人物产生的影响。

（7）她鼓起勇气，离开了基林路，向海利路走去。不知是自己耳朵里的声音，还是附近有人在喊？Har har Mahadev!（意为：万能的神啊，请带走所有的邪恶！）拉合尔那种带着呼喊的杀戮在这里也会发生。她正要抬腿快步往家走，这时，海利路后面战战兢兢的帕瓦里提醒她道：现在不是散步的时候。有人可能会杀了你。明白吗，小姑娘？在德里，礼拜一是非常危险的。德里城从莫卧儿人手中沦陷在礼拜一，英国人占领它也是在礼拜一。你亲眼目睹了今天的一切，不是吗？回家吧——这可不是一个适合散步的下午！

……国家的分治和独立交织在一起。踏上阳台的那一刻，她加快了脚步，仿佛要面对一场新的攻击。

……有些人从这里走，有些人从那里来——路上的厮杀和打斗、混乱与疯狂。有些人从这里上路，到了那里，转身又有人从那里离开。有些人在路上就……（索波蒂，2017：11—12）

在上述叙述中，索波蒂将自己的经历与想象相结合——在街上走的时候，耳边传来拉合尔的“厮杀呼喊”和海利路的“催促提醒”，警告她危险的存在。作为刚刚经历分治动荡的群体中的一分子，通过她的个人处境可以透视这个惊惶不安的群体。内聚焦视角会使读者在阅读小说的过程中，将自己置身于作品中主人公的地位，去带入、揣测和体味作品。因为内聚焦呈现给读者的是与叙述者相同的视域，能够将读者带入到人物活动的环境与气氛当中体会人物的情感与心态。索波蒂如此构思，不仅委婉地表现了人物未吐露的心理，突出了分治给社会造成的混乱，也给读者营造出紧张、恐怖的氛围。

除了内聚焦的视角以外，在个别情节中，索波蒂还穿插了零聚焦的视角。在文本中具体表现为叙述者在需要时对情节和角色做出的评论。读者可以从“内聚焦”中看到叙述者的内心世界，而“零聚焦”又可以暂时帮助读者跳脱出主人公的视野，多角度地了解事件，有效地克服单一视角片面性。“零聚焦”体现得最为明显的是小说的第二十四章。本章开头描写的是索波蒂第一次见西罗希王公泰姬·辛格的场景，但大多数情节，例如年迈的祖母在难民营遇到失散的亲人、甘地去世、拉梅什瓦里·尼赫鲁①与一行人到访难民营等皆是由跳出主人公视野的全知视角呈现的。虽然这些片段不能构成一个连贯的情节，但零聚焦的视角能够整体呈现出分治初期社会无序、混乱的景象，使读者更全面地了解分治下的社会状况。

作品中，不管是在主人公经历上的内聚焦，还是无焦点的零聚焦，都是索波蒂自己对社会问题的反思。她对视角的融合把握得非常巧妙，焦点的切换不仅没有让受述者感到不适，反而形成了留白效果，给予了读者更多的思考空间。

三、叙事主体与叙述层下的文本建构

语态是关于叙述行为和叙述主体的，它关注的主要问题是叙述者是否是叙述中的人物；他们是在叙事内叙述故事的还是在故事外叙述的。在这一问题上，热奈特将与叙述行为和主要人物有关的问题从“时间”中抽出，归入“语态”，并在此基础上归纳出四种叙述类型：叙述者与事件保持距离的“事后叙述”“事前叙述”“插入叙述”和叙述者与事件保持同步的“同时叙述”（热奈特，1990：150）。

在第三人称内视角下，小说独具匠心，将故事的有关信息和背景通过事件和人物之间的谈话逐步交代清楚，如索波蒂的性格和在家乡的偏好等细节是通过与仆人和姑妈的谈话中交代出来的。同时叙述能够引导读者下意识地与叙述者进行同步，将故事的细节和背景娓娓道来。在这部小说的叙述当中，大部分事件都是与故事时间同步的同时叙述，因为小说当中的主人公和叙述者就是彼时的索波蒂；而跳到作品之外，这部传记又是索波蒂在故事发生后、自己经历过之后的事后叙述，记录了年轻时的索波蒂作为印度知识女性的代表，在新时代背景下实现自我价值的历程。

在语态范畴中，热奈特还将叙述层分为：外叙事层、内叙事层和元叙事层。依照叙述者是否是叙述中的人物来判断叙述者是处于故事之外的“异故事叙述者”还是处于故事之内的“同故事叙述者”。同故事叙述者作为故事中的主人公在自传体小说中十分盛行，《从巴基斯坦古吉拉特到印度斯坦古吉拉特》也不例外。叙述者是小说的主人公，属于明显的同故事叙述。叙述者的主人公身份让他和观众处于同一叙述层。对于故事中的主人公而言，其经历和作者的记忆集于叙述者一人，因此叙述者和作者的轨迹存在重合是一定的。需要注意的是，作者的叙述行为是从故事外部展开的，他/她存在于作品之外的真实世界里，因此不能完全与小说的虚构叙述者混为一谈。但自传体小说作为一种特殊的文学形式，与其他文体不同的是，其

① 拉梅什瓦里·尼赫鲁（1886—1966），印度的一名社会工作者，致力于提升贫困阶层和妇女的地位。1902 年，她与印度第一任总理贾瓦哈拉尔·尼赫鲁的堂兄布里拉尔·尼赫鲁结婚。

虚构功能允许作者将自己的个人追求赋予角色，在真实生活经历之上升华自身的女性理想。因此，与其说作者塑造了一个“难民”标签下无所畏惧、坚忍独立、积极乐观的主人公，倒不如说这就是作者彼时想要成长为的那个索波蒂。

四、结语

热奈特在 20 世纪提出的叙事理论为更好地进行文本解读提供了重要的理论支持，用该理论研究自传体小说这一类型的文本具有特殊意义。结合前文的理论分析与文本细读，可以得出结论：在《从巴基斯坦古吉拉特到印度斯坦古吉拉特》这部作品中，索波蒂将个人命运同角色命运融为一体，试图找到历史、回忆和叙述之间的交集。从叙事时间来看，她通过时序倒错对时间线做了艺术处理；叙事节奏上场景、停顿与省略交替出现，使得文本节奏舒缓。叙事聚焦上，索波蒂通过内聚焦视角追溯自己作为幸存者的旅程、身份的转变以及在另一片土地上求生的斗争。辅以零聚焦的全知视角，极大地增强了自传的纪实性，以及作品作为分治社会考察资料的可靠性。同时，在叙事层方面，作为同故事叙述者，索波蒂从微观的视角描述了当时的个人体验。与传统女性作家注重描写女性内部世界不同，索波蒂更注重从主人公与外部世界的互动关系上来刻画。文中有对主人公在公共场合因言谈举止、着装和食物上的差异而被嘲笑的描写；有对印度民族主义运动胜利后仍然存在的社会弊端的审视；也有对像西罗希一样的土邦所面临的困境这一特殊角度的切入，而这在其他的分治文学作品中都是比较少见的。总之，从叙事学角度来看，索波蒂把真实的历史真相和文学的艺术杜撰结合起来，展现了其高超的叙述技巧和对时代的独到见解。同时，该作品作为一部女性视角下分治社会的回忆录，也值得我们从更多层面去展开探索和研究。

参考文献

［1］蒋原伦，潘凯雄．文学批评与文体［M］．北京：北京师范大学出版社，2006．

［2］热拉尔·热奈特．叙事话语新叙事话语［M］．王文融，译．北京：中国社会科学出版社，1990．

［3］申丹．叙述学与小说文体学研究［M］．北京：北京大学出版社，2001．

［4］孙丙堂，袁蓉．文学中的时间［J］．重庆邮电大学学报（社会科学版），2015，27（6）：114—117．

［5］王文华．谈热奈特的叙事时序理论［J］．云南财经大学学报（社会科学版），2007，22（2）：133—134．

［6］王红，雷艳妮．从经典到当代：叙事学视角理论之演进［J］．求索，2012

（2）：194—195，187．

［7］赵炎秋．再论叙事速度中的慢叙：兼论热奈特的慢叙观［J］．文艺理论研究，2003（4）：66—73．

［8］赵莉华，石坚．叙事学聚焦理论探微［J］．西南民族大学学报（人文社科版），2008，29（12）：230—234，349．

［9］कृष्णा सोबती. गुजरात पाकिस्तान से गुजरात हिंदुस्तान [M]. राजकमल प्रकाशन, 2017.

［10］Sukrita Paul Kumar, Rekha Sethi. Krishna Sobti: A Counter Archive [M]. Routledge, 2021.

生命存在的意义
——解读《蓝花楹》中男主人公心路历程[①]

云南大学　黄　迪

【摘　要】《蓝花楹》（शिरीषको फूल）是尼泊尔现代著名女作家帕丽佳德的成名作，于1966年出版，并一举夺得当年尼泊尔文学奖“马丹奖”。自出版以来再版数次，后被日本导演拍成电影上映。该小说以一名二战时期英军驻缅甸的廓尔喀士兵为主角，描绘了在残酷的战争岁月中，人性在死亡威胁下发生的扭曲以及主人公的心路历程。《蓝花楹》为意识流小说，本文从弗洛伊德的“本我、自我、超我”三重人格学说出发，对小说《蓝花楹》中主人公的心路历程进行分析解读，抨击战争的残酷，探寻帕丽佳德在该作品中所反映的人性及对生命存在意义的思索，探究在繁复的社会中如何找寻自我，坚定自我。

【关键词】尼泊尔语小说；帕丽佳德；《蓝花楹》；三重人格；心路历程

现代尼泊尔著名女作家帕丽佳德（पारिजात），原名毗湿奴·库玛丽·瓦伊娃（विष्णु कुमारी वाइवा），1937年出生于印度大吉岭的灵雅茶庄。帕丽佳德是一位多才多艺的女性，其在小说、散文、自传和戏剧领域都有涉足，进步主义、社会主义、马克思主义、存在主义、女权主义等在帕丽佳德的作品中都有体现。帕丽佳德是尼泊尔文学史上女性作家中的佼佼者，就算是放眼整个尼泊尔文学，她的名字仍代表着特殊的才能。[②]帕丽佳德的作品在尼泊尔可谓是家喻户晓，《蓝花楹》（शिरीषको फूल）作为其成名作更是让她在尼泊尔名声大噪。该作品于1966年出版，并获得了当年尼泊尔文学奖“马丹奖”[③]，自发表以来再版数次。这部小说是作者在身患重疾的情况下完成的，作者在该小说中探索人内心的世界，探寻生存的意义。[④]

小说讲述了一名二战期间英联军驻缅甸的廓尔喀联队士兵，在战争和死亡的威

① 基金项目：本文由云南大学研究生科研创新基金资助（KC-22223120）。

② पारिजात. शिरीषको फूल र अस्तित्ववाद [EB/OL]. (2019-03-07) [2022-03-19]. https://www.onlinekhabar.com/2019/03/748582.

③ 马丹奖是尼泊尔著名文学奖项。该奖每年由马丹奖图书馆颁发，旨在激励文人创作出更优秀的作品。至今为止，尼泊尔只有两名女性获此殊荣，帕丽佳德就是其中之一。

④ 王宗．尼泊尔现当代文学作品选读［M］．广州：世界图书出版广东有限公司，2016：227．

胁下，及时行乐的思想占据了他的头脑，从而犯下了诸多罪恶的故事。但做这些事时他并没有负罪感，反而思念着家乡的恋人——萨克姆巴丽。战后，他返回加德满都，在蓝花楹开花的时节，见到了日思夜想的巴丽。多次拜访过后，兽性冲破了道德理智的束缚，他不再受控。冲动之下，他试图非礼巴丽，这遭到了巴丽的激烈反抗。后来巴丽就像蓝花楹一样，逐渐凋零。巴丽的死激起了男主人公自我的觉醒，意识到自己曾经犯下的罪过，真正开始思考生命存在的意义。这本小说从参战士兵的视角，反映了当时战争对人性的摧残，帕丽佳德通过这本小说向社会发出了她不屈的反抗，也引发了读者们对生命存在意义的思考。

一、《蓝花楹》创作背景

一部伟大作品的问世定离不开时代和作者成长环境的双重作用。《蓝花楹》发表时正值尼泊尔内政混乱之时，尼泊尔国内文人思潮涌动，满腔的热血和愤慨皆洒进了纸与墨。身患重疾的帕丽佳德也在当时发出了自己对社会的呐喊。

（一）创作的时代背景

受 1947 年印度独立的影响，尼泊尔人民愈发渴望推翻拉纳家族一百多年的独裁统治，民众要求民主的呼声日益高涨。1951 年在印度政府的斡旋下，特里布文国王（त्रिभुवन वीरविक्रम शाह）从拉纳家族手中夺回了王权。恢复王权后，尼泊尔人民在民主、政治和人权等方面获得了较多的权利。[①]尼泊尔王室的第十任国王马亨德拉国王继任后，迫于民众压力无奈支持大选，举行了尼泊尔有史以来的第一次大选。尼泊尔大会党在此次选举中获胜，但由于大会党在政见上同王室相左，最终被迫下台，马亨德拉国王亲自接管国家政权。在经过几年的探索后，国王最终决定在全国实行评议会制度。

马亨德拉国王于 1962 年 12 月 16 日颁布了评议会制度新宪法，在尼泊尔实行无党派评议会制度，禁止一切政党和政治团体在尼进行活动，国王权力至高无上。自此之后，国家政局虽然没有大的变化，但是围绕着是坚持评议会议制度还是恢复议会制的政治斗争并没有停止。维护评议会制度和反对评议会制度的两大政治势力，一直进行着或明或暗的斗争[②]，这也对整个尼泊尔的政治局势产生了巨大的影响。在社会层面上，许多关心国家政治局势的文人纷纷发文表态，为党派夺取政权呐喊，为人民获取自由权利发声。

1966 年，尼泊尔一些进步作家、诗人及音乐家组织成立了一个左翼文化团

---

① 王宏纬．列国志·尼泊尔［M］．北京：社会科学文献出版社，2015：132．

② 王艳芬．共和之路：尼泊尔政体变迁研究［M］．北京：社会科学文献出版社，2013：131．

体，对当时的政治制度进行批判。该团体被称作拉尔法（राल्फा）①，帕丽佳德被认为是该小组的领导中心。这次的拉尔法运动被称为平民主义文化运动的重要里程碑，旨在唤醒民众意识，为广大民众争取属于自己的权利，从而为党派政权创造良好的社会环境，更好地反抗国王独政，为社会进步做贡献，《蓝花楹》就是在这样的背景下创作出来的。②

（二）帕丽佳德的成长背景

帕丽佳德于 1937 年出生在印度大吉岭的灵雅茶园一个富裕的家庭，父亲是一名医生。小时候的她不必面对经济上的拮据，但家教甚严，这样的家庭氛围使得她倍感压力。她的父亲不了解或不想了解她感兴趣的领域，这使得她沉浸在巨大的压力和痛苦之中。她想学习文学，但她的父亲希望她成为一名医生。她想在创作的想象中自由翱翔，但她的父亲却强迫她涉足数学，母亲的早逝也使得她缺失一定的亲情和温情。③但正是她童年时期的艰难处境，造就了她热爱文学的性格，促使了她内心对哲学的深度思考。后来她将无处安放的思想寄托在了文学上，寄托在了为劳苦大众的发声中。在印度大吉岭接受过初步教育后，她于 1954 年从大吉岭来到尼泊尔首都加德满都的特里布文大学继续接受高等教育。在这里她主修文学，沉浸在文学气息中。④但脱离家庭的她，生活过得并不轻松。经济上的窘迫，亲情和爱情接连离去的冲击，使得她备受煎熬，而在此之前，她的身体早已被疾病过早地消耗殆尽，但病痛的折磨没能打消她创作的热情。

1956 年她在尼泊尔杂志《大地》（धरती）上发表了三篇诗歌，⑤从此开启了她的文学生涯。这些诗歌反映了帕丽佳德的浪漫主义情怀。除了诗歌外，帕丽佳德的创作还涉猎小说、散文、自传和戏剧等诸多领域。她在《无足轻重》（महत्ताहीन）（1969）和《成年人》（बैंसको मान्छे）（1972）中宣扬革命和叛逆："国家，等着！我要让你充满战斗的呐喊。""我想杀死这个制度！"后来她又陆续发表了《油菜地的路和梦想》（तोरीबारीको बाटा र सपनाहरू）（1977）、《大墙内外》（पर्खालभित्र र बाहिर）（1979）、《内心》（अन्तर्मुखी）（1979）、《他选择的路》（उसले रोजेको बाटो）（1978）

---

① 拉尔法是抗议政府的尼泊尔左翼文化团体。最初拉尔法只是一个政治中立的团体，但由于尼泊尔广播电台不支付拉尔法应得的版税，拉尔法的成员们开始创作抗议歌曲、诗歌和小说来反对评委会制度统治。

② पारिजात. शिरीषको फूल र अस्तित्ववाद [EB/OL]. (2019-03-07) [2022-03-19]. https://www.onlinekhabar.com/2019/03/748582.

③ 同上。

④ पारिजातको जीवनी [EB/OL]. (2020-03-07) [2022-03-22]. https://shabdasopan.com/gair-aakhyan/2239/.

⑤ पारिजात [EB/OL]. [2022-03-20]. https://ne.wikipedia.org/wiki/पारिजात_(साहित्यकार).

等小说。1992 年，她发表最后一本小说《博尼》(बोनी)。[①]这些作品无疑都展现了她不屈的一生，尽管被病痛折磨，仍不忘通过作品向当时的政治局势和社会现象发出振聋发聩的反抗声。

她给自己取名“帕丽佳德”，意为夜花，入夜开花，晨即闭合，素有“悲伤之树”的别称。[②]她就像这花一样，入夜时分独自感受生命的痛苦，将自己的一切袒露在文学面前，融入文学。她在写作时常向读者灌输个人和社会能自我革新的信念，并用“反抗意识是变化的主要武器”这一点带领读者进行思想革命。[③]早晨来临，她又将自己的伤痛包裹起来，即使身体状况极其恶劣，但仍选择将自己投身社会斗争事业中。白天她通过参加各种社会运动，切身体会人存在在社会中所要经受的苦，夜里在一次次的病痛中感受生命的磨炼，感受生命中向前迈进的力量。她认识到与其沉浸在自己的痛苦中，不如将自己的痛苦融入社会的痛苦，解放整个社会的思想，带领整个社会反抗，这才是创作的真谛所在。由于从小就染上重疾，她常无法拿起纸笔，但即便在病痛的压迫下，她仍不忘向这个社会和世界发出反抗的声音。

帕丽佳德曾表示：“束缚作家的想法是不科学的。自由在某种程度上属于作家。”她的作品文字风格多变、文笔优美，充满着丰富的诗意，令人着迷。她所有想表达的主题，对生命存在意义的灵魂发问都在小说中以可读的形式流动着，使得读者能在作品中探寻自我，找到自我。[④]

二、《蓝花楹》中男主人公心路历程分析

《蓝花楹》一书创作于 1966 年，时值二战结束后世界格局剧烈变化的年代。书中故事发生在二战时期缅甸战争前后，作者选择二战时期英军驻缅甸的廓尔喀联队的一名尼泊尔士兵作为主角，主角身上带着二战廓尔喀士兵和尼泊尔传统男性的双重烙印。缅甸在二战时期是英国的殖民地，位于中国的西南方，西接印度，美英给中国的补给物资都经滇缅公路运入中国，无论是对中国还是日本，缅甸都具有十分重要的战略地位。为切断中国陆路补给线孤立中国，瘫痪中国的抵抗力，日本于 1942 年开始对缅甸发起进攻。这场持续了近半年的战争对士兵的摧残在男主人公苏约格维尔·辛格（सुयोगवीर सिंह）身上体现得淋漓尽致。

① 王宗．尼泊尔现当代文学作品选读［M］．广州：世界图书出版广东有限公司，2016：227．

② 同上。

③ पारिजातको जीवनी [EB/OL]. (2020-03-07) [2022-03-22]. https://shabdasopan.com/gair-aakhyan/2239/.

④ पारिजात. शिरीषको फूल र अस्तित्ववाद [EB/OL]. (2019-03-07) [2022-03-19]. https://www.onlinekhabar.com/2019/03/748582.

那个时代的战争使得大多数人对生命和人性麻木，忘却了生命的价值和生活的意义。那个时代文学作品中的女人多是时代犯下罪恶的承受者，多是背负着时代重负而前行的过客。女性或是在众多女性题材的作品中被贬低、被打压、被折磨，或是作为男性角色发展的牺牲品，在这部小说中亦是如此。作者通过对书中的男主人公从战场到家乡与五名女性的纠葛，揭露了战争对人性的扭曲和摧残，同时也向帕丽佳德所处时代背景中觉醒的民众揭示了生命存在的意义，为民众反抗动荡社会提供心灵的力量。本文将从弗洛伊德精神分析学说中的“本我、自我、超我”三重人格学说出发，分析男主人公的心路历程变化，分析生命存在的意义。

弗洛伊德被誉为精神分析学说的创始人，1923 年在《自我与本我》一书中，他详细阐述了他的人格结构理论，认为人格结构包括本我、自我和超我三个部分。一是本我，指最原始的、与生俱来的满足本能冲动的欲望，其基本由性本能组成。二是自我，是从本我分化出来的相对理性部分，是自我意识觉醒的代表，受一定社会道德约束，起到调节本我与社会大环境保持平衡的作用。三是超我，代表社会道德准则和伦理观念方面的要求，起到约束本我的作用。书中的男主人公在经历过战争的刺激后，三重人格所建立的平衡在他心中已荡然无存，他在帕丽佳德笔下的经历，即是他找寻存在意义，重建本我、自我和超我三重人格平衡关系的过程。

（一）沉沦的本我

由于军营中只有男性同伴的存在，男性的欲望只能在同性之间得到消耗，但漫长的战争使得男性已无法从同性中获得欲望的满足。时间足以让一个人适应环境，甚至忘记本来世界的模样。当长时间被掩埋的欲望受到刺激，那定是一发不可收拾。拥有健全人格的人，其精神中的本我、自我与超我无时无刻不处在相互制约的状态下，持有强烈道德感的超我，控制着自我不越过本我的底线。人之所以生而为人，便是如此。可身处战争前线的男主人公已然被战争磨光了人性，本我、自我与超我之间的平衡关系在战场上荡然无存。自己生命存在的意义，他都已感受不到，何谈其他。他只觉死亡随时会来，何不及时行乐。这时男主人公内心深处被世俗道德压抑许久的本我成为了身体的主导，因此在女性气息浮现的时候，以性本能为主导的本我支配着他犯下了非人的罪行。罪孽中的他只为贪求从欲望的满足中，获得一丝尚存在于人世的感觉。

“在月的莹润光芒下，带着野花的香气，如果有人能被称之为仙女，那定是她。那样涉世未深、纯真的她，没有被任何存在的虫子咬过是那么的完整，仅是看上一眼就已无法自拔。”[①]这是男主人公初见克钦族美丽少女时的感受，多么令人向往的纯真女孩。在当时紧张的战争世界中，那样一个俏生生的女孩，什么也不知道，就蹲在自以为空无一人的森林中狩猎，殊不知周围都是为战争做准备埋伏着的

① पारिजात. शिरीषको फूल [M]. काठमाडौं: फिनिक्स बुक्स, 2015: 84.

廓尔喀士兵。“我越是看她，越觉着我的脖子在军装的束缚下勒得慌，战争让人受苦，真想不顾束缚从森林中跳出来，这短暂存在过的感觉让我感到痴迷，真想把这一切掳走。”[①]男主人公长时间处于战争环境中，男女之间的情愫似乎已被军营中的同性之爱消磨殆尽，人也感受不到自己生命的存在。似乎自己的生命除了赴死，已无其他意义。但当克钦的美丽少女出现时，超我控制下的一切世俗法规都土崩瓦解。

他幻想着克钦少女对他百般示好，幻想着自己同克钦少女之间的快乐。他沉醉了，对克钦少女下手了。“我开始用我的语言戏弄她……我们就要死了，求你把这一晚上给我……我冲她扑了过去……忍无可忍用步枪的枪托击打了她的头部，她倒在了树丛上。”[②]随后就是他几近疯狂的折磨。他将自己的所有欲望发泄在了克钦少女的尸体上，似乎越是用力，自己存在于这个世界的真实感就越是强烈。人类社会中犯下这样的罪恶是不可饶恕的，但那是缅甸战役的战场，生存早已受到威胁，廓尔喀士兵伤亡惨重，人命如草芥，正常社会秩序已然失控。就这样，他用毫无人性的方式，在三重人格失衡的关系中寻找着生命在战争中存在的意义。

“牧牛女从近处路过，像一朵绽放的玫瑰。黄玫瑰般的脸庞，红玫瑰般的嘴唇，扁平的鼻子，细小的眼睛，都在诱惑着外国人。”[③]单纯的牧牛女在男主人公的欺骗和引诱下献出了自己的身体，事后男主人公又将其抛弃，最终导致这位玫瑰般的牧牛女被无数士兵蹂躏，惨死在血泊之中。在军营中听说牧牛女的死讯，男主人公只觉“被枪打得血淋淋的身躯，内脏被手榴弹炸得四处洒落，秃鹫盘旋在尸体上，野狗为了吃尸肉你争我抢，谁又比谁少”[④]。死亡在战争中每天都在上演，只不过是一个微不足道的牧牛女，无足挂齿，也毫无可悲的感觉。在本我性冲动的驱使下，牧牛女对于男主人公而言，就只是一件发泄欲望的玩物。

“她就像比达文格丛林中开放的红紫色兰花一样，很可爱，永远得不到满足。”[⑤]她叫马汀奇，是位缅甸农民的女儿。她单纯可爱，总是幻想着战争过后同男主人公的未来美好生活。她从不贪恋钱财，只求同男主人公生儿育女有爱情的美好结局，但一切都不是她表面看到的那样。男主人公能一边极为亲昵地称呼她，同她说着“快结婚了哈”这样骗人的甜言蜜语，“你想要孩子我都会让你生，放心亲爱的！有你这么好的老婆不就是我的小幸运吗？我不会回去，和你结婚后，我会和你一起种辣椒和姜，度过余生。”[⑥]这样贴近生活让人信以为真的山盟海誓，但却一边

① पारिजात. शिरीषको फूल [M]. काठमाडौं: फिनिक्स बुक्स, 2015: 85.
② पारिजात. शिरीषको फूल [M]. काठमाडौं: फिनिक्स बुक्स, 2015: 87.
③ पारिजात. शिरीषको फूल [M]. काठमाडौं: फिनिक्स बुक्स, 2015: 91.
④ पारिजात. शिरीषको फूल [M]. काठमाडौं: फिनिक्स बुक्स, 2015: 43.
⑤ पारिजात. शिरीषको फूल [M]. काठमाडौं: फिनिक्स बुक्स, 2015: 94.
⑥ पारिजात. शिरीषको फूल [M]. काठमाडौं: फिनिक्स बुक्स, 2015: 96.

在心中明白自己说了多么愚蠢且虚假的安慰话语。一切都只是骗人的，只是男主人公为在战场中获得长期欲望倾泻对象的谎话。残酷且无望的战争，已使得男主人公活在对欲望的追赶中。道德感的崩塌、扭曲的人性，本我的欲望充斥着男主人公的每一根神经，生命已经没有了任何的乐趣可言，一切都毫无意义。

（二）觉醒的自我

在发觉自己能有生还机会时，男主人公苏约格维尔在小说中第一次体现出自己对“生”的渴望。同自己的伙伴一同逃亡时，男主人公不再抱有“生命是无意义的，可能下一秒就会死去”这样的想法，他开始为食物担心，为住所忧心，担心自己的高烧使得原本可能生还的概率大大降低。他会害怕丧生在战争中，他会向同伴发出“战争现在对我们做了什么？我们能活下来吗？”[①]这样的疑问，他开始思考战争给他带来了什么，又使他失去了什么。对着准备啄食尸体的秃鹰，他喊道：“不要啄她的尸体，这是战争的印记。”[②]生命在他脑海中有了意义，沉睡的道德意识悄然苏醒。自我意识开始有了觉醒的迹象，生命存在的意义这一疑问，开始在他脑海中慢慢浮现。当他在阿萨姆邦边界真正意义上活下来时，他察觉到自己那毫无价值的心，和里面存在的三段犯罪记忆。在他对巴丽的感情再次涌现时，这些在战争中犯下的错，不再是毫无意义的存在，开始变得是一种折磨和在感情中的自卑情绪。有了一丝社会道德约束的自我从受性本能控制的本我中挣脱了出来，自我开始左右他的思想，牵引他的思绪。活下去的希望在心中燃起，人类社会的秩序也慢慢在脑海浮现。社会的道德准则谴责着他的自我，良心上的不安让他无法安身于市井。

在回到加德满都后，苏约格维尔终日借酒消愁，美其名曰潇洒度日，但女主人公的哥哥希夫拉杰先生一句话就戳破了他的伪装——“一直在逃避嘞，你一直在用酒精麻痹自己。”[③]研究表明，战争过后许多士兵会出现对战斗应激相关精神行为，这一行为可被定义为 PTSD——由于暴露于生命威胁事件而产生的一种受迫害的感觉。[④]对于士兵来说，认为“活着有罪”和情感麻木则较为常见。[⑤]小说中的男主人公在此时正处在自我同本我的纠葛中，本我主导时犯下的罪孽开始折磨觉醒的自我，苏约格维尔只能终日买醉，麻痹自己，逃避过去。在同女主人公重逢之时，他苦于自己无法以健全的人格面对她，扭曲挣扎着的自我让他相形见绌，十多岁的年

---

① पारिजात. शिरीषको फूल [M]. काठमाडौं: फिनिक्स बुक्स, 2015: 102.

② पारिजात. शिरीषको फूल [M]. काठमाडौं: फिनिक्स बुक्स, 2015: 103.

③ पारिजात. शिरीषको फूल [M]. काठमाडौं: फिनिक्स बुक्स, 2015: 7.

④ 毋琳，徐莉，邢园园，卢建军，雒广渭，张佳驹，陈冬雨. 战争引发的精神心理障碍及其治疗进展［J］. 中华保健医学杂志，2018，20（3）：263—265.

⑤ 孔祥毓，肖立宁，黄文，李兆申. 战后平民幸存者创伤后应激障碍的流行病学研究进展［J］. 解放军医学杂志，2012，37（2）：85—89.

龄差和终日酗酒的邋遢形象让他的爱意无法言说，战争创伤和情感受阻都导致他的自我愈发痛苦。

女主人公巴丽的出现是男主人公自我觉醒的关键。巴丽是一名不拘小节、自信大胆但久困于疾病的烈女，她能和苏约格维尔一起抽烟聊着苏约格维尔战争中的事。她常对男主人公在战争中犯下的错误直言不讳，毫不避讳地指出他的行为是犯罪。他们曾在一起讨论花和蜜蜂之间的关系，巴丽告诉苏约格维尔，有一种花不让熊蜂授粉，而苏约格维尔则认为："不让熊蜂授粉，这花还有什么意义？"[①]

"为自己开花，为自己凋零，为了接受凋零这种被迫发生的事就必须同熊蜂斗争吗，既然必定要凋零，又何必忍受熊蜂的伤害！只要会凋零，就随心所欲地去凋零吧。"[②]这是巴丽的观点。

这一段关乎花与蜜蜂的对话，极为的隐晦，"花"似乎代表着战争中受到侵犯的少女们，而"蜜蜂"则是男主人公苏约格维尔。"花"的存在有着自己的生命轨迹，而男主人公的行为，打破了那种轨迹。人不因他人而存在，每个人的生命都有自己的独有的意义。虽然人终有一死，但何时死，如何死这是不定的，而从生到死的这个过程就是人的意义所在，不能因为人终有一死而在战争中蔑视他人的生命，认为他人的生命在何时结束都无关紧要，进而践踏他人的生命。男主人公在战争中认为："战争就是把我们一样的人砍成碎片，还有什么意思？"这使得他将对女性的侵犯行为当作在他毫无意义的生活中获得生活意义、谋取欲望满足的工具。巴丽的这段话，使得苏约格维尔从战争创伤中逐渐清醒过来，意识到自己存在的问题，开始对自我意识进行思考。

后来他问巴丽是否信神，巴丽表示从来不信。男主人公问那罪恶向谁诉说，由谁洗去？巴丽答道："苏约格先生，犯了罪恶我从不洗，洗了后罪恶就被洗掉了吗？好笑……在神面前洗去罪孽就是徒劳，多么的愚蠢。"[③]这一段谈话直接刺激得男主人公愤然离去。他从这段谈话中能无比清楚地认识到自己从巴丽那获得爱意是多么的不可能，无法洗脱的罪孽、罪恶缠身的自己该如何配得上巴丽？道德再一次敲击着他的心灵，良知拉扯着他失衡的三重人格。战争中践踏他人生命的行为谴责得他不顾在巴丽面前的形象，只能逃也似的离开那幢房子。

但他渴望获得巴丽永恒的爱，却由于自己犯下的丑陋罪行只能将对巴丽的爱深埋于心中。最终他再也无法抑制住自己内心的欲望，非礼了巴丽。小说中的巴丽对一种兰花情有独钟，那是一种能用花蜜引诱昆虫进而将其杀害的兰花。她对这类兰花很是欣赏，可能这份欣赏生于其作为尼泊尔女性无法掌控自己命运的悲哀。喜爱这类毒花，且能说出花为自己活一世的巴丽怎能受此屈辱？但女性的声音在当时实

---

① पारिजात. शिरीषको फूल [M]. काठमाडौं: फिनिक्स बुक्स, 2015: 42.

② पारिजात. शिरीषको फूल [M]. काठमाडौं: फिनिक्स बुक्स, 2015: 42.

③ पारिजात. शिरीषको फूल [M]. काठमाडौं: फिनिक्स बुक्स, 2015: 67.

属弱小，或许是受当时女性人微言轻思想的压迫和自身刚烈性格不忍受辱的折磨，不堪侮辱的巴丽因这次的侵犯行为受刺激，身体状况每日愈下。也正是巴丽生病的消息，使得男主人公的自我意识充分觉醒，他意识到自己突破了社会道德底线，进而在男主人公的内心有了良知的回归、超我的回归。道德意识回归过后，良知终于抑制住了受原始性本能控制的本我。在这一刻，他才真正意识到人存在的意义不是单纯地满足个体的欲望和冲动，他的余生将在忏悔中度过。

（三）回归的超我

男主在非礼过巴丽后，曾反复在心中演练过巴丽可能来质问自己的情形。他将巴丽想象成旧时代的女性，会因为自己的清白受损唾弃他、诅咒他，会将这件事告诉她的哥哥，他害怕这样的结果，他慌张到了极点。他不再去常碰见女主人公哥哥希夫拉杰的那个酒吧，他害怕希夫拉杰的暴怒将战后他仅存的一丝友情粉碎，害怕希夫拉杰以哥哥的身份痛斥他这个混蛋。再到后来，当他听到希夫拉杰用着同往日无差的语气说巴丽病了，他再也无法抑制住自己内心的懊悔。他像是海岸线搁浅的鱼，懊悔的海浪不住地拍打着他回归的良知，内心备受煎熬。这是男主人公在全书中第一次表达自己的悔恨，这于他本人而言，是良知觉醒、社会意识回归的象征，这也预示着男主人公内心超我意识的回归。

“再说巴丽会没事的，我想有什么能证明是我引起了她的不适？希夫拉杰说过巴丽曾心脏病发作过，由于身体虚弱，她不得不待在家没法去学校。有很多原因可能导致她身体不适，但这样的自我安慰并非我本意。”①男主人公的内心备受煎熬，社会道德意义上的良知不断叩击他深藏于内心渴望美好情感的超我意识，但由于男主人公长期以来回避战争往事而形成的懦弱，使得他不愿面对事实的真相。他只能不断地纠结，想着还有很多其他原因会引起巴丽身体不适，他在内心不断地假设，说着“这样的自我安慰并非我本意”来说服自己慌乱不已的内心，妄想从中得到救赎和安抚。

“我在心中不停地祈祷——活下来，巴丽！活下来，为自己活下来，让别人去死，为什么让自己死呢？”②这一刻的苏约格已经到了崩溃的边缘，强烈的道德感使得他备受折磨，想着巴丽可能因自己的一时冲动而死，他再也无法像之前在战场中那般草菅人命，将蹂躏女子致死视如平常。但现在，在逃离那个压抑战场再次触及人与人之间的情谊时，他做不到像当时那样面对生命的逝去仍无动于衷。更何况是对他而言爱意浮现的当下，看着心爱女子的生命渐渐凋零，想着这一切都是因为自己，他悔不当初。

“我停止了猜想，听希夫的意思是她在努力地活下去但她漠视生活，放弃了活

① पारिजात. शिरीषको फूल [M]. काठमाडौं: फिनिक्स बुक्स, 2015：124.

② पारिजात. शिरीषको फूल [M]. काठमाडौं: फिनिक्स बुक्स, 2015：125.

着的信念。”[①]“‘如果巴丽有什么三长两短，我活不下去了，我真的会自杀。’希夫拉杰的话像电流一样穿过我的神经中枢，我看着他，感觉我就是只动物。我能懂他内心的痛苦，但我听不懂他的话语，我能回应他内心的痛苦，但回应不了他的话语。”[②]男主人公的心在这一刻仿佛停跳，他发觉，原来巴丽的死亡不止会牵动自己的内心，还会牵动其他人的内心。他同被电击一般，久久不能回应希夫拉杰。小说中没有对男主人公的内心进行再多的剖析，只留给读者无尽的想象。不知他在那刻是否想到了在战场上被他蹂躏致死的女子也是有家人关心在意的，是否想到了哪些无辜逝去的女子也同巴丽一般是活生生的生命、是不可随意亵渎的人。

男主人公在一个无法抑制内心的早晨，再次去往巴丽家中，可迎接他的只有厨娘的一句“巴丽小姐今早去了天堂”[③]，就那么一瞬间，苏约格的大脑一片空白。巴丽孱弱的病躯就像是吊着他本我意识的一根弦，支撑着内心丑恶的本我意识同标榜社会道德准则的超我做斗争，但巴丽一走，他再也无法说服自己，只能直面埋藏在心里来自社会道德约束感的谴责。“我杀了萨克姆巴丽。我在午后侵犯了萨克姆巴丽。在证明了我对真爱的扭曲行为是强暴后，巴丽死了。”[④]他发疯般地承认是自己杀死了巴丽，良知将他击溃在知道巴丽死讯的那刻。于他而言，活着都成为了一种折磨，他像是被全世界所唾弃一般。“整个世界都没做好准备接受强奸是一种爱的行为，好吧，巴丽，我也没准备好……现在一切都不重要了，一切都没有了意义。你在某天的黑暗中窒息而死，而我也死在了那一天，这就是你我生命的代价。”[⑤]至此，小说也接近尾声。男主人公在经历过同心爱之人的生离死别后，自觉已经失去了存在的意义和价值，世界上的一切都已没有了意义，什么都无所谓了，活着可能也是一种折磨。从四面八方涌入的无力感将他推向深渊，而他自己正是这一切的始作俑者，可悲可恨。

三、对《蓝花楹》中生命存在意义的思考

文中提到的四位女性，一开始都在男主人公的第一视角审视下出场。男主人公躁动的欲望使得他脑海中觉得女性的存在就是一种“诱惑”，他总揣测着女性角色是在“诱惑”自己，从而降低自己的犯罪羞耻感，让自己的禽兽行为更加正当。可能在那种战争年代，无视生死，对生命的存在已无感知的大部分士兵并无犯罪的羞耻感可言，就连作者在描述男主人公的心理活动时也表示：“我的存在没有意义，

① पारिजात. शिरीषको फूल [M]. काठमाडौं: फिनिक्स बुक्स, 2015: 131.
② पारिजात. शिरीषको फूल [M]. काठमाडौं: फिनिक्स बुक्स, 2015: 131.
③ पारिजात. शिरीषको फूल [M]. काठमाडौं: फिनिक्स बुक्स, 2015: 134.
④ पारिजात. शिरीषको फूल [M]. काठमाडौं: फिनिक्स बुक्स, 2015: 135.
⑤ पारिजात. शिरीषको फूल [M]. काठमाडौं: फिनिक्स बुक्स, 2015: 135.

我的死亡没有任何意义。”[①]那又何谈羞耻感。但笔者认为这只是男主人公对自己犯下罪恶前的自我欺骗。文中多次出现的男主人公心理活动描写都提到了他对生命蔑视的态度，但如果男主人公真对生命的存在毫无感觉时，心里就不会再产生任何与之相关的想法了。于生死如此，于犯罪亦是如此。这从侧面体现了，男主人公后面人性的醒悟，是超我战胜了本我，从而维持了本我所蕴含的基本道德是非观，因此他才会为自己侵犯巴丽的行为感到懊恼，才会在得知巴丽的死讯后瞬间失去了生的希望。文中前三次对女性的侵犯，男主人公内心只字不提“犯罪”二字，只反复强调战争中的生死毫无意义。这表明，作者笔下的男主人公在当时心中已然被欲望冲昏了头脑，性欲支配下的本我在他脑中肆无忌惮。在这一时间内男主人公生命存在的意义，除去作为战士在战争中发挥作用，只是满足人的基本生理欲望。

一条人命在战争成千上万人逝去的面前，太过微不足道。但这样无辜之人的生命逝去，是否应让施罪者受到谴责？若是在战争中作为战士死去，或是作为其他战争参与者死去，生命的逝去不再是无意义。但如果是像文中四位无辜女性那样，只是因为命运的不公或是遇人不淑而遭遇不幸，这样可悲的逝去，生命的意义又在何处？小说在克钦少女被虐待致死时写了这样一句话：“这辈子是何等的不确定！这种死亡是何等的廉价！”[②]生命不应如此逝去。国际上一个备受谴责的话题“慰安妇”，就是这一问题的体现。战争影响的不只是国家和士兵，更多影响的是劳苦大众。每个人都有自己生命的轨迹和生命的意义，虽然生命有时可能在极大程度上受整个时代发展的影响，但若是人为因素侵犯了个人存在的意义和价值，使得个人的存在的意义被抹去，那便是犯罪。在时代的洪流中，人应该如何把握自己的命运，这是一个值得思考的问题。

命运掌握在自己手中，生命有无限种可能，可只有当人在意识到自己的生命能有更多可能时，才能去追寻更多的可能。男主人公苏约格维尔在死亡谷意识到自己可能有活下去的希望后，他才开始在意自己和他人的生命，才开始对爱情有了追寻，而不再是只在通过发泄欲望感知这个世界。“经济基础决定上层建筑”这一观点，对人来说亦是如此，只有在生存不受威胁，能满足温饱时，人才能作为一个“社会人”[③]存在。如果人只能同蝼蚁一般，过着无法翻身的日子，谁会有反抗和发展的想法？当生命的存在之于个人可能已毫无意义时，本我、自我和超我的平衡关系就会分崩离析，人已无法用健全的人格活在这个世界上。如若在社会中有记挂之人，个人的发展有了继续的可能，生命的存在可能也就找到了寄托的意义，那么在

---

① पारिजात. शिरीषको फूल [M]. काठमाडौं: फिनिक्स बुक्स, 2015：85.

② पारिजात. शिरीषको फूल [M]. काठमाडौं: फिनिक्स बुक्स, 2015：88.

③“社会人”是在社会学中指具有自然和社会双重属性的完整意义上的人，与“经济人”相对。通过社会化，使自然人在适应社会环境、参与社会生活、学习社会规范、履行社会角色的过程中，逐渐认识自我，并获得社会的认可，取得社会成员的资格。

强烈的社会道德感即超我意识的牵扯下，自我意识的发展会再次回归原有的轨道。一个分善恶、辨是非的人，是推动历史进步的力量，这样人的生命才有了意义，有了方向。

四、结语

帕丽佳德在创作这部小说时所处的时代暗潮涌动，国际形势与国内形势复杂多变。她在那样动荡的年代，为了带给当时的人以启发，带给当时的社会以革新，仍然拖着被病痛反复折磨的身躯坚持创作，实属伟大。《蓝花楹》作为其代表作之一，小说的内容有借男主人公的恶行对当时政府和社会的批判，也有借男性视角下的可悲女性角色对当时民众发出的呐喊。读者能从二战老兵的视角，感受人是如何因为战争的摧残而偏离人性的轨道，是如何在获得生的可能和对爱的渴求后意识到自己犯下的罪过，又是如何在所爱之人离世时幡然醒悟，领会出生命存在的意义。书中男主人公的这段人生经历也是其内心本我、自我、超我不断拉扯的一个过程。这部小说给帕丽佳德所处时代的大众以及今天的人们带来思考，同时它也是帕丽佳德本人反抗乱世压迫最有力的武器。

参考文献

[1] 车文博. 弗洛伊德文集（6）：自我与本我［M］. 上海：上海译文出版社，2011.

[2] 丁原杰. 萨特的存在主义哲学思想探析［J］. 新西部（理论版），2017（1）：80—81.

[3] 孔祥毓，肖立宁，黄文，李兆申. 战后平民幸存者创伤后应激障碍的流行病学研究进展［J］. 解放军医学杂志，2012，37（2）：85—89.

[4] 栾明翰，李薇，李建明. 创伤后应激障碍的研究进展［J］. 中国健康心理学杂志，2014，22（1）：142—144.

[5] 让-保罗·萨特. 存在主义是一种人道主义［M］. 上海：上海译文出版社，2005.

[6] 王宏纬. 列国志·尼泊尔［M］. 北京：社会科学文献出版社，2015.

[7] 王艳芬. 共和之路：尼泊尔政体变迁研究［M］. 北京：社会科学文献出版社，2013.

[8] 王宗. 尼泊尔现当代文学作品选读［M］. 广州：世界图书出版广东有限公司，2017：40.

[9] पारिजात. शिरीषको फूल [M]. काठमाडौं: फिनिक्स बुक्स, २०१५.

[10] राजेन्द्र सुवेदी. सृजन विधाका परिधिमा पारिजात [M]. वाराणसी: भूमिका प्रकाशन,

१९९६.

［11］Gautam, Mani Bhadra. Black-bee Sting to Sakambari, Critiques on Female Quest for Identity: Reading Parijat's Shirisko Phool (Blue Mimosa) [J]. *Contemporary Social Sciences*, 2019: 130.

［12］Gautam, Mani Bhadra. Exposition of Body Aesthetics: Reading Koirala's Sumnima and Parijat's Shirisko Phool [J]. *Literary Studies*, 2023, 36 (36).

［13］Adhikary, Ramesh Prasad, and Prithvi Narayan Campus. Search for Social Identity in Parijat's Blue Mimosa [J]. *Pakistan Journal of Social Sciences*, 2019, 16 (3-6): 77-85.

［14］Mishra, Indira Acharya. Woman's Body as the Site of Violence in Parijat's Blue Mimosa [J]. *Researcher: A Research Journal of Culture and Society*, 2020, 4 (1): 30-40.

［15］Baral, Om Bahadur. Elements of Death in Blue Mimosa [J]. *Diss. Department of English*, 2011.

论泰戈尔戏剧《南迪妮》中的角色象征意义

国防科技大学外国语学院　莫明媛

【摘　要】《南迪妮》是被公认为最能体现泰戈尔象征主义戏剧创作天赋的作品。它通过赋予角色象征意义凸显戏剧主题思想，剧中的代表性角色——“南迪妮”“国王”“伦金”“老爷”等都拥有着极为特殊的象征意义。南迪妮与国王是宏观意义上的象征体。南迪妮象征着光明与自由，延伸为人类勇于追求自由的精神；而国王象征着束缚与被束缚的矛盾体，是机械文明给个人与社会带来的消极影响。伦金是英勇无畏的象征符号，是印度民族主义者的化身；老爷象征专制与残暴，代表着英国殖民统治者。伦金与老爷的象征意义从现实角度上看，体现出泰戈尔批判一切殖民主义与封建主义，以及追求印度民族解放的崇高理想。本文通过讨论这四个角色的象征意义，对《南迪妮》的主题思想再探究竟。

【关键词】 泰戈尔；《南迪妮》；象征主义戏剧

拉宾德拉纳特·泰戈尔（রবীন্দ্রনাথ ঠাকুর）[①]是印度孟加拉族文学家，用孟加拉语创作无数文学作品。1913 年因诗集《吉檀迦利》（গীতাঞ্জলি）成为历史上第一位荣获诺贝尔文学奖的亚洲人，此后被世人誉为“世界诗人”（বিশ্বকবি）。虽然泰戈尔以诗歌闻名世界，但其远不止是一位诗人，他还是杰出的戏剧家。在泰戈尔的戏剧创作生涯中，其辉煌的戏剧成就在现代孟加拉和印度的戏剧中占据主导地位，某种程度上与挪威著名的戏剧家亨利克·易卜生（Henrik Ibsen）相似。[②]

泰戈尔一生中创作了多少部戏剧，人们对此说法不一，大多数认为在四十多部左右，其原因是泰戈尔经常将自己的剧本进行再创作，有的人承认再创作剧本算独立剧本，而有的人则持相反意见。泰戈尔创作的戏剧种类繁多，其中象征主义戏剧被公认为是影响最为广泛的戏剧种类，因为泰戈尔创作象征主义戏剧的时期也是他戏剧创作的成熟时期。《南迪妮》（রক্তকরবী）[③]作为泰戈尔的象征主义戏剧代表作之

---

① 以下简称“泰戈尔”。

② Ananda L. Three plays by Rabindranath Tagore: translated, and with an introduction [D]. Champaign: University of Illinois at Urbana-Champaign, 1986: 17.

③《南迪妮》的孟加拉语原著直译应为《红夹竹桃》，但刘安武等译的《泰戈尔全集（第 18 卷）》（河北教育出版社，2000 年）将其译为《南迪妮》，故本文亦以《南迪妮》译之。

一，被认为比其他任何一部象征主义戏剧都更能体现他成熟的戏剧天赋。[①]本文通过讨论《南迪妮》中的四个角色的象征意义，对该剧主题思想再探究竟。

一、《南迪妮》简介

《南迪妮》写于 1923 年，发表于 1926 年，是泰戈尔象征主义戏剧代表作之一。它不分场次，一个幕布一个场景贯穿戏剧始终，完全不受时间与空间的限制。《南迪妮》所要表达的主题思想是人的自由精神与机械文明之间的冲突。[②]该戏剧在开头就已简单地介绍了背景："创作这个戏剧所根据的城市名叫夜叉城。这儿的工人干的是从地底下开采黄金的工作。这里的国王生活在非常复杂的网幕之内。王宫的网幕是这个戏剧的惟一场景。全部剧情发生在网幕之外。"[③]该剧的主要角色是南迪妮（নন্দিনী）与国王（নেপথ্যে অথবা রাজা），配角有伦金（রঞ্জন）、老爷（সর্দার）、矿工维休（সুড়ঙ্গ-বিশু）、教师（অধ্যাপক）等。国王无节制地收敛钱财，看似是夜叉城的主人，实则不然，他一直生活在网幕后，直至戏剧结尾才出现，而老爷才是真正的统治者。矿工们被专制残暴的老爷所鞭挞，在暗无天日的夜叉城里开采黄金，整座城市毫无生气，被统治者机械化地运作着，美丽明媚的南迪妮像一股新风潮涌入到夜叉城，她无惧统治者，为这座城市以及城市里的矿工们带来了希望。戏剧最后国王也因受南迪妮影响而觉醒，在南迪妮与国王的带领下，矿工们毅然决然走向反抗暴政的道路。

《南迪妮》的故事既不基于历史改编，也不完全源于现实。据泰戈尔的密友恩厚之（Leonard Elmhirst）称，泰戈尔曾暗示道，是他与圣迪尼克坦（শান্তিনিকেতন）的一个女孩之间的友谊，让他萌生出创作这部剧的想法。[④]由此可见，《南迪妮》这部剧更像是泰戈尔对人与当下环境的一种灵感爆发式的思考。1908 年至 1926 年是泰戈尔创作象征主义戏剧的高峰期，《南迪妮》也正是写于该时间段。泰戈尔的戏剧创作在这一时期开始过渡到"向内"审视阶段，形成一种极富个人色彩的人生哲理，即在入世中突破一切狭隘的民族主义和种族主义，试图寄希望于人性的真善美，追求心灵与精神上的自由与解放。这一系列的戏剧思想是泰戈尔投入到民族解放运动中的反应。在 1905 年之前，泰戈尔创作的戏剧主要是以描绘外部现实世界抒发个人思想及情感为主，反映印度当下社会旧俗、极端宗教与政治斗争等问

---

① Prabhucharan G T. The bengali drama: its origin and development [M]. 2nd ed. London: Routledge, 2000: 209.

② 同上。

③ 拉宾德拉纳特·泰戈尔．泰戈尔全集（第 18 卷）[M]．刘安武，等译．石家庄：河北教育出版社，2000：3．

④ Ananda L. Three plays by Rabindranath Tagore: translated, and with an introduction [D]. Champaign: University of Illinois at Urbana-Champaign, 1986: 177.

题。[①]而自 1905 年司瓦德西运动（স্বদেশী আন্দোলন）[②]开展后，泰戈尔力求通过宗教改革和教育活动寻找民族独立的出路，他谴责大部分印度政治家对待社会改革的冷漠以及殖民者的暴政，不赞成人民群众通过暴力开展民族解放运动，所以当运动失败后泰戈尔对孟加拉人的现实生活与思想产生了强烈幻灭，只身回到圣迪尼克坦潜心创作。在泰戈尔隐居于乡村后，开启了创作象征主义戏剧的阶段。泰戈尔创作的象征主义戏剧在戏剧结构上，不拘于现代西方戏剧的一套规则与理论，戏剧冲突表现为内向化，戏剧角色以及角色之间的对白就能给予观众深度思考，他更注重的是观众直观的情感印象与观摩戏剧的想象力。同时在情感表达上，运用象征手法凸显英国殖民时期印度的时代特性，以象征体营造的抽象概念或虚幻世界来抒发自己对现实世界的不满。所以《南迪妮》不仅有着探求人类自由精神的宏观意义，更反映了当时的社会现实。

二、《南迪妮》中象征主义的理论来源

象征主义戏剧是西方现代戏剧流派之一，源自 19 世纪末西方国家的一种艺术思潮。1886 年，法国象征主义运动兴起，法国象征主义诗人斯蒂芬·马拉美（Stéphane Mallarmé）在《费加罗报》发表宣言之后，“象征主义”首次被使用。[③]象征主义知识分子强调非理性思想，逃避现实世界，试图通过幻想中的“彼世界”抒发自己在“此世界”的真实情感。象征主义进入到戏剧领域后，常被戏剧家运用象征、暗示、隐喻等手法将某事物作为代表符号，并把观众带入到象征体营造的幻想世界中，希望观众通过联想探求内心最真实的感受以及对人生的哲理性思考。

而泰戈尔的象征主义戏剧却不同于现代西方的象征主义戏剧，他植根于印度古典文学，并且在印度古代传统戏剧中探索出自己独创的风格。在象征主义戏剧《南迪妮》中，泰戈尔通过灵活运用古典梵语戏剧的“情”“味”美学理论以及概念人物化的艺术表现手法，赋予角色象征意义以凸显戏剧主题思想。

（一）“情”“味”理论

首先，泰戈尔的象征主义戏剧与印度传统文学息息相关，印度古典美学家婆罗多在其古典梵语戏剧学专著《舞论》中提到的“情”“味”理论不仅为印度戏剧提供了理论基础，还对后期古典梵语诗学做出了重大贡献。婆罗多在《舞论》中以“情”论“味”，“情”并非只是情感状态，而是作为唤醒观众情感和思想的中介，

---

① 如珍．浅论泰戈尔的戏剧创作［J］．南亚研究，1984（2）：77．

② 司瓦德西运动起源于 1905 年孟加拉分割事件，印度人民为抵制英国分割孟加拉地区，故决定开展抵制英货的运动，提倡使用国货。“司瓦德西”意为“自产”。

③ 陈瑜．象征主义戏剧的美学特征［J］．青年文学家，2012（7）：188．

它可以作为戏剧中的环境、事件、角色的语言、演员的表演等；“味”才是由“情”所引发的结果，“味”是观众通过观摩戏剧所被激发出的“审美愉悦”的感情。再者，“由情及味”是印度传统文学中象征思维的另一种表达方式，“情”作为戏剧表演中的中介，能暗示、寓意某事物某情感，“味”通过“情”得到了感情和思想上的深度思考。在《南迪妮》中，戏剧的开头就交代了在一座名为“夜叉城”的城市中，工人做着开采底下金矿的工作，王宫的网幕是戏剧的唯一场景，网幕后则居住着从未露面的国王。从戏剧背景与氛围来看，泰戈尔就以此作为“情”引发观众的“味”。所以，戏剧开头已体现出泰戈尔为观众搭建的“中介幻想”。

其次，《舞论》构建了以感情为核心的戏剧体系框架，认为感情是一切要素的中心，离开了“味”，任何意义都不起作用。①泰戈尔作为诗人与戏剧家，对于“情”“味”理论在文学创作中的理解得到了充分表达。他认为：“诗歌的情味的真实东西，它借助于表演，像喷泉一样洒落在四周观众的激动的心灵上。”②对于泰戈尔来说，戏剧也如诗歌，富有“情”“味”的戏剧表演是对戏剧诗意化的表达，所以他在创作象征主义戏剧的手法上，与现代西方传统意义上的象征主义戏剧还是大有不同，其象征主义戏剧中插入大量抒情诗歌或舞蹈。他沿袭古典梵语戏剧的传统，反对西方琐碎和刻板的写实主义，认为戏剧表现手法应该植根于本土，展现艺术情味。南迪妮作为夜叉城里唯一的欢乐化身，试图感化国王从而让他走出幕布，她与国王的对话都充斥着抒情诗意。南迪妮以歌抒情，呼唤国王——“听到田野里的笛声，苍穹都无限欢欣。今天有谁还闷在家里？打开吧，请打开大门！③（মাঠের বাঁশি শুনে শুনে আকাশ খুশি হল,--ঘরেতে আজ কে রবে গো। খোলো দুয়ার খোলো।④）”南迪妮充满爱意与自由的光芒不断洒落在国王的内心深处，她与国王的碰撞使国王最后顿悟倒戈，向着自己的皇宫宣战，这一顿悟则是泰戈尔寄希望于人性的努力。观众则可以通过戏剧角色的象征意义以及角色内心的发展过程，深刻体验戏剧的主题思想从而引发情感共鸣，则这是“情”“味”理论的体现。

（二）概念的人物化

印度古代戏剧的概念人物化艺术表现手法在泰戈尔的象征主义戏剧中得以体现。通过金克木先生一文《概念的人物化——介绍古代印度的一种戏剧类型》得知，古印度的宗教哲学思想家运用概念人物化作为戏剧创作手法以达到宣传目的，

---

① 黄宝生．印度古代文学［M］．北京：中国社会科学出版社，2020：544．

② 拉宾德拉纳特·泰戈尔．泰戈尔全集（第 22 卷）［M］．刘安武，等译．石家庄：河北教育出版社，2000：34．

③ 拉宾德拉纳特·泰戈尔．泰戈尔全集（第 18 卷）［M］．刘安武，等译．石家庄：河北教育出版社，2000：10．

④ রবীন্দ্রনাথ ঠাকুর. রবীন্দ্র-রচনাবলী(পঞ্চদশ খণ্ড) [M]. কলিকাতা: শ্রীকানাই সামন্ত বিশ্বভারতী, ১৯৬৪: ৩৫১.

但从美学角度来看，它更为重要的是将哲学原理化为有血有肉的表演。这一类型的戏剧通过概念人物化点明其意义，可以说是象征主义戏剧创作的另一分支。[①]在 11 世纪克里希那弥湿罗的《觉月初升》中，戏剧中的人物（角色）均以哲学概念为名，国王“心”有两个妻子，分别生子为“大痴”与“明辨”，“大痴”与“明辨”相互斗争，最后“明辨”获得胜利，从剧中人物（角色）名字到剧情的发展不仅体现出印度宗教哲学思想中的一神论，又反映出一定的政治主题。

在泰戈尔的象征主义戏剧中，也有戏剧的人物（角色）运用概念人物化的艺术表现手法，即创作出某些人物（角色）就是代表或象征某种抽象概念，赋予人物（角色）象征内涵，即人物（角色）概念凸显戏剧主题思想，表现出作者的情感态度。在《南迪妮》中，主角南迪妮是自由精神的象征符号，也是全剧的中心思想。

三、《南迪妮》中的角色象征意义

泰戈尔在《文学的本质》中指出：“文学的主要内容是人的心灵描绘和人的性格刻画。”[②]由此可见，人物（角色）形象在泰戈尔的文学创作中极为重要。泰戈尔高度肯定印度古代戏剧家跋娑、迦梨陀娑等前人对于人物（角色）性格的描绘，他认为形象饱满的人物（角色）能长存于人们的记忆中。所以泰戈尔在自己的文学创作中，总是会通过环境、心理、对话等侧面体现出人物（角色）丰富的性格。象征主义戏剧中的角色都是极具鲜明特征的，作家创作戏剧，赋予角色象征意义凸显戏剧主题。

在象征主义戏剧《南迪妮》中，南迪妮与国王两个主要角色推动了整部戏剧的剧情发展，而两个配角伦金与老爷则侧面烘托了戏剧氛围，帮助剧情转折从而达到高潮。在该剧里，南迪妮与国王是宏观意义上的象征体。南迪妮是积极意义的象征符号，她是人类勇于追求自由的理想形象，而国王是束缚与被束缚的矛盾体，他象征着机械文明给个人与社会带来的消极影响。伦金和老爷是泰戈尔对所处时代现实的情感表达，伦金象征着英勇与无畏，同时也是印度民族主义者的化身，而老爷则象征专制与残暴，代表着英国殖民统治者。

（一）南迪妮——光明与自由

在印度经典古籍《鱼往事书》（Matsya Purana）中，“南迪妮”为印度教杜尔迦女神的别名，她斩杀罗刹为人类带来好运，是力量的象征。“南迪妮”在孟加拉语

---

① 金克木．概念的人物化：介绍古代印度的一种戏剧类型［EB/OL］.（2018-12-08）［2023-05-13］．https://www.163.com/dy/article/E2HFA4A80521C3QB.html．

② 拉宾德拉纳特·泰戈尔．泰戈尔全集（第 22 卷）［M］．刘安武，等译．石家庄：河北教育出版社，2000：51．

字典中作为名词，意为“女儿”，而作为形容词，意为“令人愉悦的”。[①]从“南迪妮”一词本身的词义看，它具有正面积极的意义。泰戈尔在该戏剧中以主人公南迪妮为中心，构建了戏剧整体的框架，其做到了前文所说概念人物化的艺术表现手法中的“点明其义”。

首先，南迪妮登场时就被赋予“光”的象征，她被教师称为“夜叉城里那种突如其来的光[②]（যক্ষপুরে তুমি সেই আচমকা আলো[③]）”。而这种光是人性的光、自由的光。南迪妮的到来为矿工们带来了光明。维休是矿工里最先觉醒的人，他对南迪妮表示：“你来到这里，注视我的面孔，我马上意识到了，在我的内心里还有一点亮光。[④]（এমন-সময় তুমি এসে আমার মুখের দিকে এমন করে চাইলে, আমি বুঝতে পারলুম আমার মধ্যে এখনো আলো দেখা যাচ্ছে।[⑤]）”南迪妮的到来点燃了维休心中的火苗，成为了救赎他的光明。南迪妮闯入夜叉城也意味着光明闯入黑暗，她高涨的热情为夜叉城带来了蓬勃生机，她的到来为所有矿工带来了希望。泰戈尔把南迪妮称作“带着美丽与爱意的光的化身”[⑥]。南迪妮在剧中一直鼓励着网幕后的国王走出来，她带着爱意与欢乐来到国王身边，试图瓦解掉国王的阴暗面，她会告诉国王：“今天我特别感到高兴，我希望带着高兴的心情到你身边来。[⑦]（আজ খুশিতে আমার মন ভরে আছে। সেই খুশি নিয়ে তোমার ঘরের মধ্যে যেতে চাই।[⑧]）”南迪妮并不畏惧国王，她努力感化国王，让国王感受到万物的欣喜与生命的真谛。当她站在网幕里与国王相视接触时直言一点儿也不害怕，她告诉矿工：“当我落在他那小枝头上轻轻摇曳的时候，那他全身的每一部分都会很高兴，让他这个孤独者感到高兴，我也会感到高兴。[⑨]（ওর ডালের একটি ডগায় কখনো যদি একটু দোল খেয়ে যাই,নিশ্চয় ওর মজ্জার মধ্যে খুশি লাগে। ওই একলা প্রাণকে সেই খুশিটুকু দিতে ইচ্ছে করে।[⑩]）”她努力驱散网幕后国王的孤独，让国王接受她爱意的

---

① Ananda L. Three plays by Rabindranath Tagore: translated, and with an introduction [D]. Champaign: University of Illinois at Urbana-Champaign, 1986: 249.

② 拉宾德拉纳特·泰戈尔．泰戈尔全集（第 18 卷）[M]．刘安武，等译．石家庄：河北教育出版社，2000：4．

③ রবীন্দ্রনাথ ঠাকুর. রবীন্দ্র-রচনাবলী(পঞ্চদশ খণ্ড) [M]. কলিকাতা: শ্রীকানাই সামন্ত বিশ্বভারতী, ১৯৬৪: ৩৪৭.

④ 拉宾德拉纳特·泰戈尔．泰戈尔全集（第 18 卷）[M]．刘安武，等译．石家庄：河北教育出版社，2000：26．

⑤ রবীন্দ্রনাথ ঠাকুর. রবীন্দ্র-রচনাবলী(পঞ্চদশ খণ্ড) [M]. কলিকাতা: শ্রীকানাই সামন্ত বিশ্বভারতী, ১৯৬৪: ৩৬৫.

⑥ Ananda L.Three plays by Rabindranath Tagore: translated, and with an introduction [D]. Champaign: University of Illinois at Urbana-Champaign, 1986: 71.

⑦ 拉宾德拉纳特·泰戈尔．泰戈尔全集（第 18 卷）[M]．刘安武，等译．石家庄：河北教育出版社，2000：9．

⑧ রবীন্দ্রনাথ ঠাকুর. রবীন্দ্র-রচনাবলী(পঞ্চদশ খণ্ড) [M]. কলিকাতা: শ্রীকানাই সামন্ত বিশ্বভারতী, ১৯৬৪: ৩৫০.

⑨ 拉宾德拉纳特·泰戈尔．泰戈尔全集（第 18 卷）[M]．刘安武，等译．石家庄：河北教育出版社，2000：29．

⑩ রবীন্দ্রনাথ ঠাকুর. রবীন্দ্র-রচনাবলী(পঞ্চদশ খণ্ড) [M]. কলিকাতা: শ্রীকানাই সামন্ত বিশ্বভারতী, ১৯৬৪: ৩৬৮.

关怀，她让国王有了直面自己黑暗的勇气。

其次，南迪妮是自由的化身。夜叉城是一座“死城”，在国王与老爷的统治下失去了活力。南迪妮作为夜叉城里唯一的外来者，一直被老爷所忌惮，她的言行仿佛新鲜的血液正在慢慢渗透到夜叉城的各个角落，他们害怕这股新鲜朝气的力量、人性的光芒、自由的理想传入到矿工中引发暴动。南迪妮让矿工们逐渐意识到，在老爷的残暴奴役下，他们一直身处阴霾，被压制与束缚，失去了情绪、丧失了梦想，成为了满足老爷贪欲和物欲的棋子，是南迪妮让他们明白只有愤然反抗老爷才能获得真正的自由。

南迪妮是戏剧中最为理想化的艺术形象，泰戈尔对于这一角色形象的刻画即是点明戏剧的中心思想。南迪妮象征着光明与自由，与机械化的夜叉城、黑暗的国王、专制蛮横的老爷形成矛盾与对比。从宏观层面来看，南迪妮角色象征的意义则是泰戈尔所想要表达的人生哲理之一，泰戈尔在《精神的自由》一文中说道：“真正的自由是心灵上和精神上的自由；我们绝不能从外面得到它。”[①]南迪妮这一角色让国王和矿工从内心深处感受到了光明，从而在心灵与精神上都得到自由与解放。他们受到南迪妮的鼓舞打破枷锁，突破专制与机械化的生活，他们肯定自己存在的意义，这也意味着人类对于自由的终生追求，从有限的“我”探寻到达无限的“我”的信念和理想。

（二）国王——束缚与被束缚的矛盾体

该戏剧的另一重要角色国王是泰戈尔灵活运用“情”“味”理论的体现。《南迪妮》唯一的场景就是网幕，国王一直生活在这片网幕里，泰戈尔在戏剧开始就已为观众搭建“幻想的世界”，这片网幕的存在即是烘托出国王的状态。一片黑暗的网幕似“情”，引起观众对于国王的幻想，从而达到“味”的体验。国王虽然作为反面角色，却在恶意中尚存一丝人性光芒，该角色更像是矛盾体，表现为一种思想冲突。国王象征束缚与被束缚，是机械文明对于人类在追求自我精神中的消极影响。

国王虽作为夜叉城之首，却从未直接掌控矿工。夜叉城的机械运作使国王变得麻木，他隐匿在网幕后面，沉迷于财富与权利，却感受不到财富和权利带来的快乐。他从未真正明白自己想要什么，也不知道他掠夺的一切能给自己带来什么。他在黑暗的网幕中空虚且疲惫，没有任何的活力。而南迪妮的出现使国王为之倾倒，他在南迪妮身上看到了与自己形成强烈反差的炙热光明，这种光明具有生命的气息。他羡慕南迪妮，并用抒情的话语称赞南迪妮的美好：“宇宙的笛声中响起的那

① 拉宾德拉纳特·泰戈尔．泰戈尔全集（第 21 卷）[M]．刘安武等，译．石家庄：河北教育出版社，2000：267．

种舞蹈的旋律，我在你身上看到了。①（বিশ্বের বাঁশিতে নাচের যে ছন্দ বাজে সেই ছন্দ।②）”“那种旋律使得事物的巨大负荷得以减轻。③（সেই ছন্দে বস্তুর বিপুল ভার হালকা হয়ে যায়।④）”南迪妮带来心灵与精神上的自由不断撞击着国王的内心，他在与南迪妮对抗的同时也是在与自己对抗。直到戏剧结尾，当国王撕破网幕，决定与南迪妮一同反抗老爷，则是他战胜自我而觉醒的时刻——即国王突破了环境对他意识的压制。在南迪妮到夜叉城之前，国王长期处于自我意识“死亡”的状态中，而与南迪妮的每一次“碰撞”都是在感知自由力量的过程，南迪妮带来的光明、自由、欢乐和爱意让国王冲破了黑暗的枷锁，直面自我。戏剧情节的发展在国王砍倒自己旗帜的那一刻达到了高潮，是南迪妮的进军让他“活”了过来。从戏剧效果上来看，泰戈尔在戏剧开始时为观众搭建的幻想世界，在国王觉醒的瞬间就让观众达到“味”的愉悦，观众的观感体验在国王完成反转时更加完整。

国王的象征意义从宏观上看，是机械文明给个人与社会带来的消极后果。同时也可以从现实角度解读，国王依然是夜叉城的半个统治者，他虽然在思想上也受到束缚，长时间浸泡在黑暗中，但他却将这一消极影响转移到外部环境。他象征着印度的封建势力，他与殖民者一同为印度人民带来了苦难，但印度封建主依然逃脱不了英国殖民者的压制。

（三）伦金——英勇与无畏

泰戈尔对于伦金这一角色的刻画并无太多笔墨，但他却是不可或缺的配角之一。“情”“味”理论的运用在伦金身上得到了充分体现。伦金是神秘的，他从未出场，他的角色形象与性格一直都是借其他角色之口所描绘。观众通过其他角色对伦金的评价，引起对伦金的“情”，进入到构建伦金这一角色的幻想中。而到戏剧结尾时，伦金出场即牺牲，使观众的幻想在一瞬间到达“味”的体验，观众在此情节受到极大的情感冲击。

首先，伦金是南迪妮的爱人，他对南迪妮的爱是炙热的。他亲切地称南迪妮为“红夹竹桃”，并将其永存心中。⑤同样地，南迪妮说道：“我感到我的伦金的爱是红色的，今天我就把这种红颜色的花戴到脖子上，戴到手上，戴在心里。⑥（আমার

---

① 拉宾德拉纳特·泰戈尔．泰戈尔全集（第 18 卷）[M]．刘安武，等译．石家庄：河北教育出版社，2000：13．

② রবীন্দ্রনাথ ঠাকুর. রবীন্দ্র-রচনাবলী(পঞ্চদশ খণ্ড) [M]. কলিকাতা: শ্রীকানাই সামন্ত বিশ্বভারতী, ১৯৬৪: ৩৫৪.

③ 拉宾德拉纳特·泰戈尔．泰戈尔全集（第 18 卷）[M]．刘安武，等译．石家庄：河北教育出版社，2000：13．

④ রবীন্দ্রনাথ ঠাকুর. রবীন্দ্র-রচনাবলী(পঞ্চদশ খণ্ড) [M]. কলিকাতা: শ্রীকানাই সামন্ত বিশ্বভারতী, ১৯৬৪: ৩৫৪.

⑤ শান্তিকুমার দাশগুপ্ত. রবীন্দ্রনাথের রূপক নাট্য [M]. কলিকাতা: বুকল্যান্ড, ২০১৮: ২৩০.

⑥ 拉宾德拉纳特·泰戈尔．泰戈尔全集（第 18 卷）[M]．刘安武，等译．石家庄：河北教育出版社，2000：8．

রঞ্জনের ভালোবাসার রঙ রাঙা, সেই রঙ গলায় পরেছি, বুকে পরেছি, হাতে পরেছি।[①])”“伦金的爱是红色的”象征着伦金终将成为南迪妮进军的动力与源泉。伦金是英勇的化身，南迪妮在他身上看到了超越黑暗的勇气，并学会了勇敢。戏剧结尾，伦金冲破老爷给予的禁锢，不畏牺牲，吹响反抗暴政的冲锋号角，南迪妮说：“从死亡中我听见他那战无不胜的声音。[②]（মৃত্যুর মধ্যে তার অপরাজিত কণ্ঠস্বর আমি-যে এই শুনতে পাচ্ছি।[③])”伦金的牺牲促使她奋不顾身带领矿工们与老爷宣战，并喊出了“胜利属于伦金！[④]（জয় রঞ্জনের জয়![⑤])”的口号。

伦金是自由的先驱者，是超越夜叉城规则的存在，他具有颠覆性的能量。[⑥]伦金这一角色帮助剧情走向高潮，成就了南迪妮。此外，伦金具有极为重要的现实意义。泰戈尔作为社会活动家、民族主义者，他在印度民族解放斗争的道路上以自己的艺术创作发出反抗殖民主义和封建主义的呼声。泰戈尔创作的伦金是英勇与无畏的象征符号，是泰戈尔的民族情感的寄托。若南迪妮是光明与自由的象征，伦金则是组成这自由精神的其中一股力量，他是印度民族主义者的化身，体现了泰戈尔渴望本民族获得独立的现实理想。

（四）老爷——专制与残暴

“老爷”在孟加拉语中为“首领”“工头”之意。在象征主义戏剧《南迪妮》中是作为一个群体所存在，他们才是夜叉城的真正掌权者。

首先，老爷是专制与残暴的象征。怀抱着黄金梦的矿工们被专制贪婪的老爷诱骗到夜叉城里开采金矿，在老爷无节制的鞭挞后思想逐渐变得麻木。觉醒的矿工维休说道：“这里的老爷们不只是堵死了我们回去的道路，而且扼杀了我们回去的意志。[⑦]（সর্দার কেবল-যে ফেরবার পথ বন্ধ করেছে তা নয়, ইচ্ছেটা সুদ্ধ আটকেছে।[⑧])”老爷残暴地奴役矿工们，将他们当作数字编号和开采黄金的工具。生活在这座城市里的矿工们被无形的枷锁捆绑，失去了人格与自由，老爷不择手段地控制所有矿工，狠狠榨取

---

① রবীন্দ্রনাথ ঠাকুর. রবীন্দ্র-রচনাবলী(পঞ্চদশ খণ্ড) [M]. কলিকাতা: শ্রীকানাই সামন্ত বিশ্বভারতী, ১৯৬৪: ৩৪৯.

② 拉宾德拉纳特·泰戈尔. 泰戈尔全集（第 18 卷）[M]. 刘安武，等译. 石家庄：河北教育出版社，2000：62.

③ রবীন্দ্রনাথ ঠাকুর. রবীন্দ্র-রচনাবলী(পঞ্চদশ খণ্ড) [M]. কলিকাতা: শ্রীকানাই সামন্ত বিশ্বভারতী, ১৯৬৪: ৩৯৮.

④ 拉宾德拉纳特·泰戈尔. 泰戈尔全集（第 18 卷）[M]. 刘安武，等译. 石家庄：河北教育出版社，2000：63.

⑤ রবীন্দ্রনাথ ঠাকুর. রবীন্দ্র-রচনাবলী(পঞ্চদশ খণ্ড) [M]. কলিকাতা: শ্রীকানাই সামন্ত বিশ্বভারতী, ১৯৬৪: ৩৯৯.

⑥ Renganathan M, Bhattacharya A. The understudied dramatic aesthetics of Rabindranath Tagore [M]. 1st ed. New York: Anthem Press, 2020: 59.

⑦ 拉宾德拉纳特·泰戈尔. 泰戈尔全集（第 18 卷）[M]. 刘安武，等译. 石家庄：河北教育出版社，2000：19.

⑧ রবীন্দ্রনাথ ঠাকুর. রবীন্দ্র-রচনাবলী(পঞ্চদশ খণ্ড) [M]. কলিকাতা: শ্রীকানাই সামন্ত বিশ্বভারতী, ১৯৬৪: ৩৫৯.

着矿工身上的价值。同时，老爷像一张巨大的黑网笼罩着夜叉城，让夜叉城陷入到混沌之中。维休对南迪妮说：“在这里，四面八方都是老爷的阴影，要避开是不可能的。[①]（এখানে তো চার দিকেই সর্দারের ছায়া, এড়িয়ে চলবার জো কী।[②]）”连国王都在老爷的掌控中，老爷利用国王的力量将其困在网幕里，并且还欺骗国王。国王说道：“在堵住出路方面，在使对手束手无策方面，没有人能够比得上老爷。[③]（পথঘাট আটক করতে সর্দারের মতো কাউকে দেখি নি।[④]）”在戏剧结尾，老爷将伦金残忍杀害，导致南迪妮愤然反抗，国王也顿悟倒戈。南迪妮与国王带领矿工掀起革命，走向了争取光明与自由的道路。

从戏剧的人物对白中能看出，老爷是一位完完全全的反面角色，他不像国王残存着一丝人性，他反而比国王更专制，是危险的代名词。泰戈尔在《南迪妮》中创作的老爷角色，侧面烘托了压抑的氛围，每当老爷出场或是其他角色谈论到老爷时，戏剧气氛总是过于紧张。老爷的残暴并非通过戏剧场景体现，而是通过角色对白呈现，观众在角色对白的基础上，对老爷有了直观的印象，而戏剧结尾老爷将伦金残忍杀害这一情节，使得老爷这一角色的凶恶面体现得淋漓尽致，并且将戏剧推向了最高潮。老爷象征着英国殖民者，其角色象征同伦金一样，具有现实意义，是泰戈尔对20世纪英国殖民印度的真实写照。

四、结语

泰戈尔的象征主义戏剧在继承印度古代传统戏剧的基础上，糅合现代西方戏剧创造出别具一格的戏剧特色。泰戈尔创作的《南迪妮》是一部意蕴丰富的象征主义戏剧，体现了泰戈尔创作象征主义戏剧的天赋。泰戈尔在该戏剧中灵活运用印度古代传统戏剧“情”“味”美学理论与概念人物化的艺术创作手法，赋予戏剧角色南迪妮、国王、伦金和老爷等丰富的象征内涵。这些抽象的概念与真理，成功地演绎出泰戈尔所要表达的思想，其情感对于观众同样具有普适的吸引力。南迪妮与国王的角色象征意义点明了戏剧主题，从宏观意义上看，体现泰戈尔批判机械文明为人类带来的消极影响，呼吁人类追求心灵与精神的自由解放；而伦金与老爷的角色象征意义，从泰戈尔所处的现实时代来看，是其反抗殖民主义与封建主义，渴望印度民族获得独立的呼声。《南迪妮》之所以能够演出至今是因泰戈尔思想对人类命运的真切关怀以及对时代特殊性的感知，这与泰戈尔的象征主义戏剧中的象征功能理

---

① 拉宾德拉纳特·泰戈尔. 泰戈尔全集（第18卷）[M]. 刘安武，等译. 石家庄：河北教育出版社，2000：30.

② রবীন্দ্রনাথ ঠাকুর. রবীন্দ্র-রচনাবলী(পঞ্চদশ খণ্ড) [M]. কলিকাতা: শ্রীকানাই সামন্ত বিশ্বভারতী, ১৯৬৪: ৩৬৯.

③ 拉宾德拉纳特·泰戈尔. 泰戈尔全集（第18卷）[M]. 刘安武，等译. 石家庄：河北教育出版社，2000：63.

④ রবীন্দ্রনাথ ঠাকুর. রবীন্দ্র-রচনাবলী(পঞ্চদশ খণ্ড) [M]. কলিকাতা: শ্রীকানাই সামন্ত বিশ্বভারতী, ১৯৬৪: ৩৯৯.

念一致——即特殊与普遍、历史与永恒相融一体。①所以直至今日，该戏剧的角色象征意义依旧能为观众带来无限想象，从而引起内心深处的共鸣。

参考文献

［1］陈瑜．象征主义戏剧的美学特征［J］．青年文学家，2012（7）：188—189．

［2］戈帕兰·慕力克，张潇予．婆罗多的“味”论：印度古典美学理论与电影艺术的关系［J］．电影艺术，2021（3）：28—36．

［3］黄宝生．印度古代文学［M］．北京：中国社会科学出版社，2020：542—546．

［4］侯传文．泰戈尔戏剧思想初探［J］．东方论坛，2009（6）：27—31．

［5］金克木．概念的人物化：介绍古代印度的一种戏剧类型［EB/OL］．（2018-12-08）［2023-05-13］．https://www.163.com/dy/article/E2HFA4A80521C3QB.html．

［6］拉宾德拉纳特·泰戈尔．泰戈尔全集（第 16、18、21、22 卷）［M］．刘安武，等译．石家庄：河北教育出版社，2000．

［7］如珍．浅论泰戈尔的戏剧创作［J］．南亚研究，1984（2）：74—85．

［8］周骅．论泰戈尔的象征剧［D］．湘潭：湘潭大学，2004：6．

［9］周俊洁．东方古典戏剧理论精粹：《舞论》之“情”与“味”［J］．四川戏剧，2021（3）：41—44．

［10］Ananda L. Three plays by Rabindranath Tagore: translated, and with an introduction [D]. Champaign: University of Illinois at Urbana-Champaign, 1986: 17, 64-73, 176-180, 248-249.

［11］Prabhucharan G T. The bengali drama: its origin and development [M]. 2nd ed. London: Routledge, 2000: 177-223.

［12］Renganathan M, Bhattacharya A. The understudied dramatic aesthetics of Rabindranath Tagore [M]. 1st ed. New York: Anthem Press, 2020: 45-63.

［13］তৃষা চক্রবর্তী. রক্তকরবী: ‘থাকা’র ইস্তেহার [EB/OL]. [2023-6-25]. https://www.parabaas.com/rabindranath/articles/pTrisha_raktakarabi.html.

［14］দেবশ্রী নন্দী. রবীন্দ্রনাট্যের অন্তর্বয়নে সঙ্গীতের ভুমিকা: রক্তকরবী, চিত্রাঙ্গদা ও চন্ডালিকা [J]. International Journal of Humanities & Social Science Studies, 2016, 3 (3): 9-20.

［15］রবীন্দ্রনাথ ঠাকুর. রবীন্দ্র-রচনাবলী(পঞ্চদশ খণ্ড) [M]. কলিকাতা: শ্রীকানাই সামন্ত

① Renganathan M, Bhattacharya A. The understudied dramatic aesthetics of Rabindranath Tagore [M]. 1st ed. New York: Anthem Press, 2020: 63.

বিশ্বভারতী, ১৯৬৪: ৩৪৫-৪০০.

[16] শান্তিকুমার দাশগুপ্ত. রবীন্দ্রনাথের রূপক নাট্য [M]. কলিকাতা: বুকল্যান্ড, ২০১৮: ২১৫-২৫৩.

[17] শেখর কুমার সমাদ্দার. রবীন্দ্রনাথের নাটকের মঞ্চযোগ্যতার মূল্যয়নঃ প্রযোজনার বিবর্তনের নিরিখে(১৮৮১-সাম্প্রতিক কাল)[D]. কলকাতা: যাদবপুর বিশ্ববিদ্যলয়, ১৯৯৬: ১৪২-২০৯.

翻译研究

柬埔寨民间文学在中国的译介初探[①]

广西民族大学东南亚语言文化学院
海南外国语职业学院东方语言学院 陈俊源

【摘　要】自 1957 年以来，翻译文学作品是中柬两国文学文化交流的重要形式，也是促进两国文明互鉴的重要方式。其中，中国对柬埔寨民间文学的译介是一个历史性活动，也取得了一些重要成果，对于中柬两国文化之间的相互了解、互为尊重、互为补充具有重要意义。本文从历时角度出发，梳理柬埔寨民间文学在中国的译介史，并且运用译介学的“创造性叛逆”理论，探讨 21 世纪前后柬埔寨民间文学在中国的译介中呈现出的不同特点，使我们更好地理解中柬两国之间的文化差异，促进跨文化交际的顺利进行，增进两国民心相通。

【关键词】柬埔寨；民间文学；中国；译介

中国与柬埔寨由于地缘上接近，相互之间文化交流频繁。其中，翻译文学作品是中柬两国文学文化交流的重要形式，也是促进两国文明互鉴的重要方式。中国有许多文学名作在柬埔寨广泛传播，法国学者嘉克·尼伯特（Jacques Népote）和金·霍·迪（Khing Hoc Dy）曾经收集了改编自中国历史小说和民间故事的文学作品，比如《三国》《西汉故事》《狄青传说》《王昭君传说》等[②]，对于研究两国文学文化交流史具有一定参考价值。虽然“历史证明，文学与文化的相互交流和影响并不是对等的”[③]，但是推动柬埔寨民间文学在中国的译介和传播，有助于我们了解柬埔寨人民的生产生活和风俗习惯，促进中国与柬埔寨在文学上的彼此借鉴和交流。基于目前国内外学术界主要在文化学、类型学、形象学等视角下研究柬埔寨民间文学，本文运用译介学“创造性叛逆”理论，分别探讨 21 世纪前后柬埔寨民间文学在中国的译介中呈现出的不同特点，以期补充现有研究资料的不足，为东南亚

---

① 基金项目：广西高校人文社会科学重点研究基地广西民族文化保护与传承研究中心资助课题（研究生创新项目 2022CXYB01）；本项目获广西民族大学研究生创新计划 gxun-chxb202102 资助。

② Claudine S. Literary migrations: traditional Chinese fiction in Asia (17th-20th centuries) [M]. Singapore: Institute of Southeast Asian Studies Publishing, 2013: 199-215.

③ 梁立基. 略论世界四大文化体系对东南亚文学发展的影响［J］. 国外文学，1990（7）：1—16.

民间文学乃至外国民间文学在中国的译介和传播研究提供可借鉴的个案。

"创造性叛逆"这个术语，是由法国文学社会学家罗贝尔·埃斯卡皮（Robert Escarpit）提出的。埃斯卡皮指出，"翻译总是一种创造性的叛逆"，"说翻译是叛逆，那是因为它把作品置于一个完全没有预料到的参照体系里（指语言）；说翻译是创造性的，那是因为它赋予作品一个崭新的面貌，使之能与更广泛的读者进行一次崭新的文学交流；还因为它不仅延长了作品的生命，而且又赋予了它第二次生命"。[①]埃斯卡皮抓住了文学翻译中创造性叛逆的最根本特点，亦即它把原作引入了一个原作者原先所没有预料到的接受环境，并且改变了原作者原先赋予作品的形式。但是，创造性叛逆并不为文学翻译所持有，它实际上是文学传播与接受的一个基本规律。比如，一部作品，即使不超越它的语言文化环境，它也不可能把它的作者意图完整无误地传达给它的读者，因为每个接受者都是从自身的经验出发，去理解、接受作品的。尤其是，当一部作品进入了跨越时代、跨越国界、跨越民族、跨越语言的传播，其中的创造性叛逆就更是不言而喻的了，不同的文化背景、不同的审美标准、不同的生活习俗，无不在这部作品上打上各自的印记。这时的创造性叛逆已经超出了单纯的文学接受的范畴，它反映的是文学翻译中的不同文化的交流和碰撞，不同文化的误解与误释。[②]这一性质，使得文学翻译的创造性叛逆在比较文学研究中具有了特别的意义。可以说，它为翻译研究加入了文化层面的考察和审视，拓宽了比较文学译介学研究的新空间。本文运用译介学的"创造性叛逆"理论，对柬埔寨民间文学在中国的译介展开专题性研究，对于丰富、发展和深化译介学的方法论无疑具有一定的尝试意义。

一、柬埔寨民间文学在中国的译介现状

民间文学是柬埔寨文学的重要组成部分。民间文学又称"人民口头创作""口头文学""口碑文学""口传文学"，它与作家书面文学相对应，因其作者系人民大众，表现手段主要为口语，所以习惯上被称为民间文学。[③]柬埔寨民间文学是当地人民的居住环境、生活方式、宗教信仰和思想感情的产物。它犹如社会的镜子，反映了当地人民在自然状态下的生产生活模式、信仰形式、表达方式、日常话语和生活琐事[④]，从中还可以发现他们的思维方式、价值观念和性格特征。

19世纪末，柬埔寨著名作家、诗人索敦布雷杰·因（Suttantaprija Ind）率先在

---

① 罗贝尔·埃斯卡皮．文学社会学［M］．王美华，于沛，译．合肥：杭州文艺出版社，1987：137．

② 谢天振．译介学［M］．南京：译林出版社，2013：108—109．

③ 杨亮才．中国民间文艺辞典［M］．兰州：甘肃人民出版社，1989：276．

④ 寸雪涛．文化和社会语境下的缅族民间口头文学：以仰光省岱枝镇区钦贡乡钦贡村、班背衮村及叶诶村为例［M］．广州：世界图书出版广东有限公司，2012：3．

民间社会广泛搜集和整理寓言故事，为保存高棉文学做出了许多积极的贡献，并获得了柬埔寨国王授予的王室头衔。此后，柬埔寨佛学院将其手稿编辑为一套共计10册的民间寓言故事书，于佛历2539年正式出版。1930年，法国殖民政府在金边成立了柬埔寨上座部佛教研究院（简称“佛学院”）。佛学院统筹了同样由殖民政府成立的原皇家图书馆的职能，接手《柬埔寨太阳》（*Kambuja Surya*）杂志的出版编辑工作。[①]随后，在王国政府的支持下，佛学院成立高棉民俗研究会，成员共8名，由佛学院僧侣乍宾（Chap Pin）担任主席，负责搜集与整理柬埔寨各省、县和区的神话、民间传说和民间故事。20世纪60年代至70年代，柬埔寨佛学院陆续出版了《高棉民间故事集》[②] 9集，其中收录故事共248个。

除了佛学院高棉民俗研究会对民间文学的搜集与整理外，柬埔寨文化艺术部亦根据不同的话题，从佛学院于1972年出版的《高棉习俗中的民间故事集》中挑选出部分作品，对内容进行适当的删减，并添加照片和讨论问题，让柬埔寨当地儿童易于阅读与理解。1994年，米塞尔·德兰（Mesel Tranet）著的《与庙宇有关的民间传说》[③]、《与山有关的民间传说》[④]出版发行。此外，柬埔寨还有其他作家也整理出版过一些柬埔寨民间文学作品，如洪·提达（Hang Thida）著的《下柬埔寨高棉民间故事集》（2004年）[⑤]、胶·娜龙（Keo Narom）著的《山地高棉民间故事》（2011年）[⑥]等。2017年，柬埔寨皇家科学院出版了《波尔族人的语言与文学》一书[⑦]，在第三章中采录了波尔族人的民间口头文学，譬如《波尔族人起源传说》《螃蟹故事》《椰子与槟榔故事》《黄鼠狼故事》《两位挚友的故事》等，为宣传和保护柬埔寨少数民族语言文学做出了重要贡献。

我国对柬埔寨民间文学的翻译，始于1957年5月，为金满成、郑永慧选译的

---

① 顾佳赟. 柬埔寨佛教民族主义的生成、演进及特点研究［J］. 东南亚纵横，2021（5）：9.

② 2009年柬埔寨教育青年体育部再次发行了《高棉民间故事集》，收录的248个民间故事中涵盖了生活、宗教、教育、动物、神话等类型。

③ មីសែលត្រាណេះ រឿងព្រេងទាក់ទងនឹងប្រាសាទ（《与庙宇有关的民间传说》）ភ្នំពេញះក្រសួងវប្បធម៌ និងវិចិត្រសិល្បៈ ឆ្នាំ១៩៩៤។

④ មីសែលត្រាណេះ រឿងព្រេងទាក់ទងនឹងភ្នំ（《与山有关的民间传说》）ភ្នំពេញះក្រសួងវប្បធម៌និងវិចិត្រសិល្បៈ ឆ្នាំ១៩៩៤។

⑤ ហង្សធីតាះប្រជុំរឿងព្រេងខ្មែរកម្ពុជាក្រោម（《下柬埔寨高棉民间故事集》）ភ្នំពេញះពុទ្ធសាសនបណ្ឌិត្យ ឆ្នាំ២០០៤។

⑥ កែវណារុំះរឿងព្រេងខ្មែរលើ（《山地高棉民间故事》）ភ្នំពេញះគ្រឹះស្ថានបោះពុម្ពផ្សាយនគរវត្ត ឆ្នាំ២០១១។

⑦ ភាសានិងអក្សរសិល្ប៍ជនជាតិព័រ（《波尔族人的语言与文学》）ស្រាវជ្រាវដោយផ្នែកភាសានិងភាសាវិទ្យានិងផ្នែកអក្សរសាស្ត្រនិងអក្សរសិល្ប៍ ភ្នំពេញះរាជបណ្ឌិត្យសភាកម្ពុជា ឆ្នាំ២០១៧។

《柬埔寨民间故事》，由新文艺出版社公开出版发行。[①]该译著充分展现了柬埔寨劳动人民的生产生活经验、价值观念和行为准则，填补了长期以来柬埔寨文学作品在中国的译介空白[②]，同时也是当时两国建交和友好发展的现实需要。此后，“文革”爆发以及中国国内极左的政治，致使柬埔寨民间文学在中国的译介停滞不前。改革开放以后，尤其在20世纪80年代，我国陆续翻译了多篇（部）柬埔寨民间文学作品，对于了解柬埔寨人民的日常生活、思想感情、审美观念和艺术情趣具有重要意义。1978年，志冲编译《革命故事会》第4期上刊登了柬埔寨民间故事《谁是房子的主人》。[③]1980年，卢英翻译的《一个正直的人》，成为首篇刊登在由北京外国语大学创办的《外国文学》杂志的柬埔寨民间故事。[④]次年，该杂志又刊登了邓淑碧教授翻译的民间故事《瓢虫和乌鸦》和《农夫失马》[⑤]。此外，在1981—1985年间，陈彻翻译的《带刀的人：柬埔寨民间故事》[⑥]、李艾翻译的《棕榈树上的美梦：柬埔寨民间故事》[⑦]和《吴哥的传说：柬埔寨民间故事》[⑧]陆续出版发行。从选译的这些民间故事来看，作品题材广泛，语言通俗易懂，寓意深刻。

值得一提的是，在区域或世界文学著作中亦编入一定数量的柬埔寨民间故事。1982年12月，祁连休、栾文华和张志荣选编的《东南亚民间故事选》，选译了东南亚地区九个国家的民间故事，共72篇。其中，收录有《婆罗门格尔庙的传说》《阿索斯洛和阿索盖的故事》《以斧还斧，以锅还锅》《不赡养父亲的儿子》《勇敢的贡》《两个邻人的故事》《猴子偷皇冠的故事》《蟾蜍和乌龟智胜老虎》《鹿、乌鸦和乌龟交朋友》等9篇柬埔寨民间故事。[⑨]它们抨击了邪恶，歌颂了光明，赞扬了高尚的品德，揭示了一定的哲理，反映了柬埔寨人民的理想、愿望和追求。同年，姜继编译的《东南亚民间故事》（中册）也出版发行，共收录13篇柬埔寨民间故事。[⑩]1996年，《世界民间故事宝库：东亚·东南亚卷》一书出版，共收录6篇柬

---

① 陈纹洁．柬埔寨文学在中国的译介研究［J］．南宁职业技术学院学报，2020（4）：21—23．

② 王海玲．柬埔寨文学研究述评［J］．东南亚纵横，2017（5）：68—72．

③ 马境韩．柬埔寨民间故事的汉译、传播与影响［J］．南方文学评论，2021（10）：105—120．

④ 陈纹洁．柬埔寨文学在中国的译介研究［J］．南宁职业技术学院学报，2020（4）：21—23．

⑤ 邓淑碧．瓢虫和乌鸦、农夫失马（柬埔寨）［J］．外国文学，1981（5）：51．

⑥ 陈彻．带刀的人：柬埔寨民间故事［M］．北京：中国民间文艺出版社，1981．

⑦ 李艾．棕榈树上的美梦：柬埔寨民间故事［M］．昆明：云南人民出版社，1982．

⑧ 李艾．吴哥的传说：柬埔寨民间故事［M］．北京：新华出版社，1985．

⑨ 祁连休，栾文华，张志荣．东南亚民间故事选［M］．武汉：长江文艺出版社，1982．

⑩ 姜继．东南亚民间故事（中册）［M］．福州：福建人民出版社，1982．

埔寨民间故事。[①]1999 年，张玉安主编的《东方神话传说：东南亚古代神话传说（上）》收录了 10 篇柬埔寨神话传说。[②]从这些书籍可以看出柬埔寨民间故事是东南亚、东方和世界民间文学宝库中的重要组成部分。柬埔寨劳动人民口头创作和口耳相传的民间文学作品得到中国学术界的认可。

21 世纪以降，中国对柬埔寨民间文学的译介以邓淑碧教授编译的《柬埔寨民间故事》（以下简称“邓译本”）[③]为显著，书中共收录了 82 篇民间故事，主要分为神话传说、动物寓言故事、生活习俗故事。这些民间故事表达了柬埔寨人民群众对美好生活的向往，向读者朋友展现了柬埔寨的民俗文化特色和各个时期的社会风情面貌。[④]此外，彭晖教授于 2003 年编著的《柬埔寨文学简史及作品选读》[⑤]，也遴选了较有代表性的民间文学作品，并且附有故事梗概和作品简析，有助于读者更好地理解。2018 年 1 月，姜永仁主编的“神奇的丝路民间故事”丛书由安徽文艺出版社策划出版。这套丛书包含了 12 个“一带一路”沿线国家的民间故事，其中《柬埔寨民间故事》继续沿用了邓译本，收录有《“金边”的由来》《达布隆寺的来历》《闪电和雷声的来历》《水牛和老虎》《岳父择婿》等 84 篇民间故事。[⑥]

二、21 世纪以前柬埔寨民间文学在中国的译介特点

在比较文学中，媒介者是指为两国或两国以上的文学之间的交流、影响起传递作用的中介者，它可以是某个人，也可以是某个集团、组织，甚或某种事件、环境，等等。但在译介学研究中，媒介者主要是指译者。一般来说，译者的创造性叛逆有多种表现，但概括起来不外乎两种类型：有意识型和无意识型。[⑦]具体表现在四个方面：一是个性化翻译；二是误译与漏译；三是节译与编译；四是转译与改编。在本世纪以前的柬埔寨民间文学译介中，译者的创造性叛逆主要表现在以下几方面：

首先是转译，又称重译，指的是借助一种外语（我们称之为媒介语）去翻译另一外语国家的文学作品。[⑧]这种形式的翻译很普遍，因为任何国家不可能拥有一批

---

①《世界民间故事宝库》编委会．世界民间故事宝库：东亚・东南亚卷［M］．沈阳：沈阳出版社，1996．

② 张玉安．东方神话传说：东南亚古代神话传说（上）［M］．北京：北京大学出版社，1999．

③ 邓淑碧．柬埔寨民间故事［M］．沈阳：辽宁少年儿童出版社，2012．

④ 王海玲．柬埔寨文学研究述评［J］．东南亚纵横，2017（5）：68—72．

⑤ 彭晖．柬埔寨文学简史及作品选读［M］．北京：外语教学与研究出版社，2003．

⑥ 马境韩．柬埔寨民间故事的汉译、传播与影响［J］．南方文学评论，2021（10）：105—120．

⑦ 谢天振．译介学［M］．南京：译林出版社，2013：111．

⑧ 谢天振．译介学［M］．南京：译林出版社，2013：122．

通晓各种非通用语种的译者，所以在多数情况下，转译是不得已而为之的。譬如，中国第一本柬埔寨民间文学译著《柬埔寨民间故事》，不是直接由柬埔寨文翻译过来的，而是间接经过一个媒介——法文版的《法国与亚洲》（France-Asie）和《柬埔寨民间故事》（Contes Populaires Inédits du Cambodge），由著名的法国文学翻译家金满成先生和郑永慧先生从中选择 18 篇民间故事而转译过来的，并于 1957 年 5 月出版。本人以为，此法译本很有可能是法国殖民宗主国为了应对柬埔寨民族主义浪潮带来的剧烈冲击，继续维持其统治，希冀通过当地殖民官员或办事员调查和采录柬埔寨民间文学以及某些风俗习惯，以此探求柬埔寨民族文化心理特征，从而为法国殖民政府提供具体的意见和方法。诚如美国学者本尼迪克特·安德森（Benedict Richard O’Gorman Anderson）曾指出：“战前，关于东南亚不同地区的最优秀的研究，差不多全是出自有学识的殖民地官员。这些官员生活在某个殖民地长达数年，经常对当地的当代或者古代语言有所了解。他们往往把自身的学术工作视为一种业务爱好，主要对考古、音乐、古代文学和历史感兴趣”，“最重要的是，他们通常只研究一个殖民地——他们被分派去的那一个——对其他殖民地几乎没有兴趣或者了解。”[①]从这个意义上来说，这些殖民官员或办事员又充当了民族学、文化人类学家的角色。

其次是编译，属于有意识型创造性叛逆。造成编译的原因有多种：为与接受国的习惯、风俗相一致，为迎合接受国读者的趣味，为便于传播，或出于道德、政治等因素的考虑，等等。在某种程度上而言，编译旨在理清原文的情节线索，删除与主要情节线索关系不大的语句、段落，甚至篇章，以简洁明快的编译本形式介绍原文。而编译本中的句子，既有根据原文编写、改写的，甚至还有编译者出于某种需要添写的。[②]例如民间故事《沙克·西莫克的故事》，在金满成、郑永慧译本（1957 年）和李艾译本（1982 年）中，译者仅翻译了主人公沙克·西莫克幻想成为一名富商的故事情节以及结局。两个译本的内容基本一致，只有故事结局截然相反：1957 年译本中，主人公虽然脱离了险境，但不劳而获的梦想依然继续；而在 1982 年译本中，主人公不再想入非非，选择脚踏实地地干活了。同时，译文内容出现了对原文的明显改写和增译，以第一个段落为例，原文如下：

有一天，沙克·西莫克爬到了棕榈树的顶端，砍了很多棕榈叶，并且一捆捆地绑起来。他心里很高兴，一边庆祝一边想：我拿这些棕榈叶去卖给别人，得到 10 瑞尔后，然后我买一只母鸡回来养，待母鸡生了许多小鸡后，我再把母鸡卖出去，得到 5 瑞尔。接着我买一只小猪回来养，等到小猪长大后，我以 10 瑞尔的价格将其卖出，又买回一头牛和马，长大后再卖出去，我将得到更多的钱。直到有了一两

① 本尼迪克特·安德森．椰子壳碗外的人生［M］．徐德林，译．上海：上海人民出版社，2018：44．

② 谢天振．译介学［M］．南京：译林出版社，2013：120—121．

百瑞尔，我买一块田地、园子和村里的住宅，从此过上幸福的生活。我种了很多水稻，待把水稻和水果卖出去赚到三四百瑞尔后，我就娶一位妻子，而后我会有一位自己很疼爱的儿子。同时，我雇一位女佣帮忙照看我的儿子，如果那位女佣不小心摔倒了我儿子，我将踢她一脚。

金满成、郑永慧译本（1957 年）：沙克·西莫克爬到一棵棕榈树的顶上，骑着一根粗大的棕榈干，自己马上又对自己说："今天，我休息休息……不过我是会干活的。在树上，我能够一点不累地编织多一倍的篮子。我在市场上就有加倍数量的篮子出卖，我就能够多赚一倍的钱……我可以拿钱去买一头猪，我把猪养得肥肥的，然后卖给中国人……我为什么不能够像那个中国人一样呢？以前，他不过是一个苦工人，现在他有了一所大房子，还有许多听差……官老爷也尊敬他。我也要人家尊敬我！他们要向我敬礼！我也有许多听差！如果谁不服从我，我就要向他屁股上一脚踢出去，像这样子……"①

李艾译本（1982 年）：沙克·西莫克爬到一棵棕榈树的顶上，骑着一根粗大的棕榈干。还没开始干活，他又对自己说："忙什么……我今天先休息休息再说，……"说着他就闭上了双眼，背靠着树干做起梦来了。他喃喃地说："我是会干活的，会干活的。我在树上能毫不费力地编篮子，而且比往常能编一倍。然后我拿这些篮子到集市上卖给中国人，就能多得一倍的钱……然后我拿这些钱去买一头猪，把猪养得肥肥的，再去卖，又能赚一大笔钱……我为什么就不能像那个中国人一样过日子呢？他刚来到我们这儿的时候，不过是个穷人，可现在，他已经有了一所大房子，还有许多听差……就连官老爷也敬他三分。我也要人家尊敬我！要他们向我行礼！我也要有许多听差！如果有谁胆敢不服从命令，我就要向他屁股上狠狠地踢一脚，像这样……"②

以上两个译本可以让我们窥见"创造性叛逆"的一些基本特点，即皆出现了某种程度上的"改写"或"重写"。美国翻译理论家巴斯奈特曾经说过，"我们必须把翻译视作一个重要的文学手段，把它作为'改写'或'重写'的一种形式予以研究，这样可以揭示一个文学系统在接受外来作品时的转变模式"③。由于文学翻译，《沙克·西莫克的故事》被引入了一个新的语言环境，于是也就产生了诸多"变形"：译者为了不与中国传统的道德观念相悖，故意把原文中关于主人公用脚踢女佣的情节删去，改写为中国封建社会中官老爷与听差关系的情节；为了适应中国本土的优秀传统文化和审美标准，结果引入了艰苦奋斗的中国人形象；为了简洁明快

① 金满成，郑永慧．柬埔寨民间故事［M］．上海：新文艺出版社，1957：31．

② 李艾．棕榈树上的美梦：柬埔寨民间故事［M］．昆明：云南人民出版社，1982：9—10．

③ Susan B. The translation turn in cultural studies [M]// Constructing Cultures: Essays on literary Translation. Shanghai Foreign Language Education Press, 2001: 147-148.

地传达原文的中心思想，删除了主人公多次买卖东西和具体价格的细节；最后，译文还出现了一些符号运用，一般来说，柬文的文字书写不使用标点符号，但在译文中，比较明显地出现了省略号和感叹号，既给读者带来了思考的空间，也加强了译文的语气。

最后，对比较文学来说，也许更具研究价值的是有意误译，因为在有意误译中译语文化与源语文化表现出一种更为紧张的对峙，而译者则把他的翻译活动推向一种非此即彼的选择：要么为了迎合本民族的文化心态，大幅度地改变原文的语言表达方式、文学形象、文学意境，等等；要么为了强行引入异族文化模式，置本民族的审美趣味的接受的可能性不顾，从而故意用不等值的语言手段进行翻译；还有一种情况是，也有可能通过有意误译寄寓或传递译者和接受环境的某种特别的诉求。[①]譬如，动物起源故事《蚊子的起源》，郑永慧先生在仔细揣摩了原文的内容后，把它译为《蚊子为什么这么小？》[②]，以疑问的形式极大引起了读者的好奇心。又如民间故事《挖螃蟹的男人》，在李艾译本中的翻译是《螃蟹救穷人》[③]，形象直观地把“动物报恩”的故事母题呈现在读者面前。以上两个例子表明，译者为了迎合本民族读者的文化心态和接受习惯，故意不用正确手段进行翻译，从而造成了有意误译。

三、21 世纪以降柬埔寨民间文学在中国的译介特点

从文本生成、传播的历程来看，文本的生命不会止于一次的翻译，随着时间的推移，柬埔寨民间文学的译介在潜移默化之中不停地向前发展，旧的译本在新的环境中可能显得陈旧、落后，也可能变得不可理解甚至不可接受，于是便召唤着复译的产生，以推动文本的生命继续发展。[④]北京外国语大学邓淑碧教授编译的《柬埔寨民间故事》，可以说是在新的文化时空中继续延续和拓展了柬埔寨民间文学译介的生命，且呈现出一些个性化翻译的特点。所谓“个性化翻译”，是指译者在从事文学翻译时大多有自己信奉的翻译原则，并且还有其独特的追求目标。[⑤]谢天振指出，比较多的个性化翻译的一个很主要的特征是“归化”。所谓“归化”，它的表面现象是用极其自然、流畅的译语去表达原著的内容，但是在深处却程度不等地都存在着一个译语文化“吞并”原著文化的问题。[⑥]有学者认为，邓译本在形式上选译了更贴合中国青少年成长、更贴合当代社会主义核心价值观的民间文学作品；在内

---

① 谢天振．译介学［M］．南京：译林出版社，2013：156．

② 金满成，郑永慧．柬埔寨民间故事［M］．上海：新文艺出版社，1957：3．

③ 李艾．吴哥的传说：柬埔寨民间故事［M］．北京：新华出版社，1985：96．

④ 许钧．翻译概论［M］．北京：外语教学与研究出版社，2009：66．

⑤ 谢天振．译介学［M］．南京：译林出版社，2013：113．

⑥ 谢天振．译介学［M］．南京：译林出版社，2013：115．

容上进行了语言的简化和重构，让青少年能够更直观地阅读和理解每一篇故事所要表达的主题和意义，起到了寓教于乐的作用[①]。通读该译著下来，读者既可以了解柬埔寨的民族文化和风土人情，也可以理解柬埔寨人民的思想情感、价值观念和行为准则。

邓译本除了使用自然流畅、通俗易懂的语言来翻译柬埔寨民间文学中的精品佳作，作为一种翻译策略，"归化"在该译著的许多词句中都体现得很充分。这里涉及到译著所属的文化地位和译者所属民族的文化立场，促使其以积极方式去选择拟译文本，去确定翻译的策略或方式，去解决原文语言与"文化万象"给翻译所造成的各种障碍。[②]例如，动物起源故事《蚊子的起源》原文中的"息瓦、大自在天（湿婆）""财主或富翁的千金"，在邓译本中选择了中国读者耳熟能详的"玉皇大帝"以及符合广大劳动人民群众审美标准的"农家的女儿"进行翻译。传奇人物故事《带刀的人》，倘若我们不考察"直译"现象，而只看故事题名，心中可能会产生一种压抑感，且眼前呈现出血腥杀戮的场面；邓译本却很好地规避了此问题，根据故事内容反映的主人公勤劳肯干、忍辱负重、宽容大度、不贪权位、忠于职守的高尚品德，将其翻译为《篾匠的故事》，歌颂主人公从一个篾刀匠发展成为两个国家国王的传奇人生[③]。历史传说《甜瓜大爷》，在邓译本中译为《甜瓜国王的故事》，以此鞭挞了一个因贪得无厌、欲壑难填又馋嘴贪吃而丧命的昏君，歌颂了一个由于勤劳、正直、勇敢而当上国王的瓜农。动物故事《破坏老鼠的女人》，邓淑碧教授根据该故事反映的主题思想，把故事题名翻译为《贪心的夫妇》，以此直观地向读者说明贪得无厌的人往往事与愿违，提醒人们切不可有贪心，更不应起歹心[④]。

个性化翻译的特征也并不全是"归化"，它还有"异化"——译语文化"屈从"原著文化的现象。[⑤]邓淑碧教授在翻译柬埔寨民间故事时，就有意识地按照柬埔寨语读音方法，对一些故事题名、人名等，选择"异化"的翻译方式，显著的例子如《阿奇塞的故事》就是按照柬埔寨语读音方法进行音译的，而郑永慧先生根据字面意思将其翻译为《马粪伕》。关于柬埔寨人名的翻译，例子就更多了，如《金环蛇的故事》中母亲的名字"妮"，女儿的名字"艾"；《师父和弟子的故事》中弟子的名字"阿普洛"；《绍盖射鱼鹰的故事》中两个男子"绍盖"和"比罗"；《主人与马》中爱马如子的男子"柏拉克"；《阿贡射斑鸠的故事》中出身贫寒的男子"阿

① 马境韩．柬埔寨民间故事的汉译、传播与影响［J］．南方文学评论，2021（10）：118．

② 许钧．翻译概论［M］．北京：外语教学与研究出版社，2009：142．

③ 邓淑碧．柬埔寨民间故事［M］．沈阳：辽宁少年儿童出版社，2012：66．

④ 邓淑碧．柬埔寨民间故事［M］．沈阳：辽宁少年儿童出版社，2012：137．

⑤ 谢天振．译介学［M］．南京：译林出版社，2013：116．

贡”；《“男山”和“女山”的来历》中的女王“斯雷·阿育陀耶”；《王子和龙女》中的岛屿“谷特牧岛”、印度王子“柏列唐”，等。此外，《“猫也好，狗也好，嫁就嫁吧”》在邓译本中仍保留着原文的标点符号即双引号的使用，以此说明柬埔寨农村有这样一种说法：当女方家了解到前来求亲的小伙子人品好，有学识，有手艺，即使家境贫穷，也愿意把女儿嫁给他，因为女方家相信，女儿以后的日子一定会美满幸福。[①]

不论如何，邓译本极力避免采取极端化的“异化”与“归化”的方法，试图以“交流与沟通”为翻译的根本宗旨，寻找一套有利于中柬两国文化沟通的翻译原则与方法。例如《特明吉的故事》中出现了柬埔寨人欢度送水节时常吃的“扁米”，为方便读者阅读理解，译者在该词后面添加了括号，并解释说明“扁米是柬埔寨传统的一种小吃，类似中国的爆米花”[②]。又如柬埔寨民间传说《混填王与王后》，邓译本采用了中国读者喜闻乐见的标题，将其翻译为《王子与龙女》，同时为了让中国读者了解柬埔寨人的信仰和习俗，在译文后还有这样一段评注：“在古代柬埔寨，人们把传说中的龙王、龙后和龙女视为水中的灵物，这起源于远古的龙图腾崇拜。这则神话叙述了龙女在谷特牧岛上偶然遇见并爱上一位王子。龙王为了祝贺驸马，大显神威，把谷特牧岛四周的海水吸干，然后变出一座豪华宫殿献给这对新人。王子想拜见住在海底龙宫中的龙王和龙后，但因不会分水术，只好手拉着龙女的长纱裙，由龙女带领，向龙宫走去，海水随即向两边闪开，最后见到了龙王和龙后。故事借用以上的情节，说明了柬埔寨人民传统的婚俗中，新郎拉着新娘长长的婚纱裙步入洞房的来历。”[③]

四、对译介柬埔寨民间文学的几点认识

在人类的口头文学时期，许许多多的口头文学作品在一代又一代的口头文学家的口口相传的过程中，不断接受他们的创造性叛逆，从而变得越来越丰富，越来越充实，越来越完满。[④]换言之，民间文学是活的语言艺术，它保存在人们的记忆里，流传在人们的口耳间，永远没有定稿[⑤]。尽管有许多口头文学作品已经被整理成文、出版、发表，也非最终定稿，而是处于暂时的稳定状态，一旦回到民间社会，又继续处于不断变化状态。因此，柬埔寨民间文学有其变异性的特征，在不同地区和不同语境可能存在不同的版本，表现在作品的语言变化以及作品的内容、情节、主题、形象、结构等要素的变化上，使得柬埔寨民间文学在中国的译介也将会

① 邓淑碧．柬埔寨民间故事［M］．沈阳：辽宁少年儿童出版社，2012：53．
② 邓淑碧．柬埔寨民间故事［M］．沈阳：辽宁少年儿童出版社，2012：72．
③ 邓淑碧．柬埔寨民间故事［M］．沈阳：辽宁少年儿童出版社，2012：38．
④ 谢天振．译介学［M］．南京：译林出版社，2013：109．
⑤ 刘守华，陈建宪．民间文学教程［M］．武汉：华中师范大学出版社，2002：34．

是一个不断持续和发展变化的过程。从最早的译本和最新的译本之间的近六十年跨度表明，柬埔寨民间文学在中国的译介是一个历史性活动。也就是说，它总是在一定的历史条件下进行的，影响和制约它的因素、评价它的标准，诸如文化背景、生活习俗、审美标准等方面的差异，无不在这些翻译作品上打上时代的烙印。同时，随着社会的发展，不同时代还会对翻译提出新的要求，翻译的目的和功能会有所变化，这就会影响译者的翻译方法，因为任何方法都是视目的与功能而定的。

从接受美学的角度看，本文讨论的柬埔寨民间文学译作本身就是一部部出色的文学作品，甚至可以视作中国文学的一个特殊的组成部分，其特殊之处又在于翻译文学的外来性质和跨文化属性[①]。这些译作在立足于传达原作的思想内容的同时，由于译者的再创作，使译作还染上了译文中特有的文化情调，从而使中国读者在阅读译文时获得了阅读原文时所没有的感觉。这也是一种美的感受，一种只有在阅读译文才能得到的享受，正如谢天振教授所言，“如果说，翻译总是有所失落的话，那么，好的翻译在失落的同时还另有所得，这个‘得’就是译者的再创作所创造的艺术价值”[②]。本世纪前后中国学者译介柬埔寨民间文学过程中出现的“创造性叛逆”以及个性化翻译现象，主要是因为柬埔寨民间故事也有其不足之处，比如，有的不能不受到一些宗教的因果报应、劝世说教、封建伦理、道德和剥削阶级的思想影响，所以译者不得不对其进行适当的改编，以适应中国读者的审美需求。对于读者而言，他们原先各种经验、趣味、素养、理想等综合形成的对文学作品的一种欣赏要求和欣赏水平，在具体的阅读中，表现为一种潜在的审美期待。而这种审美期待又与特定时代的世界观或者中国文学上的时代精神相关联。

译介柬埔寨民间文学对于中柬两国文化之间的相互了解、互为尊重、互为补充具有重要的作用。众所周知，自从习近平总书记于 2013 年 8 月提出“讲好中国故事”思想后，多年以来，如何讲好中国故事已经成为学术界共同关注、常新常讲、积极探索的问题。但从平等、双向的文化交流视角来看，中国对柬埔寨民间文学的译介及其翻译研究的过程是异常缓慢的，这与翻译要以促进交流为己任的使命还存在一定的距离。笔者以为原因有三方面，一是译介柬埔寨民间文学需要精通柬埔寨语言，可以说外语工具锐利是文学翻译工作奏效的前提条件。我们可以看到，21 世纪以降，中国柬埔寨民间文学的译介主体以柬埔寨语教员们为主。而在此前，主要从法译本翻译过来。二是 1957 年中柬两国建交以后，为适应当时两国建交和友好发展的现实需要，中国的柬埔寨研究学者主要关注中柬外交关系、经贸合作、华侨华人等领域，而对柬埔寨文学尤其是民间文学方面缺少关注，后来又由于中国的“文化大革命”，致使柬埔寨民间文学的译介进步缓慢，译著成果较少。直到 21 世纪初，中柬关系处于历史上最好的时期，柬埔寨民间文学译介缓慢发展的状况才有

① 王向远．翻译文学导论［M］．北京：北京师范大学出版社，2004：16．

② 谢天振．译介学［M］．南京：译林出版社，2013：178．

所改变。

三是从目前选译的柬埔寨民间故事来看，多数是编选狭义的民间故事作品，即以神话、传说以外的那部分口头叙事散文故事为主。事实上，广义的理解，民间故事包括了民众所有口头讲述的散文故事，包括神话、传说、故事、寓言、笑话等散文题材，凡是用民间口头语言以叙述方式讲述的各种有情节的作品，均属民间故事的编选范围。[①]以柬埔寨民间传说为例，它在柬埔寨文学史上占有举足轻重的地位，主要以记载柬埔寨民族传统文化中的重要地名、人名、自然风物、庙宇、宗教文化习俗等来源为内容，其所涉及的，往往是民族文化中最为核心的部分，同时也是柬埔寨人集体记忆的重要载体。其中，真情实景（与历史有关的生活）与奇情异事往往结合起来，使之成为具有历史性的艺术，又是典型的艺术化的历史，从而比现实生活更典型，也能更反映柬埔寨历史的本质。然而，柬埔寨民间传说作品在中国的译介数量屈指可数，仍不足以反映柬埔寨丰富多彩的历史故事与民俗文化。此外，柬埔寨民间文学体裁还包括民间歌谣、民间叙事诗、民间说唱、民间谚语和民间谜语，这其中蕴藏着柬埔寨人民对大自然、对人生社会的审美评价，体现了他们进步的美学观和审美理想，但是这些体裁的作品在中国的译介有待进一步开发。

当然，发现不足的同时我们也应该看到，柬埔寨民间文学在中国的译介虽然进展缓慢、范围较窄、数量较少，但不可否认的是确实迈出了坚实的一步，改变了以往中柬文学交流不平衡的局面，大大拓展了柬埔寨文学在中国的传播和影响，契合了当代中柬命运共同体建设的现实需要。著名翻译理论家许钧这样说过："一种文化，无论其有多么辉煌、多么强大，总是存在着自身的局限之处，只有走出自我，在与其他文化的不断碰撞中甚至冲突中，才能认识到自身的局限性，并渐渐在与其他文化的相互理解、相互交融之中丰富自身。"[②]从这个意义上说，国内柬埔寨文学翻译者和研究者应当以尊重为原则，在不丧失自我的立场前提下，采取一种客观的、宽容的或开放的心态，尽可能将不同体裁的优秀民间文学作品译介到中国的文化语境中，真正达到向中国讲好柬埔寨故事、促进两国民心相通的目的。此外，国内学者还可以加强与柬埔寨文学研究者、本土作家或旅柬华侨华人学者的交流互动，积极开展翻译和研究柬埔寨民间文学作品的合作。

五、结语

柬埔寨民间文学蕴含着柬埔寨各民族的文化基因，反映了柬埔寨民族文化的基本特征。在当前构建高质量、高水平、高标准的新时代中柬命运共同体的背景下，推动柬埔寨优秀民间文学作品在中国的翻译和介绍，能使我们更加全面而准确地把握柬埔寨的文化传统、伦理道德、价值观念和民族心理，了解他们对待诸多事物所

① 刘守华．故事学纲要［M］．武汉：华中师范大学出版社，1988：5—6．

② 许钧．翻译概论［M］．北京：外语教学与研究出版社，2009：263．

持有的不同态度和观念，有助于增进我们对柬埔寨人的理解，并以平等友善的方式与他们对话和交往，更好地促进两国民心相通。鲁迅先生在谈到各国文化交流的时候曾指出，“博览外国的作品，不但移情，也要益智，至少是知道何地何时，有这等事，和旅行外国，是很相象的”①。从这个意义上说，推动柬埔寨优秀民间文学作品在中国的译介和传播，其价值是不言而喻的。

参考文献

［1］寸雪涛．文化和社会语境下的缅族民间口头文学：以仰光省岱枝镇区钦贡乡钦贡村、班背衮村及叶诶村为例［M］．广州：世界图书出版广东有限公司，2012．

［2］陈纹洁．柬埔寨文学在中国的译介研究［J］．南宁职业技术学院学报，2020（4）：21—23．

［3］邓淑碧．瓢虫和乌鸦、农夫失马（柬埔寨）［J］．外国文学，1981（5）：51．

［4］邓淑碧．柬埔寨民间故事［M］．沈阳：辽宁少年儿童出版社，2012．

［5］顾佳赟．柬埔寨佛教民族主义的生成、演进及特点研究［J］．东南亚纵横，2021（5）：5—17．

［6］金满成，郑永慧．柬埔寨民间故事［M］．上海：新文艺出版社，1957．

［7］姜继．东南亚民间故事（中册）［M］．福州：福建人民出版社，1982．

［8］梁立基．略论世界四大文化体系对东南亚文学发展的影响［J］．国外文学，1990（7）：1—16．

［9］李艾．棕榈树上的美梦：柬埔寨民间故事［M］．昆明：云南人民出版社，1982．

［10］李艾．吴哥的传说：柬埔寨民间故事［M］．北京：新华出版社，1985．

［11］刘守华，陈建宪．民间文学教程［M］．武汉：华中师范大学出版社，2002．

［12］刘守华．故事学纲要［M］．武汉：华中师范大学出版社，1988．

［13］鲁迅．且介亭杂文二集［M］．北京：人民文学出版社，2006．

［14］马境韩．柬埔寨民间故事的汉译、传播与影响［J］．南方文学评论，2021（10）：105—120．

［15］彭晖．柬埔寨文学简史及作品选读［M］．北京：外语教学与研究出版社，2003．

［16］祁连休，栾文华，张志荣．东南亚民间故事选［M］．武汉：长江文艺出

① 鲁迅．且介亭杂文二集［M］．北京：人民文学出版社，2006：145．

版社，1982.

[17]《世界民间故事宝库》编委会．世界民间故事宝库：东亚·东南亚卷［M］．沈阳：沈阳出版社，1996.

[18] 王海玲．柬埔寨文学研究述评［J］．东南亚纵横，2017（5）：68—72.

[19] 王向远．翻译文学导论［M］．北京：北京师范大学出版社，2004.

[20] 谢天振．译介学［M］．南京：译林出版社，2013.

[21] 许钧．翻译概论［M］．北京：外语教学与研究出版社，2009.

[22] 杨亮才．中国民间文艺辞典［M］．兰州：甘肃人民出版社，1989.

[23] 张玉安．东方神话传说：东南亚古代神话传说（上）［M］．北京：北京大学出版社，1999.

[24] 本尼迪克特·安德森．椰子壳碗外的人生［M］．徐德林，译．上海：上海人民出版社，2018.

[25] 罗贝尔·埃斯卡皮．文学社会学［M］．王美华，于沛，译．合肥：杭州文艺出版社，1987.

[26] Claudine S. Literary migrations: traditional Chinese fiction in Asia (17th-20th centuries) [M]. Singapore: Institute of Southeast Asian Studies Publishing, 2013: 199-215.

[27] Susan B. The translation turn in cultural studies [G]// Constructing Cultures: Essays on literary Translation. Shanghai Foreign Language Education Press, 2001: 147-148.

[28] កែវណារុំ៖រឿងព្រេងខ្មែរលើ (《山地高棉民间故事》) ភ្នំពេញ៖គ្រឹះស្ថានបោះពុម្ពផ្សាយនគរវត្ត ឆ្នាំ២០១១។

[29] ភាសានិងអក្សរសិល្ប៍ជនជាតិព័រ (《波尔族人的语言与文学》) ស្រាវជ្រាវដោយផ្នែកភាសានិងភាសាវិទ្យានិងផ្នែកអក្សរសាស្ត្រនិងអក្សរសិល្ប៍ ភ្នំពេញ៖រាជបណ្ឌិត្យសភាកម្ពុជា ឆ្នាំ២០១៧។

[30] មីសែលត្រាណៈ រឿងព្រេងទាក់ទងនឹងប្រាសាទ (《与庙宇有关的民间传说》) ភ្នំពេញ៖ក្រសួងវប្បធម៌ និងវិចិត្រសិល្បៈ ឆ្នាំ១៩៩៤។

[31] មីសែលត្រាណៈ រឿងព្រេងទាក់ទងនឹងភ្នំ (《与山有关的民间传说》) ភ្នំពេញ៖ក្រសួងវប្បធម៌ និងវិចិត្រសិល្បៈ ឆ្នាំ១៩៩៤។

[32] ហង្សធីតា៖ប្រជុំរឿងព្រេងខ្មែរកម្ពុជាក្រោម (《下柬埔寨高棉民间故事集》) ភ្នំពេញ៖ពុទ្ធសាសនបណ្ឌិត្យ ឆ្នាំ២០០៤។

试论泰译本《红楼梦》之诗歌翻译
——以黛玉诗为例[①]

国防科技大学外国语学院　李华维

【摘　要】维瓦·巴查乐昂微翻译的泰译本《红楼梦》为泰语唯一全译本。本文以黛玉诗为例，对译诗翻译体裁、翻译手法与翻译意境等方面进行探究。研究发现，在翻译体裁方面，维瓦·巴查乐昂微采用了相对自由的体裁，但是又注重将泰国通行的格伦八体诗的特点与汉语古诗的特色相融合；在翻译手法方面，多秉持直译理念，力求忠实于原著，但也因过于追求直译导致部分译文略显生硬；在意境传达方面，译诗整体与原诗情致相协，但部分译文意境有所缺失。译诗注重细节，有多处运用匠心。

【关键词】泰译本《红楼梦》；黛玉诗；格伦八体诗；直译；意境

维瓦·巴查乐昂微（วิวัฒน์ ประชาเรืองวิทย์）于 2012 年 9 月在泰国大树出版社出版的泰译本《红楼梦》（ความฝันในหอแดง）为泰语唯一全译本[②]，此前有瓦叻塔·台吉功（วรทัศท์ เดชจิตกร）于 1980 年在泰国建设出版社出版的节译本（ความฝันในหอแดง）[③]，是根据王际真的四十四回英译本转译为泰语的。从目前泰国对《红楼梦》的译介情况来看，维瓦·巴查乐昂微的译本在准确度与完整度上最高，故本文选取此译本为研究对象。维瓦·巴查乐昂微汉语造诣很深，为泰国颇负盛名的翻译大家，曾翻译多部中国古典名著，包括《西游记》《三国演义》等，获 2010 年度的那拉提奖[④]。其于 2008 年 7 月 16 日开始翻译《红楼梦》[⑤]，历时 4 年，终于出版，较为注重详尽的直译，在每一章回后都附有相当长度的副文本对该章回内容加以解

① 基金项目：教育部国别与区域研究中心—成都大学泰国研究中心项目“泰译本《红楼梦》翻译与比较文化研究”（项目编号：SPRITS202107）。

② วิวัฒน์ ประชาเรืองวิทย์. ความฝันในหอแดง [M]. กรุงเทพฯ: สำนักพิมพ์ต้นไม้, 2012.

③ วรทัศท์ เดชจิตกร. ความฝันในหอแดง [M]. กรุงเทพฯ: นักพิมพ์สร้างสรรค์, 1980.

④ KomChadLuek Online. “นราธิป”ความดีที่น้องเชิดชู“พี่” [EB/OL]. (2011-02-07) [2023-03-28]. https://www.komchadluek.net/news/sport/546955. 那拉提奖（รางวัลนราธิป），由泰国作家协会创设，授予年逾八十的资深作家与编辑，奖项命名乃为纪念那拉提少将、教授，其曾任泰国副总理、皇家学术院主席等，在学术、教育等领域贡献深远。

⑤ วิวัฒน์ ประชาเรืองวิทย์. ความฝันในหอแดง [M]. กรุงเทพฯ: สำนักพิมพ์ต้นไม้, 2012.

释，以增强读者对原著的理解。曹雪芹在作品中以黛玉之名作诗甚多，除《葬花吟》《题帕绝句》《桃花行》等传世名篇外，《咏白海棠诗》《菊花诗》《牙牌令》《花名签酒令》等各组诗中也有佳作。本文试以维瓦·巴查乐昂微的译本为研究对象，对该译本中黛玉诗的体裁择取、翻译手法以及翻译意境进行一定的探讨。

一、黛玉诗翻译体裁的择取

以黛玉诗中七言律诗为例，维瓦·巴查乐昂微并未套用泰语通常的诗歌体式来进行翻译，而是采用了相对自由的体裁，但又将泰国诗歌流行的格伦八体诗的特点与汉语七言律诗的特色相结合。《红楼梦》大观园中贵族小姐常就春花秋菊吟诗作赋，格调高雅。第三十七回在秋爽斋偶结海棠社，李纨等出题限韵，黛玉有《咏白海棠》诗如下：

咏白海棠

半卷湘帘半掩门，碾冰为土玉为盆。
偷来梨蕊三分白，借得梅花一缕魂。
月窟仙人缝缟袂，秋闺怨女拭啼痕。
娇羞默默同谁诉？倦倚西风夜已昏。

这是一首七言律诗。七言律诗原指合音律之诗，即近体诗，现在已泛称为格律诗，从听觉及视觉上都可算作是非常精美的诗体。七律已是律诗的最高阶段，而后逐渐成为词曲。全诗格式如下：

仄仄平平仄仄平，仄平平仄仄平平。
平平仄仄平平仄，仄仄平平仄仄平。
仄仄平平平仄仄，平平仄仄仄平平。
平平仄仄平平仄，仄仄平平仄仄平。

这首属七言律诗的首句仄起平收式，即首句第二字必须是仄，第七字是平。这首诗偶句句尾暗含“n”韵，依次如下：“盆”“魂”“痕”“昏”。对仗工整，首联“半卷湘帘半掩门”，“半卷”“半掩”以“仄仄”相应，奇巧别致，“为土”对“为盆”，“门”“盆”二韵巧妙，因“看了这句，宝玉先喝起彩来，只说‘从何处想来’”[①]；颔联“偷来”对“借得”，“三分白”对“一缕魂”，全诗精华多在此联，“三分”与“一缕”，对仗不仅限于基本的工整，且非常灵活飘逸，脂砚斋评：“虚敲傍比，真逸才也，且不脱落自己”；颈联有“月窟”对“秋闺”，“缟袂”对“啼痕”；尾联“娇羞”对“倦倚”等。

泰国诗歌体式主要包括莱体（ร่าย）、克龙体（โคลง）、咖布体（กาพย์）以及格伦体（กลอน）等，各诗体对格律要求各不相同。莱体是泰国最早的韵文形式，相

① 曹雪芹．红楼梦［M］．杭州：浙江文艺出版社，1993：476．

比其他类型韵律要求较少，类似于散文诗，较易创作，例如其中的长莱体（ร่ายยาว），不限制诗句的词数，因此每句诗词数可能不等，诗句通常以“脚腰韵”①的形式连缀而成；克龙体又称十四行诗，在押韵方式和音调上都更为严格与复杂，又可分为二克龙体（โคลงสอง）、三克龙体（โคลงสาม）以及四克龙体（โคลงสี่）等，具体如二克龙体，一首诗中共有十四个词，以 5-5-4 划分顿（วรรค）；咖布体共分为八种，包括婆罗可第咖布（กาพย์พรหมคีติ）、曼库卡第咖布（กาพย์มัณฑุกคติ）等，具体如婆罗可第咖布体式，格律如同青蛙蹦跳，每顿六个音节等；格伦体形式多样，可分为格伦四（กลอนสี่）、格伦六（กลอนหก）、格伦八（กลอนแปด）、格伦九（กลอนเก้า）等，“基本要求是每行的首顿和尾顿押脚韵”②。总体而言，格伦八体诗是泰国最典型的格律诗之一，对音节的词数与声调并不十分看重，更加强调行与行之间押韵的位置以及轻重音的位置，这也是由泰语音节特点来决定的，区分长短元音使其轻重音较为明显，若是双音节词或多音节词，重音通常会在后一音节上，如双音节词常为“轻-重”结构，三音节词有“重-轻-重”“轻-轻-重”“重-重-重”等结构，尤其又以“重-轻-重”结构最为典型，也是令格伦八成为最为典型诗歌体式的重要原因。译诗如下：

มู่ลี่เซียง③ม้วนครึ่งปิดครึ่ง　บดน้ำแข็งเป็นดิน หยกเป็นกระถาง
ขโมยมาเกสรสาลี่สามส่วนขาว　ยืมได้ดอกเหมยใยวิญญาณ
เทพธิดาเย็บแขนเสื้อแพรวขาวในวังจันทรา　กันหยกคารฤดูสารทนางขัดแค้นเช็ดคราบน้ำตา
อรชรละอายเงียบเชียบฟ้องร้องใคร?　อ่อนโรยอาศัยลมตะวันตกสบสนธยา④

译诗具体体裁特点如下：

首先，将泰语诗歌中常用的“脚腰韵”与汉语七言律诗的尾句押韵相结合。先看《咏白海棠》译诗，基本形式是沿用原诗四联形式，但因泰语音节的特点，并未翻译为整齐的七言，每句的音节词数均不相同，自首联尾句起便采用押“-า”[a]脚韵的方式，其后所有句末的“ถาง”“ขาว”“ยาณ”“ทรา”“ตา”“ไคร”“ธยา”中均包含[a]韵，这是汉语诗歌的典型特点，因泰语诗歌不强调每联末尾都押相同的韵，而是采用前文已提到的脚腰韵，如格伦八体诗分为八句，其通常采用的押韵方式是第二句的最后音节与第三句的最后音节、第四句的第三个音节押韵，第四句最后音节与第五句的最后音节、第六句的第三个音节押韵，依此类推。译诗中自颔联起，分别在第三个音节、第二个音节或第四个音节押[a]韵，具体包括：“มา”“ได้”“ดา”“คาร”“อาย”“อา”，全诗尾韵与脚腰韵都押的是相同的韵[a]；再看第三十八回黛玉诗《问菊》：“欲讯秋情众莫知，喃喃负手叩东篱。孤标傲世偕谁隐，一样花

① 通常以第一行的末字起韵，在第二行的腰部有一个字与之押韵。

② 熊燃，裴晓睿．泰国诗选［M］．北京：作家出版社，2019：9．

③ 下划线部分表示重音，下同。

④ วิวัฒน์ ประชาเรืองวิทย์. ความฝันในหอแดง [M]. กรุงเทพฯ: สำนักพิมพ์ต้นไม้, 2012: 876.

开为底迟？圃露庭霜何寂寞，鸿归蛩病可相思？休言举世无谈者，解语何妨话片时”，译诗为“อยากสอบสวนความฤดูสารท ปวงชนอย่าทราบ พูดเบาฯหลังมือเคาะรั้วไผ่บูรพา อุปนิสัยโดดเดี่ยวโอหังต่อโลกซ่อนกับใคร ดอกไม้บานอย่างเดียวกัน ชักช้าเพื่ออะไร น้ำค้างสวนน้ำแข็งลานบ้านใยมิเหงาใจ นกหงส์กลับตั๊กแตนป่วยน่าคิดถึงกันไป อย่าพูดทั่วโลกไร้คนสนทนา แก้คำเป็นอุปสรรควาระสองสามคำอะไร”，原诗中押[i]韵，译诗和《咏白海棠》译诗一样，也基本通过“脚腰韵”形式押“-า”[a]脚韵，具体包括：“สารท”“ทราบ”“บูรพา”“ใคร”“ไร”“ใจ”“น่า”“ไร้”“สนทนา”“วาระ”“ไร”等。说明维瓦·巴查乐昂微匠心独具，译诗既考虑到保留原诗的汉语古典韵味，又兼顾到泰语诗歌的特性。

其次，译诗还利用泰语音节中明晰的轻重音特点来对节奏进行把控，且重音皆与押韵部分相一致，体现了泰语诗歌的显著特点。在泰语格伦八体诗中，一般在诗句的第三音节处押韵，这也是最佳的押韵位置，因要兼顾意义的准确性，译诗无法做到均在第三音节处押韵，但句内押韵的音节位置分别为三、二、三、三、四、三，六处押韵中有四处在第三个音节处，说明译者对于泰语诗歌特点的追求，同时与重音相重合，句末押韵处也是重音。泰语格伦八体诗对词数要求并不十分严格，但是对轻重音极为看重，译诗呈现的整体节奏便是“轻-重-轻-重-轻-重”，或是间隔两个轻音后再有重音。又如《问菊》译诗重音基本分布情况如下：“อยากสอบสวนความฤดูสารท ปวงชนอย่าทราบ พูดเบาฯหลังมือเคาะรั้วไผ่บูรพา อุปนิสัยโดดเดี่ยวโอหังต่อโลกซ่อนกับใคร ดอกไม้บานอย่างเดียวกัน ชักช้าเพื่ออะไร น้ำค้างสวนน้ำแข็งลานบ้านใยมิเหงาใจ นกหงส์กลับตั๊กแตนป่วยน่าคิดถึงกันไป อย่าพูดทั่วโลกไร้คนสนทนา แก้คำเป็นอุปสรรควาระสองสามคำอะไร”，其中部分重音也与押韵部分重合。泰语为表音文字，译诗从词数上来看总体长于原诗，原诗七言律诗平仄错落有致，一般而言，平偏轻音，仄偏重音，原诗根据七言律诗的平仄特点巧妙铺排，常有多仄相连之情况，译诗则融合泰语诗歌特点，除句末押韵、句内押韵与重音重合外，也强调轻音的位置，因轻音对于声韵的和谐也极为重要。同时，标准的格伦八体诗对轻重音的要求一般为“轻轻重轻重轻轻重”，显然译诗因音节多寡不均的限制，不可能完全按照此规律来分配轻重音，但维瓦·巴查乐昂微在此基础上进行调整，整诗呈现出的轻重音布局显然经过较为精心的安排，节奏铿锵跳跃，长短音相间，颇显泰语诗歌特色。

二、黛玉诗翻译手法的解读

维瓦·巴查乐昂微在译文中多采用直译翻译手法，诗歌翻译亦不例外。其在泰译本《红楼梦》中有部分序言如下：

ข้าฯ รู้ดีว่า ความรู้มีกำจัด แต่อย่างไรก็ตาม จะขอพยายามแปลและทำให้ดีที่สุด แต่จะให้งดงามร้อยเปอร์เซ็นต์ย่อมเป็นไปไม่ได้ ข้าฯ ขอถือว่าเป็นการเบิกทางนิยายวรรณกรรมฉบับนี้ขึ้นใหม่อีกครั้งด้วยสัตย์จริงมีความยินดี แม้ผู้ใดมีความรักสนใจหนังสือวรรณกรรมความฝันในหอแดงได้กรุณาสาน

ต่อให้ดีขึ้นไปอีกก็จะยิ่งเป็นพระคุณต่อวรรณกรรม แม้การแปลหรือการวิจารณ์หรือการถอดรหัสคำปริศนาอาจผิดพลาด ข้าฯ ขอน้อมรับผิดทุกประการ แต่ก็หวังท่านผู้รู้ผู้สามารถผู้ทรงคุณวุฒิและท่านผู้อ่านโปรดให้อภัยด้วย จักขอขอบพระคุณเป็นอย่างสูง...ข้าฯทราบดี บทประพันธ์วรรณกรรมก็ดี การแปลก็ดี จะให้ถูกใจท่านผู้อ่านทุกๆคนย่อมเป็นไปไม่ได้ อาจจะมีทั้งติและชม ข้าฯ จะขอบพระคุณด้วยความจริงใจ นั่นแสดงว่าวรรณกรรมฉบับนี้รวมทั้งการแปลได้มีผู้สนใจอย่างจริงจัง การแปลนั้น ผู้แปลต้องกระทำโดยอย่าทรยศต่อผู้ประพันธ์ และบางตอนหรือตัวอักษรก็อาจจะแปลไม่ถึงในอรรถรสก็เป็นได้ แม้เป็นเช่นนี้ ข้าฯต้องขอรับผิดชอบ เพราะวรรณกรรมความฝันในหอแดง นอกจากมีบทกวีมาก และการใช้อักษรจีนส่วนใหญ่ปีนอักษรจีนโบราณ และข้าฯ ก็ได้ไล่ติดตามค้นค้วาแบบสุนักที่กัดไม่ปล่อย ก็คิดว่าเนื้อหาใจความส่วนใหญ่ก็จะคงไว้อย่างสูง①

我很明白，知识是有限的，但无论如何，都想尽力翻译并做到最好，但必定无法做到百分百完美，我想把这部译作看作是这部小说的重新开篇，诚心而论，我对此感到非常开心。若有谁热爱《红楼梦》这部文学作品，期盼在我的基础上继续把这部作品（的翻译）做得更好，那更是文学的恩典。虽然翻译、评论抑或是对人物判词的解读也许有误，我愿承担所有责任。还望一众学者、读者见谅，非常感谢。……我也很清楚，无论是文学原著，抑或是译作，都不可能使每一位读者满意，都会同时存在赞美与批评，但我会发自内心地感到高兴，因为这表示原著与译著都获得了真正的关注。从事翻译，译者不能背叛原作者，有些段落或文字可能无法达到感官上的翻译状态，即便如此，我也愿承担责任，因《红楼梦》除有众多诗词外，所使用的汉语大多为古语，我便如同狗一般咬住不放，因而大部分的内核应该能高度保留。②

由上可知，维瓦・巴查乐昂微作为常年翻译中国古典文学作品的翻译家，秉持着自己的翻译理念，即力求绝对忠实于原著，即便是在目的语意境传达上有所欠缺都不甚计较，因此在诗歌翻译中也多采用直译的翻译手法。以下为黛玉著名的题帕诗：

其一

眼空蓄泪泪空垂，暗洒闲抛更向谁？
尺幅鲛绡劳解赠，叫人焉得不伤悲！

其二

抛珠滚玉只偷潸，镇日无心镇日闲。
枕上袖边难拂拭，任他点点与斑斑。

其三

彩线难收面上珠，湘江旧迹已模糊。

① วิวัฒน์ ประชาเรืองวิทย์. ความฝันในหอแดง [M]. กรุงเทพฯ: สำนักพิมพ์ต้นไม้, 2012: 7-8.
② 笔者译。

窗前亦有千竿竹，不识香痕渍也无？[①]

三首诗用词讲究，内容各有侧重。第一首写宝玉赠帕，第二首写黛玉自己，第三首是对宝黛感情的升华，黛玉借湘妃泪洒斑竹的典故表达对感情崇高境界的向往。以下为译诗：

หนึ่งนั้น

นัยน์ตาว่างสะสมน้ำตา น้ำตาย้อยเปล่า
ลอบลั่งไหลทิ้งไป ยิ่งมุ่งใคร?
(ลาย) ภาพปลานกกระจอกฟุตหนึ่งปลอบประทาน
เพื่อเธอมำไมจะไม่โศกศัลย์

สองนั้น

ขว้างมุกหยกกลิ้งเพียงหลั่งน้ำตา
ตลอดวันไม่มีใจ ตลอดวันว่างเปล่า
บนหมอนข้างแขนเสื้อยากปัดเช็ด
ปล่อยเขาแต้มแต้มกับจุดต่างๆ

สามนั้น

ด้ายสีลวดลายยากเก็บมุกด้านบน
รอยเก่าธาราเซียงเจียงได้เลือน
หน้าต่างก็มีพันลำไผ่
มิรู้คราบหอมดองอยู่หรือไม่?[②]

通过分析题帕译诗可知，维瓦·巴查乐昂微对原诗逐字逐句地直译，表现为在词序上都力求与原诗保持一致，同时尽量不增加虚词或其他成分，以便高度保持原貌。如第一首，"眼空蓄泪泪空垂"译为"นัยน์ตาว่างสะสมน้ำตา น้ำตาย้อยเปล่า"，为方便分析，我们来看由译诗回译为汉语的状态："眼–空–蓄–泪–泪–垂–空"，"暗洒闲抛更向谁"译为"ลอบลั่งไหลทิ้งไป ยิ่งมุ่งใคร"（回译：暗–洒–抛–掉–更–向–谁），"尺幅鲛绡劳解赠"译为"(ลาย)ภาพปลานกกระจอกฟุตหนึ่งปลอบประทาน"（回译：[纹路]幅–金鱼–尺–一–馈–赠），"叫人焉得不伤悲"译为"เพื่อเธอมำไมจะไม่โศกศัลย์"（回译：为–你–怎么会–不–悲伤），除对"尺幅鲛绡"理解有误，将"抛"译为"ทิ้งไป"增添表时态的虚词"ไป"外，其余皆为逐字直译，同时，将"叫人"译为"เพื่อเธอ"，独具匠心。第三首，"彩线难收面上珠"译为"ด้ายสีลวดลายยากเก็บมุกด้านบน"（回译：线–彩–难–收–珠–面–上），"湘江旧迹已模糊"译为"รอยเก่าธาราเซียงเจียงได้เลือน"（回译：迹–旧–江–湘江–已–模糊），"窗前亦有千竿竹"译为"หน้าต่างก็มีพันลำไผ่（回译：窗–前–亦–有–千–竹），"不识香痕渍也无"译为"มิรู้คราบหอมดองอยู่หรือไม่"（回译：不–识–痕–香–渍–在–否），除受泰语语法特点要求，

① 曹雪芹．红楼梦［M］．杭州：浙江文艺出版社，1993：441—442．

② วิวัฒน์ ประชาเรืองวิทย์. ความฝันในหอแดง [M]. กรุงเทพฯ: สำนักพิมพ์ต้นไม้, 2012: 811.

出现“线–彩”“珠–面–上”“痕–香”等定语位于中心语之后的译法外，其余词序皆与原诗一致，也并不增添任何辅助性虚词。又如黛玉诗《西施》：“一代倾城逐浪，吴宫空自忆儿家。效颦莫笑东村女，头白溪边尚浣纱。”译诗为“ยุคหนึ่งคว่ำเมืองขับฟองลูกคลื่น วังวู่อ้างว้าง รำลึกบ้านนาง คิ้วขมวดตามอย่าหัวเราะนางบูรพาคาม หัวขาวริมคลองยว่อเอี๋ยวยังฟอกด้าย”。《虞姬》：“肠断乌骓夜啸风，虞兮幽恨对重瞳。黥彭甘受他年醢，饮剑何如楚帐中？”译诗为“ใจขาดม้าอูจุย ก้องลมรัตติกาลคำราม อวี๋เอยต่อแก้วตาดำแค้นลี้ลับ ฉิง เผิง ยอมรับปีนั้นสับเป็นป๊ะซอ ดื่มกระบี่ไฉนดั่งในกระโจมฉู่”。《明妃》：“绝艳惊人出汉宫，红颜命薄古今同。君王纵使轻颜色，予夺权何畀画工？”译诗为“อับจนคนตื่นตระหนกนงคราญออกจากวังฮั่น นวลนางมักอาภัพ โบราณปัจจุบันเช่นกัน มาตรแม้นราชันย์หมิ่นพิศมัย ไฉนเอาชะตาชีวิตให้ช่างวาตลิขิตเอย”。《绿珠》：“瓦砾明珠一例抛，何曾石尉重娇娆？都缘顽福前生造，更有同归慰寂寥。”译诗为：“เศษกระเบื้องมุกใส ขว้างทิ้งตามอย่าง สือเว่ยไฉนเคยเห็นอรชรสำคัญ ล้วนบุพเพสันนิวาสเล่นบุญเก่า ร่วมนิวัตยิ่งมีประโลมความเงียบเหงา”。《红拂》：“长揖雄谈态自殊，美人巨眼识穷途。尸居余气杨公幕，岂得羁縻女丈夫？”译诗为：“ยกมือไหวโวหาญกล้าท่าทีวิเศษจัง สาวงามชายตารู้สึกคราวอับจนนัก ซากศพอาศัยเดนพลังอยู่วังท่านหยาง ไฉนผูกพันมารศรีได้เป็นสามี”。基本都采取逐字对应直译方式，如《西施》中“一代”对“ยุคหนึ่ง”，“吴宫”对“วังวู่”，“效颦”对“คิ้วขมวดตาม”，“尚浣纱”对“ยังฟอกด้าย”等；《虞姬》中“肠断”对“ใจขาด”，“饮剑”对“ดื่มกระบี่”，“楚帐中”对“ในกระโจมฉู่”等；《明妃》中“汉宫”对“วังฮั่น”，“古今同”对“โบราณปัจจุบันเช่นกัน”，“轻颜色”对“พิศมัย”等；《绿珠》中“明珠”对“มุกใส”，“前生”对“บุญเก่า”，“慰寂寥”对“ประโลมความเงียบเหงา”等；《红拂》中“雄谈”对“โวหาญกล้า”，“美人”对“สาวงาม”等，均采用词对词的翻译手法，也是译者一贯秉持的翻译理念。

但也因过于追求直译导致部分译文显得生硬而难懂。将“尺幅鲛绡”译为“(ลาย)ภาพปลานกกระจอกฟุตหนึ่ง”也是囿于直译而产生的译法，《述异记》有载，相传海中有鲛人，即美人鱼，用吐出来的丝编织成了丝绢，但美人鱼在编的时候会流出眼泪变为珍珠，故常以“鲛绡”指用来拂拭眼泪的手帕，并非美人鱼图案的手帕。再如“抛珠滚玉只偷潸”，“珠”“玉”所指都是眼泪，译诗将“珠”和“玉”直译为“มุก”和“หยก”，显得呆板，且不易理解，“偷”在译文中也未译出，失之内涵，因“潸”须与“偷”结合方能体现细微情韵，“偷潸”的重点在“偷”，此处译文为了追求形式上的直译而舍弃了内涵上的精华。“任他点点与斑斑”译为“ปล่อยเขาแต้มแต้มกับจุดต่างๆ”，词数与节奏均为直译，但译文也因此而显得生硬、不够灵活，同样难于理解。

三、黛玉诗翻译意境的诠释

维瓦·巴查乐昂微注重细节，其黛玉译诗在意境与情感上整体能展现出与原诗相协的风格，但部分译文也有意境缺失之处。黛玉诗除《世外桃源》《杏帘在望》等外，意境以凄清为主，其中《秋窗风雨夕》如下：

秋花惨淡秋草黄，耿耿秋灯秋夜长。
已觉秋窗秋不尽，那堪风雨助凄凉！
助秋风雨来何速？惊破秋窗秋梦绿。
抱得秋情不忍眠，自向秋屏移泪烛。
泪烛摇摇爇短檠，牵愁照恨动离情。
谁家秋院无风入？何处秋窗无雨声？
罗衾不奈秋风力，残漏声催秋雨急。
连宵脉脉复飕飕，灯前似伴离人泣。
寒烟小院转萧条，疏竹虚窗时滴沥。
不知风雨几时休，已教泪洒窗纱湿。①

以下为译诗：

สารทฤดูกุสุมาลย์สลดซีดตฤณชาติเหลือง
ใจกังวลมิหลับ รัตติกาลสารทช่างยาวนาน
รู้สำนึกหน้าต่างฤดูสารท สารทไม่สิ้น
ลมฝนช่วยโศกศัลย์ไยทนได้
ไฉนเร็วไวช่วยลมฝนสารทมา
ตระหนกในความฝัน พฤกษชาติเขียวชะอุ่ม
ได้อุ้มเรื่องสารมอดกลั้นมิหลับนอน
หันเข้าฉากกั้น เคลื่อนขยับน้ำตาเทียน
น้ำตาเทียนโยกเยกเผาไหม้เชิงเทียน
เพรียกร้องเศร้าส่องแค้น เกิดรักห่างร้าง
ลานบ้านใครสารทฤดูไร้ลมพัด
หน้าต่างสารทที่ใดไร้เสียงฝน
ห่มไหมผ้าทนไม่ได้แรงลมหนาว
เสียงจวนสิ้นเร่งรัดฝนสารทกระชั้นครัน
ฝนตลอดคืนกับเสียงลมซู่ๆ
หน้าตะเกียงเสมือนเพื่อนพรากคนน้ำตาตก
ควันหมกหนาวสวนบ้านน้อยกลับวังเวง
ไผ่ประปรายฝนหยดยามหน้าต่างว่าง
มิรู้เมื่อไรลมฝนสิ้นสุดลง
ได้ให้น้ำตาสาดโปรยเปียกแพรวบังหน้าต่าง②

---

① 曹雪芹．红楼梦［M］．杭州：浙江文艺出版社，1993：588—589．

② วิวัฒน์ ประชาเรืองวิทย์. ความฝันในหอแดง [M]. กรุงเทพฯ: สำนักพิมพ์ต้นไม้, 2012: 1066-1067.

《代别离》是乐府旧题，《春江花月夜》为初唐诗人张若虚所作，黛玉这首诗即为模仿《春江花月夜》，诗题则为自定。全诗可分为三个部分，头尾四句为第一部分和第三部分，余者为第二部分。第一部分点明题意，铺垫氛围。“秋花惨淡秋草黄，耿耿秋灯秋夜长”营造秋夜意境，译诗以“สลดซีด”传递出“惨淡”神韵，以“กุสุมาลย์”与“ตฤณชาติ”译“花”与“草”，古韵盎然，但将“耿耿秋灯”意译为“ใจกังวลมิหลับ”（担心无眠），偏离原文太远，“耿耿秋灯”原写灯火微微摇曳，译文令读者无法体会其中情致。译诗用“โศกศัลย์”充分表达了孤寂之心。第二部分，译诗用“เขียวชะอุ่ม”，体现绿之古意，“มิหลับนอน”未能传递出悱恻无尽之意，“泪烛”源自杜牧“蜡烛有心还惜别，替人垂泪到天明”，“น้ำตาเทียน”很难译出杜牧“泪烛”之意境，“โยกเยก”写烛光摇曳，古意幽然，“牵”译为“เพรียกร้อง”，情致细腻，“离愁”为“รักห่างร้าง”。“谁家秋院无风入？何处秋窗无雨声”，这两句拟《春江花月夜》“谁家今夜扁舟子？何处相思明月楼”而来，译诗“ลานบ้านใครสารทฤดูไร้ลมพัด หน้าต่างสารทที่ใดไร้เสียงฝน”，译得简洁通畅，意境了然。译诗用“เร่งรัด”“กระชั้นครัน”表达残漏与秋雨双声急促。“连宵脉脉复飕飕”，译诗“ฝนตลอดคืน”只是叙述雨下了整夜，并未译出雨声质感。“เสียงลมซูๆ”勾勒风声质感，“灯前似伴离人泣”，译诗用“พราก”传达离别之感。第三部分，“寒烟小院转萧条，疏竹虚窗时滴沥”，译诗选用“วังเวง”“ประปราย”，意境贴合。“不知风雨几时休，已教泪洒窗纱湿”译为“มิรู้เมื่อไรลมฝนสิ้นสุดลง ได้ให้น้ำตาสาดโปรยเปียกแพรวบังหน้าต่าง”，译得完整而细致，其中“โปรย”细腻婉转。

又如《葬花吟》译诗对意境的诠释，大多也能符合原诗风格。黛玉诗《葬花吟》在第二十七回，前日黛玉去怡红院叩门未开，第二日恰遇交芒种节饯花之期，触发悲情，整首诗意境悲凉，例如“花谢花飞花满天，红消香断有谁怜？”译为“ดอกไม้โรยราดอกไม้โปรยบินทั่วนภา แดงสลายขาดคันธะมีใครเวทนา”，其中将“满天”译为“ทั่วนภา”，“有谁怜”译为“มีใครเวทนา”，选词典雅；“闺中女儿惜春暮，愁绪满怀无释处”译为“สตรีในกันยกาคาร เสียดายวสันต์สายัณห์ โศกศัลย์ท่วมทรวงไร้ที่ถูก”，其中“闺中”译为“ในกันยกาคาร”，“愁绪满怀”译为“โศกศัลย์ท่วมทรวง”等，都是悲戚之词，“柳丝榆荚自芳菲，不管桃飘与李飞”译为“ใยหลิวใบเอลม์ฝักแคส่งกลิ่นหอม มิคำนึงดอกเถาปลิวสบัดกับดอกหลี่บิน”，既有自然的凋落，又有热烈潇洒之情，“桃李明年能再发，明年闺中知有谁？”译为“ดอกเถาดอกหลี่ปีหน้าออกใหม่ ปีหน้าในกันยกาคารรู้ว่ามีใคร”，这两句诗是《红楼梦》中呈现的一贯意境，即红尘一梦，人事皆空，在黛玉诗中呈现得就更为淋漓尽致，译诗也能秉持原著风格；“三月香巢已垒成，梁间燕子太无情”译为“เดือนสามรังสุคนธชาติเริ่มสำเร็จ นกนางแอ่นบนขื่อช่างไร้น้ำใจ”，“明年花发虽可啄，却不道人去梁空巢也倾”译为“ปีหน้าดอกไม้บานใครสามารถจิก กลับมิว่าคนไปขื่อว่างรังก็คว่ำ”，“一年三百六十日，风刀霜剑严相逼”译为“หนึ่งปีสามร้อยหกสิบวัน ลมมีดหิมะกระบี่หนาวจัดบีบคั้นกัน”，“明媚鲜妍能几时，一朝漂泊难寻觅”译为“แจ่มใสยวนยีงามสล้างได้ดี่ฤดูกาล แผ่นดินหนึ่งระเหเร่ร่อนยากตามหา”，“花开易见落难寻，阶前愁杀葬花人”译为“เห็นง่ายดอกไม้บาน ยามร่วง หายาก หน้าบันไดโศกาฆ่าคนฝังดอกไม้”，“独倚花锄泪暗洒，洒上空枝见血痕”译为“เดียวดาย เอาจอบดอกไม้ลอบน้ำตาไหลริน ไหลรินอยู่กิ่งว่างเห็นรอยเลือด”等，均在直译基础上尽量传达原文意境，选词尽量接近原文意境，如“สุคนธชาติ”“แจ่มใส”“ระเหเร่ร่อน”“ยามร่วง”“โศกา”“เดียวดาย”等。

再如《桃花行》，是继《秋窗风雨夕》等之后的又一首歌行体长诗，虽是作于春日，却仍是哀伤别离之感，恰如戚序本第七十回回前评诗所写：“空将佛事图相报，已触飘风散艳花。一片精神传好句，题成谶语任吁嗟。”例如“桃花帘外东风软，桃花帘内晨妆懒”译为“ดอกท้อนอกม่านลมบูรพาละมุน ดอกท้อในม่านรุ่งเช้า เกียจคร้านประดับ”，选用“ละมุน”“คร้าน”等词，婉约细腻，“帘外桃花帘内人，人与桃花隔不远”译为“ดอกท้อนอกม่าน คนในม่านบัง คนกับดอกท้อ กั้นมิไกลห่าง”，“东风有意揭帘栊，花欲窥人帘不卷”译为“วายุบูรพามีใจ เปิดม่านหน้าต่าง นงคราญใคร่ลอบมองคน ม่านไม่ม้วน”，选用“นงคราญ”“ใคร่”等，典雅不俗，“桃花帘外开仍旧，帘中人比桃花瘦”译为“ดอกท้อนอกม่าน เปิดตามเดิม คนในม่านเปรียบดอกท้อ ยังซูบผอม”，“花解怜人花亦愁，隔帘消息风吹透”“ดอกไม้สงสารคน คนก็โศกสัลย์ คั่นม่านข่าวคราววายุพัดแพร่งพราย”，选用“โศกสัลย์”“แพร่งพราย”等，“风透帘栊花满庭，庭前春色倍伤情”译为“วายุทะลุประตูม่าน บุปพาเต็มลาน วศัลต์ยภาพหน้าลาน รานทดใจเพิ่ม”，选用“บุปพา”“วศัลต์ยภาพ”“รานทดใจ”等，均运用匠心。又如“闲苔院落门空掩，斜日栏杆人自凭”译为“ตะไคร่น้ำจับคฤหาสน์ทวารปิดว่าง ตะวันคล้อยลูกกรง คนได้อาศัย”，“凭栏人向东风泣，茜裙偷傍桃花立”译为“อาศัยลูกกรง คนสะอื้นสู่ลมบรพา สตรีกระโปรงแดง ลอบยืนข้างดอกท้อ”，“桃花桃叶乱纷纷，花绽新红叶凝碧”译为“ดอกท้อใบท้อยุ่งหยิงอลหม่าน ดอกไม้บานแดงใหม่ ใบจ้องเขียว”，“憔悴花遮憔悴人，花飞人倦易黄昏”译为“บุปผชาติอับเฉาบังคนอับเฉา ดอกไม้โปรยบินคนโรยแรง สนธยางง่ายดาย”，选用“ยุ่งหยิง”“อับเฉา”“สนธยาง”等，“一声杜宇春归尽，寂寞帘栊空月痕”译为“เสียงหนึ่งนกคุกคู รู้สิ้นวสันต์ เงียบเหงาหน้าต่างม่าน จันทร์ว่างร่องรอย”，选用“ร่องรอย”等，基本贴合原文意境。

四、结语

综上，在黛玉诗翻译体裁的择取方面，维瓦·巴查乐昂微采用了相对自由的体裁，但是又注重将泰国流行的格伦八体诗的特点与汉语古诗的特色相融合，如将泰语诗中常用的“脚腰韵”与汉语七言律诗的尾句押韵相结合，利用泰语音节中突出的轻重音特色来调节译诗节奏等。在翻译手法方面，多秉持直译理念，力求忠实于原著，但也因过于追求直译导致部分译文略显生硬。在意境传达方面，译诗整体与原诗情致相协，但部分译文也有意境缺失之处。此外，维瓦·巴查乐昂微怀着对中国古典文学作品的执着初心与深厚感情，在译诗中多处运用匠心，注重细节。期待未来学界能对泰译本《红楼梦》做进一步的探索与研究。

参考文献

［1］曹雪芹．红楼梦［M］．杭州：浙江文艺出版社，1993．

［2］邓遂夫．脂砚斋重评石头记甲戌校本［M］．北京：作家出版社，2008．

［3］吕世生．林语堂《红楼梦》译本的他者文化意识与对传统翻译观的超越［J］．红楼梦学刊，2016（4）：1—15．

［4］熊燃，裴晓睿．泰国诗选［M］．北京：作家出版社，2019．

［5］วิวัฒน์ ประชาเรืองวิทย์. ความฝันในหอแดง[M]. กรุงเทพฯ: สำนักพิมพ์ต้นไม้, 2012.

目的论视角下中国特色词汇的印尼语翻译研究
——以《中国关键词》(汉印尼对照)为例

国防科技大学外国语学院　张吉妹　唐　慧

【摘　要】《中国关键词》(汉印尼对照)系列图书旨在以简明的方式准确清晰地向印尼社会阐释中国的发展理念,解读中国思想、中国政策和中国道路,其中包含很多中国特色词汇。在翻译这些特色词汇的过程中,如何做到翻译内容的准确性与传播的有效性,对译者来说具有极大挑战性。本文在目的论指导下,基于目的原则、连贯原则和忠实原则,探究直译、意译和减译在中国特色词汇的印尼语翻译中的应用,并尝试探讨翻译过程中存在的一些问题。

【关键词】目的论;《中国关键词》;中国特色词汇;翻译

一、引言

为了回应国际社会关切,帮助国外受众更准确地全方位了解中国,中国外文出版发行事业局、当代中国与世界研究院与中国翻译研究院联合组织实施了"中国关键词多语对外传播平台"重点项目,该项目组织策划了《中国关键词》多语种版本的编写和翻译,其中就涵盖汉印尼对照版本。《中国关键词》(汉印尼对照)系列(以下简称《关键词》)以习近平新时代中国特色社会主义思想为指导,针对不同主题,提取关键词对相应主题进行解读,包括治国理政、新时代外交、"一带一路"等,旨在以印尼受众易于阅读和理解的方式,阐释以习近平同志为核心的党中央治国理政新理念、新思想、新战略,讲好中国故事,传播中国良好国际形象。该系列中包含大量中国特色词汇,在翻译过程中,译者既要准确传递原文信息,又要尽量保留原文的文化特色和政治特征,这对译者翻译能力提出了更高要求。这些词汇翻译的好坏,关系到印尼社会对于中国治国理政方针、外交思想和发展战略的正确理解,关系到中国外宣工作的最终效果。本文将以目的论为理论框架,结合《关键词》中一些中国特色词汇的翻译实例,探讨中国特色词汇的印尼语翻译策略,并指出当前外宣翻译过程中存在的突出问题,希望能对目的论在中国特色词汇印尼语翻译领域的应用提供参考。

二、目的论概述

翻译目的论是德国功能学派翻译理论中最为重要的部分，由汉斯·约瑟夫·弗米尔（Hans Josef Vermeer）创立于20世纪80年代，他将翻译定义为“为达到目标语语境下的某个目的而生产出一个满足目标语语境读者需求的文本的行为”[①]。任何翻译行为都有目的，都必定指向特定的读者群体。译者再根据特定的读者对象，考虑到原语和目的语之间语言和文化差异的存在，决定采取直译、意译或编译的方法。弗米尔目的论主张在翻译过程中遵循三个基本原则，即目的原则、连贯原则和忠实原则。目的原则，指的是整个翻译过程，包括翻译方法和翻译策略的选择，都是由翻译行为所要达到的目的决定的。连贯原则，指的是译文必须符合内文连贯的要求。译者必须充分考虑目标语读者所处的文化背景，使译文符合目标语的表达习惯，便于读者理解。忠实原则，指的是译文与原文之间应符合互文连贯的要求，[②]近似于通常所说的译文应该忠实于原文，但并不要求译文与原文在内容上一字不差。其中，目的原则居于核心地位，强调翻译行为所要达到的目的，决定整个翻译行为的过程，应当优先得到服从和满足。

弗米尔还认为，语言是文化的一部分。因此，翻译实际上也是不同文化之间的比较、沟通和融合。由于翻译过程涉及文化的特殊性，目的论要求译者要考虑到原语文化与目的语文化的差异性，了解目的语读者的一整套社会规则和习惯，在翻译过程中找到便于目的语读者接受和理解的表述方式，同时贴近原语功能，实现跨文化交流。

目的论的提出进一步将翻译研究从传统意义上的“等值”等一贯坚持译文与原文完全对等的翻译观中解放出来，强调译者主体性，拓宽了翻译理论与实践研究的视野。在目的论指导下，分析《关键词》是以印尼受众为目标读者群体，以使印尼读者正确理解中国思想，宣传习近平新时代中国特色社会主义思想的精神实质和内涵为目的，在翻译中国特色词汇的过程中，采取了适合的翻译方法和翻译技巧。

三、中国特色词汇的分类

中国特色词汇是指产生于中国特定社会语境，反映中国特有文化或事物的汉语新词或表达法，涉及政治、经济、文化、安全和生态等众多领域，具有鲜明的民族和时代特征。这些词汇结构简洁凝练，但文化内涵丰富，在高度概括中国政策方针的同时，也为准确翻译带来了一定的挑战。《关键词》中国特色词汇主要可以分为以下几类。

---

① 王东风. 国外翻译理论发展研究［M］. 北京：外语教学与研究出版社，2020.

② 刘军平. 西方翻译理论通史［M］. 武汉：武汉大学出版社，2019.

（一）数字缩略语

《关键词》中出现了大量数字缩略语词汇，这些缩略语高度概括了多层含义，是中国多项政策方针的简洁表达，中国读者可以根据关键字提示快速判断，而外国读者往往无法理解。如“一国两制”“八个明确”“十四个坚持”“两个一百年”“四个自信”“五位一体”“四个全面”“十三五”“三权”“三严三实”“两学一做”“四风”“四个意识”“三个看齐”“三个坚决”“五六七八九”“三农”“九二共识”“五通”等。

（二）成语和连珠四字结构

《关键词》中涵盖大量成语等四字结构，结构短小而匀称，用以表述中国治国理念和发展方略，简洁有力，含义深刻，既有效地避免了篇幅冗长，又增强了号召力。如“解放思想、实事求是、与时俱进、求真务实”“乘势而上”“承前启后、继往开来”“不忘初心，方得始终”“初心不改、矢志不渝”“相辅相成”“总揽全局、协调各方”“幼有所育、学有所教、劳有所得、病有所医、老有所养、住有所居、弱有所扶”“长治久安、安居乐业”“一帆风顺”“一劳永逸”“五湖四海、任人唯贤”“惩前毖后、治病救人”“借古谋今”等等。

（三）俗语、谚语、典故

《关键词》中运用了许多俗语阐释中国治国理念，俗语具有很强的民族特色，历史悠久，且朗朗上口，方便中国全体民众乃至基层百姓中文化程度较低的群众理解中国政策，增强了语言通俗生动性。如“绿水青山就是金山银山”“摸着石头过河”“只挂帅不出征”“喊破嗓子不如甩开膀子”“打铁必须自身硬”“东一榔头西一棒子”“聚天下英才而用之”等。

（四）比喻词

《关键词》中还包括一定数量的蕴含比喻修辞的汉语表达，即比喻词，这类表达生动形象，容易为读者理解，其中一部分可以在印尼语文化中找到同类意象，而一部分具有强烈的中国特色，无法在印尼语中找到同类意象，此时需结合中国实际情况翻译。如“短板”“组成细胞”“饭碗”“高压线”“打虎”“拍蝇”“猎狐”“像石榴籽一样”“最大公约数”“最大同心圆”等等。

（五）其他中国特色词汇

随着中国各项方针政策的推陈出新，会产生很多具有很强时代感的中国特色词汇，涵盖政治、经济、文化等各方面，有些还具有很丰富的文化内涵。如“全面建成小康社会”“党政军民学，东西南北中”“全方位扎紧制度笼子”“摘帽”“获得感”“硬杠杠”“对表”“钉钉子”“主力军”等等。

四、目的论视角下中国特色词汇的翻译及方法

在目的论的指导下，任何翻译活动的首要原则为目的原则。译者在进行翻译工作之前，首先必须明确自己的翻译目的，并据此寻求最佳的翻译策略和翻译方法。[①]《关键词》以使印尼读者准确理解中国思想、战略、理论为目的，而其中包含的大量中国特色词汇对达成上述目的至关重要，因此需要译者认真体会中国特色文化词汇的丰富内涵，了解译入语文化语境，并选择合适的翻译策略。纵观《关键词》，可以发现编委会在对数字缩略语、成语和连珠四字结构、俗语和谚语、比喻词等中国特色词汇的翻译上采取了多种翻译方法和技巧，较好完成了跨文化交际工作，有效达到了对外宣传的翻译目的。

（一）直译

直译，指的是翻译过程中既保持原文内容，又保持原文格式。通过直译，直截了当地传达原文意思，保留原文思想和风格，向目的语读者传播原语中蕴含的文化信息，有助于目的语读者准确理解原语的文化特色。中国特色词汇蕴含着丰富的中国特有文化特色和方针政策，当完全按照原文内容和形式翻译而且并不影响目的语读者接收准确信息时，可以采用直译方法，符合目的论中的忠实原则。

例 1：……提出“两个一百年”奋斗目标

译文：... mengeluarkan seruan era untuk mewujudkan tujuan perjuangan “Dua Seratus Tahun”

译者直接将“两个一百年”从字面翻译过来，是因为后文中有继续解释其具体含义，此处不再展开解释，目的语读者会根据后文来理解。

例 2：……从而形成了“四个自信”的表述。

译文：... sehingga terbentuk ekspresi “empat kepercayaan diri”.

“四个自信”指“道路自信”“理论自信”“制度自信”和“文化自信”。如若不展开解释“四个自信”是哪四个，印尼读者可能会一头雾水，但由于前文已经列举出每个“自信”，并且后文中会对每个“自信”的具体内涵进行阐释，因此，此处译文选择了直译法，并不影响读者的理解，在遵循忠实原则的基础上，也获得了连贯效果，达到交际目的。

例 3：统筹推进“五位一体”总体布局，协调推进“四个全面”战略布局

① 姜倩倩，龚卫东．目的论视角下中国特色词汇英译研究：以十九大报告为例［J］．开封教育学院学报，2019，39（1）：59—60．

译文：Membuat rencana keseluruhan untuk mendorong tata letak keseluruhan “Lima-dalam-Satu”, mengkoordinasikan dan mendorong tata letak strategis “Empat Komprehensif”.

“四个全面”指的是全面建成小康社会、全面深化改革、全面依法治国和全面从严治党。虽然在前文中并无涉及，造成读者此时的疑惑，但是紧接部分对“四个全面”做出了全面细致的解读，回答了读者的疑惑，因此这里采取直译法，既准确概括了战略布局，又避免了行文表达上的繁琐重复，节约篇幅。

例 4：……体现了解放思想、实事求是、与时俱进、求真务实的思想精髓

译文：... mencerminkan esensi dari pembebasan pikiran, mencari kebenaran dari fakta, maju bersama zaman, mencari kebenaran dan menjadi pragmatis.

原文中一连用四个成语连珠四字结构形容了习近平新时代中国特色社会主义核心内容的思想精髓，由于印尼语中有对应表达，因此译者忠实原文，按照字面意思直接翻译，不会造成目的语读者理解偏差，准确传达了原文含义。

例 5：巩固压倒性态势、夺取压倒性胜利的决心必须坚如磐石。

译文：Tekad untuk mengkonsolidasikan situasi yang luar biasa dan untuk memenangkan kemenangan yang luar biasa haruslah solid seperti batu.

“坚如磐石”的意思是像大石头一样坚硬，比喻不可动摇。印尼语译文直译为“像石头一样坚硬”，保留原文字面意思的同时保留了比喻修辞手法，而石头是印尼语读者认知中也存在的意象，同样具有坚硬的特点。原文与译文同样是形容取得反腐败胜利的决心要坚定不移，忠实于原文的同时，兼顾了连贯原则和目的原则。

例 6：顶层设计和摸着石头过河的关系，是习近平提出的全面深化改革需要把握的重大关系之一。

译文：Hubungan antara “desain tingkat tinggi” dan “menyentuh batu-batu ketika menyeberangi sungai” merupakan salah satu hubungan penting yang diajukan oleh Xi Jinping yang perlu dibahas dalam proses secara komprehensif memperdalam reformasi.

“摸着石头过河”指在事先不熟悉河流的详细情况下，只能以身试水摸索着河里的石头，以原始的方法逐步摸清情况并想办法安全涉水，比喻办事谨慎，边干边摸索经验。在这里指在深化改革的过程中，要通过实践、认识、再实践、再认识的反复过程，取得规律性认识，找到适合中国实际国情的改革方法。该说法最早由陈云在 1980 年 12 月的中央工作会议上提出，得到了邓小平的完全赞同，后成为在中国家喻户晓的经典话语。考虑到该俗语在中国阐述改革政策方针中的常用性和重要性，并且其描述的场景在人类日常生活中是相通的，译者通过直译保留了原文信息，既传递了中国特色词汇的文化内涵，也宣传了中国改革开放事业在稳步推进。读者根据下文具体描述，结合自身生活实践经验，可以解读出该俗语的深层含义。

例 7：同时，坚持党管人才原则，聚天下英才而用之，加快建设人才强国。

译文：Pada waktu sama, kita harus berpegang pada prinsip pengelolaan partai tentang rakyat bakat, menarik rakyat bakat dan menggunakannya dengan baik, mempercepat pembangunan bangsa yang kuat dengan rakyat bakat.

“聚天下英才而用之”出自孟子《孟子·尽心上》“得天下英才而教育之”，将被动的“得”转变为主动的“聚”，强调吸纳人才并使用人才。这里采取直译法，成功体现了习近平人才思想的精髓。

例 8：“打虎”“拍蝇”“猎狐”

译文：“menyerang harimau”, “memukul lalat” dan “memburu rubah”

“打虎”“拍蝇”“猎狐”是反腐领域常用的动宾短语，具有鲜明的中国特色，不了解中国反腐政策的印尼语读者可能无法理解，为何要对老虎、苍蝇和狐狸三种动物展开攻击，但由于下文对三种动物的引申内涵进行了解读，因此采用直译法，保留了中国文化特色，也使印尼读者了解了中国反腐术语。印尼国内的腐败问题也很突出，政府反腐力度在不断加强，促进印尼读者对中国反腐术语的掌握，有利于推动中国与印尼反腐领域沟通与合作。在忠实于原文的基础上，又达到了宣传中国反腐政策的目的。

表 1 《关键词》中其他使用直译法的中国特色表达

序号	例文	译文
1	一国两制	satu negara dengan dua sistem
2	八个明确	delapan kejelasan
3	十四个坚持	empat belas keteguhan
4	“三个代表”重要思想	pemikiran penting “Tiga Representasi”
5	“三严三实”专题教育	pendidikan khusus “Tiga kedisiplinan dan Tiga Kejujuran”
6	“两学一做”学习教育	pendidikan “dua pelajaran dan satu aksi”
7	绿水青山就是金山银山	air jernih dan gunung hijau adalah gunung emas dan perak
8	全方位扎紧制度笼子	memperketat kandang sistem
9	承包地“三权”分置制度	sistem pemisahan “tiga hak” tanah kontrak
10	无形的手	tangan tak kasat mata
11	降低国企准入门槛	mengurangi ambang akses terhadap perusahaan swasta
12	不仅亲自抓、带头干，还要勇于挑最重的担子、啃最硬的骨头	tidak hanya memimpin sendiri, memelopori pekerjaan, tapi juga berani untuk memikul beban terberat dan menggigit tulang yang paling keras
13	“硬杠杠”“高压线”	“tongkat besi” “garis tegangan tinggi”
14	打铁必须自身硬	seseorang harus kuat untuk menempa besi
15	“三农”问题	masalah “tiga tani”

（续表）

序号	例文	译文
16	促进各民族像石榴籽一样紧紧抱在一起	mendorong kesatuan semua kelompok etnis seperti benih delima

资料来源：笔者据《中国关键词》（汉印尼对照）系列书目自行整理。

通过对上述翻译实例进行解释，总结发现，采取直译法的中国特色词汇一般具有以下三个特点：一是原文字面意思简单直接，目的语中存在对应表达，并且能够符合连贯原则；二是上下文中对该词汇进行详细阐述，不会造成读者的困惑；三是原文包含的文化意象同样在目的语中存在，二者之间不存在所谓的文化空缺。通过直译可以实现从原语到目的语的忠实转换，保留原文的形式和内容，对印尼读者深入了解中国治国理政方略以及中国特色文化走向印尼具有重要作用。

（二）意译

意译，指的是根据原文大意进行翻译，而不是逐字逐句翻译。当原语与目的语存在较大文化差异时，通常使用意译法，即二者之间存在文化空缺，如果完全按照原文字面逐字逐句翻译，目的语读者无法准确理解原文意思。如果遵循忠实原则，目的语读者反而无法理解，那么连贯原则无法达到，更何况是目的原则。因此，意译法要求译者充分发挥主观能动性，在理解原文的基础上，将原文包含的内涵和信息按照目的语读者能理解的表达方式解释性翻译出来，即首先满足目的原则，然后使译文连贯。

例 1：统筹推进“五位一体”总体布局，协调推进“四个全面”战略布局

译文：Membuat rencana keseluruhan untuk mendorong tata letak keseluruhan “Lima-dalam-Satu”, mengkoordinasikan dan mendorong tata letak strategis “Empat Komprehensif”.

“五位一体”指的是在坚持以经济建设为中心的同时，全面推进经济建设、政治建设、文化建设、社会建设和生态文明建设各个环节、各个方面协调发展。译者并未完全按照字面生硬翻译，即未翻译“位”和“体”，而是抓住原文想表达的五个方面协调发展，将其翻译为“Lima-dalam-Satu”（五合一），让印尼读者能够想到原文表达的融合意味，体现了目的原则。

例 2：“十三五”规划进一步明确了全面建成小康社会新的目标要求，具体包括……

译文：“Rencana Lima Tahun Ke-13” lebih lanjut mengklarifikasi tujuan dan persyaratan baru untuk secara komprehensif membangun masyarakat cukup sejahtera, termasuk...

“十三五”规划并不能直接按照字面上的三个数字来翻译，而是要认识到其代

表含义，即是“第十三个五年规划”的缩写，译者在翻译过程中要将其本来的含义翻译出来，才不会造成目的语读者的困惑。

例 3：实施乡村振兴战略还要有强大的科技和人才支撑，为此需促进农村一二三产业融合发展……

译文：Implementasi strategi revitalisasi pedesaan juga membutuhkan dukungan kuat iptek dan tenaga kerja berbakat, dan untuk ini harus mendorong pembangunan integrasi industri pedesaan primer, sekunder dan tersier...

与上面例子类似，“一二三”并非简单的三个数字堆叠，因此不能直接翻译为印尼语中对应的“一二三”表达。“农村一二三产业”拆解为农村第一产业、第二产业和第三产业。第一产业指农业生产活动，第二产业指对第一产业进行加工的活动，第三产业指服务第一与第二产业的新兴产业，并且能够成为重要经济活动。可以发现从第一产业到第三产业，活动的技术含量要求逐渐提高。在印尼语中“primer”含义是最初的、第一的、首要的，“sekunder”是第二的、第二位的、次要的，“tersier”是第三的、第三级，是符合原语内涵的目的语表达法。

例 4：……改革从来都不是一帆风顺的，也不是一劳永逸的。

译文：... reformasi tidak pernah berjalan serba lancar, juga bukan sekali jadi dan berlaku untuk selamanya.

“一帆风顺”意为船挂着满帆顺风航行，比喻做事非常顺利，没有任何阻碍。译者并未按照字面含义生硬翻译，而是舍弃了原语中“帆”的形象，采用意译法，直接将比喻义翻译出来，有利于目的语读者简单直接地理解其中含义，“改革从来都不是顺利的”。

例 5：敢于担当，要求干部坚持原则、认真负责，敢于担负重任，敢于改革创新，身先士卒、率先垂范……

译文：Berani memikul tanggung jawab, kader diwajibkan untuk menjunjung tinggi prinsip, bertanggung jawab dengan serius, berani mengambil tugas penting, berani melakukan reformasi dan inovasi, memimpin, menjadi pantuan... .

“身先士卒”指的是作战时，将帅亲自上阵，冲在士兵前面，比喻领导带头，走在群众前面。“率先垂范”指首先做出榜样。若依据表面意思，印尼语中并无相对应的表达方式，因此，为了便于读者理解，将二者分别译为“memimpin”（领导）和“menjadi pantuan”（成为领路人），表达出了原文想要表达的“干部要带领群众，成为他们的领路人，做出榜样”，这样的意译法显得简单易懂，并且不影响信息的传达。

例 6：改革的决心和信心要用行动和效果来体现、来检验，不能只表态不作表率，只挂帅不出征。

译文：Determinasi dan kepercayaan terhadap reformasi harus diperhatikan dan diuji oleh tindakan dan efek, tidak boleh mengklaim tanpa memberi contoh, atau memimpin tanpa berjuang.

“挂帅”指掌帅印、当元帅，比喻居于领导、统帅地位，做领导的亲自抓某项工作。“出征”指外出征战，出去打仗。“挂帅”和“出征”是在中国古代王朝征战背景下产生的具有强烈中国文化特色的词汇，目的语中不存在对应文化意象，因此并不能直接翻译字面含义，只能将引申含义翻译出来，即“只领导却不亲自行动”，才能符合目的原则。

例 7：“喊破嗓子不如甩开膀子”，对于各级领导干部来说……

译文：“Lebih baik kerja keras dari pada membual”, bagi para pemimpin dan kader di semua tingkat di Tiongkok... .

“喊破嗓子不如甩开膀子”是中国家喻户晓的一句俗语，意指只知道动嘴，不知道付出实际行动，但目的语读者却不熟知，因此需要意译，向目的语读者转达俗语的引申内涵，使读者快速理解，达到宣传习近平对于中国改革实干家的要求的目的。

例 8：如果东一榔头西一棒子，结果很可能是一颗钉子都钉不上、钉不牢。

译文：Jika kadang-kadang pasang paku di sini, kadang-kadang pasang paku di sana, mungkin satu paku pun tidak terpasang atau tidak terpasang dengan kuat.

“东一榔头西一棒子”也是中国的一句著名俗语，意指说话做事没有条理、章法或次序，没有明确的目标，在这里用于形容钉钉子，表示“做事情要是这件干一点，那件干一点，最后会什么也没干”。译者选用意译法，未直接翻译榔头和棒子，而是翻译成“这钉一下，那钉一下”，既让句子朗朗上口，又生动形象地表达了原文意思，在履行目的原则的同时符合了连贯原则。

例 9：……到 2020 年现行标准下的贫困人口实现脱贫，贫困县全部摘帽，解决区域性整体贫困。

译文：... pada tahun 2020, berdasarkan standar saat ini rakyat miskin akan terlepas dari kemiskinan, dan semua kabupaten miskin akan terlepas dari kemiskinan sehingga menyelesaikan masalah kemiskinan keseluruhan regional.

“摘帽”本义就是摘掉帽子，在这里喻指贫困县脱贫。如果直接按照摘帽翻译，目的语读者可能会产生疑惑——摘帽和脱贫有什么关联，因此译者选择意译为“terlepas dari kemiskinan”（脱离贫困），有助于目的语读者直接理解。

例 10：确保国家粮食安全，把中国人的饭碗牢牢端在自己手中。

译文：Menjamin keamanan pangan nasional, berupaya agar persediaan pangan rakyat Tiongkok tidak pernah lepas dari tangan mereka sendiri.

“饭碗”本义是盛饭的碗，这里指在实现乡村振兴战略的过程中，要确保中国人民的粮食安全，如果直接译为“碗”，在印尼语语境中可能造成读者的疑惑，粮食为何只与碗有关联，为何不用盘子替代。因此，将其意译为“persediaan pangan”（粮食供应），既准确传达了原文意思，又达到使读者理解的目的。

表 2 《关键词》中其他使用意译法的中国特色表达

序号	例文	译文
1	与时俱进	mengikuti pembangunan zaman
2	乘势而上	mengambil kesempatan
3	不忘初心，方得始终	Tak lupa akan aspirasi awal, baru dapat menyelesaikan misi.
4	初心不改、矢志不渝	ingat pada aspirasi awal tak pernah mengubahkan cita-citanya
5	党政军民学，东西南北中，党是领导一切的。	Partai memimpin semua pihak di semua daerah termasuk partai, pemerintah, militer, rakyat, pelajar dls.
6	长治久安、安居乐业	perdamaian dan stabilitas jangka panjang negara, hidup dan bekerja dengan damai dan tenang
7	革命老区	daerah pergerakan revolusi
8	前无古人	belum pernah diusahakan sebelumnya
9	一劳永逸	sekali jadi dan berlaku untuk selamanya
10	旗帜鲜明讲政治	pementingkan politik secara jelas
11	五湖四海	seluruh pelosok negeri
12	人心向背	pendapat rakyat tentang partai
13	血肉联系	hubungan akrab
14	以上率下	menonjolkan peran teladan pemimpin
15	铁的纪律	disiplin yang ketat
16	惩前毖后、治病救人	menghukum kesalahan dan mengobati pikiran salah
17	抓早抓小、防微杜渐	mementingkan pencegahan masalah kecil pada tahap dini supaya masalah tak berkembang besar
18	“对表”	menuntut penyesuaian waktu
19	“慢半拍”	terlambat
20	脚踏实地	berdiri atas kaki sendiri
21	“不得罪腐败分子，就要得罪 13 亿人民”	“jika tidak memerangi para koruptor, maka harus menerima kritik dari 1,3 miliar rakyat”
22	沉甸甸的成绩单	transkrip yang memuaskan
23	绳之以法	diadili sesuai hukum yang berlaku
24	坚持雷厉风行和久久为功相结合	menggabungkan gaya kerja yang energik dan cepat dengan gaya yang berkelanjutan dan jangka panjang
25	主力军	kekuatan utama
26	蓝绿交织	air biru dan pertumbuhan hijau

（续表）

序号	例文	译文
27	定于一尊	ditetapkan pada satu tipe saja
28	肝胆相照	saling memperlakukan dengan baik
29	百花齐放、百家争鸣	keanekaragaman, perbedaan pendapat
30	后花园	kebun pribadi
31	百花园	taman umum berbagai negara
32	言必信、行必果	menjaga janjian, bertegas mengambil tindakan
33	借古谋今	bikin rencana dengan mempelajari sejarah kuno

资料来源：笔者据《中国关键词》（汉印尼对照）系列书目自行整理。

通过对上述意译实例总结发现，采取意译的中国特色词汇一般具有以下三个特点。一是原语与目的语之间存在文化空缺，即目的语中没有与原语相对应的表达习惯。二是即使目的语中存在与原语对应的文化意象或类似表达，直接翻译还是容易造成读者的困惑或误解。三是原语的实际内涵和字面意思差异较大，需要用意思相近的词翻译出实际内涵。采取意译法，可以准确表达出原语所要传达的主要信息，弥补文化空缺，同时符合目的语读者的语言表达习惯，避免直译造成目的语读者的误解，体现目的论的目的原则和连贯原则。但需要注意的是，意译并不意味着完全自由地翻译，还需要遵循忠实原则，使译文至少是在内容上最大程度忠实于原文。

（三）减译

减译，指的是将原语进行压缩和删减，剔除其中意义重复和不符合目的语表达习惯的语句，再进行翻译以集中表达其核心内容。为了增强语势，读起来朗朗上口，[①]中国特色词汇常常使用一连串的对称结构，比如四字结构等结构，如果完全按照原文翻译，容易造成译文表达的繁琐重复，因此运用减译法，能够在传达原文信息的基础上化繁为简，符合目的论中的目的原则和连贯原则。

例 1：这个新时代，是承前启后、继往开来，在新的历史条件下继续夺取中国特色社会主义伟大胜利的时代……

译文：Era baru ini adalah era di mana kita mewarisi masa lalu dan menyongsong masa depan dan terus merebut kemenangan besar sosialisme dengan karakteristik Tiongkok di bawah kondisi historis baru...

“承前启后”意思是承接前面的，开创以后的，指继承前人事业，为后人开辟

① 李新星．目的论视角下的中国特色表达法译策略研究［D］．哈尔滨：黑龙江大学，2019．

道路。“继往开来”指继承前人事业，开辟未来道路。两个成语表达意义相近，在中国文化中可用不同的汉字组合来表示，但由于印尼语表达方式较为单一，为避免译文繁琐重复，译者在翻译时采取减译法，将两词进行简化和合并，只翻译二者所共有的含义，提高了译文的可读性。

例 2：……的发展理念，相互贯通、相互促进，是具有内在联系的集合体，必须统一贯彻，不能顾此失彼，也不能相互替代。

译文：Konsep pembangunan yang... salin terkait dan saling menguatkan, maka merupakan kumpulan koneksi intrinsik yang harus diimplementasikan secara terpadu dan tidak dapat digantikan oleh satu sama lain.

“顾此失彼”指顾了这个，丢了那个，形容照顾不过来、忙乱或慌张。而“相互替代”即字面意思，在这里二者共用指的是创新、协调、绿色、开放和共享这五个发展理念要全面顾及，不能只顾一个就代替了另一个。在这里简单译为“被另一个代替”，实际上正确传达了原文语义。

例 3：……形成陆海内外联动、东西双向互济的开放格局。

译文：... membentuk pola keterkaitan terbuka antara daratan dan laut serta antara timur dan barat.

“陆海内外联动”指陆地和海上要形成经济发展联动效应，“东西双向互济”指东部和西部地区要互相协调、平衡发展。两句实际上都是在强调二者之间的互动形成开放格局。因此，译者对“内外联动”和“双向互济”进行减译，处理成在陆海之间和东西之间的开放格局，简化了目的语表达，同时也传达出原文意思。

例 4：……确保妥善应对、措置裕如。

译文：... memastikan penganganan yang tepat.

“措置裕如”指安排料理一点也不费力气，形容处理事情从容不迫，毫不费力，很有办法，与“妥善应对”意思相通。译者在这里将二者减译为“正确处理”，表示在新形势下要正确处理各种最复杂最困难的情况。减译法将一个在中国社会也不为人熟知的成语简化表达，便于目的语读者理解。

例 5：……创造了一个又一个彪炳史册的人间奇迹。

译文：... menciptakan keajaiban sejarah.

原文指中国共产党在初心和使命的激励下带领中国人民取得了非凡的成就，在这里用“彪炳史册”和“人间奇迹”来歌颂，目的是突出中国共产党的伟大成就，会载入史册流传千秋万代。但在印尼因为气候原因，很少有流传很久的史籍或史书，因此，在印尼语语境中不存在“史册”这个意象。这里将其简化译为“历史奇迹”，足以表达原文意思。

表 3 《关键词》中其他使用减译法的中国特色表达

序号	例文	译文
1	作风之弊、行为之垢	malpraktik
2	天罗地网	jaringan
3	海晏河清、朗朗乾坤	perdamaian dunia
4	唯利是图、斤斤计较	mengejar kepentingan tanpa moralitas
5	以点带线，以线带面	dari titik ke jalur
6	共生共荣	simbiosis
7	踟躇不前	terhambat
8	得人心、暖人心	sesuai dengan kebutuhan rakyat
9	你中有我、我中有你	saling mengandal
10	林林总总、纷纭多变	selalu berubah
11	舍本逐末	melepaskan hal penting
12	和合共生	harmoni

资料来源：笔者据《中国关键词》（汉印尼对照）系列书目自行整理

通过上述例子可以发现，当原语中包含许多意思相通或接近的词汇时，译者将其译为目的语时，可以采用减译法，简化重复表达的冗余部分，将其共同的意义按照目的语的表达习惯翻译出来，可以避免目的语的繁琐重复，保证目的语的流畅度和可读性，符合目的论的目的原则和连贯原则，同时传达信息也达到了忠实原则。

五、中国特色词汇翻译过程中存在的问题

前文只是以《关键词》为例探讨了目的论视角下中国特色词汇印尼语翻译的方法，希望对印尼语外宣翻译实践具有一定的参考价值，但同时，我们也注意到印尼语外宣翻译中存在的一些问题。

一是过于依赖英语翻译和英语借词。《关键词》将“亲、诚、惠、容”译为“pro, jujur, bermanfaat dan inklusif”，其中“容”明显是借鉴了英译 inclusiveness 而译为 inklusif，原文意为“多元包容”，inclusiveness 也意为“多元包容”，但在印尼语中 inklusif 意为“包括、包含”，做动词使用，翻译过程改变了词义和词性，并且形成了误用习惯，会对印尼语读者正确理解原文意思造成阻碍。

二是术语翻译不统一。党的二十大报告中多次提及“中国式现代化”，“中国式现代化”已经成为具有特定含义的中国特色词汇，在外宣翻译中理应具备统一的译法，但根据国际在线的印尼语翻译来看，出现了“moderisasi ala Tiongkok” "moderisasi gaya Tiongkok""moderisasi tipe Tiongkok"三种形式，区别在于"式"的译法。在印尼语中，"ala"意为"按照……方式，……式的"，"gaya"意为"风格、式样、形式"，更侧重于指艺术、建筑等具体物象，"tipe"意为"典型、类型"，蕴含分类的意思。"中国式现代化"指中国共产党领导的社会主义现代化，具有基于自身国情的中国独特的方式和方法，显然将"式"译为"ala"更加贴切，更有助于印尼语读者准确理解。再如，"中国特色社会主义"是21世纪以来就一直在用的固定政治术语，但至今仍未形成统一的印尼语译法。《关键词》中将其译为"sosialisme dengan karakteristik Tiongkok"，但国际在线印尼语频道又将其译为"sosialisme berkarakteristik Tiongkok""sosialisme berciri khas Tiongkok"，官方未形成统一的译法。"ciri"一般指事物外在的特征，比较具象，"karakteristik"则借用了英语词汇，指个人、社会、民族等具有特色或特性，含义范围广阔，更加符合原文意指的中国特色。还有其他学者认为，"berwatak"既指外在特色又指内在性质，更加贴切，但本文认为，"watak"含义指示范围也更加具体，侧重指人的性格以及事物的特性，不适用于指某个国家具有独特性的思想和政策。而"sosialisme dengan karakteristik Tiongkok"的译法借鉴了英译"socialism with Chinese characteristics"，表示"有中国特色的社会主义"，虽然也符合语法规范，但稍显冗长，且在印尼语中存在更直接表达"具有特色"的词汇，即"berkarakteristik"，因此将"中国特色社会主义"统一译为"sosialisme berkarakteristik Tiongkok"或许更为妥当。

英语作为全球通用的语种，拥有广大的目的语读者，影响力广，对于重要的对外政策和思想，官方会第一时间将英文版本发布，提供政治术语的标准翻译，容易保证英文媒体报道翻译的准确性。但对于印尼语等小语种，由于缺乏官方翻译版本，媒体可能会选择转译官方提供的英译版本，在二次翻译的过程中出现较多版本，且可能出现误译。另外，国内印尼语译者在翻译时也会借鉴英文译法，可能忽略印尼语读者表达习惯，造成理解偏差。这些也是其他语种在中国特色词汇的翻译过程中容易出现的问题，需要得到官方关注，增加多语翻译，适度借鉴英文译法，向非英语国家读者准确传达中国治国理政思想和外交政策。

六、结语

通过对《中国关键词》（汉印尼对照）系列图书内中国特色词汇的翻译进行分析，可以得出，目的论能够为翻译内容的准确性和传播的有效性提供指导。基于目的原则、连贯原则和忠实原则三大原则，译者在中国特色词汇的翻译过程中可以灵活采用直译、意译和减译三种翻译方法，使译文符合目的语表达习惯，并在一定程度上弥补原语与目的语之间的文化空缺，向目的语读者传播中华文化，从而使印尼语读者能够准确理解原文意思，有效实现交际目的，使印尼语读者准确理解中国治国方略和理政方针。针对汉印尼翻译过程中存在着过度借鉴英语翻译和借词以及术语翻译不统一等问题，笔者认为需要官方发力，尽最大可能提供更多语种的官方标准翻译，与中英文版本对照，一起对外发布，促进国外读者对中国思想的准确理解。当然，目的论只是为中国特色词汇的印尼语翻译提供了一种视角，目的论三大原则也只是评价翻译质量的一种标准，并不是唯一的存在，针对中国特色词汇的翻译还有许多其他可以运用的理论和角度，本文只是尝试讨论了目的论的可能性，希望能为印尼语翻译实践提供参考和借鉴。

参考文献

[1] 姜倩倩，龚卫东．目的论视角下中国特色词汇英译研究：以十九大报告为例[J]．开封教育学院学报，2019，39（1）：59—60．

[2] 李新星．目的论视角下的中国特色表达法译策略研究[D]．哈尔滨：黑龙江大学，2019．

[3] 刘军平．西方翻译理论通史[M]．武汉：武汉大学出版社，2019．

[4] 王东风．国外翻译理论发展研究[M]．北京：外语教学与研究出版社，2020．

[5] 中国外文出版发行事业局，当代中国与世界研究院，中国翻译研究院．中国关键词：新时代外交篇（汉印尼对照）[M]．北京：新世界出版社，2019．

[6] 中国外文出版发行事业局，当代中国与世界研究院，中国翻译研究院．中国关键词：“一带一路”篇（汉印尼对照）[M]．北京：新世界出版社，2017．

[7] 中国外文出版发行事业局，当代中国与世界研究院，中国翻译研究院．中国关键词：治国理政篇（汉印尼对照）[M]．北京：新世界出版社，2019．

汉语-印地语俗语翻译中“功能对等”理论应用初探

西安外国语大学亚非学院 刘蕊灵

【摘 要】目前国内汉语-印地语俗语翻译实践中尚未出现有关“功能对等”理论的应用研究。该理论认为，在保证汉语俗语自身含义的前提下，将这些俗语尽可能以贴近印度文化的形式翻译出来，以此来尽可能实现功能对等，达到最大限度地还原源语所要表达的含义的目标。通过《西游记》《骆驼祥子》《汉印习语译法》汉语-印地语译例分析可以发现，功能对等的主要方式主要包括：词汇对等、意义对等、文化对等、风格对等。

【关键词】功能对等；俗语翻译；文化交流；印地语俗语

一、引言

中国与印度互为毗邻，自二者之间的交往交流可谓是源远流长。早在印度的两大史诗《摩诃婆罗多》和《罗摩衍那》中就有许多对中国的记载，而中国的众多史书，如《史记》的《大宛列传》和《西南夷列传》中就有中印之间进行贸易的相关记载。《汉书》《后汉书》和《史记》中也有对西域道、滇缅道以及南海道这些中印交流的交通要道的记录。[①]交通要道的开辟，使中印之间不仅在经济、贸易领域的交流十分频繁，文化领域的交流也大大增加。

在文化领域的交流过程中，文学的交流是其中重要的一部分。为了更好地进行文学方面的交流，双方的文学作品互有译入，在作品的译介工作中，两国语言中的俗语翻译通常是重难点。这些俗语承载了丰富的历史文化信息，是各民族文化的精髓，作为文化的一部分，是最能体现民风民俗的语言形式，因而被广泛应用于文学作品之中。以中国文学作品为例，许多在国内国际上都著名的文学作品，如，以《西游记》为代表的许多文学作品中都有大量汉语俗语的应用，这些极富中华文化色彩的汉语俗语为文学作品增色不少，同时也大大增加了翻译的难度。文化上的巨大差异使汉语俗语的翻译难以达到“信、达、雅”的程度。所以，在翻译过程中，如何使印地语读者更易接受和理解这些浓缩了中国文化的俗语，成为了汉语-印地语俗语翻译工作中的一大难题。为攻克这一难题，不同译者在对不同作品进行翻译的过程中采用了如翻译补偿理论、文化翻译理论和生态翻译理论等不同的翻译理

① 薛克翘．中印文化交流史［M］．北京：中国大百科全书出版社，2017．

论，且各有优长和不足。本文尝试结合美国著名语言学家、翻译家和翻译理论家尤金·奈达（Eugene A. Nida，1914—2011）于1969年提出的“功能对等”理论，对汉语-印地语俗语翻译中现有的经典译例所具有的翻译特点和所运用的技巧进行探究。

二、概念界定与理论基础

由于所选翻译材料是汉语俗语，本文首先将对汉语俗语定义进行叙述和总结。《现代汉语词典》中对俗语的描述为：通俗并广泛流行的定型的语句，简练而形象化，大多数是劳动人民创造出来的，反映人民的生活经验和愿望。也叫俗话。[①]《新华词典》中对俗语的定义则为：群众中广泛流行的通俗而定型的语句，多数是从劳动人民的生活经验中创造出来的，简练而形象。[②]

所以本文中对汉语俗语的概念总结为：汉语俗语，是指汉语中为群众所创造的，在群众中流传的，通俗且广泛流行的、定型的语句。大多数俗语都是由劳动人民创造的，它们多运用短小精悍的结构、丰富的修辞手法和活泼的语言风格来表达人民在社会生活中积累的经验以及对生活的愿望与思考。可以说，汉语俗语是对丰富多彩的中华民间文化高度浓缩精炼后的结晶，并被广泛应用于各种文学作品中。

“功能对等”理论是由尤金·奈达于1969年出版的《翻译的理论与实践》一书中提出的翻译理论，起初名为“动态对等”理论，后奈达将其完善为“功能对等”理论，是西方翻译理论的重要代表之一，在我国翻译界也享有较高的声誉。该理论的提出基于奈达常年从事《圣经》翻译工作积累的经验，并结合语义学、语用学的概念和术语，以及诺姆·乔姆斯基[③]关于句法结构的研究。“功能对等”理论是一种较以往更具系统性的翻译理论和翻译研究方法。

在引入语言学的术语之后，奈达不再使用之前的如“直译”“意译”等术语，改用“两种基本倾向”或“对等类型”，也就是形式对等和动态对等。同时奈达对这两个术语也进行了界定：

（1）形式对等：形式对等关注信息本身，既关注信息的内容……译语中的信息应该与源语信息的不同元素尽可能地匹配。[④]

（2）动态对等：奈达在1986年出版的《从一种语言到另一种语言》中改为“功能对等”，其基础被称为“等效原则”，即目标语读者和所接受信息间的关系应

---

① 现代汉语词典［M］. 北京：商务印书馆：2002：1203.

② 新华词典［M］. 北京：商务印书馆，2013：959.

③ 诺姆·乔姆斯基（Noam Chomsky），1928年生，美国哲学家、语言学家、认知学家、逻辑学家、政治评论家。

④［英］杰里米·芒迪. 翻译学导论：理论与应用（第三版）［M］. 李凤德，等译. 北京：外语教学与研究出版社，2014.

当与源语读者和所接受信息间的关系基本一致。[①]

“功能对等”理论强调，要想达到理想的翻译结果，就要在译入语中找到与源语最符合、最自然的对等语。但是，内容与形式之间难免会出现难以调和的矛盾，为了保证内容的对等准确，形式上可以做出一定的让步。在奈达看来，意义是最重要的，形式则是其次。过于拘泥形式可能会导致无法准确传达源语背后的文化意义，造成读者的理解障碍。一味追求内容的准确对等则可能使译文失去原文在形式上所具有的美感，读来枯燥乏味，难以引起读者的兴趣。理想的译文应当是最大限度地与原文接近，也就是尽最大可能达到对等。但是在现实的翻译实践过程中，出于文化条件、时代背景等因素，内容与形式之间经常会出现难以调和又无法回避的矛盾。所以根据奈达的理论，译者在翻译的过程中可以对译文进行适当的调整，以保证读者能够更容易地接受和理解译文的内容。

谭载喜教授在 1999 年出版的《新编奈达翻译理论》中写出了三点检验译文质量的最终标准，即：（1）能使读者正确理解原文信息，即“忠实原文”；（2）易于理解；（3）形式恰当，吸引读者。[②]

鉴于俗语本身具有广泛流传于民间的特点，本文结合奈达对检验翻译质量的标准，从奈达提出的四个方面的“对等”来对汉语–印地语俗语翻译中的经典译例进行分析。这四个方面的对等，即“词汇对等”“意义对等”“文化对等”和“风格对等”。

三、“功能对等”理论视角下汉语–印地语俗语译例分析

本文汉语–印地语俗语译介的“功能对等”理论应用研究拟选取《西游记》《骆驼祥子》《汉印习语译法》为主体译例分析对象，理由如下：《西游记》是明清时期最著名的长篇小说之一，亦是中国古典文学的瑰宝。作为我国四大名著之一，《西游记》被译为多种语言并在世界范围内广为流传，其独特的思想内涵和浪漫诙谐的语言特点吸引了国内外无数读者。《骆驼祥子》是老舍先生创作的长篇小说之一，亦是我国文学 20 世纪 30 年代的著名代表作之一，目前《骆驼祥子》已经有二十余种语言的译本。《汉印习语译法》则是戈富平教授对其汉语–印地语翻译实践的一次重要总结。此外，部分具有印译版本的中国寓言故事亦是本文译例研究对象。中国寓言故事为中华传统文化和民族智慧的重要组成部分。上述案例主体不仅有着无与伦比的文学价值，同时承载丰厚的思想内涵，其语言也因为大量使用俗语而更具独特的魅力。

---

①［英］杰里米·芒迪．翻译学导论：理论与应用（第三版）［M］．李凤德，等译．北京：外语教学与研究出版社，2014．

② 谭载喜．新编奈达翻译理论［M］．北京：中国对外翻译出版公司，1999：250．

（一）词汇对等

词汇对等，即在俗语的翻译过程中保证译文的意义准确无误，采用译入语中与源语表达含义相对应的词，从而直观有效表达出俗语的中心思想。例如：

1. 看到这种情况我真是哭笑不得。

“ऐसी हालत देखकर मेरी तबीयत न रोने होती की है न हँसने की।”[①]

“哭笑不得”，又作“哭不得，笑不得”，出自《飞花咏》清初刻本（全称《飞花咏小传》，一名《玉双鱼》）一四回：“端昌听见两家俱是如此，真是哭不得；笑不得，只叹了数声。”意为哭也不是，笑也不是。形容非常尴尬，不知该怎么办好。该俗语意义简单，也无深层的引申含义。所以在对该俗语进行翻译时，译者选择从词汇对等的角度出发。

译例中将“哭笑不得”译为：“न रोने होती की है न हँसने की”。其中，“哭”与“रोना”对应，“笑”与“हँसना”对应，并根据印地语的语法规则将二者词尾的“ना”变为“ने”并同时加上否定词“न”进行否定，这样就达到了词汇对等。

2. 只差几十块钱就能买上车了，不能前功尽弃。[②]

“सिर्फ कुछ दर्जन युवान और हो जाने पर उसके पास रिक्शा खरीदने के लिए धन हो जाएगा। उसे अपने पहले की कोशिशें बेकार नहीं होने देनी चाहिए थीं।”[③]

“前功尽弃”，又作“前功尽灭”，最早出自西汉刘向的《战国策·西周策》：“公之功甚多，今公又以秦兵出塞，过两周，践韩，而以攻梁，一攻而不得，前功尽灭，不弱称病不出也。”[④]后在西汉司马迁《史记·周本纪》中演变为：“今又将兵出塞，过两周，倍韩，攻梁，一举不得，前功尽弃。”[⑤]“前功尽弃”，“功”指功劳；“尽”指完全；“弃”指丢失。意为以前的功劳全部丢失，也指以前的努力全部白费。该俗语的含义就如字面意义一样清晰明了，所以译者在翻译时，将“前功”译为“पहले की कोशिशें”，即“以前的努力”，“尽弃”则直接译为“बेकार होना”，即“徒劳无益，白费”，合起来就完整地表达了“以前的努力全部白费”这一含义，达到了词汇上的对等。

3. 自己的命是钱换出来的，不能再自投罗网。[⑥]

“वह जान बचाने के लिए अपना धन दे चुका था,वह दुबारा किसी जाल में खुद को फंसा नहीं सकता था।”

① 戈富平. 汉印习语译法［G］// 南亚东南亚语言文化研究（第 1 卷）. 北京：军事谊文出版社，2001.

② 老舍. 骆驼祥子［M］. 成都：天地出版社，2016.

③ रघुवीर सहायक. रिक्शावाला [M]. परिकल्पना प्रकाशन, लखनऊ, 2006.

④ 闫秀文. 中华成语探源白金典藏版［M］. 长春：北方妇女儿童出版社，2014.

⑤ 王涛. 中国成语大辞典［M］. 上海：上海辞书出版社，2008.

⑥ 老舍. 骆驼祥子［M］. 成都：天地出版社，2016.

“自投罗网”，出自三国魏曹植的诗《野田黄雀行》：“不见篱间雀，见鹞自投罗。”意为“自己投到罗网里去”；比喻自己送死。其中“投”是指进入；“罗网”则意为捕捉鱼鸟的器具。该俗语表意即为字面含义，所以译者在翻译时将其翻译为“जाल में खुद को फंसाना”，其中“जाल”有“网；罗网，圈套”的含义，“खुद”作为副词表达了“自己，亲自”的含义；“फंसाना”则作为印地语中的致使用词，表达了“缠，困；使陷入罗网，使入圈套”的含义。这样一来，既将原俗语的含义完全表达了出来，又达到了词汇对等。

（二）意义对等

意义对等，即在一定程度词汇对等的基础上，保证译文在能够准确传达俗语内涵的情况下，译者可以采用更符合译入语读者更加习惯的形式，对译文进行一定程度上的增删，以达到让译文准确表达的目标，例如：

1. 看到这种情况我真是哭笑不得。

“ऐसी हालत देखकर मैं रोने और हँसने की स्थिति पड़ गया।”[①]

这种译法与词汇对等下的译法不同，没有严格进行词汇上的对等，仅保证了“रोना”和“हँसना”这两个词的对等，整个俗语则被译为“रोने और हँसने की स्थिति”。该译例通过将“रोना”（哭）与“हँसना”（笑）这两个语义相反的词用“और”并列起来，表达出“既哭又笑”也即“既不得哭又不得笑”的意义，同时“स्थिति”也将“哭笑不得”这种尴尬的“处境”也一并译出，使其表意更加明晰，从而达到意义对等，形式的改变更符合译入语读者的语言习惯，也有利于读者的理解。

2. 他曾在火焰山修行了三百年，炼成了“三昧真火”，却也神通广大。

उसने तीन सौ वर्ष तक अग्नि पर्वत पर तपस्या कर सत्य समाधि अग्नि विकसित कर ली थी ।उसकी शक्तियाँ अत्यंत प्रबल हैं।[②]

“神通广大”，出自：《大唐三藏法师取经诗话·入王母地之处第十一》：“师曰：‘你神通广大，去必无妨。’”意为法术广大无边。形容本领高超，无所不能。“神通”原是佛家语，指神奇的法术。梵文佛经中原本用于表达“神通”的词为“अभिज्ञा”，其意为：“ज्ञान, ‘सीधे ज्ञान प्राप्ति’। इसका अर्थ कभी-कभी ‘उच्च ज्ञान’ या ‘अलौकिक ज्ञान’ भी होता है। बौद्ध धर्म में अभिज्ञा की प्राप्ति धर्म एवं ध्यान से होती है।”[③]也就是“通过达摩、冥想获得的‘高等知识’或‘超自然知识’”，不符合《西游

---

① 戈富平．汉印习语译法［G］// 南亚东南亚语言文化研究（第 1 卷）．北京：军事谊文出版社，2001．

② ऊ छङअन. पश्चिम की तीर्थयात्रा [M]. मनमोहन ठाकौर, जानरी बल्लभ, अनुवादक. पेइचङः विदेशी भाषा प्रकाशन-गृह, 2009.

③ https://en.wikipedia.org/wiki/Abhij%C3%B1%C4%81

记》原文用在这里所要表达的“红孩儿本领高强”的含义。实际上，“神通”的梵语原义在翻译过程中已发生改变。如果为了刻意追求词的对等而使用“अभिज्ञा”来解释《西游记》中的“神通”，则可能给读者造成理解上的困惑。所以译者在翻译的过程中舍弃了“अभिज्ञा”而选择了表意更为宽泛且更符合原文的“शक्ति”，更有利于读者的理解。

3. 那经验十足而没有什么力气的却另有一种方法。①

“बाकी चालक जिनकी देह से शक्ति निचुन गयी है उनका तरीका दूसरा ही होता है।”

“经验十足”本义为某人做事十分有经验，十分熟练是汉语口语中人们经常使用的惯用语，老舍用在这里是“正话反说”，实际上是要表达对那些拉车是偷奸耍滑的车夫们的讽刺，在翻译时如果不考虑其中隐含的“讽刺”含义而直接译出，则可能使译文失去这一层隐含的含义，那么就会给读者的阅读理解造成困惑，使读者无法理解这类车夫与后文祥子之间产生的对比。所以译者在翻译的过程中选择用“चालक”一词，“चालक”意为“狡猾的人”，这样一来，文中的讽刺之意就更容易为读者所理解。

（三）文化对等

文化对等，即对于一些在特定文化背景、社会环境下形成的，具有特殊含义的内容，掌握相同语言并具有相同历史文化背景的人能够轻松地理解这些内容背后蕴含的文化含义，而对于成长在不同文化背景下的读者则可能无法准确获取到信息。所以在俗语翻译的过程中，译者可以采用译入语中与源语中表示同一含义的俗语进行翻译，或直接将源语中的俗语的文化含义解释出来。例如：

1. 有一句古话说：“青出于蓝胜于蓝。”

एक समय में कहावत थी कि गुरु गुड़ रहे चेला हो गए शक्कर।②

“青出于蓝而胜于蓝”出自儒家学派的代表人物荀子的《劝学》，亦作“青出于蓝胜于蓝”。“青”指靛青，深蓝色的染料；“蓝”指蓼蓝，一种可以用作蓝色染料的植物。靛青是从蓼蓝中提取出来的，但颜色要比蓼蓝更深，比喻人经过学习或教育之后可以得到提高，常用于老师与学生之间或者前人与后人之间。

印地语中“靛青”和“蓼蓝”的含义均由“नील（形）蓝色的，青色的；（阳）蓝色，蓼蓝；靛蓝，靛青”一词表达，且“नील”的引申含义有：耻辱的事情，污点；青紫的斑痕或伤痕，并不包含由中文语境下“青”与“蓝”所指代的“老师”与“学生”、“前人”与“后人”的含义，所以直译不仅会掩盖俗语所要表达的内涵，还会造成读者误解。故在这一译例中，译者选取了更为印地语读者熟悉

① 老舍．骆驼祥子［M］．成都：天地出版社，2016．

② https://www.jagran.com/uttar-pradesh/farrukhabad-sugarcane-19918790.html

的炼制糖的过程，以“红糖”和红糖进一步炼制而来的“白糖”来指代原本的“青”与“蓝”，将其译为“गुरु गुड़ रहे चेला हो गए शक्कर।”，使其更加符合印度文化，更好地表达了这一俗语的内涵。

2. 楚国在太行山的南面，可这个人不问青红皂白让赶车人赶着马车一直向北走去。

“सो वहाँ जाने के लिए इस व्यक्ति को दक्षिण की दिशा में जाना चाहिए था। लेकिन गाड़ी पर बैठते ही उसने कारवान को उत्तर की ओर जाने का हुक्म दिया।”①

“不问青红皂白”中的“皂”，指黑色，“青红皂白”，原指青色、红色、黑色、白色这四种不同的颜色。“不分青红皂白”多用于比喻态度武断或蛮横，不弄清是非曲直，不问情由，便做决定。译者在此处完全抛弃了原俗语中的“青红皂白”，选择使用印地语中“...ते ही”句式进行翻译，该句式的含义为“一……就”，表明此人一上车就直接命令赶车人向南走，由此达到了文化对等的效果。

（四）风格对等

风格对等，即在保证意义对等的基础上，译文要符合原文的语言风格和文化特色。在正式开始翻译工作之前，译者首先要对作品的文体风格进行准确的判断，并以此为基础对周折的思维进行分析解读并对作品背后所蕴含的文化历史等进行一定的了解和学习，力求在翻译的过程中更准确地体现文体特征。如果原文具有明显的口语化特征，译文的遣词造句则不应该过于书面化。如果原文中有采用修辞、结构、对偶、押韵等方式来突出寓意和形式美，那么在翻译的过程中，不仅要保证能够完整准确地表达意义，还要注意语言和句式的选择。例如：

1. 世上无难事，只怕有心人。

इस दुनिया में उन लोगों के लिए कई भी काम मुश्किल नहीं जो इरादे के पक्के हों।②

这句话出自吴承恩《西游记》第二回：“悟空道：‘这个却难！却难！’祖师道：‘世上无难事，只怕有心人。’悟空闻得此言，叩头礼拜。”意思是只要肯下决心去做，世界上没有什么办不好的事情，困难总是可以克服的。这句话中的“无难事”与“有心人”，前者是后者的结果，后者是前者的条件。如果直接对句子进行翻译，则可能使读者无法准确理解“无难事”与“有心人”之间的关系，从而对俗语产生误解。所以，译者在翻译的过程中使用了从句“जो”句式，从句将原文中“只怕有心人”的“只怕”所表达出的对条件的假设也一并译出为：“इस दुनिया में उन

① CRI, चीनी कहानी 版块．翻译中国成语故事《南辕北辙》[EB/OL].（2017-08-01）[2023-04]. https://hindi.cri.cn/20170801/2e7a567d-833d-43a5-8c6e-e5e8d1dd27c2.html?spm=C[]78358.PAe7itP8NsUt.Etobu8vRW6u3.

② ऊ छङअन. पश्चिम की तीर्थयात्रा [M]. मनमोहन ठाकौर, जानरी बल्लभ, अनुवादक. पेइचङः विदेशी भाषा प्रकाशन-गृह, 2009.

लोगों के लिए कई भी काम मुश्किल नहीं जो इरादे के पक्के हों।”，这样，这一译法就在风格上达到了对等。

2. 虚心使人进步，骄傲使人落后。

“नम्रता आदमी को आगे बढ़ाती है, जबकि घमण्ड आदमी को पीछे हटने में ढकेलता है।”①

这句话出自毛泽东在中共八大开幕式上讲话的开幕词。这句话采用了对偶的形式，由两个形式相同、意义相对的分句构成。两个分句中“虚心”与“骄傲”相对，“进步”与“落后”相对。在汉语语境下，形式上的相同和意义上的相对使两个分句在内部联系上存在转折关系。但在印地语语境中如果直接将两个分句译出，则分句不存在内部联系上的转折关系，所以在翻译的过程中必须将转折含义译出。

जबकि 是印地语中常用的表示转折的连词。在翻译过程中使用这一连词就可以将原本汉语俗语中潜在的转折含义表达出来，否则两个分句就会成为两个相互独立的句子，使读者无法准确获得该俗语要表达的含义，造成理解上的困惑。

四、结语

自古以来，语言都是人类交往交流的重要桥梁。人们通过语言交流来传递信息，表达思想情感，消除彼此之间的隔阂。同时，语言也是跨文化交流的重要桥梁。来自世界各国不同民族、具有不同文化背景的人通过学习语言，通过翻译活动，了解不同地区的社会历史文化、风土人情。

而翻译则为语言之间构筑了一座桥梁，为两种不同语言的文化进行交往交流提供了可能性，是跨文化交流的重要途径。文学作品作为语言文化的一大重要载体，对文学作品的翻译在跨文化交流中的重要性也就不言而喻。由于不同语言的使用者其在社会历史文化背景上往往存在巨大的差异，在翻译的过程中也很难完全做到从一种语言转化到另一种语言，所以译者在翻译的过程中，只能依靠自身的语言水平和翻译水准，结合自身对作者和作品的挖掘和理解，对几种对等进行衡量和侧重，以追求在译入语中最大限度地还原源语所要表达的含义。

综合对以上经典翻译案例的分析，可以发现，汉语的俗语各具特点，有的简洁，有的形象。正是因为这些特点，汉语俗语的内涵十分丰富。译者对于不同翻译理论的选择，使汉语俗语在译入印地语时往往没有“标准答案”。在翻译的过程中，不仅要考虑到不能将其翻译得过于严肃刻板，更要考虑到因两国之间的文化差异而可能造成的误解。所以有些译者在进行汉语-印地语俗语翻译工作时，选择采用尤金·奈达的“功能对等”理论，在保证汉语俗语自身含义的前提下，将这些俗

① 戈富平．汉印习语译法［G］// 南亚东南亚语言文化研究（第 1 卷）．北京：军事谊文出版社，2001．

语尽可能以贴近印度文化的形式翻译出来，以此来尽可能实现功能对等，达到最大限度地还原源语所要表达的含义的目标，使印地语读者在阅读到包含有这些俗语的文本时，文本的可读性大大增加，也更加容易接受和理解这些俗语背后蕴含的历史文化。使用这种方法进行翻译，不仅能够帮助印地语读者更好地了解中国的文化，还有助于中国文化更好地走向世界。

参考文献

［1］［英］杰里米·芒迪．翻译学导论：理论与应用（第三版）［M］．李凤德，等译．北京：外语教学与研究出版社，2014．

［2］戈富平．汉印习语译法［G］// 南亚东南亚语言文化研究（第 1 卷）．北京：军事谊文出版社，2001．

［3］老舍．骆驼祥子［M］．成都：天地出版社，2016．

［4］薛克翘．中印文化交流史［M］．北京：中国大百科全书出版社，2017．

［5］现代汉语词典［M］．北京：商务印书馆，2002：1203．

［6］新华词典［M］．北京：商务印书馆，2013：959．

［7］王涛．中国成语大辞典［M］．上海：上海辞书出版社，2008．

［8］闫秀文．中华成语探源白金典藏版［M］．长春：北方妇女儿童出版社，2014．

［9］殷洪元．汉语印地语大词典［M］．北京：北京大学出版社，2016．

［10］CRI, चीनी कहानी 版块．翻译中国成语故事《南辕北辙》［EB/OL］．（2017-08-01）［2023-04］．https://hindi.cri.cn/20170801/2e7a567d-833d-43a5-8c6e-e5e8d1dd27c2.html?spm=C[]78358.PAe7itP8NsUt.Etobu8vRW6u3.

［11］https://en.wikipedia.org/wiki/Abhij%C3%B1%C4%81

［12］https://www.jagran.com/uttar-pradesh/farrukhabad-sugarcane-19918790.html

［13］Nida E A. Towards science of translating [M]. Leiden: Brill, 1964.

［14］Nida E A, Charles R T. The Theory and practice [M]. Brill Academic Pub, 1982.

［15］ऊ छङअन. पश्चिम की तीर्थयात्रा [M]. मनमोहन ठाकौर, जानरी बल्लभ, अनुवादक. पेइचङः विदेशी भाषा प्रकाशन-गृह, 2009.

［16］रघुवीर सहायक. रिक्शावाला [M]. परिकल्पना प्रकाशन, लखनऊ, 2006.

历史与文化研究

民间信仰对16—19世纪越南汉文小说的参与

国防科技大学外国语学院 徐方宇

【摘 要】 16—19世纪是越南汉文小说的繁荣期，出现了大量以民间信仰为题材或情节的传奇、笔记和历史小说作品。汉文传奇作品如续写、改写或增补前朝作品的《岭南摭怪列传》《越甸幽灵集录》，以及《传奇漫录》《本国异闻录》《听闻异录》《见闻录》等；笔记小说有《公余捷记》《桑沧偶录》《山居杂述》《喝东异书》等；历史题材的汉文小说则有《公暇记闻》《敏轩说类》《南史私记》《老窗粗录》等。民间信仰"全面"或"部分"参与了这些汉文学作品篇目的创作，即民间信仰中的神灵故事或构成了作品的主要内容，或被设置为作品一个必不可少的情节要素。这些单纯志怪，或以怪异志人事、史事、国事的汉文学叙事反映了16—19世纪越南文人儒士对民间神灵的多元心态，以及神灵对不同阶层人士生活世界的全面渗透和深刻影响。民间信仰的表述、规约和模塑功能借助汉文学叙事在这一时期得到充分发挥。

【关键词】 越南汉文小说；民间信仰；儒士、四不死神

民间信仰是越南民间文化的重要方面，是越南下层文化的核心质素；而儒士群体创作的越南汉文学作品，则是上层文化的主要载体。二者似乎存在悖论，但越南汉文学的突出特点即在于其与民俗文化尤其是民间信仰关系密切[①]——民间信仰不仅构成了越南汉文学的重要题材，而且也是与汉文学互动最频繁的文化事象，甚至以汉文学文本为载体。越南学者黎杨克明指出：民间故事、民间信仰宝库是越南中世纪叙事散文的强大后盾，正是这一现象造成了越南与中国古代传奇作品的主要区别。[②]因此，要想深化越南汉文学和汉文化的研究，民间信仰是其中的重要问题意识。

本文的研究对象是16—19世纪的越南汉文小说。这一时期越南分别经历了黎朝中兴（16—18世纪）和阮朝独立（19世纪），是越南汉文小说的繁荣期；并且经

① 陈庆浩．越南汉文小说集成序［M］// 孙逊，郑克孟，陈益源．越南汉文小说集成（第1册）．上海：上海古籍出版社，2010：10．

② Lê Dương Khắc Minh. *Truyện truyền kỳ Việt Nam thời trung đại: Diện mạo và đặc trưng nghệ thuật* [M]. LATS Học viện khoa học xã hội Viện Hàn Lâm Khoa học xã hội Việt Nam, 2019: 95.

历了民间信仰在地方社会的蓬勃发展，出现了大量以民间信仰为题材或情节的汉文学作品；尤其“对于 18—19 世纪的叙事散文作品而言，各类神、鬼、怪的大量出现是其突出特点”[①]。这些作品有的是对前一时期作品的续写、改写或增补，有的则是文人儒士的新创作；体裁则主要有传奇、笔记，有些涉及越南通史兼说部等特殊体裁等。本文在梳理 16—19 世纪与民间信仰相关的汉文小说的基础上，着重分析民间信仰参与汉文小说的方式。

一、与民间信仰相关的汉文小说述略

（一）汉文传奇作品

《岭南摭怪列传》和《越甸幽灵集录》这两部汉文小说代表作在 16—18、19 世纪（甚至 20 世纪）都诞生了若干增补作评版本。《岭南摭怪列传》方面，16 世纪中叶，段永福在武琼、乔富基础上“稽之以赵公《史记》，参之以《越甸幽灵》增搜补遗”而增加第三卷及续类，[②]增补的 16 则故事全部来源于《粤甸幽灵集录》，只是在标题和内容叙述上有些差异。与《岭南摭怪》属于同一系列的还有《天南云录》《安南异人事迹录》《安南古迹列传》等。

《粤甸幽灵集录》的版本情况亦相当复杂。15 世纪阮文质在 1329 年李济川版底本的基础上增补四篇写成续集；景兴年间，礼部主簿诸葛氏在原有《越甸幽灵集》基础上，参考《岭南摭怪列传》诸书对该书进行重编，即《新订较评越甸幽灵集》，新订较评版删掉了包括士王、征女王等八位神灵，补充了卷四“粹精伟绩”十位以及分布于其他各卷九位，共录四十一位神灵。从诸葛氏删之不录以及补录的神灵来看，作者似乎并不看重神灵的神性及其影响力，而仅本着“旧本所载，不必重载”的理念以及“要使其周流，首尾相贯，脉络接续，以便耳目之间”的写作宗旨对原书进行修订。19 世纪初，嘉隆年间官至国子监、后任尚书的高辉耀在原《越甸幽灵集》基础上做了“僭评”；1919 年，成泰三年举人、三清观道人吴甲豆又在高辉耀作评修订的基础上加以重补，增加《朔天王事迹记》《陈朝兴道大王》等诸篇，以“固英烈正气”及“记世之所传如此”。[③]

传奇作品中堪称经典者还有《传奇漫录》。作者阮屿与阮秉谦为同时代之人，其大概于 16 世纪二三十年代撰成此书。该书受中国明初瞿佑的传奇小说集《剪灯

① Lê Dương Khắc Minh. *Truyện truyền kỳ Việt Nam thời trung đại: Diện mạo và đặc trưng nghệ thuật* [M]. Học viện khoa học xã hội Viện Hàn Lâm Khoa học xã hội Việt Nam, 2019: 47.

② 引号内文字见段永福《跋》（收录于孙逊、郑克孟、陈益源《越南汉文小说集成（第 1 册）》，上海古籍出版社，2010 年，第 6 页）。

③ 引号内文字分别见《新订较评越甸幽灵集》《序》《序引》，以及吴甲豆《重补越甸幽灵集全编跋》（收录于孙逊、郑克孟、陈益源《越南汉文小说集成（第 2 册）》，上海古籍出版社，2010 年，第 1—10、132、216、218 页）。

新话》影响颇深，在故事情节、结构上多有模仿，但更多的是在借鉴和化用基础上的创新，其中人物有不少就是陈末黎初的安南名士，故事场景亦设在越南，背景则是陈末动乱与明兵入越，具有浓厚的本土风味。[①]《传奇漫录》诞生后也成为后世模仿的传奇小说典范，段氏点的《传奇新谱》、范贵适的《新传奇录》皆为其重要仿作。[②]该书典故也多为后世所用，比如徐式仙婚的故事就被运用于《越南奇逢事录》以及其后众多作品中，并成就了《会真编》中的黄山真人形象。

《本国异闻录》和《听闻异录》是两部记录越南神异与历代传奇的民间传说集，属传奇小说体裁。《本国异闻录》抄本或题《本国异闻》《大南显应传》《大南奇传》等，以黎朝故事为多，记录历史人物和神异人物的传说故事；估计成书于18世纪末19世纪初，撰者不详。[③]《听闻异录》作者及年代均失考，根据其所引嗣德皇帝1874年诗作来看，该书的成书时间应在19世纪晚期。《听闻异录》前35则故事与《本国异闻录》有直接的承袭关系，后16则故事本事则散见于他书。

与《本国异闻录》成书年代相近的《见闻录》（又称《兰池见闻录》，成书于1790—1802年间），是一部“目之所见，耳之所闻，事凡涉异者记之”的传奇小说集。[④]较之《本国异闻录》，该书笔墨精练，且所刻画人物形象更符合儒家标准，比如《阮秩》开篇刻画的“讷而多力，四十外仍迟钝，而从学不已”的好学形象就与《本国异闻录》中的“以贩牛为业，尤奉事柳杏公主”的形象大为不同。该书所涉人鬼、物魅甚多，且多为在民间广为流传的故事，这一方面表明“万物有灵”“灵魂不灭”等观念仍然支配着18、19世纪的民间社会，另一方面也彰显了汉文学作品与民间口传文学的紧密联系。

（二）汉文笔记小说

笔记小说中最知名者当属《公余捷记》，其延续了《岭南摭怪列传》和《越甸幽灵集》中的神怪及志人叙事传统，所撰篇目皆为带有志怪倾向的轶事佳话。原作者武芳堤，1697年生，同进士出身，官至东阁校书权山南处参政；续编者陈贵衙可能是陈琎（1709—1770）（或其子陈助）。陈琎系陈朝太师陈光启的后裔，黎显宗

① 李时人．中国古代小说与越南古代小说的渊源发展［J］．复旦学报（社会科学版），2009（2）：138．

② 孙逊，郑克孟，陈益源．越南汉文小说集成（第4册）［M］．上海：上海古籍出版社，2010：4．

③ 孙逊，郑克孟，陈益源．越南汉文小说集成（第11册）［M］．上海：上海古籍出版社，2010：191—192，281．

④ 孙逊，郑克孟，陈益源．越南汉文小说集成（第15册）［M］．上海：上海古籍出版社，2010：4．

朝进士，官至副都御使和礼部尚书。[①]《公余捷记》对 18、19 世纪的越南文坛产生了重要影响，催生了如 19 世纪初的笔记小说《神怪显灵录》，19 世纪末以名臣名儒及科举奇闻轶事为主要内容、兼述各地神怪灵异传说的故事集《越隽佳谈前编》，20 世纪初的笔记小说《南天珍异集》以及不知撰抄年代的《名臣名儒传记》《历代名臣事状》《异人略志》等一系列衍生作品，使得这些作品“展现出大家族式的样貌”[②]。

《桑沧偶录》是一部既志人事又志怪异的笔记小说，为范廷琥（1766—1832）和阮案（1770—1815）合撰于阮朝嘉隆年间（1802—1819）。范廷琥生于黎末改朝换代之际，除短暂时间任职于阮廷出任国子监祭酒、侍讲学士外，其余皆隐居不仕，专治于学，著述颇丰。阮案曾任建安先明县知县，终于任。二位作者以“桑沧之慨”录世间奇异之人、事共 90 则，分上下两册。[③]同为范廷琥所作的《雨中随笔》下卷多涉及因果来世、神人感应、巫卜禳灾之事。[④]

《山居杂述》也是一部比较有分量的笔记小说，作品应为范廷琥同时代之人，从文中所涉事件及人物看，书稿完成时间大概是 1789—1802 年的西山王朝时期。从内容取材看，作者当是参考了《公余捷记》《续传奇录》等越南小说以及《金陵琐事》《坚瓠余集》等中国书籍，结合自身所见所闻撰写而成。该书内容驳杂，题材广泛，涉及灵异志怪、人物轶事、典章制度、地理博物、风物民俗等诸多方面。[⑤]

《喝东异书》撰于阮朝成泰年间，作者系出任国子监纂修的阮尚贤。该书记录的奇人异事多见于《公余捷记》《听闻异录》等，亦收录了一些他书不见的篇目，多为作者所见所闻之传说轶事，[⑥]但记述较为简略。

（三）历史题材的汉文小说

19 世纪中叶诞生了几部历史题材的汉文小说作品，如《公暇记闻》《敏轩说

① 孙逊，郑克孟，陈益源．越南汉文小说集成（第 9 册）[M]．上海：上海古籍出版社，2010：5．

② 朱玹．北方的“辙”与南方的“辕”：越南志怪文学的汉文化渊源及其突破［J］．信睿周报，2020（39）．

③ 孙逊，郑克孟，陈益源．越南汉文小说集成（第 12 册）[M]．上海：上海古籍出版社，2010：3—4．

④ 孙逊，郑克孟，陈益源．越南汉文小说集成（第 16 册）[M]．上海：上海古籍出版社，2010：103—104．

⑤ 孙逊，郑克孟，陈益源．越南汉文小说集成（第 17 册）[M]．上海：上海古籍出版社，2010：145—147．

⑥ 孙逊，郑克孟，陈益源．越南汉文小说集成（第 12 册）[M]．上海：上海古籍出版社，2010：278．

类》《南史私记》《老窗粗录》等。其中《公暇记闻》《敏轩说类》为名家所作，作者分别为张国用（1799—1864）和高伯适（1809—1854）。内容上，《公暇记闻》以后黎和阮朝的史实为主，分制度、封域、征奇、杂事、物类、人品、古迹七个部分，是一部“记述越南历史掌故的史料笔记小说”；[①]其中征奇部分则记奇闻异事，虽多怪力乱神，但在该书体裁之下，这些神怪之事的“社会事实”价值显然被凸显出来。《敏轩说类》包括三个部分，即传记、古迹和人品，其中古迹部分介绍了诸多神灵奉祀地。[②]

《南史私记》是一部以朝代帝王世系年表为线索，但却采入历代神话、志怪、传奇的通史体裁作品。该作有融合小说、史籍与类书的倾向，形成了独具特色的叙事方式。其始自鸿庞、终于西山王朝的编年内容及其他证据表明，该书应诞生于19世纪中叶，不晚于1854年，撰者不详。[③]在这部带有说部旨趣（即以文学叙事方式叙史）的越南史“私记”版中，仅就“鸿庞氏”一纪，就集合了雄王建国、仙容遇褚童子二人得法升天、扶董抗殷、僚郎献蒸饼、安暹得西瓜、槟榔传、山精水精争娶雄王女等故事，盖是参考了《岭南摭怪列传》所作。与《南史私记》这一特殊叙事体裁类似的还有《老窗粗录》，撰者不详，抄本大概抄写于绍治年间（1841—1847），为仅讲述黎朝一代故事的断代史。

同样以年表为线索的还有《太平广记》，其有按编年或按逐一年号搭配故事的编年体特征，故事内容则包括志人志怪以及寓言等，趣味性和可读性较强。该书撰者不详，成书年代推测可能是阮朝明命年间。[④]

总体而言，这一时期的汉文小说在神灵事迹方面并未有大的突破——多是在早期传说故事、地方神迹和史料记载基础上的重新叙述、整合、演绎或引申，但也不乏新事迹带来的神灵形象和功能的转变。而与事迹相比，更值得一提的是汉文小说在作品数量、体裁、主题、情节演绎、艺术手法和语言表现力等方面的不俗成绩。新汉文小说的繁荣反映了彼时的民间信仰情况以及文人儒士对神灵的认知，而从民间信仰“参与”汉文学作品的方式看，大致可分为“全面参与”和“部分参与”两类，前者以演绎神灵故事为主要内容，后者则将神灵故事设置为作品一个必不可少的情节要素。

---

① 孙逊，郑克孟，陈益源．越南汉文小说集成（第17册）[M]．上海：上海古籍出版社，2010：4．

② 孙逊，郑克孟，陈益源．越南汉文小说集成（第16册）[M]．上海：上海古籍出版社，2010：286—287．

③ 孙逊，郑克孟，陈益源．越南汉文小说集成（第5册）[M]．上海：上海古籍出版社，2010：229—230．

④ 孙逊，郑克孟，陈益源．越南汉文小说集成（第11册）[M]．上海：上海古籍出版社，2010：401—405．

二、民间信仰作为汉文小说的主体

汉文学作品中以神灵故事为主要内容者不在少数，这也是越南汉文小说在题材方面的突出特点。如果说陈朝和黎初时期的志怪作品多以解释神灵来历为主要内容，那么经历了地方社会信仰传统的培厚之后，这一时期"神灵灵验"成为几乎所有作品的基本预设；在这一预设基础之上演绎的神灵故事，不仅情节紧凑，而且在内容上更接人间地气。主旨方面，汉文小说通过神灵故事，小到就事论事，大到说个人之事、社会之事、国家之事，甚至两国关系之事等，或趣味、或深刻，无一不反映了这一时期民间信仰对越地民众尤其是知识精英阶层精神生活的影响。

《太平广记》之《赎神》篇是一则以神事说神事，也顺带折射人事的志怪故事：

嘉隆九年，岁庚午，奉敕封百神。北宁扶董社迎董天王敕，归到半途，已见东岸县同暨社，迎本社神敕前行。同暨社老者相商曰："我小社宜让路。"壮者似道："彼此皆神也，先迎则先行，后迎则后行，何让之有。"乃直行而前。及扶董神敕到，大风忽起，独见同暨神敕掀落于地，伞扇仪仗七显八倒。既归，同暨乡人物不宁，有附童告曰："我本土大王部下也，今本社大王被董天王拘执，责其无礼，不能教民。如今宜备礼物钱五百贯，就庙恳求赎神乃得兑。"依言备钱递就扶董庙恳切谢罪求赎。自此伊社人物遂宁。[①]

这则故事通过扶董天王和一位无名小神在神界的"交锋"展现出前者碾压诸神的无尚神威，当然神界的较量是通过人界官方封神和民间迎神这一越地传统风俗展现的。神敕皆为王朝所封，然而神灵等级不同，神敕威力必不相同，这实则是封建官僚制度在神界的折射，"先迎则先行，后迎则后行，何让之有"是对权威（皇权）的挑战，然而"神敕掀落于地""人物不宁"则表明挑战失败，"备钱递就扶董庙恳切谢罪求赎"则表达的是对皇权意志的顺从。故事饶有趣味地反映了民间对神灵等级的认知和尊崇。

除神威外，民间对于神灵职能也有相对固定的认知，比如兴道大王即专司妇人病。因此当旧祀三郎神的河内泾溪村因"神邪淫、令妇女多患鬼胎"时，官即"断令改祀兴道大王"；而村人诣祠作礼时还见证了兴道王驱逐淫神的过程——"忽一阵大风自祠门出，草木皆响，渐向野外若驱扫之状，其声遂灭。自是村人乃安。"[②]这一据称发生在绍治壬寅年的故事被张国用记录于《公暇记闻》之《征奇》篇中。

以神事说人事、史事的典型首推《越隽佳谈前编》之《褚童报梦》篇，故事将背景设在胡末明朝入越的战争背景中，主人公阮廌为后黎朝开国功臣，越南著名政

① 孙逊，郑克孟，陈益源．越南汉文小说集成（第 11 册）[M]．上海：上海古籍出版社，2010：445．

② 孙逊，郑克孟，陈益源．越南汉文小说集成（第 17 册）[M]．上海：上海古籍出版社，2010：79．

治家、儒臣和文学家。

阮公廌，河内叶溪人。登润胡庚辰科黄甲。胡末，明人侵我，生灵涂炭。公欲求真主，未知所适，祈梦于董天王祠。王示梦云："此事非我主张，宜问褚童兄。"公即就褚童子庙祈梦，仙告以黎氏当兴。公乃投蓝山求之。行至一林兮，日暮宿于路旁馆舍。三更许，忽闻户外嘈杂声云："那书生肉甚美，捉来吃之。"公股栗屏息。随闻一女人声，喝谓："此开国功臣，汝魅辈敢尔无礼，定遭天戮。"公闻之胆壮，瞿然提剑出门，众鬼走散。见一女伶俜道旁，公大声问："何处女子，乃尔暴露？"女低声答道："妾乃崇山娘子。自帝所朝回，适见廷议云黎利为君，阮廌为臣。过此见群魅无礼，为公喝退耳。"言讫，不见。公至蓝山，以草涂脂书于树云："黎利为君，阮廌为辅。"令虫食之成字，盖罩鱼狐鸣之故智也。时黎太祖方晦迹，独居一室算太乙，不通外间消息，公无计得见。一夕潜入，隐于屋脊。人定时，窥见太祖灯前兀坐。公自屋上投下，太祖按剑将斩。公叩头急陈素志，自此鱼水相得，佐太祖定天下。[①]

预言功能是人界对神灵的基本要求，也是志怪文学的重要母题。小到预言科举状元，大到预测王朝的走向、王权的归属，都是神灵预言的范畴。儒家相信"天命"，也认为神灵掌握了这些命数，并且关键时刻神灵会主动或被动将天定之命提前告知人界，以推助天命的实现，所以预言故事实则是对儒家天命观尤其是君权天授观的一种宣扬。而这则故事的"高超"之处在于其将阮廌辅佐黎利发动蓝山起义、脱离明朝统治这段为越南人所乐道的历史佳话与越地最著名的神祇——扶董天王、褚童子和柳杏的参与结合在了一起，通过让"四不死"神中的三位现身——董天王指示阮廌找褚童子，褚童子给出预言，实现预言过程中柳杏帮助驱散众鬼，既展现了越地名神对本国重大历史事件的参与，又借此表达了知识精英阶层和民间对于阮廌辅佐黎利建立新王朝使越南重获独立乃天定命数的认识，儒士和民众通过民间信仰将自身和国家历史的宏大叙事关联起来。

以神事说史事的例子还可见于《传奇漫录》之《伞圆祠判事录》。故事讲述刚勇之士吴子文在当地城隍神（生前为李南帝时御史大夫）的指点下以一己之力战胜"北国羁魂"、后被城隍神荐举、去世后成为伞圆祠判事的故事。[②]这则明显带有《剪灯新话》痕迹且通篇言说妖怪神鬼的故事被置于胡末明征安南的背景下实在具有另外一番意义。故事以明朝与安南两军在越地交战的真实历史事件为背景，"北国羁魂"说的是阵亡于村所旧祠的沐晟部将崔百户之亡魂，其"转做妖怪，民至则倾资破产，尤不足以供祈祷"的叙事，即将明人比作为妖魔，指出明人与本地人之

① 孙逊，郑克孟，陈益源. 越南汉文小说集成（第 11 册）[M]. 上海：上海古籍出版社，2010：130.

② 孙逊，郑克孟，陈益源. 越南汉文小说集成（第 4 册）[M]. 上海：上海古籍出版社，2010：72—75.

间的矛盾和斗争，并直言以“北朝偾将”为代表的明军给越南人带来的灾难。从这一角度看，作者不仅以神事说史事，更是以神事说国事和两国关系之事，用意无不深刻，民族意识无不鲜明。相似的驱逐明将妖魂的记载还见于《公暇记闻》之《征奇》篇，并且也和伞圆祠有关：

宁平有一村，旧祀柳升，祠前有池，人不敢沐浴，误犯之，得病辄死。有士人行路暑热，过池浴焉。归馆得热疾，困甚。人问其由，曰：“常沐此池。”馆人曰：“君误也。必不救！”士人曰：“升果有灵，岂可以过误杀人！若死，置笔纸我床头，当与他讼。三日不苏，乃殓焉。”士人果死，馆主如其言。一宿复苏，曰：“初死则诣于先皇庙申诉，神传令往诉伞圆神祠。既至，投状，神令追升至，责之曰：“败军之将，得存香火幸矣。又敢无罪杀人！”命黜其庙祀，放生复还。”自是升祠灵响顿绝，人遂废其祀。[①]

柳升也是明朝初期名将，战功显赫，但在 1426 年与王通等征讨黎利时中伏而死。故事讲述当地人畏于柳升亡魂侵扰而立祠奉祀；某士人因沐浴柳升祠前，犯之而死，死后先申诉于先皇庙，后诉于伞圆神祠，最终胜诉生还，而柳升祠亦绝迹于越地。两则故事都是对安南与明朝之间矛盾和冲突的隐喻，并显示了中世纪越南人观念中的死后世界——尽管受到佛、道思想的影响，但亦具有浓厚的本土色彩。

三、民间信仰作为汉文小说的情节要素

也有很多场合，民间信仰仅作为汉文学作品的一个情节要素出现。这些情节或单纯记事以增加人物事迹，或为塑造人物性格佐证，或说明某种社会现象等，它们都从一个侧面反映了越地民众对神灵灵应的笃信，折射出中世纪越地民间信仰的基本面貌，突显了民间信仰在民众生活世界中不可替代的重要作用。

《雨中随笔》记载的《夙缘祠神》故事，提到景兴乙未科进士、官翰林的主人公黄平政，因“夫人病，增减靡常，如有凭焉者”，于是“伻人前往万劫，祷于兴道王祠，换取祠中席，归以荐诸寝榻，病少杀”，然“寻复如故”，与黄平政前身有夙缘的一位仙女托梦于他说：“妾非人祟者，兴道王其如我何？”[②]我们知道，18、19 世纪民间的陈兴道信仰大抵与“有知之者”“万劫庙能制淫祠”[③]的叙事与认知关联在一起。上述情节亦从侧面反映了像黄平政这样的“有知之者”掌握了“兴道王能治妇人病”的地方性知识后，在处理如家人生病之类的家务日常时会采取的行

① 孙逊，郑克孟，陈益源．越南汉文小说集成（第 17 册）[M]．上海：上海古籍出版社，2010：78．

② 孙逊，郑克孟，陈益源．越南汉文小说集成（第 16 册）[M]．上海：上海古籍出版社，2010：278．

③ 见《公余捷记》之《范颜庙记》标题下的注释及正文。孙逊，郑克孟，陈益源．越南汉文小说集成（第 9 册）[M]．上海：上海古籍出版社，2010：174．

动，而黄平政进士和官员的精英身份也透露陈兴道信仰主体涵盖的范围。一个值得注意的变化是在《南天珍异集》的《犯颜庙》中，在情节、表述与《范颜庙记》基本相同的情况下，“诣万劫祠祈祷”前去掉了“有知之者”这四个字，大概表明最晚至20世纪初，“陈兴道治犯颜病”不再仅是为知识精英或地方社会的少数群体掌握的知识，而成为民间的普遍认知。

扶董天王亦是汉文学作品和民众生活世界的“常客”。它可以是作为烘托背景而存在的每年四月初九日“男清女秀，远近云集”的天王祠盛会，女主人公“闲立龙池树荫下观傀儡”时遇见了从“祠中转出的一个男儿”[①]；也可以是会试之前“扶董天王祠官常闻正殿内喁喁如会语声，又如试场读卷声”[②]；还可以是仿扶董天王事迹在毙杀蛟龙后留下巨大足迹、据信是董朔天王大将的玄天大圣，因其“神像俨然”“英灵有似董天王”而被武芳堤误当作董天王而拜谒[③]。而在《圣宗遗草》的《枚州妖女传》中，扶董祠则成为降妖除精的首选。[④]比如《枚州妖女传》记载：

陈元丰末，枚州有一妖女神，变幻百出，或头如车轮，或二首六身，见之者怯死；或轻如赵燕，或肥若杨妃，惑之身亡。地方苦之，多方以压之不能胜。每夜清月朗，于空中自吟云：拟着文袍游帝都，良人知也无。渔翁满地一江湖。梅影瘦，柳花癯。六甲六甲遇元夫。

声出金玉，有耳皆闻，而莫解其意。予潜邸时，知其事，为草一封，伴人诣扶董祠，借天王剑以除之。妖大惧，伏于江潭草莽，不敢作怪。[⑤]

除降妖除精外，扶董天王也可以解决日常纠纷，还会向世人发出劝讽和警告，而“劝诫”正是越南汉文志怪小说的重要特色。[⑥]比如《桑沧偶录》记载的扶董状元邓公瓆的一件轶事就和神灵信仰的劝诫功能有关：

扶董状元邓公瓆未第时，独居卒业。一日早起，有邻妇晒二襦于庭，既去，为其同室妇所收，届暮，两妇交诟不能决，具鸡黍诅于天王祠。公戏命笔识之。数月

① 见《越南奇逢事录》。孙逊，郑克孟，陈益源．越南汉文小说集成（第4册）［M］．上海：上海古籍出版社，2010：261．

② 见《雨中随笔》之《试法严明》。孙逊，郑克孟，陈益源．越南汉文小说集成（第16册）［M］．上海：上海古籍出版社，2010：184．

③ 见《公余捷记》之《步头灵祠记》篇、《越隽佳谈前编》之《碴蛟神》篇等。孙逊，郑克孟，陈益源．越南汉文小说集成（第9册）［M］．上海：上海古籍出版社，2010：88；孙逊，郑克孟，陈益源．越南汉文小说集成（第11册）［M］．上海：上海古籍出版社，2010：180．

④ 孙逊，郑克孟，陈益源．越南汉文小说集成（第5册）［M］．上海：上海古籍出版社，2010：10，80．

⑤ 孙逊，郑克孟，陈益源．越南汉文小说集成（第5册）［M］．上海：上海古籍出版社，2010：10．

⑥ 王晓平．亚洲汉文学［M］．天津：天津人民出版社，2009：179．

盗妇如故，公笑曰："鬼神之为德，我知之矣。"神扣门曰："状元公，状元公，他日为朝廷办事，将以一命抵二孺乎？"公竦然惧，诘旦诣祠下谢过。然亦以此自负焉。①

可以看到，民间信仰对于越南人生活的影响是无处不在的，神灵构成了古代越南人"神秘"现实世界的一部分。不论是普通民众，还是知识或政治精英，在他们看来，神灵洞悉、掌控一切，它可以主宰国家的内忧外患、人的生老病死，维护世间秩序、主持人间公道，它不仅是中古时期越南人面对危难时刻的救命稻草，也是他们解决生活纠纷、面对人生困惑时的一剂良药；而另一方面，神灵又并非完全高高在上，很多时候他们被"世俗化"为一位与人亲近的朋友，甚至是人可以与之对抗的敌人。由越地神灵建构的意义系统和价值体系既是古代士人借以表述"现实世界"的工具，同时这套意义系统和价值体系又通过文本塑造的"常识"力量深刻模塑了古代越南人的秩序、伦理和道德观念，后者又作为经验证据支持了神灵信仰的真实性。

16—19 世纪越南的文人儒士，以其作为知识精英对民间神灵的多元心态和作为村社成员对民间信仰的接受，将他们所见、所闻甚至所历、所感的神怪之事付诸笔端，或单纯志怪异，或以怪异志人事、国事、史事，甚或以人事志神事等。这些在地方或民间社会广为奉祀的神灵及其信仰内容极大充实了这一时期汉文学作品的题材、内容和情节，增加了作品的神秘性、生动性和趣味性，同时也使得汉文学作品呈现出浓厚的越南民族色彩和越地民间特色。另一方面，这些作品再现了 16 世纪以来越地民间信仰的鲜活面貌，反映了神灵对不同阶层人士生活世界的全面渗透和深刻影响，民间信仰借助文学力量成为格尔兹所言"归属'现实'的模型"和"以'现实'为对象的模型"，其表述、规约和模塑功能通过汉文学叙事在这一时期的越南发挥得淋漓尽致。

参考文献

［1］李时人．中国古代小说与越南古代小说的渊源发展［J］．复旦学报（社会科学版），2009（2）：138．

［2］孙逊，郑克孟，陈益源．越南汉文小说集成（第 1 册）［M］．上海：上海古籍出版社，2010．

［3］孙逊，郑克孟，陈益源．越南汉文小说集成（第 2 册）［M］．上海：上海古籍出版社，2010．

① 孙逊，郑克孟，陈益源．越南汉文小说集成（第 12 册）［M］．上海：上海古籍出版社，2010：97．

［4］孙逊，郑克孟，陈益源．越南汉文小说集成（第 4 册）［M］．上海：上海古籍出版社，2010．

［5］孙逊，郑克孟，陈益源．越南汉文小说集成（第 5 册）［M］．上海：上海古籍出版社，2010．

［6］孙逊，郑克孟，陈益源．越南汉文小说集成（第 6 册）［M］．上海：上海古籍出版社，2010．

［7］孙逊，郑克孟，陈益源．越南汉文小说集成（第 9 册）［M］．上海：上海古籍出版社，2010．

［8］孙逊，郑克孟，陈益源．越南汉文小说集成（第 11 册）［M］．上海：上海古籍出版社，2010．

［9］孙逊，郑克孟，陈益源．越南汉文小说集成（第 12 册）［M］．上海：上海古籍出版社，2010．

［10］孙逊，郑克孟，陈益源．越南汉文小说集成（第 15 册）［M］．上海：上海古籍出版社，2010．

［11］孙逊，郑克孟，陈益源．越南汉文小说集成（第 16 册）［M］．上海：上海古籍出版社，2010．

［12］孙逊，郑克孟，陈益源．越南汉文小说集成（第 17 册）［M］．上海：上海古籍出版社，2010．

［13］王晓平．亚洲汉文学［M］．天津：天津人民出版社，2009．

［14］朱珐．北方的“辙”与南方的“辕”：越南志怪文学的汉文化渊源及其突破［J］．信睿周报，2020（39）．

［15］Lê Dương Khắc Minh. *Truyện truyền kỳ Việt Nam thời trung đại: Diện mạo và đặc trưng nghệ thuật* [M]. LATS Học viện khoa học xã hội Viện Hàn Lâm Khoa học xã hội Việt Nam, 2019.

20 世纪初越南西学知识分子的女性认识
——以《南风杂志》主编范琼的女性观为例

国防科技大学外国语学院 刘 婷

【摘 要】20 世纪初，越南女性解放意识萌芽，女权问题逐渐成为社会热点，众多西学知识分子重新认识了女性，促进了女性解放事业。《南风杂志》主编范琼的女性观引领了该刊的女权相关思潮，阐释了他对越南女性形象、女性地位与作用和女性教育的认识。他将女权问题与社会问题结合，以社会改革思想指导女性提高自身地位、争取教育权利，客观上推动了女性解放事业，但他的女性认知中仍隐含着男性中心主义思想。

【关键词】越南；女性认识；社会改革

20 世纪初，欧洲各国的女权运动发展迅猛，远在东方的越南在西方文化冲击中，也接受了这股新风。特别是一战后，越南城市化发展带来大量女工和西学女性知识分子。越来越多女性获得了新的社会角色，成为经济自立的个体，也使女权等相关问题日益成为社会热点。越南社会各界在《南风杂志》《妇女新闻》等报纸杂志上对女性地位、女性教育和女性权利等话题进行了广泛讨论。其中，《南风杂志》主编范琼撰有三篇相关文章，其观点颇具代表性。

《南风杂志》是当时越南重要的思想文化阵地，由法殖民政府出资开办，汇聚着大批西学知识分子和吸收了西方新思想的儒士。它强调维护汉学、吸收西学、发展国学，主张社会改革、反对革命。主编范琼出身儒学世家、精通法语，在介绍西方新思想、维护传统文化地位，和推广国语字文学等方面为越南文化发展做出了重要贡献。范琼十分关注女权问题。1917 年杂志创刊初期，他亲自撰写《妇女教育》[①]一文，掀起了对女性权利、地位等问题的讨论。随后，1921 年 4 月刊《南风杂志》转载了法国《两个世界评论》杂志《妇女教育》一文，范琼亲自将其翻译为国语字，进一步佐证自己的妇女教育理念。1924 年 5 月，在第一次有女性参加的

① 该文后被收录入范琼《尚之文集》中，本文即参考此版本。

开智进德会[1]活动中，范琼发表题为《我国社会妇女地位》的演讲，后登载于《南风杂志》第 82 期。这三篇文章集中反映了以范琼为代表的众多越南西学知识分子对“女性与社会”相关命题的认识，明确了《南风杂志》对女权问题的讨论基调。

本文以上述三篇文章[2]为例，分析 20 世纪初范琼等越南西学知识分子对女性形象、女性地位与作用和女性教育等问题的认识，结合范琼的社会改革主张，初探越南女权运动伊始时期的思想认识基础，为理解这一时期越南社会新思想发展提供视角。

一、女性形象

“形象”常与文学的艺术性创造相关，注重说理的议论文中似乎少有体现。然而，范琼的文章中不仅直接描述了越南女性的特质和品性，还以大量笔墨分析历史人物思想，记叙当代女性言行，甚至虚构出一个理想的女性人物，从而折射出他的性别观点。他笔下的越南女性已经带有作者的主观印记，不再是真实女性的复刻，成为了一种“形象”。

分析范琼的相关文章可见，他笔下的女性形象大致可分为四类：典型的贤妻良母、非典型的女英雄和才女、令人厌恶惧怕的新女性，以及他理想中的女性。他对这几类越南女性形象的刻画，进一步揭示出其潜在的女性认识。

1. 典型与非典型的女性形象

范琼对越南传统女性的优秀品质和美德一贯不吝溢美之词，称赞她们“灵活有胆量，隐忍而乖巧，从古至今都有善于操持家务和经济的美名……从不负孝女、贤妻、良母之称”[3]。而对于女英雄和才女这些越南社会的非典型女性，范琼的评价十分微妙。这两种评价形成了鲜明的对比。

受儒家思想影响，越南古代对女性的限制亦十分严苛，正如范琼所说“女性不能自主……一生都被三个‘从’字概括”，女性是男权社会的依附者，是“柔”要顺从“刚”。[4]然而，许多男性追求功名不事生产，女性是家庭经济的主要创造者，

---

① 开智进德会（1919—1945）是法国殖民政府推动下成立的文化团体，成员多为殖民政府官员或与法国接近的人士，如范琼、阮伯卓、阮文永等，《南风杂志》是其会刊。该团体以东西和解为己任，主张传播西方思想、保存本国传统，对越南文教学术发展做出了积极贡献。

② 1921 年《妇女教育》一文虽为翻译文章，但其观点与范琼 1917 年撰写《妇女教育》一文十分相似，笔者认为范琼翻译此文是对其个人观点的进一步补充与佐证，故也将其列入研究范围。

③ Phạm Quỳnh. *Thượng Chi văn tập* [M]. NXB. Văn Học, Hà Nội, 2006: 34-35.

④ Phạm Quỳnh. *Thượng Chi văn tập* [M]. NXB. Văn Học, Hà Nội, 2006: 34-35.

还需担负起照顾老人、教养孩子等职责，可谓是弱女子一力扛起家庭的重担。这种权利和责任的不平等更突显了女性的卓越贡献，令范琼钦佩不已，大赞越南女性是“女界的万世楷模”。在范琼看来，这种贤妻良母，甚至有些忍辱负重的形象才是女性应有的本色。

对于女英雄这类影响历史的伟大女性，范琼前后的认识有所不同。在 1917 年创作的文章中，范琼表示：“女性虽不能做出伟大的事业，不能改变地球，但对家庭和社会的影响何其深远。”①显然，他只看到了家庭生活中的女性，女性在国家发展和历史进程中的形象并未进入范琼的视野。尤其越南历史上女英雄辈出，范琼却直接否定女性在国家、社会事务上的能力与功绩，着实带有男性霸权意识。然而，在 1924 年的女性主题文章中，范琼又指出：“我国历史从不缺女‘英雄豪杰’，她们做出了丰功伟绩……我无比敬佩。”②似乎在愈加开放的社会环境中他重新认识了女性的形象，不再将其囿于贤妻良母范畴。但是，他又强调：“二征夫人、赵妪这类英豪比一般人高超，不能做女性的共同榜样。”③这种表述看似褒扬女英雄的形象，实则割裂了女英雄与女性群体的联系，女性做出的历史功绩被认为不具代表性，不可被后辈推崇与效仿。这种表达背后潜藏着对女性历史形象的消极态度，男权意识在呼吁解放妇女的表象下暴露无遗。

而对才女这一类女性，范琼的评价十分复杂，他既是才女们的“知音”，又是排斥才女的“卫道士”；既欣赏她们的审美意趣，又批驳其性情高傲。他肯定著名女诗人胡春香、段氏点的才华，怜惜她们命途多舛。他理解胡春香怨恨命运不公才作出乖僻又伤感的诗，以此讽刺所谓的“君子”。他批驳世人对胡春香的误解，为胡氏辩解称：“她实为一个高尚的人，看她作的《汤圆》一诗便知。”最后，他总结胡春香是严苛社会的牺牲品。④显然，这类才女符合范琼的审美需求，但他不认为才女值得推崇，因为“我们的社会不懂得优待才女……若说那些才女是想施展才能谋求幸福，但却总是落得才命相妨、红颜薄命的境地”⑤。他甚至认为“我们国家的女人惯常识点字就恃才傲物”⑥。总而言之，女性如果做才女就不幸福，也不符合男性对女性品行的要求，因而同样不可成为女性群体效仿的对象。

---

① Phạm Quỳnh. *Thượng Chi văn tập* [M]. NXB. Văn Học, Hà Nội, 2006: 31.

② Phạm Quỳnh. *Địa vị người đàn bà trong xã hội nước ta* [J]. Nam Phong tạp chí, 1924, 04 (84): 271.

③ Phạm Quỳnh. *Địa vị người đàn bà trong xã hội nước ta* [J]. Nam Phong tạp chí, 1924, 04 (84): 276.

④ Phạm Quỳnh. *Địa vị người đàn bà trong xã hội nước ta* [J]. Nam Phong tạp chí, 1924, 04 (84): 276.

⑤ Phạm Quỳnh. *Địa vị người đàn bà trong xã hội nước ta* [J]. Nam Phong tạp chí, 1924, 04 (84): 275-276.

⑥ Phạm Quỳnh. *Thượng Chi văn tập* [M]. NXB. Văn Học, Hà Nội, 2006: 42.

可见，范琼只肯定遵守男权社会规则、无私奉献的女性形象，即如贤妻良母这类封建社会的“女德”典型。对突破规则、崭露头角的女英雄和才女等非典型女性，他明褒暗贬，抹杀他们在女性群体中的代表意义，但他又欣赏这类女性形象的美学价值。这种女性形象认知对比暴露出范琼潜藏的男性中心主义思想，从而进一步指导着他对新女性形象的建构。

2. 厌与惧的新女性形象

范琼塑造的越南新女性形象是对其前期认知的延伸。一方面，城市新学女性的出现让才女“恃才傲物”的形象愈加凸显，加深了其厌恶之感；另一方面，社会对女性的压制随着儒学教育体系崩溃而减弱，一批劳动妇女出现在城市的社会生活中，勤劳能干、有经济头脑的传统女性形象进一步加强，但也产生了令男性“惧怕”的负面姿态。

范琼十分厌恶新女性的“自负、失礼和虚假夸张”。他记叙道，他曾见到两位官夫人在火车上夸夸其谈，整个车厢都回荡着她们的声音；曾听说一位女教师在课堂上公然拿出丈夫的照片欣赏，因为被学生提问打断就破口大骂；又听说有女教师嫁了医生为妻，欲阻止丈夫孝顺母亲而不得，就用玻璃杯把丈夫打得头破血流。范琼认为这些恶行来源于社会新旧交替导致的人心不古，也因为社会风气开放后女性有了自己的事业，不再依靠谁生存而变得高傲。[①]当然，他“看到”“听说”的这些恶习不一定完全来自虚构，但传统的女性也不一定没有类似的负面形象，他却只将矛头指向新女性。这种将女性参与社会工作与品性腐化直接关联的认识毫无道理，显示出男性对女性主体性的惧怕与厌恶。

这种惧怕与厌恶甚至在面对他一向褒扬的勤劳女性时都没有弱化。他提到，有些女商人精通各种传统和新式的贸易方式，做生意不比男人差；有的官太太处理事务时甚至比自己的官员丈夫还能干。对于这些女性，范琼觉得“太佩服了，也太怕了，我们更欣赏那些柔美窈窕的女子，更符合男人的心理”[②]。

显然，女性形象是否正面完全依赖于男性的心理需求。范琼宣扬提高女性地位，却丑化自主或强势的女性；反对压迫女性，却仍隐隐希望女性成为恭顺柔弱、全心付出的贤妻良母。如果女性能有些学识还不自高自大，能知情识趣就更符合男性的需求。在此认识基础上，范琼进一步从男性中心主义出发，具象化他对女性的想象，塑造出理想的女性形象——“雪娘”。

---

① Phạm Quỳnh. *Địa vị người đàn bà trong xã hội nước ta* [J]. Nam Phong tạp chí, 1924, 04 (84): 279-280.

② Phạm Quỳnh. *Địa vị người đàn bà trong xã hội nước ta* [J]. Nam Phong tạp chí, 1924, 04 (84): 278.

3. 理想的女性形象

在《我国社会妇女地位》一文中，范琼十分罕见地插入了一段纯文学，记叙了知识女性“雪娘”从待字闺中到相夫教子，最终“实现人生价值”的故事，塑造了他心中的理想女性形象，并借雪娘之口表达了对女性命运和责任的认识，以期为越南女性树立榜样。

范琼笔下的雪娘是一个小官之女，长相美丽而亲切，聪明又理智，无论家务还是诗书都十分擅长。但她明白女性的价值不只在于学识。因而，她虽然擅长国文却不喜欢作诗文，她认为诗文太悲情，小小年纪不应太多愁善感。但女性毕竟是感情动物，她也感伤古往今来女性命途坎坷、不得自主。

不过，雪娘明白男女各有自己的命数和优势，不见得谁比谁差。人都是自己的主人，要积极组织自己的生活，尽人事听天命，没有尽自己的本分何必伤感命运不公。她更明白女性占一半的国民人数，国家兴亡女性也有责任。但女性与男性的责任不同，女性首先要承担家庭责任，做好贤内助。家庭是女性的世界和宇宙，女性要成为这个宇宙的主人，从家庭中谋幸福，以家庭为社会做贡献。

想要成立家庭，想要为社会谋利，她便需要依靠丈夫。她细心地为自己寻找夫君，但几年都没遇到合适的人，终于父亲看好一个官员家庭出身的西学青年，她也欣然应允。虽然丈夫受西学教育毫不在意传统礼俗，但她有信心感化丈夫。在她的引导下，几年后丈夫变得举止得当、有礼有节，她又支持丈夫出国学习，成为真正的优秀人才。丈夫出国期间，她一心在家侍奉公婆，照顾丈夫的弟弟妹妹。丈夫学成归来，事业有成，她终于能实现自己的平生志向。她开始热心公益事业，平日在家办办沙龙、结交名士，实现了女性的地位和影响力。①

这就是范琼想象中的理想型女性，拥有传统女性美德，能干谦逊、温柔贤惠，担负着家庭重任，不与男性在学问、社会工作等方面争锋；又接受了西方民主思想，懂得平等自由，理智而不过于感性，积极为社会做贡献。然而何其讽刺，他仍是从男性的心理需求出发塑造的理想女性，企图在新时代重新定义女性，规范女性的发展。范琼所谓的“男女平等”就是女性接受自己所处的弱势地位，承担男权社会赋予自己的责任，在男权社会允许下换取一定的权利；所谓的“女性独立”就是女性调动自身的主观能动性，更好地为男性服务，依靠男性实现价值；所谓的“女性地位”就是虚无的名声、体面，以及男性表面上的尊重与奉承。

总而言之，范琼对贤妻良母等典型女性形象的赞美，对女英雄和才女形象的否定，对走向社会的新女性形象的厌恶、惧怕，以及对理想型女性的塑造，都反映了以范琼为代表的西学男性知识分子虽然为女性立言，但依然不免从男性自我需求出发，歪曲异性生命逻辑、压制女性生命需求，从而再次陷入男性中心立场。他们依

① 见 Phạm Quỳnh. *Địa vị người đàn bà trong xã hội nước ta* [J]. Nam Phong tạp chí, 1924, 04 (84): 280-283.

旧维护着男性的主体性价值，女性只能以附属地位存在。[①]同时，范琼笔下的女性形象并不包含工人、农民等劳动妇女，主要以地主阶层和城市小资产阶级出身的女性为主，他对女性的认知带有明显的阶级性，这也与他所倡导的资产阶级改良思想密切相关。他对女性社会地位与作用的思考也多从这两个阶层的女性出发。

二、女性地位与作用

女性地位与作用是 20 世纪初越南“女权问题”讨论的核心议题之一，同时也是女权和男女平等思想的认识基础。[②]范琼对女性地位的认识虽更多体现在家庭范畴，但他也将女性地位问题与社会和文明进步发展联系起来。当然，他的女性解放思想中仍隐藏着封建男权思想。

越南学者邓氏云芝认为，近代以前越南女性在家庭和社会中的地位具有两面性。受儒家思想和律法限制，女性的社会地位较低，特别是上层女性受到压制更为严重；而下层女性担负着家庭和社会经济责任，在家庭中的地位较高，人身也更为自由。[③]范琼在当时便认识到女性群体间的差异。一方面，他认为“我国女性从古至今都在社会上占有当之无愧的地位”；另一方面，他也承认女性始终是男权社会的从属者，“在法律上是‘未成年人’，终身是未成年人，没有自主资格。”[④]尽管越南接触了西方文明，妇女的境况有一定改变，但主要是城市妇女地位提高，农村妇女大部分还延续着传统的生活方式。[⑤]

范琼主张提高女性地位主要出于两方面考虑，一是受西方启蒙思想和女权运动影响，跟随西方国家的脚步，在女性解放问题上体现越南的思想先进性。另一方面则出于对国家进步的考量。历史上，和平、改革与创造的时期通常女性地位较高。范琼意图将女权问题放在社会大背景下解决，以此为契机推动社会改革与进步。[⑥]

对于女性的家庭与社会地位矛盾问题，范琼的主要解决方案是将两者结合理解，强调女性的家庭贡献对社会发展的重要性，进而贬低女性担任社会工作直接创造的价值。如上文所述，范琼认为女性不能建功立业，曾经建功立业的女英雄都是“超人”，几乎不算女性。范琼只关注为家庭付出的妇女，强调“平凡的妇女是社会

---

① 李玲．想象女性：男权视角下的女性人物及其命运［R］．百家讲坛，2004．

② Đặng Thị Vân Chi. *Vấn đề phụ nữ trên báo chí tiếng Việt trước Cách mạng Tháng Tám năm 1945* [M]. Luận án tiến sĩ, Trường Đại học Khoa học Xã hội và Nhân văn, 2007: 42.

③ Đặng Thị Vân Chi. *Vấn đề phụ nữ trên báo chí tiếng Việt trước Cách mạng Tháng Tám năm 1945* [M]. Luận án tiến sĩ, Trường Đại học Khoa học Xã hội và Nhân văn, 2007: 43.

④ Phạm Quỳnh. *Thượng Chi văn tập* [M]. NXB. Văn Học, Hà Nội, 2006: 34-35.

⑤ Phạm Quỳnh. *Địa vị người đàn bà trong xã hội nước ta* [J]. Nam Phong tạp chí, 1924, 04 (84): 277.

⑥ Phạm Thị Thu Hà. *Vấn đề giáo dục phụ nữ trên Nam Phong tạp chí (1917-1934)* [J]. Tạp chí Khoa học Xã hội, Nhân văn và Giáo dục, 2018, 8 (4): 44.

的基础。家庭安稳、社会稳定都是这些‘贤妇’的功劳”①。他批判封建道德对女性自由的限制，主张还女性自主性，同时加强女性对国家和社会的责任意识。如他所创造的理想女性“雪娘”所说，国家兴亡女性也有责任，想要为社会做出贡献，就要通过家庭实现。这种方案加强了社会对妇女地位低下情况的认识，客观上推动妇女自由解放，但在实践中仍延续着女性的从属地位，将妇女封锁在家庭中，甚至以家国大义逼迫妇女接受不平等地位。妇女不能通过自身对社会的直接贡献提高地位，还需依靠男性间接参与社会进步事业。

范琼的主张看似紧跟国际思想动态，宣传进步思想，实则潜藏着保守腐朽的一面，这与他的社会改革观点高度一致。范琼主张社会应渐进式改革，不支持激进的革命，强调传统对维护社会稳定的作用，要求“维持过去与现在、传统与进步之间平衡”②。因此，他绝不会彻底打破传统思想对妇女的桎梏，更不会呼吁妇女走出家门争取自由。他采取了折中方式，支持废除过于严苛的礼教限制，批判男子蓄妾等腐朽风俗对女性的压迫，同时承认传统道德的教化与规范作用。这样既解放女性的生产力，又维护传统社会的道德基础。

范琼对女性作用的另一项解读则从男性文人的审美需求出发，他认为女性为文明贡献了温柔、高雅的气质，调和了物质竞争的世界，使世界免受粗鄙残暴的武力威胁。他将男性与女性的社会功绩进行对比，认为男性制造了机械，修筑了工程，劈山开渠，上天入地；而女性则提供了充满爱情和诗意的高雅空间，为人们消解烦恼、休憩精神。③这种温情是女性的“天职”。他还赞道：“绝佳的女子就像香花宝石，装点着世间，增添乐趣。”④这种溢美之词看似赞颂着女性对文明发展的功绩，但“装点”“乐趣”之词昭示着范琼对女性客体地位的认知。即男性创造了人类赖以生存的物质世界，女性只是男权世界的点缀，为男性提供消遣，或者填补男性没有精力修饰的边边角角。具体如，范琼认为女性参与国语字写作可能会对国语文学发展大有裨益。因为男人没有精力专修语言文学，女性情感丰富，可将缠绵之风带入文学创作，进一步推动文学发展。⑤潜意识中，范琼仍将女性写作理解为业余消遣，女性能表达的不过是伤春悲秋的虚浮之言。一种贬低女性社会价值的高傲姿态跃然纸上，充满男性凝视下的偏见。

总之，范琼认识到女性对家庭和社会的巨大贡献，赞赏女性赋予文明以温情，主张提高女性地位。他对女性地位和作用的认识客观上推动了女性解放事业，但仍

---

① Phạm Quỳnh. *Địa vị người đàn bà trong xã hội nước ta* [J]. Nam Phong tạp chí, 1924, 04 (84): 275.

② Phạm Quỳnh. *Tiểu luận viết bằng tiếng Pháp trong thời gian 1922-1932* [M]. NXB Tri Thức, Hà Nội, 2007: 247.

③ Phạm Quỳnh. *Thượng Chi văn tập* [M]. NXB. Văn Học, Hà Nội, 2006: 33.

④ Phạm Quỳnh. *Thượng Chi văn tập* [M]. NXB. Văn Học, Hà Nội, 2006: 39.

⑤ Phạm Quỳnh. *Thượng Chi văn tập* [M]. NXB. Văn Học, Hà Nội, 2006: 40.

相对保守，主张加强女性的家庭责任意识，将提高自身地位与社会进步事业结合在一起，使女性主动将自身权益让步于现实需求。这种思想显示出范琼的男性中心主义思维，男性凝视下的女性美也带有强烈的小资情调，这种阶级意识也延伸到了范琼对女性教育发展的认识中。

三、女性教育

尽管范琼的妇女解放思想暗藏着男权印记，但他始终支持女性接受教育，并对女性教育的宗旨、培养方式与内容，以及教材选择等方面提出切实的建议，希望女性能通过教育提升自己，从而为家庭和社会发展做出贡献。他的女性教育理念同样与社会改革和维护传统道德观念联系紧密，同时具有强烈的实用主义色彩。

20 世纪初，越南女性教育方兴未艾，法国在河内、西贡、顺化等大城市建立了女子学校，新学女性阶层出现对传统观念和道德产生冲击。①不少旧知识分子担忧女性接受教育更容易染上恶习；另如著名儒学家阮伯学认为，越南男性教育仍不发达，男性西学知识分子尚且学而不能致用，何谈让女性接受教育再与男性在社会上竞争。②范琼则以翻译作品《妇女教育》一文做出了回应。文章认为，女性受教育有害家庭天职和自身风韵的观点是错误的。柔弱的闺阁之女不一定能治好家，愚蠢、妄想、情欲等比学问更能破坏家庭。而一味将女性束缚在家庭琐事中也会磨灭她们的情趣。现在有学识的女性高傲可能因为她们属于社会中的稀缺人才，如果将来女性普遍接受教育，则必不会有轻浮的性情。知识女性将成为管理家庭、教育孩子的好手，还能用文章、美术丰富自己的精神。③这种解释与范琼提高女性家庭责任意识，展现女性温情美的观点十分一致。

另外，范琼认为女性教育的目标除健全人格、启发心智外，更要让女性知礼义，陶冶性情。这些理念不仅符合范琼一贯倡导的大众教育观点，还强调维护传统道德秩序。在范琼看来，健全人格、启发心智是西式教育与传统儒学教育的不同之处，过去女性受教育主要为了明白事理、遵守本分，不足以发挥她们的才智。越南女性素有聪明能干的名声，完全是可教之才。同时道德教育也是女性教育的重点。范琼认为，当前儒学教育衰落、社会风气不佳，已无法为女性提供自然感化和道德约束的氛围，无知女性容易堕落，女性受教育才可“自主自守”，“女性品行不端将危害社会的根基”。④因而，要打破过去忽视女性教育的不良传统。

---

① Phạm Thị Thu Hà. *Vấn đề giáo dục phụ nữ trên Nam Phong tạp chí (1917-1934)* [J]. Tạp chí Khoa học Xã hội, Nhân văn và Giáo dục, 2018, 8 (4): 39.

② Nguyễn Bá Học. *Thư trả lời ông chủ bút Nam Phong về vấn đề nữ học* [J]. Nam Phong tạp chí, 1920, 10 (40): 323.

③ P. Janet, T-C dịch. *Về sự giáo dục đàn bà* [J]. Nam Phong tạp chí, 1921, 4 (46): 304-307.

④ Phạm Quỳnh. *Thượng Chi văn tập* [M]. NXB. Văn Học, Hà Nội, 2006: 34-37.

在具体的教育方针和内容上，范琼的观点带有强烈的阶级意识和性别意识。范琼将当前可接受教育的女性限定在“社会上流和中流”范围。其中，“上流”指旧缙绅和富豪新贵之家，“中流”指小康之家。前者不担心生计可专心治学，后者重视教育锐意进取。他特意指出，男性教育没有阶级之别，无论何等出身只要资质好都能创造一番事业，但不同阶级的女性境遇完全不同，因而要分阶级施教。上流女性要学习国语字，可以为新文学发展做出贡献。其次，学习各门科学、家务女红。学有余力要研究汉学，学写汉字、吟唐诗、品古文，因为汉学是上流社会的装饰。再有余力则学习法文，通晓了三种文字也到了结婚的年纪。他还特别提议要为上流社会女子设立专门的女学，教学形式平易注重兴趣培养，不应像学校一样形成专门学科，以免女学生感觉枯燥。低年级注重启蒙，高年级设论坛和实践班，定期举办讲座，教授家务、女红和家庭管理等知识。这样，学生毕业后嫁给有学识地位的丈夫才能谈吐自然，举办社交宴会才井井有条，符合自身的地位。总之，女性不需要什么学历，温良恭俭让才是女性一生需践行的品德。中产阶级女性教育则实用性更强。可用国语字学习通识课程，注重女红、算数培养。她们不需学汉字，但要学基础的法语，以便为家庭打理生意时与外国人交流。①

这种“因材施教”表面从实际出发，尊重女性的现实需求，实际贬低了女性的学习能力和社会价值。特别是范琼对不同阶级男性和女性发展的对比，认为女性学习最主要的目的是嫁个好丈夫，再一次强调了女性在男权社会的附属和装饰品地位，将女性的价值囿于家庭之中。从实用主义角度考察范琼的观点，女性掌握的学识除服务家庭外，其余都是装饰品，而不是必需品。这一点在对待汉学的态度上尤为明显，上流女性需先学习西学知识，但由于有交际需求，学有余力则需具备一定的汉学素养；而在社会生活中汉学已经没落，中流女性没有必要学习汉学，主要学习法语。不过，儒家道德始终是女性教育的重点，因为它是女性的传统美德，具有稳定家庭与社会的作用。从阶级意识方面考虑，范琼并不关注普遍无法接受教育的下层劳动妇女，暴露出他对广大人民群众的忽视。越南学者陈文饶批评道，“融合东西的教育方法不过是为了联合资产阶级与封建势力，反对人民革命”，“所谓培养上流就是培养骑在人民头上的人”②，辛辣揭示了范琼社会改良教育思想的弊端。

范琼对女性道德教育的重视主要体现在教材选择上，他反对儒家礼教过于严苛的管制，又重视传统道德的规训作用。他批判旧时《女则》《女诫》等女德教育读本，认为其中的词句味同嚼蜡，且道理庸俗，无法吸引女性学习。“一部《女则》不知道有多少个‘不’字，做什么那些老先生都不准”，“这些文章就像警局的条例一样严苛，将女性囚禁在条例中，没有一点自由”。《女则喃演》甚至约束女性“无

① Phạm Quỳnh. *Thượng Chi văn tập* [M]. NXB. Văn Học, Hà Nội, 2006: 39-45.

② Trần Văn Giàu. *Sự phát triển của tư tưởng ở Việt Nam từ thế kỷ XIX đến Cách mạng Tháng Tám* [J]. tập 2. NXB. Chính trị quốc gia, Hà Nội, 1997: 487, 506.

人处不歌唱吟咏，不靠坐神游”，这些旧儒对女性如此严格，对男性自己却宽容得很，十分鄙陋。[①]相反，他十分赞赏歌谣俗语对女性的口传道德教育，尤其倡导以《金云翘传》《征妇吟曲》等古典诗文做当代女性的教育读本。这些文章既情感丰富，又体现众生百态，可为女子提供人生参考[②]。确实，《金云翘传》中所宣扬的儒家“忠孝节义”伦理，完全符合范琼维护传统道德秩序的理念。

总之，范琼的观点启发人们重新认识教育对女性的作用，并为《南风杂志》的女性教育讨论确定了基调，杂志登载的大量相关文章都和范琼观点相近，提倡儒家的道德约束，强调女性的传统美德。[③]同时，他的观点对当时女性教育发展确有一定的指导意义，比如淡芳女史 1925 年在顺化开办的女红学会，与范琼提议的论坛与实践班结合的女学十分类似。[④]然而，范琼忽视劳动妇女受教育的权益多为后人诟病，只强调女性教育为家庭服务的一面昭示他女性观点的偏颇之处。

结语

20 世纪初，越南女权运动方兴未艾，《南风杂志》主编范琼发表的三篇相关文章引领了该刊对女权问题的讨论。他描述了理想中的女性榜样形象，对女性家庭和社会地位矛盾现状提出了解决途径，并对女性教育发展方向提供了实践方案。他的思想代表了一部分越南西学知识分子的进步意识，客观上推动了妇女解放事业，但仍暗藏着严重的男性中心主义思想，企图以家庭责任绑架女性，禁锢她们走向社会的脚步，贬低女性的社会贡献，打击女性主体力量。

范琼女性观的形成极具时代特点。作为新学知识分子，范琼吸收了西方传来的妇女解放新思想，企图以效仿西方理念提高越南社会思想境界和改革社会生产力。但他又主张维护传统思想的精神支柱地位，推崇儒释道思想的哲学精华和伦理价值，因而并不会完全脱离纲常来看待女性解放问题。这种东西结合的女性观反映了法属时期越南社会文化变革与融合的发展历程。

同时，范琼的女性观也具有鲜明的阶级性。他的“上流”“中流”女性教育之论，体现出资产阶级社会改革思想的局限性，忽视底层人民的力量，对传统道德的维护也有封建保守思想残留。

正如范琼之女范氏玩在《南风杂志探究（1917—1934）》中所说，女性地位与

---

① Phạm Quỳnh. *Địa vị người đàn bà trong xã hội nước ta* [J]. Nam Phong tạp chí, 1924, 04 (84): 272-273.

② Phạm Quỳnh. *Thượng Chi văn tập* [M]. NXB. Văn Học, Hà Nội, 2006: 40-41.

③ Phạm Thị Thu Hà. *Vấn đề giáo dục phụ nữ trên Nam Phong tạp chí (1917-1934)* [J]. Tạp chí Khoa học Xã hội, Nhân văn và Giáo dục, 2018, 8 (4): 46.

④ Phạm Thị Ngoạn, Phạm Trọng Nhân dịch. *Tìm hiểu Tạp chí Nam Phong (1917-1934)* [M]. Ý Việt, Paris, 1993: 339.

现实需求的矛盾不仅是妇女问题，更是风俗、宗教等问题，《南风杂志》对女性新形势的认知仍十分片面。①越南当时较低的城市化、工业化水平无法为女性解放提供必要的经济基础，女性解放的规模和体量仍处于启蒙阶段。范琼等越南西学知识分子的女性观即便沐浴了“欧风亚雨”，也必然带有旧时代的印记。在东西交融、新旧交替的时代背景下，他们将女性解放问题置于社会改革的大局中，这种女性观有一定的现实意义，但无法为最广大的女性争取权益，必将为女性革命与解放之路抛弃。

参考文献

［1］Phạm Quỳnh. *Thượng Chi văn tập* [M]. NXB. Văn Học, Hà Nội, 2006.

［2］Phạm Quỳnh. *Địa vị người đàn bà trong xã hội nước ta* [J]. Nam Phong tạp chí, 1924, 4 (84).

［3］P. Janet, T-C dịch. *Về sự giáo dục đàn bà* [J]. Nam Phong tạp chí, 1921, 4 (46).

［4］李玲．想象女性：男权视角下的女性人物及其命运［R］．百家讲坛，2004．

［5］Đặng Thị Vân Chi. *Vấn đề phụ nữ trên báo chí tiếng Việt trước Cách mạng Tháng Tám năm 1945* [D]. Luận án tiến sĩ, Trường Đại học Khoa học Xã hội và Nhân văn, 2007: 42, 43.

［6］Phạm Thị Thu Hà. *Vấn đề giáo dục phụ nữ trên Nam Phong tạp chí (1917-1934)* [J]. Tạp chí Khoa học Xã hội, Nhân văn và Giáo dục, 2018, 8 (4): 44, 39, 46.

［7］Trần Văn Giàu. *Sự phát triển của tư tưởng ở Việt Nam từ thế kỷ XIX đến Cách mạng Tháng Tám*, tập 2 [M]. NXB. Chính trị quốc gia, Hà Nội, 1997: 487, 506.

［8］Phạm Thị Ngoạn, Phạm Trọng Nhân dịch. *Tìm hiểu Tạp chí Nam Phong (1917-1934)*[M]. Ý Việt, Paris. 1993: 339, 333, 338.

［9］Phạm Quỳnh. *Tiểu luận viết bằng tiếng Pháp trong thời gian 1922-1932* [M]. NXB Tri thức, Hà Nội, 2007: 247.

［10］Nguyễn Bá Học. *Thư trả lời ông chủ bút Nam Phong về vấn đề nữ học* [J]. Nam Phong tạp chí, 1920, 10 (40): 323.

---

① Phạm Thị Ngoạn, Phạm Trọng Nhân dịch. *Tìm hiểu Tạp chí Nam Phong (1917-1934)* [M]. Ý Việt, Paris, 1993: 333, 338.

缅甸近代报刊的起源、流变及影响研究

国防科技大学外国语学院　申展宇

【摘　要】缅甸近代报刊的出现与西方殖民和文化入侵紧密相关。西方传教士发明了缅文铅印字用以印刷基督教书籍，客观上促成缅甸印刷业的勃兴。英国殖民者出于统治需要，创办了缅甸历史上最早的报纸。殖民地社会全面形成后，出现了缅甸人自办报刊热潮，并在二战波及缅甸前形成两次办刊高潮。缅甸近代报刊除了具备向民众普及知识的社会功能之外，还兼具焕发民族意识、鼓励民族主义运动的政治功能。近代报刊的出现和发展催生了近代职业作家群体，促使缅甸文学向现代转型，对民族主义的发展也起到巨大推动作用。

【关键词】缅甸；印刷业；近代报刊；文学转型

缅甸近代报刊的产生与西方人的入侵和殖民统治有着很大关系。随着大航海时代的到来，西方第一批传教士在 16 世纪跟随殖民者脚步来到下缅甸沿海地区进行传教活动。为了更好地传播基督教，传教士在学习缅甸语的基础上创制了缅文铅字，进行了最早的缅文印刷实践。伴随基督教的传播和英国殖民者对缅甸的逐步征服，报刊这一新兴事物也传入缅甸，增长了缅甸人对媒介的认知。缅甸近代报刊在起源上受殖民统治的直接影响，在发展过程中经历了从西方人主导到自办报刊的转变，这一转变给殖民地社会发展带来深刻影响。

一、缅甸近代印刷业的勃兴

缅甸封建王朝时期，缅甸人用贝叶、摺子来记录文字，不仅书写不便，也不利于文字广泛传播，文学发展也因此受限制，识文断字者也不多。西方现代印刷业被引入缅甸后，贝叶文、摺子逐渐退出历史舞台，缅文铅印文字开始大范围普及。基督教传播促成了缅文近代印刷业的诞生，随着铅印技术逐渐完善，印刷业也随之诞生并迅速发展。

缅甸近代的印刷业源自西方传教士的传教活动。早在 16 世纪，天主教神职人员便随着葡萄牙人雇佣军到达缅甸。1599 年，葡萄牙冒险家菲利普·德勃利多趁缅甸国内缅人和孟人进行战争之际，攻占下缅甸城市沙帘，并自立为葡萄牙驻缅甸总督。随着西方人的到来，第一所天主教堂在沙帘建立，天主教由此在缅甸开始传播，但早期天主教的影响仅限于在缅甸境内的西方殖民者以及他们的后裔。[①]“从1721 年开始，罗马天主教廷加强了对缅甸的传教活动，并派出巴纳巴教会传教士卡尔奇和维托尼来缅甸宣传天主教。”[②]约于 1740 年，罗马天主教教士迈戈噶巴尼来到沙帘传教，他在下缅甸传教期间熟练掌握了缅甸语的读写能力，且专门为西方传教士编撰了缅甸语语言学习教材。迈戈噶巴尼返回罗马后，和一名叫艾萨巴里的铅字排字工人将缅文字母做成铅字块，于 1776 年在罗马市天主教教会印刷厂用缅文铅字排版印刷了书籍——《缅文教程》，这本教材长 7.5 英寸，宽 5.25 英寸，共70 页，是第一部缅文铅字印刷书籍。1786 年传教士兼印刷商豪尔从印度迁居仰光，为仰光市浸礼会带来一部印刷机器和缅文字母的铅字块。这些缅文铅字和现在使用的缅文圆形字体不同，像 18 世纪的手写缅文。豪尔用这些铅字于 1817 年排版印刷了一本名为《基督教观点》的 7 页的小书，这本小书被认为是缅甸境内最早的缅文铅字印刷品。约在同一时期，下缅甸的另一名谙熟缅文的传教士——育达丹也努力尝试批量印刷缅文书籍，他编撰的缅文宗教书籍《亚伯拉罕的后裔》于 1817 年开始印刷。1834 年，美国基督教传教士德亚达亨皋创制了类似圆形的缅文字体。[③]到 1852 年时，下缅甸的基督教传教活动对育达丹印制的宗教书籍的需求越来越大，吉卡米、仰光等地的印刷业开始兴盛。当时，为促进基督教传播与发展，教会大量印制与基督教相关的宗教类书籍。随着《仰光报》的创刊和官办印刷厂出现，缅文印刷得以迅速发展。

敏东王（1853—1878 年在位）时期，上缅甸的印刷业也有很大进步。敏东王对印刷业采取鼓励政策，在国王的支持下，内廷大臣吴坡莱编著的佛教书籍得以印刷。贝叶文和摺子文中的佳句良言，被汇编成祈愿诗和启智诗，铅印成书后推行市场，阅读变得越来越流行。古典类和宗教类书籍在缅甸近代社会一直是巨大的印刷需求，大多数的印刷社都曾印刷过有关佛教的典籍。1847 年，美国传教会印刷社在仰光市成立，该印刷社出版了缅文版的《摩奴法典》。1874 年，下缅甸官办印刷社和私营印刷社达到 13 家。1875 年，摺子文书籍《维丹达亚本生故事》被印刷成铅字出版。1877 年，东吁王朝时期著名的散文体史著《亚扎底律斗争史》也被印成缅文铅字书籍。1886 年，英国人完成对缅甸的完全占领，殖民当局为维护殖民统治，开始发行多种缅文报纸和英文报纸，这些报纸实质上是英殖当局颁布行政命令的载体，更是宣传殖民统治的工具。一些英国殖民者，试图使英帝国政府知悉他们在缅甸实施殖民统治的情况和业绩，除了制作并发行军事丛刊，还积极编写地方

① 陈真波．基督教在缅甸的传播及其对缅甸民族关系的影响［J］．世界民族，2009（3）：82．

② 李谋，姜水仁．缅甸文化综论［M］．北京：北京大学出版社，2002：93．

③ ခင်မောင်ထွန်း၊ မြန်မာဂျာနယ်သမိုင်း(၁၈၁၉–၁၉၄၁) [D] ရန်ကုန်၊ ရန်ကုန်ဝိဇ္ဇာနှင့် သိပ္ပံတက္ကသိုလ်၊ ၁၉၇၃၊ စာ ၁၁–၁၂။

志。如为英国殖民军队发行了军事丛刊——《我们的编年史 1873》和《我们的编年史 1874》，在 1873 年的军事丛刊中，不仅详细记载了 1871 年仰光市人口调查数据，还记录了蓝旗佛塔节塔伞落成礼、英国使团前往曼德勒觐见敏东王等重大社会事件。英国殖民者从 1881 年开始，出版了多部地方志，如《上缅甸方志》《下缅甸方志》《掸邦方志》和《钦山区方志》等。分散在各个地方的地税官也编撰了多部县志，记录当地的地形地势、历史、古建筑、民族、森林、矿产、交通、行政、税收、地方组织、教育和农业等方面的内容。①

到了 20 世纪后，书籍出版更加盛行，仅在 1915 年，就有约 150 种书籍问世。随着印刷技术的成熟和出版市场的发展，一些畅销书籍一次印刷便达 2000—6000 册之多。1914—1918 年，第一次世界大战打得如火如荼，人们通过报纸了解战争新闻，读者群体也由此发展起来。一战后，缅甸人已经养成阅读习惯。伴随读者群体的壮大，印刷业也得到进一步的发展。缅甸研究协会从 1911 年起，相继发行了约 40 部丛刊，收录了缅甸古典文学、历史、文化等方面的作品，为保留缅甸传统文化做出巨大贡献。1937 年，红龙书社成立，翻译出版了多部鼓吹民族独立的书籍。在二战波及缅甸之前，缅甸殖民地社会的诸类行业和团体都有与其相关的报纸，这些报纸不仅在仰光、曼德勒等大城市发行，也延展到非殖民统治中心的少数民族居住的山区。

二、缅甸近代报刊的演变

殖民者在缅甸创办了最早的英文报刊，客观上推动了缅甸近代报刊的诞生，为缅甸社会从传统走向现代注入近代化的气息。印刷业的勃兴也刺激了报刊业的发展，报刊在内容编辑、印刷和发行等方面的活动和需求极大地改观了缅甸近代报刊的发展局面。缅甸人自办报刊的活动和实践越来越多，深刻影响了缅甸近代报刊的发展。

（一）早期的报刊

缅甸早期的报纸、期刊和杂志在发行频次上没有严格的区分，报纸发行频次一般为四天一次、三天一次或两天一次，期刊的发行频次一般为十五天一次或七天一次，杂志的发行频次一般为一月两次或一月一次。后来，报纸是指每日发行的出版物；期刊则把一段时间内的新闻进行汇总，并对这些新闻进行点评和分析；杂志也遵循期刊的做法，和期刊的区别在于发行频次不同。期刊从报纸中脱胎而来，发展成熟后包括周刊、旬刊和月刊等不同类型。早期的缅甸报刊，对报纸（သတင်းစာ）、期刊（ဂျာနယ်）和杂志（မဂ္ဂဇင်း）的命名比较混乱，后来才有人从这三个词汇中各取

① ခင်မောင်ထွန်း၊ မြန်မာဂျာနယ်သမိုင်း(၁၉၁၉–၁၉၄၁) [D] ရန်ကုန်ဝိဇ္ဇာနှင့် သိပ္ပံတက္ကသိုလ်၊ ၁၉၇၃၊ စာ ၁၈–၁၉။

一个字，报刊（တာနယ်ဇင်း）这一称呼得以出现。

《毛淡棉纪事报》是缅甸出版的最早的英文报纸，它是一份两栏四版的周报，于 1837 年 4 月 15 日发行，每周六出版，四年后停刊。《毛淡棉纪事报》中没有专门的社论，新闻、报告和评论混杂在一起，常见栏目还有信件、通告、新闻摘要和法规等。除了国内新闻、船只抵离报表、每周贸易情况和广告，也常刊登有关出生、死亡与婚姻的公告。与其后的报纸相比，这份周报的内容相当有限，没有任何国际新闻，甚至没有来自印度的新闻，仅有局限于毛淡棉及其邻近地区的少量新闻。从内容上来看，《毛淡棉纪事报》更像是一份商业新闻报。它的发行对象是英殖政府官员、军人和印度裔商人。[①]一些美国基督教传教士于 1841 年创办了克伦文报纸——《晨星》。1842 年，在毛淡棉出现了英缅双语报纸——《法理报》，该报刊登缅文和英文文章，内容多是反映宗教教义和内容。事实上，这些报纸都是外国人主办的，是传播宗教的一种手段，其目的是便于帝国主义者在当地进行殖民统治。

1853 年 1 月 5 日，《仰光纪事报》出版，这是仰光出现的第一份英文报纸，主编是著名律师刘易斯，所刊文章经常批评政府，引起殖民当局不满。1958 年 6 月，道森博士接手《仰光纪事报》，将其更名为《仰光时报》。《仰光时报》每周发行三次，道森博士为该报多个专题撰写文章，文章观点迎合殖民统治，介绍缅甸的税收和管理制度，也为商人刊登广告。《仰光时报》的读者逐渐增多，名气大涨。从 1883 年起，该报改为每日发行，《仰光日报》成为极具影响力的日报，直到二战后才停刊。[②]在下缅甸，1871 年出现了两份报纸，即《缅甸传旨官报》和《缅甸公报》。1874 年，英殖政府创办了第一份缅文报纸——《现代知识报》，该报为周报，每周六出版，刊登毛淡棉、仰光、勃生等英国人统治的下缅甸主要城市的消息，报纸文章还经常吹赞英国女王和英帝国官员。

在同时期的上缅甸，尚在缅人统治之下，敏东王在阅读《缅甸公报》后，决定办一份缅文报纸。1874 年，上缅甸第一份缅文报纸——《耶德纳崩内比都报》诞生，该报报道贡榜王朝的内廷事务，也适时发布国王敕令和佛教公告。敏东王还制定了缅甸第一部新闻法，该法要求保障新闻自由。另外，在王城曼德勒的几家中文、缅文和英文报纸，也允许报道国内新闻和国际动态。

1875—1909 年，仰光相继出现了 17 种报纸，这些报纸创刊后因经营情况不同存世时间相差迥异，如 1885 年发行的《缅甸友报》持续发行了 35 年，而在 1895 年发行的两份报纸——《瞻部洲报》和《缅甸镜报》仅存活 3 个月就遭到停刊。1911 年《太阳报》和 1914 年《缅甸之光报》的发行，标志着缅甸近代报刊早期阶段的结束。这两份日报刊登文章的创作风格、修辞手法和立场态度，与之前的报纸风格迥异。在之前的《缅甸传旨官报》和《缅甸公报》等早期报纸中文白兼用，撰

① Dr. Yi Yi. A Weekly Newspaper of 1837 [J]. Myanmar Studies Journal, 2013 (1): 87-103.

② 钱伯良．缅甸报纸概况［J］．东南亚研究，1987（4）：80—81．

稿人偏好使用大量华丽的辞藻粉饰文章，喜欢使用长句表达其写作意图，也有大量的巴利文，给普通读者的顺畅阅读带来很大不便。1911 年后出现的报刊，写作风格偏向朴素，白话文写作逐渐普及，文章内容越来越简洁明了。

（二）缅甸人自办的期刊和杂志

1911 年前后，仰光出现缅甸第一份杂志——《缅甸杂志》。之后，《缅甸之光》《太阳》《知识之光》等月刊杂志相继创刊。1919 年 12 月 13 日，《缅甸战略》期刊在仰光创刊，它被认为是缅甸最早的期刊。《缅甸战略》有“茶话会”“一周重大新闻”等版面，“茶话会”版面中有时事新闻及新闻评论，“一周重大新闻”版面报道近一周内重要的、必知的新闻。另外，还有专门报道女性和世界各地新奇事的“新奇新闻”“家庭主妇须知”等版面。《缅甸战略》的版面丰富、文章类型多样，尽管该刊刚发行一年多就停刊了，但它作为缅甸期刊史上的第一份期刊，意义重大。[①]

1917 年 3 月，缅甸第一份有影响力的杂志——《太阳》杂志面世。《太阳报》报社考虑把近一个月内的新闻汇集后出版，这促成了《太阳》杂志的发行，在该杂志中还刊登笑话、漫画、小说和故事等内容。1922 年出版的期刊——《缅甸支柱》的发刊声明中宣布，该刊所载内容包括紧跟时代的宗教、教育和经济等方面新闻，也包括新闻、评论和政治类文章。1921 年 1 月 12 日，期刊《谈情说爱》问世，该刊积极宣传反帝思想，在“密斯脱迪多”版面，专门刊登迪多·吴巴秋的诗歌作品。该刊痛斥殖民者在缅甸强取豪夺的罪行，如揭露外国人控制本国市场等。由于其所载内容越来越政治化，原有刊名已不符其实，发行人吴盛于 1921 年 4 月 27 日创办了新反帝期刊——《班都拉》。《班都拉》期刊因其政治立场鲜明、笔锋犀利而深受读者喜爱，在改刊创刊 11 周年祝贺词中，称赞《班都拉》是缅甸“办刊最久、质量最佳”的期刊。[②] 1939 年以后，《班都拉》期刊变更为日报，继续发行。

这一时期还诞生了一些知识类期刊和行业类期刊，也有带有宗教色彩的报刊。如在 1921 年 4 月，《缅甸国家合作社》周刊在曼德勒创刊。该刊宗旨是向民众普及有关合作社的知识，版面内容包括诗歌、镇区新闻、合作社力量、合作社公告、商品时价、综合新闻等，该期刊最后版面是受读者欢迎的“学者之镜”，意即通过学者的“望远镜”观察社会，剖析社会问题。1925 年 5 月 9 日，《温达努通告》创刊，是由僧侣主导的温达努协会的喉舌。该刊带有显著的佛教色彩，《温达努通告》发行的时候，温达努协会被僧人集团掌控，这份期刊似乎也受僧人控制。该期刊的风格也带有僧人色彩，如在“时代变迁”版面，教导民众要勤于礼佛，不断自

---

① မောင်ဖေလှိုင်၊ မြန်မာ့ဂျာနယ်သမိုင်း၏ ကနဦး“မြန်မာ့ဗျူဟာ”နှင့် ဆရာကြီးရွှေဥဒေါင်း [N] ကြေးမုံ၊ ၃-၂-၂၀၂၁၊ စာ ၈။

② ခင်မောင်ထွန်း၊ မြန်မာဂျာနယ်သမိုင်း(၁၉၁၉-၁၉၄၁) [D] ရန်ကုန်ဝိဇ္ဇာနှင့် သိပ္ပံတက္ကသိုလ်၊ ၁၉၇၃၊ စာ ၃၂။

我精进。一些僧侣憎恨西方男性的发型，该刊“古代人物”版面的某些文章，鼓励男性恢复蓄发传统。《民族》期刊也在 1925 年发行，该刊的文章《什么是共产主义》中，首次向缅甸民众介绍共产主义。

半月刊《新时代画报》于 1931 年 8 月 18 日在仰光发行。古尼、昂巴雷塞耶基等是《笑话之光》杂志的供稿人，他们也为《新时代画报》撰稿。古尼为该刊供稿的版面有：“国家事务”“电影展演会”“稻米行情”“咖隆戏剧”。1932 年 5 月，半月刊《宝狮》创刊，该刊诞生在缅北小镇昔卜，包括多个版面，坚持发行近十年，是二战前缅甸山区唯一办刊成功的期刊。1933 年年初，《进步》期刊发行。是年年底，该刊升级为《进步》杂志，后来成为非常知名的杂志。《电影指南》也在 1933 年发行，该刊定期披露上映电影的剧情概要，是属于电影行业的首份专业杂志。1934 年 8 月 4 日，《人民之眼》发行，是一份不站队任何党派的社会观察类杂志。1933 年 8 月 2 日创刊的期刊《美雅》，首次刊发女星相师的文章，为女性读者服务。1934 年 10 月 5 日，《笑话》期刊在仰光发行，该刊偏重刊发幽默类作品，是缅甸期刊史上第一份幽默期刊。1935 年 9 月，月刊《缅甸电影》期刊面世。1936 年，另一份女性杂志——《缅甸女性》发行。曼德勒在 1936 年和 1939 年出现了两份社会公益类杂志——《缅甸公益》和《巴玛》。1940 年 1 月，缅英双语月刊《新生活》发行，该刊由缅甸全国巩固与卫生协会发行，同年还有在仰光发行的体育期刊——《力量》。

报刊的经营效益在很大程度上影响报刊样式，当经营效益与预期相左时，报刊经营者会通过减少或增加发行频次调整收支，因此杂志可能会变成期刊，期刊也可能会变成报纸。如《班都拉》《报时鼓》《内比都》《食鸟枭》等期刊创刊后就变更成了报纸。《进步》期刊先变更成为杂志，后来又变成报纸。《十百万》从杂志变更成期刊，后来又改为报纸。①

（三）两次办刊高潮

随着殖民地社会全面形成，缅甸人民深受殖民统治之苦，民族意识开始觉醒。同时，世界局势和缅甸国内社会形势的急剧变化，佛教青年会、缅甸人民团体总会等民族主义组织纷纷成立，人民对社会和时局的信息需求大增，进而促使各类报刊不断面世。报刊的出现促进了民族主义思潮和民主思想的传播，缅甸人民开始努力争取民族解放和国家独立。这一时期，多个社会团体和党派组织都创办了自己的报刊，一些职业报刊人也积极尝试办刊办报，借助报刊向民众普及知识，或进行政策与政治宣传。进入 20 世纪后，报刊数量稳步增长，1911 年，发行的报纸和期刊有 44 种。1921 年，报刊数量达到 103 种。到 20 世纪 30 年代末，报纸和期刊，发行

---

① ခင်မောင်ထွန်း၊ မြန်မာဂျာနယ်သမိုင်း(၁၉၁၉–၁၉၄၁) [D] ရန်ကုန်ဝိဇ္ဇာနှင့် သိပ္ပံတက္ကသိုလ်၊ ၁၉၇၃၊ စာ ၁၄–၁၅။

数量超过 200 种，达到 1921 年的两倍。[①]

1920 年，爱国的民族主义团体——缅甸人民团体总会成立，总会成员囊括缅甸社会各阶层人士，具有广泛的代表性。该组织成立初期，在缅甸各地建立有千余个分支机构，会员号召人民在全国范围内开展“温达努”[②]运动。伴随民族主义运动的高涨，缅甸近代报刊迎来第一个创办高潮期。1921 年，期刊《金刚杵》在仰光发行。该刊为工人发声，文章笔锋犀利，数度遭英殖当局勒令停刊。同年 10 月，《超脱》期刊发行，该刊呼吁缅甸人团结起来，争取缅甸自治。1921 年 10 月 21 日，《内比都》期刊创刊，该刊发行时正值缅甸人民团体总会第九次全国代表大会召开。《内比都》的办刊宗旨是增长民众知识，促使人民民族意识觉醒，同时要求缅甸自治。1921 年，在仰光还发行了政治立场非常鲜明的《地方自治》期刊。1922 年 2 月 4 日，引领时代发展的期刊——《仰光》创刊，首刊封面人物中居中的是爱国僧人吴欧德玛，该刊的“英缅战争”版面中记述缅甸人在第一次英缅战争中英勇抗击侵略的故事。一篇文章以《太阳从西边出来了》为题，指责殖民者打压佛教，导致社会怪象丛生。“世界箭簇”版面的文章谴责英国殖民虽给缅甸社会带来进步，但广大民众却没有因其获益，认为缅甸人只有获得民族自主才能实现真正进步。“密斯脱摩亨”版面的文章呼吁缅甸团结起来反对英国人，争取国家独立。1922 年，《雍籍牙》和《仰基昂》创刊，这两个期刊以古代英雄名字作为刊名，来激发缅甸的爱国心。《雍籍牙》积极报道有关缅甸人民团体总会和缅甸人开展民族主义运动的新闻。1922 年，创刊期刊包括《缅甸支柱》《奥格拉巴》《缅甸评论》。这些期刊呼吁缅甸独立，《缅甸评论》为缅甸人民团体总会摇旗呐喊。1923 年 3 月 9 日，《缅甸铜镜》创刊。这部期刊的“掸人的独立”版面主张缅甸争取自治，掸邦也能从中受益，还呼吁掸族人研究社会主义。1925 年 4 月 21 日，《食鸟枭》期刊发行，发行人迪多·吴巴秋是殖民地时期杰出的报刊作家，也是著名的民族领袖。《食鸟枭》在二战后还继续发行，是当时发行时间最久的、最受读者喜爱的期刊。它和《班都拉》一样，支持缅甸人民团体总会的活动和政治主张。为了支持印缅分治，德钦哥都迈、塞耶热亚与瑞德仁在协商之后，于 1928 年 5 月 4 日创建《北极星》期刊。

20 世纪 30 年代后，一度沉寂的民族主义运动再次复兴。1930—1932 年，爆发了塞耶山农民起义，极大地撼动了英国殖民者在缅甸的统治。1930 年成立的我缅人协会成员，均在自己的名字前使用“德钦”（意即主人）这一称呼，以示反抗英人统治，该协会又被称为“德钦党”。德钦党领导缅甸人民在 30 年代末掀起民族独立运动高潮，它直接支持并领导了 1936 年的第二次学生大罢课和 1938 年的石油工人大罢工。该党一些知识青年还成立“红龙书社”，出版《红龙新闻》《新缅甸》等

① 邓立扬．缅甸媒体发展史研究［D］．南宁：广西大学，2016：6．

② 意即爱国者或维护民族利益者。

刊物，传播马克思主义。报刊出版业在这一时期形成第二次办刊高峰。以期刊为例，1920—1940 年期间，每年发行的期刊一般不超过 6 种，但在 1930 年，就有《太阳画报》《旗幡》及《爱国》等 14 种期刊问世。整个 30 年代，政治类报刊不断涌现。[①]1935 年 6 月 1 日，周刊《勇气》报发行，发行人是激进派作家吴巴辛（笔名摩诃瑞），他的文章鼓吹社会变革，鼓励青年参与爱国运动，拿起武器与殖民者进行斗争。1935 年，实兑发行周刊《若开邦新闻报》，1939 年该刊因驳斥英国殖民政府遭到关停。1937 年 11 月 17 日，鼓吹民族解放运动的期刊《呐喊声》创刊。1939 年，诞生了两份在殖民地时期最著名的期刊——《加奈觉》和《土曜日红龙》。1939 年 5 月 27 日，《加奈觉》创刊，版面包括国内外新闻评论、综合知识、小说、电影和电影报道等，以为民众普及知识为办刊宗旨。红龙书社发行的《土曜日红龙》期刊，大力宣扬民族解放主张，号召人民勇于反对帝国主义，力争从英帝国的统治下解放。二战波及缅甸后，《土曜日红龙》认为缅甸应该利用良机，寻求国家独立。

三、缅甸近代报刊的影响

缅甸近代作家群体是随着近代报刊业的发展而诞生并成长的新文人群体，身兼“报人”与“作家”双重身份。缅甸近代作家既有从传统文人转型而来的新文人，也有接受西方教育的双语知识分子。这一群体促成了近代报刊职业化和专业化创编，他们的办报活动和文学创作还承载了增长民智、催发民族意识的社会职责和政治使命。如《班都拉》期刊的供稿人包括德钦哥都迈、莱迪班蒂达塞耶吴貌基、比莫宁、迪多・吴巴秋、谬玛貌、沙瓦那、登卡、通登噶，这些作家当时已经成名。德钦哥都迈是最早一批的职业作家，他先后在《仰光时报》和毛淡棉的《缅甸时报》工作，工作期间，以笔名貌达玛迪发表诗文作品。《太阳报》创刊后，德钦哥都迈任该报编辑，开始接触独立、民主等自由思想，并以笔名密斯脱貌迈于 1920 年前后发表了著名的《洋大人注[②]》《猴子注》《狗注》等爱国文学作品。[③]迪多・吴巴秋在《谈情说爱》期刊以笔名“密斯脱吴巴秋”发表作品，后来又为《缅甸评论》期刊供稿。沙瓦那、登卡、通登噶也因小说创作而知名。比莫宁致力于长篇小说写作，他曾当过教师、翻译、农民和小文员，也开办过印刷厂，后又出版了《缅甸之友》杂志。后来以贝山基、貌觉等笔名在《太阳》《缅甸之光》《知识之光》和

① Than Win. မြန်မာဂျာနယ်ရာပြည့်ခရီး(၁၉၁၉–၂၀၁၉) [C]. Myanmar Academy of Arts and Science, 2020: 265-276.

② 注，原是解释佛经经文的一种文体，德钦哥都迈借用该文体名用以表达详细说明某物之意。

③ 姚秉彦，等．缅甸文学史［M］．广州：世界图书出版广东有限公司，2014：201—202．

《班都拉》报刊上发表了数十部具有社会进步意义的小说，成为殖民地时期著名的职业小说作家。①

（一）促进文学向现代转型

缅甸近代报刊的副刊为通俗文艺作品的创作提供传播载体。以期刊《缅甸战略》为例，多位知名作家在该刊上发表过文学作品，甚至包括成名作。如作为主笔的瑞乌当发表了短篇小说《玛登拉和玛登妙》，其长篇小说《真实的情感》也在《缅甸战略》上进行连载。著名作家德钦哥都迈也为《缅甸战略》撰写了多首诗歌，在一篇报道《缅甸之光》报的编辑塞耶丁被刺杀的文章中，德钦哥都迈以一首四折诗来赞颂塞亚丁为缅甸报刊业做出的贡献。

20 世纪 20 年代初，期刊《和颜悦色》在卑谬市发行，这份期刊专门刊登作家威乌当的小说。1921 年 10 月发行的周刊《密雨》中的“缅甸文学词典”版面，刊登过卑貌丁乌（笔名大光瑞妙）的多篇短篇小说和长篇小说。期刊《金刚杵》刊登过比莫宁的多篇短篇小说，其中一篇作品描写了一位缅甸人政府职员跑到英国官员前面跪下为其儿子乞求工作的故事，在小说中，作者暗讽这类缅甸人是英国人的帮凶，他们天真地认为献媚殖民者就能成为“狮子”，但永远不会改变其“土猫”的本质；班达仍在《缅甸评论》上发表了小说《室利咀达罗的两种感情》，小说讲述了在英殖政府的官办高中毕业的年轻人可以凭借流利的英语口语谋得高薪职位的故事，抨击了畸形的殖民地教育制度。德钦哥都迈用笔名波波昂在期刊《缅甸评论》上发表了多首四折诗；妙谬伦发表在期刊《缅甸铜镜》的短篇小说《得到爱人》，这篇小说与其在一战前的作品在写作风格上有较大变化，被认为是缅甸短篇小说转型的例证。比莫宁以笔名雷波基在《雍籍牙》杂志上发表多首爱国主义诗歌和小说，他的小说多是根据英国小说改编而来，发表在其工作的《太阳报》《缅甸之光报》等报刊上，这些小说一改当时文白相杂的文风，在探索缅甸现代小说的形式方面做出巨大贡献。

1927 年 4 月，《金鸳鸯小说》发行，这是一部纯小说期刊，每月发行两次。作家比莫宁和瑞乌当在此刊物上展开创作竞赛，比莫宁在该刊上发表了很多以侦探、惊悚、爱情等主题的消遣小说，他的作品既教人如何实现成功人生，也包罗多样社会知识，对读者大有裨益。瑞乌当则在其上分享过他的成名作——侦探貌山夏系列小说，深受读者喜爱。昂巴雷塞耶基为《新时代画报》撰写的小说——《梅依》配有漫画家吴亨颂为其专门创作的漫画，显得非常新颖。女性作家拉格蒂、敏敏枝在女性杂志《美雅》上发表小说，此后女性作家不断涌现②。1928 年 7 月 17 日，《光明》期刊发行，该期刊的供稿人有两位职业小说作家，即吴仰昂和波玛噶。迪

① တိုက်စိုး၊ ပီမိုးနင်း [M] ရန်ကုန်၊ ကဝိရတနာပုံနှိပ်တိုက်၊ ၁၉၇၃ စာ ၅၁–၇၉။

② ခင်မောင်ထွန်း၊ မြန်မာဂျာနယ်သမိုင်း(၁၉၁၉–၁၉၄၁) [D] ရန်ကုန်ဝိဇ္ဇာနှင့် သိပ္ပံတက္ကသိုလ်၊ ၁၉၇၃၊ စာ ၂၆–၃၇။

多·吴巴秋的作品在《食鸟枭》《班都拉》《金刚杵》《彗星》等近二十种报刊上发表，吴巴秋成为殖民地时期最成功的职业作家之一。《宝狮》杂志曾刊登过达贡达亚的小说《蒲甘人》，这篇小说赞扬缅甸人民的智慧和民族辉煌历史，鼓励人民重拾民族自信。

以近代报刊为作品发表阵地的近代职业作家群体直接推动缅甸文学从古典走向现代，也肩负着本土向西方和世界对接的使命。他们推动了文学报刊尤其是小说报刊创编热的出现，缅甸近代报刊中的消遣小说迎合市民阶层的娱乐性阅读需要，促成了缅甸城市文学兴起。一些报刊小说注重政治启蒙功能，使小说文体逐渐从文学边缘走向中心位置。

（二）助力民族主义发展

本尼迪克特·安德森认为印刷语言是“与旧的行政方言不同的权力语言”①，它作为一种新生的语言天然地成为民族意思传播的工具，在大众动员方面发挥重要作用。曾在 1920—1922 年间短暂发行的《缅甸英雄》期刊，包括社论、女性新闻、外国新闻、缅甸英雄协会会议纪要等版面。《缅甸英雄》所载内容宣扬民族独立，旗帜鲜明地反殖民、反帝国主义。它的一篇文章中报道了威尔士亲王访问缅甸的活动，并对一位缅甸女性在接待亲王时过于殷勤献媚的行为进行批评，认为这种行为使民族蒙羞。当时，英殖当局为了防止报刊发表鼓动性文章或公告，要求报刊营业者缴纳 2000 缅元的保证金。《缅甸英雄》期刊对政府的蛮横做法进行正面谴责和严厉批评。1920 年 12 月 4 日，期刊《报时鼓》在曼德勒发行，当时第一次学生大罢课运动尚未结束，该刊发行人吴巴吴以《报时鼓》为宣传阵地，大力宣扬“温达努”精神，积极响应学生的罢课行动。《报时鼓》的一首非常有名的、配有漫画的德埸②诗，该诗以“*把狮子当成猫*”起首，以揶揄口吻调侃那些在曼德勒市政厅为殖民者做帮凶的印度裔公职人员，对他们身着英式服装在缅甸人面前耀武扬威的恶行进行谴责。该刊还有一幅漫画对时任缅甸总督的克瑞德爵士进行嘲讽，克瑞德曾对参加大罢课运动中的女生许下空头承诺，这幅加有配文的漫画将其描绘成只会讲漂亮话的小丑。③

1931 年，仰光大学学生会主办的文学类杂志——《联盟杂志》出版，该杂志内容广泛地反映了殖民地时期缅甸的高等教育状况，以及青年学生以反帝反殖民为目标投身民族独立事业的事迹和活动。1936 年，昂山和纽妙成为《联盟杂志》主编，将其更名为《孔雀之声》。1936 年 2 月出版的《孔雀之声》刊登了一篇名为

① 本尼迪克特·安德森．想象的共同体：民族主义的起源与散布［M］．吴叡人，译．上海：上海人民出版社，2011：43．

② 一种缅甸古体诗，全诗共十八行，是变九韵的连韵诗。

③ ခင်မောင်ထွန်း၊ မြန်မာဂျာနယ်သမိုင်း(၁၉၁၉–၁၉၄၁) [D] ရန်ကုန်ဝိဇ္ဇာနှင့် သိပ္ပံတက္ကသိုလ်၊ ၁၉၇၃၊ စာ ၂၆–၂၉။

《地狱猎犬逍遥法外》的文章，执行主编昂山遭学校开除。与此同时，吴努也因发表政治演讲而被学校开除。这两个事件引发仰光大学学生对学校的不满，他们举行示威活动很快演变成 1936 年的大罢课运动，使民族主义运动在缅甸独立前达到顶峰。《孔雀之声》也在此次罢课运动中声名鹊起，获得巨大的成功。1931—1941 年，《孔雀之声》共发行了 8 本，成为宣传民族主义的主阵地。①青年昂山也在民族主义运动中迅速成长为主要领袖之一，后来成为缅甸民族独立事业的领导者。

四、结语

综上所述，西方的传教活动带动缅甸印刷业的勃兴，也刺激了缅甸近代报刊的出现和发展，报刊以其生动形象和丰富内容，加快信息流传，促进知识普及，拓宽了民众的视野，为缅甸和世界接连提供了融通渠道。在缅甸殖民地时期的社会思潮传播过程中，近代报刊是传播的最主要阵地，极大地助推了该时期民族主义思想和民族主义运动的发展。纵观缅甸人在近代史上的两次自办报刊高潮，都与近代社会思潮传播的高峰交叠出现。缅甸近代报刊催生了缅甸殖民地时期最初的公共领域，它提供的公共空间便利了社会思潮的传播。缅甸近代报刊催生了近代职业作家，这一群体的出现又在客观上为缅甸殖民地时期的社会思潮传播和文学发展造就了新型传播主体和实现途径。

参考文献

［1］本尼迪克特·安德森．想象的共同体：民族主义的起源与散布［M］．吴叡人，译．上海：上海人民出版社，2011：43．

［2］陈真波．基督教在缅甸的传播及其对缅甸民族关系的影响［J］．世界民族，2009（3）：82．

［3］邓立扬．缅甸媒体发展史研究［D］．南宁：广西大学，2016：6．

［4］李谋，姜永仁．缅甸文化综论［M］．北京：北京大学出版社，2002：93．

［5］钱伯良．缅甸报纸概况［J］．东南亚研究，1987（4）：80—81．

［6］姚秉彦，等．缅甸文学史［M］．广州：世界图书出版广东有限公司，2014：201—202．

［7］Dr. Yi Yi. A Weekly Newspaper of 1837 [J]. Myanmar Studies Journal, 2013 (1): 87-103.

［8］Nwe Nwe Yee. Analytical Study On The Oway Magazine [J]. Myanmar Acad.

① Nwe Nwe Yee. Analytical Study On The Oway Magazine [J]. Myanmar Acad. Arts Sci. 2018 (7): 268-271.

Arts Sci, 2018 (7): 268-271.

[9] Than Win. မြန်မာဂျာနယ်ရာပြည့်ခရီး(၁၉၁၉–၂၀၁၉) [C]. Myanmar Academy of Arts and Science, 2020: 265-276.

[10] Thant Myint-U. The Making of Modern Burma [M]. New York: Chatham House, 2020.

[11] ခင်မောင်ထွန်း၊ မြန်မာဂျာနယ်သမိုင်း(၁၉၁၉–၁၉၄၁) [D] ရန်ကုန်ဝိဇ္ဇာနှင့် သိပ္ပံတက္ကသိုလ်၊ ၁၉၇၃။

[13] တက္ကသိုလ်ထင်ကြီး၊ မြန်မာနိုင်ငံသတင်းစာများအညွှန်း [M] ရန်ကုန်၊ စာပေဗိမာန်၊ ၁၉၉၂။

[14] တိုက်စိုး၊ ပီမိုးနင်း [M] ရန်ကုန်၊ ကဝိရတနာပုံနှိပ်တိုက်၊ ၁၉၇၃ စာ ၅၁–၇၉။

[15] ဒေါက်တာချိုချိုတင့်(မြန်မာစာ)၊ ကိုလိုနီခေတ်ဦး မြန်မာစာပေ ဖွံ့ဖြိုးတိုးတက်မှု [M] ရန်ကုန်၊ စာပေဗိမာန်ပုံနှိပ်တိုက်၊ ၂၀၁၂။

[16] နန္ဒာမိုးကြယ်၊ သိမှတ်ဖွယ်ရာ မြန်မာ့လျှို့ဝှက်ချက် ၁၀၀ [M] ရန်ကုန်၊ ပြတ်ပန်းရဂုံစာပေ၊ ၂၀၁၀။

[17] မောင်ခင်မင်(ဓနုဖြူ)၊ ကိုလိုနီခေတ် မြန်မာစာပေသမိုင်း(ဒုတိယအကြိမ်) [M] ရန်ကုန်၊ စိတ်ကူးချိုချိုအနုပညာ၊ ၂၀၁၄။

[18] မောင်ခင်မင်(ဓနုဖြူ)၊ မြန်မာစာပေခရီး(ပုဂံခေတ်မှ ကိုလိုနီခေတ်အထိ) [M] ရန်ကုန်၊ ရာပြည့်စာအုပ်တိုက်၊ ၂၀၁၄။

[19] မောင်ဖေလှိုင်၊ မြန်မာ့ဂျာနယ်သမိုင်း၏ ကနဦး"မြန်မာ့ဗျူဟာ"နှင့် ဆရာကြီးရွှေဥဒေါင်း [N] ကြေးမုံ၊ ၃–၂–၂၀၂၁၊ စာ ၈။

[20] ရွှေဥဒေါင်း၊ ရွှေဥဒေါင်းဝတ္ထုတိုသုံး ၅ ပုဒ် [M] ရန်ကုန်၊ စိတ်ကူးချိုချိုစာအုပ်၊ ၂၀၁၇။

[21] ဦးကျော်ဝင်း၊ ၂၀ ရာစု မြန်မာနိုင်ငံ [M] ရန်ကုန်၊ တက္ကသိုလ်များပုံနှိပ်တိုက်၊ ၂၀၀၂။

[22] ဦးဖေမောင်တင်၊ မြန်မာစာပေသမိုင်း(ဧကာဒသမအကြိမ်) [M] ရန်ကုန်၊ ရာပြည့်စာအုပ်တိုက်၊ ၂၀၁၃။

[23] ဦးဘခိုင်(ဖေဘီယန်)၊ မြန်မာပြည်နိုင်ငံရေးရာဇဝင်(တတိယအကြိမ်) [M] ရန်ကုန်၊ ပုဂံစာအုပ်၊ ၁၉၆၆။

缅甸华人的民间信仰与庙宇刍议

广东外语外贸大学　庞茹元

【摘　要】缅甸华人在最早进入缅甸之时携带故乡神明香火祈求神灵保佑路途平安。随着华人在当地逐步扎根，民间信仰的类型也进一步多元丰富化，形成了包含先贤崇拜、天神崇拜、自然神崇拜以及观音崇拜等多种类型的民间信仰体系。缅甸华人在家中设置微型庙宇——家堂供奉先祖，又凝聚宗乡之力建起宗乡会馆与公共庙宇以供奉共同信仰。不同籍贯的华人，其民间信仰与其建立的庙宇各具特点。考察民间信仰与庙宇，可以深入了解缅甸华人的精神世界与华人这一群体内部呈现的文化差异。

【关键词】民间信仰；庙宇；华人；缅甸

民间信仰是一种由人们自发选择崇拜和信奉特定精神体系的行为，能够为信众提供一定精神力量。作为背井离乡漂泊在外的客居群体，许多缅甸华人将民间信仰作为其文化行囊带至迁居地，以求在思念故土或失意潦倒时能够获得一些心灵上的慰藉。庙宇则是承载了这套精神文化体系的物质载体，能够在一定层面上体现出民间信仰本身的一些特点。缅甸华人的民间信仰随着华人一同从祖籍国跋山涉水迁移至缅甸，自然而然地被烙上了双重文化印迹，这一特色也在缅甸华人庙宇上得以体现。华人带着自身所信奉的民间信仰来到缅甸各个地区时，纷纷在当地建立起各色庙宇，为自身的精神信仰构建一个具象的场所。从不同地区迁移至缅甸的华人修建的庙宇类型和规模各异，但都同样承担起丰富的社会功能，成为缅甸华人的精神皈依之所。

由于缅甸华人人口体量相对较小，学界专门针对缅甸华人这一群体开展的学术研究数量有限，但在不同时期都有部分相关成果产出。石沧金教授曾经指出：由于缅甸长期处于较为封闭的状态，学界关于当地华侨华人以及中国传统宗教信仰的关注度一直较低。这一局面随着近年来缅甸的开放程度不断提高而有所扭转，相关的研究逐步趋于热络①。涉及缅甸华人民间信仰与华人庙宇的相关研究也取得了一定成果，近年已有专著出版。经整理分析可见，除杜温的《缅甸华人的寺庙与民间信仰》一书之外，现有研究成果大多局限于对缅甸单一地区华人民间信仰或华人庙宇

① 石沧金．华侨华人民间信仰研究现状评析［J］．宗教学研究，2019（1）：234．

的考察。其中，对缅甸华人民间庙宇的相关研究仍有可待进一步深化的空间。

一般认为，庙宇指供奉神佛或历史上有名人物的处所。[①]在祭祀活动中，家堂在一定程度上具有祠堂的功能，被称为“平面的祠堂”，[②]已有研究成果中几乎未见将家堂列入缅甸华人庙宇的讨论，本文认为，家堂与宗乡会馆、公共寺庙同为缅甸华人民间信仰的重要活动场所，供奉着缅甸华人信仰的先贤或神灵，因而尝试将其纳入对华人庙宇的讨论范围。此外，虽然缅甸华人的民间信仰在一定程度上受到宗教文化的影响，但尚不具备制度性的信仰组织，也没有体系化的经典和教义，与宗教信仰之间存在一定差异，因此，本文主要探讨民间信仰与庙宇的基本情况及特点，暂不将宗教信仰以及专门性的宗教庙宇作为主要讨论对象。

一、缅甸华人民间信仰的传入过程

缅甸地处中国西南部，与中国云南接壤，二者间拥有长达 2186 公里的边界线。中缅交往由来已久，在双方互通往来的过程中，人员随之流动，部分中缅边境居民迁徙至缅甸经商谋生。随着历代移居缅甸的华侨逐步融入当地社会，缅甸华人民间信仰的体系日渐扩大，类型不断丰富。从历时角度看，缅甸华人民间信仰的传入可以大致分为两大阶段。

（一）随行保佑

一般认为，依托地理上的优势，最早移居至缅甸的中国人以通过陆路入缅的云南人为主。汉朝已有云南边民在缅北地区经商。诸葛亮南征时在南中推行的农业发展措施曾造福中缅边境的民众，因此有民众建立起武侯庙与诸葛寺，或在家中设置神龛供奉，关于武侯诸葛亮的传说开始流传。元朝时期就曾有云南人利用地缘上的便利，通过滇缅陆路交通线来到缅甸经商务工。滇缅商道的开通便利了中缅民众之间的往来，也使信奉武侯诸葛亮等民间信仰的群体进一步扩大。主要由福建人、广东人组成的南部的华侨在数量上也因元代中缅海上贸易的发展而随之增多。明代云南人入缅开展的贸易事业继续发展，缅北地区出现了华侨聚集的贸易街[③]。明末清初，又有大批明朝遗民逃荒进入缅甸。永历帝初入缅甸时随从出发的人数达到 4000 多人，到达八莫时还有 1478 人。元明清时期还有部分征战的官兵流入缅甸并留在了当地定居。除通过陆路入缅之外，乘船循海路入缅也是一条可行之计。随着中缅海上交通和贸易的发展，明代已有广东人来到缅甸谋生[④]。

---

① 赵晓明．现代汉语词典（第 7 版）［M］．北京：商务印书馆，2016：907．

② 王爱侠，李平．家堂：平面的祠堂：以山东昌邑南玉皇庙村为例［J］．民俗研究，2020（1）：138．

③ 林小楚．曼德勒华人的宗教实践研究［D］．昆明：云南大学，2018：16．

④ 范宏伟．缅甸华人华侨史［M］．北京：中国华侨出版社，2016：15—17．

这一时期陆续有中国人怀抱谋生目的通过陆路或水路来到缅甸，陆路的颠沛流离与水路的险象环生让路途上的华人选择寻求故乡神灵的庇护。来自各地的中国人携带上故乡的神明香火以保佑自己旅途平安，传说福建地区当时出海参加贸易的人会携带三包香火袋，一包铜陵关帝君，一包宫前妈祖，一包走马溪保生大帝[①]。来自中国的民间信仰随着移民的活动轨迹在小范围内传播，但尚未扎根的华人难以建立起专门的庙宇供奉来自故乡的神灵，华人的民间信仰在这一时期未造成大范围的流传，信奉对象主要以保护神为主，类型相对单一。该时期属于缅甸华人民间信仰的初步发展阶段。

（二）立庙供奉

19 世纪中后期，缅甸逐步沦为英国殖民地。随着英国人对下缅甸仰光等地的大力开发，更多的福建人和广东人循海路进入缅甸，现代缅甸华侨社会滇、闽、粤三大方言群的架构由此形成。由于进入缅甸路线的不同，分布在上缅甸地区的华侨以云南人为主，而下缅甸的华侨则以福建和广东人为主。在英国殖民者到达缅甸之前，从陆路进入滇籍华侨在人数上占多数，直至 19 世纪殖民者着力开发下缅甸地区，通过水路入缅的福建人和广东人的数量才逐渐超过了云南人。来自广东、福建甚至南洋地区的民间信仰随着华族移民的流入逐步传入缅甸。不同地区的移民带来的民间信仰也各具特点，滇籍移民多供奉土地公、武侯、观音等神明，而从水路进入的广东人与福建人则会供奉天后妈祖，并在仰光建立起以血缘为纽带的宗亲会与以业缘为纽带的同业会以供奉先祖与神明。

18 世纪中后期，清缅战争结束后两国关系进一步密切，双边贸易再度进入繁荣期，大批华侨趁机涌入缅甸经商。前来经商的华侨涌入缅甸曼德勒和八莫等地，当地开始出现被称为“德由缪（Tayoke Myoe）”的华人聚居区，至此，民间信仰的传播与发展有了稳定的受众群体和可靠的传播途径。华侨通过经商积累了一定财力后，开始为从家乡迁移而来的神明香火建造庙宇。被称为“缅北两大古庙”的阿瓦观音寺和八莫关帝庙先后在大量华人聚居的阿摩罗补罗和商贸重镇八莫兴建起来。下缅甸的华人聚居区出现时间相对较晚，直至 19 世纪英国占领并大力开发才有大批闽粤籍华侨集体定居于缅甸沿海地区，并在当地兴建庙宇。1838 年，华人就已在沿海建立了丹老天后宫，仰光庆福宫也于 1861 年被修建起来。缅北地区和缅南地区已经形成了多个华人聚居地，华人的民间信仰在当地的传播系统开始走向成熟，华人庙宇在全缅的地理分布格局逐渐形成。除上文提到的“缅北两大古庙”外，缅甸最古老的华人庙宇还包含了被合称为“缅南四大古庙”的仰光广东观音寺、丹老天后宫、仰光庆福宫以及勃生三圣宫。

① 陈汉波．从屹立走马溪南畔的保生大帝庙谈起［G］// 厦门吴真人研究会．吴真人研究．厦门：鹭江出版社，1992：108．

缅甸华人的民间信仰是华人先民在早期移民之际从中国或南洋移植过来的神明信仰，他们定居缅甸后建庙奉祀这些神明香火[①]。民间信仰传入后随着华人在当地社会的扎根逐步吸收当地文化的营养，并进一步转化为这群“异乡人”的精神依托。华人向神灵提出保佑其身体康健、生意兴隆的生存祈愿。随着华人逐步在当地社会扎根，民众对于神灵的祈求也变得多样化，民间信仰中出现各式各样的专职神，缅甸华人的民间信仰体系进一步发展成熟。

二、缅甸华人民间信仰的主要类型

早期到达缅甸的华侨人口规模较小，其在缅甸开展的零星的宗教活动所产生的影响范围有限。直至华侨大规模来到缅甸，民间信仰才在缅甸华人聚居区发生一定规模的传播，并影响至今。随着历代华人移民的到来，缅甸华人的民间信仰类型不断丰富。本研究尝试将缅甸华人的民间信仰中的神灵崇拜大致划分为先贤崇拜、自然神崇拜以及天神崇拜以及观音崇拜四大类别。

（一）先贤崇拜

缅甸华人会在祠堂中供奉宗亲，还会在自家的神龛奉祀祖先牌位，或悬挂祖宗的照片并每日进香敬拜。部分原籍云南的华人家庭则供奉“天地君亲师”的牌位。敬重祖先的缅甸华人会每日早晚进香，敬奉水果与鲜花作为贡品，尤其会在重要节庆或婚丧仪式进行祭拜。祖先崇拜是中国人传统思想观念中的一部分，华人迁离故土时也将传统的祖先崇拜观念一同带到了当地，这种观念也随着缅甸华人的繁衍而世代传袭。部分宗族还有专门信奉的宗族神，例如缅甸吴氏宗亲敬奉兴福宗王。

缅甸华人敬奉的先贤除祖先外还有各路名贤，这些神灵通常是来自华人故土的传说或者历史上确实存在过的人物。例如孔子先师、华佗先师及福建人带入的医药神“清水祖师”。传闻清水祖师生前是福建小姑山人，曾悬壶济世，还曾为民祈雨除妖，缅甸华人将其供奉于高解福山寺与清水祖师庵中，祈求安康无虞。曾经开发福建地区的“开漳圣王”与“开闽圣王”则属于地区性的先贤，被尊为圣王后随着华人移民传入缅甸。此外，同中国商人一样，在缅经商的华人也信奉“关帝”，将其视为护佑其生意兴隆的商业保护神。建筑行业的商人则选择尊鲁班为先师，将其请入庙堂敬奉。掌管生育的金花夫人和注生娘娘分别是广东人和闽南人尊崇的女神，分别被敬奉在仰光的广东观音古寺、庆福宫和福山寺之中。

（二）自然神崇拜

在缅甸华人眼里，土地是人的衣食父母。云南人信仰山神，修建山神庙，福建

① 杜温．缅甸华人的寺庙与民间信仰［M］．北京：中国社会科学出版社，2021：31．

人和广东人则一般在家中供奉土地公，福建人将其称为福德正神，广东人称其为大伯公。华人庙宇中供奉的天后妈祖属于水神，缅甸华人祀奉天后系受到闽粤沿海民间风俗的影响。早期华侨扬帆出海，惊涛骇浪可能会对于人的生命造成极大的威胁，因而沿海路入缅的华人会敬奉水神，祭拜妈祖以求旅途平安顺利[①]。北帝也是水神，华侨信奉北帝是受道教的影响。英国殖民缅甸时期，商贸税收优惠政策吸引了来自海峡殖民地的华人移民迁居至仰光，与此同时马来华人的神明祭祀习俗也随着此过程进入缅甸。南洋来的九皇爷和朱府王爷祭神仪式与缅族民间的“信乌巴谷”水神祭祀相结合，实现了“在地化”，形成了缅甸华人的水神崇拜[②]。缅甸华人敬奉的自然神丰富多样，除上面提到的土地神与水神之外，还有对动物神的崇拜，如部分广东观音庙古庙也供奉虎爷、象神、龟神、蛇神，以祈求辟邪改运[③]。

（三）天神崇拜

天神崇拜是缅甸华人民间信仰的一部分。孔子曾曰“惟天为大”[④]，儒学倡导对于自然怀抱敬畏之心。在此影响之下，“天、地、君、亲、师”成为中国人长期以来祭拜的对象，展现了中国人独特的价值取向。对于天神的崇拜一定程度上反映出民众对于自然界整体的敬畏之心。缅甸华人敬奉玉皇大帝（又称“天公”），认为其统领三界，掌管众神，是世间万物的主宰。因而其在华人寺庙进行祭拜时应当先行敬拜天公，而后再奉祀其他庙宇中供奉的神明，这一现象反映出玉皇大帝在华人民间信仰的神灵体系中所处的重要地位。此外，缅甸华人还奉祀来源于星宿崇拜的南斗北斗星君与玄天上帝，以求保佑自身的安康与长寿。广东华人在缅甸的华人庙宇中敬奉的太白仙君、云南华人敬奉的二郎神以及福建华人敬奉的哪吒三太子亦同样属于天神崇拜。

（四）观音崇拜

观世音菩萨是中国民间最多祭祀的一尊菩萨，在缅甸的福建人将其称为“佛祖”，而缅族人则称之为大乘佛祖（Guan Yin Mea Daw）[⑤]。袁丁曾指出：在东南亚地区，华人华侨通常会选择观音庙作为最初建立的寺庙，因而观音寺的建立常常成为华人社区初步形成的标志[⑥]，曼德勒早期的华人庙宇以观音庙为主，其中最古老的洞谬观音寺修建于 1773 年，距今已有 250 年的历史。华侨受佛教影响，出海时

---

① 林锡星．缅甸华人社会与当地主流社会的关系［J］．世界民族，2000（1）：58．

② 杜温．缅甸华人的水神崇拜［J］．八桂侨刊，2020（4）：22—29．

③ 杜温．缅甸华人寺庙与民间信仰［M］．北京：中国科学出版社，2021：44．

④ 论语·泰伯［M］// 十三经注疏（下册）．北京：中华书局，1980．

⑤ 杜温．缅甸华人寺庙与民间信仰［M］．北京：中国科学出版社，2021：185．

⑥ 袁丁．缅甸瓦城华侨观音寺研究［J］．八桂侨刊，2000（1）：28．

奉祀慈航普度的观世音菩萨。[①]拥有观音信仰的缅甸华人对观音诞辰、观音出家日和成道日这三个观音节日十分重视。由于华侨本身的宗教观念并不十分强烈，许多人为了更好地融入当地社会，开始跟随缅人信奉缅甸佛教，布施斋僧。但值得注意的一点是，在缅甸华人眼中，观音崇拜是中国传统民间信仰的一部分，其与佛教信仰中的观音形象有区别：中国民间信仰中的观音是女身，这一点与南传佛教经典教义中的男身观音有所不同。

缅甸华人的民间信仰丰富多元，其对于佛、儒、道的认知是较为混沌的，很少刻意区分各个崇拜对象所属的体系。缅甸华人的观念中各个体系的神灵之间没有明显的界限，并且，缅甸华人认为奉祀多个神灵不会产生冲突。只要广结神缘，诚心实意敬奉各路神仙便可求得众神保佑，因而许多华人庙宇中会同时供奉不同体系的崇拜对象。如著名的仰光庆福宫内就同时供奉了观音、妈祖、协天大帝和保生大帝等多种教派杂糅的奉祀对象。

三、缅甸华人庙宇的主要类型

庙宇是缅甸华侨社团最初的雏形[②]。随着缅甸华人经济实力不断增强，华人社会逐渐形成之际，大大小小的华人庙宇被建立起来。华人在缅甸落地生根后，就开始考虑在华人社区内或选定的风水宝地修建庙宇，在庙宇中供奉香火、举办仪式、共商要事。最早在 1853 年，缅甸政府测绘的地图上就已经将缅甸华人修建的庙宇标出[③]。这些华人庙宇中可以同时供奉多个不同的神灵，人们可根据自身需求有选择性地祭拜。除了著名的“缅北两大古庙”和“缅南四大古庙外”，比较具有代表性的庙宇还有仰光高解福山寺、曼德勒福庆宫、丹老真武宫等。此外，还有专门供奉着缅甸华人祖先的香火庙和宗祠。部分宗亲香火随着时代发展会逐渐从单个氏族的香火庙转化为公共庙宇。某些特定时期，部分庙宇还会举办来自各地华人庙宇的“神明”聚会。这类活动的参与者并不仅局限于缅甸华人这一群体，部分缅族的信众也会慕名前来观看。

大部分前期研究中都不将家堂纳入缅甸华人民间庙宇的讨论范围，本文认为家堂虽然在占地面积上相对较小，但与会馆、寺庙一样都是缅甸华人开展民间信仰的重要活动空间。因此，下文讨论的缅甸华人庙宇不仅仅限定于由华人建立的公共寺庙，供奉祖先和神灵的家堂、供奉先贤神明和地区守护神的宗乡会馆等缅甸华人的祭拜场所和信仰场所也将被纳入讨论范围。根据这些场地面向的群体，本文将缅甸华人的庙宇基本划分为以供奉先贤为主、以血缘为脉络的家堂；以血缘、地缘或业缘为脉络建立的宗乡会馆和以神缘为脉络将信众相连，供奉着各路神灵的公共寺庙

① 林锡星．缅甸华人社会与当地主流社会的关系［J］．世界民族，2000（1）：58．

② 方雄普．仰光的华人社团［J］．八桂侨刊，2002（2）：38．

③ 杜温．缅甸华人寺庙与民间信仰［M］．北京：中国科学出版社，2021：46．

三个类别。家堂和宗乡会馆的开放度相较于公共寺庙而言更低一些，主要面向同宗同源的同姓宗亲或带有血缘关系的其他亲友。宗乡会馆与公共庙宇也不应混为一谈。过去东南亚华人社会的许多庙宇是在各类华人组织的基础上建立的，同时还供奉组织内共同的信仰对象，因而出现了“寺庙与会馆同属一处”的现象[①]。但在华人社会逐步发展的过程中，公共寺庙与宗乡会馆的实际角色出现分化：公共庙宇面向各路信众，是凝聚所有敬拜同一庙宇的民众的公共场所，其在奉祀神灵、凝聚宗亲等职能上与宗乡会馆有一部分重合之处。但二者相较之下，公共庙宇作为信仰活动场所的专业性稍强，而宗乡会馆的主要职能则是凝聚宗亲、会聚议事，故本文将二者划分为缅甸华人庙宇的两种不同类型。

（一）家堂

与会馆和公庙同为缅甸华人祭拜神灵，寄托民间信仰的场地，家堂几乎可以被称作微型的华人庙宇。缅甸华人在家中设置家堂，在家中的一角供奉起祖先的排位或悬挂起先祖的照片。部分家庭会每日向祖先牌位进香，而有些家庭在重要节日才会开展祭拜仪式。滇籍与闽籍、粤籍华人都会在家中建设家堂，但供奉的具体形式存在地区差异性。滇籍华人会在家堂供奉灶君位、“天地君亲师”牌位和历代祖先牌位。其中“天地君亲师”的牌位其实在潜移默化中对缅甸华人进行伦理教化，并且影响其对于社会秩序的认识。相较而言，广东人和福建人的家堂则更显随意，部分人会选择供奉祖先照片，还有人会在家中专门设置神龛，并在上方供奉祖先牌位。此外，他们还会将土地公供奉在家中，设香炉，摆供品，以祈求神灵的庇佑[②]。部分从商的缅甸华人会在家神龛供奉关帝爷，祈求生意兴隆。相较于宗乡会馆和公共庙宇而言，家堂是规模更小的民间信仰祭祀场所。

（二）宗乡会馆

缅甸华人以血缘、地缘或业缘为纽带联系华人乡邻宗亲，组建宗亲会和同乡会（简称为宗乡组织）以及同业会等社团组织。仰光地区的宗乡会馆以广东人的姓氏会馆与福建人的“堂”为主，内部设殿堂供奉神明。以乡缘为联结的姓氏宗亲团体会在会馆中供奉祖先的荣耀与来自家乡的神明。宗乡会馆内供奉的神灵带有地区特色：滇籍华人多供奉土地公，粤籍、闽籍华人的宗乡会馆会供奉航海守护神天后妈祖。福建陈姓宗亲的颍川堂供奉着流行于中国闽南、潮汕地区的保生大帝。宗乡会馆具有凝聚宗亲、处理各类宗族事务的职能，并非专门性的信仰场所。但是缅甸华人多在会馆中奉祀共同信奉的神明，节庆时还会在宗乡会馆内举办聚餐和祭祖仪

① 李天锡．华侨华人民间信仰的特点及其前景［J］．世界宗教研究，1999（1）：112．

② 林小楚．曼德勒华人的宗教实践研究［D］．昆明：云南大学，2018：47．

式，如此有助于进一步团结宗亲内部，促进文化的维系与传承。华人有重视丧葬文化的传统，华人坟山作为缅甸华人举办葬礼以及重要节庆举行家祭、公祭的主要场所，和宗乡会馆一样帮助华人构建起独特的集体记忆，从而增强华人的身份认同感，提升华人群体内部的凝聚力。

（三）公共庙宇

当缅甸华人社会形成一定规模之际，公共庙宇被建立起来。相较于供奉于华人家庭中的家堂而言，公共庙宇面向社会层面，开放性更强。缅甸华人的公共庙宇以供奉神明、举办仪式为主要职能，同时也充任华人议事论事、组织活动的场所，承担着维系宗亲、文化传承、教育教化、慈善救济组织的多重功能，和宗乡会馆一样曾被作为华人社团的重要阵地。神明供奉之处、信仰活动场所一直以来都是公共庙宇的最主要标签，而供奉信仰对象、举办祭祀活动只是部分宗亲会馆的众多附属功能之一，其本质是用于联系团结宗亲、联络乡谊的场所。

缅甸华人是多神崇拜的群体。在缅甸华人的公共庙宇中，来自儒、道、佛三个不同体系的神像和民间信仰的神像共处一堂，由此可见，缅甸华人心目中不同宗教的界限是较为模糊的。身在异乡难以完全融入当地的人在精神上日益出现漂泊无依的虚空感，中国人本身又是重视“根”的民族，因而缅甸华人便会自然地选择从尽量多的守护神灵身上寻求安全感。向神灵进贡，神灵便会为他们提供庇佑，这样的祭拜活动仿佛是一场有来有往的投资，信众只需投入一些精力和祭品，就能得到精神上的支持。如果民间信仰是随早期缅甸华侨从故土迁移而来的文化行囊，庙宇就是民间信仰具象化的一个重要符号。华人在庙宇的祭拜活动与庆典中能够感受到与故乡文化的联结，得到心灵上的依托。这种来自远方的精神支持帮助缅甸华人更好地融入当地生活。

四、缅甸华人民间信仰与庙宇的特点

综上，缅甸华人民间信仰与庙宇呈现出以下三大特点。

（一）多元丰富性

经研究可以发现，缅甸华人的民间信仰呈现出多元化的特点，除祖先崇拜以外，还包含了多名掌管医药、生育、经商、教育等多方面的“专职神”，玉皇大帝、太白金星等天神，甚至还有土地神、水神、动物神等多元化的自然神灵等。多数缅甸华人庙宇也都供奉了不止一个神灵，例如位于仰光市的广东观音古庙，古庙中主要供奉观音与天后妈祖，侧龛还奉祀了土地公、金花夫人、华佗先师、太白金星等多位粤籍华人信奉的神明。事实上，缅甸华人丰富多元的民间信仰根植于中国本身庞大的民间信仰体系。历代以来，离开故土的华人陆续将家乡守护神的香火带到缅甸，随着来自各地的华人在缅甸的落地生根，华人的民间信仰体系也变得丰富多元。

（二）注重实用性

民众对于某种超自然力量的信仰主要出自某些实用性、功利性目的，而非纯粹借助信仰追求精神解脱或探求人生奥义①。人们期望通过民间信仰的神灵的力量达到消灾祈福的作用。正如中国人的民间信仰习惯一样，缅甸华人在选择信奉的神灵时注重实用性。缅甸华人文化立足于在异国他乡的生存和繁衍需求②，这一立足点在缅甸华人的民间信仰与庙宇之上的投射便是以实际的生存需求为出发点。最初来到缅甸的华人带来的民间信仰便包含了各地区人民信奉的保护神，期望在漫漫旅途和异国他乡的生活中能够获得神灵的保护，这种思想背后就是出于实用主义的考虑。此外，缅甸华人民间信仰中神灵具备多种多样的职能。如保生大帝掌管医药，而"注生娘娘"、"金花夫人"专管生育。在众多的神灵中，保佑财运亨通、生意兴隆的财神地位十分突出。通常华人会根据实际需求出发敬拜不同的神灵，认为广结神缘能够使自身在最大程度上得到多方神灵的保佑。人们会向所求的神灵虔诚地奉上祭品，有需要时还会焚烧纸钱，以此换取神灵的庇佑。钟小鑫、白志红的研究成果也指出缅甸华人民间信仰者中的不同派别出于自身的利益考量，在宗教文化的建构上争夺话语权③，由此也可看出，缅甸华人对于民间信仰的态度是从实用主义出发的，带有较强的目的性。

（三）地域差异性

来自各个地区的缅甸华人作为迁居至当地的"异乡人"，都不约而同地希望从民间信仰中汲取到来自故土文化的精神支持，也正是祖籍地的不同使得华人文化呈现出明显的地域性特征④。这种文化的地域性差异也体现在滇、粤、闽籍华人建造的庙宇和民间信仰上。不同地区的华人庙宇在建筑风格和内部供奉的对象上各具特色。著名的缅甸华人庙宇福庆宫专门采用了从中国运送而来的福建泉州的白石建造，并以精湛的技艺在各处雕刻出栩栩如生的图案，整体呈现出浓厚的闽南特

---

① 林国平．关于中国民间信仰研究的几个问题［J］．民俗研究，2007（1）：7．

② 曾少聪，赵永胜．缅甸华人及其文化特点［J］．玉溪师范学院学报，2016，32（2）：39．

③ 白志红，钟小鑫．无权者的权力"游戏"：缅甸华人民间信仰者的宗教建构及其身份认同［J］．世界宗教文化，2014（5）：18—22，31．

④ 曾少聪，赵永胜．缅甸华人及其文化特点［J］．玉溪师范学院学报，2016，32（2）：37．

色[1]。庙宇内部供奉的神像则因不同地区的民间信仰偏好而有所不同。以华人信仰的生育女神为例，滇籍华人主要供奉闽南地区较为流行的注生娘娘，而广东人更多敬奉金花夫人。此外，由于原籍福建和原籍广东的华人同样来自沿海地区，也都选择沿海路进入缅甸南部地区，因此在民间信仰中都存在对天后妈祖等水神的信仰。而云南地区与缅甸接壤，大批的云南籍的缅甸华人选择通过陆路进入并居住在上缅甸地区，因而云南籍华人会在庙宇中供奉土地公。

五、结语

最晚至明朝末期，已有大量华人迁徙至缅甸。历史上的缅甸华人曾多次因政府不同的文化政策而遭到各式各样的打压，民间信仰就成为了华人排解内心不畅，获得精神支持的一个重要来源。为了满足在当地生活的各类需求，民间信仰被缅甸华人有选择性地带到当地，并建立起各色庙宇供奉起来，以保障自己的日常生活。长期发展以来，缅甸华人的民间信仰越来越多元丰富，并且以开放包容的态度吸纳各类缅甸本土文化。随着华人进一步融入缅甸主流社会，华人身份为他们带来的尴尬感将逐渐淡化，民间信仰也将成为缅甸华人文化中独具特色的一部分。

参考文献

[1] 白志红，钟小鑫．无权者的权力“游戏”：缅甸华人民间信仰者的宗教建构及其身份认同［J］．世界宗教文化，2014，89（5）：18—22，31．

[2] 陈汉波．从屹立走马溪南畔的保生大帝庙谈起［G］// 厦门吴真人研究会．吴真人研究．厦门：鹭江出版社，1992：108．

[3] 陈萍．大其力滇籍华人宗教生活研究［D］．昆明：云南大学，2015．

[4] 杜温．缅甸华人的寺庙与民间信仰［M］．北京：中国社会科学出版社，2021．

[5] 杜温．缅甸华人庙宇：连接缅甸与东南亚和中国的寺庙信任网络［J］．八桂侨刊，2016（3）：3—10．

[6] 范宏伟．缅甸华人华侨史［M］．北京：中国华侨出版社，2016．

[7] 方雄普．仰光的华人社团［J］．八桂侨刊，2002（2）：38．

[8] 李新铭．缅甸华人的民间宗教信仰研究［D］．昆明：云南师范大学，2013．

[9] 李天锡．华侨华人民间信仰的特点及其前景［J］．世界宗教研究，1999（1）：112．

[10] 林小楚．曼德勒华人的宗教实践研究［D］．昆明：云南大学，2018．

① 杜温．缅甸华人寺庙与民间信仰［M］．北京：中国科学出版社，2021：40．

[11] 林国平. 关于中国民间信仰研究的几个问题 [J]. 民俗研究，2007，81 (1)：5—15.

[12] 石沧金. 华侨华人民间信仰研究现状评析 [J]. 宗教学研究，2019，122 (1)：231—240.

[13] 袁丁. 缅甸瓦城华侨观音寺研究 [J]. 八桂侨刊，2000 (1)：28.

[14] 曾少聪，赵永胜. 缅甸华人及其文化特点 [J]. 玉溪师范学院学报，2016，32 (2)：35—42.

[15] 郑莉. 明清时期海外移民的庙宇网络 [J]. 学术月刊，2016，48 (1)：38—48.

“权力、族裔与社会”
——由神榜迭嬗略观缅甸神灵谱系构建特征

国防科技大学外国语学院　黄令令

【摘　要】缅甸神灵谱系经历了漫长的构建过程，形成了以37神信仰为核心的发展路线。37 神榜是承载缅甸神灵信仰文化的重要媒介，它反映了缅甸神灵谱系在构建机制中的权力逻辑由世俗权力和神圣权力共同组成。神榜的内部构成模式以血缘联结和社会关系为主要线索，并在组建过程中强调族裔文化身份的认同。神榜的构建过程以神灵的社会功能为导向并受到社会环境变迁的影响。

【关键词】缅甸；神灵信仰；神圣权力；血缘；社会功能

缅甸是一个多种宗教信仰并存的国家。在以佛教为主导的缅甸信仰文化中，还存在着诸如基督教、印度教、伊斯兰教以及神灵信仰。37 神榜是以“37 位神灵”为祭祀对象的信仰体系，是缅甸民间神灵信仰的核心组成部分。从早期开始，缅甸人对于宗教信仰的选择并不是单一的，而是混合了泛灵论思想。他们在信仰外来宗教的同时，也信仰自然神，如树神、水神和火神等。由自然崇拜发展而来的自然神，到本土神的诞生，再到本土神与外来神的融合，缅甸的神灵信仰经过了较长的自由发展阶段。直到蒲甘王朝时期，阿奴律陀王高度推崇佛教，对民间神灵崇拜之风进行遏制，曾下令拆毁各地神庙，并将民间普遍信仰的 28 位神灵之神像移置瑞喜宫佛塔，这标志着缅甸最早由统治者正式御封的神榜就此诞生。多种形态的民间信仰象征被收拢至当时的政治中心——蒲甘，使之成为神圣力量与世俗权力齐聚的空间，将统治者的威望衬托得更盛。此后被列入该榜的神灵数目不断增多，最终确定为 37 位。由此，37 神榜作为一种制度体系开始发展，新的神榜也随着本土神灵数量的增多应运而生，并逐步演化出“内 37 神”与“外 37 神”之说。内 37 神神榜确立于蒲甘王朝早期，因神像被置于瑞喜宫佛塔内，故人们习惯将其称作“内 37 神”，其中包括佛教和印度教中出现的天神，也有本土供奉的神灵。外 37 神神榜中，除帝释天神外，以摩诃吉利神为首的其余 36 位神灵均是缅甸本土神。学者吴坡迦认为，“外 37 神”是由其守卫在瑞喜宫佛塔廊墙外而得名。[①]民间亦有说法认为，“外 37 神”是指在瑞喜宫外各地被供奉的神灵。然而在彬德莱王时期（1648

① ဦးဖိုးကျား၊ ၃၇မင်း၊ ဒုတိယအကြိမ် [M] ရန်ကုန်၊ ပါရမီစာပေ၊ ၁၉၉၉။

—1661）所设本土神榜中，仅出现15位神灵，尚未及37之数，且后世神榜名册皆参照此榜进行添改，与“内37神”神榜差异甚大。可见“外37神”是参照阿奴律陀时期的神榜制式所设的新神榜，因其承袭37位之数目，为区分于旧榜，故有该称，非指瑞喜宫这一现实空间。时世迁移，民间信仰也在不断变化，旧榜中的神灵如今多已不再受到供奉，人们转而信仰以本土神为主的“外37神”，即现今所称的37神。37神自阿奴律陀王开始，经蒲甘王朝后期、彬牙王朝、阿瓦王朝和东吁王朝等多个朝代的发展，最终形成了固定的神榜，并作为一个体系在民间受到信仰供奉。该神榜的迭嬗过程集中反映着缅甸神灵谱系的构建过程，对研究缅甸神灵信仰习俗有着重要意义。

一、神灵与权力：世俗王权与神圣权力

据记载，蒲甘最初是由信仰不同神灵的村落群联合而成的城市。在国王与全体成员确立对同一神灵的崇拜，使其地位高于地方神灵后，对这个公共神的崇拜把各个部落联合成一个真正的民族。[①]由此可见，早期缅甸城市的形成，与共同的信仰密不可分。早期的王权亦是通过赋予神灵以特定的地位与权力，集中人们对神圣力量的崇拜而获得更大的权威。当时人们对神灵等级地位的划分方式，已初步显露出国家权力阶层的组成模型。在一个由信仰共同体聚合而成的民族所建立的国家体系中，以“王权”为代表的世俗权力必然与以“神灵”为依托的神圣权力相互作用。

在婆罗门教和佛教这些与王权密切相关的宗教体系中，神圣权力与世俗权力往往是合为一体的，精通星相学的婆罗门和通晓佛教经典的高僧在世俗社会都享有较高的政治地位。相较而言，依托民间神灵信仰所建立起的权力体系更为分散，通常与特定祭祀对象的影响范围有关。村落的领袖、主持通灵仪式的祭司和其他神职人员在一定地域范围里受到尊敬。这些由神圣力量赋予的世俗权力也对神圣世界进行建构。从阿奴律陀拆毁各地神庙开始，已经显现出中央王权对于地方小型权力中心的不满与忌惮。他把民间神灵信仰体系化，以将散落于各地的神赋权力集中纳入中央王权管控之下。换言之，地方的世俗权力不再有神圣化的机会。此举既削弱了地方权力的影响力，又突显了中央王权神圣化的唯一性，加强了中央王权的集权力度。世俗王权并非直接对神灵事宜进行管理，而是由宫廷专任的神职人员代为执掌。宫廷神职主要由婆罗门僧侣担任。虽然阿奴律陀推行佛教，但婆罗门教（印度教）的影响并未就此消失。江喜陀王在信奉佛教的同时，仍然宣称自己是毗湿奴转世。直到后来佛教在缅甸社会中逐渐占据上风并获得主导地位，婆罗门在缅甸王廷中担任要职的惯例也一直存续，他们负责掌管占卜、祭祀等诸多事宜。内37神榜中包括了诸多婆罗门教神，如帝释天、湿婆、欢喜天、艺神等。[②]37神榜为官方承

① G. 赛代斯．东南亚的印度化国家［M］．北京：商务印书馆，2017：199．

② 钟智翔．缅甸文化概论［M］．广州：世界图书出版广东有限公司，2014：58．

认的名册，必然体现着统治阶层的意志。随着婆罗门教影响力的减弱及缅甸本土民族意识的上升，神榜中的婆罗门教神逐渐消失，在以本土神为主的外 37 神榜中仅余一位帝释天神。历史上，除敏东王时期外，其余各代外 37 神榜中占据榜首的神灵均为帝释天神。帝释天神是婆罗门教和佛教共同承认的神灵，由他来统领神榜达成了一种文化平衡，既反映出在缅甸统治阶层中多种宗教信仰兼存混合的特点，又折射出依托自不同宗教的神圣权力之间的较量。

历代统治者掌管着 37 神榜的变化与增减。蒲甘王朝至阿瓦王朝期间，神灵信仰发展迅速，榜中多数神灵诞生于这一时期。诞生于蒲甘时期的神灵多为国王要臣，诞生于阿瓦王朝时期的神灵则多为王室成员。可见当时拥有世俗权力的统治阶层对神灵所代表的神圣力量的认同与重视。随着佛教在缅影响进一步加深，人们的生活方式和思维观念也在不断发展转变。而王权的不断增强也让神灵信仰在统治阶层的影响力逐步降低。东吁王朝的莽应龙王认为祭神有悖佛教戒律，于是诏发禁神令，限制兴造神庙及举办祭神活动。由是观之，世俗权力依据自身利益需要，会对不同的神圣力量进行择取。在“佛教化”与“神灵化”的神圣力量中，莽应龙更倾向于前者。这也间接表明了当时佛教在缅甸信仰文化中的崇高地位。虽然莽应龙王下令禁神，但在东吁时期，民间神灵信仰发展情况仍较为繁荣。在目前发现的多个王朝的 37 神榜中，有两份名单皆出自东吁王朝。现存最早的神榜名册可溯至东吁王朝彬德莱王在位时期，距阿奴律陀御封神榜已逾六百年。这份名册保留了自蒲甘王朝及此前已然诞生的本土神灵，也有历史上出现的知名人物被列入神榜。自 37 神榜在东吁王朝确立后，神榜呈现更为稳定的发展态势。数百年间，朝代几番更替，神灵信仰仍在民间不断发展。随着越来越多本土神的加入，37 神榜已作为一项传统制度延续传承下来。波道帕耶王时期，宰相博堆德亚萨提议重修神榜，当时名册上的神灵数量已扩至 37 位。此后历代神榜皆依此更迭。贡榜王朝时，孟云王在发展佛教的同时崇神敬神。这一时期，37 神神像、神殿与各地神庙神龛一同得到修缮，以波巴山为中心开展的神灵祭祀活动又开始趋于兴盛。

神灵信仰所关联的世俗权力与神圣权力主要历经了三个阶段：第一阶段是王权通过神灵地位划分强化其神圣权力并将自身“神圣化”以巩固政权；第二阶段是王权开始削弱神灵的“神圣性”，将其信仰文化衍生的制度世俗化，以利用神灵的神圣权力加强世俗王权的权威性；第三阶段，在神圣权力交替变更的情况下，王权选择其他宗教不同类别的神圣权力以制衡神灵权力。从 37 神榜的演变过程来看，因其既体现神圣力量的集中，又受到世俗权力的影响，故成为世俗与神圣的现实交点。世俗权力与神圣权力的相互作用，推动着以 37 神为代表的神灵信仰不断发展。通过 37 神榜的历时变化，可以看出掌握世俗权力的群体如何想象并构建神圣空间以及崇拜神圣权力。而神榜内部结构的变化，则书写着缅甸民族意识的形成与巩固过程，体现了缅甸神灵谱系构建的内在逻辑。

二、神灵与族裔：血缘联结与文化斥合

据赛代斯的观点，早期缅甸民族的形成源于对公共神灵的共同信仰基础。他认为摩诃吉利神兄妹的传说描述了在一座宗教和领土的统一和一个民族的诞生有关的山上确立了对一个神的崇拜的情形。[①]从民族的构成要素来看，血缘因素是民族形成的客观因素之一。[②]缅甸的神灵之间，也延续了现实层面上的亲族与社会关系。以摩诃吉利神为代表的37神榜中，一些神灵之间呈现出明显的亲缘联系。

37 神榜中的神灵谱系前期主要以摩诃吉利神兄妹二人为线索展开。摩诃吉利神原名貌定德，是太公城的一名力气超群的铁匠，后为太公国王所忌惮并设计杀害，其妹玛妙腊跳入火堆殉兄而死。因玛妙腊全身被火焰焚毁，仅剩一张面庞犹存，故被称为金面神。一说摩诃吉利神原指玛妙腊，人们尊称玛妙腊为大山神，这个尊称在巴利语中被称作“摩诃吉利”。因兄妹二人成神后被供奉于波巴山上，逐渐演变为兄妹二人的并称，后多用以称呼兄长貌定德。摩诃吉利神兄妹作为缅甸神山波巴山上最早被供奉的神灵，在历代神榜排序中仅居于帝释天神之下，并在敏东王时期的神榜中被列为榜首，可见其在民间信仰中地位之高。对于最先被列入神榜的本土神灵即具备亲缘性特征，反映了民间集体意识对于血脉的强烈认同。现 37神神榜中排名第 3 至第 8 位的神灵皆为摩诃吉利神的亲族。他们分别是金面神（摩诃吉利神之长妹，又称王妃神、大山神）、金龙女（摩诃吉利神之妻）、日三美（摩诃吉利神之小妹）、内密姑娘（日三美之女）、南王信纽（摩诃吉利神之长子）、北王信漂（摩诃吉利神次子）。但从民间与之相关的传说来看，在记录摩诃吉利神的传说中只有兄妹二人出现，并未出现其他几位亲属关系神灵。除了金面神外，记载后面五位神灵的传说异文版本较多，且在传说中摩诃吉利神通常作为该神灵身份的背景叙事对象出现，故他们是否与摩诃吉利神有亲缘关系还待考证。民间流传着多种关于日三美神生前经历的传说，关于内密姑娘的传说中则只提到她是日三美之女。日三美和内密姑娘在彬德莱王时期就已位列神榜，这反映了除同源血脉外，对于世俗生活中血脉的继承关系同样在神灵谱系中受到认可。在缅甸民众对于神灵谱系的建构过程中，时间轴开始往纵向拓展，血脉的来源与延续都被纳入量度范围。南王信纽和北王信漂生前是血脉相连的兄弟，信纽是弟弟，信漂是哥哥。关于二者的身份民间主要有三种说法：一是他们是貌定德与金龙女之子；二是他们只是普通的青年人；三是他们是金龙女与水龙所生之子。三种传说中的两种倾向于他们是榜中神灵血脉的继承者。

除以摩诃吉利神兄妹为中心的神组外，蒲甘王朝阿奴律陀王时期，神榜中又诞生了 8 位神灵，他们是：白伞神、白伞女神、波仁玛信敏考、大金釉、小金釉、曼

① G. 赛代斯．东南亚的印度化国家［M］．北京：商务印书馆，2017：199．

② 高永久，等．民族政治学概论［M］．天津：南开大学出版社，2021：33．

德勒公、信跨神与良卿欧神。以上神灵分别位列神榜的第 9 至第 16 位。其中白伞女神、白伞神与波仁玛信敏考是祖孙三代；大金釉与小金釉是兄弟；曼德勒公与信跨神是兄妹（一说夫妻）。神榜中的第 17 至第 22 位神灵产生于蒲甘王朝中后期，它们分别是：敏悉都神、丹茂信王子、觉苏瓦大人、胜利神、瑞思德与瑞萨加女神。其中敏悉都神与丹茂信王子是祖孙关系，觉苏瓦大人的来历一说亦是敏悉都神的大臣；瑞萨加女神是瑞思德的母亲。彬牙王朝时期诞生了一位五乘象主神。阿瓦时期则诞生了法王神、貌坡都神、西宫娘娘、胜利海白象神、信恭神、瑞瑙亚塔神、敏耶昂顶神、貌敏漂神与信道神。[①]这几位神灵均为阿瓦王朝的王室成员。这期间位列神榜的神灵之间仍以亲缘联系为主，也出现了以社会关系相关联的神灵组别。此外还出现了与榜中现有神灵并无明显血缘或社会关联的神灵，如良卿欧神、貌坡都神与敏耶昂顶神等。在入榜条件上，呈现出从“家谱”到“社会化谱系”的延展，反映了血脉纽带的加强以及民族归属意识的日渐巩固。

蒲甘王朝时期，阿奴律陀王南征北战，加速了缅甸境内的民族文化融合。这期间被列入榜中的神灵也开始呈现族裔多元化特点，例如良卿欧神本是孟族王子，大小金釉带有印度血统等。不同民族持续加入神榜既是政治上发展演变的结果，亦是统治者以信仰上的认同，去加深不同民族间的纽带，促进民族融合的方式手段。波巴神山消弭了他们因世俗身份导致的诸多限制因素，将他们纳入民族起源的神圣空间里共存。总体来看，37 神榜中的神灵谱系以血缘和亲缘为纽带，融合了多元文化特征，是缅甸历史上民族融合进程的缩影。

作为较早被“印度化”的核心地区[②]，缅甸信仰文化深受印度信仰文化影响。无论是在宗教体系还是宗教象征上，都对婆罗门教与佛教有所承接和借鉴。从早期内 37 神榜的形成可以看出婆罗门教对缅甸信仰文化的深刻影响。37 神榜从一定层面上反映了缅甸民族发展的历程，同时也反映出缅甸人对于印度文化的认知态度，以及如何区分他者与自我，以何种方式实现文化融合等。缅甸民间信奉的本土神数量众多，被列入榜中神的神灵具备一定共性。37 神榜中具有外来血统的神灵在祭祀仪式上与传统的缅甸习俗有所区别。这种差异性并没有随着时间推移而消失，而是作为特例被保留与传续。这种被突显的外来文化特征在一定程度上反映了缅甸文化与外来文化的斥合模式。

金釉兄弟是榜上最后具有印度血统的神灵。在民间传说中，他们的父亲名为标大，与兄弟标卫从印度经由海路来到缅甸，由于兄弟二人在缅甸山中吃了“佐基”[③]的尸体而获得了异于常人的强大力量，当时直通国王听闻后心生忌惮，下令

① မိတ်ဆွေစာတည်းအဖွဲ့၊ ၃၇–မင်းနတ်သမိုင်းနှင့်ပူဇော်ပသနည်းများ၊ ပထမအကြိမ် [M] ရန်ကုန်၊ ဇင်ရတနာစာပေ၊ ၂၀၁၈၊ စာ ၉၇–၁၀၆။

② G. 赛代斯. 东南亚的印度化国家 [M]. 天津：商务印书馆，2017.

③ 印度修行者的一种，缅甸称之为山中精怪或仙人。

缉捕二人。标卫被杀后，尸首分离被埋于城周用以护卫直通城。标大逃往蒲甘并效力于阿奴律陀王。金釉兄弟的母亲，生前是波巴山上以花为食的罗刹女，因标大奉命为阿奴律陀王上山采花相识，后生下兄弟二人。二人出生之时，阿奴律陀赐金釉瓶为其沐身，故以金釉为名。金釉兄弟身负强大法力，是阿奴律陀王的得力下属。阿奴律陀王任命兄弟二人为佛塔监工，在佛塔建成之时却发现缺失了两块砖头。于是王以监守不力为由将金釉兄弟处死。二人在死后化为神灵。其母闻讯悲痛而死，死后成神，民间称其为波巴女神。从传说来看，人们将金釉兄弟特殊力量的来源解释为出自异域的印度文化，此时在缅甸人的集体潜意识里，神圣力量与印度文化联系紧密。又据《琉璃宫史》记载：

蒲甘之时，阿奴律陀王自觉西启程，乘御船顺流而下，船行因故受阻，不能前进。王问卜，卜者奏曰："大小金釉，兄弟二人，任职效忠，未得酬奉，故阻舵拦行。"王闻毕，于东篷圆满佛塔内，为金釉兄弟兴造庙龛，令彼地四周，众民朝拜，年例盛大，繁荣至今。①

由该记载可见，阿奴律陀为化解金釉兄弟被剔除世俗权力后产生的矛盾与冲突，又赋予其神圣权力。随着金釉兄弟由"人"到"神"的身份转变，其力量亦被归入缅甸本土对神圣力量的认知体系中进行解释。暂不论这一过程阿奴律陀是否有意为之，但实质达成了一种文化意义上的融合与归化。然而归化并不等于文化距离的彻底消失。虽然金釉兄弟的出生和成长都在缅甸本土，但人们在祭祀仪式上仍然使用印度食品对其进行供奉，可见其印度血统依然是有别于本土族群的显著标识。在这里，缅甸人明确区分了印度是有别于缅甸本土的"他者"，而这样一个"他者"能够进入本民族的神榜，说明人们认同他者可以凭借血脉与亲缘的前提条件与"自我"进行融合。金釉兄弟诞生于印度与缅甸血统在神圣层面的"通婚"。这样的身世也为他们神圣力量的来源提供了双重解释的可能性。当人们不再用异域文化解释特性，才算完成了文化身份的接纳与认同。金釉兄弟的出生与神圣力量相关，加之他们在世俗生活里展现的能力也十分突出，这令他们承载着瞩目的社会凝视。死亡剥离了金釉兄弟的社会属性，将金釉兄弟的存在感从世俗空间转移到了神圣空间，衰减了其现世影响力。从神榜的后续发展中可以看出，金釉兄弟的母亲波巴女神虽未入神榜，却在民间享有崇高地位，被单独列庙供奉；金釉兄弟的师长（一说友人）曼德勒公亦被列入 37 神榜。而金釉兄弟的印度裔父亲标大却鲜少被提及。此时正值缅甸蒲甘王朝兴盛之期，亦是本土民族意识巩固加强之际，印度裔神灵加入神榜反映了世俗层面上对其印度性特征的削减与剥离。正是从这一时期开始，外来血统在社会语境中的重要性逐渐被本民族的象征所替代，早期缅甸神话和传说中借助印度起源以标榜自我的现象随之消退。

摩诃吉利神组体现了紧密的血缘联系，而金釉兄弟神组则体现了严格的血统区

① [缅] 僧俗学者. 琉璃宫史 [M]. 仰光：联邦宣传部，2003：253. 笔者自译。

分。这反映了 37 神榜的内部结构并非一成不变，不同时代的神灵谱系在对象选取上都着重追溯其血脉根源。与此同时，文化心理与身份上的认同与归属也是神灵谱系构建的重要一环。

三、神灵与社会：功能演变与环境变迁

缅甸人相信通过供奉、祭祀等仪式可以与神灵进行沟通并产生联系，从而借助他们的特殊力量为日常生活提供助益。为此，人们根据口传笔载的神灵传说，约定俗成地划分了每位神灵司管的领域以及其承担的社会功能。神灵的社会功能往往来源于导致其成神的事件。例如，良卿欧神因患麻风病而死，故麻风病患者通常供奉良卿欧神以求病症痊愈；貌坡都神因在行商卖茶途中身死，故茶商走贩经常供奉貌坡都神以求平安顺遂。人们从神灵生前经历中总结提炼出生存及生活经验，并期望神灵能在结束自身作为“人”的身份的死亡缘由上，庇佑生者远离危险与灾难，从而赋予其相应的社会功能。现 37 神榜中的神灵大致可按功能分为六类：一类是地域守护神，通常守护某个固定的区域，如护家神、护城（村）神、护水神和护山神等；一类是消灾祛病的神灵；一类是司管农商业的神灵；一类是掌管知识技艺的神灵；一类是掌管女性、儿童等群体事务的神灵；还有一些神灵并无具体的功能指向，例如生前是王室成员的神灵以及与在榜神灵有亲缘关系的部分神灵等，他们因享有威望而受到供奉。在神榜之外，缅甸民间还供奉护田神、护堤神和盐井守护神等与生产生活息息相关的神灵。神灵的社会功能随着社会环境及社会需求的历时改变而变化，有的神灵身兼多种功能。以摩诃吉利神貌定德为例，他与金面神本是波巴山守护神，后来在民间也被看作城镇守护神。直到莽应龙王时期下令禁神，人们不再在户外为其举行祭祀仪式，转为在家供奉神像，摩诃吉利神的职能开始转变为护家神，并一直存续至今。貌定德生前是一名铁匠，故其成神之后，最初也被人们以铸器神的身份供奉，司管古代刀枪等铁铸工具及兵器。这一社会功能无论是在百姓的日常生活抑或国家的战争层面上都有着巨大影响，因此令其在历代宫廷与民间盛望无两。随着生产工具的改进和工业化的普及，人们对于现代社会中神灵的功能作用也产生了新的联想。如今缅甸的榨油厂和碾米厂等工厂里还延续着供奉貌定德的习俗。①与此同时，一些功能指向不明显的神灵，则逐渐失去社会影响力以及信众。以白伞神为例，民间单独为其举行的祭祀仪式已不复存在，关于其生平经历的传说也鲜闻于世，现仅作为 37 神榜的成员之一与榜中其他神灵一道被供奉于 37 神庙中。由此观之，神灵的社会功能亦是其社会价值的体现，其功能对解决当下社会环境中现实问题所起的效用决定了该神灵在谱系中的地位。由于 37 神榜作为一个体系被多朝宫廷和民间同时供奉，即使神灵被边缘化也依然保留下其名讳，因此可

① ခင်မောင်သန်း၊ ရိုးရာနတ်ယုံကြည်မှုနှင့်ဓလေ့ထုံးစံများ၊ ဒုတိယအကြိမ် [M] ရန်ကုန်၊ ပင်ဝါးရုံစာပေ၊ ၂၀၀၁၊ စာ ၄၅။

以从榜中神灵的现实信仰情况看出其地位重要性变化的轨迹。历代亦有不少未被列入榜中的神灵因社会环境变迁而失去原有的社会功能，逐渐消失于时间长河之中。同时新的社会环境也不断产生着与之相适应的新神灵。由是现今在缅甸神灵谱系上有迹可循的神灵都有其对应的社会功能。

近代缅甸社会经历了三次英缅战争并长期受到殖民统治，后又历经二战和战后国内政局动荡，传统文化遭到极大破坏。神灵信仰文化作为缅甸传统民族文化的一部分，在这一时期亦受到很大遏制。在英殖民统治者实施的奴化教育下，神灵信仰这类“落后的”传统民族文化不被提倡，神灵祭祀活动也遭到打压。在传统王权覆灭后，神灵信仰失去统治阶层力量的支持，各种祭祀和仪式完全依靠民间的信仰惯性运转。这导致神圣仪式的体制动摇松散，秩序缺乏监督，权威性随之降低，也削减了神灵信仰的社会地位。此外，外来文化带来的近现代文明动摇了缅甸传统的社会秩序，旧有的生产和组织方式发生翻天覆地的变化。现代的科学知识和教育体系改变了人们的认知体系，并促使了人们对原本神秘的神圣力量祛魅。这极大地压缩了神灵信仰所生存的社会和文化空间，迅速恶化了其原本运作的环境。文化冲击与社会环境动荡导致传统信仰模式下神灵原先具备的部分社会功能已不适用于新的社会生活，由此人们随着时代变化重新赋予了一部分神灵新的功能与作用。而一部分神灵的功能与影响则在社会变化过程中逐渐减弱并走向衰落。随着发展成熟的外来宗教体系的输入，本土信仰中神灵的社会功能也在一定程度上被取代。

基于上述背景条件，缅甸神灵谱系中再难以诞生新的神灵，并面临神灵数量不断缩减的境况。神灵信仰开始在城市地区和年轻一代中式微，但在波巴山、东篷镇等原本盛行敬神的地区以及生活环境较为闭塞的农村、山区等地仍然拥有较多信众。如今缅甸与世界各国的文化交流愈发频密，其文化系统也在与外来文化接触的过程中逐渐趋于稳定。近年来，随着经济和社会的发展，缅甸政府和民间都越来越重视传统文化保护。在这样的时代背景下，缅甸神灵信仰也将迎来新的发展模式与方向。

四、结语

综上所述，缅甸神灵信仰历经了较长的自由发展阶段，自蒲甘王朝时期形成了神榜制度。以神榜迭嬗过程为线索，可以看出缅甸神灵谱系的构建特征有三：一是谱系主体的更迭由世俗权力与神圣权力共同作用，并历经了三个交锋阶段；二是谱系内部神灵之间的聚合以血缘和社会关系为主要联结纽带，同时描述了本土文化与外来文化斥合的轨迹，体现了缅甸各族裔融合的历程；三是谱系中的神灵地位是以其社会功能为导向确立的，并随着社会环境的变迁而变化。王朝时代结束后，缅甸神灵谱系的建构基本完成，其整体规模受到时代条件、社会环境和文化冲击等多重要素的制约。随着时代发展和政策的变化，权力、族裔和社会的演变仍未停止，缅甸神灵谱系也将随日益发展的神灵信仰一同继续呈现新的构建特征。

参考文献

[1] G. 赛代斯. 东南亚的印度化国家 [M]. 北京：商务印书馆，2017.

[2] 高永久，等. 民族政治学概论 [M]. 天津：南开大学出版社，2021：33.

[3] 李谋，姜永仁. 缅甸文化综论 [M]. 北京：北京大学出版社，2002.

[4] 李谋，姚秉彦，蔡祝生，等译注. 琉璃宫史 [M]. 北京：商务印书馆，2007.

[5] 林惠祥. 文化人类学 [M]. 上海：上海古籍出版社，2013.

[6] 王娟. 民俗学概论（第二版）[M]. 北京：北京大学出版社，2011.

[7] 钟敬文. 民俗学概论 [M]. 北京：高等教育出版社，2010.

[8] 钟智翔. 缅甸文化概论 [M]. 广州：世界图书出版广东有限公司，2014：58.

[9] ခင်မောင်သန်း၊ ရိုးရာနတ်ယုံကြည်မှုနှင့်ဓလေ့ထုံးစံများ၊ ဒုတိယအကြိမ် [M] ရန်ကုန်၊ ပင်ဝါးရုံစာပေ၊ ၂၀၀၁၊ စာ ၄၅။

[10] မိတ်ဆွေစာတည်းအဖွဲ့၊ ၃၇–မင်းနတ်သမိုင်းနှင့်ပူဇော်ပသနည်းများ၊ ပထမအကြိမ် [M] ရန်ကုန်၊ ဇင်ရတနာစောစာပေ၊ ၂၀၁၈၊ စာ ၉၇–၁၀၆။

[11] ရှင်တော်များ၊ မှန်နန်းရာဇဝင်တော်ကြီး [M] ရန်ကုန်၊ ပြန်ကြားရေးဝန်ကြီးဌာန၊ ၂၀၀၃။

[12] ဦးဖိုးကျား၊ ၃၇မင်း၊ ဒုတိယအကြိမ် [M] ရန်ကုန်၊ ပါရမီစာပေ၊ ၁၉၉၉။

[13] ဦးထွေဟန်း(ဘာသာပြန်တဲ့သူ)၊ ဦးဘညွန့်(စုဆောင်းရှာဖွေတင်ပြသူ)၊ မြန်မာ့မိရိုးဖလာဓလေ့နတ်သမိုင်း [M] ရန်ကုန်၊ တနင်္သာရီစာပေ၊ ၂၀၁၃။

[14] အရှင်ကဝိန္ဒ၊ ပုပ္ပားတောင်တော်သမိုင်း [M] ရန်ကုန်၊ ရတနာအောင်ပုံနှိပ်တိုက်၊ ၁၉၈၃။

试析泰国华文报的认同转换与本土发展

国防科技大学外国语学院 陈 義

【摘 要】泰国华文报是泰国华人移民历史的真实记录，既要尽力传递华人心声，传承华人文化，又要根据社会环境变化调整自己立场，以谋求生存。从首份华文报纸出现到20世纪70年代初，泰国华文报关心中国政治发展，大力宣传中国民族主义，在政治身份和文化身份上都认同中国。随着时代和环境的变迁，特别是泰国宪法规定华文报业“持牌人”必须为泰国国籍，华文报也随之变为本土报，将泰国国家利益放在首位，依然关注中国，但重心放在经济交流与文化传承上。面对现代新媒体飞速发展的新形势，华文报开始转型，瞄准迅速增长的中国新移民群体，内容与报道进一步夯实其泰国本土认同，也成为了宣传介绍泰国、传递泰国主流声音的窗口。

【关键词】泰国；泰国华文报纸；身份认同；海外华人媒体；华人移民

华社、华校与华媒被称为华人社会三宝。泰国华文报历经百年曲折发展，如今已成为泰国第二大语种报纸，次于泰语报纸而先于英文报纸①。早期华文报尚属侨报，具有强烈的中国意识，承担着密切关注中国国内动静，呼吁华人社会团结，表达华人爱国情感的责任。随着泰民族国家的建立，中泰正式建交，华人在同化政策的影响下，主动或被动地融入泰国社会，泰国华文报也需要根据社会环境的变化不断调整自己的立场，以谋求生存。但另一方面，华文报依然要担负起传承华人文化，凝聚华人族群的责任。泰国华文报在这一矛盾冲突过程中，不断进行自我调整与适应，以扩宽其生存空间。本文将从历史分析与当代研究相结合的角度出发，对泰国华文报的身份认同转换过程进行梳理，探讨其在身份转换过程中面临的困境及自我调节，并分析现代新媒体对华文报的冲击及其新媒体转型下延伸出的本土认同新内涵。

一、早期泰国华文报的身份认同

1. 泰国华文报的出现和发展

1835 年，美国传教士丹·比奇·布拉德利（Dan Beach Bradley）将第一台泰

① 黄海珠．泰国华文纸媒研究［M］．北京：中国社会科学出版社，2013：17．

文字母印刷机带到了泰国，并在曼谷设立印刷厂，开启了泰国现代印刷工业和报业之门。1844 年，拉玛三世下旨，由丹·布拉德利负责印刷出版第一份泰文报纸《曼谷纪闻》(*Bangkok Recorder*)。1858 年拉玛四世时期设立了皇家印刷厂，随后泰国人、中国人、日本人、欧洲人的私人印刷厂也相继在泰出现。1874 年拉玛五世时期，第一份由泰国人自己创办、印刷、面向大众公开发行的周刊《青年谈》出现。随着印刷业和报业的发展，人们进入了阅读时代，报纸迅速适应了大众想要快速了解外部世界变化的需求，“据统计，五世王时期出版的泰文报刊就有高达 50 多种”[①]。

华人虽移居海外，但是他们心系祖籍国、关注来自家乡的信息，继承与发扬族群的传统文化。20 世纪初中国沦为半殖民地半封建社会，当时国内各阶层积极探索救国存亡之路，划分成“保皇派”与“革命派”两大阵营，斗争从国内延伸至国外，双方为了抢占舆论先机，争取泰国华人支持，泰国华文报应势而生。1903 年，泰国第一份华文报纸《汉境日报》创立，由当时的“保皇派”追随者创办，但其存在时间很短。1907 年，萧佛成创建了《湄南公报》，但因其内部人员政治理念不合而分裂，一位拥护康有为的广东人获得半数理事的支持，将其更名为《启南日报》，随后又更名为《中华民报》，成为保皇派的机关报。而革命派的萧佛成与陈景华则另起炉灶，创建了中文版的《华暹日报》和泰文版的《中暹日报》。国共合作期间在泰华侨创办了《侨联报》和《侨声报》——随后改名为《励青报》。大革命失败后，曼谷又出现了亲国民党的《国民日报》，双方曾就中国国内政治情况展开激烈的笔战，为泰国华文报的发展提供了一个重要动力。随着泰国华人社团或组织的壮大，以及华文教育的发展，华文报发展的土壤更加肥沃。泰国华文报的壮大也与抗日活动分不开。1938 年，由中华总商会主席蚁光炎创办的《中国日报》联合泰国其他华文报派遣战地记者，积极报道中国国内抗日活动，号召在泰华人抗日，言辞激烈，发行量屡创新高，华文报业进入短暂的鼎盛时期。

但作为泰国报业的一部分，华文报的发展不仅受到中国母体的影响，也受到泰国政府的严格管制。投靠日本的銮披汶政府对华人华侨实施高压政策。文化上，严格监督华文教育、关闭大量华校，控制华人言论，严查报刊内容，拒不服从者查封，甚至将创始人驱逐出境。銮披汶在一次记者会上表示，华人社会只有一份华文报就够了。在限制达最高峰时，只有被日本人接管的《中原报》(改版自中国日报)，成为泰国政府许可续办的唯一中文报，是日本占领期间向华人传达政令的渠道和宣传工具。泰国华文报业严重受创，陷入一片惨淡。

1945 年日本投降后，在泰华商们纷纷捐款，重办华文学校，重振中华文化，

① 栾文华. 泰国文学史［M］. 北京：中国社会科学出版社，2014：10.

华文报刊开始复兴，仅 1945—1946 一年的时间，就有 16 家华文报出现[①]。当时泰国国内管控较松，政治评论相对自由，华文报呈现出政治壁垒分明的特点，战时中共组织的地下报《真话报》继续以周刊的形式出版，国民党则控制了《华人报》《民声日报》《正言日报》等。随着对国民党希望的幻灭，中国民主同盟暹罗分部成立了自己的机关报——《民主新闻》以周刊发布，其后几位重要的民盟成员又创办了声誉极佳的《曼谷商报》。两家重要的报纸《中原报》与《华侨日报》也恢复出版。随着中国内战的爆发，投靠美国的泰国政府承认民国政府，将传播中国大陆信息或倾向于中共的报纸定性为左翼报，并强制关闭。例如，进步爱国华侨吴泽人创办的《全民报》，由于对中国时局频发社论，呼吁华侨社会内部团结，被泰国政府驱逐出境，成千上万的华人来到码头为他送行。1948 年批汶・颂堪二次执政，追随美国推行反共政策，对华人展开大肆搜捕，华文报再次被迫停刊。1957 年，沙立发动军事政变，依旧限制华文教育和华人办报自由，此后长达 16 年的泰国军人政府执政时期里，泰国华文报都处于漫长的黑暗期。整个 60 年代是由《星暹日报》《世界日报》《中华日报》《京华日报》4 家华文报联合垄断了整个市场，但也间接地促成了泰国华文报的转型。

2. 强烈的中国政治、文化身份认同

华人移居泰国历史久远、人数众多。据统计，在 19 世纪 30 年代，曼谷主城的 40 万居民中，约有一半是华人华侨[②]。到 1909 年，在泰华人华侨数量为 162505 人[③]。初到泰国的华侨们相信自己只是暂居海外，终会落叶归根，加强与祖国的联系，增加政治活动，甚至出现为整个中国事业而消除华人当地矛盾的趋势。1910 年是泰国华人历史的转折点，华人民族主义意识兴起。早期泰国政府对待华人的态度是相当宽松的，随着拉玛五世驾崩、具有反华意识的拉玛六世登基，其著作《东方犹太人》将华人看作是“暹罗的犹太人”，加上长期因税收造成的矛盾等，暹罗华人希望得到祖国的保护。1909 年清政府颁布的《中国国籍法》规定，中国父母的后代都是中国公民。另外，从辛亥革命开始，经常有中国人南下到泰国宣传自己派别的政治思想以及爱国思想，极大激发了泰国当地华侨华人的民族意识与爱祖国之心。清政府的过时举动，加上孙中山对海外华人所表示的关心，使暹罗华人希望在辛亥革命后得到共和国政府的真正保护[④]。不难看出，内外因素的共同作用使得

---

① ธุมวดี สิริปัญญาฐิต ย้อนรอยหนังสือพิมพ์จีนของชาวจีนโพ้นทะเลในประเทศไทย วารสารวิชาการมนุษยศาสตร์และสังคมศาสตร์ มหาวิทยาลัยบูรพา ปีที่ 29 ฉบับที่ 1 p292.

② 叶曙明．泰国华人华侨史话［M］．广州：广东教育出版社，2018：2.

③ ธุมวดี สิริปัญญาฐิต ย้อนรอยหนังสือพิมพ์จีนของชาวจีนโพ้นทะเลในประเทศไทย วารสารวิชาการมนุษยศาสตร์และสังคมศาสตร์ มหาวิทยาลัยบูรพา ปีที่ 29 ฉบับที่ 1 p284.

④ 施雅坚．泰国的华人社会：历史的分析［M］．厦门：厦门大学出版社，2010：170.

当时的泰国华人认同上更倾向于中国。1921 年，孙中山在广州当选为南方政府总统，得到了曼谷所有华文报的支持，从此，报纸言论密切关注并反映中国的发展变化。而泰国逐渐强硬的同化政策，也唤起了一部分华人的民族意识。在 30 年代中当地华人表示不想参加泰国的民主活动，他们的政治兴趣集中在中国[①]。当时不仅第二代和第三代华人几乎在一切场合都自认为是华人，甚至中国移民的曾孙也采用中国名字，学习中文，随时认为自己是华人[②]。同时泰国社会也没有完全接受华人，《曼谷论坛报》发表社评，将泰国华人当作是“对当地商业繁荣有特殊贡献的少数民族”，并认为：“泰国华人决定把命运寄托在泰国，把才能发挥在泰国，这是我们国家的荣幸。”

当时的泰国华文报可以称之为“侨报”，具有强烈的中国意识，缺乏泰国本土意识，大力宣传中国民族主义。其特征是“密切关注中国国内的动静，因为中国是自己的家乡、祖国，皆以争取和维护当地华侨、华人的合法权益为己任，以充当华侨、华人的‘喉舌’和反映他们的心声为标榜”[③]。华文报基本内容是中国政治状况、主要城市发展状况与当地华侨社会情况。《汉境日报》创刊宗旨是“利商贾，资见闻，达舆情，通官事”，专注于服务华侨。《星暹日报》着眼于“宣扬祖国文化及为侨胞谋福利”。抗日战争期间，尽管受到泰国政府严厉管控，还是出现不少地下报，宣传抗日救亡思想，呼吁华人社会团结，表达爱国热情。内战爆发后，当时华文报虽持有不同倾向，互相间展开笔伐，但也足以反映报社或报人对国事的关注。1945 年 10 月创办的《光华报》表示最关心的是中国的和平和当代华人社会的福利。《全民报》提出“实现民主、惩办汉奸、中暹亲善”的方针，要把主要力量放在争取祖国独立上。1949 年随着新中国的成立，泰国华人的爱国情感不断增强，这也反映在华文报纸上，民盟的《曼谷商报》被查抄，国民党的《正言日报》停办，亲共的《全民报》则发行量翻番，《华侨日报》《中原报》及随后建立的《星暹日报》《星泰晚报》也转向亲北京路线。《中原报》写道：“中国中央政府对其海外华人公正的权力、福利以及生命和财产安全的关注，受到泰国华人社会的热烈欢迎和感激。”[④] 1955 年万隆亚非会议的召开，特别是中国与印尼关于海外华人达成的协定，让泰国华人看到被真正保护的可能性，泰国华文报开始刊登更多关于新中国的消息，偏向台湾当局的报纸也纷纷转变态度，丢掉幻想，甚至由警总监乃炮支

---

① 施雅坚. 泰国的华人社会：历史的分析［M］. 厦门：厦门大学出版社，2010：250.

② 施雅坚. 泰国的华人社会：历史的分析［M］. 厦门：厦门大学出版社，2010：251.

③ 卓南生. 东南亚华文报的过去、现在与未来：“华文传媒与海外华人社会”研讨会（马尼拉·2011）主题发言［J］. 国际新闻界，2012（1）：116.

④ 施雅坚. 泰国的华人社会：历史的分析［M］. 厦门：厦门大学出版社，2010：325.

持、奉行亲国民党导向的《世界日报》，也进行了人员重组。

除了强烈的政治认同外，华文报的副刊一直是传承中华文化的重要阵地。副刊不仅报道中国节日、娱乐、医药、华人社团公益活动等内容，而且还刊登中国文学作品或泰华作家作品。各大报纸均开辟文艺副刊或文艺版，甚至出现了《黄金地》《七洋洲》等纯文艺刊物。从中我们可以看到泰国华人思乡情结和对祖国身份的依赖，也对泰国华文文学的创作与发展起到了极大的推动作用。华文报这种强烈的中国文化认同意识，不仅在当时的侨民社会加强了华人社会对中国文化的认同，而且这种文化身份一直延续至今，也使得中华文化传播成为华文报的天赋使命[①]。泰国华文报强烈的中国认同意识一直持续到 20 世纪 70 年代，随着国际局势、社会环境的变化与泰国华文报的全面转型而发生改变。

二、生存环境变化与身份认同转向

1. 生存环境变化与报业发展

20 世纪 60 年代，泰国华文报已经走上转型之路。当时的军政府打压华文新闻业，不给新华文报颁发牌照，大量关闭华文中学，导致华文报在人才和读者上遭受双重打击。加之经济萧条，大量华文刊物倒闭，只剩下四家实行企业式经营、走中立路线的华文日报，他们改变了以往华报充当侨社团或党派代言人的角色，借助当时泰国文学繁荣之风，走上市场发展道路。到了 70 年代，中国恢复联合国合法席位，1973 年克里·巴莫政府开始与中国友好接触，1975 年中泰正式建交，1980 年炳·廷素拉暖执政，泰国社会进入相对稳定时期，泰国华文报也因此进入稳定发展时期。1970 年成立的《东南日报》重新报道中国大陆的相关新闻。1971 年 4 月 22 日，泰国华文报内地记者互助会在曼谷成立。1972 年 12 月，泰国泰华内地记者报业协会在曼谷成立。1974 年成立的《新中原报》首次使用彩色印刷，受到极大欢迎，销量大增。1978 年 4 月，泰国总理江萨访问中国，准许被关闭的华文报纸复刊，鼓励自由报人办报。由此，泰国华文报纸又呈现出“百家争鸣”的局面[②]。80、90 年代，泰国华文报处于激烈竞争时期，华文纸媒市场趋于饱和，新成立的华文报极少，有影响力的大报开始注重更新设备，提高报刊质量，深耕国内市场的同时将视野拓展到海外华文市场。1997 年亚洲金融危机爆发，泰国新闻业界处在崩溃边缘，但几家主流华文报凭借着华人社会的凝聚力，依靠华人内部的喜庆祝贺、婚丧嫁娶等广告支持渡过难关。之后报业重组整合成为发展趋势。

华文地位的提升和新移民的到来，进一步扩展了泰国华文报的生存空间。1990

---

① 骆莉．马来西亚华文报的身份转换与本土发展［M］．北京：世界知识出版社，2014：28．

② 黄海云．二战以来泰国华人社会的变化及其对泰国华文报纸发展的影响［J］．东南亚纵横，2019（0）：78．

年泰国政府废除了实行了22年的限制人民言论和出版自由的“十七条”，1992年3月又解除了限制华文教育的禁令，泰国渐渐出现了中文热，各大学纷纷开设华文专修班，中小学华校相继复办，海外第一所由华人集资的私立大学——华侨崇圣大学也建立起来。泰国的华人会馆、华人宗亲会等广泛开设民间华语学习班，许多中小学也开设了华语课。1999年，泰国政府把华文列为大学入学外语考试的选择科目之一。“八十年代初，人们还在忧心忡忡地谈论泰华报纸的命运，认为总有一天它会绝种，因为懂中文的都已是白发人。华文教育的复兴，给中文报刊事业注入了活力”①。泰国华文报一直都采用繁体字，为了配合新移民读者和年轻一代华人，《京华中原联合日报》进行改版，从昔日竖排、从右到左变成了横排、从左到右的排版印刷。2005年由老字号《中华日报》创办的《中国青年报》首次全部采用简体字印刷，开了泰国华文报的先河。新移民的到来以及其对中国的信息渴求热切，增大了华文报纸的读者群，华人华侨的工作和生活往往与中泰之间贸易文化往来等密切相关，中国的发展、中泰关系必然时刻牵动着华人们的目光。对于中国进行客观公正报道的报纸，成为新移民的首选，销量大增。这不仅为泰国华文报的生存奠定了坚实的基础，也为其发展壮大创造了大好时机。

开展对外合作，特别是加强与中国媒体的合作，成为当时华文报业发展中的突出态势。2001年，由中国新闻社主办，地方政府承办的世界华文传媒论坛为世界华文传媒搭建起沟通合作的平台。泰国主要华文报纸全都加入了世界华文传媒论坛。以《亚洲日报》为例，2002年与香港的《文汇报》合作使《亚洲日报》焕然一新，发行数量、广告收入增加，成功走出金融危机阴影。尝到甜头后，2004年又与上海发行量最大的《新民晚报》合作，2006年与《人民日报》海外版、印尼的《国际日报》合作同步在泰发行，内容更加丰富多彩，受到读者广泛追捧。除此之外，还有《星暹日报》与中国南方报业传媒集团合作，《京华中原联合日报》与《汕头经济特区报》开展合作，《世界日报》则利用台湾联合报系资源，加强与中国内地联系。这些合作使泰国老牌华文报成功改头换面，焕发前所未有的生机。

2. 身份认同转向

在20世纪40年代末至70年代初，泰国政府为使华人融入泰国社会采取严厉的民族和文化同化政策，加之双重国籍问题尚未完全解决，泰国华人华侨社会分裂为两派，就立场问题产生争执。70年代中期，随着国际环境的变化，泰国对华人的同化政策趋于温和，限制新移民数量，放宽入籍手续，大量华侨选择加入泰国国籍，心态也从“落叶归根”转向“落地生根”，效忠对象自然发生转变，华侨社会转变为华人社会。同样的，泰国的华文报也将其所在国作为效忠的对象，成为泰国报业的一个重要组成部分。经过这种转变，泰国华文报开始侧重于向华人灌输居住

---

① 栾文华．泰国文学史［M］．北京：中国社会科学出版社，2014：363．

国的国民意识，关注的焦点从中国转向泰国，介绍当地的政治、经济和文化状况及各种政策法规，以协助华人融入当地社会，为当地的经济和社会发展服务。华文报不再因中国政治“左”“右”而口诛笔伐，因为政治立场而看某一报纸的情况也越来越少，读者的标准更加理性客观，就是看报纸本身的品质如何，市场导向取代了政治导向。更重要的是 1970 年，泰国国王普密蓬·阿杜德颁布实施《泰王国宪法》，其中第三十七条明确规定泰国媒介主办人或主持人的国籍身份必须为泰籍。华文报业作为一项社会事业，其“持牌人”都为泰籍华人，遵守泰国的法律法规，以当地国利益为最终归属，侨报进入华报时代。

转为“本土报”后，泰国华文报政治色彩淡化，将泰国国家利益放在报社办报的首要位置上。因为泰国政治的复杂性，泰国华文报更侧重于经济，报道泰国政治新闻更多采用客观报道的形式，不追随某一派别，表现出与政治斗争无涉，也注意支持泰国政策，拥戴王室。例如《京华联合日报》创刊献词称“以尊重泰国政府政策，宣扬尊崇皇室、宗教，维护国家安全……为宗旨”，并成为唯一一份特许进入泰王宫的华文报纸。华文报内容由侨报时的中国新闻、侨乡动态转变为报道泰国国内政治、经济、法规政策、娱乐和体育等资讯为主，将泰国国内报道放在头版，还增加了不少泰国本土风物及历史文化研究的内容，体现出对泰国国内情况的深度关注。

中国的一举一动依然受到华文报的关注，但心境与意识已与往日完全不同了，“这些报纸只是将中国当作‘远亲’来看待”①。尽管中国新闻仍是华文报的重要内容，但报道时站在中间立场、进行客观报道居多。1975 年中泰正式建交，从那时起，《星暹日报》对于中国大陆的报道由之前用“中共”等字眼改为“中国”②。对于台湾问题，泰国华文报，包括台湾联合报系的《世界日报》均表现明确的立场态度，坚持一个中国原则，坚决抵制任何分裂行为③。此外，这些传统华文报纸牢牢控制在老一代侨领手里，本地华侨社团特色非常明显，除报道一些本地新闻和中国新闻外，华侨社团的活动、宗教和慈善活动一类内容也占去不少版面。

当今泰国社会，华人与泰人的区分已经模糊，但随着中国的崛起和大国形象的树立，大多数新一代泰籍华人仍认同自己的族群身份和族群文化。泰国华文报作为传承族群文化的载体功能依然存在，特别是泰国华文报副刊，在向泰国华人推介自身族群文化、重塑文化价值方面起着潜移默化的影响，有助于华人在进行“泰国认同”塑造的同时，进行自我族群身份和文化归属感的强化。《亚洲日报》就明确提

① 卓南生．东南亚华文报的过去、现在与未来：“华文传媒与海外华人社会”研讨会（马尼拉·2011）主题发言［J］．国际新闻界，2012（1）：117．

② 罗奕，吴燕英，曹思远．泰国星暹日报的媒体在地化发展历程研究［J］．Chinese Journal of Social Science and Management，2020，4（2）：3．

③ 刘娓．泰国华文报业影响力研究［J］．南宁：广西大学，2012：28．

出其办报宗旨：弘扬中华文化，沟通中泰经济交流，发展中泰两国人民友谊，服务泰国及亚洲的华人，服务社会。《星暹日报》总编辑和督印人马耀辉曾表示“没有中华文化就不成华文报纸”。传统节日是民族文化的具体体现，为使泰国华人了解和理解中华传统文化，每逢佳节，华文报常用整版对中国传统节日、名胜景点、各地特产进行介绍。《星暹日报》曾在端午节期间刊登文章，介绍端午节的来历及其重要性，发布华侨社会的庆贺活动邀请华人参加，还在以研究中泰文化为主的《泰中学刊》中刊登“纪念中国大诗人屈原”的文章。除此之外，泰国华文报在中国文学在泰传播和泰华文学的发展上功不可没。华文报副刊会刊登诗歌、散文，连载小说，特别是中国武侠小说，一定程度上充满传奇色彩的武侠世界“江湖众生相”中包含了不少中国历史、传统文化元素；《世界日报》的湄南副刊就多次举办华文征文比赛，邀请中国作家讲座。《新中原报》的文艺副刊《大众文艺》和《新半岛》，仅 1989 年就刊登了在泰华人写的短篇小说、散文、报告文学多篇，而文学评论文章更高达 110 篇[①]。副刊医药版块中的中医药使用、健身养生，风水历史专栏的知识更是备受关注。团结华人内部，帮助在泰华人是华文报一直以来的宗旨，侨社新闻版面时常刊登各大侨团的公益活动，报社也成为公益活动平台。侨乡现状、侨乡历史文化的挖掘报道，更是为泰国华人寻到文化的根、寄托文化的情。《世界日报》侨乡采风版块“江浙缤纷”“潮汕新貌”“闽江集锦”等栏目报道大量故土家园的发展变化。在华文教育上，《中华日报》开辟了中泰文对照的教与学专版，刊登教师心得、学生习作，提升学习汉语的兴趣。《中国青年报》不仅按照简体中文与泰语对照排版，还开辟历史文化、中文教师等栏目，用拼音逐字标注中文歌词，部分版面还配泰文简介，方便读者理解，获得了曼谷语言学院、泰中语言文化学院等机构的大力支持，成为学习中文学员的课文读物。

本尼迪克特·安德森认为代表印刷资本主义的少数族群语言报纸通过对族群内事务的新闻报道，在联结分散在各个角落的个体的过程中发挥了显著的纽带作用[②]。华文报纸不断生产族群符号，华人通过阅读华文报纸的信息而产生属于同一个“族群”的感觉，当华人日复一日地阅读报纸，就意味着他已经进入一个持续性生产族群想象的空间之中，并作为经验和记忆固定下来，由此增强了族群凝聚力，强化了个体的身份认知[③]。

---

① 林进桃．泰国华文媒体与在泰华人的身份认同［J］．东南亚南亚研究，2017（1）：97．

② 本尼迪克特·安德森．想象的共同体：民族主义的起源与散布［M］．吴叡人，译．上海：上海人民出版社，2005：42．

③ 彭伟步．马来西亚华文报业的功能定位与跨族群角色转型［J］．东南亚研究，2019（2）：145．

三、泰国华文报的转型与本土认同新内涵

1. 新媒体时代冲击下的转型

从 1903 年到现在百年间的不完全统计，有不下 334 家华文报刊在泰国陆续登陆过，截至目前这个只有 6000 多万人口、逾 50 万平方千米的国家依旧活跃着以曼谷为发行销售中心的 6 家华文报刊[①]。按照泰国报业理事会（The National Press Council of Thailand）的登记，目前注册登记且公开发行的华文日报主要有 6 家：《星暹日报》《世界日报》《亚洲日报》《新中原报》《京华中原联合日报》《中华日报》。目前在泰国发行量最大的华文报纸有两家，一家是台湾联合报集团出资支持的《世界日报》，另一家是南方报业传媒集团出资支持的《星暹日报》[②]。

现今，网络技术飞速发展，新媒体、自媒体规模不断扩大，传媒业已进入了网络化时代。年轻一代更喜欢从手机客户端和社交媒体获取信息，一些年长的华人也会通过这个渠道浏览资讯。异军突起的华文网络传媒平台，例如泰华网、泰国头条、东盟经济时报网等，成立之初就将互联网作为主要阵地，毫无转型压力，迅速形成了以杂志为核心，以微博、微信、SMS 短信平台为组成部分的媒体融合矩阵，开展多元化经营[③]。同其他传统纸媒一样，泰国华文报除了要面对互联网信息媒介的壮大之外，还要面对读者群或者受众结构重大调整这一愈加紧迫的问题。随着读者老龄化，年轻一代华裔大都不懂中文，即使是学习中文的华裔，他们首选的信息获取渠道也是以泰媒为主。以上这些因素都使传统华文报纸受到不小冲击。“泰华人口超过 600 万，但总发行量不足 8 万……规模最大的《世界日报》，设备与人才都比较充足，但每日销量最多 5000 份”[④]。

在此背景下华文报不得不进行转型，好在新一代侨领逐渐成为中坚力量，借助信息化、网络化发展潮流，依托于长期办报经验和过硬的新闻质量，开始致力于融媒体的实践，努力打破空间的局限，打造线上线下联动场景，扩宽自身面向以增大读者群体，让华文报得以继续发挥构建华人共同想象的功能，承担文化使者的角色。2005 年 7 月，泰国《世界日报》创办了该报网站，成为泰国首家向电子媒体进军的华文报纸。2012 年后，泰国华文报纷纷开始向全媒体转型。但并不是每家华文报纸的新媒体转型都如此成功，有的网站打不开或者更新很慢，有的网络版面制作粗糙、简单，基本没有策划可言。《星暹日报》是网络时代华文报“后起之

① 王菲. 泰国华文报刊的中国国家形象分析［D］. 南宁：广西大学，2012：7.

② 环球时报. 华文新媒体应运而生［EB/OL］. https://world.huanqiu.com/article/9CaKrnJBa8G.

③ 董光鹏. “一带一路”背景下新生海外华文媒体发展初探：以泰国亚洲大众传媒有限公司为例［J］. 声屏世界，2017（2）：66.

④ 彭伟步. 东南亚华文传媒发展综述［M］// 世界华文传媒年鉴（2015）. 北京：中国新闻社，2015：4.

秀”，它不再局限于报纸，推出各类刊物，扩宽经营渠道。成立“熊猫客”旅游生活资讯期刊、曼生活消费类期刊，特定节日推出特刊，如“泰皇 85 圣诞特刊”“曼生活·宋干”特刊等，期刊公众免费发放，发行渠道覆盖泰国国内品牌咖啡厅、院校、医院、星级酒店及周边餐厅等场所。同时也在官方网站上架电子版报纸，在微信公众号“星暹传媒”中发布当日泰中最热新闻资讯及实用信息[①]。长期以来，泰国华文报的发行是以曼谷为中心，向周围辐射，报纸实现电子化，无法购买纸媒的读者可以通过互联网获取，突破了地域的束缚，也进一步扩大华文报的影响力。

2. 本土认同新内涵

梳理泰国华文报的发展历程可以发现，随着中泰间交流进一步深化，泰国华文报的服务对象不再局限于本土老华人，现在它们很大程度上将目标客户对准迅速增长的中国新移民群体，包括前往泰国留学、旅游的中国人，也就是在泰中国人。随着受众的改变，华文报报道内容也随之进行调整，目的是让读者通过华文报得以了解泰国各种资讯。罗奕、梁煖在研究泰国华文媒体的中国形象构建中统计到，2015 年 9 月至 2016 年 3 月，《星暹日报》微信公众号一共发布了 697 条新闻，其中关于中国新闻的总数为 151 条，所占比例为 22%;《世界日报》微信公众号一共发布了 567 条新闻，其中关于中国新闻总数为 119 条，所占比例为 21%[②]。数据表明泰国新闻在华文媒体报道中已占据主要份额。笔者也使用定量分析的方式对《世界日报》[③]微信公众号的内容进行统计发现，2022 年 1 至 6 月半年期间，《世界日报》微信公众号一共发布了 1184 条推送，与泰国相关的新闻总数为 1125 条，所占比例约为 95%，与中国相关的新闻总数为 59 条，所占比例约为 5%；与泰国相关的新闻中，社会、疫情类新闻占比最大，占比约达 65%，经济、旅游文化、政治法律次之；与中国相关的新闻中，完全报道中国事件的几乎没有，以中国驻泰使馆发布的公告为主，中泰经济往来次之。

进一步观察新闻的标题与内容可以发现，报道从泰国视角出发，除了进一步夯实华文报的泰国本土认同，增进在泰中国人与泰国社会的交流理解外，从某种程度上来说，华文报也成为了宣传介绍泰国，传递泰国主流声音的对外窗口。占比最大的社会、疫防类新闻不断更新泰国疫情状况和各类政府新规，以及泰国社会中的

---

① 罗奕，吴燕英，曹思远．泰国星暹日报的媒体在地化发展历程研究［J］．Chinese Journal of Social Science and Management，2020，4（2）：3．

② 罗奕，梁煖．泰国华文媒体构建“中国形象”认同研究：以泰国《星暹日报》和《世界日报》微信公众号新闻推送为例［J］．传媒，2016（12）：58．

③ 有学者曾在曼谷街头对华文报刊读者做过调查，结果显示，泰华报刊中的受欢迎度依次为：《世界日报》>《亚洲日报》>《星暹日报》>《中华日报》，《京华中原联合日报》和《新中原报》排在末位。何乐嫔．泰国华文报刊读者的报刊评价：泰国中国城华人访谈调查分析报告［J］．今日南国，2009（2）．

“新鲜事”，可以及时向读者传递所处社会环境的冷暖变化，扮演好船头瞭望者的角色。比如，“诗琳通王妹将出席北京冬奥会开幕式”“申请入泰籍新规，须通过泰语测验”“交通新规！举报行车不让人，最高奖励 2 万铢”等等。针对不公正的报道，华文报主动辟谣消除误解，一些在泰中国博主拍摄视频夸大泰国疫情事实，在泰国社交媒体中引起轩然大波，华文报发出报道“全泰疫情可控，新变种毒株并没有网上谣传的那样可怕”；中国科兴疫苗在泰遭受舆论质疑，华文报则以“民代黑科兴疫苗 泰国卫生部高调驳斥”来澄清。中国驻泰大使馆也会借助华文媒体平台发布公告，如“中国大使馆提醒公民春节加强防疫”“中国大使馆回答在泰同胞咨询大麻问题”等。经济旅游类则以关注疫情下泰国经济的恢复和发展为主，同时也关注中泰之间的贸易往来。比如，“东兴口岸恢复通关，水果输华新利好”“泰国‘零新冠’达标，新产季榴莲成功输华”“泰旅局处长变身视频博主推介泰中文化”。政治类报道依然延续华文报风格，以陈述事实为主，鲜有评论文章。例如，近期曼谷市长选举报道为“曼谷市长选举登场，统计数字一次看”“再 3 周曼谷选市长，双民调人气王都是他”“细数曼谷‘阿沙云市长’5 年 5 个月政绩”等。

泰国华文报的线上转型扩大了其影响力和认同度，星暹日报微信阅读频率的调查中发现，“有九成以上的读者阅读频率非常高，其中六成每天都看”[①]。《星暹日报》编委周洁说：“至少我们的观察来看，有可读性、关注度的新闻每天都会被中国媒体广泛转载，这在泰国是从来没有发生过的现象，也是出乎泰国新闻界意料的。”[②]当然，转型也面临着一定的风险。华文报通过线上平台发布即时讯息，为读者提供新鲜资讯，同时也弱化了华文报的传播功能，降低了纸媒的发行量，无法再通过版面广告等获得持续性收入，还要面对利用新媒体营收的难题。华文报纸过去作为华人社会最重要的传播平台的功能面临解构的趋势，当华文报纸的传播功能不断被弱化，平台角色不断被消解，话语权不断被分解，会不会改变华人社会文化的存在与发展方式，给华人的文化传承乃至身份认同造成永久伤害？[③]面对华文报的未来，泰国华人社会和泰国华文报业人应该给予更多的关注和讨论，探索出一条可持续发展的新路来。

小结

泰国华文报是泰国华人历史的见证者和记录者，是泰国华人了解中国、获取信

① 黄慧玲．媒介生态学视角下柬泰华文报刊微信发展研究［D］．广州：暨南大学，2015：48．

② 黄慧玲．媒介生态学视角下柬泰华文报刊微信发展研究［D］．广州：暨南大学，2015：56．

③ 彭伟步．马来西亚华文报业的功能定位与跨族群角色转型［J］．东南亚研究，2019（2）：150．

息的重要渠道，是建构泰国华人族群想象、激发族群情感、团结泰华社会的重要媒介，是泰国华人的文化寄托，为华人文化的传承与生产提供动力，同时也是泰国华人融入泰国社会的桥梁。百余年来，华文报在泰国兴衰浮沉，延续至今，说明泰国华文报拥有顽强的生命力。尽管面临新媒体的冲击，华文报纸重重困境，相信在有志于传承中华文化、发展海外华文传媒业的人士的守护下，泰国华文报会再度迎来高潮。

参考文献

［1］黄海珠．泰国华文纸媒研究［M］．北京：中国社会科学出版社，2013．

［2］栾文华．泰国文学史［M］．北京：中国社会科学出版社，2014．

［3］叶曙明．泰国华人华侨史话［M］．广州：广东教育出版社，2018．

［4］施雅坚．泰国的华人社会：历史的分析［M］．许华，等译．厦门：厦门大学出版社，2010．

［5］骆莉．马来西亚华文报的身份转换与本土发展［M］．北京：世界知识出版社，2014．

［6］本尼迪克特·安德森．想象的共同体：民族主义的起源与散布［M］．吴叡人，译．上海：上海人民出版社，2005．

［7］彭伟步．东南亚华文传媒发展综述［M］// 世界华文传媒年鉴（2015）．北京：中国新闻社，2015．

［8］刘娓．泰国华文报业影响力研究［D］．南宁：广西大学，2012：28．

［9］王菲．泰国华文报刊的中国国家形象分析［D］．南宁：广西大学，2012：7．

［10］黄慧玲．媒介生态学视角下柬泰华文报刊微信发展研究［D］．广州：暨南大学，2015：48—56．

［11］黄海云．二战以来泰国华人社会的变化及其对泰国华文报纸发展的影响［J］．东南亚纵横，2019（0）：78．

［12］卓南生．东南亚华文报的过去、现在与未来："华文传媒与海外华人社会"研讨会（马尼拉·2011）主题发言［J］．国际新闻界，2012（1）：116—117．

［13］罗奕，吴燕英，曹思远．泰国星暹日报的媒体在地化发展历程研究［J］．Chinese Journal of Social Science and Management，2020（2）：3．

［14］林进桃．泰国华文媒体与在泰华人的身份认同［J］．东南亚南亚研究，2017（1）：97．

［15］彭伟步．马来西亚华文报业的功能定位与跨族群角色转型［J］．东南亚研究，2019（2）：145．

［16］董光鹏．"一带一路"背景下新生海外华文媒体发展初探：以泰国亚洲大

众传媒有限公司为例［J］. 声屏世界，2017（2）：66.

［17］彭伟步. 马来西亚华文报业的功能定位与跨族群角色转型［J］. 东南亚研究，2019（2）：150.

［18］环球时报. 华文新媒体应运而生［EB/OL］. https://world.huanqiu.com/article/9CaKrnJBa8G.

［19］ธุมวดี สิริปัญญาฐิต ย้อนรอยหนังสือพิมพ์จีนของชาวจีนโพ้นทะเลในประเทศไทย วารสารวิชาการมนุษยศาสตร์และสังคมศาสตร์ มหาวิทยาลัยบูรพา ปีที่ 2021 ฉบับที่ 1 pp284-292

泰国的春节文化现象分析
——以 TikTok 平台为例[①]

张胜男　张 娴　杨 丽　徐红菊[②]

【摘　要】 春节是中华文化的独有标签，随着移民浪潮兴起与发展，春节文化逐渐随着华人的脚步踏访到世界各国。中泰两国自古以来就是友好近邻，华人移居泰国将独特的中国春节文化带到了泰国这片土地上，形成了一道别样的风景，成为中泰文化交流的重要表现之一。本文通过研究国际版抖音平台中有关泰国的春节文化现象，分析现象背后的文化基因，以探寻推动中国春节文化在海外的传播原因及传承启示。

【关键词】 中国春节；泰国华人；文化现象；文化基因

一、引言

春节是海外华夏儿女寄托思乡之情最为重要的传统节日，体现并凝聚了中华民族最为浓厚的情感文化符号，同时更是中华优秀传统文化中最为重要的组成部分。在历史的发展进程中，中泰两国之间多次互派使者访问，关系日益密切（陈晖、熊韬，2012）。中泰的友好往来不仅促进了两国政治经济文化方面的交流合作，也促使大批华人前往泰国定居生活。春节文化开始在泰国落地开花，不仅传播了中国文化，还奠定了两国特色传统文化交流及融合的基础。然而在新冠疫情暴发以来，以传统方式了解及分析海外春节文化传播受到了一定的阻碍，但网络科技的发展及通信设备的革新充分解决了这一障碍，抖音短视频平台的出现为人们提供了传播中华文化和了解海外华人生活的新媒介。本文通过对国际版抖音 TikTok 平台上有关泰国的春节文化视频的数据收集及分析整理，将视频所呈现的春节文化元素分为春节传统文化类符号与中华文化象征类符号两大类，从文化符号的角度对春节文化现象

---

① 基金项目：本文系 2023 年云南大学教学改革项目“泰语视听说课程思政创新设计与教学模式研究”（项目编号 2023Y17）的阶段性成果。

② 作者简介：张胜男，云南大学外国语学院讲师，博士，研究方向为东南亚研究、语言学；张娴，朱拉隆功大学文学院硕士研究生，研究方向为泰国研究；杨丽，玛希隆大学亚洲语言文化研究所硕士研究生，研究方向为语言与跨文化传播；徐红菊，兰州大学政治与国际关系学院硕士研究生，研究方向为政治学、国别区域研究。

盛行泰国的直观和深层原因进行分析，最终探索出如何利用国际版抖音 TikTok 平台这类新传播阔土进行创新式的春节文化内涵挖掘及传统文化传承传播。

二、泰国的春节文化及其传播现状

在漫长悠久的发展岁月中，各国不断加强与他国的联系，多元文化不断交流融合，中泰两国交往最早可以追溯到素可泰时期之前，在素可泰王朝还未建立起来时，泰国境内的几大古国就已经通过海路与中国保持了密切友好来往，在宋朝时中泰之间建立起朝贡贸易关系，自此之后，中泰两国一直保持着朝贡关系。素可泰时期兰甘亨大帝引进中国陶瓷工匠，烧制出了著名的“宋卡洛”瓷器；阿瑜陀耶时期清朝朝廷设立暹罗馆，泰国也派学生前往中国学习中华文化，培养了一批泰汉翻译人才（陈晖、熊韬，2012）。长期的对外交往及海外移民使中国的春节文化在泰国生根发芽。

华人的赴泰移居除了促进泰国的政治经济和社会发展之外，还为泰国带来了具有浓厚中国特色的文化。尽管保留了许多传统元素，但在当地社会的影响下，传播到泰国的春节文化已悄然发生变化（นภัสสรณ์ เหลืองศักดิ์ศรี，2019）。腊月二十五日人们准备好鸡、猪、水果、香蜡纸宝等祭品进行迎接各方神灵的仪式，腊月二十九日会再购买祭品为除夕的祭拜祖先和神灵做准备，祭拜时与中国作揖跪拜不同，泰国祭拜时双手合十，手夹三根香进行祭拜。在泰国，祭拜神灵和祖先所准备的祭品和祭拜方式有所不同，祭拜神灵时需要准备三牲、三样水果、三样甜点、一杯白水、一个香坛、一对蜡烛、三根香，并按照规定的顺序和细节摆放好，祭拜祖先时需先摆放灵位或祭台，然后摆放茶、酒、米饭、祖先喜欢的食物、水果五样、点心五样以及冥钱（刘美珠，2014）。泰国人还会在家外祭拜游魂野鬼，为了给没有亲戚的鬼行善。大年初一在去寺庙求神拜佛后才会走亲访友，佛教元素在泰国春节中有了更多的体现，已经与传统中国春节有所不同（陈璐怡，2017）。此外，随着社会演变和经济发展，泰国春节显现出一定的商业化特征，如增加了春节小姐选美比赛等活动（寸采玉，2016）。现今，春节在官方与民间等多方面的作用下，也由华人的一种生活方式转变为了正式节日（แสงอรุณ กนกพงศ์ชัย & ฤทธิชัย เตชะมหัทธนันท์，2016）。

伴随着 5G 时代的到来，春节文化在泰传播也在信息时代的助推下得到了进一步发展（李晓娜，2021），抖音平台能为春节文化的传播搭建虚拟空间，凭借其互动强、时效佳和传播广等优势，深度融入大众的日常生活，在大众娱乐以及传统文化传播方面影响深远。尤其是新冠疫情暴发后，平台规模庞大的受众群体和巨大的流量优势日益凸显（何雨晴，2022），世界各国人们能在足不出户的情况下，领略春节文化的独有魅力，并关注到春节文化的海外传播。

三、国际版抖音 TikTok 平台中泰国的春节文化现象及分析

在国际版抖音 TikTok 平台中使用关键词“วันตรุษจีน（春节）”进行检索，以点赞数量为内容筛选标准，选取点赞数量在 5000 以上的 55 条视频作为研究样本（如图 1）。

1	视频名称	博主	获赞数	内容	发表时间	话题
2	1เมื่อเสียงประทัดดัง	เพชรหอม ข่าว 7HD	567.0k	鞭炮	2022.02.02	#ประทัดดัง #สุนัข #ข่าววั้นตรุษจีน #ปีเสือ2022 #happyChinesenewyear
3	บางครั้งลูกก็ surprise เรามาก ๆ	Little Monster Fami	467.2k	春节表演、灯笼、春联、中国历史展、华人	2023.02.15	#บ้านฉันสนุกเว่อร์#งานแสดงวันตรุษจีน
4	เอวาแจกอั่งเปาพี่ๆที่บ้านทุกคน	เอวา(AVA)	457.1k	红包、中国服饰	2022.02.07	#sunflowava #foryoupage
5	/	the vail	438.6K	唐装	2023.01.21	#วันตรุษจีน
6	ไหว้เจ้ายังไง	Ping.Pantira	229.0K	旗袍、祭拜祖先、香烛	2023.01.17	#ไก่ไหว้เจ้าสเวนเซ่นส์ chinesenewyear2023 ตรุษจีน2023
7	เป็นอีกวันที่เหนื่อยสุดๆแต่พอย้อนมาดูแล้วก็รู้สึกว่าตัวเ	อาเมย์(2.7M)	211.5k	灯笼、春联、年味装饰	2023.01.17	#วันของฉัน #ตรุษจีน
8	Mood ตรุษจีนวันนน	IG:Nxmpez	190.9k	旗袍	2023.01.21	#น้ำเพชรดาราสาว
9	วันตรุษจีนพาลูกมาไหว้อากง ลูกถามแบบนี้ตอบไงด	jooniony	189.0k	烧香、唐装、华人	2023.01.23	#ตรุษจีนปีกระต่าย#ไหว้อากง
10	เณรเดี่ยวอวยพรเป็นภาษาจีน วันนี้วันตรุษจีน	แทนไทย พุทธิวัฒน	180.2k	新年祝福	2023.01.22	#อวยพร#วันตรุษจีน
11	7 สิ่งที่ไม่ได้ทำในวันตรุษจีน	จุ่มมี่เวิลด	175.2k	红包、香烛、中国服饰、年味装饰、中国春节	2023.01.11	#รู้หรือไม่#ตรุษจีน2023
12	จินเป็นเด็กที่ชอบใส่กี่เพ้ามาก(ผิดกับตอนเบบี้) ตรุษจีนโ	Little Monster Fami	169.9k	旗袍	2022.02.01	#ตรุษจีนปีเสือ#tiktok
13	แต่งหน้าไปถ่ายรูปเล่นวันตรุษจีนกัน	MAXIM:MAKEUO BOY	169.6k	唐装	2023.01.21	#รีวิวบิวตี้#สอนแต่งหน้า
14	แม่ค้าไส้กรอกอีสาน ได้อั่งเปาครั้งแรกในชีวิต	EVE'S(หลักบริษัท)	137.1k	红包	2023.01.21	#วันตรุษจีน#แจกอั่งเปา
15	โยนเด็กลงมาจากชั้นสาม	Honey Sea	133.7K	唐装、舞狮	2023.01.21	#ตรุษจีน #ตรุษจีนปีกระต่าย
16	เหล่าครูๆ กับวันตรุษจีนของเขา	Meythichai	101.0k	舞狮、旗袍、灯笼	2023.01.21	#โรงเรียนเชียงแสนวิทยาคม
17	อย่าจุดประทัดเสียงดังสิ ตกใจหมด	MalarkeyTikTok	95.3k	舞狮	2022.01.31	#เชิดสิงโต#วันตรุษจีน#คลิปสั้น
18	วันนี้วันตรุษจีนทั้งที จะให้อั่งเปาแบบธรรมดาได้ไง งั้นวั	zbingz	95.1k	红包、中国服饰	2023.01.22	#ตรุษจีน
19	วันตรุษจีนปีนี้ จัดของไหว้เต็มที่ให้ปู่กับย่า	moddamkachapa	94.2k	祭拜祖先、年夜饭、华人	2023.01.22	#ตรุษจีน#tiktokคนบันเทิง
20	การแสดงของเด็กทุกชุดสุดยอดมากก	เหล่าซือโอม张易纹	84.5K	汉服、中式配乐	2023.01.12	#ตรุษจีน2023 #ตรุษจีนปีกระต่าย
21	ปีศาจเหนียน อสุรกายแสนดุร้ายในคืนวันตรุษจีน	โกดังพิศวง	77.4k	年兽、灯笼、春联、鞭炮	2023.01.21	#ตำนาน#เรื่องลี้ลับ#ตรุษจีน
22	/	Mint Nawinda	76.9k	旗袍、中式配乐	2021.02.11	#ตรุษจีน #เพลงจีน
23	/	九佳丽	75.2k	旗袍、中式配乐、扇子	2022.01.27	#ตรุษจีน
24	ทรงผมเทศกาลวันตรุษจีน	pangpups	74.8k	旗袍	2023.01.06	#ตรุษจีน
25	เด็กๆมาในชุด#hanfu แล้วจ้า	noongning_wdgd	72.5k	汉服、春节表演	2023.01.19	#กิจกรรมวันตรุษจีน#ตรุษจีน2023#คลั่งจีน
26	สวัสดีวันตรุษจีนปี2566	ฟ้าจะเป็นแอร์	72.3K	中文祝福 旗袍	2023.01.21	#วันตรุษจีน วันดีๆ
27	ป๊อบอดกินเป็ด(สร้างจากเรื่องจริง	ป๊อบคอร์นแมวเถียงเก่ง	64.0k	唐装、年夜饭	2023.01.22	#วันตรุษจีน#แมวดังในติ๊กตอก
28	ลุยๆกันฮะ เตรียมทั้งวันเด็กและวันตรุษจีน	อาเมย์(2.7M)	62.1k	灯笼、春联、年味装饰	2023.01.12	#วันเด็ก#วันตรุษจีน
29	ชุดกี่เพ้าลายดอกเหมยลี่	กรุดจ๊อป	59.4K	旗袍、中式配乐	2023.01.05	#เทศกาลตรุษจีน #สวัสดีปีใหม่
30	ทุกคนอย่าเพิ่งเบื่อวันตรุษจีนนะคะช่วยดูคลิปอาเมย์ก่อ	อาเมย์(2.7M)	52.9k	灯笼、春联、年味装饰	2023.01.23	#chinesenewyear#ตรุษจีน
31	วันตรุษจีนคนจีนเค้าถืออะไรบ้างว่าหามทำ	j@anejindajane	50.7k	旗袍	2022.01.22	#ตรุษจีนปีเสือ
32	โรงเรียนชายล้วนชื่อดังโคราช	matty_chanon	50.4K	旗袍,狮子 扇子	2023.01.20	#ตรุษจีนปีเสือ #capcut
33	อย่าหาทำกันนะจ๊ะเด็กๆ	ฟ้าพัสมารีวิว	41.7k	旗袍、春节习俗	2023.01.20	#ข้อห้ามสำคัญวันตรุษจีน
34	ยินดีต้อนรับ วันตรุษจีนนะคะ	ภิญญดา นันตัะคำมี(8.	41.2k	汉服	2021.02.06	#ตรุษจีน
35	ชาติกำเนิดเราเลือกเกิดไม่ได้อ่ะ แต่พลอยรู้สึกภูมิใจมา	Pailin	39.9k	旗袍	2023.01.19	#วันตรุษจีน
36	Vlog วันตรุษจีน	อาชิ	38.9k	旗袍、祭拜祖先、红包、华人	2022.02.01	#ตรุษจีน
37	ช่วยคิดแคปชั่นวันตรุษจีนหน่อยย	Chamook	37.4k	旗袍	2022.01.30	#05#เอาขึ้นฟีด
38	แต่งชุดจีนไปต้อนรับนักท่องเที่ยวจีนในวันตรุษจีน	กิ๊ฟซี่ผู้มีใจรักในงานใบเ	37.3k	旗袍	2023.01.21	#ตรุษจีน
39	ขอบคุณกระเช้าสวยๆวันตรุษจีนจากน้องเกศนะคะ	A.supachai	33.7k	旗袍	2023.01.21	#ตรุษจีน
40	รวมญาติกันในวันไหว้ตรุษจีน	Khun Reed	31.1K	祭拜祖先、唐装旗袍	2023.01.21	#ตรุษจีน #ไหว้บรรพบุรุษ #ไหว้เจ้า
41	อยากมีคนให้อั่งเปา55555	FILM CLT	30.6k	唐装	2023.01.17	#ตรุษจีน#วันตรุษจีน2023
42	วันตรุษจีนทำอะไรกันบ้าง	บอมีบีเคย	27.3k	舞狮、祭拜祖先、旗袍、汉服	2023.02.05	#อาหาร#ตรุษจีน
43	วันตรุษจีน	mama2f_ck	26.8k	舞狮	2023.01.21	#วันตรุษจีน#วันตรุษจีน2023#เชิดสิงโต
44	ตรุษจีน	มิน พิชญา	24.4k	旗袍	2023.01.21	#วันตรุษจีน
45	ตรุษจีน	woralakk.	23.5K	旗袍、中式配乐、扇子	2023.01.23	#ตรุษจีน #เต้นเพลงจีน #รำพัดจีน
46	新年快乐	ยิหวาไม่ได้ง่วง	22.8K	旗袍、中式配乐	2023.01.22	#ตรุษจีน2023 #dance tiktok
47	ร้านลับชุดกี่เพ้าในยาวราช	รอบโปร-shoppro	22.2k	旗袍、唐装	2023.01.17	#ตรุษจีน #ตรุษจีน2023 #ของดีบอกถูก
48	พาลูกมาไหว้อากงวันตรุษจีน เจอคำถามนี้ตอบยังไงดี	jooniojy	20.1K	唐装.祭祖	2023.01.21	#ตรุษจีน #ตรุษจีน2023
49	อวยพรวันตรุษจีน	kunchaimax	18.1K	旗袍、新年祝福	2021.01.20	#ตรุษจีนปีวัว
50	เซอร์ไพรส์เจ้านาย วันตรุษแค่เพ้อ	thungmongs	17.2K	唐装、旗袍 舞狮、红包	2023.01.19	#วันตรุษจีน
51	ทำผมวันตรุษจีน	im_skayy	12.5k	旗袍	2023.01.20	#ตรุษจีน #ทำผม
52	/	Littleglam	8.7k	旗袍、中式配乐、红包	2023.01.04	#ตรุษจีน2023
53	สอนทำผมวันตรุษจีน2023	หมิว	8.5k	旗袍、中式配乐	2023.01.19	#ตรุษจีน2023
54	10สิ่งห้ามทำในวันตรุษจีน	Gifty.style	9.7K	旗袍、唐装	2023.01.21	#ตรุษจีน #Chinesenewyear
55	ตรุษจีนนี้ไหว้ยังไงให้ปังงง	ลิสาชวนเล่าเรื่อง	5.6k	旗袍 、中餐	2023.01.20	#ตรุษจีน#ปีใหม่จีน
56	/	หนูชอบทะเลลลล	5.0k	旗袍、中式配乐、红包	2023.01.21	#ตรุษจีน #เพลงตรุษจีน

图 1　2021—2023 年 TikTok 视频数据

从 55 条点赞量较高的短视频中可以看出，博主们关注的话题大多离不开“泰

国、วันตรุษจีน、แจกอั่งเปา、春节、新年、全球中国年、海外华人、旗袍、在海外过中国年”等等，同时结合视频发布的拍摄内容可以发现，在泰拍摄的春节相关视频集中展现出浓厚的春节文化特色背景，例如视频博主大多身着唐装旗袍或汉服，手里拿着带有中国风的年味装饰品。在内容解说中会呈现年货采购、舞龙舞狮、张灯结彩、商场春节特色装饰、华人春节祭祖、烧香拜佛等，其中唐装旗袍是视频中最为突出的文化元素。从视频中可以看出在中国新年期间，泰国唐人街、大型超市商场等都会组织相关活动或进行春节装饰，有时甚至让人感觉年味气氛远超中国某些城市。

以上提及的各种春节现象体现出独具特色的中国文化元素符号，即所有承载着文化意义的符号，或者说是具有某种特殊内涵或者特殊含义的文化标志，它在文化传播、思想交流中起着至关重要的作用（方立峰，2015）。55 条抖音视频中出现频率最高的 8 类文化元素，体现出泰国民众关注的春节文化热点（如图 2）。

图 2　春节文化元素云图

在这 8 类文化元素中，根据节日时效性可分为两大类，即春节传统文化类符号与中华文化象征类符号。换言之，一类是春节期间才会出现的具象性事物，如粘贴春联、张灯结彩、置办年货等，是带有中国春节传统文化特色的文化符号；另一类为非节日时效性事物，如唐装旗袍、唐人街等，其既能体现中华文化，又能凝聚中华形象。同时借鉴刘家瑛（2014）将春节文化分为实物类符号和行为类符号的方法，结合所抽取的视频内容，将春节传统文化类符号细分为三个子集，即实物类符号、活动类符号和仪式类符号（如图 3）。

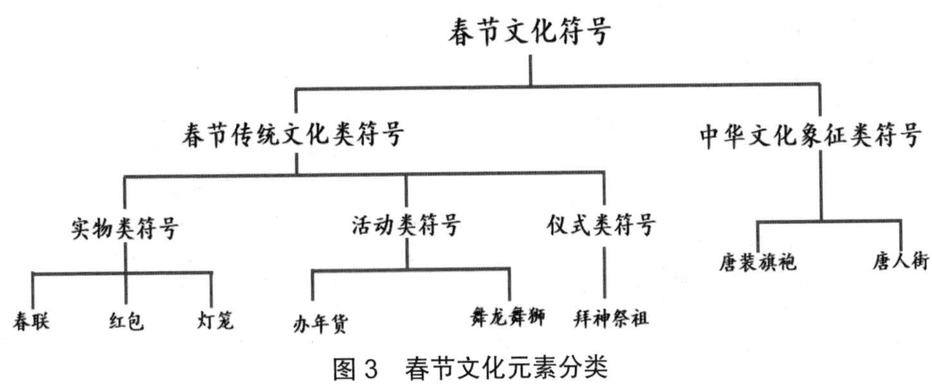

图3　春节文化元素分类

通过对短视频呈现的在泰中国春节文化元素符号进行提取、分类及分析，观察哪类春节文化符号在泰国相对流行，而较中国相对弱化，以小见大，解析并归纳泰国的春节文化现象（如表1）。

表1　春节文化符号分类分析总表

分类		名称	分析
春节传统文化类符号	实物类符号	春联	春联是春节的标识性文化符号，春联以其独树一帜的文学形式表达了人民对美好生活的向往，具有“阖家团圆、祈福、安康”的内涵，在本文选取的视频内容中，春联出现次数较多，说明春联这一典型春节文化符号在泰国有较高的认同，是一种有效传播春节文化的载体。春联常出现在年货集市及唐人街的售卖场景，或是华人家庭组织集体张贴春联的场景，这一文化元素的出现与唐人街、华人家庭密不可分。相较国内，春联出现频率颇高，但凡出现大门的地方都会张贴上春联，视频内容更加关注春联的寓意和新意，组织各类手写春联活动。这在海外平台视频中都未显现，对于泰国本地人来说，虽然融入并接受春节文化，但也少有在春节时张贴春联的习惯。
		红包	红包也是常见的春节文化符号，由起初避邪辟妖的护身符，发展到如今长辈对晚辈的美好祝福，这一文化符号见证了中华民族生生不息、吉祥如意、祈盼美好、岁岁平安的民族乐观主义精神，也是其能绵延至今、落地海外的重要原因。在海外平台春节相关视频中，发红包的习俗也多出现于华人家庭，但随着春节文化的传播，泰国本地人也加入了发放红包的行列。在不少视频中也出现公司给员工发放春节红包，多以礼包或抽奖形式为主，红包颜色各异，气氛烘托为主。相较中国的视频，发红包常出现在晚辈给长辈拜年后，作为给予晚辈祝福的压岁钱，红包仅以红色为主打色。
		灯笼	“灯文化”传递出了“喜庆吉祥、团结自强”等中华儿女追求的节庆分为及民族精神，是我们炎黄子孙应当谨记的文化内涵，同时也是文化自尊心和自信心的彰显（刘家瑛，2014）。华人华侨在异国他乡欢度节庆，点燃的不仅仅只是一盏灯，更是中华民族的精气神。在国际版抖音平台中有同样离不开灯笼这一元素，视频内容中延续了象征热闹喜庆的大红灯笼，展示形式新颖，但除唐人街外，张灯结彩景象并不多见。

（续表）

分类		名称	分析
	活动类符号	置办年货	从传统的赶年集到如今的网上囤年货，都代表着春节红红火火的节庆气氛，寄托着人们破旧迎新、生活富足、年年有余的新年愿望（刘家瑛，2014）。“购置年货”在海外视频中同样值得关注，春节期间人们忙碌于置办年货，为节日增添了节庆气氛，各大商场会在过年期间布置春节角，各类中国特色小吃、装饰物品、当地时令水果及独具中国特色的节目轮番上演，使泰国本地人也能感受到节日的气氛，其中最热闹的地方当属唐人街，在这还能置办到一些节日祭祀用品（景俊美，2012）。相较中国的春节视频，置办年货常常会去超市、菜市场或特定的年货街购买所需物品，且置办年货通常不会在一天之内完成，时间也横跨整个春节前后。
		舞龙舞狮	在中国的民间传说中，龙是吉祥的化身，每逢春节、元宵、庙会等都会举行舞龙灯活动。舞狮同样也是在喜庆节日中必不可少的民间风俗。舞龙舞狮都是中国南方民间流传甚广的活动，涵盖了人们对来年幸福美满、气象新的祝福与期待。在视频中舞龙舞狮活动除在海外街头也随处可见，也是各大商场春节期间作为活跃气氛必不可少的特色节目。相较国内来说，表演难度有所下降，舞龙舞狮背后的文化介绍甚少，不比国内展开的舞龙舞狮比赛及各流派舞龙舞狮的技艺切磋，泰国的舞龙舞狮多以气氛烘托为主。
	仪式类符号	拜神祭祖	在海外抖音平台的相关短视频中可以看到，除夕这一天中午祭拜地主爷，祈求保佑自己和家人身体健康，平平安安；下午使用茶酒、水果等祭拜祖先等仪式习俗，同时，在大型商场举办的中华美食文化节活动中，也有不少摊主在售卖东西的同时，还不忘供奉香烛、纸钱，并摆放水果及食物作为贡品，进行香火供奉。此外，视频中的拜神祭祖内容和华人家庭紧密相关，在年货采购中常常出现的橘子、元宝等物品就是用于华人家庭拜神祭祖的材料。而在中国平台的视频中，如涉及拜神一类的视频内容常展现出中国东南沿海地区的特色习俗，今日的泰国华人祭祀活动与之相比已有所差异，其复杂性及多样性有所简化。
中华文化象征类符号		唐装旗袍	唐装旗袍是以服装形式展现中国文化，唐装旗袍在色彩、用料、元素选取上都极具中国特色。海外视频中目光所及之处都是身着唐装旗袍、扎着中国娃娃发型的年轻人，尤其是旗袍，已成春节相关短视频中不可或缺的内容，唐人街随处可见售卖唐装旗袍的店铺，过年期间满是身着唐装旗袍的泰国本地人及海外游客，这是中国文化海外传播的重要体现之一。相较中国国内，人们也会在过年期间购买新服，但不会人人都身着旗袍或唐装，走上大街庆祝春节。这类元素在泰国的春节文化中尤为凸显。
		唐人街	早先的华人因为各种原因背井离乡，在国外一些城市形成了以华人为主体的街区，称作“唐人街”。在社会历史的不断发展之中，唐人街已然成为了领略中华文化的窗口。唐人街在海外春节视频中作为信息内容的集散地及特色标志，是上述几类文化元素的依托。

通过对视频内容的分析及文化元素符号的分类，发现泰国的春节活动主要呈现以下五个突出特征：

一是保留了原有春节的典型习俗，同时呈现本土化特色。在我们分析的短视频内容中，泰国华人欢度春节的流程仍然继承了不少春节传统文化习俗，如发压岁钱、祭祖敬神、放鞭炮、拜年、舞龙舞狮等，这些具有娱乐性的传统习俗得到了很好的保留和传承，但由于新生代的年龄跨度，对泰国文化的接受程度及环境差异等因素，使春节文化产生了一定的变化，泰国华人及不具备华人血统的泰国人在庆祝春节时还增加了不少本土化内容，如：部分华人家庭团圆饭在中午举行、到佛寺拜佛行布施礼、放生鸟鱼乌龟、到寺庙诵经讲法、施斋、在户外举行集体庆祝春节活动以及举办大型游行活动等等。反观中国国内，大多为家人团圆、看春晚吃年夜饭等，两地所展现出的春节氛围及团聚之喜有所差异。

二是视频内容同质化较为严重，文化活动较少。视频中的活动主要集中在简单的新年祝福、买年货、穿唐装旗袍等，部分场景中可以见到舞龙舞狮活动。值得一提的是视频留言祝福多为泰语祝福语，对视频内容互动性留言几乎没有，很难看出留言者对于活动背后蕴藏的文化深意是否理解犹未可知，大多停留在观赏阶段。然而许多富含文化意蕴的春节活动，其实仍需大家亲身参与和体验，例如剪纸、踢毽子、投壶等中国风满满的游戏，也能为春节增添一些韵味，但这类活动未出现在视频当中。相比国内视频内容，春节期间各地根据当地特色会组织一系列比赛活动，使人们充分感受中国传统文化之魅力。

三是视频讲解较少，多为拍摄展示。在所选取的视频中，绝大部分视频为直拍，少有博主或旁白进行讲解，以配乐代替解说，且配乐单一，只将海外春节景象进行简单的展示。但在中国拍摄的春节相关视频中，常以科普形式进行现场直播讲解，与视频内出现的人物进行互动，或讲述相关文化背景知识等等。

四是视频关注点过于浅显。纵观视频点赞量来看，博主颜值越高点赞量越高，观众互动也较为活跃。博主虽身着唐装旗袍，但关注外表颜值多于围绕春节文化的深层次展示，从此方面来看，文化内涵的展现及深入理解，在海外春节文化传播中有所缺失，其文化传播的深度与广度也不尽如人意。

五是泰国学校组织的迎春节汇演视频占比较大。有相当数量的视频内容为泰国学生的迎春节汇演，其中多身着汉服、手持中国扇、表演中国舞蹈，节庆氛围甚至比国内的一些高校更为浓厚，是春节文化在泰传播的成功示例。

四、春节文化在泰传播的原因探究

（一）视频反映出的直观原因

首先，春节所承载的中国文化魅力及其独有的文化内涵是春节文化符号“落地”泰国的重要原因。“共庆新年笑语哗，红岩士女赠梅花”。春节以其“五谷丰登、国泰民安、阖家团圆”的寓意成为了中国的文化胎记，春节作为中华文化独有的文化标签，在历史的更迭中，传承这一民俗节日的链条却从未截断过，自尧舜时期“春节”便有雏形，自西汉以来，春节的习俗便延续至今，至今已有 2200 多年的历史。春节既体现出深厚的中华历史传统文化积淀，又浸透着中国千百年的民间习俗，还承载着鲜活的社会变迁和时代体验。因此，“春节”不仅仅只是一个节日名称，是寄托华夏儿女亲情的符号，更是连接故土与远方的纽带。其典型风俗有上述视频中出现的贴春联、祭祖、爆竹、舞龙舞狮等，这些充满文化因素的仪式感，将春节镌刻为中华儿女的文化基因。因而集祈福性、教化性、娱乐性为一体的春节成为了中华民族节日庆典中最隆重的佳节。此外，春节背后蕴含的文化习俗与礼节礼仪更是传达了中华民族“天人合一、天人和谐、礼尚往来、团团圆圆、崇敬祖宗”的价值理念，展现了中华民族的价值理念与文化追求，承载着中华民族的历史记忆和文化沉淀，越是民族的，就越应该是世界的，泰国掀起“春节热”的现象，正是“春节”文化魅力的体现和验证。

其次，泰国华人华侨在春节文化传播中发挥出重要的助推作用。泰国华人华侨体量较大，是海外华人华侨数量排名第二的国家，仅次于印度尼西亚。据统计，在泰华人华侨总数达到了 700 万，占泰国人口的 10%—14%[①]，已成为泰国社会的重要族群。虽然泰国华人华侨在泰国落地生根，并且经过多代的传承融入泰国主流社会，同化为泰国人，但具有血缘羁绊和相同面孔的泰国华人华侨仍然是中国文化传播的助力，因为遍布在世界各地的华人华侨都有着中华民族的文化基因（叶舒宪，2013）。老一辈移居泰国的华人对中国文化的传承也在潜移默化地影响着新生代华人，在泰华人骨子里的文化基因促使他们肩负起传承重要文化风俗的使命。博大精深的中华优秀传统文化是中华民族独有的精神瑰宝，衍生出来的春节文化中也蕴含着中华传统文化基因。“春节年味十足”的风景线可窥见出华人华侨作为母国与东道国的联结纽带，在长期与当地社会融合的实践中，文化传播多表现出文化融合而非外部推广的文化渗透，其传播的效率更高，效果更好，更加接地气，易于被接受。随着华人华侨社会地位的提升，其在泰国的经济、文化和社会中都发挥着举足轻重的作用，因而文化影响力也随之扩大，具备跨文化素养的华人华侨群体成为了海外中华文化推广的中流砥柱，而镌刻在华人华侨骨子里的文化基因的作用也不容小觑。

（二）视频折射出的深层原因

首先，春节的“国际化”反映出我国综合实力的提升和国际地位的稳步提高。党的十九大指出：“要讲好中国故事，展现真实、立体、全面的中国，提高国家软实力。”泰国的“春节热”现象，并非只是普通的文化现象，更是中国文化软实力和综合实力全面发展的结果（阮静，2014），是讲好中国故事的优质素材。遍及世

① 泰国人口总数数据来源于 statbbi.nso.go.th/staticreport/page/sector/en/01.aspx；泰国华人占比数据来源于 https://factsanddetails.com/asian/cat66/sub418/entry-4306.html。

界的孔子学院，各国可见的汉字标语“唐人街”，国际短视频上可见的中国文化元素，都是中国软实力提升的表现。

其次，随着泰国政府及民众对春节的重视度提升，也使得春节在泰国的影响力不断扩大。2020 年 12 月 29 日，泰国内阁会议决议批准将 2021 年的春节列为泰国法定节假日，这是泰国首次将春节纳入全国公共假期。泰国王室对春节的重视程度也有增无减，每逢春节诗琳通公主都会抵达唐人街亲自主持春节庆典开幕式。这一举措，反映了泰国对中国传统节日春节的重视，也为春节在泰国的热潮提供了官方支持。此外，2021 年的春节期间，泰国文化部与曼谷中国文化中心联合出品了第一届“泰国春晚”及一系列中泰合作的“欢乐春节”品牌活动，一同与泰国观众线上相聚，共庆春节。泰国将中国春节定为法定节日，其不仅是“中泰一家亲”近邻友谊的具象化表现，更为两国民心相通系上了文化纽带。

再次，疫情席卷及互联网短视频的兴起为春节文化在泰传播提供了新途径。突如其来的全球性新冠肺炎疫情，席卷了数以万计的生命，使得人们有更多的时间静下来思考人生的价值和意义，让人们的家国情怀得以回升，更加注重对传统文化的追寻。春节的阖家团圆和祈福更是迎合了当下的文化需求。与此同时，随着现代科技的发展，以抖音为代表的短视频凭借其“短、快、黏着度高”等特点聚集了海量的国内外用户。因其娱乐性、互动性以及高传播性等特点，使得该平台成为了文化输出的新途径，也是海内外用户之间沟通的桥梁。数据化的国际版抖音短视频分析及“春节热”的文化符号，从侧面印证了短视频平台对于当今文化输出的重要性。加之新冠疫情的共同作用，通过短视频来记录泰国春节节日文化，一方面能扩大春节文化的海外传播力度，另一方面也为后续的节日旅游消费提供了向导性指南和刺激动力。

五、启示

春节作为中华民族的代表节日，有着“中华第一节”之誉，其在讲好中国故事，推进中外本土文化交流中具有举足轻重的地位，泰国春节作为海外春节传播的成功典范，能为探寻中国春节文化在海外的传播及传承提供重要启示。

其一，短视频平台是讲好中国故事，传播中华文化的新阔土。近几年来，我国的文化输出载体从在各国建立语合中心、拍摄各类影视作品及小说推广，到如今的短视频平台互动，输出方式及载体形式都发生了极大的转变。当下以“抖音”为代表的短视频凭借其短小精干及与 5G 通信的高速结合，使得该平台成为了文化输出中最为便捷的途径之一，因此文化输出方式也需因时而变，利用好这一传播风口，保证优质的文化输出，讲好中国故事，同时也需提升海外运营内容，提高用户体验感，增强文化立体传播。

其二，警惕同质化和仪式化的海外文化输出。上文选取的视频研究对象中，大多数春节视频内容展现出极高的同质化现象，并且以个人博主的视频呈现为主，评论大多为跟风复制，仅为简单的春节新年祝福，缺乏深层次的文化解读与认同，对节日背后蕴含的文化是否真正了解还有待商榷。因此要警惕同质化和仪式化的海外文化输出，从多渠道、多维度展现春节文化，创新视频内容，实现本土化转向，以大众易接受的方式潜移默化地输出文化，提升视频的可视化和交互性。

其三，唤醒华人华侨文化基因，发挥其纽带作用。习近平总书记指出："我们的同胞无论生活在哪里，身上都有中华文化烙印，中华文化是中华儿女共同的精神基因。"所提出的"文化基因"论点具有跨越时空、跨越国度的作用。在文化输出及提升文化软实力的过程中，海外华人华侨发挥着巨大的推动作用，其作为民间力量，在文化输出中，能够以文化融合的方式打破不同语言、文化之间的障碍，潜移默化地进行文化传播，作为母国和东道国的文化桥梁，华人华侨能够知行合一，在日常生活中的方方面面进行文化传播。此外，华人社团和协会也成为海外中华文化传播和传承的中坚力量。因此，在讲好中国故事的当下，要高度重视引导海外华人华侨发挥作用，通过学习深入中华优秀文化内涵，将传统文化内涵与当地文化相结合，增强新生代华人的中华文化认同感。

其四，要与时俱进，创新文化输出内容和体验，挖掘深层文化内涵。无论是博主个人的可持续发展，还是中华文化的优质输出，都需要创新能力作为前进动力。内容创作的核心在于通过差异化突显个人风格，形成自己特有的竞争优势。创新使文化焕发活力，在创新中活化中国文化基因，在传播中塑造大国形象，如本文研究的春节文化现象，要以时代为依托，结合中泰文化特点，创新春节形式和内容，促使文化焕发活力。例如 2021 年在泰举办的云端"秦淮灯会"和"欢乐春节"主题展等，受到了泰国民众热烈的欢迎，以及近几年来受到众多海外用户喜爱的李子柒短视频等，都以优质的视频内容展现了中国文化，收获了众多的海外点赞。

其五，在文化对外传播中厚植人文素养，培养国家意识。中华优秀传统文化内容广、有深度，十分适合作为文化对外传播的优秀素材，尤其是在"一带一路"建设和构建人类命运共同体进程中，讲好中国故事，传播优秀传统文化变得愈发重要。如何讲好中国故事，传递中国声音，展现中国形象是传播者需要考虑的重要命题。因此，中华文化传播者、中国故事讲述者应当在具备"全球视野"的同时，充分理解本国文化，培养人文情怀，融入思政育才理念，提高文化思辨意识及跨文化交际能力，真正做到站在中国立场传播中国声音，推动各文化间的交流互鉴。

参考文献

［1］陈璐怡．浅谈泰国华人春节的文化习俗［J］．大众文艺，2017（6）：271．

［2］陈晖，熊韬．泰国概况［M］．广州：世界图书出版广东有限公司，

2012.

[3] 寸采玉. 春节文化对泰国社会及汉语教学的影响 [D]. 天津: 天津师范大学, 2016.

[4] 方立峰. 大明宫文化元素符号和创意经济融合的动力与障碍研究 [J]. 新丝路 (下旬), 2015 (9): 43—45.

[5] 何雨晴. 抖音上中华优秀传统文化传播的 SWOT 分析及策略探讨 [J]. 传播与版权, 2022 (10): 66—68.

[6] 景俊美. 中国春节的海外传播研究 [J]. 节日研究, 2012 (1): 252—271.

[7] 李晓娜. 互联网群体传播视野下春节文化的短视频传播: 以抖音为例 [J]. 新媒体研究, 2021, 7 (6): 94—96.

[8] 刘家瑛. 中国春节的符号分析及其跨文化传播研究 [D]. 兰州: 兰州大学, 2014.

[9] 刘美珠. 中泰两国春节的比较研究 [D]. 广州: 华南理工大学, 2014.

[10] 阮静. 中国春节在海外传播的影响及策略分析 [J]. 中南民族大学学报 (人文社会科学版), 2014 (6): 47—51.

[11] 叶舒宪. 文化传播: 从草原文化到华夏文明 [J]. 内蒙古社会科学 (汉文版), 2013, 34 (1): 6—13.

[12] นภัสสรณ์ เหลืองศักดิ์ศรี. ประเพณีการไหว้ในเทศกาลตรุษจีน: ที่มา ความหมาย และการเปลี่ยนแปลง [J]. วารสารสถาบันวิจัยและพัฒนา มหาวิทยาลัยราชภัฏมหาสารคาม, 2019 (6): 35-44.

[13] แสงอรุณ กนกพงศ์ชัย & ฤทธิชัย เตชะมหัทธนันท์. เทศกาลตรุษจีนเยาวราช: ภูมิหลังและพัฒนาการ [J]. วารสารศิลปศาสตร์ปริทัศน์, 2016 (6): 383-394.

佐科执政时期印尼高等教育发展及其特点①

国防科技大学外国语学院　林楚含
北京外国语大学　王名扬

【摘　要】印尼高等教育历经了一百多年的艰难发展。随着时间推进，印尼高等教育逐渐摸索出了独特的发展道路，努力与国际接轨、改革体制机制、创新人才培养方式、深入推进法人化改革，这一系列举措的成效已逐渐显现。当前，面对复杂多变的国际形势，印尼高等教育发展之路更具艰难险阻，未来仍任重道远。因此，本文简要梳理了印尼高等教育发展脉络，主要以佐科执政时期出台的各项高教创新举措为切入点，分析发展特点，总结发展经验，以期为中印尼在“一带一路”倡议下开展高等教育交流提供合作思路。

【关键词】印度尼西亚；高等教育；佐科政府

印度尼西亚（以下简称印尼）高等教育起源于荷兰殖民时期，扎根于建国初期，之后历经半个世纪的波澜起伏，终于在崭新的 21 世纪再次焕发生机，并以较快的速度、稳定的态势不断发展，展现出强大的发展韧性和广阔的发展前景。一百多年以来，印尼高等教育从挣脱殖民枷锁到踏上国际轨道，走过不少弯路，但始终曲折向前，最终在世界高等教育舞台占有一席之地。因此，分析总结其发展过程中的特点和经验，尤其是佐科执政时期以来印尼高等教育发展产生的显著变化，能够为我国在“一带一路”倡议下同印尼开展更加广泛且深入的高等教育领域合作提供一定的参考价值与借鉴意义。

一、印尼高等教育发展历史沿革

（一）萌芽阶段（20 世纪初至 20 世纪 40 年代）

20 世纪初荷兰殖民者出于自身利益的需要，在雅加达等一些大城市开办两类学校，一类使用印尼语授课，一类使用荷兰语授课。前者招收印尼人，以提高土著的劳动技能；后者以荷兰中学为主，学生主要是荷兰子女，也接受少量印尼贵族子

① 基金项目：北京外国语大学 2023 年度“一带一路”专项课题“‘中等强国’战略下印度尼西亚高等教育数字化转型研究”（项目批准号 2023ZX018）。

弟。这是印尼现代教育的发端。但是直到印尼独立前，印尼的教育仍十分落后，普通百姓绝大多数无法享受接受正规教育的权利。[①]

印尼高等教育史可以追溯到 1920 年荷兰殖民政府在万隆创办的高等技术学校（Technische Hogeschool，简称 THS，今万隆理工学院），而这也是印尼第一所高等院校。四年后，印尼迎来了第二所高等院校——依旧是由荷兰殖民政府创办的——高等法律学校（Rechtshogeschool，简称 RHS），该所院校于 1942 年停止办学，并在八年后重新划归印度尼西亚大学（Universitas Indonesia，简称 UI）管理，成为其下设的法学院。

荷兰殖民政府在印尼开办高等院校，其根本目的是为了更好地服务其殖民统治。但在客观实际上，此举不仅在一定程度上推动了印尼民族意识觉醒，也为印尼培养出一批接受过西式教育的精英，其中的大多数印尼人在后来投身于反荷独立革命中，这对荷兰殖民统治者来说无疑是双重打击。

表 1　荷兰殖民时期印尼高校学生人数[②]

年份	高等技术学校	高等法律学校	高等医科学校	总数（人）
1928—1929	75	138	46	259
1938—1939	168	375	543	1086

日本侵略者占领印尼的时间虽然仅有短暂的三年，却以摧枯拉朽之势迅速破坏了荷兰殖民政府留下的高等教育遗产。在此期间，日本侵略者一度关闭了印尼多所推行西式教育的高校，并在恢复办学后推行军国主义殖民教育，最终效果适得其反，反倒激发了学生们的爱国热情。此外，日本侵略者还规定了学校只能使用印尼语或日语开展教学，然而事实上，当时日语还未来得及推广，只能使用印尼语，这在客观上推动了印尼语的教学与普及[③]。上述举措都是日本侵略者打着“大东亚共荣圈”名号实则为建立殖民统治展开的，随着日本迅速战败投降，其对印尼高等教育发展造成的影响也受到限制。

高等教育发展处于萌芽阶段的印尼，遭受着来自外部各方势力的封锁和打击，国内局势动荡频仍，从 1920 年开始到 1945 年独立的 25 年间，印尼各大学的学生总数为 3242 人，平均每所大学每年培养的学生不足 27 人，远远不能满足社会经济发展的需要。[④]

---

① 唐慧，陈扬，张燕，王辉．印度尼西亚概论［M］．广州：世界图书出版广东有限公司，2012：183．

② 黄元焕，温北炎，杨安华．印尼教育［M］．广州：广东高等教育出版社，1989：113．

③ 梁敏和．印尼教育简史、现状及面临的问题［J］．东南亚研究，2003（1）：77．

④ 黄建如．20 世纪东南亚高等教育回顾［J］．高等教育研究，2000（3）：97—102．

（二）起步阶段（20 世纪五六十年代）

这一时期印尼的高等教育事业蓬勃发展，为该国高等教育的发展奠定了坚实的基础，基本上实现了由为荷兰殖民政府服务向为印尼政府服务的转变；开始接受西方欧美等国的教育模式，并逐步改变原来荷兰殖民者的教育模式，发展具有印尼本土特色的高等教育模式；印尼高等教育自身功能也由单一的教学向多元的教学、科研和社会服务发展。[①]

1949 年 12 月 19 日，印尼政府正式成立加查玛达大学（Universitas Gadjah Mada，简称 UGM），这是严格意义上的印尼第一所国立大学，该校不仅使用印尼语进行教学，全体师生也基本都是印尼人，具有十分浓厚的民族主义教育色彩[②]。次年，印尼政府合并雅加达的印尼高校，并组建成印尼第二所国立大学——印度尼西亚大学。

自 20 世纪 50 年代起，印尼政府迅速在各省份开设大学，并在各大城市创办国立高校。仅在 20 世纪 50 年代期间，印尼就成立了 12 所国立高校，知名的安达拉斯大学（Universitas Andalas，简称 Unand）、巴查查兰大学（Universitas Padjadjaran，简称 Unpad）、哈沙努丁大学（Universitas Hasanuddin，简称 Unhas）以及北苏门答腊大学（Universitas Sumatera Utara，简称 USU）都是在这个时期创办的。同时也是从 50 年代起，印尼政府开始探索高等师范教育模式，在万隆、玛琅、巴东等城市纷纷设立了师范教育学院（Institut Keguruan dan Ilmu Pendidikan，简称 IKIP），不过此类院校一般都作为教育学院隶属大学管理，比如当时的玛琅师范教育学院就是泗水艾尔朗卡大学下设的学院[③]。据统计，1950—1963 年间，印尼大学数量由 4 所增加至 243 所，由 88 所国立高校和 155 所私立高校组成，入学人数也从 5000 人上升到 180,000 人[④]。

（三）发展阶段（20 世纪 70 年代初至 20 世纪末）

印尼高等教育在苏哈托执政的“新秩序”时期进入了发展改革阶段。在此期间，印尼高等教育事务由当时的文教部（Departemen Pendidikan dan Kebudayaan）

---

① 杨超有，刘荣愉．印尼高等教育的发展与改革历程［J］．东南亚纵横，2013（2）：56．

② 赵坤，等．中国-东南亚高等教育合作研究［M］．北京：北京理工大学出版社，2022：131—132．

③ Purnawan Basundoro, S.S., M. Hum. Sejarah Pendidikan Tinggi di Indonesia [EB/OL]. [2023-04-18]. http://helm-mmpt.pasca.ugm.ac.id/opini/opini/sejarah-pendidikan-tinggi-di-indonesia.

④ 郑明霞．印尼独立以来高等教育发展与变革研究［D］．厦门：厦门大学，2013．

下设的高等教育总司（Direktorat Jenderal Pendidikan Tinggi）统筹负责[①]，该部门在推动高等教育发展方面主要采取了以下措施：把高等教育纳入五年建设计划内，使之按计划稳步发展；制定高等教育发展主题计划；改革文教部机构，成立高等教育司；改善国立大学的设施和教学设备；改革教学大纲和提高教学质量；监督私立大学的发展并提高其教学质量[②]。

该时期，印尼政府陆续推行了三个高等教育长期战略规划（Kerangka Pengembangan Pendidikan Tinggi Jangka Panjang，简称 KPPTJP），虽然第三个规划因 1997 年爆发的亚洲金融危机最终搁置，但是前两个规划在一定程度上解决了此前高等教育发展的若干问题，引入了西方高等教育的先进制度，使之更具系统化和专业化，并巩固了这些成果。

此外，随着“新秩序”时期印尼经济快速发展，就业岗位也迅速增加，国立大学无法完全满足国家人才培养需求，故文教部积极推动地方政府、社会机构、私人开办高等院校。因此，尽管私立高校发展的时间并不长，其院校数量却在 80 年代翻了几番，高达 1000 多所，远超国立高校[③]。在 1985—1995 年期间，印尼私立高校入学人数年均增长达到 9%，1995 年印尼 1228 所私立大学学生数接近两百万，而 72 所国立大学的学生人数则是 436,000[④]。

（四）法人化改革阶段（21 世纪初至今）

进入 21 世纪，印尼高等教育的改革主要体现为推动高校“法人化”改革。2000 年，印度尼西亚大学、加查玛达大学、茂物农学院、万隆理工学院 4 所高校转型为法人实体，并纳入“国有法人实体”（Badan Hukum Milik Negara，简称 BHMN）。此后，北苏门答腊大学、印尼教育大学（Universitas Pendidikan Indonesia，简称 UPI）、艾尔朗卡大学 3 所大学也相继转型为“国有法人实体性质的高校”（Perguruan Tinggi Badan Hukum Milik Negara，简称 PT BHMN）。

同时，为进一步推动高校法人化改革，印尼政府试图通过运用法律和行政命令方式推动高校转型。为此印尼政府在《2003 年第 20 号国家教育制度法》中首次把“法人实体”这一术语写入国家法律，并在《2009 年第 9 号教育法人机构法》中对其进一步解释说明，不仅要求印尼各级各类学校逐步向法人实体转型，更将其分为

① Kementerian Pendidikan dan Kebudayaan（印尼教育和文化部）. Sejarah Kementerian Pendidikan dan Kebudayaan [EB/OL]. (2015-08-25) [2023-02-17]. https://www.kemdikbud.go.id/main/tentang-kemdikbud/sejarah-kemdikbud.

② 冯增俊，卢晓中．战后东盟教育研究［M］．南昌：江西教育出版社，1996：392．

③ Purnawan Basundoro, S.S., M. Hum. Sejarah Pendidikan Tinggi di Indonesia [EB/OL]. [2023-04-18]. http://helm-mmpt.pasca.ugm.ac.id/opini/opini/sejarah-pendidikan-tinggi-di-indonesia.

④ 郑明霞．印尼独立以来高等教育发展与变革研究［D］．厦门：厦门大学，2013．

（中央）政府教育法人实体、（省级）地方政府教育法人实体和社会教育法人实体三种类型，其中，前两者针对的是公立学校，后者则是针对私立学校①。

由于国立高校学费的普遍增加极大加重了民众负担，该政策甚至被指责为学术资本主义化与新自由主义化，最终印尼宪法法院于 2010 年对《2009 年第 9 号教育法人机构法》做出废除决定，原因是其内容与 1945 年宪法不相符②。2012 年，印尼再度调整高校法人化改革有关政策，颁布《2012 年第 12 号高等教育法》，废除了原先的 PT BHMN 说法，改称为“具有法人实体性质的国立高校”（Perguruan Tinggi Negeri Badan Hukum，简称 PTN-BH）并沿用至今。

二、佐科执政时期印尼高等教育发展概况

（一）高等教育管理机构

自 2014 年上台就任印尼总统以来，佐科对高等教育管理机构进行了多次改革调整，大胆尝试、摸索前进，形成独特的发展经验。佐科在第一个总统任期内便把教育和文化部（Kemendikbud）下设的高等教育总司划拨给当时的研究技术部（Kemenristek），该部门也因此更名为研究技术与高教部（Kemenristekdikti）。然而，2019 年佐科开启第二个总统任期后便将高等教育总司重新划归回教育和文化部，并在两年后颁布了《2021 年第 32 号总统法令》，将教育和文化部与研究技术部合并，组成新部门——教育、文化、研究和技术部（Kemendikbud-Ristek），下设高等教育、研究和技术总司（Direktorat Jenderal Pendidikan Tinggi, Riset, dan Teknologi，简称 Ditjen Diktiristek），负责管理高等教育事务。

① 李昭团．印度尼西亚高等教育法人化改革研究［J］．扬州大学学报（高教研究版），2014，18（3）：27．

② 李昭团．印度尼西亚高等教育法人化改革研究［J］．扬州大学学报（高教研究版），2014，18（3）：28．

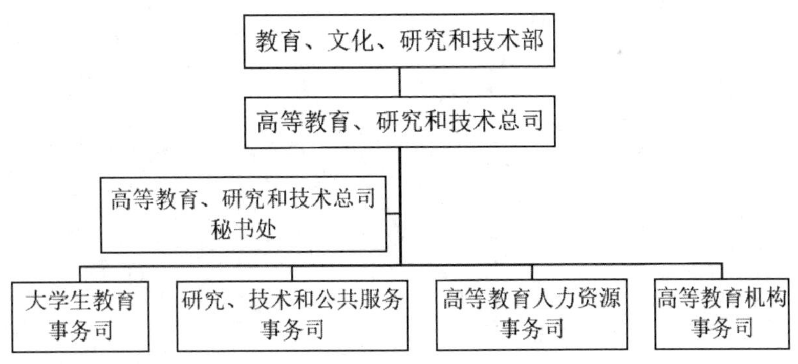

图 1　印尼高等教育、研究和技术总司组织架构①

（二）高等教育机构类型及录取方式

根据《2012 年第 12 号高等教育法》，印尼高等教育主要是中等教育的进一步发展，包含学术性和职业性教育两方面，学术性教育主要培养学生掌握科学、技术与研究能力，而职业性教育主要培养学生的职业技能。按照性质又可以分为公立高等教育、私立高等教育、伊斯兰高等教育。印尼高等教育机构主要分为六类，即大学（Universitas）、综合性学院（Institut）、高级学校（Sekolah Tinggi）、专科学院（Akademi）、社区学院（Akademi Komunitas）以及工艺学院（Politeknik）。

截至 2022 年，印尼全国共有 4004 所高校，由 184 所国立高校和 3820 所私立高校组成，总量较上一年增加 0.73%。全国高校资源主要集中在爪哇岛上，西爪哇省以 557 所高校位列第一，其次是拥有 522 所高校的东爪哇省，以及以 308 所高校并列第三的雅加达特区和中爪哇省，与排名末位仅有 12 所高校的北加里曼丹省形成鲜明对比②。从近十年的数据来看，印尼高校数量总体呈波动上升趋势，2018 年达到峰值后于 2021 年受新冠肺炎疫情影响大幅度下降，该年的数据情况几乎倒退回五年前，尽管如今已重新恢复出增长态势，然而增长速度却难以重返 2014 年的 2.69%。

① 资料参考自印尼教育、文化、研究和技术部官方网站（www.kemdikbud.go.id）。

② Sarnita Sadya. Ada 4.004 Perguruan Tinggi di Indonesia pada 2022 [EB/OL]. (2023-04-10) [2023-04-28]. https://dataindonesia.id/ragam/detail/ada-4004-perguruan-tinggi-di-indonesia-pada-2022.

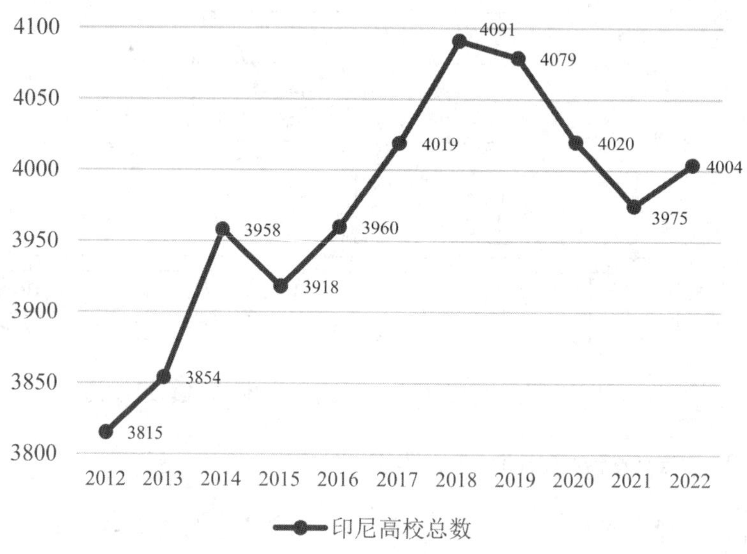

图 2　2012—2022 年印尼高校总数[①]

目前，印尼国立高校录取方式主要由全国申报选拔（SNBP）、全国网考选拔（SNBT）以及自主招生选拔三种方式组成，前两者依次分阶段举行，在全国申报选拔中已被录取的考生不可再参加网考选拔。私立高校录取方式一般由院校自行组织，更具灵活性和自主性。无论是国立或私立，印尼名校更倾向于自主招生的选拔方式，往往在全国选拔开始之前就锁定了优质生源。因此，为了确保各高校有序、公平地开展招生录取工作，印尼政府对国立高校采取上述选拔方式进行招生的比例做出一定限制，详见表 2。

表 2　印尼国立高校招生选拔比例限制

选拔方式	名额占录取人数比例	
	具有法人实体性质的国立高校（PTN-BH）	其他国立高校（PTN）
全国申报选拔	未明确	至少占 20%
全国网考选拔	至少占 30%	至少占 40%
自主招生	不超过 50%	不超过 30%

（三）高等教育机构招生情况

高等教育毛入学率是衡量一个国家高等教育发展水平的最基本的指标，且毛入

① 数据来源于印尼中央统计局官网。

学率与经济发展程度呈显著性正相关[①]。由于统计数据缺失，2015 年前后的印尼高等教育毛入学率数值出现较大变动，但不难发现其整体趋势特征：佐科执政时期印尼高等教育毛入学率的增速经历了一定波动，尤其是新冠肺炎疫情暴发之后，其增长速度明显放缓，但总体仍呈上升趋势。2022 年印尼高等教育毛入学率达到 31.16%，根据“2045 黄金印尼”宏伟目标[②]规划，印尼政府计划在 2045 年印尼高等教育毛入学率达到 60%。

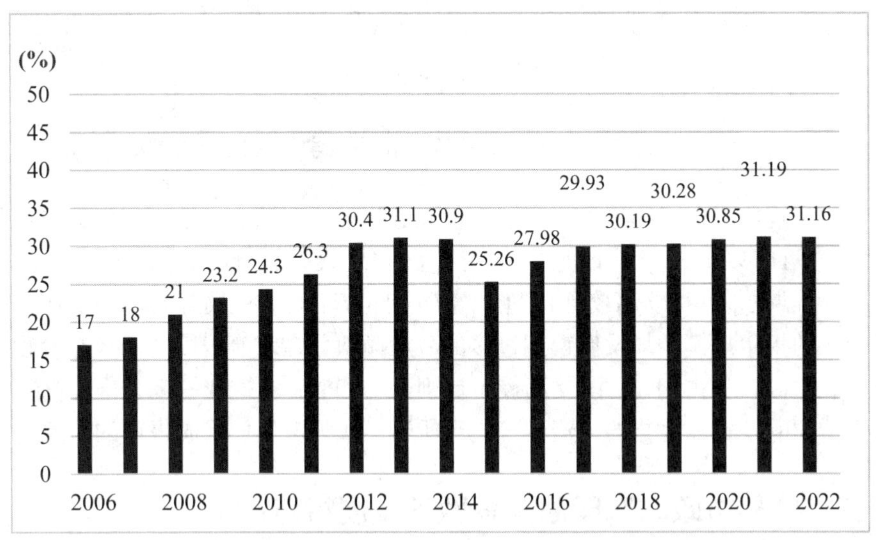

图 3　2006—2022 年印尼高等教育毛入学率[③]

在招生性别比例方面，印尼高等教育毛入学率女性占比在 2012 年首次超越男性占比后，持续保持较快增长势头，比重连年上升，稳定超越男性占比 3 至 4 个百分点，并在 2022 年达到记录最高值 33.55%。数据表明，印尼女性平等接受高等教育的权利得到了有效保障，并且呈现积极向好的发展态势。

---

① 巩雪，李波，严会芬．高等教育毛入学率及其性别差异与经济发展程度关系的比较分析［J］．湖北广播电视大学学报，2016，36（3）：11．

② 该目标为印尼在其独立 100 周年时，也就是 2045 年，将迎来前所未有的人口红利黄金期，并跻身全球第四大经济体。

③ UNESCO Institute for Statistics. Tertiary education in Indonesia [EB/OL]. [2023-03-15]. http://uis.unesco.org/en/country/id?theme=education-and-literacy.

注释：2006—2014 年统计数据参考联合国教科文组织网站，其统计对象为 18—23 岁的高等教育适龄人口，2015—2022 年统计数据参考印尼中央统计局网站，统计对象为 19—23 岁的高等教育适龄人口。

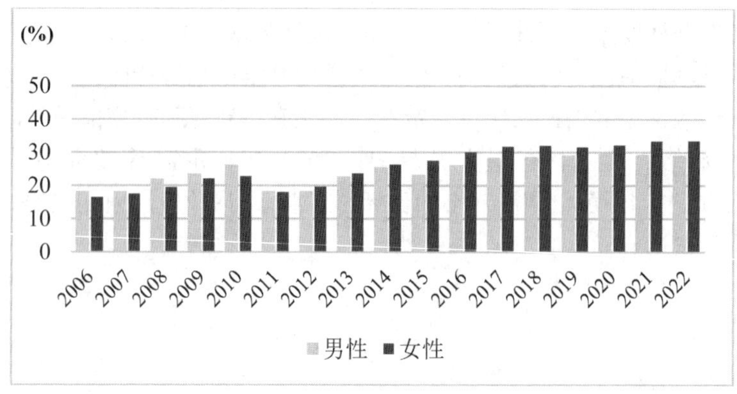

图 4 2006—2022 年印尼高等教育毛入学率性别分布情况①

在招生规模方面，印尼私立高校不仅在数量上远超国立高校，招生数量更是国立高校的两倍以上，目前印尼私立高校大学生人数占比 72%，国立高校仅占 28%②，可以说，是私立高校承担起了培养大部分印尼高等教育人才的重任，然而如此庞大的招生规模，却没有得到过多的政策倾斜，在政府拨款的高等教育预算经费中，私立高校仅占 4%，国立高校占比则高达 96%③。这样一来，国立高校凭借其较为低廉的学费和优秀的师资优势，理所当然成为考生们优先报考的对象。

三、佐科执政时期印尼高等教育发展特点

相比往届印尼政府平稳缓慢推进高等教育发展的作风，佐科执政时期显得更加与众不同，不但在高等教育政策制度上大胆改革创新，把握机遇加速释放人口红利，提出“高等教育 4.0”推动本土人才培养，为最终实现“2045 黄金印尼”目标筑牢高等教育人才基础。

（一）自上而下推行高等教育改革

佐科在第二任期初完成高等教育事务部门改革后，便任命印尼著名独角兽公司——网约车服务公司 Go-Jek 的创始人纳迪姆·安瓦尔·玛卡里姆（Nadiem Anwar Makarim）为教育、文化、研究和技术部部长，而商人出身的纳迪姆也充分运用科

① UNESCO Institute for Statistics. Tertiary education in Indonesia [EB/OL]. [2023-03-15]. http://uis.unesco.org/en/country/id?theme=education-and-literacy.

注释：2006—2010 年统计数据参考联合国教科文组织网站，其统计对象为 18—23 岁的高等教育适龄人口，2011—2022 年统计数据参考印尼中央统计局网站，统计对象为 19—23 岁的高等教育适龄人口。

② 数据来源于印尼国会官网。

③ 数据来源于印尼国会官网。

技手段和独到的投资眼光给印尼高等教育发展带来了全新机遇。

2022 年 9 月 7 日，纳迪姆宣布对国立高校入学选拔方式进行改革，并于次年正式实施，此举旨在推动学校深化教育事业改革，更加关注学生解决问题的能力，从而为学生提供更加透明的选拔方式、更加一体化的学习过程。此次改革不仅更换了原先的考核名称，也对考核内容做出调整，详见表 3。事实上，国立高校入学选拔改革政策落地不久，具体实践效果仍未可知，印尼社会舆论也对此褒贬不一，支持者认为此次改革或许能给印尼高等教育注入发展新生机，而反对者则认为此次改革未触及高等教育发展根本，仅是表面功夫。

表 3　2022 年印尼国立高校入学选拔改革

考核方式	旧称	核心内容	主要变化
全国申报选拔（SNBP）	国立高等院校入学全国选拔（SNMPTN）	1. 全科目平均分成绩至少占最终成绩 50% 2. 与报考专业相关的 1 至 2 门科目成绩，或者所获奖项或作品集，至多占最终成绩 50% 注：具体比例可由各校各专业自行统筹	不再只关注报考专业相关科目的成绩
全国网考选拔（SNBT）	国立高等院校统一入学考试（SBMPTN）	逻辑能力测试（TPS），包括认知能力、数学推理、印尼语和英语读写能力 注：该测试由全国统一组织，费用为 20 万印尼盾（约合 150 元人民币）	减少应试内容 重点考察知识运用能力
自主招生	\	1. 招考前公布本专业招生人数、考试要求及费用 2. 招考后公布录取人数和剩余名额，公示期为 5 个工作日，在此期间可举报投诉	方式更灵活 信息更透明

（二）丰富高等教育人才培养内容

纳迪姆上任后不久，便在全国中小学校和高等学校范围内推行“自主学习”教育改革运动（Merdeka Belajar），“自主校园”培养计划（MBKM）则是该运动中针对高等教育发展的具体实施方案，旨在为攻读学士学位或应用科学学士学位的学生提供丰富的校内外锻炼机会，帮助学生在踏入职场前找到自身爱好与专长，从而实现更加充分的就业。截至目前，印尼已有 72.5 万名大学生、3000 多家企业组织、

1300 多所高校参与“自主校园”培养计划[①]。

表 4 “自主校园”培养计划项目[②]

	工作实习/实践	“教学校园”[③]	“自主大学生交换”[④]	“自主创业”	印尼国际学生流动奖学金
学历要求	本科或大专	本科或大专	本科	本科	本科
开展时间	本科第二学年下学期后；大专第一学年下学期后	第二学年下学期后	第二、三、四学年上学期	本科第三学年上学期后	第二学年和第三学年下学期
获得绩点	\	3—4	2.75—4	\	3—4

其中，印尼国际学生流动奖学金（Indonesian International Student Mobility Awards，简称 IISMA）是印尼加大力度向国际输送留学生的一个重要举措，比起高薪聘请外国人才，印尼选择了为本土人才提供更广阔的国际学习平台，让印尼学生在本科期间就能够前往世界名校进行 1 至 2 学期的学习交流。从 2021 年 5 月正式实施起至 2022 年 12 月，已有 1150 名印尼本科生通过该项目前往 25 个国家的 67 所高校开展交流，其中 18 所高校进入 QS 世界大学排名 100 强，另有 409 名大专生前往 11 个国家的 46 所高校进行短期学习[⑤]。

此外，为进一步提升高校国际化水平，提升大学生国际化素质，印尼已有 9 所国立大学[⑥]开设了可授予双学位的国际本科班，即印尼学生在国内完成大一和大二课程后将前往海外合作院校修习最后两年的学业，并将最终获得国内和国外两所大学的学位[⑦]。

（三）推进法人化改革及完善配套措施

截至 2022 年 10 月，印尼全国共有 21 所国立高校成为具有法人实体性质的国

① 数据来源于印尼教育、文化、研究和技术部官网。

② 资料来源于 kampusmerdeka.kemdikbud.go.id 网站。

③ 大学生可通过该项目前往小学开展辅助教学工作。

④ 大学生可申请该项目前往印尼其他高校交流学习。

⑤ 数据来源于 kampusmerdeka.kemdikbud.go.id 网站。

⑥ 9 所高校分别是印度尼西亚大学、加查玛达大学、茂物农学院、万隆理工学院、艾尔朗卡大学、十一月十日科技学院、蒂博内哥罗大学、日惹国立大学、楠榜大学，其中，除了楠榜大学以外，其他 8 所高校都已成为具有法人实体性质的印尼国立高校。

⑦ Ayunda Pininta Kasih. 9 PTN di Indonesia yang Buka Kuliah S1 Kelas Internasional [EB/OL]. (2021-10-06) [2023-01-16]. https://www.kompas.com/edu/read/2021/10/06/093453571/9-ptn-di-indonesia-yang-buka-kuliah-s1-kelas-internasional?page=all.

立高校。印尼高等教育法人化改革始于 1997 年亚洲金融危机爆发后，印尼国家财政入不敷出，已无法承担高昂的高等教育经费，而高校法人化改革能够在一定程度上减少财政支出压力。因此，印尼多所国立高校率先响应政策号召，开启了法人化改革进程，成为法人化改革的创新典范。实际上，二十多年来，印尼法人化改革过程并非一帆风顺，高校法人化改革增加了家庭经济负担，遭到了民众的排斥和异议，对此，印尼政府颁布的《2012 年第 12 号高等教育法》中规定，不再过度提及法人实体，而是重点强调经营管理高校自治[①]。

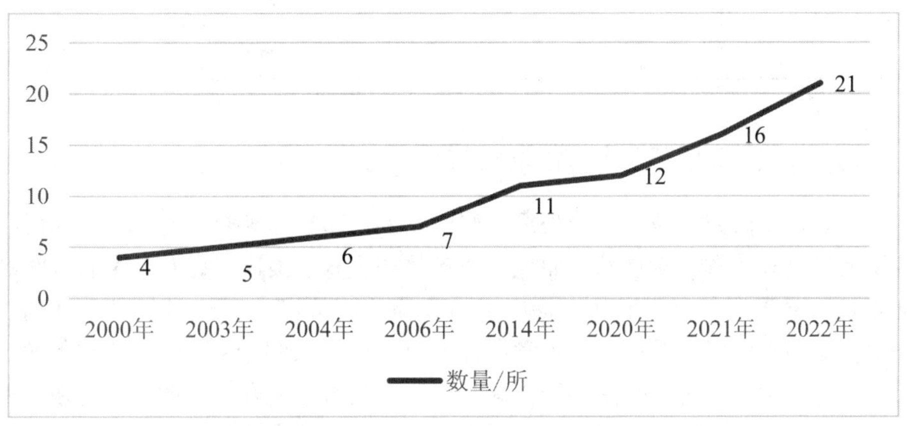

图 5　21 世纪以来印尼具有法人实体性质的国立高校数量（截至 2022 年 10 月）[②]

为了更好地平衡高校、政府、家庭三方切身利益，佐科执政时期印尼新增了 14 所具有法人实体性质的国立高校，加速推动更多的国立高校加入到改革进程中，充分发挥高校管理自治权、提升高校自主话语权的同时，也加大了财政对高等教育的补贴力度。2019 年佐科政府推出了“印尼大学智慧卡”（Kartu Kuliah Pintar Kuliah Merdeka，简称 KIP Kuliah），面向国立和私立高校家庭经济困难的大学生提供助学金，旨在帮助他们完成高等教育，然而这些补助对贫困家庭来说依旧是杯水车薪。2021 年政府大幅度提升了“印尼大学智慧卡”补助金额，并细化了具体要求，大学生可根据所就读专业的评价等级和学籍所在地的经济发展情况申请相应补助，详见表 5。从社会反应来看，佐科政府这一举措的确进一步拓宽了寒门学子的求学路，帮助更多成绩优异的困难家庭学生圆梦大学。

---

① 莫海文，李晓峰，赵金钟．东盟国家教育政策发展研究［M］．广州：华南理工大学出版社，2020：35．

② 数据来源于印尼点滴新闻网（detik.com）。

表 5　2021 年“印尼大学智慧卡”助学金调整内容

	原规定	现规定
学费补助	每人每学期 240 万印尼盾	A 级专业最高可补助 1200 万印尼盾 B 级专业最高可补助 400 万印尼盾 C 级专业最高可补助 240 万印尼盾
生活费补助	每人每月 70 万印尼盾	一档每月补助 140 万印尼盾 二档每月补助 125 万印尼盾 三档每月补助 110 万印尼盾 四档每月补助 95 万印尼盾 五档每月补助 80 万印尼盾

（四）以政策规划布局高等教育发展

高等教育、研究和技术总司长尼扎姆曾指出，印尼高等教育的使命是为民族可持续发展提供人才和科学技术，而核心要务是拓宽升学渠道、提升教育质量、贴合社会需求，基于该内容，尼扎姆提出了“高等教育 4.0”建设规划①，并计划在佐科第二任期内将印尼高等教育毛入学率提升至 40%、入围 QS 世界大学排名 500 强的大学数量达到 10 所、40% 的国立高校转变为具有法人实体性质。然而在佐科第二个总统任期内，国际形势复杂多变，百年变局与世纪疫情相互叠加，随着印尼迎来 2024 年总统大选，上述计划的落实情况并不太乐观：印尼高等教育毛入学率仅 31.16%；印尼入围 QS 世界大学排名 500 强的大学仅有 5 所；具有法人实体性质的国立高校仅占 11.4%。

“2045 黄金印尼”宏伟目标中提到，印尼计划到 2045 年其研发支出占 GDP 比例达 1.5%—2.0%。世界银行统计数据显示，2020 年印尼研发支出占 GDP 的比例为 0.28%，远低于世界平均值 2.63%，且与 2045 年目标存在较大差距，而这些支出中，私人研究投资占比较小，未来仍需国家鼓励和引导民间投资，并激励企业加大研发投入。

事实表明，政策规划发挥的导向作用毕竟有限，印尼高等教育发展虽然仍面临较大挑战，但其广阔的发展空间和无限的发展潜力也是外界所看好的。佐科在其执政时期为高等教育发展做出的规划仍具有片面性，需要下届政府根据国内外形势发展继续填补规划空缺，不过这也正是改革发展中所具有的不确定性，机遇与挑战并存。

---

① Prof. Ir. Nizam, M.Sc., Ph.D. Membangun Sistem Pendidikan Tinggi Indonesia 4.0 [R]. Jakarta: Ditjen Diktiristek, 2020: 3.

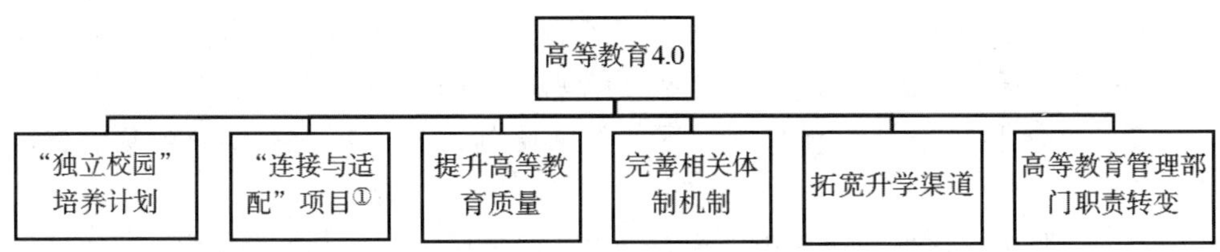

图 6 "高等教育 4.0"建设规划

四、结语

当前世界正面临百年未有之大变局，印尼社会也迎来了新的不确定性。面对即将到来的 2024 年，同时也是关键的"大选年"，印尼高等教育毛入学率能否按佐科政府制定的国家中期发展五年规划（RPJMN 2020-2024）顺利突破 37%，这也将是外界所密切关注的。

尽管面临着种种困难与挑战，印尼高等教育发展仍向外界展现出较强的韧性与可塑性，不仅与时俱进、改革创新，完善相关制度政策，健全配套设施，同时加速与国际接轨以进一步提升印尼高校的国际知名度。结合印尼对自身"中等强国"的战略定位以及对未来二十年发展的愿景目标，印尼高等教育未来发展明显具有战略性、稳定性和可持续性。与此同时，印尼也是我国"一带一路"倡议的响应国，雅万高铁即将如期建成通车，充分验证了中印尼之间的合作是互利共赢、共同繁荣的务实合作，未来两国也将围绕"区域综合经济走廊""两国双园"等重点项目上继续深化合作。因此，在"一带一路"倡议下推动中印尼开展高等教育交流与合作，服务人才培养、提供智力支持，是未来两国高等教育发展的最佳契合点，也是搭建两国人民语言互通、民心相通的重要桥梁。

参考文献

［1］冯增俊，卢晓中．战后东盟教育研究［M］．南昌：江西教育出版社，1996：392．

［2］巩雪，李波，严会芬．高等教育毛入学率及其性别差异与经济发展程度关系的比较分析［J］．湖北广播电视大学学报，2016，36（3）：11．

［3］黄建如．20 世纪东南亚高等教育回顾［J］．高等教育研究，2000（3）：97—102．

［4］黄元焕，温北炎，杨安华．印尼教育［M］．广州：广东高等教育出版社，1989：113．

① "连接与适配"项目始于 1989 年，旨在推动高等教育人才供给有效匹配劳动力市场需求。

［5］刘进，林松月．“一带一路”沿线国家的高等教育现状与发展趋势研究（二十）：以印度尼西亚为例［J］．世界教育信息，2019，32（2）：56．

［6］梁敏和．印尼教育简史、现状及面临的问题［J］．东南亚研究，2003（1）：77．

［7］李昭团．印度尼西亚高等教育法人化改革研究［J］．扬州大学学报（高教研究版），2014，18（3）：27—28．

［8］吕慎，陈冠合．共建“一带一路”国家教育合作愿景：中国-东盟教育交流周实现机制化功能［N］．光明日报，2021-10-14（014）．

［9］莫海文，李晓峰，赵金钟．东盟国家教育政策发展研究［M］．广州：华南理工大学出版社，2020：35．

［10］唐慧，陈扬，张燕，王辉．印度尼西亚概论［M］．广州：世界图书出版广东有限公司，2012：183．

［11］杨超有，刘荣愉．印尼高等教育的发展与改革历程［J］．东南亚纵横，2013（2）：56．

［12］赵坤，等．中国-东南亚高等教育合作研究［M］．北京：北京理工大学出版社，2022：131—132．

［13］郑明霞．印尼独立以来高等教育发展与变革研究［D］．福建：厦门大学，2013．

［14］Ayunda Pininta Kasih. 9 PTN di Indonesia yang Buka Kuliah S1 Kelas Internasional [EB/OL]. (2021-10-06) [2023-01-16]. https://www.kompas.com/edu/read/2021/10/06/093453571/9-ptn-di-indonesia-yang-buka-kuliah-s1-kelas-internasional?page=all.

［15］Kementerian Pendidikan dan Kebudayaan. Sejarah Kementerian Pendidikan dan Kebudayaan [EB/OL]. (2015-08-25) [2023-02-17]. https://www.kemdikbud.go.id/main/tentang-kemdikbud/sejarah-kemdikbud.

［16］Purnawan Basundoro, S.S., M. Hum. Sejarah Pendidikan Tinggi di Indonesia [EB/OL]. [2023-04-18]. http://helm-mmpt.pasca.ugm.ac.id/opini/opini/sejarah-pendidikan-tinggi-di-indonesia.

［17］Sarnita Sadya. Ada 4.004 Perguruan Tinggi di Indonesia pada 2022 [EB/OL]. (2023-04-10) [2023-04-28]. https://dataindonesia.id/ragam/detail/ada-4004-perguruan-tinggi-di-indonesia-pada-2022.

［18］UNESCO Institute for Statistics. Tertiary education in Indonesia [EB/OL]. [2023-03-15]. http://uis.unesco.org/en/country/id?theme=education-and-literacy.

柔佛港主制度探析

国防科技大学外国语学院　李　卓

【摘　要】19 世纪柔佛的拓殖史即是一部柔佛华人的椒蜜种植史，其与柔佛统治者 1844—1917 年大力推行的港主制度密不可分，这一制度在英国对马来半岛殖民统治力量尚为薄弱的时期找到了生存的空间，将柔佛从地广人稀、亟待开发的荒凉之地发展为经济繁荣的新型马来土邦。随着英国对马来半岛殖民政策由“不干涉”到“殖民扩张”的转变，殖民当局回收当地华人社会自治权，1917 年港主制度正式退出英属马来亚的历史舞台，但该制度在柔佛现代化进程中发挥了不可磨灭的历史作用，亦对当地华人社会产生了深刻影响。

【关键词】柔佛；港主制度；华人

港主制度是 1844—1917 年柔佛统治者为开垦柔佛而推行的土地种植制度。柔佛统治者以政府书面契约形式将土壤肥沃、地势平缓的河间地承包给华人开辟甘蜜、胡椒等经济作物种植园，这一政府文书最初为“港契”（Surat Sungai），后演变成多种契约文本，持有港契的华人承包商被称为“港主”（Kangchu），其开辟港口附近的土地即为“港脚”（Kangkar）。港主向统治者缴纳一定税金后，便在该港脚内享有土地开垦权、林矿采伐权、行政管理权、货币发行权、轻罪审判权以及盐酒、屠宰、鸦片和赌场的专营权，还可抽取农林产品出口及米粮进口的佣金。华人港主支付统治者定额租金即可承包部分税收，这是近代马来亚包税制度的显著特征。

鉴于国内相关研究多集中于整体视角下近代东南亚包税制度研究，或比较视角下近代东南亚各国包税制度之异同，对近代马来亚包税制度的个案研究则多关注英属海峡殖民地——新加坡、马六甲、槟榔屿，对位于马来半岛北部的柔佛基本没有涉及。因此，本文以柔佛港主制度为个案进行研究，尝试梳理柔佛港主制度的起源、确立、成长、废除之发展脉络，探析英国对马来半岛殖民政策由“不干涉”到“殖民扩张”转变这一背景下柔佛港主制度发挥的历史作用并分析其制度特点，为殖民史视域下研究柔佛港主制度提供一些参考，对于近代英属马来亚华人包税制度的研究也是一个有益的补充。

一、柔佛港主制度的源起

1511 年，葡萄牙殖民者攻占马六甲，标志着近代殖民主义在东南亚侵略和扩张活动的开始。早期殖民时期（16—18 世纪），西方殖民活动集中在东南亚国家沿海地区，殖民势力未深入各国腹地，马来半岛上的诸封建国家在政治上仍保持独立。19 世纪初至 20 世纪初，殖民者通过殖民征服战争和政治欺骗等手段将其势力扩张进东南亚国家内地，东南亚各国成为西方殖民者的商品倾销市场和生产原料掠夺地，日益丧失政治独立性。[①]

在此背景下，马来半岛作为东南亚重要的贸易转运中心和海上交通枢纽，成为殖民国家攫取利益、争夺东南亚殖民霸权的战略要地。随着 1824 年《英荷条约》签署，马来半岛落入英国势力范围，英国先后控制槟榔屿、新加坡和马六甲，并于 1826 年正式建立海峡殖民地，并以其为基地发动对马来半岛内地的殖民侵略。1874 年《邦咯条约》的签订，拉开了英国在马来半岛的殖民统治序幕，英国对马来半岛殖民政策由间接控制转变为积极干涉，通过派遣驻扎官、顾问官、签订条约等方式，其前进运动的脚步逐步迈向马来半岛北部各邦。随着 1914 年柔佛加入马来属邦，英国完全控制了马来半岛。[②]

柔佛港主制度（1844—1917）是在英国与德法争夺殖民地，以及英国与暹罗王朝势力角逐的夹缝中发展起来的，英国对马来半岛从势力渗透到完全控制的近百年殖民侵略进程为柔佛港主制度的发展提供了生存空间。这一制度并非 19 世纪才出现，而是脱胎于 18 世纪廖内群岛（Riau）的甘蜜种植制度，其形成可以分为三个阶段。

（一）萌芽期：1740—1874 年廖内甘蜜种植园大量引入华人劳工

1740 年，柔佛首相王朝[③]的副王达因仄拉（Daeng Chelak）下令在廖内群岛推广甘蜜种植。甘蜜种植业作为马来人的传统产业，17 世纪中叶就在苏门答腊、马来半岛西海岸和西爪哇广泛发展。而达因仄拉在廖内创新了甘蜜种植制度，一是引

---

① 梁志明．殖民主义史（东南亚卷）[M]．北京：北京大学出版社，1999：15—18．

② 1874 年《邦咯条约》的签订，标志着英国在马来半岛实行驻扎官制度的开端，自此马来各土邦封建统治势力名存实亡，英国殖民统治势力在马来半岛日趋扩张，并在 1895 年成功将霹雳、雪兰莪、森美兰和彭亨四州组成马来联邦。1909 年《曼谷条约》签订，英国取得马来半岛北部丁加奴州、吉兰丹州、吉打州、玻璃市四州的宗主权、行政权和管理权，将该四州置于其殖民统治之下；1914 年，英国完全掌控柔佛事务，将这五个州组成马来属邦。

③ 柔佛王朝经历了“旧柔佛王朝”（1511—1699 年）、“柔佛首相王朝”（1699—1866 年）、“柔佛天猛公王朝”（1866—1914 年）三次朝代更迭。柔佛首相王朝时期，疆域是马来亚南部、苏门答腊东海岸和马六甲海峡群岛。1824 年《英荷条约》签订后，英荷划分殖民地范围。柔佛首相王朝统治范围一分为三：廖内苏丹受荷兰保护，统治廖内群岛与龙牙岛等地；天猛公阿都拉曼实际统治柔佛，苏丹胡欣没有实权；宰相敦阿里统治彭亨。本文研究柔佛港主制度的起源及特点，柔佛特指天猛公统治下位于马来半岛南部的柔佛州。

入华人劳工从事甘蜜种植和提炼，二是首创种植园内并种甘蜜、胡椒，三是发现甘蜜的鞣革及丝绸染料功能，增加其商业用途。至 1784 年，甘蜜种植和贸易已成为廖内土著经济的重要组成部分，大量华人定居廖内群岛从事椒蜜种植业，为港主制度的形成奠定了基础。[①]

廖内依靠国际贸易和种植园经济进入了短暂复兴期，成为中西方和马来群岛重要的产品集散地。在廖内，中国商人用瓷器、丝绸、茶叶换取印度的鸦片和布匹以及马来群岛的锡、胡椒、丁香及豆蔻等香料；马来人和武吉斯人用甘蜜、胡椒及兽皮换取爪哇或暹罗的大米；爪哇、暹罗商人转售廖内土产换取瓷器、丝绸、茶叶等中国商品，这一贸易模式不仅稳固了武吉斯人（Bugis）的统治，也保证了廖内转口港的粮食供应。廖内贸易模式对 19 世纪新加坡和柔佛的发展具有极强的借鉴意义。

（二）雏形期：1784—1819 年廖内从事甘蜜种植业的华人社群实现早期自治

1784—1819 年廖内殖民地华人甘蜜生产活动相对独立，华人聚居点实现一定经济和军事自治。1784 年柔荷战争中荷兰军队占领廖内，廖内上层统治者纷纷出逃；1795 年马来人重返廖内后，与武吉斯人派系争斗不断，廖内没有稳定的马来人政权，与此同时受第四次英荷战争影响，荷兰东印度公司处于劣势，廖内作为马来世界重要贸易和文化中心的地位不断衰落。至 1825 年，一万三千余名华人聚居在本丹岛的五条河流流域，聚居点大小由几人到上千人不等。较大的聚居点已经出现赌博、典当业以及鸦片、烈酒、猪肉的垄断销售及税收承包。此时，华人已用“Kang”“Chukang”来称呼这些河间地聚居点。在当时廖内华人甲必丹制度下，“Kang”作为华人社会权力结构的下层，被认为属于甲必丹任命的下级官员“Abooi”“Teoabak”群体，廖内港主制度已初现雏形。[②]

（三）成长期：1819—1844 年廖内种植园经济模式在新加坡的运行

1819 年新加坡开埠之后，新加坡逐渐替代廖内的国际转口港职能，甘蜜贸易市场逐渐转移到新加坡。析其原因，一是荷兰殖民者为和英法争夺东南亚殖民霸权，垄断廖内土产贸易和海运事业，对进口商品一律课以重税；英国殖民者在新加

① Carl A. Trocki. The Origins of The Kangchu System 1740-1860 [J/OL]. Journal of the Malaysian Branch of the Royal Asiatic Society, 1976, 49 (2): 132-55. http://www.jstor.org/stable/41492143.

② 柔佛首相王朝苏丹 Yamtuan Muda 委任华商首领任甲必丹，采取“以华治华、分而治之”的办法，管理廖内的华人事务。甲必丹制度下，柔佛苏丹任命一名华人甲必丹及一名军事长官“Teoahania”，而甲必丹有权任命更低一级的官员“Abooi”“Teoabak”。

坡实行自由港政策，允许外国商船自由进出并对进出口货物免征关税。二是开拓新加坡亟需大量劳工，英国殖民政府推行自由开放的劳工政策，允许当地华人自行招募劳工；19 世纪中国社会动荡及连年天灾使得农村经济趋于破产，大量华人前往新马等地寻找生计，为新加坡甘蜜种植提供充足的劳动力。三是 19 世纪初廖内群岛海盗活动猖獗，且廖内政治动荡难以为种植园经济提供稳定的发展环境。

故而新加坡开埠之前，已有少量廖内种植园主移居新加坡；至 1819 年，新加坡已有约 20 个华人或马来人所有的椒蜜种植园。此后二三十年间，新加坡的甘蜜种植面积快速扩张，尤其是 30 年代国际市场甘蜜价格上涨刺激其甘蜜种植规模于 1848 年达到顶峰，甘蜜和胡椒种植园占当时新加坡全岛总耕地面积的 76%，华人控制总种植面积的 90% 以上，甘蜜和胡椒产值占岛上农产品总价值的近 60%。[①]如表 1 所示，1848 年新加坡有 800 个甘蜜种植园，华工数量约七千多人。

表 1　1836—1850 年新加坡甘蜜种植园情况表[②]

年份	种植园数量	估计华工人数
1836	250	2,250
1841	500	4,500
1848	800	7,200
1850	400	3,600

新加坡种植园经济的发展过程中，逐渐形成了以华人为中心的种植园债务体系。华人种植园主按预期收成向城镇的华商抵押种植园以赊购生产资料和生活资料，同时在种植园附近开设商店，以供应华工的衣食及日用品，并收购园区所产椒蜜以供出口。[③]港主向华工征收人头税和鸦片、赌博、烈酒等消费税，并通过秘密会党加强对华人苦力的人身控制，华工难以承受高额饷码，又成为种植园主的债务人。此种依赖华人资本发展种植园经济的生产关系及种植园债权结构，为柔佛港主制度下种植园经济的运行提供了范式。

① James C. Jackson. Chinese Agricultural Pioneering in Singapore and Johore 1800-1917 [J/OL]. Journal of the Malaysian Branch of the Royal Asiatic Society, 1965, 38 (1): 78-80. http://www.jstor.org/stable/41491840.

② 郑良树．柔佛州潮人拓殖与发展史稿［M］．新山：南方学院出版社，2004：36．

③ Carl A. Trocki. The Origins of The Kangchu System 1740-1860 [J/OL]. Journal of the Malaysian Branch of the Royal Asiatic Society, 1976, 49 (2): 143-144. http://www.jstor.org/stable/41492143.

二、柔佛港主制度的确立及华人对柔佛的开拓

19 世纪 40 年代，柔佛统治者天猛公易卜拉欣（Temenggong Daeng Ibrahim）大力推行港主制度，招徕华人开垦柔佛发展种植园经济。作为一种“完全独特的、有效的封建统治者所有、个体合作承包经营的土地制度”，①港主制度的实施推动了 19 世纪柔佛的飞速发展，使其成为一个新型的马来土邦。

港主制度在柔佛的确立，受到柔佛王朝内外交困、新加坡甘蜜种植困境及英国殖民政策等多重因素的影响。首先，进入 19 世纪，柔佛王公贵族为活跃在马来群岛的海人提供舰船和武器，海人则将劫掠过往商船得来的部分战利品上供给马来王公。几乎所有马来王公都与不同的海人部落合作从事海盗活动，格兰（Gelam）、实里达（Selatar）和加冷（Kallang）等部落约一万海人效忠于驻扎在新加坡的天猛公阿都拉曼（Temenggong Abdul Rahman）。②欧洲殖民者 30 年代的反海盗运动，摧毁了海人和马来王公的海盗事业；随着新加坡开埠，殖民经济在马来群岛的统治地位日益增强，当地土著经济竞争力下降。海盗活动的取缔和土著经济的边缘化剥夺了马来贵族传统的收入来源和政治权力基础，与殖民者签订条约让渡土地所有权、征税权等行政权力也使得马来统治者统治地位不断下降。③而新加坡成熟的甘蜜种植模式下，华人提供甘蜜种植业所需的资金、劳动力、管理技能和种植技术，同时向马来统治者缴纳土地承包费和税收，为马来王公维持封建特权提供了收入来源，这一模式在柔佛得到了运用。

其次，19 世纪中叶以前，柔佛大部分是尚未开发的森林荒地，土地辽阔，人烟稀少，对内开发和对外交流只能依靠柔佛境内复杂蜿蜒的河系水道。三四十年代由于新加坡甘蜜种植面临的种种困境，④以及国际市场甘蜜需求的增长，建立新的甘蜜生产中心迫在眉睫，而柔佛独特的地理位置、适宜的自然气候以及地貌特征，为甘蜜种植提供了得天独厚的条件。

---

① James C. Jackson. Planters and Speculators: Chinese and European Agricultural Enterprise in Malaya, 1786-1921 [M]. Kuala Lumpur: University of Malaya Press, 1968: 78.

② Cynthia Chou. The Orang Suku Laut of Riau, Indonesia: The Inalienable Gift of Territory [M]. London and New York, NY: Routledge, 2010: 52-54.

③ 如 1819 年莱佛士与新加坡天猛公订约，同意英国东印度公司在新加坡修建工厂，英国每年向侯赛因苏丹支付 5000 英镑的租金，向天猛公支付 3000 英镑的租金。1823 年 6 月 7 日，莱佛士与苏丹及天猛公签约，英国东印度公司每月支付苏丹 1500 西班牙银圆，支付天猛公 800 西班牙银圆；苏丹和天猛公放弃向新加坡进出船只征税的一切权利。

④ 19 世纪 40 年代开始，新加坡的甘蜜种植已经趋近饱和。第一，一般甘蜜园的耕种寿命仅 20 年左右，土壤肥力耗尽后须另寻土地。然而当时新加坡可用土地几乎耗尽，土地争端频频发生。且甘蜜提炼需要大量燃料，随着森林芭地开拓为种植园，当地甘蜜产业所需燃料不足。第二，甘蜜产业链中的资本家和种植园主大多有秘密会党背景，长期因利益分配不均产生冲突，新加坡的多个华人秘密会党械斗频发，不利于甘蜜产业的稳定发展。

再者，19 世纪 30 年代，英国东印度公司陷入财政危机，不断削减对海峡殖民地的拨款；海峡殖民地因土地狭小、粮食过度依赖进口、工业发展先天不足、投资趋于饱和，其资本逐渐向马来半岛渗透寻求投资空间。与此同时，英国殖民者更加注重开拓原料丰富、人口稠密、市场活跃的殖民地。此种形势下，华商作为联结海峡殖民地与马来半岛资本的纽带，目光逐渐转向与新加坡隔海相邻、经济腹地广阔的柔佛，受英国支持的天猛公易卜拉欣对于海峡殖民地资本入驻柔佛欣然欢迎。①

港主制度自确立起，就为柔佛的拓殖发挥了不可忽视的作用。尽管 1844 年以前，这一制度的前身已在廖内、新加坡应用，但天猛公易卜拉欣首创以正式的书面文本来明确规定华人港主承包的土地位置、大小、港主权力及职责等，为封建统治者权力的转移提供了制度支撑。

从 1844 年天猛公易卜拉欣颁发第一张港契给士姑来河（Sungei Scudai）港主至天猛公去世（1862 年），其签署了约 40 份港契。如表 2 所示，位于柔佛最南部流入柔佛海峡的河流及其支流、柔佛河南部流域及柔佛西海岸少数河流流域已经开发了 32 个港脚。

表 2　1844—1862 年柔佛港脚分布情况表②

区域	港契数量	开发河流数量	港脚数量
柔佛海峡	18	16	14
柔佛河	18	19	16
柔佛西海岸	4	2	2
总计	40	37	32

易卜拉欣的继任者天猛公阿布峇卡（Abu Bakar）上台后继续大力推行港主制度，仅 1863 年 6 月至 1866 年 12 月三年半期间就发行了 47 张港契，是 19 世纪港契发布的高峰期，其中一半涉及对早期港契的修订，一半用以开发新的港脚。至 1866 年底，甘蜜种植园遍布柔佛河的大部分流域及柔佛西海岸北至峇株巴辖（Batu Pahat）的河流流域。③1867 年至 80 年代末，阿布峇卡又发行了 76 张港契，港脚和种植园扩张到麻坡河（Muar River）流域，约有 15 万华人在柔佛从事甘蜜和胡椒种植，如图 1 所示，华人港脚遍布流入柔佛海峡的所有河流下游、柔佛西海

① 卢虹．试析英国在马来半岛的殖民扩张（1824—1874）[D]．苏州：苏州科技学院，2014：52—54．

② Carl A. Trocki. Prince of Pirates: The Temenggongs and the Development of Johor and Singapore, 1784-1885 [M]. 2nd ed. Singapore: Singapore University Press, 2007: 119.

③ Carl A. Trocki. Prince of Pirates: The Temenggongs and the Development of Johor and Singapore, 1784-1885 [M]. 2nd ed. Singapore: Singapore University Press, 2007: 134.

岸北至麻坡几乎所有河流流域，逐渐向柔佛东海岸的大素里里河（Sedili Besar River）流域扩散。[①]甘蜜种植园几乎遍布全柔，甘蜜加工厂约 4000 家，柔佛已经成为当时世界上最大的甘蜜出口地。彼时华人已在柔佛开发了近 60 条港；若将没有获得港契的小港计算在内，可能就达到华人传说 138 条港之多。[②]

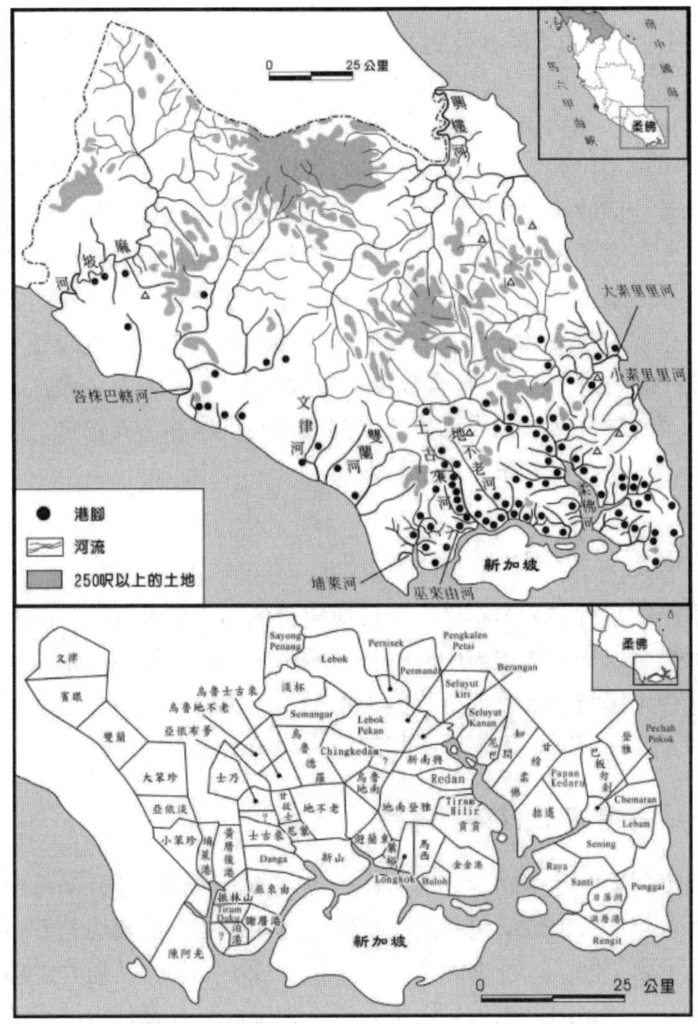

图 1　1887 年柔佛港脚、港区分布图[③]

① James C. Jackson. Chinese Agricultural Pioneering in Singapore and Johore 1800-1917 [J/OL]. Journal of the Malaysian Branch of the Royal Asiatic Society, 1965, 38 (1): 97. http://www.jstor.org/stable/41491840.

② 郑良树．柔佛州潮人拓殖与发展史稿［M］．新山：南方学院出版社，2004：52．

③ 白伟权，陈国川．从甘蜜园至橡胶园：19 世纪中至 20 世纪初柔佛的地景变迁［J］．亚太研究论坛，2013（6）：75．

1895 年以后，港主制度似乎随着苏丹阿布峇卡[①]的离世走向衰落，90 年代几乎没有新的港契被发布。至 1917 年《港主权益废止条例》宣布废除港主制度，其衰亡受到了柔佛经济发展和英国殖民政策的影响。国际甘蜜需求下降和橡胶需求增加，[②]大量甘蜜种植园改种橡胶；柔佛大片土地已被开拓，甘蜜迁移种植方式已不合时宜。19 世纪末英国对马来半岛殖民政策从“不干涉”转为介入的“前进和扩张主义”，加强对柔佛的干涉和控制：1885 年柔佛与英国签约让渡行政权；1910 年英国向柔佛派遣一位顾问官总揽行政事务，同年柔佛的鸦片由政府实行专卖，柔佛鸦片饷码制度被废；1914 年，英国与柔佛修改 1885 年条约，将派驻柔佛的顾问官改为驻扎官，英国殖民政府控制了柔佛的行政、司法、财政权。柔佛港主制度的废除是英国殖民政府回收柔佛主权、加强对柔佛资源垄断及控制的必然选择。

分析港主制度对柔佛的贡献，一是促进柔佛经济高度发展，使其从地广人稀、贫穷落后的荒凉之地发展成为新型马来土邦，建立了以华人为主导的繁荣的商业体系；二是促进柔佛人口发展，对政府财政税收做出重大贡献，也改变了柔佛的人口结构，根据 1911 年英国的人口普查数据，柔佛州人口为 18 万余人，其中华人占三分之一还多；三是独尊义兴极大维护了柔佛的社会秩序和治安稳定，避免柔佛陷入其他马来土邦饱受秘密会党械斗之苦的困局。

三、柔佛港主制度的特点

柔佛港主制度运行 70 余年来逐渐形成完善的书面文书体系、成熟的税收承包机制、法典保护下以华人资本为中心的种植园生产模式与债务体系、独尊义兴的政令传承，使其在柔佛马来人政权行政能力不足、英国殖民者对马来半岛政治、经济渗透时期找到了生存空间，为柔佛土邦的现代化做出了重要贡献。

（一）形成完善的书面文书体系

前文已经提到柔佛港主制度以港契作为华人土地承包以及社群自治的合法化凭据，马来统治者与华人土地承包者之间首次达成明确的书面契约关系。港主制度在柔佛存续的七十余年间，这种书面契约并不是一成不变的，其随着柔佛种植园经济的发展而不断演变，逐渐形成一套以华人资本为中心、甘蜜种植园经济为发展方向的完善的书面文书体系。

---

① 1885 年，英国承认天猛公阿布峇卡为柔佛苏丹，柔佛天猛公王统由此开始。1895 年苏丹阿布峇卡去世后，其子易卜拉欣（Sultan Ibrahim）继位柔佛苏丹。

② 19 世纪初，甘蜜、胡椒国际市场价格下降了约 60%，其出口贸易额占比降至 1912 年和 1915 年出口总额的 29.5% 和 0.9%；在国际市场对橡胶需求刺激下，橡胶逐渐成为柔佛最重要的出口商品，从 1910 年到 1913 年，柔佛橡胶出口总值增长了十多倍，1917 年橡胶出口额占柔佛贸易出口总额的 76.8%。

这一体系的形成大体可以分为两个阶段。早期颁布的港契内容简略，其作为一份土地开拓说明文书（Surat Tanda Keterangan），并未明确指定港主人选。如下列一份 1849 年的港契中仅涉及立约日期、立约双方、华人头人姓名及劳工数量，开港地点以及税收条件[①]等信息。与此同时一些华人头家（Taukeh）仅获得开拓许可书（Akuan）或采伐收割许可状（Kebenaran Menebang Menebas），享有土地使用权。

Tarikh kapada 1265 dan kapada dua puloh enam hari 26 bulan Ramadan hari Khamis jam pukul lapan delapan siang dan kapada masa ketika itu-lah kita Ungku Temenggong Serimaharaja memberi **surat tanda keterangan** kapada orang China yang hendak berkebun dalam tanah Johor, Sungai Sekudai.

Ya-itu nama china Lau Lib Keng orang-nya 25 orang banyaknya. Dan perjanjian china itu dengan Ungku Temenggong: tiga tahun lama-nya tiada di-ambil dia punya chukai lepas daripada tiga tahun tiada boleh tiada china itu mesti bayar bagaimana adat yang di dalam Singapura yang di-buat oleh Kompeni bagitu-lah yang di-turut oleh Ungku Temenggong kapada segala orang china yang berkebun dalam tanah Johor ada-nya.[②]

1862 年之后，随着柔佛甘蜜种植园运作模式的成熟，港契的形式和功能发生了变化，港契买卖、转让及港主垄断特权转让的契约文书逐渐出现。以港契为例，1863 年颁布的一份港契中着重对开港地点及土地承包范围做了明确限制；1882 年一份港契内容更为具体广泛，不仅注明立约日期、契约双方信息、开垦土地范围、开辟种植园数量、规定期限内实施开垦、林木采伐限制，还规定了开港公司的股东名单和股份划分及转让、开港权限的出售、保护土著生产生活资料等。以上港契的演变，与港主委任状（Surat Tauliah）的引入几乎同步发生。持有港契的华人头家被称为“河流之主”（Tuan Sungai），只有持有港主委任状的华人官员才是合法的“港主”（Kangchu），“港主”可以是“河流之主”，也可以是其代理人。港主委任状设定 17 项条款，明确规定了港主的权利和职能，如行政管理权、治安管理权、轻罪审判权、鸦片烈酒等专营权、负责种植园日常运行与发展规划、维护种植园债权人及股东权益等，港主委任状在赋予港主权威的同时，也体现了天猛公对华人自治权的限制和规范。

同一阶段买卖文书（Surat Jual-Beli）、公司文书（Surat Kongsi）、包税文书

---

① 1849 年这份港契内天猛公与华人 Lau Lib Keng 约定，港契生效的前三年内免征税款，三年后必须根据英国东印度公司制定的新加坡法律（天猛公同意柔佛境内从事种植园经济的所有华人须遵循这一法律）缴纳税款。

② Carl A. Trocki. The Johor Archives and The “Kangchu” System 1844-1910 [J/OL]. Journal of the Malaysian Branch of the Royal Asiatic Society, 1975 48 (1): 11. http://www.jstor.org/stable/41492097.

（Surat Pa-Jak Bahagian Sungai）的引入（以上文书用途及内容详见表3），使得华人资本的运作和港主垄断特权的交易规范化和标准化；而以上文书须在政府登记方可生效也使得马来人的行政机构有了实质性的扩张，逐渐形成了英国殖民体制下的早期马来人官僚机构。而1873年《港主法令》（Kanun Kangcu）的颁布可以视为对港主委任状的补充，也为上述文书体系的运行提供了法理依据，标志着港主制度下书面契约体系的条理化、合法化和制度化。

表3　1862年以后出现的书面文书①

文书类型	文书用途	文书内容
买卖文书	港契包含的土地、固定数量的种植园、港脚房屋和船只等设备，以及开港公司股东股份的买卖凭证	（1）买卖双方姓名； （2）交易物品说明； （3）成交价格； （4）卖方持交易物所有权的证明文件（如港契、买卖文书等）。
公司文书	开港公司各股东注资金额、股份分配以及利益分配凭证	（1）公司名称及公司重组情况； （2）股东姓名、注资金额、股份占比、收益分配比例； （3）公司经营范围。
包税文书	港契股东及港主垄断特权转让凭证	（1）转让双方姓名； （2）转让垄断特权说明（如鸦片、酒类、猪肉、赌馆、当铺垄断经营权，或某一港脚的港主特权）及转让人享有垄断特权证明文书； （3）转让时限及转让生效日期； （4）转让成交金额及支付方式； （5）受让人承诺持有垄断特权期间维护港脚内种植园运营、依法缴税、依法支付《港主法令》规定港主须缴费用。

（二）饷码项目众多

纵观柔佛港主制度文书体系的发展，可以发现早期该制度实施效果更多体现为农业定居点之开拓，1885 年以后港契发布数量大大减少，这一制度主要作为一种饷码制度发挥作用。

港脚华人群体流动性高、基本没有固定财产的特点决定了统治者难以直接对其征税，将华人苦力生活必需的鸦片、赌博、烈酒、典当等消费税承包出去，以间接方式对其征收消费税和人头税，也符合当时柔佛政府行政力量不足、行政管理队伍

① Carl A. Trocki. The Johor Archives and The “Kangchu” System 1844-1910 [J/OL]. Journal of the Malaysian Branch of the Royal Asiatic Society, 1975, 48 (1): 14-17. http://www.jstor.org/stable/41492097.

积弱难以负担华人群体税收管理的处境。从表 4 港主委任状和 1873 年《港主法令》的部分条款可以看出港主常常是其港脚内鸦片、烈酒、猪肉、赌博、典当及综合饷码的承包者，甘蜜、胡椒出口税也作为一种饷码被政府承包出去，柔佛饷码项目的多样性得以窥见一角。

表 4　港主制度下柔佛饷码种类①

饷码名称	依据
鸦片、烈酒、猪肉、赌博、典当	港主委任状第 11 条明确规定：港主须向其港脚内华工及定居人员供应鸦片、烈酒，供应中断则受处罚。 1873 年《港主法令》第 48 条规定：港主向鸦片专卖局或鸦片烟管采购鸦片和烈酒及在其港脚售卖时，须详细登记造册。 1873 年《港主法令》第 75 条规定：港主在其港脚内享有鸦片、酒类、猪肉专售权及赌场、当铺专营权。
甘蜜、胡椒出口税	1873 年《港主法令》第 33 条规定：每月港主须将出口的甘蜜及胡椒称重，并颁发证书给所有者和甘蜜、胡椒出口包税商，证书须标明重量并证明数量无误。
戏剧	1873 年《港主法令》第 60 条规定：港主须从警察局领取戏剧牌照，才可在其港脚演剧，该牌照有效期为 15 天，每张戏剧牌照 $12.00。
综合饷码	1873 年《港主法令》第 61 条规定：港主承包的所有税收每四个月须向天猛公缴纳一次。

（三）与秘密会党关系密切——独尊义兴

华人秘密会党是海外华人中以天地会为主的各种帮会组织，其最初是马来亚华人群体为了生存而结成的自卫互助组织。1799 年英属槟榔屿政府第一次发现华人秘密会党的存在，是马来亚秘密会党的最早记录，随后其社会角色由早期的华人共同体逐步转变为华人各方言群经济利益代理人。19 世纪三四十年代，经济率先发展的海峡殖民地地区秘密会党林立，常常为争夺帮派利益而相互敌视、频繁械斗；多个秘密会党互相争锋、频发暴动不利生产就是新加坡甘蜜种植业向柔佛转移的原因之一。

1841 年英属新加坡政府尝试推行农村土地所有权登记制度，划定种植园边界，并实行土地租金和地契制度以防止种植园主之间的土地冲突。当时新加坡约三分之二的种植园主都处于种植园债权结构之中，新土地制度实际上加强了债权人对

① 笔者根据 1873 年《港主法令》整理而成，《港主法令》原文见 A. E. Coope. The Kangchu System in Johore [J/OL]. Journal of the Malayan Branch of the Royal Asiatic Society, 1936 14 (3): 252-261. http://www.jstor.org/stable/41559862.

种植园主的合法控制权。1846 年 3 月 26 日，新加坡义兴领袖陈德海（Tan Tek Hye）登报命令 4000 名椒蜜华工转移到柔佛，以抗议新土地制度对种植园的土地测量。[①]这 4000 名原新加坡义兴会成员来到柔佛后受陈厝港（Tebrau）港主陈开顺（Tan Kye Soon）的直接领导，并成为陈开顺创办的柔佛义兴公司的主力，陈氏即为柔佛义兴会的首领。[②]这标志着柔佛统治者和义兴会这一秘密会党密切联系的开始。

为了适应当时柔佛经济和社会发展的需要，陈开顺等义兴公司首领采取各种措施将柔佛义兴公司去“私党化”。第一是商业化，柔佛义兴公司自成立起就主营椒蜜的种植、买卖，并且在柔佛统治者和港主制度允许的范围之内经营鸦片、赌博、典当等。第二是纪律化，义兴会员多为从事椒蜜种植的华人劳工，他们的生产生活活动在港主及义兴公司的约束下以合法合规的形式进行；其缴纳税收也为柔佛王室财政收入做出重大贡献。第三是公开化，几任义兴公司首领与柔佛统治者关系密切[③]，如陈开顺率领义兴会协助天猛公易卜拉欣平定麻坡（Muar）叛乱，协助其巩固了在柔佛的统治地位，从而成为天猛公许可的唯一可以在柔佛公开活动的华人会党。第四是地位合法化，天猛公阿布峇卡颁布的 1973 年《港主法令》第 13 条规定：港主须遵守先王所颁布之命令，不得于义兴之外另立会党。[④]这证明了义兴公司在柔佛的合法性地位首次在政府法令中得到承认。直到 1916 年英国殖民者解散义兴公司，其在柔佛境内一直拥有独尊的超然地位。英国殖民当局颁布的《1889 社团条例》及对马来亚秘密会党的强制镇压，并没有使柔佛义兴公司非法化。柔佛苏丹阿布峇卡庇护了义兴公司，其认为该法令不可能完全消灭秘密会党，且官方控制之下的柔佛义兴公司是对当地经济发展、社会稳定有益的社会组织。

港主制度下义兴公司的独特职能捍卫了其“独尊”地位：其一是义兴公司协助柔佛统治者将整个华人社会置于港主制度的控制之下，维护椒蜜种植和贸易体系的运行；其二，大多数港主和华人劳工为义兴公司成员，义兴公司得以整合柔佛华人族群内部权力结构，促进了对流动性强的华人移民的间接控制；其三，义兴公司肩负维护华人社会治安稳定、协助政府征税及维持华人港主承包饷码利润的责任，如稽查鸦片、烈酒走私及私设当铺、赌馆等。值得关注的是，柔佛义兴公司首领很大

---

① Carl A. Trocki. Prince of Pirates: The Temenggongs and the Development of Johor and Singapore, 1784-1885 [M]. 2nd ed. Singapore: Singapore University Press, 2007: 108-110.

② 1844 年 10 月 22 日，天猛公易卜拉欣颁布的第二份港契授予陈开顺在地不佬河流域合法垦殖权，陈开顺开辟的港脚就命名为陈厝港。

③ 陈开顺被天猛公易卜拉欣任命为柔佛警察署长和防卫局长，后又被委任为柔佛历史上第一位华人甲必丹。其后柔佛统治者委任的陈清丰、佘泰兴等华人甲必丹几乎都为义兴公司首领。

④ A. E. Coope. The Kangchu System in Johore [J/OL]. Journal of the Malayan Branch of the Royal Asiatic Society, 1936, 14 (3): 253. http://www.jstor.org/stable/41559862.

程度上控制了柔佛的饷码承包，如 1863 年至 1866 年之间，义兴公司首领陈旭年（Tan Yeok Nee）管辖柔佛甘蜜和胡椒出口及鸦片进口；1866 年，其与另外两名新加坡华商联合承包了新柔鸦片和烈酒饷码；1870 年前后，其成为柔佛境内唯一的饷码承包商。①

（四）形成法典保护下以华人资本为中心的种植园生产模式与债务体系

新加坡的甘蜜种植园债权结构随着华人资本的运作转移到了柔佛，这一债权体系蕴含在以出口为导向的甘蜜种植园经济之中，随着柔佛甘蜜种植园生产模式的发展愈发成熟；1873 年《港主法令》中对债权人的保护、港主权力的限制以及对债务人资产清算等相关规定使这一种植园生产模式与债务体系的运作规范化与合法化，法典保护下商品、特权及资本交易也加速了华人资本主义在柔佛的发展。

在生产层面上，港主制度下椒蜜种植园的运作是由华人公司或头家、港主、种植园主、劳工四个阶层进行的。头家多为居住在新加坡和马六甲的华商，公司是头家组成的按出资比例划分股权及收益的商业集团。头家与公司之功能是提供种植园经营所需资金、劳动力，垄断种植园产品的收购权，组成公所（Kongsoh）控制种植园产品的收购价格，和柔佛统治者组成椒蜜公局（Kongkek）管理种植园产品的品质、运输、销售价格及分配产品销售配额。港主功能详见表 5，主要负责种植园日常运营、椒蜜质量、运输及出口数量把控、稽查椒蜜走私、调解椒蜜贸易纠纷等。种植园主对港主负责，是种植园的实际经营者，主要负责开辟种植园、作物种植与收成、管理劳工、农产品包装加工等。劳工则为椒蜜的实际种植者。这一高度商品化的种植园经济生产结构呈稳定的金字塔形，其中少量华人公司及头家居于最上层，大量劳工居于最底层。

表 5　种植园生产层面港主义务②

义务	具体内容	依据《港主法令》条款
维护种植园运营	监督种植园主保持园区清洁，指导种植方法，定期视察；及时补充种植园缺乏之劳动力；有权拘捕损害椒蜜种植园者	第 9 条；第 43 条；第 26 条
登记造册	登记种植园主姓名及牌照；登记椒蜜出口重量、出产种植园、运输者姓名、运输船只离港抵港日期；登记造册种植园开辟及扩大情况	第 10 条；第 34 条，第 38 条；第 50 条

① 沈燕清．英属马来亚华人饷码制度探析［J］．东南亚研究，2013（4）：93．

② 笔者根据 1873 年《港主法令》整理而成，《港主法令》原文见 A. E. Coope. The Kangchu System in Johore [J/OL]. Journal of the Malayan Branch of the Royal Asiatic Society, 1936, 14 (3): 252-261. http://www.jstor.org/stable/41559862.

（续表）

义务	具体内容	依据《港主法令》条款
出口甘蜜、胡椒称重	负责出口椒蜜过秤，发放重量证书给卖方与甘蜜出口包税商	第 33 条
把控椒蜜质量	禁止次等椒蜜的运输；分辨甘蜜质量	第 15 条；第 19 条
调解纠纷	确定种植园边界；调解种植园边界土地纠纷，不能调解及时上报工程官；调解园主与运输商对运输产品重量、价格纠纷	第 16 条；第 32 条；第 35 条，第 67 条
稽查走私	稽查鸦片、烈酒走私；严禁椒蜜私运，运输椒蜜者不得收购椒蜜	第 22 条；第 36 条，第 37 条，第 39 条，第 40 条

种植园债务体系中，头家和公司是港主的债权人，提供港主开港或维持港区运营所需资金；港主将种植园开辟后一年半内或种植园扩大生产所需生产资料、劳动力和资金提供给种植园主，种植园收成后，港主按一定配额和低于市场价格 30% 的价格将农产品出售给港主的各位债权人直至债务还清，农产品价格则由头家和公司把控下的公所和椒蜜公局制定。有时头家和公司也直接投资种植园主，只需将种植园产品卖给投资人即可。劳工一般是被称为“猪仔”的契约劳工，通过赊票制（Credit Ticket System）被卖到种植园以劳作抵债，种植园主为其提供居所、生活必需品、粮食等，是他们的直接债权人；劳工多因吸食鸦片、赌博、酗酒及分摊港主对天猛公的供饷而无法还清债务，受到港主及义兴公司牢牢控制。可以看出这一债务体系基于高度商品化的椒蜜种植及贸易，如表 6 所示，《港主法令》详细规定了港主对头家、公司以及种植园主的义务，港主作为两方的中间人监督着债务体系的顺利运转。

表 6　种植园债务体系中港主的义务[①]

义务类型	具体内容	依据《港主法令》条款
对头家、公司的义务	强制欲借款垦地的种植园主与投资者签订契约抵押垦地，确保种植园主履约交货	第 14 条
	确保椒蜜产品质量	第 15 条
	跟踪种植园主债务履行状况，港主及时提交警局、法庭种植园主逃避债务的情况并监督其资产清算	第 46 条，第 47 条
	确保头家、公司可获得 20% 的产品利润	第 66 条
	及时通知头家、公司其债务人——种植园主因违法被	第 81 条

① 笔者根据 1873 年《港主法令》整理而成，《港主法令》原文见 A. E. Coope. The Kangchu System in Johore [J/OL]. Journal of the Malayan Branch of the Royal Asiatic Society, 1936, 14 (3): 252-261. http://www.jstor.org/stable/41559862.

（续表）

义务类型	具体内容	依据《港主法令》条款
	捕情况	
对种植园主的义务	确保劳工偿还种植园主债务，如债务未清劳工逃往另一港脚，该地港主应将其送还债主	第 17 条
	允许种植园主无抵押债务时可以自由买卖种植园	第 18 条
	借给有抵押债务的种植园主开展生产的必要款项，甘蜜胡椒可作为借款抵押物	第 24 条
	拘捕损坏已出售种植园财物的前园主	第 27 条
	园主要求以椒蜜偿还债务时，港主通知典主以公正价格接受其要求	第 68 条

四、结语

柔佛港主制度不仅是适用于华人拓殖柔佛的土地种植制度，也是符合柔佛早期华人社会特点的包税制度，这一制度允许的范围内，柔佛华人社会逐渐形成甲必丹-港主-种植园主-劳工的权力结构和自治模式。但在港主制度后期，随着柔佛马来人行政机构的完善及英国殖民扩张政策的实行，华人社会的自治权力逐渐被回收。柔佛港主制度在英国殖民者在马来半岛殖民势力尚薄弱的时期得以生存，也随着英国加强对马来半岛的殖民统治而消亡。

本文仅探究了港主制度的起源、发展及华人对柔佛开拓之贡献，根据可得资料从行政及经济角度分析了港主制度的四大特点；因资料有限，港主制度对柔佛财政税收的贡献、各类饷码承包程序及成交价码不得而知。作者笔力有限，对柔佛港主制度的探析尚浅，早期柔佛马来人行政机构的出现对马来西亚现代国家建构之影响、港主制度下华人商业网络的构建和运作、柔佛港主制度对华人民间信仰的影响、英国殖民政策收紧后柔佛华人社会的变迁等都值得进一步关注和研究。

参考文献

[1] 安焕然．论潮人在马来西亚柔佛麻坡的开拓［J］．汕头大学学报，2002（2）：80—92．

[2] 白伟权，陈国川．从甘蜜园至橡胶园：19 世纪中至 20 世纪初柔佛的地景变迁［J］．亚太研究论坛，2013（6）：65—102．

[3] 梁志明．殖民主义史（东南亚卷）［M］．北京：北京大学出版社，1999．

[4] 卢虹．试析英国在马来半岛的殖民扩张（1824—1874）［D］．苏州：苏州科技学院，2014．

[5] 沈燕清．英属马来亚华人饷码制度探析［J］．东南亚研究，2013（4）：

91—99.

［6］徐冠勉．独尊义兴？——从《港主法令》看 19 世纪晚期柔佛的商业与社会（1862—1900）［J］．华侨华人文献学刊，2016（2）：54—92.

［7］郑良树．柔佛州潮人拓殖与发展史稿［M］．新山：南方学院出版社，2004.

［8］A. E. Coope. The Kangchu System in Johore [J/OL]. Journal of the Malayan Branch of the Royal Asiatic Society, 1936, 14 (3): 247-263. http://www.jstor.org/stable/41559862.

［9］Carl A. Trocki. Prince of Pirates: The Temenggongs and the Development of Johor and Singapore, 1784-1885 [M]. 2nd ed. Singapore: Singapore University Press, 2007.

［10］Carl A. Trocki. The Johor Archives and The “Kangchu” System 1844-1910 [J/OL]. Journal of the Malaysian Branch of the Royal Asiatic Society, 1975, 48 (1): 1-46. http://www.jstor.org/stable/41492097.

［11］Carl A. Trocki. The Origins of The Kangchu System 1740-1860 [J/OL]. Journal of the Malaysian Branch of the Royal Asiatic Society, 1976, 49 (2): 132-155. http://www.jstor.org/stable/41492143.

［12］Cynthia Chou. The Orang Suku Laut of Riau, Indonesia: The Inalienable Gift of Territory [M]. London and New York, NY: Routledge, 2010.

［13］James C. Jackson. Chinese Agricultural Pioneering in Singapore and Johore 1800-1917 [J/OL]. Journal of the Malaysian Branch of the Royal Asiatic Society, 1965, 38 (1): 77-105. http://www.jstor.org/stable/41491840.

［14］James C. Jackson. Planters and Speculators: Chinese and European Agricultural Enterprise in Malaya, 1786-1921 [M]. Kuala Lumpur: University of Malaya Press, 1968.

国家文化建构视域下马来西亚泰米尔文化的发展困境

国防科技大学外国语学院 范彬莎 刘 勇

【摘 要】在国家文化层面，马来西亚存在多元文化并存的社会现实，其中泰米尔文化是马来西亚多元文化的重要组成部分；在族群文化层面，马来文化本身也存在多元文化融合的特点，其中印度教元素也在马来传统文化中有所体现。在独立后的国家文化建构进程中，国家文化政策强调以马来伊斯兰文化为国家文化的核心，泰米尔文化的传承与发展也由此面临着严峻的挑战。政府单元主义的政策是造成马来西亚泰米尔文化发展困境的直接原因，但印度人社群在政治经济领域的弱势地位才是泰米尔文化无法摆脱发展困境的根本原因。

【关键词】马来西亚；国家文化；泰米尔文化；文化建构

作为多元族群国家，马来西亚是多元文化的结合体，其中三大主体民族的文化差异性巨大，在样貌、语言、文化和宗教方面各不相同。[①]印度人作为马来西亚的三大主体民族之一，占全国总人口的 6.7%[②]，其践行的族裔文化与马来人、华人及其他少数民族的文化共同塑造了马来西亚多元文化格局。马来西亚的印度人并非单一的民族集团，“印度人”这个名称是马来西亚建国后政府对于来自印度次大陆各个民族的总称，[③]其中泰米尔人是马来西亚印度人的绝对主体，因此马来西亚印度人社群所践行的文化可简单归纳为泰米尔文化。自建国以来，马来西亚政府一直致力于建构全社会认同的国家文化，促进民族间的团结。然而，政府的国家文化政策将马来伊斯兰文化作为国家文化的核心，与多元文化并存的社会现状相悖。在国家文化建构中，政府追求马来伊斯兰文化的主导性地位，同时在马来文化的塑造中则寻求高度的伊斯兰化，强调伊斯兰教是马来文化的内核。在这样的背景下，马来西亚泰米尔文化的生存与发展面临着巨大的压力，政府的一系列措施导致印度人群体的文化被不断边缘化。

---

① Mahathir Bin Mohamad. The Malay Dilemma [M]. Singapore: Times Books International, 1970: 175.

② 中国新闻网．马来西亚全国人口普查报告发布 华裔公民占 23.2% [EB/OL]．(2022-02-04) [2023-06-09]．https://www.chinanews.com.cn/gj/2022/02-14/9676153.shtml．

③ 罗圣荣．马来西亚印度人的由来及其困境研究 [J]．东南亚研究，2008 (4)：36．

一、泰米尔族裔文化在国家文化建构中的边缘化

在国家文化层面，泰米尔文化是马来西亚多元文化的重要组成部分。在伊斯兰教传入之前，印度教就曾长时间主导了马来半岛地区的发展，这对马来文化的塑造与发展产生了深远的影响。伊斯兰教传入后，虽然伊斯兰教逐渐取代印度教在马来半岛的地位，但是印度教相关文化元素仍然广泛存在于马来文化中。英国殖民时期，殖民者大量引进以泰米尔人为主的印度劳工，泰米尔文化再次成为地区三大主要文化之一。建国后，受到马来民族主义的影响，马来西亚提出“一个国家、一个民族、一种文化、一种语文”的单元文化建构目标。1971 年 8 月 16 日，马来西亚国家文化的三大原则在全国文化大会（National Cultural Congress）中正式提出：（1）马来西亚的国家文化必须以土著文化为核心；（2）其他文化中合适或恰当的项目可被接受为国家文化的一部分，但是必须符合第一项和第三项原则；（3）伊斯兰教是塑造国家文化的重要部分。[①]尽管该原则并非正式的法律条文和政府政策，但却多次被官方引用，并且成为该国文化领域各个方面政策制定和落实的指导原则。显然，政府主导国家文化建构进程的根本指向就是要形成以马来文化和伊斯兰教为核心的国家文化，而这种单元主义的国家文化建构理念和实践不可避免地限制了该国非马来文化的传承和发展，并使其处于不断被同化和边缘化的过程中，泰米尔文化便是其中之一。

（一）泰米尔语及其教育体系的边缘化

泰米尔语是马来西亚泰米尔社群使用的主要语言，其历史悠久且具有浓厚的宗教气息，成为了马国泰米尔社群文化认同和族群身份的象征之一。在国家文化的建构进程中，泰米尔语的生存空间和使用范围一直受到马来语的挤压。尽管 1967 年的《国语法令》在确定马来语是唯一的官方语言的同时，保留了其他族群使用母语的权利，但在政策的落实过程中，政府却通过采取一系列的措施将行政领域和经济领域的通用语言限定为马来语和英语，比如要求政府各个部门必须使用马来语，将马来语的水平与公务员的职位薪资挂钩等。泰米尔语的适用范围则自然而然被局限在泰米尔群体甚至泰米尔家庭当中。泰米尔语性价比的降低使得泰米尔群体出于生存和就业需要不得不加强对于马来语和英语的学习。因此，在政府政策的推动下，部分泰米尔人“主动”放弃了接受母语教育的权利，这严重影响了泰米尔语在马来西亚的传承与发展。一项基于马来西亚印度人群体祖孙三代语言状况的社会调查显示，从祖辈到孙辈泰米尔语作为其社会常用语言的比率由 78.3% 逐辈下降至 56.7%

---

① Kementerian Pelancongan, Seni dan Budaya. Dasar Kebudayaan Negara 2021 [EB/OL]. (2021-11-02) [2023-06-09]. https://motac.gov.my/muat-turun/category/123-dasar-kebudayaan-negara-2021.

和 42.2%，而马来语作为其社会常用语言的比率却由 9.8% 逐辈上涨至 16.3% 和 17.2%。[①]

在泰米尔语被边缘化的同时，其教育体系也一直处于衰退的过程中。坚持进行泰米尔语教育是马来西亚泰米尔人维护本民族特征，传承本民族文化的方式之一。早在 1816 年马来亚就已经存在泰米尔语学校，1886 年吉隆坡的泰米尔语学校高达 33 所。[②]后来作为吸引印度劳工的手段之一，英国殖民政府和橡胶园也开始兴办泰米尔语学校。1923 年马来亚《劳工法》规定，种植园如果有超过 10 名适龄儿童，就必须为这些儿童提供泰米尔语教育。[③]随着印度移民劳工数量的增加，马来亚地区的泰米尔学校也不断增加，到 1957 年马来亚共有 880 所泰米尔学校。[④]但在马来精英看来，其他语言学校的存在是促进国民团结和构建国家认同的巨大阻碍。因此，独立前夕，马来亚联合邦政府就已经开始以创造单语教育体系为目标筹划该国的语言教育政策。然而，由于马来亚多语源流学校存在的现实以及非马来人群体的激烈抗争，马国政府无法迅速实行单语教育的目标，语言教育政策也在多轮博弈中不断调试。独立后，《1961 年教育法令》成为马来西亚教育体系改革的主要依据，其内容包括：第一，规定马来语为主要教学媒介语，马来语小学改为国民小学，以马来语为教学媒介语；英语、华语、泰米尔语小学改为国民型小学，以母语为教学媒介语，但必须学习马来语。在合适的时候，教育部长有权将国民型小学直接改制为国民小学。第二，马来语中学改为国民中学，英语中学改为国民型中学，华语和泰米尔语中学只能作为独立中学，政府不再给予任何津贴。第三，在中小学的所有公共考试中只能以马来语和英语作为媒介语。[⑤]上述语言教育政策对于泰米尔语教育体系造成了严重冲击。首先，由于印度人社群没有能力对建设泰米尔语学校提供经济支持，马来西亚的泰米尔语教育便仅限于小学阶段，并且随时面临着被改制的风险。其次，在政策的落实过程中，泰米尔语国民型小学获得的政府津贴远远少于国民小学，这导致其在师资力量、基础设施以及教科书质量等方面都面临巨大的困难。教学质量不足同时影响了泰米尔语小学的招生规模，而逐年递减的招生人数又进一步导致了泰米尔语小学的大面积关闭。在政府语言教育政策的影响下，马来西

---

① 洪丽芬．马来西亚印度人社群研究：以印度人社群语言状况为例［J］．南洋问题研究，2011（4）：75．

② Loh P F S. The Malay states, 1877-1895: Political change and social policy [M]. Oxford University Press, 1969: 167-168.

③ 范若兰，李婉珺，［马］廖朝骥．马来西亚史纲［M］．广州：世界图书出版广东有限公司，2018：144．

④［马］洪丽芬．马来西亚印度人社群研究：以印度人社群语言状况为例［J］．南洋问题研究，2011（4）：74．

⑤ 范若兰，李婉珺，［马］廖朝骥．马来西亚史纲［M］．广州：世界图书出版广东有限公司，2018：195．

亚的泰米尔语小学数量已经由独立初时的880所逐步下降，到20世纪90年代初仅余500余所。《1996年教育法令》出台后，教育部长不再拥有将国民型小学改制为国民小学的权力，泰米尔小学的数量基本稳定，但招生率仍然存在逐年递减的趋势，发展前景不容乐观。①

（二）印度教的边缘化

印度教是马来西亚泰米尔人群体信仰的宗教，其世界观和价值观影响了马来西亚泰米尔人群体的道德信仰、风俗习惯和行为方式，是其族群身份认同的关键。如果说泰米尔语是马来西亚泰米尔文化的载体，那么印度教就是其文化的内在核心。从某种程度上来说，印度教在马来西亚的地位与发展直接体现了泰米尔文化在马来西亚的地位与发展。在马来西亚以马来文化和伊斯兰教为核心的国家文化建构进程中，印度教的发展实际上也受到了严重的影响。从宗教本身来看，印度教与伊斯兰教在基础教义和价值观念上存在直接的冲突，穆斯林信奉一神论，印度教徒则信奉多神论；伊斯兰教义强调“平等原则”，印度教却具有森严的等级制度。从宗教地位上来看，《马来西亚联邦宪法》规定，伊斯兰教是马来西亚联邦的官方宗教，最高元首是全国的宗教领袖，各州的统治者是各州的宗教领袖，最高元首与各州统治者的宗教领袖特权不可侵犯。②因此，在马来西亚的多元宗教社会中，伊斯兰教的崇高地位受到法律保护，其他宗教则处于相对弱势的地位。尽管宪法中规定人民具有宗教信仰自由，但由于伊斯兰教与印度教价值观念的冲突及其地位的不平衡，马来西亚的印度教在国家马来化和伊斯兰化的大势之下也一直处于被边缘化的过程中。

印度教地位与发展的实际状况可以依托印度教宗教建筑——印度教神庙的维护与新建情况，以及印度教徒宗教信仰自由权利的落实情况进行分析。首先，印度教神庙的维护与新建情况不容乐观。在政府政策的推动下，马来西亚伊斯兰教的地位不断提高，马来社会的伊斯兰氛围也趋于浓厚，导致部分穆斯林激进分子对于印度教十分排斥。这对于印度教神庙的保存与新建带来了负面影响，甚至，部分穆斯林激进分子还对印度教神庙展开了破坏行动。1977年马来西亚发生了第一起破坏印度教的事件。③此后，马来穆斯林对于印度教神庙的破坏常有发生。2016年，槟城

---

① Ibrahim N. A case on Tamil education in Malaysia: Is Tamil education being sidelined? [J]. SHS Web of Conferences, EDP Sciences, 2018, 53 (03006).

② 罗圣荣．当代马来西亚政治［M］．北京：社会科学文献出版社，2018：245．

③ 范若兰，李永丽．当代马来西亚印度教复兴及其影响探析［J］．南亚东南亚研究，2022（2）：67．

至少有 7 间印度教神庙遭到破坏。[①]除此之外，马来西亚官方也多次开展印度教神庙的拆迁活动。根据 1981 年和 1983 年的《社团法》修订案，所有庙宇都要有成员登记，定期选举管理人员，并向社团登记官提交年度财务报告，对于未注册的庙宇要进行搬迁、拆除或没收资产。[②]此后，各州政府便时常以违建或经济发展需要的理由拆除印度教神庙。2018 年 11 月 26 日至 27 日，马来西亚雪兰莪州梳邦再也（Subang Jaya）斯里马哈马里安曼兴都庙（Sri Maha Mariamman Temple）拆迁事件就引发了印度教徒与马来人拆迁方之间的冲突。该事件最终导致 18 辆车被烧毁，一名消防员丧生，险些上升为印度人与马来人之间的族群冲突。[③]在印度教神庙拆毁事件不断发生的同时，政府还收紧了印度教神庙的新建权限。自 20 世纪 70 年代起，印度人便很难获得修建印度教神庙的许可证，因此印度教神庙的新建数量也在逐步减少。

其次，泰米尔人宗教信仰自由权利面临威胁。泰米尔人对于印度教的信仰十分虔诚，在他们看来，转变宗教等同于放弃自己的印度人身份，亦是对祖先血统的背叛。[④]但随着马来西亚的伊斯兰化，该国曾多次发生过泰米尔人被迫皈依伊斯兰教的案件。2008 年 2 月，一名马来西亚泰米尔青少年在其父母不知情的情况下被同学带至宗教部门，背诵了信仰宣言（Syahadah），获得了皈依证书。随后，他的马来西亚身份证上注明伊斯兰教是他的宗教信仰。这名泰米尔少年在日常生活中是印度教的虔诚教徒，却由于伊斯兰法律的限制，无法改变其在法律上是穆斯林的现实。无独有偶，泰米尔妇女 S. Banggarma 声称自己 7 岁在福利院时在非自愿的情况下被国家宗教部门皈依了伊斯兰教，而她本人却在 2000 年登记结婚时才发现自己的宗教信仰是伊斯兰教。由于其在法律上的穆斯林身份，她无法正常与印度教徒结为合法夫妻。[⑤]基于现实情况分析，马来西亚泰米尔人宗教信仰自由的权利也的确存在无法完全落实的情况。

马来西亚政府以马来文化和伊斯兰教为核心的政策导向主导了国家文化的建构进程，在此过程之中，马来文化和伊斯兰教在社会的地位不断提高，泰米尔文化等非马来文化则面临着严重的发展困境。泰米尔语是马来西亚泰米尔文化的载体，而

---

① Belle C V. Thaipusam in Malaysia: A Hindu festival in the Tamil diaspora [M]. ISEAS-Yusof Ishak Institute, 2017: 17-18.

② 范若兰，李永丽．当代马来西亚印度教复兴及其影响探析［J］．南亚东南亚研究，2022（2）：67．

③ 东盟头条．马来西亚百年印度寺庙遭袭引骚乱 18 辆车被烧 警方逮捕 21 人［EB/OL］．（2018-11-27）［2023-06-13］．http://www.aseantop.com/content?id=9017．

④ Gill S K, Gopal N D. Understanding Indian religious practice in Malaysia [J]. Journal of Social Sciences, 2010, 25 (1-3): 135.

⑤ Gill S K, Gopal N D. Understanding Indian religious practice in Malaysia [J]. Journal of Social Sciences, 2010, 25 (1-3): 138.

在国家文化的建构进程中由于其使用范围和习得性价比的局限性导致其在泰米尔人群体的影响力逐渐降低，泰米尔语的传承与发展也由此面临着严峻的挑战。与此同时，泰米尔文化的内在核心——印度教的发展也受到了伊斯兰教的限制与冲击。在马来西亚，泰米尔语和印度教的发展困境即是泰米尔文化发展困境的具象表现。

二、马来传统文化的去印度教元素化

在伊斯兰教传入之前，马来文化深受原始宗教信仰、佛教以及印度教的影响，马来半岛地区也处于印度文化时期。伊斯兰教在马来半岛的传播是以和平的方式进行的，所谓和平的方式指的是伊斯兰教是通过文化转型的方式逐渐被当地居民所接受的，其表现形式就是伊斯兰化和去印度化的过程。由于伊斯兰教传入方式的温和性，在缺少军事征服、政治压迫或者外国势力强势介入的情况下，马来西亚的伊斯兰化和去印度化存在不彻底性，马来传统文化中受到印度教因素影响的内容作为马来社会的风俗习惯得到了部分的保留。建国以后，政府为确保马来民族在文化领域的主导地位，选择以马来伊斯兰文化为核心建构国家文化，强调国家文化的主体是马来文化，马来文化的核心是伊斯兰教。在此背景之下，伊斯兰教成为马来文化区别于国内其他文化的根本所在，马来社会对于伊斯兰教的认同感不断提高，这导致马来社会对于马来传统文化受到印度教影响的部分容忍度降低，进一步推动了马来文化的伊斯兰化和去印度教元素化。

（一）禁止或限制包含印度教元素的马来传统戏剧演出

作为马来半岛地区自古以来最主要的表演艺术之一，马来传统戏剧的演出内容和表演形式是马来社群艺术偏好的反映，也是马来传统文化内涵的体现。马来半岛地区的古典戏剧艺术大多奠基于印度文化时期，因此马来传统戏剧现在仍然存在印度教元素的痕迹，其中最典型的就是吉兰丹皮影戏（Wayang Kulit Kelantan）和玛雍戏剧（Mak Yong）。从演出剧目来看，两种戏剧表演中所呈现的故事大多来源于印度史诗《罗摩衍那》和《摩诃婆罗多》。[①]罗摩、罗什曼那、悉多等印度史诗中的主要人物的故事也通过戏剧演出在马来社会中口口相传。尽管其中具体的人物故事存在一定程度的改编，并且部分人物的名称也依照马来社会的习惯进行了更改，但其原型来自印度史诗是毋庸置疑的。从表现形式上来看，在演出过程中，艺人将通过诵读、吟唱、旁白、音乐等形式呈现演出剧目，同时还会伴随着不同的音乐伴奏。这样综合性的表现形式与印度古老的梵语戏剧极为相似。印度戏剧起源的神话传说提到：梵天分别撷取四部吠陀中的戏剧因素——吟诵、歌唱、表演和情味，创

① Yousof G S, Khor K K. Wayang kulit Kelantan: A study of characterization and puppets [J]. Asian Theatre Journal, 2017, 34 (1): 1-25.

造出作为第五吠陀的戏剧。[①]马来传统戏剧极具综合性的演出形式也是受到印度教影响的表现之一。从演出流程来看，一般来说，传统戏剧的表演会持续数场。而在首场演出开始之前，需要举行祭祀仪式和开场仪式。在祭祀仪式中，会使用到的物品包括生米、熟米、鸡蛋面、少量的钱和水。在仪式的过程中，一名巫师将在音乐的伴奏下不断念诵咒语向祖先和神灵祭拜，以祈求演出的顺利进行。巫师诵读的咒文中包括原始宗教、印度教、佛教、伊斯兰教的经文。在随后的开场仪式中，所有在演出中使用的乐器将被涂上熟米饭，随后摆放在固定的位置。比如，在玛雍戏剧的表演中，特塔瓦克锣（Tetawak）必须悬挂在舞台的东北角，列巴布（Rebab）必须摆在舞台中央且朝东的方向。[②]此外，在演出开始之前，还会给戏剧演出中使用到的工具焚香，此举的主要意图也是为了保证演出的顺利进行。

无论是从演出内容还是表现形式来看，吉兰丹皮影戏和玛雍戏剧都具有强烈的宗教气氛。[③]其中，两种戏剧祭祀仪式和开场仪式中通过巫师念咒等仪式寻求神灵庇佑保证演出顺利进行的流程与印度教的多神崇拜和宗教仪式密不可分，具有浓烈的印度教色彩。吉兰丹皮影戏和玛雍戏剧也因此饱受争议，面临着失传的风险。在官方层面，1990 年伊斯兰教党执政吉兰丹州之后，州政府出台《娱乐和娱乐场所管理法》，以与伊斯兰教义相悖为理由，禁止了包括皮影戏和玛雍戏剧在内的“非伊斯兰”传统戏剧在公共场所的演出，[④]同时还规定马来人不得参与此类传统戏剧的演出。在马来社会中，皮影戏和玛雍戏剧的受欢迎程度也在逐年递减。

（二）重构马来传统习俗中的印度宗教仪式

婚俗文化，作为一种在历史各个时期不断融合、发展与实践的文化，具有深厚的历史底蕴和浓烈的民族色彩，一定程度上反映了民族文化的总体特征。从根本上来说，马来人婚俗文化的形成很大程度上受到了印度习俗文化的影响。尽管随着伊斯兰教的到来，马来人的婚俗文化已经基于伊斯兰教的价值观发生了诸多变化，但直到现在，在其婚俗文化中仍能窥见印度习俗的残留。一般来说，马来人婚俗仪式大体可以分为打探（merisik/meninjau）、提亲/送聘（meminang/menuang）、订婚仪式（majlis akad nikah）、并坐礼（bersanding）以及婚宴（walimatul urus）等部分。

---

① 张玉安．马来西亚的哇扬戏［J］．东南亚研究，2006（1）：80—83．

② 何瑞梅．马来西亚传统音乐的基本特征与文化内涵探讨：以马来玛雍戏剧的开场音乐为例［J］．人民音乐，2016（3）：82—85．

③ 张玉安．罗摩戏剧与东南亚民族表演艺术［J］．东南亚研究，2004（5）：85—88．

④ Hussin N Z I, Ab Rahman N A F, Padleec S F, et al. An exploratory study on the challenges in preserving Mak Yong in the East Coast of Malaysia [C]// Proceedings of the 4th UUM International Qualitative Research Conference (QRC 2020). 2020, 1: 3.

[1]在马来的婚俗文化中，并坐礼被视为婚礼仪式的高潮，同时也是马来新人向亲友宣布已在宗教和法律两个维度上建立合法关系的方式。然而，这个被马来社会广泛接受并且延续至今的习俗并非源自伊斯兰教，而是受印度教影响而逐渐演变形成的。一般来说，礼座由两级台阶和一个供新人就座的小平台构成，长约 12 米、高约 4 米。在不同的州属，礼座的装饰风格和颜色有所差异，但都是马来王室王座的复刻品。[2]新人坐在礼座之上俯视宾客和接受宾客祝福的场景与马来王室接受子民朝拜的场景相似，因此，在并坐礼仪式当天，新人也被称为“一日皇帝”。在印度教及印度文化传入之后，马来半岛才逐渐建立起了君主制度和王权观念，“一日皇帝”的习俗作为马来君主制度在民间婚俗文化中的体现，是马来婚俗仪式受到印度教文化影响的例证之一。此外，在并坐礼的仪式当中还存在暗含迷信、多神崇拜以及偶像崇拜的部分。首先，并坐礼当日在新娘身边会有一名饰发师，主要负责为新娘修剪额上毛发和胡须。同时，饰发师还负责保护新娘的精神免受鬼怪的侵扰。[3]其次，在宾客依次对新人表达祝福的时候，会向新人身上洒姜黄米和咒水等物品。由于颜色与黄金相近，姜黄米象征着富裕，而由香油、米粉以及水混合而成的咒水代表着新人品德志趣的高雅纯洁。为新人往后生活驱邪攘灾和祈求幸福和谐则是念咒撒水的主要目的。《古兰经》写道：“我们只向您（安拉）朝拜，也只向您寻求帮助。”如果从伊斯兰教义的角度来看，其信仰者只能向安拉寻求帮助。因此，在并坐礼中所有以驱除鬼怪邪灵祈求获得幸运为目的的仪式皆受到了印度教中迷信和多神崇拜的影响。[4]

针对婚俗仪式中的印度教元素，马来社会主要通过对其进行去印度化解构，或者进行伊斯兰化的意义重构的方式来实现马来传统文化的去印度教元素化。首先，马来社会将这些可能造成宗教争议的仪式与信仰问题分离，将其简单定义为传承的马来习俗和本土文化。并且基于伊斯兰的教义对于部分仪式进行了一定程度的改造，比如因为穆斯林女性的头发被列为羞体不能示人，所以新娘的饰发师存在必须是女性的硬性要求。这通过将婚俗仪式施加伊斯兰教的特征以弱化其中的印度教色彩。其次，在马来社会也存在否认并坐礼来源于印度教的说法。在他们看来，并坐礼是世界普遍存在的习俗仪式，其并非来自任何宗教。早在印度教的影响传入之

① Abdullah C Z, Yahya Z, Salleh F, et al. Adat perkahwinan masyarakat Melayu, kesejajarannya dengan nilai Islam: kajian di Shah Alam [J]. 2015.

② Salleh N. Komunikasi Bukan Lisan: Simbol Sebagai Medium Pemakluman Dalam Adat Persandingan Masyarakat Melayu [J]. Jurnal Komunikasi Borneo (JKoB), 2018: 21-29.

③ Dasuki S, Mohd Radzi F, Idris N, et al. Perkembangan budaya popular dan perubahan sosio-budaya masyarakat pasca moden: Adaptasi budaya asing dalam perkahwinan Melayu [J]. 2015.

④ Abdullah C Z, Yahya Z, Salleh F, et al. Adat perkahwinan masyarakat Melayu, kesejajarannya dengan nilai Islam: kajian di Shah Alam [J]. 2015.

前，世界上的多个地区就已经存在并坐礼的仪式，比如巴勒斯坦、伊朗等地区。而马来西亚社会中认为并坐礼来源于印度教的观念是由于历史知识的匮乏，并且造成了对这项习俗的诽谤。①与马来传统戏剧相似，并坐礼也同样因为其中的印度教元素一定程度上受到了社会的批评和抵制。2015 年莎阿南的一项问卷调查中，80% 的受访者都表示无法接受并坐礼这个并非来源于伊斯兰教的习俗仪式。②

在马来西亚国家文化建构的背景下，伊斯兰教在文化领域的地位不断提升，这进一步推动了马来文化的伊斯兰化，其主要表现形式就是逐渐剔除马来传统文化中受印度教影响而形成的部分。一方面，马来西亚官方出台了相关法令禁止或限制了包含印度教元素的马来传统戏剧的演出；另一方面，马来社会也通过对婚俗中的仪式进行伊斯兰化的改造和重新定义该仪式来源两种方式来实现马来婚俗文化的去印度教元素化。实际上，马来传统文化的去印度元素化也是泰米尔文化的发展在马来西亚国家文化马来化和伊斯兰化进程中受到严重限制的表现形式之一。

三、马来西亚泰米尔文化发展困境的原因探析

泰米尔文化是马来西亚文化的重要组成部分。在国家层面，以泰米尔人为主体的印度人社群是马来西亚三大主体民族之一，泰米尔文化是社会多元文化的其中之一；同时，由于印度教曾经长时间主导了马来文化的塑造与发展，在马来传统文化中也存在部分印度教元素。建国后，在国家文化建构的进程中，泰米尔文化的生存与发展却面临着严峻的挑战。泰米尔语在行政、经济和教育领域逐渐被边缘化，印度教的发展空间被官方宗教伊斯兰教不断挤压。甚至在社会愈发浓厚的伊斯兰氛围中，作为“人类非物质文化遗产”的马来传统戏剧也由于其中包含印度教元素被禁止演出。诚然，单元主义的国家文化政策是直接导致泰米尔文化发展困境的原因，但究其根本，马来西亚泰米尔文化所面临的发展困境与印度人社群在人口规模、政治领域和经济领域的弱势地位密不可分。

（一）单元主义的国家文化政策是泰米尔文化发展困境的直接原因

建国初期，马来西亚马来人社群与非马来人社群的矛盾十分激烈，其对于国家建构的设想也存在巨大的差异。非马来人期待建构一个族群平等的多元主义国家，而马来人则是坚持要塑造以马来族群为主导的国家，双方在国家政治、经济、文化等多个领域的竞争十分激烈。在这样的大背景下，关于国家文化建构的话题也成为

① Iluminasi. Amalan Bersanding Melayu Bukan diwarisi dari Budaya Hindu! Ianya Amalan Universal Pelbagai Bangsa [EB/OL]. (2017-11-20) [2023-06-11]. https://iluminasi.com/bm/benarkah-budaya-persandingan-itu-datang-dari-ajaran-hindu-dan-apakah-hukum-bersanding.html.

② Abdullah C Z, Yahya Z, Salleh F, et al. Adat perkahwinan masyarakat Melayu, kesejajarannya dengan nilai Islam: kajian di Shah Alam [J]. 2015.

族群争论的焦点。非马来人强调多元文化的平等共生，而马来人精英则意图追求马来文化在国家文化的主导性地位。文化对于政治稳定具有重要意义，一种具有凝聚力的文化可以赋予政权合法性和权威性，从而巩固政权统治，维护政治稳定。为了维护与巩固马来族群对于国家政治权力的掌控，以马来人为主体的政府最终选择了单元主义的国家文化建构路径，试图通过同化性的文化政策培养非马来人社群对于马来文化的认同，从而提高对马来人政府和政权的认同。以塑造马来伊斯兰文化为最终目的国家文化政策也依靠其所包含的国家强制力塑造了马来文化在国家文化建构进程中处于优势地位，而泰米尔文化则处于相对劣势地位的态势，从而直接影响了马来西亚泰米尔文化的发展趋势。

首先，马来西亚的国家文化政策中规定以马来文化为主的本地区文化是国家文化的核心，伊斯兰教是国家文化的重要组成部分，而其他文化中合适或者恰当的项目在不违背这两项原则的前提下才可以被接受为国家文化的一部分。这指明了国家文化建构的总体规划和根本指向就是要将国家文化的最终形态塑造为以马来文化和伊斯兰教为核心的文化。因此，文化领域各个方面具体政策的制定和实践也深受国家文化政策的影响。在语言使用方面，政府规定马来语是唯一的官方语言，并将行政领域的通用语言限定为马来语，要求公务员在日常工作中使用马来语并将其马来语的水平与职位薪资挂钩。与此同时，政府还通过控制补助津贴的发放数额、规划学校语言课程安排，以及限定升学考试的使用语言等措施缩减了泰米尔语学校的规模。语言使用方面的相关政策导致泰米尔语在主流领域不断被边缘化，印度人社群也逐渐出现语言转移的现象，其泰米尔语能力实际上已经大幅降低。在宗教地位方面，马来西亚宪法确定了伊斯兰教的官方宗教地位，政府也在修建清真寺、举行大型宗教活动方面也给予了穆斯林更多的利好政策。然而，新建印度教神庙的许可申请却存在更多的限制。在艺术领域，吉兰丹州出台的《娱乐和娱乐场所管理法》直接禁止了马来人参与包含印度教元素的马来传统戏剧演出，同时还限制了此类戏剧的演出场所和演出时间。其次，国家文化政策的意识形态会对社会的心理导向产生影响。马来西亚政府对于马来文化和伊斯兰教主导地位的强调以及一系列倾向性政策的颁布，催生了马来族群在文化上的优越感，从而导致马来族群对于其他文化的歧视心理不断增强，这样的心理导向也影响了泰米尔文化在社会层面的发展。穆斯林对于印度神庙的毁坏行为一定程度上便源自该群体对于泰米尔文化的反对与歧视。总的来说，国家文化政策及在其指导下形成的文化领域各个方面的具体政策，通过其中包含的国家强制力因素，直接限制了泰米尔文化的发展空间，使得其语言、宗教等方面的发展面临着不同程度的阻碍，造成了泰米尔文化发展困境的现状。

（二）印度人社群的弱势地位是泰米尔文化发展困境的根本原因

印度人社群虽然也是马来西亚的三大主体民族之一，但无论是从人口规模、政治影响力还是经济实力来看，印度人社群的影响力却远不及马来人社群和华人社群，这导致其在国家政治经济发展中处于绝对的弱势地位。在人口规模上，马来西亚的印度裔人口仅占全国总人口的 6.7%，远远低于占比 23.2% 的华人群体和 69.4%的土著群体（其中绝大多数为马来人）。[①]并且印度人社群当中还存在明显的分裂。实际上，泰米尔人的人数约占马来西亚的印度人社群的 81%，其余则由齐提族、锡兰族、锡克族、巴基斯坦族等其他民族组成[②]，他们的语言文字、风俗习惯、宗教信仰存在差异。因此，马来西亚印度人社群中的非泰米尔人很难与泰米尔人在保护和传承泰米尔文化上达成一致，甚至还时常发生纠纷和冲突。社群中的分裂导致人口规模本就处于劣势地位的印度人群体在国家发展中的影响力进一步弱化。在政治影响力方面，马来西亚印度人也存在明显的短板。自独立以来，印度人政党在政府中的地位一直在不断下降。由于印度人社群在人口数量上的劣势，印度人政党在历次大选中只能获得屈指可数的席位，这些席位对于大选的最终结果影响甚微。此外，印度人群体在政治领导层的占比很低。近年来，尽管马来西亚的内阁规模在不断扩大，但印度人官员却依旧只能获得 1—2 个职位。2022 年 12 月 2 日，安瓦尔公布了马来西亚新一届内阁成员的名单，在 28 名成员中也仅有一位印度裔成员。[③]这些因素削弱了印度人政党在政府政策制定和实施过程中的话语权。在经济领域，印度人社群的发展也不容乐观。从就业结构来看，马来西亚的大多数印度人都从事于农业、服务业等低薪行业。据数据统计，马来西亚三大主体民族当中，印度人社群中的专业人士比例最低，其从事低薪工作的人口比例却位列首位。此外，由于缺少针对性的扶持政策，印度人群体非但没有搭上国家现代化发展的快车，反而由于工业化进程对于种植业产业的冲击，失去了大量的就业机会，其失业率常年高居不下。在马来西亚，印度人社群在全国的财富占比是三大族群当中最低的。

马来西亚泰米尔文化的发展困境实际上是印度人社群在国家发展中弱势地位的表现之一。其在政治和经济领域的弱势地位导致印度人社群既无法像马来人一样通过对于国家机器的掌控力，主导国家文化政策的制定与实践，从而维护和促进本民族的文化发展；也无法像华人一样通过社会力量为本族文化的传承和弘扬提供强有

---

① 中国新闻网．马来西亚全国人口普查报告发布 华裔公民占 23.2%［EB/OL］.（2022-02-04）［2023-06-09］. https://www.chinanews.com.cn/gj/2022/02-14/9676153.shtml.

② 朱明忠．马来西亚的多元民族与文化［J］．当代亚太，1996（5）：64．

③ Getaran. Kaum India PH Kecewa Kurang Wakil Dalam Kabinet Anwar [EB/OL]. (2022-12-03) [2023-06-23]. https://www.getaran.my/artikel/politik/36357/kaum-india-ph-kecewa-kurang-wakil-dalam-kabinet-anwar.

力的经济支撑。甚至，印度人社群还存在因为自身发展需要和经济利益的考量主动放弃接受母语教育的现象，这也对于马来西亚泰米尔文化的发展造成了一定的冲击。印度人社群在国家政治经济领域的弱势地位，导致其在传承与发展本族文化上的无能，这也是马来西亚泰米尔文化无法摆脱其发展困境的根本原因。

简而言之，马来西亚政府单元主义的国家文化政策通过各个领域的干预性措施直接造成了马来西亚泰米尔文化的发展困境，而印度人社群的弱势地位和能力缺陷使得该社群无法采取强有力的措施以对政府的偏向性政策进行回应和反抗，这使得该国泰米尔文化的发展只能每况愈下，难以摆脱当前的现状。

四、结语

马来西亚泰米尔文化的发展状况与国家文化建构的政策导向休戚相关。在国家文化建构的进程中，政府始终奉行马来化和伊斯兰化的原则，泰米尔文化也由此一直处于被边缘化的状态中。从泰米尔人社群的文化来看，国家文化马来化的原则严重影响了泰米尔语和印度教的地位与发展；从马来传统文化的印度教元素来看，国家文化伊斯兰化的原则促进了马来传统文化的去印度化。近年来，由于马来人内部分裂加剧，马来西亚政府的政权稳定受到极大冲击，非马来人群体的支持则显得尤为重要。因此，政府偏向性的文化政策有所缓和，其对于泰米尔文化重视程度有所提升，但大多也仅仅是为谋求泰米尔人群体支持的“空头支票”，国家文化马来化和伊斯兰化的进程不会逆转，泰米尔文化边缘化的总体趋势也并未改变。

参考文献

［1］范若兰，李婉珺，［马］廖朝骥．马来西亚史纲［M］．广州：世界图书出版广东有限公司，2018：144．

［2］范若兰，李永丽．当代马来西亚印度教复兴及其影响探析［J］．南亚东南亚研究，2022（2）．

［3］韩震．论国家认同、民族认同及文化认同：一种基于历史哲学的分析与思考［J］．北京师范大学学报（社会科学版），2010（1）：106—113．

［4］［马］洪丽芬．马来西亚印度人社群研究：以印度人社群语言状况为例［J］．南洋问题研究，2011（4）：74．

［5］姚文帅．国家认同的价值研究［D］．北京：中央民族大学，2016．

［6］张玉安．罗摩戏剧与东南亚民族表演艺术［J］．东南亚研究，2004（5）：85—88．

［7］张玉安．马来西亚的哇扬戏［J］．东南亚研究，2006（1）：80—83．

［8］朱明忠．马来西亚的多元民族与文化［J］．当代亚太，1996（5）：60—

65.

[9] Abdullah C Z, Yahya Z, Salleh F, et al. Adat perkahwinan masyarakat Melayu, kesejajarannya dengan nilai Islam: kajian di Shah Alam[J]. 2015.

[10] Dasuki S, Mohd Radzi F, Idris N, et al. Perkembangan budaya popular dan perubahan sosio-budaya masyarakat pasca moden: Adaptasi budaya asing dalam perkahwinan Melayu [J]. 2015.

[11] Salleh N. Komunikasi Bukan Lisan: Simbol Sebagai Medium Pemakluman Dalam Adat Persandingan Masyarakat Melayu [J]. Jurnal Komunikasi Borneo (JKoB), 2018: 21-29.

[12] Gill S K, Gopal N D. Understanding Indian religious practice in Malaysia [J]. Journal of Social Sciences, 2010, 25 (1-3): 135.

[13] Hussin N Z I, Ab Rahman N A F, Padleec S F, et al. An exploratory study on the challenges in preserving Mak Yong in the East Coast of Malaysia [C]// Proceedings of the 4th UUM International Qualitative Research Conference (QRC 2020). 2020, 1: 3.

[14] Ibrahim N. A case on Tamil education in Malaysia: Is Tamil education being sidelined? [J]. SHS Web of Conferences, EDP Sciences, 2018, 53 (03006).

[15] Mahathir Bin Mohamad. The Malay Dilemma [M]. Singapore: Times Books International, 1970.

从斯瓦希里语中的印地语借词看印度文化在东非地区的传播现状与成因

国防科技大学外国语学院　成　彬　陈乃铭

【摘　要】斯瓦希里文化是东非地区的主流文化形态。作为一种多元复合型文化，斯瓦希里文化在发展过程中融合了多种外来文化成分。斯瓦希里语中的印地语借词便是印度文化在东非地区传播发展的见证。通过对斯瓦希里语中印地语借词的定量分析和定性分析可知，印度文化在东非地区影响深远，但其传播效果在不同场域分布不平衡，且传播主体面临复杂的情感环境。追溯其社会历史成因，是斯瓦希里文化的开放性和包容性、印非名物制度差别、印度移民和近代殖民历史的集体记忆等多方因素共同形塑了印度文化在东非地区的传播效果。

【关键词】印度文化；东非；借词；文化传播；印地语

斯瓦希里文化是东非地区的主流文化形态，它起源于公元1世纪的东非沿海，在发展的过程中吸收、融合了阿拉伯文化、波斯文化、印度文化等外来文化，成为了一种独具特色的开放型区域文化。[①]从根本上说，斯瓦希里文化是东非本土的班图黑人文化在发展中受到外来文化强烈影响的结果。[②]斯瓦希里语作为斯瓦希里文化的重要标志，承继了斯瓦希里文化的多元色彩，尤其在词汇方面，大量的借词彰显了异域文化对斯瓦希里语和斯瓦希里文化产生的深远影响。

借词作为斯瓦希里语发展过程中的重要语言现象，学界对其多有研究。荷兰莱顿大学学者沙德博格在《斯瓦希里语借词研究》一文中，从历时角度追溯了阿拉伯语、英语、印地语、波斯语、葡萄牙语等语言对斯瓦希里语词汇产生的影响。[③]学者哈维曾在非洲学术刊物《达累斯萨拉姆大学学报》发表文章《斯瓦希里语借词中的表音元音》，该文从音韵学角度剖析了斯瓦希里语借词中的元音变化。[④]中国学者

① 魏媛媛．本土与殖民的冲突与共生：1498—1964年斯瓦希里文化在坦桑尼亚的发展［D］．北京：北京外国语大学，2013：iii．

② 同上，1．

③ Schadeberg T C. Loanwords in Swahili [J]. Loanwords in the world's languages: A comparative handbook, 2009: 76-102.

④ Harvey A. Epenthetic vowels in Swahili loanwords [J]. Journal of Linguistics and Language in Education, 2018, 8 (2): 17-45.

骆元媛、张薇发表的《斯瓦希里语中的阿拉伯语借词研究》是国内第一篇关于斯瓦希里语借词的研究文章，该文亦是从语言学等角度来分析词汇借用过程。[①]另有从文化角度展开的借词研究，但成果仅见于瑞典乌普萨拉大学班图语语言学研究学者洛迪专著《斯瓦希里语中的东方影响：基于语言接触和文化接触的研究》一书。[②]该著作将历史学和语言学资料联系起来，考察了源自东方语言的斯瓦希里语词汇，并使用语言接触和文化接触理论，创新性地从语言角度解释了印巴文化、波斯文化等东方文化对东非产生的影响。总体而言，斯瓦希里语借词研究集中在词汇学、语音学范畴，而对于词汇借用过程中的文化背景研究成果较少。多数研究为多种语言借词的统计分析，少数针对单一语言的借词研究也集中在阿拉伯语借词。学界对其他语言借词及其背后的文化意涵缺乏深入的专项性研究成果。

印度次大陆与肯尼亚、乌干达和坦桑尼亚等东非国家存在着漫长的历史联系。两者的交往历史可以追溯至公元前 1 世纪，数百年的印度洋沿海贸易造就了东非沿海地区与印度西部沿海地区之间的密切互动。[③]著名非洲研究学者刘鸿武教授曾感叹道："在东非沿海地带的城市与乡村，有着一种十分独特的文化氛围。当你去到那里，你会感到，尽管你虽身处非洲，却又会有一种置身阿拉伯古堡、波斯商城或是印度海滩的惊诧。"[④]印度文化在东非斯瓦希里文化发展过程中扮演着至关重要的角色。语言是交流的工具，也是文化的载体。文化之间碰撞与融合，语言也相互作用和影响，而两种语言相互接触的时候，最通常发生的现象是借词。因此借词实际上不只是社会语言现象，而是相近或相异的社会文化互相接触必然产生的后果。[⑤]因此，本文拟将斯瓦希里语中的印地语借词看作媒介，考察其在文化交流中承载的文化信息，透视东非地区印度文化传播现状，及其历史与现实成因。

一、斯瓦希里语中的印地语借词统计与分析

斯瓦希里语的发展过程是一个不断受外来文化塑造的过程。从阿拉伯人、波斯人到达东非沿海，到近代葡萄牙人、德国人和英国人的殖民入侵，再到世界一体化进程推进，世界各国频繁的往来活动，新的事物不断涌入，语言则见证东非地区文化与外来文化的融通。本文拟依托权威词典对斯瓦希里语中的印地语借词展开定量统计，并根据学界对于借词既有研究成果对借词进行了定性研究，具体如下：

---

① 骆元媛，张薇．斯瓦希里语中的阿拉伯语借词研究［J］．天津外国语大学学报，2016，23（5）：53—55．

② Lodhi A Y. Oriental Influences in Swahili: A Study in Language and Cultural Contacts [M]. 2000.

③ 李鹏涛，车能．东非印度人的历史与现状［J］．世界民族，2016（6）：52．

④ 刘鸿武．蔚蓝色的非洲［M］．昆明：云南大学出版社，2008：11．

⑤ 陈原．语言和人［M］．上海：上海教育出版社，1994：98．

（一）斯瓦希里语中的印地语借词统计

本研究依托中外权威机构出版的斯瓦希里语词典和印地语词典分步骤展开。首先，以坦桑尼亚达累斯萨拉姆斯瓦希里语研究所 2014 年出版的《标准斯瓦希里语字典》（*Kamusi ya Kiswahili Sanifu*）为基础，对词典中的印地语借词进行定量统计。其次，参考坦桑尼亚达累斯萨拉姆斯瓦希里语研究所 2010 年出版的《斯瓦希里语英语词典》（*Kiswahili English Dictionary*），北京外国语大学斯瓦希里语教研室 1971 年编著的《斯汉辞典》，北京大学东方语言文化系与解放军国际关系学院于 2000 年 12 月编著的《印地语汉语大词典》对印地语词源加以确认，并对斯瓦希里语中的印地语借词加以翻译，具体结果如下表：

表 1

类型	数量	占比	典型词举例
名词	131	89.72%	bibi 祖母；女士　chapati 面饼　pesa 金钱　gari 车
副词	7	4.79%	asteaste 缓慢地　tayari 已经完成了的状态，准备好了
动词	5	3.42%	chapa 印刷　meza 吞下
形容词	2	1.37%	bandia 假的
感叹词	1	0.68%	bilikuli 一点儿也不
合计	146	100.00%	/

因所统计借词中名词占绝大多数，为了使研究结果更加具象，参考学界已有成果，对名词进行二次分类统计如下表：

表 2

类型	数量	占比	典型词举例
饮食	20	15.27%	chapati 面饼　pilipili 辣椒
商业	20	15.27%	pesa 金钱　bima 保险
植物	16	12.21%	badamu 果核
用具	13	9.92%	bisibisi 螺丝刀
娱乐	9	6.87%	nachi 舞蹈
抽象	9	6.87%	kisimati 好运
服饰	8	6.11%	bali 耳环

（续表）

类型	数量	占比	典型词举例
地点	7	5.34%	gati 码头
其他	7	5.34%	kauri 贝壳
器具	6	4.58%	kalasia 浅口广底的圆形小容器
人群	5	3.82%	yaya 家庭妇女
交通	5	3.82%	batela 三角帆船
家具	4	3.05%	godoro 床垫
数量	2	1.53%	laki 十万
合计	131	100.00%	/

此外，为研究传播主体所面临的情感环境，对借词的情感色彩加以统计，结果如下表：

表 3

情感色彩	数量	占比	典型词举例
褒义	4	2.74%	chagina 有着坚定信念的人
中性	125	85.62%	bali 耳饰　bamia 秋葵荚
贬义	17	11.64%	bandia 假的　chokoraa 混迹街头，拾荒行窃的孩子
合计	146	100.00%	/

（二）斯瓦希里语中的印地语借词分析

从上述统计可以看出，斯瓦希里语的印地语借词呈现出以下几个特点：一是名词在印地语借词当中占比最大；二是借词涉及社会生活诸多方面；三是名词中，涉及商业和饮食的类比占比最大。这几大特点符合借词产生的自然规律，也与印度和非洲的历史交往密切相关。

首先，外来文化的传入一般从具体可感的新鲜事物开始，在语言中就体现为名词的大量借用。在各个语言的借词之中，名词数量均是最多的。以汉语为例，在改革开放以后，大量外国商品涌入国内，这些商品的译名或者昵称迅速成为中文借词的重要组成部分，比如日常生活中常见的“可乐”等等。斯瓦希里语中的印度语借词也遵循了这一规律。同时，这也符合斯瓦希里语本身的语言特点。由于斯瓦希里语最早作为商业语言存在，易于交流是这门语言发展的第一推动力。名词在斯瓦希里语中可以独立使用，在沟通交流中也最便于大家接受，因此，斯瓦希里语形成了以名词为绝对主导的语言特色。斯瓦希里语中的名词分为八大词类，数量庞大，但形容词、副词等词类的词汇却并不丰富。上文提到的 bibi（祖母；女士）、chapati（面饼）、pesa（金钱）、gari（车），都是东非人民日常生活中使用的高频词汇。其中 bibi 在斯瓦希里语中指祖母，也可用作对年长女性的尊称，例如坦桑尼亚现任总统就被称为 Bibi Samia（萨米娅女士）。

其次，印度地区和东非一直存在密切往来，印度人移民东非的历史也非常悠久。虽然由于宗教信仰和种姓制度，印度移民并不与东非本土黑人通婚，但是长期的共同生活，使得印度文化渗透到了东非人民日常生活的方方面面。从古代印度洋贸易时期印度商人乘印度洋季风之便来到东非从事商业活动，到近代殖民时期印度劳工作为殖民者的附庸开发东非，再到全球化时代印资企业在东非的发展，印度移民在东非已经成为影响深远的重要群体。

最后，饮食与商业词汇占主导，是印度饮食文化传播的见证。印度饮食文化传播最广的时代当属近代殖民时期，从印度咖喱对英国饮食文化的强烈影响就可见一斑。由于东非地区长期使用较为简单的食材，对于香料的运用远不及印度，因此印度的烹饪技法尤其是香料的使用对东非产生了不可磨灭的影响。在数量占比第三的植物一类当中，也有很多词汇代表的是香料植物。商业文化的影响则是环印度洋贸易的强烈映射。东非地区由于其地理位置优越，处于印度洋南北向季风影响的交汇地段，因此成为了环印度洋贸易圈的重要一环。斯瓦希里文化本身就具有极强的海洋性和商业性特征。

二、从借词看印度文化在东非地区的传播现状

语言接触通常是文化接触的先导，文化接触必须以语言接触为手段。[①]历史上每次文化接触的浪潮都有可能在一些语言中沉积下或薄或厚的借词层。[②]借词的分布情况是某种外来文化传播与发展的生动见证。从上述对斯瓦希里语中印地语借词的分析来看，印度文化在东非地区的传播现状呈现出了鲜明的特点。

（一）传播领域多元化

印度文化在东非人民生活的方方面面都留下了深远的影响。印度医疗（医院和印度出产的药品）、印度帆船、印度建筑、印度服饰、印度饮食、印度香料都在东非人民的生活中扮演着重要角色。

坦桑尼亚作为斯瓦希里语使用人数最多的东非国家，斯瓦希里语中的印地语借词是坦桑尼亚人和印度人共同生活、相互影响的真实写照。目前，坦桑尼亚有 6 万

① 戴昭铭．文化语言学导论［M］．北京：语文出版社，1996：225．
② 邓晓华．人类文化语言学［M］．厦门：厦门大学出版社，1993：250．

多印度裔人。他们中多数是商人，在坦桑尼亚的经济活动中占据很大的一部分。这些移民主要来自古吉拉特邦，多数是由大英帝国从印度带去从事文书或是体力劳动的移民，比如建筑工人或农业劳动者。随着越来越多的印裔人在坦桑定居，他们逐渐控制了坦桑以及桑给巴尔的贸易。当时，由于桑给巴尔地理位置优越，靠近东非海岸以及苏丹王的积极鼓励，桑给巴尔群岛是印度裔定居者进入东非的主要节点。当时建造的许多建筑仍保留在岛上的主要交易点石头城。时至今日，印度人仍然经营着许多商店，酒店和工厂在东非城市的景观中也占着主导地位。印度人在桑给巴尔经营成功之后也在桑给巴尔捐献并建造了学校、寺庙和社区礼堂等场所，桑给巴尔也设有印度人的私人银行。印度人对东非地区的金融业影响也较为深远，比如斯瓦希里语的“Bima”（保险）就来自印地语。桑给巴尔岛最古老的报纸是每周出版的 *Samachar*，其成立可追溯到 1903 年。最初是只有英文和古吉拉特语的双语报纸，仅在周日散发，后来改编为日报。

（二）传播影响不平衡

虽然印度文化在东非社会生活的多个层面都留下了深远影响，但从宏观角度来看，印度文化产生影响的领域并不平衡。斯瓦希里语中印地语的借词代表的现实事物，绝大部分从属于物质文化范畴，而在制度文化和精神文化领域影响力微乎其微。

文化可分为三大类属：物质文化、制度文化和精神文化。物质文化是指人类创造的物质文明，包括交通工具、服饰、日常用品等，它是一种可见的显性文化；制度文化和精神文化分别指生活制度、家庭制度、社会制度以及思维方式、宗教信仰、审美情趣，它们属于不可见的隐性文化。不同文化在传播过程中各有不同的侧重，例如基督教文化和伊斯兰文化在宗教领域的影响就远超其他宗教。

印度文化在东非地区的传播集中在物质文化领域，尤其体现在贸易文化、饮食文化、交通文化等方面。贸易文化方面，最具代表性的词汇要数印地语借词“pesa”（钱币）一词。这个词在斯瓦希里语中使用频次极高，是大众生活中出现频率最高的货币词汇表达之一。斯瓦希里语中关于钱的说法有很多，其中 pesa 指的是日常用的货币、零钱等等。东非最大的转移支付平台就以“M-Pesa”命名，含义为“我的钱”。饮食文化方面，在印度非常普遍的面饼在传入东非后沿用了印地语的名称。面饼“Chapati”目前是东非地区最常见的主食之一。同时印度使用香料烹制米饭的做法也在东非广为流传。交通文化方面，“Bajaji”是东非人民出行使用频率最高的交通工具之一。这个词既可以指摩托车，也可以指电动三轮车。这一交通工具来源于印度的摩托车品牌，后续兼营电动三轮车。在东非历史非常悠久的帆船“Johozi”也是来自印度地区。

（三）传播主体面临复杂的情感环境

印地语借词的产生是作为传播主体的印度人群体和非洲本土人民相互交流的结果。借用词汇的情感倾向一定程度上反映了传播主体的受接受程度和语言使用群体对传播主体的情感态度。在上述统计的借词当中，中性词占据多数，有部分词汇呈现出负面的情感倾向，但并没有借词呈现正面的褒义语义。虽然词典中收录的借词统计并不完全，但现有词汇仍然反映出了在斯瓦希里语形成过程中印度人社群面临的复杂情感环境，或者说较为负面的情感态度。

词汇的情感色彩与社会现实形成了强烈映射。印度人在东非社会长期面临复杂的社会情感氛围。一方面，印度人群体在经济层面掌握着雄厚的资本，在贸易和金融领域举足轻重，东非地区的经济发展对其十分依赖。在近代殖民时期，英国统治者依靠印度的商人和劳动力来开发东非内陆地区。在当时情况下，只有印度商人有能力和意愿在东非发展贸易网络，并将货币经济引入东非内陆。印度人在东非沿海和内陆城镇建立商铺杜卡（斯瓦希里语为“duka”），销售包括食品、纺织品和五金制品在内的多种商品，有时还为非洲人提供小额信贷。在殖民地经济体系中，杜卡成为面向非洲人销售商品并出口非洲农产品的主要渠道。[①]在东非国家民族解放运动时期，曾经出现过大规模的排印运动，大量印度商人离开东非后，各国经济遭受重创。时至今日，东非地区诸多大型公司都有印度资本的身影。另一方面，非洲本地居民认为印度人群体是剥削者，[②]甚至将印度人群体称为“东非的犹太人”。非洲本地居民将印度人群体描述为“神秘、自私、不可靠近的群体”。东非民族国家独立初期，各国推行本土化政策，大规模印度移民被迫离开东非。即使是在冷战结束以后，各国积极推行宽松政策，印度人群体仍然处在被排斥的境地。这一点在众多斯瓦希里语文学作品中也有生动的体现。印度人在文学作品中通常是商店店主或高利贷放贷人的身份，他们性格狡诈、自私、逐利性强，几乎不会以正面形象出现。

三、印度文化在东非地区的传播现状成因

印度文化在东非地区的传播现状是由多方因素形塑而来。文化自身特性、名物制度差别、移民群体和集体历史记忆等都会为印度文化在东非的传播产生或有利或不利的影响。

---

① Furedi F. The development of anti-Asian opinion among Africans in Nakuru District, Kenya [J]. African Affairs, 1974, 73 (292): 348.

② Fouéré M A. Indians are exploiters and Africans idlers! The production of racial categories and socio-economic issues in Tanzania [J]. African Affairs, 2013, 15 (521): 57.

（一）斯瓦希里文化的开放性和包容性是印度文化传播的条件

斯瓦希里文化是非洲本土黑人文化长期受外来文化影响的成果，其形成与发展的过程决定了这一文化形态开放与包容的先天性特点。印度洋贸易的繁荣与伊斯兰宗教文化的传播，是东非斯瓦希里文化形成的两个重要推动力量，也是构成东非中世纪以后城邦国家经济文化繁荣的基础。非洲的班图黑人与移居而来的波斯人、阿拉伯人、印度人，在进行贸易经济活动的过程中，逐渐融合在一起。在沿海各主要城市，阿拉伯人在从事贸易活动的同时也开始传播伊斯兰教，他们在东非沿岸兴建了许多清真寺，讲授《古兰经》和各种圣训与教义。他们与当地的班图族黑人通婚，生儿育女，于是一种混合了阿拉伯人和班图人的斯瓦希里混血民族逐渐出现在东非的商业贸易城市中。外来的阿拉伯人在传播伊斯兰宗教文化与阿拉伯习俗的同时，也接受非洲本土的文化和传统，接受班图黑人的语言与艺术，并将两者融合起来。由于当时来到东非地区的不仅有阿拉伯人，还有波斯人、印度人，他们在与班图人交往的过程中，也对斯瓦希里文化的演变产生重要影响，使得斯瓦希里语具有多元文化融合的色彩。[①]

（二）印非名物制度方面的差异是印度文化传播的驱动力

东非地区和印度次大陆在自然地理环境和社会风俗习惯方面存在显著区别，两者的名物制度差异，是印度文化在东非得以传播的重要驱动力。印度与非洲在地理上相距甚远，自然环境与人文环境都存在着相当大的差异。印度共和国位于南亚次大陆，幅员广大，地域辽阔，国土面积排名世界第七。[②]印度的北面是世界海拔最高的喜马拉雅山脉，东面是世界最大的海湾孟加拉湾，西面是广袤的阿拉伯海。印度纬度较低，天气炎热，再加上北方喜马拉雅山脉的阻隔和东、西、南三面的海洋环抱，气候深受来自海洋的西南季风影响。印度有大量的耕地资源，在热带气候的影响下农作物可达到一年两熟或一年三熟，也促使印度诞生了丰富独特的饮食文化。印度菜以其种类繁多、独具特色的菜肴而闻名，烹饪风格因地区而异，主要分为北印度和南印度美食。印度最尽人皆知的食物玛莎拉，是以姜黄、豆蔻、肉桂为主料，加多种香料混合制成的复合调味品，主要用于烹调羊肉、鸡肉、螃蟹、鱼等。其味道辛辣鲜香，有助于在炎热天气刺激味蕾，增进食欲。印度人常见的主食是大米和面粉，大米种类丰富，以炒、煮、炖等烹饪方式为主。同时印度也有种类众多的面饼，比如 Roti、Chapati、Dosa、Naan 等，因具有易于携带和存储的特点被广大印度人民所喜爱。而南印度特色菜 Dal 则用黄扁豆与香菜、洋葱、大蒜、辣椒和生姜等香料一起炖煮，豆类制品成为南印度饮食文化中重要的一部分。由于印

---

① 刘鸿武．蔚蓝色的非洲［M］．昆明：云南大学出版社，2008：86．

② 邓兵．印度研究［M］．北京：军事谊文出版社，2009：1．

度教徒禁止食荤，尊敬神牛，而伊斯兰教不吃猪肉，因此印度餐饮中最为常见的肉类为鸡肉，唐杜里烤鸡和黄油鸡成为其饮食文化中的特色菜。此外，印度有着漫长的海岸线，渔业资源丰富，但由于印度 80% 以上都是印度教徒，按照印度教教义不食荤，严格的印度教徒甚至不吃鱼肉，国内的海鲜市场较为狭窄，印度成为了世界主要的渔业出口国。非洲东部地区，北起厄立特里亚，南迄鲁伍马河，东临印度洋，西至坦噶尼喀湖。地形以高原为主，大部海拔 1000 米以上，是全洲地势最高部分；沿海有狭窄低地。东非大裂谷纵贯南北，谷地深陷，两边陡崖壁立，沿线多乞力马扎罗、肯尼亚等火山和埃塞俄比亚等大小熔岩高原。以热带草原气候为主，但垂直地带性明显；高山地区凉爽湿润；沿海低地南部湿热，北部干热。东非大裂谷是人类文明最早的发祥地之一，该地对于人类文明的孕育和优渥的地理环境密不可分。长期以来，东非地区以植物果实和野生动物为食，物资充盈，但烹饪技法相对单一。印非两地巨大的物质文化区别成为了文化流动的重要内因。

（三）印度移民的长期存在是印度文化传播的媒介

上文提到，早在公元 1 世纪印非两地便有了商业往来。商业活动的开展，带来了海上交通的开拓，而交通的开拓则为印度人移居东非创造了条件。古代时期，少量印度人开始在东非地区定居。近代殖民统治时期，由于阿曼苏丹和英国殖民者的统治需要，大量印度人迁入东非。乌干达铁路的修建是印度移民史上的重要事件之一。为修建这条铁路，英国殖民政府一共从印度招募了 32000 名契约劳工，铁路修建完成后，有 7000 人左右留在东非。随着铁路开通，大批印度人涌入东非内陆地区，军事官员、行政人员相继进入，英国国内需求的持续增加使得乌干达棉花生产有了较快发展。印度人从事长途贸易，充当东非与外部世界贸易的“中间人”。[①]印度人成为东非经济的中间阶层，推动帝国贸易、商业和治理在东非的扩展。东非地区的铁路、邮局、银行、警察局和法庭均是按照英属印度模式建立起来的，并且招募了大批印度雇员，为印度贸易和企业带来了新市场和新动力。1903 年，英国殖民政府颁行《土著人口适用印度法律法案》（Application of Indian Laws to Natives Ordinance），推动东非殖民地全面引入英属印度法律。英国殖民政府认识到印度人对于东非殖民事业至为重要，弗里德里克·卢加德勋爵和温斯顿·丘吉尔等英国官员主张鼓励印度人向东非移民。印度人群体在推动英国殖民统治的同时，自身也逐渐发展壮大。1880 年至 1920 年，东非印度人数量从 6000 人增至 54000 人。印度人群体和非洲本土居民的长期共处，极大地促进了双方在语言、文化、习俗等方面的交流与渗透。

① Twaddle M. The founding of Mbale [J]. Uganda Journal, 1966, 30 (1): 25-38.

（四）近代殖民历史的集体记忆是印度文化传播的阻碍

在英属东非殖民地，英国殖民政策创造出包括欧洲人、印度人和非洲人在内的三重种族体系。教育、卫生医疗和居住区的种族隔离体制进一步强化了这一种族体系。①种族隔离不仅是社会和空间上的，而且是经济和政治层面的：欧洲人占总人口的不到 0.5%，在种族金字塔中处于最高地位；非洲人占总人口的 98%，处于社会底层；印度人和阿拉伯人占总人口的 1.5%，处于社会中层。印度人在贸易领域居于主导地位，他们形成了联合家族企业的经营模式，商业信贷关系仅限于所属家庭、种姓和宗教之内。而英国殖民政策更是强化了这一封闭的信贷模式，例如 1923 年坦噶尼喀政府颁行的《土著信贷法案》（Credit to Natives Ordinance Act）严禁“非土著”（主要是印度人）向非洲人发放贷款。非洲人没有获取贷款的其他潜在途径，只能成为资本极少的小商贩，处于整个商业体系的边缘。②东非殖民地的种族格局强化了非洲人的“种族”意识，并且激起了非洲人反抗白人移民和印度人统治的斗争。20 世纪 20—40 年代，非洲人的政治诉求主要围绕着与印度人的关系展开，印度人成为非洲民族建构的“他者”。有学者认为，东非印度人或者西非黎巴嫩人作为殖民统治者的“辅助侨民”（auxiliary diaspora），之所以遭受非洲人的仇视，是因为非洲人在政治上无法表达对于欧洲殖民者的仇恨和不满。非洲人把印度人和黎巴嫩人当作欧洲人的替代，视为“帝国的象征”。③这段特殊的历史，使得印度人群体长期处在被排斥的地位，殖民时期的集体记忆也成为了印度文化传播的巨大阻碍。

四、结语

词汇是语言活动中最活跃的因素。印度文化在东非的传播在斯瓦希里语的借词中留下了不可磨灭的影响。以斯瓦希里语中的印地语借词为媒介，透视印度文化在东非的传播，可以发现，印度文化在东非的传播领域多样，但传播的效果并不均衡。印度文化的影响集中在物质文化层面，在制度文化和精神文化层面影响较小。正面情感倾向借词的匮乏也一定程度反映出东非本土人民对印度文化的负面情感倾向。印度人群体作为传播主体，面临着复杂的社会情感环境。印度文化在东非地区之所以形成现今的传播情况，是多方因素影响而来。斯瓦希里文化的开放性和包容性为印度文化传播提供了基本条件，印非名物制度方面的差异造就了印度文化传播

① Stoler A L. Rethinking colonial categories: European communities and the boundaries of rule [J]. Comparative studies in society and history, 1989, 31 (1): 134-161.

② Coulson A. Tanzania: a political economy [M]. Oxford University Press, 2013: 61.

③ Akyeampong E K. Race, identity and citizenship in Black Africa: The case of the Lebanese in Ghana [J]. Africa, 2006, 76 (3): 297-323.

的驱动力，印度移民的长期存在成为了印度文化传播的媒介，而近代殖民历史的集体记忆则对印度文化传播造成了阻碍。斯瓦希里语中的印地语借词是印非文化交往的重要表征形式。

从借词入手考察印度文化在东非地区的传播现状与成因，为斯瓦希里语借词研究、印度文化海外传播研究和斯瓦希里文化研究提供了新的视角。但由于学界尚无权威的斯瓦希里语语料库，且关于斯瓦希里语中印地语借词的海外民族志材料匮乏，本研究尚不全面，有待进一步补充完善。

参考文献

［1］戴昭铭．文化语言学导论［M］．北京：语文出版社，1996．

［2］邓兵．印度研究［M］．北京：军事谊文出版社，2009．

［3］邓晓华．人类文化语言学［M］．厦门：厦门大学出版社，1993．

［4］刘鸿武．蔚蓝色的非洲［M］．昆明：云南大学出版社，2008．

［5］骆元媛，张薇．斯瓦希里语中的阿拉伯语借词研究［J］．天津外国语大学学报，2016，23（5）：53—55．

［6］魏媛媛．本土与殖民的冲突与共生：1498—1964 年斯瓦希里文化在坦桑尼亚的发展［D］．北京：北京外国语大学，2013．

［7］陈原．语言和人［M］．上海：上海教育出版社，1994．

［8］李继东．古代印度洋贸易及历史影响：黑非洲与环印度洋诸国历史交往初探［J］．西亚非洲，1992（3）：65—70．

［9］李鹏涛，车能．东非印度人的历史与现状［J］．世界民族，2016（6）：52—63．

［10］Arnold B G. Ujinsi wa nomino za mkopo katika lugha ya Kiswahili [J]. Julace: Journal of the University of Namibia Language Centre, 2018, 3 (2): 18-24.

［11］Akyeampong E K. Race, identity and citizenship in Black Africa: The case of the Lebanese in Ghana [J]. Africa, 2006, 76 (3): 297-323.

［12］Brennan J R. Blood enemies: Exploitation and urban citizenship in the nationalist political thought of Tanzania, 1958-75 [J]. The Journal of African History, 2006, 47 (3): 389-413.

［13］Coulson A. Tanzania: a political economy [M]. Oxford University Press, 2013.

［14］Fouéré M A. Indians are exploiters and Africans idlers! The production of racial categories and socio-economic issues in Tanzania [J]. African Affairs, 2013, 15 (5): 50-63.

［15］Furedi F. The development of anti-Asian opinion among Africans in Nakuru District, Kenya [J]. African Affairs, 1974, 73 (292): 340-348.

［16］Harvey A. Epenthetic vowels in Swahili loanwords [J]. Journal of Linguistics and Language in Education, 2018, 8 (2): 17-45.

［17］Lodhi A Y. Oriental Influences in Swahili. A Study in Language and Cultural Contacts [M]. 2000.

［18］Schadeberg T C. Loanwords in Swahili [J]. Loanwords in the world's languages: A comparative handbook, 2009: 76-102.

［19］Stoler A L. Rethinking colonial categories: European communities and the boundaries of rule [J]. Comparative studies in society and history, 1989, 31 (1): 134-161.

［20］Twaddle M. The founding of Mbale [J]. Uganda Journal, 1966, 30 (1): 25-38.

《回回药方》作者和底本来源的再考释
——依据《回回药方》和伊本·西拿《医典》文本

上海外国语大学东方语学院　王　诚

【摘　要】《回回药方》是明朝中后期编修的一部大型伊斯兰医学百科全书，内容包括医方、病理和疗法等诸多医学知识。目前国内各领域的学者对这部作品已有多方面的研究，但由于《回回药方》现存的残卷没有标明作者、成书年代和文本来源，因此学界对该部作品作者的身份、所依据的底本以及抄本本身是否为最早底本仍未有定论。本文首先对现有的关于《回回药方》作者和所用底本的研究成果进行分析，认为该作品并不是一部或几部阿拉伯文和波斯文医书的中文编译，而是作者将当时传入中国的各种阿拉伯文和波斯文医书的中译本的内容进行摘录和整理而成。通过将《回回药方》的部分文本同伊斯兰著名医书《医典》进行结构和文本对比，借以探究这部中国最早的伊斯兰医书来源和时代意义。

【关键词】《回回药方》;《医典》; 底本来源

引言

《回回药方》是中国古代一部大型中文伊斯兰医学百科全书，大致成书于明朝中后期，其内容包括医方、病理和疗法等诸多医学知识。《回回药方》全书共 36 卷，目前可见最早的版本是国家图书馆所藏的未标明作者和写作时间的四卷残卷抄本。目前，国内学界关于该书已在多领域上获得研究成果，其中，最为著名的为宋岘先生所著《〈回回药方〉考释》[①]，其从历史文化、医学理论、文本探源等方面对《回回药方》在中国同伊朗医学文化交流史上的意义做了全面的分析，并通过对比《医典》等古代伊朗的医学文献对《回回药方》中的方剂和药物名称的外语借词进行了考释，但是，本书对《回回药方》中收录的汉语词汇以及医学理论论述的部分尚未作考释。论文方面，近来在国内多个学术领域对此均有一定的成果发表：医学方面，有康菊英所撰《从“禀性衰败”探讨回医学的发病机理》[②]等；历史方面，

① 宋岘.《回回药方》考释［M］. 北京：中华书局，2000.

② 康菊英. 从“禀性衰败”探讨回医学的发病机理［J］. 时珍国医国药，2013（11）：2743—2744.

有刘迎胜所撰《〈回回药方〉与中国穆斯林医学》[①]、宋岘等撰《〈回回药方〉与古希腊医学》[②]等；语言学方面，如蒋冀骋所撰《〈回回药方〉的成书年代及其对音材料所反映的语音特点》等[③]。上述论文都从不同视角和领域对《回回药方》的研究进行了拓展，但同样缺乏依据各种伊斯兰医学文献（包括波斯文和阿拉伯文）对《回回药方》文本全文，特别是汉语的医学名词和论述部分进行的考释和分析。因此，本文在梳理和评述关于《回回药方》作者和所用底本的研究成果的基础上，将这部著作中出现的典型的非音译的汉语名词和段落以及音译名词旁注的用阿拉伯字母书写的单词同《医典》文本进行对比，进而探讨这部分内容与《回回药方》的作者、底本及成书背景之间的关系。

一、《回回药方》的底本及作者年代的研究述评

（一）《回回药方》所采用的伊斯兰医学文献底本研究述评

由于《回回药方》的原书已经散佚，且残卷中没有出现指明这部作品的作者、成书年代及内容来源的信息，故仅能通过文本内容对此进行推断。目前，国内学者根据《回回药方》中出现的大量外来音译词汇现象并结合伊斯兰医学知识大规模传入中国的历史背景，得出以下结论：（1）《回回药方》中有着大量的波斯语借词，故其原本为波斯文医书，而书中出现的一些阿拉伯语和希腊语医学词汇则是波斯医学在同阿拉伯、希腊医学交流中引入的外来词。[④]（2）《回回药方》原本为阿拉伯文医书，其可能同 13 世纪穆斯林医药学家伊本·贝塔尔（Ibn al-Bayṭār）所著的《药物学集成》（*Kitāb al-Jāmaʿ li-Mufradāt al-Adviya va-l-Aghziya*）相关。[⑤]但由于文本中含有大量的波斯语词汇，故其是根据阿拉伯文医书的波斯文译本译成中文的。[⑥]（3）有学者通过分析《回回药方》中音译词的发音特点得出：该书的原本除了阿拉伯文和波斯文医书，还包括维吾尔文的医书。[⑦]（4）《回回药方》的内容源于 9—11 世纪伊斯兰世界著名医学家的著作，包括：穆罕默德·本·宰凯里雅·拉

---

① 刘迎胜.《回回药方》与中国穆斯林医学［J］. 新疆社会科学，1990（3）：92—105.

② 宋岘，周素珍.《回回药方》与古希腊医学［J］. 西域研究，1994（2）：28—42.

③ 蒋冀骋.《回回药方》的成书年代及其对音材料所反映的语音特点［J］. 励耘学刊（语言卷），2008（2）：144—154.

④ 岳家明.《回回药方》初探［J］. 阿拉伯世界，1985（3）：108—112.

⑤ 冯家升. 从历史上看阿拉伯与中国的友好关系［N］. 光明日报，1955-06-09（10）.

⑥ 刘迎胜.《回回药方》与中国穆斯林医学［J］. 新疆社会科学，1990（3）：92—105.

⑦ 王兴伊.《回回药方》：西域民族医学方书之集大成者［J］. 医古文知识，2005（4）：44—45.

齐（Muḥammad b. Zakariyyā Rāzi，854—925）的《医学集成》*(al-Kitāb al-Ḥāvi fī al-Ṭibb)*、伊本·西拿（Ibn Sīnā，980-1037）的《医典》*(al-Qānūn fī al-Ṭibb)*、阿里·本·阿拔斯·麦朱西·阿赫瓦齐（'Alī 'Abbās Majūsī Ahāvzī，982—994）的《医术全书》（*Kitāb Kāmil al-Ṣinā'aṭ-Ṭibbiyya*）以及君迪沙普尔市（Gundīshāpūr）的医者沙普尔·本·萨哈里（Shāpūr b. Ṣahl，？—869）和以撒·本·撒哈儿八黑忒（'Īsā b. Ṣahārbakht）、阿拔斯王朝（al-Khilāfat al-'Abbāsīya）首都巴格达（Baghdād）的医生虎迺尼·本·亦西哈黑（Ḥunayn b. Isḥāq，809—873）和阿布·叶海亚·麻而瓦吉（Abū Yaḥyā Marvazī）的医方书。其中，《医典》同《回回药方》的关系最为密切。不仅二者章节数目大体一致，且《回回药方》中超过 100 个方剂同《医典》中收录的方剂在名称、内容上完全或基本相同，两部作品某些章节的记录的顺序甚至都是一致的。①宋岘先生持此观点，并进一步指出，《回回药方》的原本实际上包括了各种传入中国的波斯文和阿拉伯文的医书及其汉译本，其是由中国的回回医人按照《医典》的体例编撰的中文伊斯兰医学百科全书。②

"《回回药方》采用多部波斯文和阿拉伯文医书作为底本"的观点在《回回药方》的多处文本中可以获得印证，并可进行补充说明。首先就章节分布而言，"《回回药方》按《医典》体例编撰"的观点有待商榷。《回回药方》及《医典》后半部分的章节标题对照③如下表：

表 1 《回回药方》与《医典》后半部分章节分布

《回回药方》④	《医典》⑤
咳嗽门（19）	肝（卷三 14）

① 宋岘．古代波斯医学与中国［M］．北京：经济日报出版社，2001：100—124．

② 宋岘．《回回药方》考释：上卷［M］．北京：中华书局，2000：36．

③《回回药方》同《医典》的章节编排方法并不相同。《回回药方》为"卷-门"体系：共分为 36 卷，每卷下分若干"门"；《医典》则为"卷-篇-章-节"体系，共分为 5 卷，每卷包括若干篇，每篇下设数章……以此类推。根据宋岘先生的观点，《医典》的第二卷不分章节，视为一篇；第五卷分为"药方书"和"制药法"两部，视为"两篇"，其余三卷一共 33 篇，共 36 篇，与《回回药方》的 36 卷数量相同。此处所指的"后半部分"是根据宋岘对两部作品的章节划分方法而定，指《回回药方》的 18—36 卷和《医典》的 18—36 篇。

④ 本列中章节标题引自《回回药方》目录卷下，括号内的数字为卷数。本册内容为《回回药方》国图残卷抄本的全部影印本。详见：宋岘．《回回药方》考释：下卷［M］．北京：中华书局，2000：1—116．

⑤ 本文所用《医典》文本为波斯文译文。版本信息如下：

SHAYKH AL-RA'ĪS ABŪ 'ALĪ SĪNĀ [M]. Qānūn. trans. 'ABUD AL-RAḤMAN SHARAFKANDĪ. Tihrān: Intishārāt-i-Ṣidā va Sīmā, 1392H.sh.

（注：本文涉及的伊朗历纪年以年代数字后加 H.sh 表示，如 1392H.sh 代表伊朗历 1392 年。）

（续表）

《回回药方》	《医典》
胸膈门（20）	胆囊与脾脏（卷三 15）
肠风肚腹门（21）	肠与谷道（卷三 16）
泄痢门（22）	谷道（卷三 17）
呕吐门（23）	肾与肾病（卷三 18）
众热门 众冷门（24）	泌尿与膀胱（卷三 19）
众气门 众血门（25）	男性生殖器官（卷三 20）
身体门（26）	怀孕与避孕（卷三 21）
黄病门 蛊症门 积聚门（27）	身体疾病（卷三 22）
脚气门 脱肛痔漏门 谷道门（28）	众热（卷四 1）
杂症门（29）	从疾病征兆预防疾病（卷四 2）
杂症门（30）	众疮肿毒（卷四 3）
妇人众疾门 小儿众疾门（31）	非折伤类的创伤（卷四 4）
众疮肿毒门（32）	折伤（卷四 5）
众疮肿毒门 疥癣门（33）	众毒、虫兽伤（卷四 6）
金疮门 折伤门 针灸门 汤火所伤门 棒疮门 治人齿所伤门（34）	美容（毛发、皮肤、身体）（卷四 7）
众虫兽伤门 众毒门 辟虫门（35）	制药书中的修合药饵（卷五 1）
修合药饵门 修合诸般马准门 众香汤煎门 活物治病门 众花果菜治病门（36）	制药法（卷五 2）

由上表可知，尽管《回回药方》同《医典》的篇章数量相同，亦有内容重合的现象，但二者的章节编排体系并不尽相同。如《回回药方》中的“肠风肚腹门（卷 21）”和“泄痢门（卷 22）”这两篇的主题实际上被囊括在《医典》卷三中的《肠与谷道》篇中；又如《回回药方》的“杂症门”（卷 30）主要记载了大量复合方剂，这与《医典》卷五中的《制药书中的修合药饵》篇的内容存在一致性，且前者中的许多方剂内容可在后者中找到对应，但二者无论从篇章标题还是在书中的位置上有很大出入，由此可以看出，《回回药方》的作者并非完全按照《医典》的体例进行编著，而是采用了独特的体系。至于两部作品中部分章节标题记叙顺序一致的情况（如《回回药方》“众虫兽伤门 众毒门 辟虫门”（卷 35）中所列出各种毒物的名称以及驱散“众虫”“恶物”的方法的记述顺序同《医典》中的“植物毒”“动物毒”“牲畜咬伤”“毒虫咬伤”的记述顺序大致相同），则仅能证明《回回药方》中的部分内容源于《医典》。

此外，从方剂的名称来看，《回回药方》并不是一种伊斯兰医书的中译本。以

“杂症门”（卷 30）为例，该卷收录了大量以“马竹尼”（12/154）为开头的音译医方。“马竹尼”实际上是指波斯语中的“ma’jūn”，意为“舔剂”，而“尼”在这里是指波斯语语法中的“耶扎菲”结构，即“ma’jūn-i...”，表示“……的舔剂”。如“马竹尼普滴纳”方，还原回波斯语短语应为“ma’jūn-i-pūdna”，意为“唇萼薄荷舔剂”。故可推断，以此结构命名的药方应是从波斯语医方书中摘录并译成中文的。通过对比《医典》可以得知，上文所述“唇萼薄荷舔剂”与《医典》中以相同名称命名的药方内容基本一致，故可得知，该药方来源自《医典》的波斯文译本[①]。然而，这一方剂的前一个药方“马竹尼列顽的”（ma’jūn-i-rīvand，意为“大黄舔剂”），则在《医典》中没有对应的方剂，因此，该方剂应源于其他波斯文医书。再者，该卷中还记有以“荅洼兀里……”为开头的音译医方。“里”为阿拉伯语冠词（al）的标志。如“荅洼兀里禄其可必而”方，还原为阿拉伯语短语应为“davā’i al-Lakki al-akbar”，意为“大紫矿药”。而通过对比《医典》可知，医典虽有同名医方，但二者存在较大出入，故该药方并非源于《医典》，而是源于其他阿拉伯文医书。另外，在该卷中还存在“ma’jūn”（舔剂）的其他形式的中文音译名，如“马准必剌的儿”（ma’jūn-i-balādur，意为“腰果舔剂”）、“马准荅里马西”（ma’jūn-i-Hirmis，意为“希尔梅斯〔医生名〕舔剂”）等。其中，“马准荅里马西”与同一卷中的另一个方剂“马竹尼虎而谟西”（ma’jūn-i-Hirmis）从所列药物来看完全一致[②]，但是表达方式不同（如前者列出的最后一味药“野蒜”与后者最后一味药“乌速胡而的荣”〔Suqūrdiyūn，意为“野蒜”〕实为一种药物），且二者均与《医典》中的同名方剂内容一致[③]，由此可以推断，这两个方子应来自《医典》的不同中译本。纵观《回回药方》全文，名称表达方式不一致、音译不统一的现象并不少见，而鉴于《回回药方》是一部体例完整、系统的大型医学百科全书，仅仅用“疏漏”或“未作规范”解释这种现象似乎并不合理。因此可以做出如下推断：《回回药方》并不是一部或几部阿拉伯文和波斯文医书的中文编译，而是当时传入中国的各种阿拉伯文和波斯文医书的中译本的汇编，而鉴于作者阿拉伯语和波斯语的水平有限，不能准确识别各个音译方剂的原面貌，因此将内容实则重复，但音译名称不一样的方剂同时保留下来，这也造成了这本书的音译规则不统一的现象。

---

① SHAYKH AL-RA’ĪS ABŪ ‘ALĪ SĪNĀ [M]. Qānūn: vol. 7. trans. ‘ABUD AL-RAḤMAN SHARAFKANDĪ. Tihrān: Intishārāt-i-Ṣidā va Sīmā, 1392H.sh.: 282-283.

② 宋岘.《回回药方》考释：下卷［M］. 北京：中华书局，2000：277，354.

③ SHAYKH AL-RA’ĪS ABŪ ‘ALĪ SĪNĀ [M]. Qānūn: vol. 7. trans. ‘ABUD AL-RAḤMAN SHARAFKANDĪ. Tihrān: Intishārāt-i-Ṣidā va Sīmā, 1392H.sh.: 258.

(二)《回回药方》的作者及成书年代研究述评

依上文可知，由于《回回药方》现存残卷中没有出现作者和成书年代的相关信息，且在其他古代文献中亦未见明确记载，因此，仅能根据《回回药方》的文本对此进行大致的推测。目前，国内学界就此提出如下假说：(1)本书由元代诸如广惠司等官办回回医馆的回回医者编撰。[①](2)本书是与元代中后期由西域前往大都城的穆斯林学者所著。这些学者在当地从事医疗活动后习得汉语和中医知识并结合自己民族的医学知识著成了这部作品。[②](3)明末库车的维吾尔医药学家胡都优木汗·阿吉曾在1619年参与了《回回药方》36卷的编撰。[③](4)根据明代前期统治者鼓励翻译西域图书典籍的举措的历史背景，以及《回回药方》行文中出现"北平"一词和儿化音现象，可以推断《回回药方》成书于明朝前期(在"北平"改成"北京"之前)，作者包括久居北京的人士。[④]《回回药方》中大量出现药物"阿芙蓉"(鸦片)，此名称未见于早于《本草纲目》成书前的汉语古代医学文献中，而《本草纲目》中也未提及《回回药方》，故可推断其成书年代"不会早于《本草纲目》的出刊年，即1593年"[⑤]。由此可见，综合国内学者的观点，《回回药方》成书的年代大致即元代中后期至明代中后期这段时间。但是，由于材料的稀缺，特别是关于这一时期传入中国的伊斯兰医书的中文译本的信息较少，对于其作者的身份和数量则难以得出最终结论。目前仅能推断：《回回药方》的内容由许多西域入华的波斯人、阿拉伯人(或其后裔)所译。下文将从《回回药方》中的汉语非音译词句和音译词旁注的特点推断作者的一些信息。

二、《回回药方》非音译词句所体现的作者信息

(一)《回回药方》方剂中文译词的歧义现象与译者的医药学水平间的关系

通过同《医典》对照可以得知，《回回药方》中收录的与《医典》相对应的医方中，不少直译成中文的药名与原词的含义出现偏差，这在一定程度上反映了译者的认知水平。如在不同医方中多次出现一味药材"白薇"，其译自阿拉伯语的

---

① 刘迎胜.《回回药方》与中国穆斯林医学[J]. 新疆社会科学，1990(3)：94. 另有学者认为，其成书时间不超过明代洪武年间(15世纪以前)。详见：于文忠.《回回药方》初探[J]. 新疆中医药，1986(2)：39—43.

② 冯增烈. 校点本《回回药方》前言[J]. 回族研究，1991(1)：81—88.

③ 王兴伊.《回回药方》：西域民族医学方书之集大成者[J]. 医古文知识，2005(4)：44—45.

④ 宋岘.《回回药方》考释：上卷[M]. 北京：中华书局，2000：31—33.

⑤ 牛阳.《回回药方》研究[M]. 银川：黄河出版传媒集团阳光出版社，2010：12.

“Asārūn”，原义为“细辛”。据《中医大辞典》所述，细辛为“马兜铃科植物辽细辛或华细辛的全草……辛，温。入肺、肾经。祛风散寒，止痛，温肺化饮宣窍”[①]；而白薇则为“萝藦科植物白薇或蔓生白薇的根及根茎……苦、咸、寒。入肝、胃经、清虚火、除血热、利尿”[②]。由此可知，这两种药材无论从分类还是功能都大相径庭。而在《本草纲目》中的“细辛”词条中有如下描述：“博物志言杜衡乱细辛者，自古已然矣……大抵能乱细辛者，不止杜衡，皆当以根苗色味细辨之……叶似柳而根细辛，粗长黄白色而味苦者，白微也。”[③]“微”在此通“薇”。由此可以得知，白薇由于外观同细辛相似，常被误认为是同一种中药材。考虑到《本草纲目》与《回回药方》推定的成书年代较为接近，有理由认为，《回回药方》中收录的医方的译者也不能区分两种药材而造成误译，这反映出这些译者药学知识具有局限性。同时，这种歧义在《回回药方》的来源不同的医方中屡次出现的现象，则可证明这种对药物认知的局限在伊斯兰医方的译者中也有普遍性。

（二）《回回药方》中文医理论述部分与译者的语言水平间的关系

《回回药方》中除了有各种医方，还记载了众多以中文记述的各种疾病的病理和治疗方法。将其同《医典》进行对照方可得知，其中一些内容亦可在伊斯兰医学文献中寻到源头。如第十二卷中“治筋松肉慢”的部分，其可在《医典》第三卷第1篇（脑部疾病）第4章（神经疾病）中的“瘫痪和筋肉衰弱”一节中找到相似的描述。现将二者的对应的部分呈现如下：

表2 《回回药方》与《医典》章节分布对比[④]

《回回药方》	《医典》
“正是动止无用，在半边起，那半边不依这边。此病在项，或项下起，浑身头面都安。或有从头至脚都瘫，或则一指，或病在茎外，浑身都痊。因都闭着，因此动止气力不能到身，或禀性、筋脉、系系都别了。此病并无干热，多因冷湿。净冷多在一处，不在浑身。治者，易也。用贴药、油搽，取痊。肉系筋相缠，绑住，浊其魂	“广义的瘫痪即身体某部分筋肉衰弱，狭义的瘫痪是指半边身体的筋肉衰弱。有时，此病由脖颈起，头、面都安；有时则包括从头到脚的整个半身…………可能瘫痪仅在一指上…………因知觉与运动之魂无论能否进入身体，病人的身体无法受其影响，因其已患恶之禀性。动止无用多因冷湿。…………瘫痪并非

① 李经纬，邓铁涛．中医大辞典［M］．北京：人民卫生出版社，1995：1006．

② 李经纬，邓铁涛．中医大辞典［M］．北京：人民卫生出版社，1995：433．

③ 李时珍．本草纲目（新校注本）［M］．北京：华夏出版社，2008：568．

④ 两段文本中画直线的部分为文字表述相似，画曲线的部分为表达主旨近似。《医典》部分中的省略号表示与在《回回药方》中无法找到对应的其他内容。

（续表）

《回回药方》	《医典》
灵，住其筋力，禀性候受其冷，别其魂性。不寒不热者，正是魂性。脑窍有二，鼻窍①也有二。内脑窍有动止，鼻窍无。这两窍，取下脑窍，余物做一处。为因这分，脑余送还出处，面皮变生麻痹。面皮活筋，生于鼻窍，从项窠而出，虽然病此，却身安，动止力而无用，其病正在动止，意思却安。或*因大怒*，*或有血*，或因忧愁，或身上有余温，动止到其浑身。因此，瘫痪或在骨节，便见有肿或疼。多半是传经风、缠肠风。这的便是缠肠风根见识，到肠，熟薄送出身外。病根十分稠者，如此薄了成汗而出。病根到筋者，用见识止住，不可放本根入内、上脑、从脑到筋。因此成了脑病、肚痈、瘫痪病证。其形若因禀性冷净，或湿净，瘫痪慢慢而生，病入脉微，如鸭在水，却也不等。力微，脉微频，中间有干，无力，小水白或红，肝微者，红，不能分血。又筋微，肾连着肝。为因分豁水血。三者，肾微，起不动自己，从水来之血，为食。四者，有疼肿。病人身色不转、不瘦者，有医。若色变、瘦小者，无医。治妙者，此病不可忙治，过四日，*过四日*、*或七日*，病重者，过十四日，不可紧治。初起者，只可用紧渍药。”②	仅包括全身、半身或大部分身体，很可能仅是身体一处瘫痪。…………切断精神与身体器官联系的瘫痪，由毛孔皱曲、肿胀、神经散乱而起。…………脊髓同脑一样有两个部分，尽管人们对此无感受。…………有时若脑内一侧的余物造成瘫痪，该侧的身体全部瘫痪，包括面皮。…………有时，瘫痪由缠肠风的问题而起，在此情况下，知觉未丧失，因为导致缠肠风的余物在动止筋而非知觉筋。…………到肠的病根被送到肠外。稠者薄成汗而出。病根到筋者形成瘫痪。在由缠肠风向瘫痪转换的过程中绝大部分知觉完好。…………在病根到达后，余下病根留在脑内，因患头痛、头重等脑病……若无法完全排净，则成瘫痪等病症。绝大部分瘫痪发生于严冬，有时则由春天的满胀引起…………病者脉象微弱不均。力微则脉象微乱不均。小水（尿）白或红，因肝力微弱，不能助分血；或因筋（血管）微弱不能分豁水血；或因伴随疾病的疼痛。不应忙用强力药物，过四日或七日再用药。病重者，过十四日再治，初起者，只可用温性的软化催脓药。”③

通过对比上表中的两段文本可以得知，《回回药方》中关于“筋松肉慢”的论述大部分与《医典》中的相关内容的表述方式或主旨相近，且相似内容的表达顺序也是一致。由此可以推断，《回回药方》中的这段文字与《医典》相关。但是，通过仔细比较两个文本可以发现，《回回药方》中的选段篇幅较短，而《医典》的选段则篇幅较长，其中有大量内容并没有体现在《回回药方》中，且《医典》选段中与《回回药方》选段对应的语句散落在选段各处，并不能完整概括整个选段要表达

①《医典》原文为“nukhā’”(نخاع)，意为“脊髓”，而鼻在波斯语/阿拉伯语中则为“damāgh”(دماغ)。二者在古代伊斯兰抄本中的写法具有一定的相似性，故很可能《回回药方》中收录的这段文字的原译者将“nukhā’”误认为“damāgh”，这也反映出，该段文字的译者的阿拉伯文或波斯文的水平有限。

② 宋岘.《回回药方》考释：下卷［M］. 北京：中华书局，2000：187—189.

③ SHAYKH AL-RA’ĪS ABŪ ‘ALĪ SĪNĀ [M]. Qānūn: vol. 3, pp.170-174.

的内容。因此《回回药方》的选段似有逻辑上的断层，未能表达《医典》选段的全部思想。故在此可以提出两种假设：(1)《回回药方》中上述选段的作者在编撰此段时并未完全翻译《医典》的相关内容，而是按照《医典》的表述思路再结合其他医书或自己的见解进行编写；(2)该选段的作者并未完全掌握阿拉伯文和波斯文，在翻译上述语言的医书时仅能挑选易懂的部分进行翻译，并根据自己的理解进行改编。孰是孰非，仍需进一步的考证，但结合上述两个选段的异同现象可以认为，《回回药方》中选段作者的翻译水平具有局限性。

三、《回回药方》音译词旁注所体现的作者信息

《回回药方》文本的主要特点即是：各药方中药材的剂量以小字标注，药方、药材及病症等医学名词有汉语词汇和音译词汇两种形式。而音译的医学名词旁边亦有注释，其有三种样式：中文解释、阿拉伯语或波斯语原词以及用阿拉伯语或波斯语字母拼写的该音译词的注音。由此可见，整部作品体例统一、系统，应是在某个机构或个人的主持领导下进行编撰的。而根据《回回药方》音译名词的各种旁注形式亦可对《回回药方》的书籍性质及其作者信息进行推断。

（一）医学音译名词的中文解释体现的《回回药方》的书籍性质及其作者信息

《回回药方》中的各种外来医方中均混杂着汉语药名和音译药名，如卷十二中的“蓖麻子油”，其同《医典》卷五中记载的同名方剂内容基本相同[①]，故可推断此方源于《医典》。该方中既有“没药”“山香菜”等直接从外文译成汉语的词汇，也有像“阿撒龙”等音译词，在此词旁边有中文小注：“即是白薇”。[②]如此现象不胜枚举。这种现象本身可以说明，《回回药方》的作者并非外来医方的首次翻译者，否则不会出现在作者知晓外语词汇中文含义的情况下，一些单词选择直接译成汉语，而另一些却选择“先音译再解释”这种“多此一举”注释的方式。由此可见，《回回药方》更像是各种阿拉伯文、波斯文医书中文译本的汇编校注本，而《回回药方》的作者的工作即是收集各类伊斯兰医书的中译本，并对其中未做解释的音译词进行考释并标注在其旁。

这类中文解释有时也会出现错误。如上文方剂中的“阿撒龙”一词，其原义为“细辛”，但其中文旁注则为“白薇”。根据上文所述，“细辛”和“白薇”常被混淆成一种药材，由此可知，校注者的药学水平也具有局限性。

① 宋岘.《回回药方》考释：上卷［M］. 北京：中华书局，2000：157.

② 宋岘.《回回药方》考释：下卷［M］. 北京：中华书局，2000：141.

（二）阿拉伯语或波斯语原词旁注体现的作者信息

根据上文推论，《回回药方》中收录的各种音译医学名词（药方、药剂和疾病名称）的阿拉伯语或波斯语原词旁注应是作者根据自身掌握的知识或对比阿拉伯文或波斯文医书后进行的注释。由于作者不了解该词的中文含义，故仅将原词注于音译词旁。这类注释方式有两种较特殊的形式，其均揭示了作者的一些身份信息：第一，一些音译词与汉语词汇组成词组，如“长咱拉弯”（意为“长的马兜铃”），该词旁边的注释为“zarāvand-i-dirāz”，其中“dirāz”即为波斯语中“长的”一词，而在这种情况中，对应词往往是波斯语词。如“可拉福石子”（芹菜籽）的旁注为“tukhm-i-karafs”，“阿肥西水”（龙牙草水）的旁注为“āb-i-ghāfit”，其中“tukhm”和“āb”均为波斯语词汇。由此可知，校注者更有可能是习得波斯语的人。第二，对于某些音译词，校注者则明显没有查证阿拉伯文或波斯文医书，仅凭音译词的发音猜测原词的形式，因此造成注释的错误。如卷十二中的“亦忒列法力马杭八的而”方，其名称原词应为“Iṭrīfil-i-māh-i-badr”，意为“圆月睡菜”。[①]而该词旁的波斯文的注释则记为“Iṭrāfil-i-muḥamadīra”，其中“muḥamadīra”并无实际的含义，且与音译词发音有差异。由此可见，部分校注者的波斯语或阿拉伯语水平并未达到精通的程度。

（三）采用阿拉伯语或波斯语字母拼写的音译词的注音体现的作者特点

《回回药方》中还有一种采用波斯语、阿拉伯语字母拼写音译词的注音的旁注形式，如上文提到的“阿肥西”（龙舌草），在某些时候则注释为“afishi”（اَفِشِ）。这种注音方式体现了小经文字的特征。根据国内学者的研究成果，“小经”是来华的回回人（波斯和阿拉伯人）及其后裔创制的一种采用波斯语和阿拉伯语字母注音汉语的拼音体系，一般用于注释经文[②]，根据现有的碑铭材料，这种注音系统产生于明代前期，这一时期的“回回人入华定居日久，其波斯语水平逐渐下降”[③]，参与经文教学的教师和学生均不能正确拼读波斯文，故授课内容多采用汉语，而“学经生又多不识汉文，于是只好用拼音作记录，以便能掌握所学内容”[④]。由上述结论可引出如下推断：第一，通过“阿肥西”一词的不同形式的注释这一现象可以得知，校注者并非一人；第二，根据小经的产生时间也可推测，《回回药方》的产生

---

① 宋岘.《回回药方》考释：上卷［M］. 北京：中华书局，2000：134.

② 寅住. 经堂语与小儿锦［J］. 文史知识，1995（10）：108—110.

③ 刘迎胜.“小经”文字产生的背景［J］. 西北民族研究，2003（3）：70.

④ 韩中义. 小经拼写体系及其流派初探［J］. 西北第二民族学院学报，2005（3）：10.

时期不会早于元末；第三，《回回药方》的作者应为入华已久、对波斯语和阿拉伯语不再精通的回回人后裔，其可以识别汉字，但无法找出某些中文音译词所对应的波斯语、阿拉伯语原词，故用其早年在经堂教育中习得的“小经”拼写系统进行注音。

值得一提的是，一些音译词-汉语词汇词组中的汉语词也采用小经注释。如卷30中数次出现的“八剌都而蜜”一词，对比《医典》可知，其原词应为“’asal-i-balādur”（腰果蜜），其中“’asal”即是波斯语中的“蜜”。故可知“八剌都而蜜”中的“蜜”是汉语词汇。而该词旁注的形式则为“balādur mī”（بلادر مى），可见，作者虽可认出汉语词“蜜”的发音，但却无法识别其意，故将其误认为音译词并用拼音进行注释。这表明，编者队伍中尚有人还未完全掌握汉语。

结语

综上所述，根据《回回药方》的编写体例、汉语论述及音译词旁注部分的一些特点，可以推论关于《回回药方》书籍性质及作者特征的相关信息：《回回药方》是元明时期传入中国的各种阿拉伯文、波斯文中译本的汇编校注作品而并非某部或某些伊斯兰医书的直译本。其是在统一主持下，由已经汉化的、波斯语和阿拉伯语水平均已退化的一批回回人后裔根据其自身已掌握的语言和医药学知识并参考波斯文、阿拉伯文书原文进行编撰的。作者在药学上并不精通，且这一局限性反映了当时中国医药学界中一些普遍性的认知问题。

诚然，尽管对于《回回药方》的研究目前已经得到全方位的展开，且取得了诸多研究成果，但由于其本身文本的残缺已经所能查到的波斯文、阿拉伯文医书有限，其研究领域仍有扩展的空间。在今后对于该书的研究活动中，应加强医药界、史学界、语言学界的合作，尽可能多地利用各种波斯文、阿拉伯文及汉语医学史料进行对比研究。除此之外，还应将这本书介绍到国际，吸引国际学者对这部著作的关注，为国际合作创造条件。目前，《回回药方》中与《医典》差异较大的外来医方的来源、《回回药方》中的医理论述部分的原本、音译体系以及汉语医药学名词的翻译方法与医学发展水平之间的关系等内容均是值得各领域学者进行进一步的探讨的议题。

参考文献

[1] 冯家升. 从历史上看阿拉伯与中国的友好关系 [N]. 光明日报，1955-06-09.

[2] 冯增烈. 校点本《回回药方》前言 [J]. 回族研究，1991 (1)：81—88.

[3] 韩中义. 小经拼写体系及其流派初探 [J]. 西北第二民族学院学报，2005

（3）：10—16.

［4］蒋冀骋.《回回药方》的成书年代及其对音材料所反映的语音特点［J］. 励耘学刊（语言卷），2008（2）：144—154.

［5］康菊英. 从“禀性衰败”探讨回医学的发病机理［J］. 时珍国医国药，2013（11）：2743—2744.

［6］李经纬，邓铁涛. 中医大辞典［M］. 北京：人民卫生出版社，1995.

［7］刘迎胜.《回回药方》与中国穆斯林医学［J］. 新疆社会科学，1990（3）：92—105.

［8］刘迎胜.“小经”文字产生的背景［J］. 西北民族研究，2003（3）：61—71.

［9］李时珍. 本草纲目（新校注本）［M］. 北京：华夏出版社，2008.

［10］牛阳.《回回药方》研究［M］. 银川：黄河出版传媒集团阳光出版社，2010.

［11］宋岘.《回回药方》考释［M］. 北京：中华书局，2000.

［12］宋岘. 古代波斯医学与中国［M］. 北京：经济日报出版社，2001.

［13］宋岘，周素珍.《回回药方》与古希腊医学［J］. 西域研究，1994（2）：28—42.

［14］王兴伊.《回回药方》：西域民族医学方书之集大成者［J］. 医古文知识，2005（4）：44—45.

［15］寅住. 经堂语与小儿锦［J］. 文史知识，1995（10）：108—110.

［16］于文忠.《回回药方》初探［J］. 新疆中医药，1986（2）：39—43.

［17］岳家明.《回回药方》初探［J］. 阿拉伯世界，1985（3）：108—112.

［18］SHAYKH AL-RA’ĪS ABŪ ‘ALĪ SĪNĀ. Qānūn [M]. trans. ‘ABUD AL-RAḤMAN SHARAFKANDĪ. Tihrān: Intishārāt-i-Ṣidā va Sīmā. 1392H.sh.

迪拜文化产业的数字化转型及其借鉴意义

上海外国语大学东方语学院　张雪峰

【摘　要】迪拜是阿联酋第二大城市，同时也是阿联酋的经济和贸易中心。进入 21 世纪后，迪拜在数字化城市方面有了长足的发展，在迪拜酋长的大力推动下，力争将迪拜打造成全球最智慧城市，其中文化产业的数字化转型是其中的重要组成部分。本文在对迪拜城市数字化转型进行系统梳理的基础上，着重考察迪拜文化产业中公共图书馆、文旅产业、文博场馆等数字化转型升级的具体情况和主要特点，并结合中国文化产业的具体发展从立法、供给侧改革、市场化配置和国际化合作等方面探讨迪拜文化产业数字化转型对我国文化产业的借鉴意义。

【关键词】迪拜；文化产业；数字化转型

引言

阿拉伯联合酋长国（阿拉伯语：الامارات العربية المتحدة，英语：United Arab Emirates），简称阿联酋，位于阿拉伯半岛东部，濒临波斯湾和阿曼湾。阿联酋于 1971 年 12 月 2 日建国，由阿布扎比、迪拜、沙迦、富查伊拉、乌姆盖万、阿治曼和哈伊马角 7 个酋长国组成联邦国家。其中阿布扎比、迪拜、沙迦是联邦中经济实力最强的三个酋长国，而我们一般所说的迪拜，是迪拜酋长国的首府所在地迪拜市（以下如不特别说明，提到迪拜都是指迪拜城市）。阿联酋联邦体制的特点决定了各个酋长国在国家发展问题上具有决策权，再加上每个酋长国的资源状况、发展策略和酋长的个人领导风格各不相同，导致了各个酋长国在现代化进程和发展战略上存在差异。①根据百度百科的数据，迪拜面积约为 4114 平方公里，占阿联酋全国总面积的 5.8%，在阿联酋所有城市中继阿布扎比之后排名第二。②根据迪拜数字中心（Dubai Statistics Center）统计，迪拜人口为 353.3412 万（统计截止于 2022 年 10 月

① 仝菲．阿拉伯联合酋长国现代化进程研究［M］．北京：社会科学文献出版社，2013：66．

② 百度百科．迪拜词条［EB/OL］．［2022-10-10］．https://baike.baidu.com/item/%E8%BF%AA%E6%8B%9C/338534?fr=aladdin．

8 日)，是阿联酋人口最多的城市，[①]也是阿联酋的经济和贸易中心，同时还是中东地区的经济金融中心和交通枢纽。

迪拜可谓是阿联酋的一张非常著名的“名片”，很多人都是先于阿联酋听到过迪拜的“大名”，迪拜以一系列世界级地标性建筑而闻名于世，如世界最高建筑828 米的哈利法塔（Burj Khalifa）、世界唯一的七星级帆船酒店（Burj Al Arab）、世界上面积最大的人工岛项目——棕榈岛，世界最大的主题公园——迪拜乐园（Dubai Parks），世界最大的室内滑雪场、全球最大的购物中心、2022 年刚刚建成开放的迪拜未来博物馆（Museum of the Future），等等，这些都凸显了迪拜“特立独行、敢为人先”的城市精神和豪迈气魄。

一、迪拜城市数字化转型历程

1966 年，阿联酋发现了石油，整个国家命运为之改变，虽然阿联酋的石油储藏多在阿布扎比，但迪拜也因为石油资源而获得“第一桶金”。考虑到迪拜的石油储量仅占整个阿联酋石油储量的 3%，预计只能开采到 2015 年[②]，所以从一开始，迪拜就意识到不能躺在石油财富上过日子，必须选择一条独特的发展模式。阿联酋也力推迪拜通过大力发展地产、零售、旅游、物流和金融等行业，实施经济多元化战略，将迪拜打造成当今中东地区国际化程度最高的都市之一，确立其作为经济和投资中心的国际地位，使迪拜转变为全球城市、区域商业和旅游中心。20 世纪 90 年代以来，阿联酋开始推动智慧城市建设，迪拜不失时机地跟上国际信息产业发展的步伐，通过兴建互联网城，积极参与全球信息革命，促进了产业升级和智慧城市的发展。阿拉伯货币基金组织（AMF）2019 年发布的报告显示，在阿拉伯国家 115 个主要城市中，有 24 个智慧城市，其中阿联酋国内智慧城市占主要城市比重达 50%，排在阿拉伯国家之首。在智慧城市应用普及指数、应用使用意识和满意度指数等指数上，迪拜和阿布扎比都分别排在阿拉伯国家的前两位。[③]迪拜快速发展的背后，是其强大而富有成效的政府部门，它既接受监管改革，又拥抱科技革新，并一直致力于实现世界级城市的数字化建设。

迪拜在数字化方面技术之旅始于 1999 年宣布的第一个 ICT（Information Communication Technology，信息通信技术）战略。在迪拜酋长穆罕默德的推动下，迪拜 1999 年 10 月宣布建立互联网城（Dubai Internet City，DIC），经过 20 多

---

① 迪拜在线［EB/OL］.［2022-10-10］. https://www.dubai-online.com/essential/population/.

② 蒯乐昊. 酋长的麻烦［EB/OL］.（2009-12-14）［2022-10-10］. http://www.infzm.com/contents/38718.

③ AMF. 阿联酋智慧城市处于地区领先位置［EB/OL］.（2019-08-26）［2022-10-22］. http://ae.mofcom.gov.cn/article/ddgk/zwjingji/201908/20190802893678.shtml.

年的发展，现在迪拜互联网城拥有4500多家公司和1600个业务合作伙伴网络，涵盖各个行业，包括物联网、人工智能、大数据，成为中东地区最大的商业技术中心，为迪拜的经济快速成长创造了条件，也是助推迪拜发展转型最成功的案例之一。此后迪拜又推出了电子政务计划、智慧城市计划，再到雄心勃勃的未来城市10X计划，迪拜在智慧城市建设方面不断向前迈进，吸引着全世界的目光。

2000年伊始，迪拜提出电子政务计划：迪拜要在电子政务（e-government）和智慧政府方面达到世界领先水平。这项计划使政府最实用的337个服务中96.3%的服务能够在移动设备上使用，从而使迪拜政府成功转型成“移动政府”（m-government）。[①]经过十年努力，迪拜将政府服务转移到线上，并创立了新的工作文化，通过数字政务服务实现了便捷化和环保化。

2014年3月，迪拜酋长穆罕默德宣布启动智慧城市计划（Smart Dubai initiative），智慧城市建设包含智能生活、智能交通、智能社会、智能经济、智能管理、智能环境等6项关键目标，涵盖诸如运输、通讯、基础设施、电力、经济服务、城市规划等方面的100多项创新举措，以及千余项惠及政府、企业和居民的智能服务。政府部门向公众提供可直接从智能设备获取的无缝服务，目标是到2017年将迪拜打造成为世界上最智慧的城市。[②]

此外，区块链技术也被视为打造迪拜未来的重要工具。2018年4月，阿联酋政府推出了将迪拜转变为世界上第一个完全由区块链技术驱动的城市的计划——“迪拜区块链战略”，该战略旨在利用区块链技术，到2020年将全部的政府文件处理都转移到区块链平台，从而节省时间、精力和资源，并方便人们在适合其生活方式和工作的时间和地点处理交易。为实现这个战略，阿联酋政府将建立一个包罗政府、客户、企业、社区的“数字政府平台”，预计该项目每年可以为阿联酋政府节省30亿美元的纸质文件流通成本，并大大提高生活质量和效率。[③]2021年12月，迪拜政府宣布已经成为世界上第一个完全无纸化的政府，迪拜现在总共提供130多项Smart Dubai智慧城市线上服务，所有政府服务现在都可以通过DubaiNow应用程序获得。[④]2021年5月，迪拜政府机构DMCC（迪拜多种商品交易中心），为了区块链技术的开发和应用，建立了DMCC加密中心。该中心不仅为区块链技术公司提供生态系统环境，还为从事由开发区块链交易平台到进行加密资产的供应、发

---

① 朱岩．迪拜智慧政府进化史［J］．物联网技术，2016（3）：36．

② 高晓雨，李晓春．阿拉伯联合酋长国·迪拜 新兴互联技术提高城市管理效率［J］．智能建筑与智慧城市，2017（5）：16．

③ 迪拜：阿联酋的区块链绿洲，政府积极推动区块链快速发展［EB/OL］．（2018-10-21）［2022-10-22］．https://baijiahao.baidu.com/s?id=1614934557736286921&wfr=spider&for=pc．

④ 迪拜是世界上第一个无纸化政府［EB/OL］．（2021-12-13）［2022-10-22］．https://baijiahao.baidu.com/s?id=1718999786416436222&wfr=spider&for=pc．

行、上市和交易业务的各种公司提供生态系统环境。①2022 年 3 月，迪拜颁布虚拟资产法（VAL），并成立了虚拟资产监管局（VARA），成为全球第一个专门设立虚拟资产监管部门的政府。②由此可以看出迪拜在科技转型中不断保持着领先地位，具有敢为天下先的胆识和勇气。

2017 年迪拜推出以未来为导向的计划——迪拜“10X”（X 代表勇于实验、打破常规、着眼未来以及指数思维）。根据 DUBAI10X 官网介绍，迪拜“10X”的目标是让迪拜政府比其他城市领先 10 年，其对“10X”理解为——每个政府部门应该找到自己想要提供的服务，这些服务可以使迪拜每个人的收益比以前高 10 倍，城市发展比以前快 10 倍，工作效率比以前高 10 倍，主张以未来为导向，以增强全球竞争力为目标。③

迪拜在未来城市的发展理念与战略路线上具有前瞻与清醒的认识，塑造未来并不是一个理论概念，而是各国在全球舞台上获得竞争力的关键。《智慧迪拜战略 2021》强调其战略目标是：为居民提供智能方式的城市生活、以先进技术打造具有全球竞争力的经济体、推动互联社区和智慧社交服务惠及大众、提升公共和私人出行顺畅安全的交通体验、采用先进技术维护清洁可持续的环境、建设高效的数字政府。④从而最终实现“智慧迪拜”的愿景——打造“世界上最幸福的城市”。

二、迪拜的文化产业数字化升级

20 世纪 90 年代以来，以数字技术、互联网技术、信息通信技术为特征的科技潮，对文化产业的发展产生了深远的影响。一方面传统文化产业借助科技手段，促使电视、广播、报业、期刊、图书、音乐等不断向纵深发展，衍生出新的媒体商业平台，数字化成为推动新兴文化产业发展的主要力量，促进了数字内容产业的生产和消费模式的出现。另一方面，文化产业和创意产业、内容产业等不断兴起的产业融合，将文化产业拓展到新领域，新创意、新业态、新模式层出不穷，文化产业以惊人的魅力吸引着世人的目光。

文化领域的技术创新涵盖了文字、声音、图片的处理、存储和传播技术等许多方面，涉及文化产品的研发、生产、流通、消费等许多环节。技术的发展给文化的

① WIZBL-迪拜 DMCC，探讨区块链技术合作……计划在 DMCC 建立研发中心［EB/OL］.（2022-07-22）［2022-10-22］. https://wizblog.co.kr/zh-hans/wizbl-/?ckattempt=1 .

② 迪拜虚拟资产监管局将成为全球首个进入元宇宙的监管机构［EB/OL］.（2022-05-24）［2022-10-22］. http://ae.mofcom.gov.cn/article/ddfg/qita/202205/20220503313674.shtml .

③ “Dubai 10X 计划”官方网站：https://dubai10x.ae.

④ 智慧迪拜战略 2021（阿拉伯文版）. 阿联酋政府门户网站：https://u.ae/ar-ae/about-the-uae/strategies-initiatives-and-awards/local-governments-strategies-and-plans/smart-dubai-2021-strategy.

传播带来了极大的便利，同时也极大地增强了文化和艺术的感染力和震撼力，如文博场馆中进行数字化升级后，通过大量先进的数字音像技术给体验场景辅以灯光、音像效果，带给体验者以身临其境的震撼感受。此外也可以看到，文化产业对其他经济产业有着极强的辐射带动作用，与信息、体育、服装乃至餐饮和地产等国民经济产业部门都可以普遍地渗透和融合，推动社会经济结构的优化和升级，创造新的经济增长点，从而有效拉动国民经济发展。

谈到迪拜的文化产业发展，有必要提及迪拜文化艺术局（Dubai Culture & Arts Authority），该部门由迪拜酋长穆罕默德于 2008 年 3 月 8 日发起成立，是迪拜文化产业的主管部门，在其官方网站（https://www.dubaiculture.gov.ae/）介绍中明确指出该机构的优先事项围绕三个关键领域：1. 数字化转型（digital transformation）；2. 卓越运营（operational excellence）；3. 为员工和客户提供幸福感（happiness）。其中数字化转型专注于数据与信息、自动化和数字化以及技术解决方案的效率和附加值。数字化转型是迪拜文化产业建设的基础和核心要素。以下从文化产业所涉及到的几个主要领域探讨迪拜文化产业的数字化转型升级。

（一）公共图书馆的数字化转型

据相关媒体报道，从 2021 年 1 月迪拜文化艺术局已率先在迪拜公共图书馆采用 RFID（Radio Frequency Identification，射频识别技术），通过无线电波进行识别，该系统是当今时代管理和保护馆藏图书的最新系统。迪拜公共图书馆引入先进的 RFID 系统，可以增强其图书机构的灵活性并快速完成委派的任务，有助于快速满足访客的需求，此外，还在公共图书馆领域提供许多其他服务，例如知识材料的技术处理、借阅、退还和库存操作。报道指出：随着 RFID 系统的发展，迪拜文化艺术局可利用该技术完成迪拜公共图书馆的知识资产库存盘点，其中包括约 60 万种办公材料，包括书籍、地图和视听材料等。该图书馆引入 RFID 系统能在创纪录的时间内进行库存盘点，不仅节省时间和精力，同时还确保访客能获得各种知识材料的最准确的认知结果。[①]

另据阿联酋新闻社 2022 年 6 月 26 日的报道，迪拜文化艺术局（迪拜文化）与 Overdrive（美国赛阅公司，全球最大的图书馆电子书供应商）合作，扩大了迪拜公共图书馆网络中的图书借阅服务，以多种形式提供知识材料，包括数字图书、有声读物和视频。这一全面的数字知识平台目前提供 3788 本图书，分布在数字图书、有声读物和视频之间，所有这些图书都可通过迪拜文化网站、DPL 应用程序和 Libby 应用程序向 DPL 成员提供。会员最多可以借阅五份知识材料，为期七天

① 迪拜公共图书馆引入 RFID 系统，在创纪录的时间内处理了 60 万种知识资产［EB/OL］.（2021-01-07）［2022-10-14］. http://news.rfidworld.com.cn/2021_01/59733e24470d153b.html.

（数字和有声读物）、五天（视频）。“迪拜文化”管理着迪拜公共图书馆网络，其中包括 8 个成人图书馆和 7 个儿童图书馆，此外还有数字图书馆、多功能大厅和教室，通过高效服务和先进技术为社区成员提供知识来源。所有图书馆的分支机构都通过最新的连接和网络技术相互连接，并与其他现代图书馆相连，从而可以方便地访问涵盖广泛主题的阿拉伯文和英文书籍。①

公共图书馆的数字化转型是顺应时代发展趋势，满足读者需求的重要措施。随着人们休闲娱乐方式、获取信息的渠道、阅读习惯等多重方面的改变，高品质的数字资源服务和活动的供给成为了当前公共图书馆服务数字化、智慧化转型的重点。结合飞速发展的信息技术和网络技术，图书馆将有较高价值的图片、文字、音频、视频等信息转变为数字信息并运用计算机技术进行存储和管理，增加知识的价值。同时在网络技术的帮助下，进行高效率的传播与接收，使用户能够随时随地在网上阅读数字信息，享受到优质的阅读服务。从以上迪拜公共图书馆的数字化转型可以看出，不管是本地用户，还是远程用户，都可以通过网络访问图书馆的信息资源，从中获取到所需的信息资源。迪拜公共图书馆的数字化转型摆脱了时间和空间的限制，真正实现了资源共享，可以为用户提供便捷的阅读服务。

（二）文旅产业的数字化转型

迪拜不仅是世界著名的金融中心，其舒适宜人的环境也使其成为人们心驰神往的旅行目的地。旅游业作为迪拜的支柱产业，也成为外国投资的重要领域。根据英国《金融时报》的 FDI Markets 数据，迪拜旅游业在吸引外国直接投资方面排名第一。2021 年，迪拜通过 30 个不同的项目吸引了 64 亿迪拉姆（约合 17 亿美元）的外国直接投资，其旅游业在外国直接投资资本、项目和创造就业方面排名第一。②

阿拉伯联合酋长国迪拜旅游局 2019 年统计数据显示，2018 年入境迪拜过夜的国际游客数量为 1592 万人次，同比增长 0.8%，其中中国游客数量达 87.5 万人次，同比增长 12%，中国超过阿曼成为迪拜第四大旅游客源市场。特别是从 2016 年 11 月起，阿联酋宣布对中国公民给予免签待遇。迪拜旅游局统计数据显示，2017 年中国游客人数突破 76.4 万人次，同比增长 41%。③可见中国成为了迪拜增长最快的旅游客源市场之一。正如麦肯锡公司全球研究院 2017 年发布的报告所说的那样：“中国已经成为世界公认的数字化大国。作为数字技术的主要投资国以及应

---

① Dubai Culture’s digital library provides wealth of reading materials across various fields [EB/OL]. (2022-06-26) [2022-10-14]. http://wam.ae/en/details/1395303060886.

② 迪拜旅游业在吸引外国直接投资方面排名第一［EB/OL］.（2022-07-03）［2022-12-06］. http://ae.mofcom.gov.cn/article/jmxw/202207/20220703336958.shtml.

③ 2018 年赴迪拜中国游客数量增长 12%［EB/OL］.（2019-02-25）［2022-11-26］. http://www.xinhuanet.com/world/2019-02/25/c_1124159883.htm.

用此类技术的先行国家，中国正在改写全球数字化的格局。”[①]中国游客数量持续强劲增长，为迪拜的旅游市场数字化转型注入了强大的驱动力。

为了吸引更多中国游客，迪拜旅游局采取了“三管齐下”方式，其中包括在部分平台上直接开展面向消费者的宣传活动；定制个性化旅行计划，改善中国游客在迪拜的旅游体验；在微信平台上推出迪拜旅游助手应用程序等。[②]迪拜旅游局还与华为、腾讯、飞猪建立战略合作关系，借助三家平台的信息服务、移动服务、科技服务提高迪拜在中国的品牌知名度，推出各种数字服务，提升中国游客在迪拜的旅游体验。比如早在 2017 年，迪拜旅游局就与腾讯合作推出“体验迪拜”小程序，将丰富的旅游资讯展现给游客。该小程序分为景点、购物、餐饮、路线等几个部分。景点介绍包括文字和音频，还附有推荐游玩时长、联系电话、营业时间和计算游客与目的地的距离等信息，近 30 个迪拜的知名景点都在其列。同时，在迪拜政府的支持下，支付宝和微信支付也陆续亮相迪拜的各大商圈。在迪拜购物中心，咖啡厅、餐厅、各大景点等消费场所随处可见支付宝的标识。游客只要扫描二维码即可根据当天的汇率自动转换成人民币支付。春节期间，迪拜商家与支付宝合作推出一系列支付优惠和促销活动，方便中国游客在商场进行无现金交易。[③]不仅如此，迪拜旅游局还计划与携程为代表的传统在线旅游平台建立长期合作，推广迪拜旅游产品。

2021 年，迪拜推出了 AR 旅游应用“Epic reality”，提供实时更新的城市安全和风险区域，以及与新冠疫情健康预防措施相关的关键信息，包括社交距离建议、面部穿戴着装政策、座位容量、体温检查，以及基于室内与室外活动的相对暴露风险等，旨在帮助游客和当地人安全、省时地浏览迪拜。用户可以浏览有趣的活动、事件、旅行团、观光点、餐厅、酒吧、咖啡馆的列表，并了解每个场所或活动的健康措施，以确保在迪拜逗留期间获得安全的旅行体验。这款应用除了新冠风险评分外，还包括多种功能和特性，包括预订功能，用户可以浏览各种活动、景点、事件、观光点等，并将其保存下来，以便日后预订。最后，一站式旅行应用采用 AR 技术，让用户可以 360 度旋转探索周围的场景，并根据用户的位置和参与度获得个性化内容。“Epic Reality”使用 AR 技术来显示任何地点的纬度、距离和高度。用户只需将智能手机摄像头悬停在某一地点上，就能查询到目的地和兴趣点的信

---

① 中国数字经济引领全球新趋势［EB/OL］.（2017-09-27）［2022-11-26］. http://www.gov.cn/xinwen/2017-09/27/content_5227797.htm.

②“欢迎中国”战略稳步实施 中国成为迪拜旅游增长强大动力［EB/OL］.（2018-05-19）［2022-12-06］. http://travel.cnr.cn/list/20180519/t20180519_524239102.shtml.

③ 数字服务，提升迪拜旅游新体验［EB/OL］.（2019-05-19）［2022-10-14］. https://www.sohu.com/a/314947872_114731.

息，[①]从而帮助旅行者能够安全、及时地规划旅行。

根据近期阿拉伯联合酋长国迪拜经济和旅游局发布的数据显示，迪拜 2021 年接待过夜旅客达 728 万人次，较 2019 年增长 32%。2021 年第四季度，迪拜国际旅客数量上升到 340 万人，占全年总旅客数量的 47%，强劲的酒店业绩超过疫情前水平。[②]特别值得一提的是，“2020 迪拜世博会”因新冠疫情推迟于 2021 年 10 月 1 日开幕，作为自新冠疫情全球暴发后首个大规模的全球盛会，迪拜世博会持续吸引游客纷至沓来，自开幕四个月的时间内吸引了 1000 多万市民及全球游客到访。由于疫情的暴发，迪拜世博会采用混合模式，为阿联酋和世界各地的游客提供物理和虚拟体验。正如“2020 年迪拜世博会”首席项目官 Rehan Asad 表示：“虚拟世博会要实现迪拜世博会承诺和宗旨（沟通思想，创造未来）。2013 年，迪拜世博会向全世界承诺，不仅要举办有史以来最好的实体世博会，还要举办最好的虚拟世博会。这一承诺和 COVID-19 大流行要求我们找到创新的方式，与更多无法从世界各地前往世博会的观众分享我们的世博会体验和内容。”[③]为克服新冠肺炎疫情影响，让更多观众感受世博会的精彩，迪拜世博局开通了网上世博会（网址为 https://www.expo2020dubai.com/），提供多语种版本的内容介绍，同时还可以切换到不同的国家区，感受不同国家场馆的特点和魅力。作为元宇宙国际传播的最新形式，迪拜世博会还与高科技公司 Magnopus（美国知名沉浸式视觉设计公司）合作，突破地域与时间限制，为来自世界各地的数百万现场和远程的游客提供沉浸式的数字体验，合作开发虚拟环境应用（Expo Dubai Xplore），其中包括增强现实触发系统和“数字孪生世博会”项目等两部分。前者包含覆盖整个园区的智能定位传感器和 AR（增强现实）眼镜、智能屏幕等终端设施，使现场观众能够实现“移步换景”，在任何物理地点体验相关的延伸性 AR 内容，弥补国际传播的“语境缺失”。后者则是目前世界上最大规模的元宇宙体验空间。远程用户可定制自己的智能化身，还可在手机镜头里实时“偶遇”来自世界各地的现场游客和“云观众”，获得“云游”世博会的体验[④]。另外游客们通过使用 Google 的 ARCore Cloud Anchors 在网站对周围数百个特定位置进行激活，即可体验 2020 年迪拜世博会任

① 阿联酋推出 AR 旅游应用《Epic reality》，帮助游客应对新冠风险［EB/OL］.（2021-04-12）［2022-11-14］. https://www.sohu.com/na/460354338_549351.

② 迪拜 2021 年接待过夜旅客 728 万人次，较疫情前增长三成［EB/OL］.（2022-02-15）［2022-11-14］. https://www.thepaper.cn/newsDetail_forward_16702458.

③ 元宇宙迎来五年一届国际世界博览会，一起“去”迪拜［EB/OL］.（2022-09-29）［2022-11-14］. http://www.tuoguan1.com/a/yuanyuzhou/43011.html.

④ Expo 2020 Dubai Enters The Metaverse World Connecting Millions Across The Physical & Digital Globally [EB/OL]. (2021-12-07) [2022-12-04]. https://newsdirect.com/news/expo-2020-dubai-enters-the-metaverse-world-connecting-millions-across-the-physical-and-digital-globally-652848762.

何地方的娱乐和教育 AR 内容。AR 激活后，包括进入神秘门户、历史寻宝和神奇生物遭遇，都以厘米精确度与现实世界的位置对齐。[①]数据显示，迪拜世博会线上园区的全球访问量达 2.5 亿次，是实地参观人数的十倍。其域名（virtualexpo.world）将作为文化遗产移交给国际展览局，为未来主办国的相关实践提供“传播基模”。[②]这可视作世博会数字化转型的一次实践创新，对以后大型展会的线上线下融合、文旅产业的数字化转型升级以及国际化传播也具有重要的参考意义。

（三）文博场馆的数字化转型

1. 未来博物馆

曾被《国家地理》杂志评为全球 14 个最美丽的博物馆之一的迪拜未来博物馆（Museum of the Future），于 2022 年 2 月 22 日正式开放。该博物馆由迪拜未来基金会（Dubai Future Foundation）创立，旨在探索在未来几十年中，社会将如何利用科学技术得到发展。因此可以说未来博物馆的开幕代表着迪拜对未来的憧憬和博物馆数字化转型的探索。

该博物馆有着独特的椭圆形设计，其外观采用阿拉伯语书写的文字，施工中使用了三维印刷技术。通过展览、沉浸式剧场和主题景点元素的无缝结合，未来博物馆展示了一个新的未来时代。未来博物馆利用虚拟现实和增强现实、大数据分析、人工智能和人机交互等领域的最新技术，展示了许多与人类、城市、社会和地球生命的未来有关的场景。

博物馆内按楼层设计了不同的主题区域，其中有三层是沉浸式交互展览，展示对于外太空、生态系统、生物工程等领域潜在未来的想象。在外太空探索区，不仅有 3D 打印的宇宙空间站模型，还能利用面部扫描在线“试穿”太空服。走进生态系统和生物工程主题区，通过虚拟现实、人工智能等技术驱动的互动装置以及多媒体技术，大家可以漫步“亚马孙雨林”，并观赏到超过 2000 种动植物数码标本……还有通过声呐控制水流，把水流反射到墙顶，让观众通过观看水纹等方式的“解压装置”，以及模拟流沙环境的交互地面等，无不展示着如同科幻大片般的未来感。

未来博物馆代表着迪拜对未来变革的憧憬，“邀请你超越现在，展望可能”：带领游客进行一次体验之旅，将人们带到 2071 年——届时恰逢阿联酋成立 100 周年。博物馆内部分为七层。和传统博物馆不太一样，这里没有传统的标签，没有传统的文物，没有传统的说明，而是沉浸式地展示了关于人类、地球、太空的各种未来命题，比如太空旅行、地球生态、气候变化、生命科学、身心健康等等，通过突

① 迪拜将举办第一届元宇宙世博会［EB/OL］.（2021-12-09）［2022-12-04］. https://zhuanlan.zhihu.com/p/443300815 .

② 延续与创新：透视迪拜世博会的国际传播模式变迁［EB/OL］.（2022-07-11）［2022-12-04］. https://www.163.com/dy/article/HC0JNGN605259M1U.html .

出有前途的创新、设计理念和项目，定义前进的道路，为当前和未来几代人提供一个富有弹性和繁荣的未来。每一层都像一个“来自未来的电影场景，人们可以居住、探索和互动”，并展示近未来的技术，这些技术将通过解决健康、水、食物、交通和能源等领域的挑战来改变我们的世界。最后一层专门为儿童准备，他们将以自己独特的方式探索和解决挑战，成为我们的“未来英雄”。

除了作为标志性建筑吸引游客以外，未来博物馆更主要的功能则是孵化、加速科技创意和创业项目。它将未来主义者、思想家、创新者和公众聚集在一个定义未来世界并塑造我们与未来世界互动的试验平台上，通过吸引不同的文化、哲学和社会视角，提供一个包容和共存的空间，让专家、科学家和人才可以交流观点、想法和意见，共创美好未来。迪拜未来博物馆主席 Mohammed Al Gergawi 表示，未来博物馆是一座“活的博物馆”，其内容和展览将随着最新的技术成就和科学发现而持续地适应、变形、迭代，以促进迪拜和阿联酋的适应性和未来准备。

现代的技术与材料让人类栖息空间的基本设计方式得以复兴。未来博物馆展示了迪拜的雄心壮志，展现了迪拜希望被视为一个现代化、包容的城市的愿望。

2. 穆罕默德·本·拉希德图书馆（Mohammed Bin Rashid library）

该图书馆 2016 年迪拜酋长穆罕默德·本·拉希德·阿勒·马克图姆（Sheikha Mohammed bin Rashid Al Maktoum）发起建设，2022 年 6 月 16 日正式对公众开放，作为中东和北非地区最大的图书馆，它也成为了迪拜近一年内继“迪拜眼”摩天轮、未来博物馆之后极具辨识度的文化新地标。

图书馆占地大约 54000 平方米，共耗资 10 亿迪拉姆，折合人民币大约 18 亿元，由建筑咨询集团（ACG）设计。白色的建筑设计犹如一本被翻开的书，下面的基台部分模仿“rahl”（رحل）——即穆斯林用来放置《古兰经》的可折叠木制书架，体现当地丰富的文化和文明历史。

图书馆由地下室、底层和地上七层组成，包括一个全自动的书籍商店和数字化实验室。馆内包含了多个分主题图书馆，分别是综合图书馆、阿联酋图书馆、青少年图书馆、特别馆藏图书馆、儿童图书馆、媒体与艺术图书馆、地图和地图集库、期刊图书馆、商业图书馆。涵盖了数量庞大的书籍——超过 200 万本、30 多种语言的实体书和电子书，还有 100 万本有声读物，超过 600 万篇论文，75000 个视频，73000 个乐谱和 5000 多种历史期刊（印刷/数字）。另外还有来自世界各地的 500 种稀有收藏品和 35000 份印刷/数字报纸。馆内还设有一个可容纳 550 多人的剧院，配备了最新的视听技术。[①]历史和新技术汇集在穆罕默德·本·拉希德图书馆，提供最佳的访客体验：从电子检索系统、自助服务亭、书籍数字化实验室、智

① All about the Mohammed bin Rashid Library in Dubai [EB/OL]. [2022-10-23]. https://www.bayut.com/mybayut/all-about-the-mohammed-bin-rashid-library/.

能机器人回答增强现实（AR）、虚拟现实（VR）和其他先进技术的查询。是一个图书与数字化完美结合的文化中心。

由以上未来博物馆和穆罕默德·本·拉希德图书馆可以看出，迪拜通过不断打造新的文化地标建筑，将文博产业与最新的科技发展、创新理念完美结合，推动着文博产业数字化转型升级，也为未来进一步的数字化升级发展打下了良好的基础。

三、迪拜文化产业的数字化转型升级对我国的借鉴意义

（一）要大力推进文化产业的立法进程

十八大以来，我国文化产业实现了较快增长，文化产业规模不断壮大。国家统计局数据显示，十年来，我国文化产业增加值从 2012 年的 18071 亿元增长到 2020 年的 44945 亿元，年均增速 12.1%，占同期 GDP 的比重从 3.36% 上升到 4.43%。文化产业呈现出生机勃勃的发展势头，文化产业增加值占 GDP 的比重持续增加，带动了相关产业的发展，成为国民经济增长的新动能和新引擎。[①]同时也可以看到技术创新，尤其是数字技术和互联网技术的发展，对文化产业的迅猛发展起到了革命性的推动作用。云计算、大数据、人工智能、物联网、区块链等新兴技术的不断涌现，为文化产业的数字化转型注入了强劲动力。与此同时，我国很多针对文化产业的立法还较为滞后，尤其是新兴技术带来的新领域存在着法律缺位的现象。如 2020 年 11 月 11 日，十三届全国人大常委会第二十三次会议通过《全国人民代表大会常务委员会关于修改〈中华人民共和国著作权法〉的决定》，这是著作权法自 1990 年通过以来迎来的第三次修改。新法完善了作品的定义和类型、对数字版权的保护、对侵权行为的惩罚性赔偿等[②]，新法的出台无疑对推动新技术、新模式和新业态的发展、推动数字版权产业健康快速发展都有着积极作用。但此次修订距上次已有三十年之久，面对不断出现的新技术和新领域，尤其是当前日新月异的数字化转型趋势，可以借鉴学习迪拜的相关政策法规，并结合中国国家和各省市推动文化产业数字化转型的具体实践，积极制定符合我国实践的法律法规体系，为文化产业数字化转型发展提供及时、有效的法制保障，推动数字化转型的平稳推进。

（二）顺应新时代的发展，加快文化产业的供给侧改革

近年来随着社会经济迅速发展，人民群众文化水平不断提升，精神文化需求急剧增长。而总体而言，文化产品和服务供需方面的“结构性短缺”较为突出，表现

---

① 文化产业这十年［EB/OL］.（2022-10-14）［2022-11-04］. https://www.sohu.com/a/592603851_362042.

② 著作权法迎来第三次修改 新法自 2021 年 6 月 1 日起施行［EB/OL］.（2020-11-12）［2022-11-05］. https://m.gmw.cn/baijia/2020-11/12/34360755.html.

为总量不少但"有效供给"相对不足，不能满足人民向往美好生活的多样化、多层次、多方面的精神文化需求。2022 年 10 月 16 日，习近平总书记在中国共产党第二十次全国代表大会上的报告中指出："全面建设社会主义现代化国家，必须坚持中国特色社会主义文化发展道路，增强文化自信，围绕举旗帜、聚民心、育新人、兴文化、展形象建设社会主义文化强国，发展面向现代化、面向世界、面向未来的，民族的科学的大众的社会主义文化，激发全民族文化创新创造活力，增强实现中华民族伟大复兴的精神力量。"同时进一步指出："繁荣发展文化事业和文化产业。坚持以人民为中心的创作导向，推出更多增强人民精神力量的优秀作品，培育造就大批德艺双馨的文学艺术家和规模宏大的文化文艺人才队伍。健全现代公共文化服务体系，创新实施文化惠民工程。健全现代文化产业体系和市场体系，实施重大文化产业项目带动战略。"①具体说来，必须要大力推动高水平文化产品的产出，更好地满足民众日益增长的文化需求。在这其中，数字化转型只是手段，而核心要件还在于内容创意上。在这方面，可以学习借鉴迪拜如何对于文化产品创作者或创作企业营造良好的创作环境和推动相关激励机制，激发创新能力和活力，从而更好地推动优秀文化产品的不断涌现。因此文化产业的数字化转型不仅仅是技术升级，还要大力推动创新驱动发展战略，推动创新在文化产业中的主导作用。

同时我们可以看到，新冠肺炎疫情发生后，各国文化产业遭受重创。大量公共文化场所关闭、线下活动取消，文化产业营业收入锐减，从业者工资和福利缩水。除了"影视业寒冬"外，许多出版社也不得不延迟发行新书，小型独立出版商一度陷入生存危机。有市场研究机构估计，新冠肺炎疫情造成 2020 年全球出版市场较 2019 年萎缩 7.5%。据联合国教科文组织统计，2020 年，83%的成员国曾关闭博物馆，平均闭馆天数超过 150 天；疫情期间仍开放的博物馆参观人数也降低了 70%。2019—2021 年，成员国博物馆收入减少了 40%—60%。②但与此同时，依托互联网、多媒体、人工智能等新技术的广泛应用，"互联网+文化"新业态逆势上行。互联网广告服务及其他信息服务、多媒体游戏动漫和数字出版软件开发、广播电视集成播控、可穿戴智能文化设备制造等行业的营业收入均实现两位数增长。③很大程度上可以说，疫情的发生助推了线上业务和数字化转型的发展。可以预见，随着疫情逐渐好转，文化产业的传统线下模式将逐渐复苏，但随着 5G 时代的到来，文化产业的数字化升级将是大势所趋，科技的发展一方面给了人们以更多沉浸式体验的可能，另一方面这种数字化升级也进一步塑造了消费者的消费习惯，为文

---

① 推进文化自信自强，铸就社会主义文化新辉煌［EB/OL］.（2022-10-16）［2022-11-05］. https://www.12371.cn/2022/10/16/ARTI1665902205909514.shtml.

② 王悠然. 文化产业数字化转型势在必行［N］. 中国社会科学报，2022-04-08（6）.

③ 李淼. 文化产业仍需加快数字化转型［N］. 中国新闻出版广电报，2020-05-14（5）.

化产业打开了新的空间，提供了新的发展契机。迪拜凭借其自身的硬件环境、产业政策和区位优势，以智慧城市的建设为核心，提前为城市发展文化产业进行数字化布局，引导文化产业数字化升级的华丽转身，也为我们提供了有益的借鉴。

（三）加快文化产业的市场化配置和国际化合作

从经济学理论来看，文化产业发展需要在人力资源、资本和技术上加大投入。这三个要素相互作用，为文化产业发展提供动力源泉。其中，人力资源是最为核心的要素，承载着各种知识、技能和创新能力；资本是纽带，是整合利用各种资源的工具；技术是推动力，为文化产业的发展提供强大的供给能力和需求空间。[①]尽管我国文化产业的发展速度很快，发展势头也较好，但由于起步晚、起点低，同时文化产业涉及的领域较多，文化资源传统上都是按照行业和地方的条块方式实施，导致我国的文化产业资源较为分散、产业的规模化和集约化程度不高、距离市场化运作还有较大的距离。而迪拜作为较为成熟的全球投资市场，在文化产业的市场化方面也是居于世界前列的。根据中国商务部网站报道，2021 年迪拜文化创意产业（CCI）吸引外国直接投资（FDI）项目排名中东北非地区首位和全球第二。[②]迪拜通过不断优化营商环境，引进国际化人才，吸引包括中国互联网和科技巨头在内的世界诸多知名企业都参与到迪拜文化产业的发展中来，力求使得人力资源、资本和技术的整合达到较好的状态，也为数字化转型的长期迭代发展打下良好的基础。当然，在市场化过程中，也要注意到文化产业是一个特殊的产业，既有一般的产业属性，又有社会公益性质；既有经济属性，又有意识形态属性；有些行业门类，既有大众传媒的特点，又是党和国家的咽喉。[③]这就决定了文化产品不同于一般的物质产品，除了商业属性，还有道德和意识形态属性，需要在政治要求和市场效益间寻求平衡，需要发挥政府的宏观和政策调控功能。

文化产业的数字化转型不是一蹴而就的，而是一条不断进取、不断尝试和改进的发展之路。其中最重要的是顺应数字产业化和产业数字化的发展趋势，推动文化产业与互联网、大数据、人工智能等融合发展，打造文化产业发展新的增长点，并注重以文化产业新业态、新形势催生文化消费新模式，推动线上线下的相互融合促进。面对这一新的发展模式，没有标准的模式可以遵循，每个国家、每个城市都要结合自身文化产业发展的特点，不断提升对数字化转型的认知和思维，制定数字化

---

① 刘绍坚．文化产业：国际经验与中国路径［M］．北京：中国社会科学出版社，2014：21．

② 2021 年迪拜文化创意产业吸引 FDI 排名全球第二［EB/OL］．(2022-06-03)［2022-11-04］．http://ae.mofcom.gov.cn/article/jmxw/202206/20220603318541.shtml．

③ 刘绍坚．文化产业：国际经验与中国路径［M］．北京：中国社会科学出版社，2014：129．

战略规划，推动发展“文化+”消费新场景，打造更多参与式、体验式的综合性消费载体，并在推进发展的过程中不断反思和改进，探索符合自身文化产业发展的数字化转型之路。

参考文献

［1］陈煜波，马晔风．数字化转型：数字人才与中国数字经济发展［M］．北京：中国社会出版社，2020．

［2］范玉刚．“文化强国”战略视野中的文化产业发展研究［M］．北京：中国社会科学出版社，2016．

［3］郭鸿雁，李雅丽．新型文化业态发展研究［M］．北京：社会科学文献出版社，2021．

［4］高晓雨，李晓春．阿拉伯联合酋长国·迪拜 新兴互联技术提高城市管理效率［J］．智慧建筑和智慧城市，2017（5）：14—17．

［5］［英］克里斯托弗·M．戴维森．迪拜：脆弱的成功［M］．杨富荣，译．北京：社会科学文献出版社，2014．

［6］李大伟．海外文化产业概论［M］．福州：福建人民出版社，2017．

［7］李淼．文化产业仍需加快数字化转型［N］．中国新闻出版广电报，2020-05-14（6）．

［8］李晓钟．数字经济下中国产业转型升级研究［M］．杭州：浙江大学出版社，2018．

［9］李忠东．迪拜打造智慧城市［J］．世界文化，2017（12）：56—59．

［10］刘彬．七珍镶嵌的海湾明珠——阿联酋［M］．杭州：浙江工商大学出版社，2019．

［11］刘欣路．阿联酋新闻出版业的体制与特点［J］．中国出版，2017（5）：64—67．

［12］刘绍坚．文化产业：国际经验与中国路径［M］．北京：中国社会科学出版社，2014．

［13］［英］乔·班尼特．看不见的迪拜：一个西方人的亲历记［M］．秦竞竞，译．西安：陕西人民出版社，2013．

［14］沈建光，金天，龚谨，等．产业数字化：驱动中国经济打造新模式、新赛道和新生态［M］．北京：中信出版社，2021．

［15］仝菲．阿拉伯联合酋长国现代化进程研究［M］．北京：社会科学文献出版社，2013．

［16］王悠然．文化产业数字化转型势在必行［N］．中国社会科学报，2022-04-08（3）．

［17］吴媛媛．当代文化产业创新发展研究［M］．武汉：武汉大学出版社，2020．

［18］姚国章，吴玉雪，薛新成．迪拜创建“区块链之都”的创新实践［J］．国际科技瞭望，2020（9）：84—92．

［19］赵浒．迪拜打造世界最智慧城市［J］．宁波经济，2016（7）：46．

［20］朱岩．迪拜智慧政府进化史［J］．物联网技术，2016（3）：5—6．